W0110566

Hubrecht Duijker

Die großen Weine

ELSASS
LOIRE
CHAMPAGNE

Mit den Fotografien von
Jan Jonker und Hubrecht Duijker

2., vollständig überarbeitete Auflage

Albert Müller Verlag
Rüschlikon-Zürich · Stuttgart · Wien

Für meine Eltern

Erklärung häufig gebrauchter Begriffe
Abstich, Abziehen. Das Umfüllen von einem Faß ins andere, im Französischen *soutirage* genannt.
Appellation. Kurz für *appellation d'origine contrôlée* = Kontrollierte Herkunftsbezeichnung
Cave. Meist unterirdischer Keller
Caveau. Weinstube, manchmal auch ein kleines Restaurant
Chaptalisierung. Vorgang, bei dem, um den Alkoholgehalt des Weins zu erhöhen, dem Most Zucker zugefügt wird; hierfür bestehen gesetzliche Beschränkungen.
Confrérie. Weinbruderschaft
Cuve. Gärbottich, -tank oder -faß aus Holz, Beton, Stahl, Edelstahl, Kunststoff oder Fiberglas
Cuvée. Wörtlich: der Inhalt einer *cuve;* meist jedoch im Sinne eines Verschnitts von Weinen (häufig von derselben Rebe und aus dem gleichen Jahr), während man in der Champagne unter *cuvée* auch die erste Pressung und den Wein davon versteht.
Demi-muid. Holzfaß von etwa 600 l Inhalt
Fermentation malolactique. Milchsäuregärung, auch zweite Gärung genannt: biologischer Säureabbau, für Rotwein erforderlich, bei Weißwein fakultativ
Fuder. Großes hölzernes Weinfaß
Gérant. Vertreter des Besitzers auf dem Weingut, Verwalter
Macération carbonique. Verfahren, bei dem die Gärung in den Beeren stattfindet. Es ergibt aromatische, schnell fertige Rotweine, wie z. B. den Beaujolais primeur.
Méthode champenoise s. S. 142–145

Inhalt

Aus dem Holländischen übersetzt von Clemens und Dorothée Wilhelm-Melder
Fachberatung für die deutschsprachige Ausgabe: Hermann Segnitz, Bremen

© 1981 by Het Spectrum B.V., Amsterdam/Utrecht.
Titel des holländischen Originals: «De goede wijnen van Loire, Elzas, Champagne»
Gestaltung: Van Sambeek & Watano, Amsterdam
Fotos: Jan Jonker und Hubrecht Duijker
Karten: Otto van Eersel
Deutsche Ausgabe:
© Albert Müller Verlag AG, Rüschlikon-Zürich, 1982. –
Nachdruck, auch einzelner Teile, verboten. Alle Nebenrechte vom Verlag vorbehalten, insbesondere die Filmrechte, das Abdrucksrecht für Zeitungen und Zeitschriften, das Recht zur Gestaltung und Verbreitung von gekürzten Ausgaben und Lizenzausgaben, Hörspielen, Funk- und Fernsehsendungen sowie das Recht zur foto- und klangmechanischen Wiedergabe durch jedes bekannte, aber auch durch heute noch unbekannte Verfahren.
ISBN 3-275-00791-2. – 11/15-88
Printed and bound in Spain by
Edime/Atanes Lainez-Graphiberia
D.L. M-7.260-1988

Négociant. Weinhändler, Weinhandelshaus

Önologe, oenologue. Diplomierter Weinbaufachmann, Weinwissenschaftler und -techniker

Rendement. Ertrag in Hektolitern, den eine bestimmte Lage, Rebe, Gemeinde, oder Gegend pro Hektar erzeugt; bei Qualitätsweinen besteht hierfür stets eine gesetzliche Höchstgrenze, wobei der Gesetzgeber von Jahr zu Jahr einen Zuschlag von höchstens 20% genehmigen kann.

Terroir. Bedeutet, daß ein bestimmter Wein die Geschmackscharakteristika des Bodens enthält, auf dem er wächst, und daher einen etwas «erdigen» Geschmackston hat.

VDQS. siehe Vin délimité de qualité supérieure.

Vignoble. Weinberg, Rebgarten

Vin délimité de qualité supérieure oder *VDQS.* Wein mit geschützter Herkunftsbezeichnung unter Vorschrift der Traubensorten und des Höchstertrages je ha; eine Qualitätskategorie unter der *appellation controlée*

Vin de pays (plus Name des Gebiets). Gebietswein, für den nur geringe rechtliche Auflagen gelten; er muß jedoch aus einem bestimmten Gebiet stammen.

Vinifikation. Weinbereitung

Viticulteur. Winzer

Hektar Rebfläche

In diesem Buch werden viele Male Hektarzahlen von Gebieten, Dörfern und Lagen genannt. Es sind jeweils die neuesten, dem Autor verfügbaren Zahlen angegeben. Im Laufe der Zeit können sich natürlich geringfügige Änderungen ergeben.

Etiketten

Weinerzeuger ändern manchmal ihre Etiketten. Es kommt auch vor, daß ein und derselbe Wein unter verschiedenen Etiketten verkauft wird. Der Leser sollte dies beachten, wenn er sich einen in diesem Buch genannten Wein beschaffen will.

Vorwort

Nach meinen Büchern über die Bordeaux- und Burgunder-Weine war die Versuchung groß, nochmals zur Feder zu greifen und in ähnlicher Weise weitere französische Weine vorzustellen. Zwei nordfranzösischen Weingebieten und ihren Weinen bin ich nämlich schon seit Jahren ganz besonders zugetan: der Champagne und dem Elsaß. Das erste Gebiet war Ziel meiner überhaupt ersten Weinexkursion, und das zweite folgte nicht lange danach. Seither versuche ich, beide Gebiete wenigstens einmal im Jahr zu besuchen. Später entdeckte ich auch das Loiretal, das nicht nur wegen seiner großartigen Schlösser fasziniert, sondern auch wegen seines Reichtums an Wein. Loire, Elsaß und Champagne sind nun Gegenstand dieses Buches. Was den drei Gebieten gemeinsam ist, ist ihre Lage im nördlichen Teil Frankreichs und die Tatsache, daß dort überwiegend weiße Trauben angebaut werden (wobei an der Loire natürlich auch sehr viel Rosé und Rotwein erzeugt wird). Im übrigen bestehen aber zwischen diesen drei Weingebieten große Unterschiede. Deshalb auch werden sie in diesem Buch auf jeweils andere Weise behandelt: Die Loire wird nach Gebieten und *appellations* abgehandelt, das Elsaß beschreibe ich Weindorf für Weindorf, und bei der Champagne bilden die Champagnerhäuser den roten Faden. Im Grunde hat der Leser also hier drei Bücher in einem in der Hand.

Obwohl mich, wie gesagt, schon zahlreiche Reisen in die drei Gebiete geführt haben, bereiste ich sie doch für dieses Buch nochmals intensiv während gut drei Monaten. In dieser Zeit habe ich meist an sechs Tagen der Woche von morgens früh bis abends spät Weinerzeuger besucht: Winzer, Weingenossenschaften, Weinhäuser – viele Hunderte an der Zahl. Nicht nur, daß die Informationen, die ich von ihnen erhielt, von unschätzbarem Wert waren; ich bekam bei fast allen stets die besten, die repräsentativsten Weine zu kosten. Auch Dutzende niederländischer Importeure waren so zuvorkommend, mich Loire-, Elsaß- und Champagnerweine degustieren zu lassen. Aus den zwei- bis dreitausend Weinen, die ich verkostete, habe ich eine Auswahl der interessantesten zusammengestellt. Diese Weine sind am Kopf der entsprechenden Seiten mit Text und Etikett vorgestellt. Meine Auswahl erhebt durchaus keinen Anspruch auf Vollständigkeit und ist natürlich rein persönlich. Dennoch bin ich sicher, daß sie Ihnen den Weg zu wenigstens einem Teil der besten Weine aus jedem Gebiet weisen kann.

Beim Lesen und Blättern in diesem Buch werden Sie – gleich mir – erneut die Erfahrung machen, wie sehr der Wein mit mancherlei Formen von Kultur verbunden ist, mit Traditionen, Geschichte, Gastronomie, mit der Landschaft, den Bodenverhältnissen, dem Klima – und mit den Menschen. Ich selbst habe eigentlich nur die besten Erinnerungen an die zahlreichen persönlichen Begegnungen während meiner Reisen. Es liegt viel Wahrheit in den Worten von Théophile Gautier, der im vorigen Jahrhundert schrieb: «Wein läßt spontane Freundschaft entstehen.» Bei der Arbeit an diesem Buch wurde ich von vielen Menschen und Institutionen unterstützt, und eben – die meisten boten ihre Mithilfe spontan an. Es ist leider unmöglich, sie hier alle zu nennen; einige möchte ich dennoch besonders erwähnen: Bezüglich der Loire bin ich zwei Landsleuten Dank schuldig, Kees Veenenbos und Alex Wilbrenninck. Auch Robin und Judith Yapp seien nicht vergessen, zwei britische Weineinkäufer und -schriftsteller, die mich bei vielen hervorragenden Winzern einführten. Im Elsaß gewährten mir das Comité Interprofessionnel du Vin d'Alsace und sein Direktor Pierre Bouard unschätzbare Hilfe. Hinsichtlich der Champagne danke ich dem Comité Interprofessionnel du Vin de Champagne für seine großzügige Unterstützung. Schließlich möchte ich es nicht versäumen, die Sopexa zu erwähnen, das französische Informationsbüro für Landwirtschaft, dessen Unterstützung mir ganz besonders hilfreich war.

Hubrecht Duijker
Abcoude

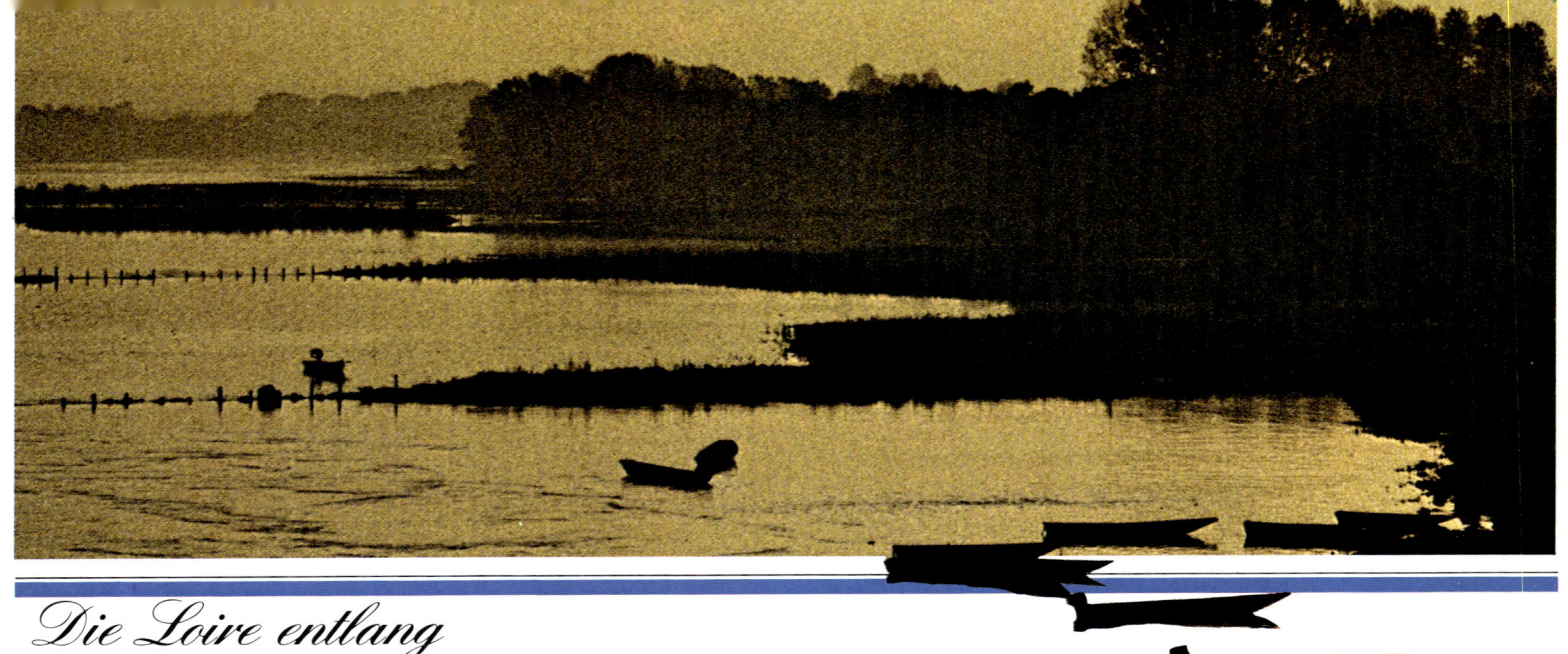

Die Loire entlang

Die Loire ist Frankreichs längster Fluß. Sie entspringt als klarer, munterer Bergbach in den Cevennen, um 1020 Kilometer weiter ihre graubraunen Fluten mit denen des Atlantik zu vereinen. Auf seinem Weg dorthin durcheilt der Fluß zwölf Départements und die verschiedenartigsten Landschaften. Wer dem Lauf der Loire folgt, erlebt riesige Wälder, zahllose Obstplantagen, fruchtbare Äcker, Blumengärtnereien und eine Vielfalt von Weingärten. Entlang der Loire hat man nicht nur fast die gesamte Palette der französischen Landwirtschaft vor Augen, sondern lernt auch eine der großen Kulturlandschaften Europas kennen. Das Loiretal ist mit der Renaissance eng verbunden, jener neuen, mehr weltlich orientierten Lebensanschauung, die gegen Ende des 15. und in der ersten Hälfte des 16. Jahrhunderts bemerkenswerte Leistungen in Kunst und Architektur, wie auf so manchen Wissensgebieten hervorbrachte. In keinem anderen Flußtal finden sich so viele herrliche Schlösser wie an der Loire. Darüber hinaus liegen längs der Loire und ihren Nebenflüssen (Cher, Indre, Loir, Sarthe, Mayenne, um nur einige zu nennen) manche Städte, die in der französischen Geschichte eine Rolle gespielt haben. Man denke nur an Angers, Saumur, Tours, Blois, Beaugency, Orléans und Gien. Die meisten von ihnen besitzen eine romantische, manchmal noch mittelalterliche Altstadt.

Blumen und Obst

Das Val de Loire ist am schönsten im Mai und im Juni, wenn die Luft klar, das Grün der Landschaft frisch ist und die Knospen der Blu-

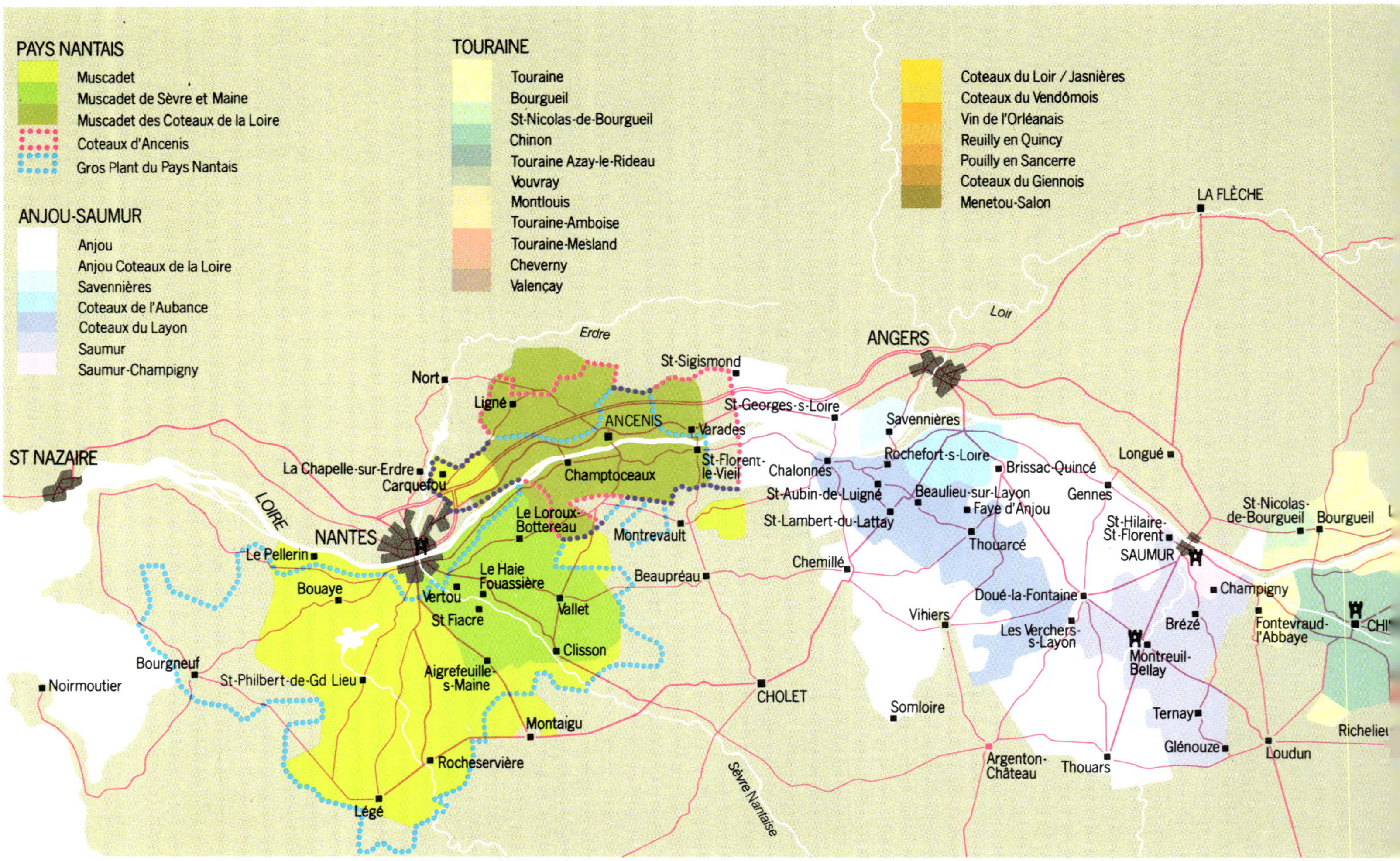
PAYS NANTAIS
Muscadet
Muscadet de Sèvre et Maine
Muscadet des Coteaux de la Loire
Coteaux d'Ancenis
Gros Plant du Pays Nantais
ANJOU-SAUMUR
Anjou
Anjou Coteaux de la Loire
Savennières
Coteaux de l'Aubance
Coteaux du Layon
Saumur
Saumur-Champigny
TOURAINE
Touraine
Bourgueil
St-Nicolas-de-Bourgueil
Chinon
Touraine Azay-le-Rideau
Vouvray
Montlouis
Touraine-Amboise
Touraine-Mesland
Cheverny
Valençay
Coteaux du Loir / Jasnières
Coteaux du Vendômois
Vin de l'Orléanais
Reuilly en Quincy
Pouilly en Sancerre
Coteaux du Giennois
Menetou-Salon
LA FLÈCHE
Loir
Erdre
ANGERS
St-Sigismond
Nort
Ligné
St-Georges-s-Loire
ANCENIS
Varades
Savennières
ST NAZAIRE
La Chapelle-sur-Erdre
Carquefou
Champtoceaux
St-Florent-le-Vieil
Chalonnes
Rochefort-s-Loire
Brissac-Quincé
Longué
LOIRE
St-Aubin-de-Luigné
Beaulieu-sur-Layon
Faye d'Anjou
Gennes
St-Lambert-du-Lattay
St-Hilaire-St-Florent
St-Nicolas-de-Bourgueil
Bourgueil
NANTES
Le Loroux-Bottereau
Montrevault
Thouarcé
SAUMUR
Le Pellerin
Chemillé
Le Haie Fouassière
Beaupréau
Champigny
Bouaye
Vertou
Doué-la-Fontaine
St Fiacre
Vallet
Vihiers
Brézé
Fontevraud-l'Abbaye
Les Verchers-s-Layon
Clisson
Montreuil-Bellay
Bourgneuf
Noirmoutier
St-Philbert-de-Gd Lieu
Aigrefeuille-s-Maine
CHOLET
Somloire
Ternay
Montaigu
Richelieu
Glénouze
Loudun
Argenton-Château
Thouars
Rocheservière
Sèvre Nantaise
Légé

Seite gegenüber, oben:
Die Loire im milden Licht der Abenddämmerung. Dieses Bild wurde in der Nähe von Ancenis aufgenommen.

Unten:
Übersichtskarte des Loiretales mit den wichtigsten Weingebieten. Sie werden alle auf den folgenden Seiten stromaufwärts fortschreitend – beginnend bei Muscadet – behandelt.

Wie in vielen anderen Weingebieten waren es auch hier Mönche, die den Weinbau entlang der Loire zur Blüte brachten.

Da der Seewind über das Tal der Loire tief in das Land eindringt, fuhren früher auf der Loire viele Segelschiffe, und den Ufern entlang gab es zahllose Windmühlen.

Die Loire war früher mit der Seine verbunden und also auch mit Paris.

Früher wurden im Loiretal Produkte erzeugt, die hier heute ganz oder zum größten Teil verschwunden sind: Safran, Koriander, Süßholz, Anis, Seide, Flachs und Maulbeeren.

Einer der kürzesten Nebenflüsse der Loire ist die Maine bei Angers. Sie ist knapp 10 km lang. In der Maine fließen Loir, Sarthe und Mayenne zusammen. Die Maine von Angers sollte übrigens nicht mit der Maine des Muscadet-Gebietes Sèvre et Maine verwechselt werden.

men sich eben erschließen. Im Juni zum Beispiel stehen im Parc de la Source in Olivet in der Nähe von Orléans nicht weniger als 250 000 Rosenstöcke in Blüte. Anderswo im Tal sieht man Tulpen, Iris, Geranien, Azaleen, Lilien, Rhododendren, Dahlien, Chrysanthemen, Kamelien und Hortensien. Auch die Obstbäume beginnen zu dieser Zeit zu blühen. Das Loiretal ist nicht nur das Ursprungsgebiet der berühmten Reineclauden, so genannt nach der Gemahlin von König Franz I., sondern erzeugt auch Birnen, darunter die leicht bittere Quitte, sowie

Kirschen und Pflaumen. Außerdem wachsen hier Melonen, Pfirsiche, rote und schwarze Johannisbeeren, Himbeeren, Erdbeeren, Nüsse und große Mengen Pilze. All dies Blühen und Gedeihen wird durch das günstige Klima ermöglicht. Die milde Seeluft kann über das Tal der Loire und ihrer Nebenflüsse weit ins Landesinnere vordringen, etwa bis Orléans. Aber nicht nur im Frühjahr, sondern auch im frühen Herbst lohnt es sich, die Loire zu besuchen. Die Blätter der Bäume und Rebstöcke sind goldfarben, das Licht ist sanfter geworden.

Die Schlösser

Man sagt: «Die Loire ist eine Königin, und die Könige haben sie geliebt.» Die ausgedehnten Wälder des Loiretals besaßen zu allen Zeiten eine große Anziehungskraft auf die der Jagdleidenschaft frönenden französischen Fürsten – deshalb erbauten sie hier ihre prächtigen Schlösser. Die große Ära des Schlösserbaus brach an, als die Engländer 1453 endgültig aus Frankreich und damit auch aus dem Loiretal vertrieben waren. Jeanne d'Arc hatte durch den von ihr herbeigeführten Sieg bei Orléans

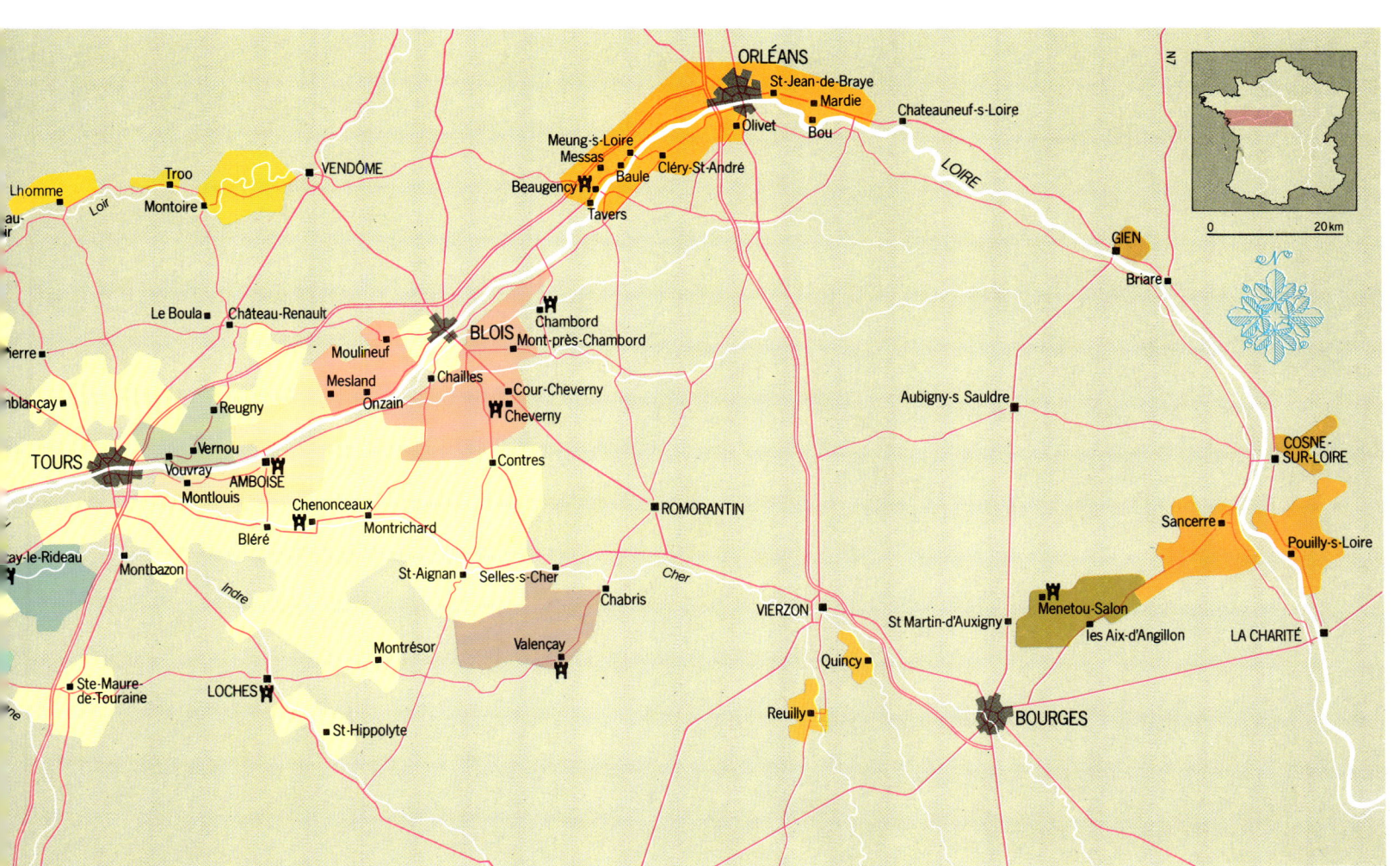

Loire

im Jahre 1429 daran großen Anteil. Damals regierte Karl VII., dem 1461 Ludwig XI. nachfolgte, der Erbauer des Schlosses von Langeais. 1483 kam Karl VIII. an die Macht. Er begann den Bau des eindrucksvollen Schlosses von Amboise. 1498 kam dieser König auf ganz unkönigliche Art zu Tode: Er prallte so unglücklich mit dem Kopf gegen einen Torbogen, daß er noch am selben Tage verstarb. Sein Nachfolger war Ludwig XII. Ihm verdanken wir vor allem das schöne Schloß von Blois. Ihren Höhepunkt erreichte die Renaissance unter Franz I., der von 1515 bis 1547 regierte. Er ließ das größte der Loire-Schlösser errichten: Chambord. Es besitzt nicht weniger als 440 Räume.

Drei Baustile

Weitere Châteaux, die ganz oder überwiegend während der Renaissance entstanden, sind: Azay-le-Rideau (sehr stilrein); Châteaudun (teilweise aus dem 12. Jahrhundert); Chaumont (in der Nähe von Amboise, hoch über der Loire); Chenonceau (über den Cher gebaut; 1547 schenkte es Heinrich II. seiner zwanzig Jahre älteren Maitresse, Diane de Poitiers); Ussé (das im 17. Jahrhundert seine heutige Gestalt erhielt) und Villandry (weltberühmt wegen seiner schönen Gärten). Den klassizistischen Baustil vertreten Schlösser aus dem 17. und 18. Jahrhundert, so Cheverny und Valençay. Die (Lust-) Schlösser der Renaissance und des Klassizismus waren die Nachfolger der mittelalterlichen Burgschlösser, die vor allem als Festungen erbaut wurden, daher im Stil nüchterner und manchmal abweisend. Beispiele hierfür sind die Châteaux von Angers, Chinon, Loches, Montreuil-Bellay und Sully.

Handelsweg

Aber das Gebiet der Loire war natürlich mehr als nur die Spielwiese französischer Fürsten und Edelleute. Der gemeine Mann mußte wie auch anderswo in Frankreich für sein tägliches Brot hart arbeiten. Der Schriftsteller Michelet faßte dies in die Worte: «Das Loiretal ist eine Mönchskutte mit goldenen Fransen.» Die Loire ist heute kaum mehr schiffbar; früher war sie dagegen Frankreichs wichtigste Wasserstraße. Mit flachen Schiffen wurden große Mengen von Gütern aus dem mittleren und südlichen Frankreich nach Orléans und von dort nach Paris transportiert. Eines dieser Güter war der Wein.

Im Jahre 1820 trug zum Beispiel ein Händler aus Saint-Thibault in der Nähe von Sancerre in sein Kassenbuch ein, daß er an einen einzigen Kunden über die Loire 4340 *pièces* Wein, also 8680 Hektoliter, im Wert von 4 340 000 Goldfranken versandt hatte. Diese Menge entspricht dem sechsten bis siebten Teil der gesamten Sancerre-Ernte von heute! Der rege Schiffsverkehr auf der Loire wird noch durch eine andere Zahl anschaulich gemacht: Im Jahre 1834 zählte man allein in dem Abschnitt stromabwärts von Orléans 19 177 Schiffe, das sind gut fünfzig am Tag.

Industrie und Gewerbe ergänzen heute im Loiretal die Einkünfte aus Ackerbau und Viehzucht, wobei der Kontrast zwischen kunstreichen Schlössern und modernen Fabriken manchmal sehr kraß sein kann. Am stärksten erlebt man dies, wenn man auf der Höhe von Saumur am rechten Ufer der Loire stromaufwärts fährt: Saumur gegenüber erblickt man ein herrliches Schloß (14., 15., und 16. Jahrhundert), während wenig später auf dem gleichen Ufer die futuristischen Konturen von Frankreichs erstem Atomkraftwerk auftauchen.

Die Loire-Gastronomie

Ich bin dem Lauf der Loire auf verschiedenen Reisen Hunderte von Kilometern gefolgt. Dabei habe ich einen guten Eindruck davon bekommen, was die Gegend auf kulinarischem Gebiet zu bieten hat. Meine Erinnerungen an das Loiretal beschränken sich daher nicht auf Landschaften, Schlösser, Dörfer und Städte, sondern umfassen auch den Duft und Geschmack zahlreicher Gerichte. Ich habe sehr einfach gegessen, so auf besondere Art geräucherte Muscheln an einem Essen bei Louis Métaireau unter freiem Himmel, oder ein andermal in dem namenlosen Restaurant neben dem Metzger von Beaulieu-sur-Layon, wo sich an die sechzig Männer mit einer kräftigen Mahlzeit aus Huhn, Käse und Obst stärkten. Ich habe aber auch in Restaurants gegessen, die Michelin-Sterne zierten. So genoß ich in der Auberge des Templiers (Les Bézards) einen geräucherten Loire-Lachs von herrlichem, sehr feinem Geschmack, einen Fisch, der auch bei Barrier in Tours serviert wurde. Viele Male ließ ich mir auch Aal und Hecht munden, ersteren meist gebraten, letzteren mit der köstlichen, für die Loire so typischen *Sauce beurre blanc*, die aus

Butter, Schalotten und Essig oder trockenem Wein bereitet wird. Andere Spezialitäten von der Loire sind Ziegenkäse von vielerlei Art, Spargel (vor allem aus der Touraine), *rillettes* (meist Schweinefleisch, das in dünne Streifen geschnitten langsam im eigenen Fett gegart, dann zerfasert und mit Fett übergossen wird), *rillons* (nicht in Streifen geschnittenes, sondern gewürfeltes Schweinefleisch, das auf die gleiche Weise zubereitet und serviert, jedoch noch kurz überbacken wird, auch dies ein Rezept aus Tours), und *rillauds* oder *rillots* (aus Anjou und den *rillettes* vergleichbar, jedoch wird hier noch Karamel hinzugefügt und das Ganze warm serviert).

Seite gegenüber, oben:
Ein kleiner Laden in dem mittelalterlichen Zentrum von Chinon. Neben frischem Obst und Gemüse, das hauptsächlich aus dem Loiretal stammt, werden auch Weine der Region verkauft.

Unten:
Chenonceau, das berühmteste aller Loire-Schlösser, liegt nicht an der Loire, sondern an dem Nebenfluß Cher. Das ursprüngliche Château wurde zwischen 1513 und 1521 erbaut. Die aus zwei Stockwerken bestehende Galerie über den Cher stammt aus dem späten 16. Jahrhundert und verdankt ihre Entstehung Katharina von Medici. Chenonceau wird auch «das Schloß der sechs Frauen» genannt. Cathérine Briçonnet beaufsichtigte den Bau, Diane de Poitiers, Maitresse Hein-

richs II., bewohnte es, Katharina von Medici feierte dort glänzende Feste, Louise de Lorraine zog sich nach der Ermordung ihres Mannes, Heinrichs III., dorthin zurück, Madame Dupin führte dort ihren literarischen Salon und Madame Pelouze renovierte nahezu das ganze Schloß. Übrigens liegt das Château Chenonceau (ohne «x») in der Ortschaft Chenonceaux (mit «x»).
Als Heinrich II. 1547 den Thron bestieg, schenkte er Chenonceau seiner 20 Jahre älteren Maitresse Diane de Poitiers. Sie ließ für das Schloß einen Garten entwerfen und verband es außerdem über einen Brückentrakt mit dem anderen Ufer des Cher. Das Geschenk Heinrichs II. war natürlich seiner Frau Katharina von Medici ein Dorn im Auge. Als 1559 während

eines Turniers ein Lanzenstich dem Leben Heinrichs ein Ende setzte, nahm Katharina Rache. Sie wußte, daß Diane sehr an Chenonceau hing, und beanspruchte deshalb das Schloß für sich. Diane wurde Chaumont angeboten. Sie weigerte sich jedoch, dort zu wohnen; stattdessen zog sie in das Schloß von Anet, in dem sie, immer noch eine Schönheit, sieben Jahre später starb.

Rechts:
Der Indre bei Azay-le-Rideau

Bei verschiedenen Loire-Schlössern werden während der Saison sogenannte Ton- und Licht-Veranstaltungen durchgeführt. So kann man Son et Lumière-Aufführungen genießen unter anderem bei Amboise, Azay-le-Rideau, Beaugency, Blois, Chambord, Chenonceau, Laval, Le Lude und Saint-Aignan.

Loire

Die Rebsorten

Viele Eindrücke verdanke ich der Gastronomie, noch mehr jedoch dem Wein. Im Loiregebiet werden unglaublich viele Sorten Wein aus einer großen Vielzahl von Rebsorten erzeugt. Die Rebenpalette der Loire ist außerordentlich reich an Farben und Nuancen, da man in diesem Gebiet Sorten aus fast allen Teilen Frankreichs findet. Die wichtigsten unter ihnen möchte ich hier, beginnend mit den weißen, vorstellen.

Chenin blanc – oder *Pineau de la Loire* –, die charakteristischste aller Loire-Reben, die auch aus der Gegend stammt, ergibt sehr unterschiedliche Weine, von knochentrocken bis sehr süß.

Sauvignon, vermutlich aus dem Südwesten hierher gebracht, ergibt frische Weine, meist mit markantem Duft, in dem man Spargel, Gemüse, Fenchel, Gras, Früchte und kleine Blüten entdecken kann und ein leicht moschusartiges Aroma.

Chardonnay – oder *Auvernat blanc* – kommt aus dem Burgund. Eine edle Rebe, die sehr feine, breit schmeckende Weine ergibt.

Pinot gris – *Malvoisie, Pinot beurot* oder *Tokay d'Alsace* –, eine wenig ergiebige Sorte, die geschmeidige, meist feste Weine von trockener bis halbsüßer Art liefert.

Pinot menu – *Menu pineau* oder *Arbois* – aus der Familie der Chenin blanc, qualitativ etwas weniger gut, aber nicht übermäßig witterungsempfindlich.

Muscadet – oder *Melon de Bourgogne* –. sehr frostbeständige Rebe, mit der Gamay noir à jus blanc aus dem Beaujolais verwandt. Die Basis aller Muscadet-Weine.

Gros plant – *Folle blanche* oder *Picpoul* –, eine ergiebige, einfache Sorte, die beispielsweise im Armagnac einen dünnen Wein für die Destillation ergibt.

Romorantin, nur in der Touraine angebaute, jedoch aus dem Burgund stammende Rebe. Von Bedeutung in Cheverny.

Loire

Daneben gibt es noch die folgenden blauen Rebsorten:
Gamay noir à jus blanc. Im Loiretal weit verbreitet. Stammt aus dem Beaujolais.
Cabernet-Franc – oder *Breton* –, eine aus Bordeaux hierher gebrachte Rebe; milder, freundlicher und nicht so rassig wie die Cabernet-Sauvignon.
Cabernet-Sauvignon, ergibt strengere, härtere

Weine als die Cabernet-Franc und ist längs der Loire weniger häufig anzutreffen. Die klassische Bordeaux-Rebe.
Malbec – oder *Cot* – meist etwas früher reif als die Cabernets. Tanninreiche Weine von tiefer Farbe. Wird vor allem in der Gegend um Cahors angebaut.
Pinot noir – oder *Auvernat rouge.* Aus dieser Rebe entstehen alle großen Burgunderweine. Im Loiretal nicht immer ein Erfolg.
Pinot meunier – *Meunier* oder *Gris meunier* –, sehr ergiebige, etwas rustikale Rebe aus der Champagne. An der Loire vor allem um Orléans zu finden.
Groslot – oder *Grolleau* –, eine echte Loire-

Rebe aus der Gegend von Langeais. Hauptbestandteil des Rosé d'Anjou und anderer Rosés.
Pineau d'Aunis – oder *Chenin noir.* Aunis ist ein Dorf in der Nähe von Saumur. Diese Rebe liefert vor allem frische, trockene Roséweine, aber auch einige Rotweine.

Seite gegenüber, oben rechts:
In der Loire werden auch
Lachse gefangen. Hier ein
Teller mit köstlichem geräu-
chertem Loire-Lachs aus dem
exzellenten Restaurant Auber-
ge des Templiers in Les Bé-
zards.

Seite gegenüber, oben links:
Das klassische Loire-Gericht
Hecht mit beurre blanc, wie
es in vielen Restaurants dieser
Gegend serviert wird.

Unten:
Mit Angers, Azay-le-Rideau,
Blois, Chenonceau und Lo-
ches gehört Chambord zu den
schönsten Schlössern des gan-
zen Loiretales. Franz I. be-
gann 1519 mit dem Bau. Das
Werk verschlang soviel Geld,
daß der König die nötigen
Mittel oft auf sehr unkonven-
tionelle Weise, wie durch das
Ausplündern von Kirchen,
beschaffen mußte. Nach

Franz I. führte Heinrich II.
den Bau weiter. Chambord ist
das größte aller Loire-Schlös-
ser: Es zählt 440 Räume und
365 meist sehr schön gearbei-
tete Kamine. Das Bauwerk ist
von einem riesigen Park mit
ungefähr 4500 ha Wald umge-
ben. Hier pflegte Franz I. mit
Hunderten von Hunden und
300 Falken zu jagen. Um den
Park wurde eine 32 km lange
Mauer gezogen, die längste
Frankreichs. Mobiliar ist im
Schloß kaum vorhanden.

Links:
Das Schloß von Montreuil-
Bellay, ein über dem gleich-
namigen Städtchen gelegenes
Bauwerk, das überwiegend
aus dem 15. Jahrhundert
stammt. Auf dem Schloßge-
lände gibt es auch eine goti-
sche Kirche (eine der drei von
Montreuil-Bellay), Überreste
von alten Befestigungsanla-
gen, einen kleinen Park und
einen 300 m tiefen Brunnen.
Das Schloß erzeugt einen ei-
genen Wein; Etikett und Be-
schreibung finden sich in dem
Kapitel über Saumur
(S. 30 ff.).

Außer den auf diesen Sei-
ten genannten Schlössern
sollte man auch die folgenden
Châteaux besuchen: Amboi-
se, Beaugency, Chaumont,
Cheverny, Chinon, Langeais,
Saumur, Ussé, Valençay,
Vendôme und Villandry.

Loire

Erstaunliche Weinpalette

Die genannten und einige andere, wenig ange-baute Rebsorten ergeben längs den Ufern der Loire und ihrer Nebenflüsse auf vielfältigen Bodenarten und in unterschiedlichen klimati-schen Bedingungen eine erstaunliche Vielfalt an Weinen. Sie sind still, perlend oder schäu-mend, weiß, rot oder rosé, trocken, halbtrok-ken, lieblich oder süß. In den folgenden Kapi-teln werden sie Ihnen ausführlich vorgestellt

werden. Wir werden dabei der Loire von der Mündung stromaufwärts folgen.

Alle *appellations contrôlées* von einiger Bedeu-tung werden beschrieben, aber auch eine Reihe von Weinen aus der Kategorie *vin délimité de qualité supérieure* (VDQS). Bei der Auswahl der Gebiete und Weine galt als Kriterium, daß sie vernünftigerweise – vor allem hinsichtlich der geographischen Lage – dem Loiretal zuzu-rechnen sind. Aus diesem Grund sind zum Bei-spiel Jasnières, Coteaux du Vendômois, Valen-çay und Côtes du Forez noch aufgenommen, Haut-Poitou, Saint-Pourçain-sur-Sioule und Côtes d'Auvergne jedoch nicht mehr. Ich bin sicher, daß Sie auf Ihrer Reise entlang der Loire zunächst durch Wort und Bild, später hoffentlich auch beim Genießen, viele begei-sternde Entdeckungen machen werden. Dar-über hinaus hoffe ich, daß die folgenden Kapi-

tel dazu beitragen werden, einige zählebige Vorurteile aus der Welt zu schaffen – wie zum Beispiel die Ansicht, daß Anjou ausschließlich billigen Rosé erzeugt; die häufig anzutreffende Meinung, daß die Weine von Savennières halb-süß schmecken; die Behauptung, daß der beste Wein von Reuilly der weiße ist (und nicht der Rosé), und die Empfehlung, daß man roten Bourgueil jung trinken sollte. In diesem Sinne – bon voyage!

Unten links:
*Château La Noë bei Vallet.
Es wird von seinem Besitzer,
Graf Jean de Malestroit, bewohnt. Um das Schloß, eines
der wenigen im Muscadet, liegen 60 ha Rebfläche, wovon
gut 12 ha von dem Grafen
selbst bewirtschaftet werden.
Er hat auch mehrere Romane
und ein Buch über Nantes geschrieben.*

Unten rechts:
*Louis Métaireau (mit Brille)
läßt sich über den neuesten
Stand der Lese informieren.*

Seite gegenüber, unten links:
*Eine Muscadet-Traube wird
abgeschnitten.*

*Seite gegenüber, unten
rechts:*
*Die Landschaft des Muscadet
bei Nantes. Die rund 9000
Winzer ungefähr 10 000 ha bestellen. Durch eigenen Besitz
und Verträge beherrschen die*

Weinhandelshäuser etwa ein
Drittel der Produktion.

Das Dorf Vallet besitzt ein
Maison du Muscadet; dort
kann man zahlreiche Weine
von Winzern des Ortes probieren und kaufen. Außerdem
wurde 1984 in La Haye
Fouassière ein Maison des
Vins eröffnet. Hier bekommt
man an Werktagen Informa-
tionen über den Muscadet.
Im Muscadet wird ein
Holzfaß gleicher Größe wie
im Bordeaux benützt: die
barrique von 225 l.

Das *sur lie*-Dekret von 1977
schreibt vor, daß der Wein
nur einen Winter auf *cuve*
oder Faß gelegen haben darf,
daß er sich bei der Abfüllung
noch auf der Hefe seiner
Weinbereitung befinden und
vor dem 1. Juli auf Flaschen
gezogen werden muß. Außerdem ist eine
Analyse vorgeschrieben.

Ein Beispiel für einen guten
Muscadet *tout court* ist der
Wein der Domaine des Her-
banges. Winzer Luc Choblet
bewirtschaftet dort ungefähr
20 ha. Der Wein wird *sur lie*
abgefüllt. Viel Rasse oder
Fülle besitzt dieser Muscadet
nicht; er hat jedoch einen angenehmen, spritzigen, frischen Geschmack. Einen fast
noch besseren Wein erzeugen
Vater Armand und Sohn Da-
niel Guérin von der Domaine
de la Forchetière in Courcoué-sur-Logne: einen milden, makellosen, duftigen
Muscadet – sehr ansprechend
(von ca. 7 ha).

Vater Jacques und Sohn
Pierre Guindon bestellen auf
ihrer Domäne in Saint-Géréon bei Ancenis am rechten
Loireufer gut 14 ha Muscadet
des Coteaux de la Loire. Ihr
Wein wird *sur lie* abgefüllt
und gehört zu den Spitzen-
weinen seiner Appellation.
Vor allem den Geschmack
dieses Muscadet finde ich
sehr ansprechend. Auf seinem Höhepunkt ist er kom-
plett, fast saftig und dazu
fruchtig. Das Bukett fällt dagegen etwas ab. Ein anderer
guter Muscadet der Coteaux
de la Loire ist Domaine des
Joutières von Aubert Frères.

Meine Vorliebe gehört den
Muscadets von Louis Métaireau. Was Rasse, Reintönigkeit und pure Klasse anbe-
langt, lassen sie alle anderen
Muscadets hinter sich. Sie
werden von neun unabhängigen Winzern erzeugt, die zusammen 88 ha bewirtschaf-
ten. Gemeinsam wählt man
aus den Weinen aller neun
die besten: meist 300 000 Flaschen von den verfügbaren
700 000. Speziell für Restaurateure werden daraus wiederum die besten Muscadets
ausgesucht, die ein samtenes
Etikett und den Titel «Coupe
Louis Métaireau» erhalten.

Louis Métaireau kaufte
1972 zusammen mit sieben
seiner neun *vignerons d'art*
die Domaine du Grand Mou-
ton in Saint-Fiacre. Dort
wachsen viele alte Rebstöcke, teilweise in Reihen von
einem Kilometer Länge.
Dank der ausgezeichneten
Lage der 23 ha großen Do-
mäne werden hier oft die ersten Trauben von Sèvre et
Maine gelesen. Der Wein ist
vorzüglich, mit hauchzartem
Duft, elegant und leicht perlend im Mund und von per-
fekter Ausgewogenheit.
Schlanker als der «Coupe
Louis Métaireau».

Muscadet

Das Herkunftsgebiet des Muscadet ist das Gebiet um Nantes. Die meisten Weinberge liegen
im Südosten der Stadt; aber auch im Süden und Südwesten sowie im Osten und Nordosten gedeiht die Rebe. Bei Nantes nähert sich
der lange Lauf der Loire seinem Ende: Fünfzig
Kilometer weiter ergießt sie sich in den Atlanti-
schen Ozean. Der Wein ist hier seit den Zeiten
der Römer heimisch. Bis in das 17. Jahrhundert
wurden vor allem blaue Reben gezogen.
Um 1639 begann man allmählich die blauen
Sorten durch weiße zu ersetzen. Dies ging auf
eine Initiative der Holländer zurück, die einen
leichten, zum Destillieren geeigneten Weißwein suchten. Sie bezogen zwar bereits einen
solchen Wein aus der Charente, jedoch wurden
ihnen allmählich die Steuern zu hoch, die
dort erhoben wurden. Das Herzogtum Bretagne dagegen, zu dem Nantes und Umgebung
gehörten, war damals noch unabhängig und
kannte keine Exportsteuern auf Wein. Vor der
Ankunft der Holländer waren die Weine von
Nantes dünn, der Export ohne jede Bedeutung.
Durch ihre Initiative änderte sich dies rasch.
Schon 1646 vermerkte ein Kaufmann aus Nantes: «Die Holländer haben einen gewissen
Brauch eingeführt, nach dem die Weine auf
Flaschen gezogen, abgestochen, geschwefelt
und verstärkt werden, so daß man sie für den
Transport besser konservieren und in den nörd-
lichen Ländern verkaufen kann.»

Winter begünstigt weiße Rebe
Die Holländer hatten so großen Erfolg mit
ihrer Arbeitsweise, daß ein französischer König
später per Dekret verbieten mußte, noch mehr
kostbare Getreideflächen dem Weinbau zu opfern. In Nantes und Umgebung findet man auch
heute noch viele Namen holländischen Ursprungs, und das unter Denkmalschutz stehende Château de Goulaine im Muscadet gehörte
sogar einmal einem Holländer.
Den endgültigen Sieg des weißen Weines leitete
aber erst das Jahr 1709 ein, als durch den
unvorstellbar strengen Winter alle Rebstöcke
erfroren. Sogar das Seewasser fror damals zu
Eis. In den dreißig Jahren der Rekultivierung
wurde fast der gesamte *vignoble* mit weißen

Rebsorten bepflanzt. Eine davon, die es schon
seit einem halben Jahrhundert in dieser Gegend
gab, sollte dominierend werden. Sie stammte
aus dem Burgund und hieß ursprünglich Melon
de Bourgogne. In der Gegend von Nantes tauf-
te man sie jedoch Muscadet. Fachleute aus dem
Burgund halfen beim Anbau, weshalb es bei
der Gemeinde Vallet heute noch einen Weiler
mit dem Namen Bourguignon gibt.
Die Muscadet ist eine sehr frostbeständige
Rebsorte, die in der Regel vor Oktober reif ist.
Wegen der schnellen Reife der Trauben muß
die Lese in sehr kurzer Zeit abgeschlossen sein
– innerhalb von höchstens zwei Wochen. Die
Muscadet- ist eng mit der Gamay noir à jus
blanc-Rebe verwandt, aus der aller roter Beaujolais erzeugt wird.

Zunehmende Beliebtheit
Bis zum Beginn dieses Jahrhunderts trank man
den Muscadet fast nur in der Gegend selbst, vor
allem im damals an Kneipen reichen Nantes.
Um 1920 unternahm eine Gruppe von Winzern

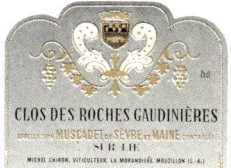

Robert, 11. Marquis von Goulaine, ist Besitzer des wunderschönen Château de Goulaine in Sèvre et Maine, das unter Denkmalschutz steht. Robert verfügt über rund 40 ha Rebfläche, von der etwa 150 000 Flaschen *sur lie* erzeugt werden. Der Muscadet Marquis de Goulaine ist ein stilvoller, eleganter Wein von guter Qualität. Eine exquisitere, weil tiefere und vollere Version heißt La Cuvée du Millénaire und trägt ein schwarzes Etikett; hiervon kommen jährlich nur 10 000–15 000 Flaschen auf den Markt.

Jean Dabin und sein Sohn François bestellen 25 ha, die hauptsächlich in Saint-Fiacre liegen. Ihr bester Weinberg ist die Domaine de Gras-Moutons, 8 ha auf einem steilen Hang. Der Wein gärt in großen Fässern aus Eichenholz, das mit rostfreiem Stahl verstärkt ist. Der Gras-Moutons ist ein nuancierter, charaktervoller Muscadet mit einem schönen Nachgeschmack. Er kann durchaus ein Jahr liegen bleiben. Genau der gleiche Wein wird auch mit einem schwarzen Etikett verkauft – für mehr Geld.

Joseph Hallereau wohnt in der Nähe von Vallet und füllt seinen Wein schon seit 1947 *sur lie* ab. Sein Weinberg umfaßt knapp 20 ha, die zu ungefähr zwei Dritteln mit Muscadet-Stöcken bepflanzt sind. Die Qualität des Weines kann variieren, denn jeder Importeur kann aus den vorhandenen Fässern seine eigene Auswahl treffen. Der beste Muscadet von Hallereau hat einen ausgezeichneten, eleganten Geschmack, ist vollmundig und sauber im Abgang. Aber, wie gesagt, es gibt auch geringere Qualitäten.

Château La Noë liegt inmitten eines großen Parks in der Nähe von Vallet. Es wird von seinem Eigentümer, dem Romanschriftsteller Graf Jean de Malestroit, bewohnt. Der Weinberg des imposanten Schlosses umfaßt 60 ha. Der größte Teil davon wird in Halbpacht von gut 20 Winzern bearbeitet. Der Graf bestellt selbst 12 ha und bekommt von weiteren 14 ha die Trauben. Der Wein ist – für einen Muscadet – sehr markant und aromatisch. Für mich ein etwas altmodischer, aber dennoch guter Muscadet.

Das Haus Chéreau-Carré hat den Alleinvertrieb für sechs Domänen, die den Familien Chéreau und Carré (zusammen 110 ha) gehören. Es sind Weine, die außergewöhnlich gut reifen können, meistens ohne weiteres 3–5 Jahre. Die besten Weine stammen für mich von der Domaine de Chasseloir (25 ha einschließlich der 4 ha mit alten Rebstöcken für die seltene Comte Leloup de Chasseloir), der Domaine du Bois Bruley (17 ha) und Grand Fief de la Cormeraie (5 ha).

Michel Chiron bearbeitet mit seinem Sohn Philippe 18 ha wenige Kilometer von Mozillon entfernt. Sein Muscadet vom Clos des Roches Gaudinières wird ausschließlich aus dem Wein der ersten Pressung bereitet. Es ist ein außergewöhnlich harmonischer Wein mit einem fast schweren Duft von Gewürzen und einem vollen, reintönigen Geschmack, der nicht sauer ist, sondern gerade die nötige Frische besitzt. Chiron empfängt seine Gäste in einem sympathischen *caveau*, in dem eine alte Presse, ein Ofen und ein Klavier stehen.

Muscadet

---

aus Saint-Fiacre einen Vorstoß, um eine eigene Herkunftsbezeichnung für ihren Wein zu bekommen. Die Markenbezeichnung Coteaux de Saint-Fiacre wurde ihnen zwar nicht genehmigt, jedoch entstand 1926 die Herkunftsbezeichnung Muscadet Grand Cru de Sèvre et Maine. Zehn Jahre später gab es in dem Gebiet die ersten *appellations contrôlées*, nämlich *Muscadet de Sèvre et Maine* und *Muscadet des Coteaux de la Loire*. Ein Jahr später kam noch *Muscadet* (ohne weitere Zusätze) hinzu. Das Absatzgebiet hatte sich inzwischen längst über das engere Gebiet hinaus ausgeweitet: Auch Paris hatte den Muscadet entdeckt. Nach dem Zweiten Weltkrieg haben der internationale Tourismus und die Entdeckung der bretonischen Strände viel zu der wachsenden Popularität des Muscadet beigetragen. Aber auch der günstige Preis und das zunehmende Interesse an trockenen, leichten Weißweinen hatten hieran ihren Anteil.

Vom *petit vin* der Kneipenbesucher von Nantes entwickelte sich der Muscadet zu einem der meistgetrunkenen Weine Frankreichs, und auch im Ausland erlebten Umsatz und Wertschätzung des Muscadet einen starken Aufschwung. Die durchschnittliche Muscadet-Ernte beträgt heute nicht weniger als 450 000 hl.

Muscadet de Sèvre et Maine

Etwa 85% der 10 000 ha Muscadet-Weinberge liegen im Gebiet Sèvre et Maine im Südosten von Nantes. Dieses Gebiet besitzt, wie schon erwähnt, eine eigene *appellation contrôlée*. Der Name geht auf die Flüßchen Sèvre und Maine zurück. Ursprünglich lagen die Weinberge nur an den Uferhängen der beiden Flußtäler, jedoch weitete sich das Gebiet wegen der großen Nachfrage rasch aus. Es umfaßt heute etwa 8500 ha, die mit der Muscadet-Rebe bepflanzt sind. Es ist zu erwarten, daß es in nächster Zeit auf 10 000 ha anwachsen wird, und zwar sowohl durch Neubepflanzung als auch durch Ersatz der einfacheren Grosplant- (siehe nächstes Kapitel) durch die Muscadet-Rebe.

Da Sèvre et Maine ein großer Bezirk ist, sind auch die Weine sehr unterschiedlich. Die besten kommen im allgemeinen aus Vallet und Saint-Fiacre. Zwischen den beiden Gemeinden herrscht eine große Rivalität, welche von bei-

den die Nummer eins ist. Vallet wird von seinen Bewohnern «das Mekka des Muscadet» genannt. Der Boden enthält hier viel Lehm, so daß feste, anfänglich ziemlich säuerliche Weine entstehen. Für ihre Entwicklung brauchen sie etwas länger als andere Weine. In der Gegend sagt man: «Sie müssen die Osterfeiertage gesehen haben.» In schwierigen, trockenen Jahren wird in Vallet häufig der beste Wein erzeugt. Dem Vallet gleiche oder ähnliche Weine kommen aus Mouzillon, Le Pallet und Chappelle-Heulin. Das Terrain von Saint-Fiacre, das teuerste im ganzen Muscadet, ist hügeliger, der Boden sandiger. Hieraus resultiert ein etwas geschmeidigerer Typ Wein, der ebenfalls von ausgezeichneter Qualität ist. Ein auffallendes Bauwerk in Saint-Fiacre ist die byzantinische Kirche, die der Ort einem sehr an der östlichen Kultur interessierten Bürgermeister verdankt.

Guilbaud Frères in Mouzillon ist ein Weinhandelshaus mit 133 ha teils in eigenem Besitz, teils mit Exklusivrecht. Der bekannteste Wein des Hauses ist der Marken-Muscadet Le Soleil Nantais, frisch, mit hervorragendem Geschmack und elegantem Duft. Auch die Domänenweine besitzen Klasse, so: Domaine de la Moutonnière (4 ha von Direktor/Eigentümer Marcel Guilbaud selbst), Domaine de la Pingossière (12 ha, ein fülligerer Wein) und Domaine des Laudières (12 ha). Zweit-Marke: Pierre Bellevigne.

Das Château de la Cantrie liegt in dem Weiler La Cantrie bei Saint-Fiacre. Die 11 ha Rebfläche gehören der Familie Bossis. Sie erzeugt einen sehr guten Muscadet sur lie, der in der Farbe oft einen leichten Einschlag von Grün hat und im Duft eine Spur von Frucht. Daneben besitzt der Wein einen frischen, reintönigen, nicht zu säuerlichen oder strengen Geschmack mit einer Idee Frucht und einer Spur Salz.

André Vinet ist ein Weinhandelshaus, das dem gleichen Eigentümer gehört wie Guilbaud Frères, aber selbst einige Güter exklusiv vertritt. Das bekannteste von ihnen ist Château la Touche, ein 20 ha großes Gut in Vallet. Der Rebgarten wird biologisch-dynamisch bearbeitet (ohne Kunstdünger usw.). Der Wein ist heute höchst zuverlässig und wird häufig mit Goldmedaillen ausgezeichnet.

Château du Cléray – 26 ha Muscadet, 4 ha Gros plant – ist Eigentum der Winzer- und Weinhändlerfamilie Sauvion. Man erzeugt dort einen Muscadet, der hervorragend schmeckt, frisch, elegant und sehr reintönig ist. Die Sauvions selektieren außerdem jährlich exzellente «Découvertes» und andere Muscadets (Lauréat) auf verschiedenen Gütern. Das Haus zählt zu den führenden des Gebiets.

Die Domaine de la Débaudière (9 ha) liegt in Vallet und ist eines der Besitztümer des Hauses Aubert Frères, das selbst wiederum zum Haus Eschenauer in Bordeaux gehört. Man erzeugt einen guten Muscadet sur lie von meist mildem Duft, ziemlich geschmeidiger Art und vollem Geschmack. Es ist nicht der erfrischendste Muscadet, aber doch ein sehr angenehmer. Insgesamt besitzt das «handwerklich» arbeitende Haus Aubert Frères 48 ha Weinberg, unter anderem in Anjou. Die Firma hat ihren Sitz in La Varenne.

Im Jahre 1975 kam Anthony de Bascher durch einen Autounfall ums Leben. Seither wird seine Domäne Château la Berrière (27 ha) mit großer Energie von seiner Frau geführt. Das Gut liegt an der Ostgrenze von Sèvre et Maine, in La Chapelle Basse-Mer. Der Muscadet sur lie von La Berrière ist weniger rassig als die Weine von Vallet und Saint-Fiacre, besitzt jedoch sehr persönlichen Charme mit einem recht reintönigen Geschmack voller Frucht.

Muscadet

Die anderen Bezirke

Der Muscadet der Coteaux de la Loire wächst, wie schon der Name sagt, an den Ufern der Loire, und zwar zu beiden Seiten des Flusses im Osten von Nantes. Der Boden enthält viel Kreide, während in Sèvre et Maine nur Sand, Lehm und Kies vorkommen. Die Kreide macht diesen Muscadet etwas rustikaler, derber. Der Wein kommt kaum in den Export, da seine Produktion gerade ein Zwanzigstel der Menge ausmacht, die in Sèvre et Maine erzeugt wird (500 ha gegenüber 8500 ha). Für diese beiden Muscadets wurde ein Höchstertrag von 40 hl/ha festgelegt. 50 hl/ha beträgt der entsprechende Wert für die dritte und einfachste Appellation, die des Muscadet ohne weiteren Namenzusatz. Dieser ist im allgemeinen ein recht flacher Wein mit geringen Eigenschaften. Erzeugt wird er vor allem im Süden und Südwesten von Nantes auf etwa 1000 ha Weinbergen.

Mildes Klima

Der meiste und beste Wein wird in Sèvre et Maine erzeugt. Ich habe diesem Bezirk daher auch die meiste Zeit gewidmet. Es ist ein sehr hügeliges Gebiet, das von der Rebe beherrscht wird. In Saint-Fiacre zum Beispiel ist prozentual mehr Boden mit Rebstöcken bepflanzt als in jeder anderen französischen Weinbaugemeinde. Die Straßen in diesem Bezirk sind kurvenreich und schmal, die Dörfer klein, die Kirchen meist groß. Die Beschilderung der Straßen ist mangelhaft, und wie oft ich mich auf dem Weg zu bestimmten Leuten oder Weingütern verfahren habe, habe ich vergessen zu zählen. Nicht selten mußte ich vier- und fünfmal fragen, um zu einem bestimmten Winzer zu kommen. Das Klima ist das mildeste des ganzen Muscadet, und in den Gärten und Parks sieht man Magnolien, Feigenbäume, Lorbeerbäume, Zedern und manchmal sogar Pinien. Der Weinbau erfolgt hier meist im Familienverband. Die große Mehrzahl der Besitzungen, nämlich rund 90%, sind noch keine zwei Hektar groß, so daß die Bearbeitung allein durch den Eigentümer und seine Familie erfolgt. Um mit dem Weinbau allein ein gutes Auskommen finden zu können, sind 10 ha erforderlich. Meist haben die Familien daher auch die Gros plant oder die Folle blanche angebaut (siehe nächstes Kapitel), oder sie kultivieren neben der Rebe noch andere Nutzpflanzen. Nicht selten werden die Domänen auch als Nebenerwerbsbetriebe geführt. Sehr typisch ist die individualistische Einstellung der Menschen: Es gibt in Muscadet Sèvre et Maine keine Genossenschaft, obwohl man dies gerade in einem so zersplitterten Gebiet erwarten würde, und auch feste Lieferverträge für die Trauben sind relativ selten.

Höchstalkoholgehalt

Muscadet kommt von musqué, Moschus. In der Tat kann man in einigen Muscadets ein leichtes Moschusaroma entdecken. Für mich steht jedoch die wahre Persönlichkeit des Muscadet in viel engerer Beziehung zu der Klarheit und Schönheit des Himmels, der in diesem Fleckchen Frankreichs fast immer durch eine milde, manchmal leicht salzige Seebrise von Wolken freigeblasen wird. Der Muscadet ist ein leichter, erfrischender Wein, ein Wein, von dem ein Winzer einmal sagte: «Er ist die Fröhlichkeit selbst.» Zurecht hat der französische Gesetzgeber für den Muscadet einen Höchstalkoholgehalt festgelegt, was noch bei keinem anderen Wein geschehen ist: Er darf nicht stärker als 12,3% sein.

Ein guter Muscadet muß fast farblos sein. Sein Duft ist praktisch nie aufdringlich oder besonders ausgeprägt, wenn man manchmal auch hört, daß er vage an wilde Rosen erinnert. Der Geschmack eines guten Muscadet kann sehr mundfüllend sein, jedoch ohne jede Plumpheit oder Schwere. Charakteristisch für diesen Geschmack ist die Trockenheit, die aber nie ins Säuerliche, Harte oder Grüne spielt. Louis Métaireau sagt das so: «Ein guter Muscadet muß trocken, darf aber nie grün sein.» Schließlich hinterläßt ein guter Muscadet einen außergewöhnlich frischen, sauberen Nachgeschmack, in dem manchmal ein Hauch Vanille mittönt. Der Muscadet ist zwar nie ein wirklich großer Wein, aber als Begleiter vor allem zu Fisch hat dieser Loirewein doch durchaus seine Vorzüge.

Die Frische des sur lie

Ein besonderer Muscadet trägt die Bezeichnung sur lie (auf der Hefe). Dieser Typ entstand aus einer Tradition, nach der die Winzer das Faß mit ihrem besten Wein getrennt liegen ließen. Durch die Winterkälte wurde der Muscadet darin von selbst klar. Der Wein blieb dabei die ganze Zeit mit der Hefe (lie) in Berührung, die sich während der Gärung am

   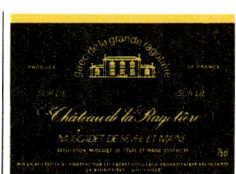

Die Domaine de la Tourmaline liegt in Saint-Fiacre. Sie umfaßt meist ungefähr 30 ha und ist Eigentum der Gebrüder Gadais, die sie auch bewirtschaften. Ihre Frauen besorgen die Büroarbeit. Der Wein dieser Domäne – ein *sur lie* – braucht meist ungefähr zehn Monate, um sich zu entwickeln. Danach duftet und schmeckt er herrlich, besitzt etwas Frucht im Aroma, einen ehrlichen Geschmack und ein wenig *terroir* im Abgang.

Bei einer Blindverkostung mit Fachpublikum erwies sich der Muscadet Sur Lie von Marcel-Joseph Guihoux sogar für die anwesende Weinimporteure als überraschende Entdeckung. Es ist ein ziemlich vollmundiger, geschmeidiger Muscadet, nicht so rassig wie die Muscadets von Louis Métaireau, aber doch von ausgezeichneter Qualität. Er besitzt einen gefälligen, reintönigen Duft und einen schönen Nachgeschmack mit ein wenig *terroir*. Winzer Guihoux wohnt in Mouzillon und besitzt 25 ha Weinberge.

Bei etlichen Verkostungen hat sich der Muscadet de Sèvre et Maine Les Mesnils erstaunlich gut plaziert – besser als so mancher Domänenwein, obwohl es sich hier um einen Marken-Muscadet handelt. Dies ist ein Kompliment für den Erzeuger, das Weinhaus Barré Frères in Gorges. Der Wein zeichnet sich aus durch eine sehr helle Farbe und einen fast saftigen, fruchtigen Geschmack. Es ist ein geschmeidiger Wein, frisch und ziemlich vollmundig. Grandeur ist nicht sein Stil, aber man trinkt ihn mit Genuß.

Im Gebiet Sèvre et Maine bestellen die Brüder Bernard, Michel und François Couillaud 25 ha Weinberg an einem Stück. Er umschließt das Château de la Ragotière in der Nähe von Vallet. Ihr Muscadet *sur lie* besitzt meist einen angenehmen, frischen Geschmack mit etwas Frucht und einer guten Harmonie. Kein absoluter Spitzenwein, aber doch um einiges über dem Durchschnitt. Etwas schlanker, herber und einfacher ist der Wein ihres Vaters, Eigentümer des Clos des Bourguignons.

Andere gute Muscadets
(in willkürlicher Reihenfolge)
Clos des Bois-Gautier von Germain Luneau (Vallet)
Clos de Beauregard und Château de Villarnoult von Antoine Guilbaud (Mouzillon)
Domaine du Breil-Landon (oder Domaine de Louveterie) von Joseph Landron (La Haye-Fouassière)
Domaine des Montys von Bernard Petiteau (Vallet)
Château de la Bidière von Comte de Camiran (Maisdon-sur-Sèvre; Qualität ungleichmäßig)
Domaine de la Mainerie, ein sandiger Weinberg, gepachtet von Château la Noë (Vallet)
Domaine de Poissonais von Joseph Bahuaud (Le Pallet)
Château de l'Oiselinière in Gorges
Le Master de Donatien von Donatien Bahuaud (La Chapelle-Heulin).

Seite gegenüber, unten:
Das Muscadet hat eine eigene Weinbruderschaft, die Chevaliers Bretvins, die fünftälteste Frankreichs. Der Name ist ein Hinweis auf die Herzogin Anne von Bretagne, die den Spitznamen La Petite Brette hatte. In der Mitte des Fotos, mit dem Glas in der Hand, steht Robert, 11. Marquis von Goulaine. In seinem Schloß finden die chapitres der Bruderschaft statt.

Unten:
Das Château de Goulaine, das 1913 unter Denkmalschutz gestellt wurde. Es liegt in Haute-Goulaine.

Seit 1979 hat der Muscadet eine eigene Flasche, *Le Muscadet.*

Muscadet

Boden abgesetzt hatte. Am Ostermontag wurde etwas Wein abgezapft, um ihn zu verkosten. Es zeigte sich dann, daß der Wein ein wenig natürliche Kohlensäure behalten hatte, so daß seine Frische optimal bewahrt geblieben war. In den 50er Jahren begann man dann, diese überlieferte Praxis in größerem Maßstab anzuwenden. Der Wein wurde nicht mehr abgezogen, sondern sofort vom ersten Faß oder Tank auf Flaschen gefüllt. Von der Gärung bis zum Flaschenabzug blieb der Wein also mit dem Depot, das sich während der Gärung dort abgesetzt hatte, in ein und demselben *fût* oder *cuve*. Der geringe Gehalt an Kohlensäure hielt auch hier den Wein vollkommen frisch. Wenn man den Wein erst in ein frisches Faß abgestochen hätte, hätte er durch den Kontakt mit dem Luftsauerstoff die Kohlensäure verloren.

Lücken in der Gesetzgebung

Im Prinzip ist der Muscadet *sur lie* ein vollkommen natürlicher, unbehandelter Wein, frisch und beinahe zerbrechlich. Der Ton liegt allerdings stark auf «im Prinzip», denn seit der *sur lie* so bekannt ist, ist in der Praxis vielleicht noch ein von fünfzig wirklich auf die oben beschriebene Art abgefüllt. Die Gesetzgebung hat hier nämlich beträchtliche Lücken. So muß ein Muscadet *sur lie* nicht beim Winzer selbst abgefüllt werden, wie es doch eigentlich unbedingt zu fordern ist. Auch sind auffallend viele Weinhäuser und -bauern mit einem Apparat ausgerüstet, der dem Wein zu ein wenig perlender Kohlensäure verhilft. Eingeweihte wissen zu berichten, daß im Muscadet Hunderte von diesen Geräten verkauft worden sind. Daneben ist der Muscadet *sur lie* im Prinzip auch ein unfiltrierter Wein. Ich kenne aber nur zwei Erzeuger, die die eigenen Weine wirklich niemals filtrieren. Das sind Louis Métaireau

und Chéreau-Carré. Louis Métaireau füllt seinen Wein sogar im Beisein eines Notars ab, um seinen Kunden die Garantie zu geben, daß sie wirklich das bekommen, was das Etikett verspricht. Aber auch er muß zugeben, daß es schwer ist, einen «echten» Muscadet von einem «unechten» zu unterscheiden. Der echte Muscadet wird vielleicht etwas weniger perlen und kaum wahrnehmbare Bläschen zeigen, er wird im Duft delikater sein und wohl auch etwas weniger Säure enthalten. Außerdem ist der echte Muscadet in der Regel teurer: Wer einen besonders preiswerten Muscadet *sur lie* erwirbt, bekommt mit Sicherheit eine Imitation – vielleicht sogar eine von zweifelhafter Qualität.

Robert, Marquis von Goulaine, hat sich wie schon sein Vater jahrelang für den Gros-Plant du Pays Nantais eingesetzt. Es versteht sich daher von selbst, daß der Marquis selbst einen sehr guten Gros-Plant produziert. Die beste Qualität trägt den Namen La Cuvée de Marquisat. Es ist ein ungemein reintöniger, frischer Wein, der nicht zu herb oder zu hart ist und sogar einen Anflug von Frucht hat. Für den Eigenbedarf erzeugt der Marquis jährlich auch vierzig Flaschen Eau-de-vie de Gros Plant.

Das Haus Chéreau-Carré vertreibt den Gros-Plant der Domaine du Bois-Bruley. Besitzer ist Bernard Chéreau. Die im Weiler La Ramée bei Vertou gelegene Domäne umfaßt 17 ha, die teilweise auch mit Muscadet-Reben bepflanzt sind. Der Gros-Plant dieser Domäne ist ein Sur Lie, markant, ziemlich herb und fest im Geschmack. Gute Ausgewogenheit.

Winzer Joseph Hallereau benutzt für seine beste Qualität Gros-Plant du Pays Nantais ein bemerkenswertes Ausbauverfahren: Speziell für den Gros-Plant hat er nämlich Fässer aus Eschenholz angeschafft. Diese Holzsorte entzieht dem Wein Säure, vermittelt ihm aber – im Gegensatz zu Eichenholz – kein zusätzliches Tannin. Das Resultat ist ein sehr guter, nicht allzu aggressiver Gros-Plant du Nantais.

Ebenfalls zu empfehlen
(in willkürlicher Reihenfolge)
Gros-Plant Sur Lie von Louis Métaireau (Maisdon-sur-Sèvre)
Gros-Plant von Georges Mercière (La Guillaudière bei Courcoué-sur-Logne)
Antoine Guilbaud (Mouzillon)
Domaine des Bourdennes von Jean Dabin (Saint-Fiacre)
Gaston Rolandeau (Tillières)
Domaine du Fief de la Touche von Guilbaud Frères (Mouzillon)
Das hervorragende Haus Sauvion (Le Vallet) selektiert jedes Jahr einen guten Gros-Plant.
Domaine de la Forchetière (Courcoué-sur-Logne)

Rechts:
Gros plant- oder Folle blanche-Rebe. Sie ergibt in etwa 100 Gemeinden, die über die Departemente Loire-Atlantique, Vendée und Maine-et-Loire verteilt sind, den Gros-Plant du Pays Nantais.

Der Gros-Plant du Pays Nantais ist seit 1954 VDQS-Wein.

Mitte unten
Vallet ist die Hauptstadt des Muscadet de Sèvre & Maine; dort wird aber auch der meiste Gros-Plant des Departements erzeugt.

Ganz unten:
Joseph Hallereau, Winzer in der Nähe von Vallet. Außer guten Muscadets erzeugt er in der Regel auch einen ausgezeichneten Gros-Plant.

Gros Plant du Pays Nantais

Wie die Muscadet- wurde auch die Folle blanche-Rebe im 17. Jahrhundert von den Holländern in die Gegend um Nantes geholt, und zwar mit der schon bekannten Absicht: zur Erzeugung eines trockenen, leichten Weines für die Destillation. Die Rebe stammte aus Cognac, wo sie auch heute noch auf großen Flächen kultiviert wird. Daneben findet man sie noch im Armagnac-Gebiet und in dem Languedoc-Bezirk Picpoul de Pinet. Rings um Nantes erzeugt man aus der Gros plant-Rebe, wie die Folle blanche hier heißt, den Gros-Plant du Pays Nantais, einen Wein der Kategorie vin délimité de qualité supérieure (VDQS). Das Qualitätsniveau der VDQS-Weine liegt durchweg etwas niedriger als das der Weine mit einer appellation contrôlée.

In der Loire-Mündung ist heute die Muscadet-Rebe vorherrschend, während dies früher die Folle blanche war. Im vorigen Jahrhundert etwa waren nicht weniger als zwei Drittel der Rebflächen mit dieser Traubensorte bepflanzt. Aus dieser Zeit stammt auch die Redensart «Der Gros-Plant ist mein Brot, der Muscadet mein Wein». Die Winzer verdienten ihr Brot vor allem mit dem Gros Plant, tranken selber aber lieber den Muscadet, auch wenn sie sich das kaum leisten konnten: Die Zeiten waren schlecht. Man hatte die Folle blanche-Rebe auch deshalb angebaut, um dem Muscadet etwas mehr Säure zu geben. Bis weit in das 20. Jahrhundert hinein war es üblich, auf 10 Rebstöcke Muscadet einen Stock Folle blanche zu pflanzen.

Neubeginn nach dem Zweiten Weltkrieg
Die Reblaus, phylloxera vastatrix, richtete ab 1885 in dem Gebiet verheerende Schäden an; nicht ein Weinberg blieb verschont. Am Ende waren vier Fünftel der Folle blanche-Rebfläche verschwunden. Erst nach dem Zweiten Weltkrieg begannen einige Winzer mit der Rekultivierung dieser Rebe, und zwar aufgrund einer Initiative der Union des Producteurs de Gros Plant, gegründet von dem Vater des heutigen Marquis de Goulaine. Zur Zeit wird die Gros plant-Rebe auf etwa 3000 ha kultiviert, die im Jahresdurchschnitt etwa 150 000 hl liefern. Der höchstzulässige Hektarertrag beträgt 50 hl. Die meisten Rebstöcke stehen südlich der Loire, vor allem rings um den See von Grand-Lieu, der mit einer Oberfläche von etwa 10 km² der größte See Frankreichs ist. Die Gros plant-Weinberge liegen meist näher am Meer als die Muscadet-Rebflächen; der Einfluß der salzigen Seeluft ist daher hier auch größer. Aber auch im Muscadet-Bezirk Sèvre et Maine begegnet man häufig der Folle blanche-Rebe. In Vallet zum Beispiel befindet sich das größte Folle blanche-Anbaugebiet des ganzen Départements Loire-Atlantique.

Hoher Säuregrad
Als Wein ist der Gros-Plant du Nantais keine Größe. Der Winzer Pierre Guindon sagt hierzu: «Der Gros-Plant ist nicht mehr als der kleine Bruder des Muscadet.» Die große Folle-blanche-Beere, die manchmal fast einer kleinen Pflaume gleicht, liefert einen Wein von blasser Farbe mit meist 11 % Alkohol (vorgeschriebener Mindestgehalt: 9 %). Auffallende Merkmale sind ein hoher Säuregrad und ein leicht bitterer, dabei etwas erdiger Geschmackston. Hinsichtlich Duft, Länge und Finesse bleibt der Gros Plant deutlich hinter dem Muscadet zurück. Wegen seiner Säure würde sich der Wein sehr gut als Grundlage für einen vin mousseux eignen. Dies wurde zwar erkannt, jedoch kommt die Produktion des Schaumweins nur zögernd in Gang. Ich selbst finde, daß der Wein gute Dienste als Aperitif und als Begleiter von Muscheln und Krebsen leistet. Die besten Qualitäten findet man hier wie beim Muscadet unter den sur lie. Der Wein wird auf eine schlanke grüne Flasche gezogen, die am Hals vier Rippen besitzt, die sogenannte Véronique.

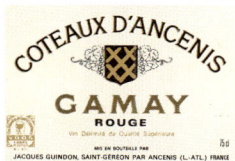

Die etwa 250 Mitglieder der Cave de la Noëlle bearbeiten knapp 400 ha und erzeugen ein reiches Sortiment von Weinen, darunter auch einen moussierenden Crémant de Loire. In den 80er Jahren hat die durchschnittliche Qualität der Weine erheblich zugenommen. Zu den Spezialitäten gehören roter Coteaux d'Ancenis, Muscadet de Sèvre et Maine (u.a. von der Dom. des Hautes Noëlles), roter Anjou (Dom. du Fresche) und Chardonnay (Vin de Pays du Jardin de la France).

Vater Jacques und Sohn Pierre Guindon in Saint-Géréon besitzen 26 ha Rebfläche und erzeugen dort unter anderem gute Coteaux d'Ancenis Rouge und Rosé. Der Rosé weist ein frisches Rosenrot auf und besitzt häufig in Duft und Geschmack einen Anflug von Himbeeren. Einer von ihnen ist Jacques Guindon mit seinem Sohn Pierre. Der Wein besitzt meist eine hellgoldene Farbe und einen recht süßen Geschmack, der beinahe saftig ist. Es ist ein ungewöhnlicher Wein, zumindest in dieser Gegend mit ihren leichten trockenen Weißweinen. Der Malvoisie hat jedenfalls Charme und ist – als süßer Wein – gut als Aperitif vorstellbar.

In den ganzen Coteaux d'Ancenis gibt es nicht mehr als drei Winzer, die aus der Malvoisie-Rebe einen lieblichen, wenn nicht süßen Weißwein erzeugen. Einer von ihnen ist Jacques Guindon mit seinem Sohn Pierre. Der Wein besitzt meist eine hellgoldene Farbe und einen recht süßen Geschmack, der beinahe saftig ist. Es ist ein ungewöhnlicher Wein, zumindest in dieser Gegend mit ihren leichten trockenen Weißweinen. Der Malvoisie hat jedenfalls Charme und ist – als süßer Wein – gut als Aperitif vorstellbar.

Ebenfalls sehr zu empfehlen
(in willkürlicher Reihenfolge)
Coteaux d'Ancenis Cabernet (rot) von Auguste Athimon in Le Cellier
Vin de Pays des Marches de Bretagne Gamay, von Pierre Landron in La Haie-Fouassière (einer der vielen Winzer in Muscadet Sèvre et Maine mit einem sympathischen roséfarbenen oder hellroten Tafelwein)
Vin de Pays de Retz (Rosé) von der Rebsorte Grolleau, erzeugt von Aubert Frères (La Varenne) und der Domaine de la Forchetière (Courcoué-sur-Logne); diese Domäne erzeugt auch einen angenehmen roten Cabernet.
Vin de Pays des Fiefs Vendéens (Rosé) von Guilbaud Frères (Mouzillon) und von Etienne Boureau (Rosnay)

Mitte unten:
Weinberg in den Coteaux d'Ancenis. Für das Gebiet ist ein Hektarertrag von 40 hl zugelassen.

Ganz unten links:
Jacques Guindon, ein tonangebender Wein-Erzeuger in den Coteaux d'Ancenis. Außer den Trauben vom eigenen Grund verarbeitet er und sein Sohn Pierre auch Trauben von anderen Winzern. Jacques Großvater kam aus Sèvre et Maine und begann hier als Friseur. Später kaufte er sich einen Weinberg.

Ganz unten, rechts:
Einige Guindon-Weine. Bei Coteaux d'Ancenis muß die Rebsorte auf dem Etikett angegeben werden.

Durch das Wachstum der Stadt Ancenis verschwinden allmählich die Weinberge der Randgemeinden. So schrumpfte die Rebfläche des Dorfes Saint-Géréon von 400–500 ha auf etwa 80 ha.

Ancenis war früher eine Baronie des Herzogtums Bretagne. Die Stadt ist durch eine 500 m lange Hängebrücke mit dem anderen Loire-Ufer verbunden.

Coteaux d'Ancenis

Jahrhundertelang war das heute 7500 Einwohner zählende Städtchen Ancenis der Schlüssel zum Herzogtum Bretagne. Von seinen Befestigungsanlagen aus hatte man nämlich die Kontrolle über den Fluß. Dies war zweifellos der Grund dafür, daß just auf der Burg von Ancenis im Jahre 1468 der Vertrag zwischen Frankreich und der Bretagne unterzeichnet wurde, mit dem das Herzogtum seine Unabhängigkeit verlor. Die Unterzeichner waren Herzog Franz II. von Bretagne und König Ludwig XI. von Frankreich. Von der Burg sind heute nur noch Reste vorhanden, so ein Turm aus dem 15., ein Gebäude aus dem 16. und Pavillons aus dem 17. Jahrhundert. Gegen Ende des 18. Jahrhunderts wurde Ancenis ein wichtiger Exporthafen für Wein. Außerdem wurden damals dort Segel für die Binnenschiffahrt hergestellt. Heute ist Ancenis vor allem für seinen Schweinemarkt bekannt. Außerdem gibt es in dem Städtchen einen riesigen Lebensmittelbetrieb namens Cana, der zu den 15 größten der Branche gehört. Die grauen, umfangreichen Gebäude befinden sich im Osten von Ancenis. Hier wird neben Milch- und Fleischprodukten auch Wein erzeugt. Seit 1955 arbeitet unter der Regie der Cana eine Winzergenossenschaft, in der etwa 250 Weinbauern zusammengeschlossen sind, die Vignerons de la Noëlle.

Vor allem Rosé und Rotwein

Ancenis gilt als die offiziöse Hauptstadt der *appellation* Muscadet Coteaux de la Loire. Noch stärker ist die Stadt jedoch mit dem Coteaux d'Ancenis verbunden, einem *vin délimité de qualité supérieure* (VDQS). Die Herkunftsbezeichnung wurde 1954 geschaffen, und zwar, wie es heißt, vor allem deshalb, weil in der Gegend das Interesse an Rosé und Rotwein immer mehr zunahm. Im allgemeinen ist die Farbe des Coteaux d'Ancenis daher auch rot oder rosé; die Gamay-Rebe dominiert in den 300 ha Weinbergen, mit einigem Abstand gefolgt von der Cabernet-Rebe. Nur ein kleiner Teil der 8000 hl, die im Durchschnitt erzeugt werden, ist Weißwein. Dieser stammt von den vereinzelt anzutreffenden Rebstöcken der Sorten Pineau de la Loire, auch Chenin blanc genannt, und Malvoisie (praktisch identisch mit Pinot gris und Tokay d'Alsace). Sowohl die Rot- als auch die Roséweine der Coteaux d'Ancenis sind in der Regel frische, gefällige, unkomplizierte Weine. Die Qualität kann manchmal erstaunlich gut sein, vor allem in guten Jahren und von guten Winzern. Der Pineau de la Loire ist knochentrocken, der Malvoisie dagegen kann trocken, aber auch deutlich süß sein.

Vins de Pays

Im *pays Nantais* begegnet man neben Muscadet, Gros Plant du Pays Nantais und Coteaux d'Ancenis noch einigen Landweinen von meist sehr einfacher Qualität. Im Département Loire-Atlantique sind dies der Vin de Pays des Marches de Bretagne und der Vin de Pays de Retz.
Südlich des Gebietes Nantes liegt die Vendée, wo Fiefs Vendéens erzeugt werden, Rotweine und Rosés von manchmal überraschend guter Qualität.

Die Familie Touchais besitzt 170 ha, die zu einem Drittel mit der Chenin blanc-Rebe bepflanzt sind. Die Trauben werden streng selektiert; nur die besten werden für den Moulin Touchais verwendet. Der Wein gärt sehr langsam und wird kaum geschwefelt. Nach der Abfüllung läßt man ihn mindestens zehn Jahre in den riesigen eigenen Kellern in der Flasche reifen. Die Weißweine von Touchais behalten jahrzehntelang ihre Vitalität und gehören zu den vornehmsten Anjou-Weinen. Touchais erzeugt auch Rosés und Rotweine.

Domaine de Montchenin ist der Markenname, unter dem der junge Betrieb Les Vignerons des Moulins de Vent einen trockenen weißen Anjou anbietet. Er wird in einem hochmodernen, 1975 erbauten Vinifikationszentrum aus 90 % Chenin blanc und 10 % Chardonnay hergestellt. Der meist nach Frucht und spezifisch der Chardonnay-Traube duftende Wein ist markant, lebendig, kühl und sehr voll im Geschmack. In seiner Art ein ausgezeichneter Wein. Sitz des Vignerons des Moulins de Vent ist Passavant im Süden von Anjou.

Anjou

Von Ancenis sind es keine fünfzig Kilometer nach Angers, der Hauptstadt der alten Provinz Anjou. Diese Provinz, nach Ronsard «ein irdisches Paradies», umfaßt im wesentlichen das heutige Département Maine et Loire sowie Teile von Viennes und Deux Sèvres. Die Landschaft dort ist so freundlich wie das Klima. Grüne Äcker, Weiden und Weinberge wechseln sich ab mit Wäldern, Gärtnereien und Kirschbaumplantagen. Anjou hat an die 1900 Sonnenstunden im Jahr und eine durchschnittliche Jahrestemperatur, die ein Grad höher liegt als in Paris. Niederschläge gibt es relativ wenige, nämlich nicht einmal 600 mm im Jahr. Der Herbst ist immer mild. Das Leben in den Dörfern geht ohne jegliche Hast vor sich; man nimmt sich sehr viel Zeit dafür, das Leben zu genießen. Ich konnte mich während meiner Rundreise mehrfach davon überzeugen. Mittagessen, die den halben Nachmittag in Anspruch nahmen, waren keine Seltenheit. Ich denke etwa an ein Essen bei dem Winzer Gérard Chauvin: Dieses *déjeuner* begann mit einem Coteaux du Layon 1970 zu Gurkensalat mit Radieschen, Stangenbrot und gesalzener Butter. Es folgte auf Rebenzweigen gegrillter Aal. Die Platte machte dreimal die Runde, und dazu gab es einen trockenen weißen Anjou. Das Hauptgericht bestand aus gegrilltem Entrecôte, begleitet von zwei Sorten rotem Anjou. Wegen anderer Verpflichtungen mußte ich danach die Runde verlassen, aber später hörte ich noch, daß man die Tafel fröhlich mit Käse, Dessert, verschiedenen Weinen, Kaffee, Cognac und fri-

volen Chansons von Madame Chauvin beendet hatte.

Weinbau schon seit Jahrhunderten

Anjou ist wegen vieler Erzeugnisse berühmt: Rosen, Orchideen, Teppiche (darunter die weltberühmte Sammlung im Schloß von Angers), Schuhe, Likör (Cointreau), die kleinen schwarzen *guigne*-Kirschen (Herzkirschen) und Schiefer. Diese Gesteinsart wurde früher viel für den Häuserbau verwendet, weshalb Angers den Beinamen «die schwarze Stadt» bekam. Und schließlich ist Angers auch noch wegen seines Weins berühmt. Man nimmt an, daß die Rebe hier schon seit dem 3. Jahrhundert kultiviert wird. Nachweisbar ist, daß Karl der Große im Jahre 769 der Abtei von Saint-Aubin-des Vignes einen Weinberg schenkte. Auch in einer Urkunde aus dem Jahre 845 ist von Weinbau die Rede. Als Henri Plantagenet, Graf von Anjou, den englischen Thron bestieg, wurde der Wein von Anjou in zunehmendem Maße auch nach London verschifft. In späterer Zeit wurden qualitätssichernde Vorschriften erlassen, wie zum Beispiel eine Verordnung aus dem Jahre 1331, derzufolge kein Wein mehr nach Anjou eingeführt werden durfte, um das Verschneiden des Weins zu unterbinden.

Holländischer Einfluß

Der große Sprung vorwärts kam im 16. und 17. Jahrhundert, wieder einmal dank der Holländer. Im Muscadet Gebiet hatten sie den Weinbau gefördert, um Wein für die Destilla-

tion zu bekommen; in Anjou dagegen suchten sie süße weiße Tafelweine. Die Holländer verlangten gute, aber nicht überragende Qualität, wofür sie einen angemessenen Preis bezahlten. Ihr Einfluß in Anjou war überragend; generationenlang befand sich der gesamte Weinhandel fest in ihren Händen. Es waren ihre Makler, die die Ernte aufkauften, ihre Schiffe, die die Fässer über Fluß und Meer trugen. Es wurde soviel Wein, vor allem aus Anjou, nach Holland verschifft, daß der Bürgermeister von Rotterdam im Jahre 1681 den Weinhandel als lebenswichtig für seine Stadt bezeichnete. Aufgrund ihrer Machtstellung konnten die Holländer meist sogar die Rebsorten vorschreiben. Natürlich hatten sie bei der Ernte stets die erste Wahl; was in Frankreich selbst blieb, war meist die schlechteste Qualität. Die *vins pour Paris* waren bei weitem nicht so gut wie die *vins pour la mer*. Gegen Endes des 17. Jahrhunderts brach der Weinhandel (und damit auch der Weinbau von Anjou) wegen eines Krieges zwischen Holland und Frankreich kurzfristig zusammen. Mit dem Frieden kamen auch die Holländer wieder, bis die Französische Revolution 1789 dem Handel ein zweites Mal, und diesmal für immer, ein Ende setzte.

Etwa 25 Herkunftsbezeichnungen

Heute gibt es in Anjou etwa 28 000 ha Weinberge, die jährlich rund eine Million Hektoliter und damit etwa ein Viertel aller Loire-Weine liefern. Unter dieser großen Menge Wein gibt es viele eigene Herkunftsbezeichnungen (*appel-*

Von der herrlich gelegenen Domaine de la Soucherie im Weiler Chaume nahe Beaulieu-sur-Layon hat Pierre-Yves Tijou etwa 5 ha für die Produktion von trockenem weißem Anjou reserviert. Er verwendet hierfür 90 % Chenin blanc und 10 % Sauvignon. Ich finde den Wein herrlich: frisch, sauber, von hervorragender Ausgewogenheit und ausgezeichnet als Durstlöscher und Begleiter zu vielen Arten Fisch.

Henri Richou und sein Sohn Didier können mit trockenen weißem Anjou Chauvigné auf der Landwirtschaftsschau in Paris regelmäßig Goldmedaillen einheimsen, und zwar zu Recht. Der Wein duftet nach kleinen Blüten und ganz leicht nach Gewürzen. Der Geschmack ist abgerundet, von milder Frische und fast saftig. Die Richous bearbeiten 30 ha, wovon rund 10 ha für den weißen Anjou bestimmt sind. Ihre Domaine liegt in Mozé-sur-Louet.

Auf seiner 20 ha großen Domaine des Rochettes erzeugt Gérard Chauvin (Mozé-sur-Louet) verschiedene Sorten Wein, darunter auch trockenen weißen Anjou. Dieser trägt meist keine Jahrgangsangabe, stammt aber grundsätzlich von der letzten Ernte. Der Wein besitzt in der Regel eine blasse Farbe und einen recht angenehmen Geschmack, der keineswegs sauer, doch herb ist. Der Wein ist nicht groß, aber sehr korrekt. Er wird ausschließlich aus der Chenin blanc-Traube erzeugt.

Das handwerklich arbeitende Haus Aubert Frères, an dem Eschenauer zu 75 % beteiligt ist, verfügt über 48 ha eigene Weinberge. Ein Teil davon liegt in La Varenne selbst. Dort erzeugt man ausschließlich in guten Jahren aus drei Viertel Cabernet-Sauvignon und ein Viertel Cabernet-Franc einen roten Cabernet-Anjou. Der Wein reift zwei Jahre im Faß. Er besitzt eine schwere, tiefrote Farbe, einen fast nicht greifbaren Duft und einen charaktervollen, recht festen Geschmack, der lange am Gaumen haften bleibt.

In Epiré (bei Savennières) macht Yves Soulez auf Château de Chamboureau von Cabernets eine geringe Menge roten Anjou. Die Fläche, die er mit diesen blauen Trauben bestockt hat, nahm allmählich von 1,5 auf 3,5 ha zu. Es ist ein Wein mit viel Farbe, etwas Frucht in der Nase und einem charaktervollen, etwas eigenwilligen Geschmack, den man mag oder nicht mag. Der Wein wird vor allem nach Dänemark versandt.

Gegenüberliegende Seite, oben:
Die Weinberge rings um Angers nennt man den vignoble angevin. Der auf dem Schild genannte Cabernet d'Anjou wurde 1905 erstmals vom Winzer Taveau aus Saumur hergestellt. Später hat Produzent Daviau-Rozé aus Brissac sehr viel für den Wein getan.

Beide Seiten, unten von links nach rechts:
Böttcherei in Anjou
In den Kellern von Touchais
Kunststoff-Erntetröge in grellen Farben werden gereinigt.
Jean David von den Vignerons des Moulins de Vent vor seinem Château de Passavant
Joseph Touchais mit seinem 1900er

Anjou

lations). Kein Loire-Gebiet hat so viele *appellations* wie Anjou: Einschließlich der *appellation* Saumur, die offiziell zu Anjou gehört, sind es etwa 25. Die Erzeugung gliedert sich grob in 30% Weißwein, 25% Rotwein und 45% Rosé. Die Mehrzahl der verschiedenen Herkunftsbezeichnungen werden in den folgenden Kapiteln ausführlich behandelt. Dieses Kapitel beschränkt sich auf die Gebietsweine, darunter Anjou (weiß und rot), Rosé d'Anjou, Cabernet d'Anjou und Rosé de Loire.

Der weiße Anjou
Bis weit in das vorige Jahrhundert nahm der Weißwein in Anjou eine überragende Stellung ein. Die Bepflanzung nennenswerter Flächen mit blauen Reben, aus denen Rosé-, später auch Rotweine erzeugt wurden, erfolgte erst im 20. Jahrhundert. Die Weißweine waren stets süß oder halbsüß. Noch vor zehn, zwanzig Jahren wurde in Anjou praktisch kein trockener Weißwein erzeugt. Dies ändert sich nun allmählich: Ich habe in der Gegend doch eine ganze Reihe ansprechender trockener Weißweine verkostet. Der Gesetzgeber schreibt vor, daß der Anjou Blanc zu mindestens 80 % von der Chenin blanc-Rebe stammen muß. Dazu sind 20 % Chardonnay und/oder Sauvignon zugelassen. In der Regel ist es sehr angebracht, diese letzteren Rebsorten hinzuzufügen, da sie dem etwas strengen Wein aus der Chenin blanc-Rebe etwas mehr Freundlichkeit geben. Man darf natürlich auch einen weißen Anjou aus 100 % Chenin blanc erzeugen. Dann bekommt man aber einen Wein, der in seiner Jugend meist sehr sauer ist und unbedingt lange reifen muß. Nun – der weiße Anjou eignet sich auch dafür. Die bemerkenswertesten Beispiele hierfür verkostete ich im Keller von Joseph Touchais, einem Winzer und Weinhändler aus Doué-la-Fontaine.

Joseph, ein liebenswürdiger, intelligenter Mann, sagte mir: «Ich persönlich verkaufe keinen Wein, der nicht mindestens zehn Jahre alt ist. Der 1980er, den wir auf unserem eigenen Land geerntet haben, wird nicht vor 1990 angeboten. Ein guter weißer Anjou beginnt seine Qualitäten erst nach zehn Jahren zu zeigen, nach zwanzig schmeckt er erst gut, und nach fünfzig Jahren ist er noch besser. Und auch darüber hinaus kann sich der Wein noch lange halten.» Monsieur Touchais fügte noch hinzu, daß sein weißer Anjou – zumindest die Qualität, die er als Moulin Touchais verkauft – nicht ganz und gar trocken ist, weil ein Teil der Trauben aus dem Herkunftsgebiet des durchweg (halb)süßen Coteaux du Layon stammt. Dies machte jedoch die Verkostung nicht weniger interessant.

Aus der Schatzkammer von M. Touchais
Nach diesen Ausführungen wurde Sohn Jean-Marie, der voll im Betrieb mitarbeitet, beauftragt, aus den bis unter die Decke gefüllten Mauernischen die Jahrgänge 1959, 1949, 1945, 1923 und 1900 zu holen. Hier in verkürzter Form meine Degustationsnotizen:
1959 – Blaßgoldene Farbe, reifer Duft, sauberer Traubengeschmack, mildsüßer Ton, ein Hauch Edelfäule à la Sauternes. Monsieur Touchais öffnete noch einen zweiten 1959er, der frischer und trockener im Duft kräftiger war. Alle beide präsentierten sich erstaunlich jung.
1949 – Schön entwickelter Duft und Geschmack, neben der Süße deutliche Frische. Hält sicherlich noch ein halbes Jahrhundert.
1945 – Goldgelbe Farbe, reifer und konzentrierter als der 1949er, außerdem voller und süßer. Tönt lange nach. Nicht die ausladende Üppigkeit eines großen Sauternes, aber doch ein ausgezeichnetes Gewächs.
1923 – Aus nicht entrappten Trauben hergestellt und daher etwas krautig und fest, aber doch vital. Eine Spur Rosa in der Farbe.
1900 – Von Josephs Großvater hergestellt. Üppiger, süßer, vollständiger als der 1923er. Ein Hauch Aprikosen im Geschmack. Prachtvoll, hinreißend – und noch von eherner Konstitution.

Zufälligerweise bekam ich am selben Abend bei Freunden den 1870er von Touchais zu verkosten, dessen ältesten Wein. Dieser war tiefbraun, duftete nach Champignons und Zuckersirup und besaß im Geschmack neben der Süße auch eine Spur Säure sowie nicht zu wenig Alkohol. Der Wein war noch unglaublich vital; es war ein Erlebnis, ihn zu trinken. Wie schön, daß Touchais in seinen Kellern noch rund eine Million Flaschen weißen Anjou liegen hat.

Die Domaine de la Bizolière in Savennières hat etwa 7,5 ha mit Cabernet-Reben, überwiegend Cabernet-Franc, bepflanzt. Der Wein hieraus ist tanninreich, fruchtig, gleichzeitig aber auch sehr geschmeidig. Der Wein schmeckte gut und blieb angenehm am Gaumen haften. Der Alkoholgehalt erreicht manchmal 12,5% – wohl deshalb, weil man in Savennières gewöhnt ist, auch Weißweine mit einem solchen Alkoholgehalt zu erzeugen.

Während die Rotweine der Domaine des Rochettes in der Vergangenheit häufig hart und bitter waren, macht Gérard Chauvin seit der Ernte 1978 einen völlig anderen Typ Wein: geschmeidig, weich, freundlich und sehr sauber. Ich habe bei Chauvin sogar einen Anjou Rouge probiert, bei dem überhaupt kein Schwefel verwendet wurde. Chauvin verwendet hauptsächlich die Cabernet-Franc- und ein wenig Cabernet-Sauvignon-Reben. Es werden jedoch auch Weine aus nur einer der genannten Sorten erzeugt.

Das uralte Schloß Passavant wird von Jean David bewohnt, einem der Eigentümer der Domäne Les Vignerons des Moulins de Vent. Der Rotwein wird nicht auf dem Schloß erzeugt, trägt jedoch seinen Namen. Er stammt von 12 ha überwiegend Cabernet-Franc und ein wenig Cabernet-Sauvignon. Der Wein wird innerhalb eines Jahres aus Edelstahltanks auf Flaschen abgefüllt. Sehr tiefe Farbe, reintöniger Cabernet-Duft, geschmeidiger, jedoch nicht glatter Geschmack. In seiner Art erstaunlich gut.

Die Familie Richou hat etwa 5 ha Gamay angepflanzt. Diese Reben liefern einen guten, fast Beaujolais-artigen Wein. Einfach, artig, fruchtig und mit einem gewissen Erdton im Nachgeschmack. Henri Richou sagte mir, daß er mit der *macération carbonique* experimentieren möchte, einem Gärverfahren, das duftige, geschmeidige, schnell trinkfertige Weine liefert. Die Trauben kommen hierbei möglichst unversehrt in ein Faß, das hermetisch abgeschlossen wird. Anschließend gärt der Traubensaft in den Beeren selbst.

Auf seiner Domaine de la Motte in Rochefort-sur-Loire hat André Sorin auch 3,5 ha mit der Cabernet-Franc- und 1,5 ha mit der Cabernet-Sauvignon-Rebe bepflanzt. Sie liefern außer einem guten, ziemlich reichen und süßen Cabernet d'Anjou Rosé auch einen interessanten roten Anjou. In sonnenreichen Jahren wie 1976 ist dieser der gelungenere Wein. Im besten Fall ist Sorins roter Anjou ein ziemlich tanninreicher Wein, der wohl keinen hinreißenden Charme besitzt, aber doch Charakter und auch vage Anklänge von Früchten.

Bei einer vergleichenden Verkostung von acht Sorten Rosé d'Anjou ging der Rosé der Firma Henri Métaireau als Sieger hervor. Der Wein wird durchweg mit Jahrgangsangabe verkauft. Auffallende Merkmale waren eine sehr leichte, zartrosa Farbe mit einem Hauch Orange, ein reintöniges Parfum und ein lebendiger, fruchtreicher Geschmack. Daneben besaß der Wein eine schöne Ausgewogenheit.

Anjou

Starke Kontraste

Die klassischen, traditionell erzeugten Weine von Touchais bilden einen starken Kontrast zu den sehr modern hergestellten Weinen etwa der Vignerons des Moulins de Vent in Passavant. Dieser noch junge Betrieb arbeitet mit Edelstahl und erzeugt einen Anjou sec mit 10% Chardonnay, der gerade in seiner Jugend am angenehmsten schmeckt.

Es ist daher zu empfehlen, weißen Anjou stets sehr sorgfältig auszuwählen, damit man nicht am Ende einen unerwartet süßen oder unerwartet trockenen Wein in Händen hält. Neben dem normalen weißen Anjou gibt es noch die wenig bekannten Herkunftsbezeichnungen Anjou Mousseux (weiß und rosé) und Anjou Pétillant. Von beiden habe ich jedoch noch nie einen bemerkenswerten Wein verkostet.

Rotwein im Kommen

Ebensowenig wie trockener weißer Anjou wurde vor 10 bis 20 Jahren auch roter Anjou erzeugt. Der Rotwein ist jedoch jetzt stark im Vordringen. Die Jahreserzeugung hat sich in den 80er Jahren von 50 000 auf 100 000 hl verdoppelt. Daß die Nachfrage nach Rosé inzwischen stark rückläufig ist, dürfte damit wohl im Zusammenhang stehen. Man unterscheidet zwei Sorten roten Anjou: Anjou Gamay, der ausschließlich aus der Beaujolais-Rebe Gamay noir à jus blanc hergestellt wird, und Anjou, der von der Cabernet-Franc- und/oder Cabernet-Sauvignon-Rebe stammt, wiewohl auch Pineau d'Aunis enthalten sein darf. Gleichzeitig mit der Quantität stieg auch die Qualität des roten Anjou, vor allem der Cabernet-Weine. Es wurde sogar der Wunsch laut, den besseren Weingemeinden für diesen Weintyp eine eigene Herkunftsbezeichnung zu geben, und so wurde im Herbst 1987 die Appellation Anjou-Villages aus der Taufe gehoben. Diese umfaßt 46 Gemeinden in den Départements Maine-et-Loire und Deux-Sèvres. Ein Anjou-Villages muß ausschließlich aus Cabernet-Franc oder Cabernet-Sauvignon hergestellt sein.

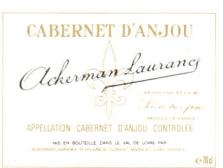
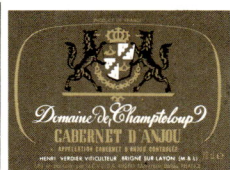

Château de Tigné (13./14. Jh.) im Weiler Tigné ist Eigentum von Georges Lalanne, Schwager von Jacques Lalanne, dem Château de Belle Rive in Quarts de Chaume gehört. Das Weingut ist 30 ha groß. Monsieur Lalanne erzeugt einen in der Regel jahrgangslosen Rosé d'Anjou mit etwas mehr Farbe als die meisten anderen und einem ziemlich trockenen Geschmack. Es ist ein etwas herber Rosé d'Anjou, frisch, sehr voll. Auch das benachbarte Château de la Roche Coutant (15 ha) erzeugt einen guten Rosé.

Der große Betrieb Ackerman-Laurance in Saint-Hilaire-Saint-Florent an der Grenze zu Saumur ist vor allem wegen seiner Schaumweine bekannt. Das Sortiment umfaßt jedoch auch viele andere Loire-Weine, so einen sehr ansprechenden Cabernet d'Anjou ohne Jahrgang, der mir besser erscheint als so mancher vergleichbarer Wein aus anderen großen Betrieben. Gelungene Cabernets d'Anjou habe ich auch verkostet von:
Aubert Frères (Varennes), Château de Beaulieu (Beaulieu-sur-Layon).

Henri Verdier arbeitet für einen großen Weinbetrieb in Montreuil-Bellay; daneben besitzt er ein eigenes Weingut, die Domaine de Champteloup in Brigné-sur-Layon. Diese besitzt einen makellos unterhaltenen Weinberg von 30 ha, von denen 22 ha zur Hälfte mit Cabernet-Franc und zur Hälfte mit Cabernet-Sauvignon bepflanzt sind. Verdier macht aus diesen Trauben einen hellen, lachsfarbenen Cabernet d'Anjou, der recht elegant ist und nicht allzu zuckerreich. Ein großer Teil dieses Weines geht nach Belgien.

Es gibt viele Weindomänen, die einen guten, erfrischenden Rosé de Loire herstellen, darunter Château de la Roche in Rablay-sur-Layon, das mit dem Markennamen Gris Fumé arbeitet.
Daneben habe ich auch die folgenden guten Rosés de Loire probiert:
Les Moulins de Vent (Vignerons des Moulins de Vent)
Aubert Frères
Gérard Chauvin

Gegenüberliegende Seite:
Stiller Nachmittag in einer Anjou-Gemeinde

Unten:
Fast überall in Anjou hat der Traktor das Pferd ersetzt, außer auf dem steilen Hang von Coulée de Serrant in Savennières (s. S. 22).

Ein guter Rosé d'Anjou kann lange reifen, wie ein ausgezeichnet zu trinkender 1947er beweist, den ich drei Jahrzehnte nach der Ernte bei Jean Douet in Concourson-sur-Layon probieren konnte.

In Anjou gibt es mehrere Weinbruderschaften, darunter die Confrérie des Chevaliers du Sacavin und die Confrérie des Fins Gousiers d'Anjou.

Die meisten Winzer von Anjou stellen Rosé, Rotwein und Weißwein her. Außer Rebgärten gibt es in diesem Gebiet noch viele andere Kulturen, denn längst nicht alle Winzer können von ihrem Wein allein leben. In Anjou gab es übrigens zu Beginn des vorigen Jahrhunderts 72 000 Rebgärten, während es heute nur noch 28 000 sind.

Anjou kennt auch einen einfachen Landwein, Vin de Pays du Maine et Loire. Dieser Rotwein oder Rosé wird meist aus der Gamay-Rebe hergestellt. Angers liegt nicht an der Loire, sondern an der Sarthe, die in die Maine mündet. Jeden Sommer findet hauptsächlich in Angers das Festival d'Anjou mit Konzerten, Film- und Theateraufführungen statt.

Anjou

Die Rosé-Sorten

Der bekannteste Wein von Anjou ist zweifellos der Rosé d'Anjou, ein einfacher halbsüßer Wein, dessen Farbskala vom Rosa bis zur hellen Lachsfarbe reicht. Der Geschmack zeigt wenig Charakter, kann aber eine angenehme Dosis Frucht besitzen. Im allgemeinen ist der Rosé d'Anjou ein preisgünstiges Massenprodukt, das überwiegend aus großen Weinfabriken stammt. Die wichtigste Rebsorte ist die Groslot, mit der schätzungsweise 80–90 % der Weinberge bepflanzt sind. Außerdem hat der Gesetzgeber die folgenden Rebsorten zugelassen: Cabernet-Franc, Cabernet-Sauvignon, Gamay, Pineau d'Aunis und Cot (bekannter als Malbec).
Ein qualitativ etwas, aber nicht viel besserer Rosé ist der Cabernet d'Anjou. Dieser wird aus einer der beiden Cabernet-Reben erzeugt. Der Hektarertrag liegt gegenüber dem Rosé d'Anjou niedriger (40 statt 50 hl), der Mindestalkoholgehalt höher (10 % statt 9 %). Bemerkenswert ist, daß der Cabernet d'Anjou im Vergleich zum Rose d'Anjou sowohl trockener als auch süßer schmecken kann. Ich habe beide Varianten verkostet. Zwei weitere Rosésorten aus Anjou sind Rosé d'Anjou pétillant und Rosé de Loire. Ersterer ist mir noch nie begegnet, der zweite des öfteren. Rosé de Loire ist eine noch relativ junge Appellation, die sich auch auf die Touraine erstreckt. Sie wurde im Jahre 1974 geschaffen. Der Rosé de Loire sollte später den Platz des Rosé d'Anjou einnehmen, wenn sich der Publikumsgeschmack vom halbsüßen Rosé weg zum trockenen Rosé hin entwickelt hätte. Diese Erwartung wurde allerdings enttäuscht: Die Weintrinker, die sich vom Rosé d'Anjou abwandten, gingen nicht zum trockenen Rosé über, sondern überwiegend zum trockenen Weißwein. Die Produktion des Rosé de Loire kam deshalb nicht über 15% der Rosé d'Anjou-Produktion hinaus. Die Rosé-Erzeuger haben deshalb zur Zeit auch erhebliche Probleme, so daß sich viele dafür entscheiden, lieber Rotwein zu machen. Für den Rosé de Loire gilt ein Mindest-Cabernet-Anteil von 30%; daneben dürfen noch Groslot, Pineau d'Aunis, Gamay und Pinot noir verwendet werden. Von allen rosafarbenen Weinen aus Anjou ist mir der Rosé de Loire am liebsten: spritzig, leicht, erfrischend und noch recht preisgünstig.

Savennières

Einer der kleinsten Weinbezirke von Anjou ist das beinahe legendäre Savennières. Die Weinberge liegen im Westen von Angers, verstreut in einer durch den Schiefer geprägten Hügel- und Felslandschaft. Manche Rebgärten sind so steil, daß sie nur mit Pferden bearbeitet werden können. Mönche pflanzten hier im 12. Jahrhundert die ersten Rebstöcke. Später trank man den Wein sogar am französischen Hof, und es heißt, daß Ludwig XIV. einst dem Gebiet einen Besuch abstattete. Einer der Winzer, der Eigentümer des Château de la Roche-aux-Moines, ließ eigens für den königlichen Besuch ein zweites Stockwerk auf sein Schloß setzen und fügte Seitenflügel und Türme hinzu. Der Sonnenkönig kam jedoch nicht bis dorthin: seine Kutsche blieb auf einem der Weinhügel im Morast stecken, und der sehr irritierte Ludwig mußte unverrichteter Dinge wieder umkehren. Auch am Hofe Napoleons wurde Savennières getrunken. Eine Hofdame von Joséphine, die Gräfin von Serrant, hatte ihn dort eingeführt.

Handicap durch Gesetzgebung

Von Savennières' ruhmreicher Vergangenheit ist heute nicht mehr viel zu sehen. Das gleichnamige Dorf, dessen Häuser zum großen Teil mit den Steinen einer nahen, im 16. Jahrhundert geschleiften Burg erbaut wurden, träumt heute im Schatten seiner tausend Jahre alten Kirche besseren Zeiten nach. Die Weinbaufläche beträgt nicht einmal 60 ha, während es

360 sein könnten. Die durchschnittliche Jahreserzeugung kommt nicht über 2000 hl hinaus – ein Tropfen im Weinmeer von Anjou. Es gibt etwa 15 Erzeuger in Savennières, aber nur wenige von ihnen leben ausschließlich vom Wein. Die schwierige Situation läßt sich zum Teil durch das spezielle Mikroklima erklären. Aufgrund der Widrigkeiten des Wetters erzeugte beispielsweise das Weingut Coulée de Serrant 1963, 1965 und 1972 nicht einen Tropfen Wein; darüber hinaus gingen 1975 60 % der Ernte durch Frost verloren, 1977 40 % und 1978 25 %. Ein noch größeres Handicap aber ist das französische Weingesetz: Als 1952 die *appellation* Savennières geschaffen wurde, war der Savennières durchweg ein halbsüßer oder süßer Wein, der überwiegend, wie im Bordeaux-Gebiet Sauternes, aus edelfaulen Beeren hergestellt wurde. Auf dieser Grundlage legte der französische Gesetzgeber einen Höchstertrag von nur 25 hl/ha fest sowie einen Mindestalkoholgehalt von 12 %. Heute aber ist der Savennières überwiegend ein trockener Weißwein, für den 25 hl/ha bei weitem zu niedrig und ein Mindestalkoholgehalt von 12 % meist bei weitem zu hoch sind. Inzwischen hat der Gesetzgeber den Hektarertrag zwar auf 30 hl erhöht, aber dies ist immer noch erheblich weniger als die 45 hl/ha, die für alle anderen trockenen Anjou-Weißweine gelten. Die Alkoholgrenze von 12 % dagegen blieb. Um diesen Wert zu erreichen, müssen die Winzer entweder nur sehr reife Trauben ernten und das Risiko schlechten Wetters oder eines zu körperreichen Weins eingehen, oder sie müssen chaptalisieren, das heißt dem Most Zucker zusetzen.

Coulée de Serrant

Nimmt man zu all dem noch den meist schwierig zu bearbeitenden Boden hinzu, dann kann man sich gut vorstellen, was es heißt, in Savennières Winzer zu sein. Einer von ihnen drückte es einmal so aus: «In Savennières ein Weingut zu betreiben, ist so teuer, wie eine Tänzerin auszuhalten – bloß moralischer.» Zum Glück gibt es noch Menschen, die in Savennières Wein herstellen, sogar guten Wein. Das bekannteste Gut ist Clos de la Coulée de Serrant von Madame Joly und ihrem Sohn Nicolas. Der Weinberg hat seine eigene *appellation contrôlée*: Savennières Coulée de Serrant. Er umfaßt 7 ha, die auf Parzellen von 4, 2 und 1 ha verteilt

Seite gegenüber, rechts oben:
Netze zum Fernhalten der Vögel auf der Domaine de la Bizolière

Seite gegenüber, links oben:
Das Dorf Savennières am Nordufer der Loire

Seite gegenüber, unten (im Uhrzeigersinn rechts oben beginnend):

Armand Bizard und sein Château d'Epiré; Madame Denise Joly vom Coulée de Serrant; das Château de la Roche-aux-Moines, Eigentum von Madame Joly; Yves Soulez vom Château de Chamboureau.

Unten:
Château de la Bizolière

Rechts unten:
Aller Savennières wird aus der Chenin blanc-Rebe hergestellt.

Seit 1962 sind der Clos de la Coulée de Serrant, einige andere Weinparzellen und das Château de la Roche-aux-Moines Eigentum der Familie Joly. Ihr Savennières Coulée de Serrant gärt in Holzfässern, wird dreimal abgestochen, geschönt, einmal leicht filtriert und im Mai abgefüllt. Es ist der bekannteste Wein von Savennières, und auch einer der besten. Der Wein muß mindestens fünf Jahre reifen, am besten zehn Jahre oder noch mehr. Er kann ohne weiteres zwanzig bis dreißig Jahre alt werden.

Die Domaine de la Bizolière umfaßt 400 ha, die rings um ein schönes Landhaus liegen. Eigentümerin ist die Familie Brincard, *gérant* ist Baron Marc Brincard, der für die französische Bank Crédit Lyonnais arbeitet. Die 18 ha Rebfläche liefern Savennières La Roche-aux-Moines (auf gut 3,5 ha; der beste, strukturreichste Wein); Savennières (7 ha; ebenfalls sehr gut) und verschiedene andere Weine, so guten roten und weißen Anjou. Die Savennières-Weine gären auf Holz und werden spätestens Anfang April abgefüllt.

Den Weinberg von Château d'Epiré gibt es bereits seit 1640. Die Domäne befindet sich seit 1749 in Händen der gleichen Familie; heutiger Eigentümer ist Armand Bizard. Er erzeugt sowohl Wein (10 ha) als auch ... Milch. Sein Savennières gärt in Holzfässern in einer ehemaligen Kirche. Von allen Savennières der Jahrgänge 1973, 1974 und 1975 wurde Epirés aromatischer, markanter 1974er als bester Savennières zum Geschenk für den französischen Präsidenten ausgewählt. Manchmal schmeckt man Blumen, Früchte und Gewürze.

Château de Chamboureau wird seit 1978 von Yves Soulez bewirtschaftet, der es von seiner Verwandtschaft gepachtet hat. Es liegt in Epiré und besitzt einen Weinberg von 24 ha (doppelt soviel wie Ende der 70er Jahre). Davon liefern 20 ha Savennières. Dieser gärt manchmal volle zwei Monate bei Temperaturen von 17–18°C. Soulez läßt den Wein nicht mit Holz in Berührung kommen: «Holzgeschmack interessiert mich nicht, Frucht schon.» Das Ergebnis ist ein ausgewogener, charaktervoller Wein.

Jean Baumard verwaltet 11,35 ha in Savennières und ist der größte Erzeuger am Ort. Von Savennières alten Stils, breit angelegten, häufig unfreundlichen Wein, die lange reifen müssen, hält er nicht viel. Sehr bewußt macht Jean deshalb einen geschmeidigen Typ Savennières, meist mit milder Frucht und Gewürzen in Duft und Geschmack. Der schöne Abgang beweist, daß dies nicht zu Lasten der Qualität geht. Ein Teil von Baumards Wein kommt vom Clos du Papillon; dieser distinguierte Wein trägt ein eigenes Etikett.

Savennières

---

sind. Grundlage des Coulée de Serrant wie auch aller anderen Savennières ist die Chenin blanc-Rebe. Das Weingut erzeugt im Jahr durchschnittlich nicht mehr als 18 000 Flaschen. Diese sollten frühestens nach fünf bis zehn Jahren geöffnet werden, da der Wein vorher zu hart, zu sauer, zu grasig ist. Außerdem, so sagt Nicolas Joly, ändert sich der Wein zwischen seinem zweiten und fünften Lebensjahr sehr stark. Ein reifer Clos de la Coulée de Serrant ist ein Weißwein von Rang. Nach fünfzehn Jahren noch besitzt er meist eine beachtliche Frische, einen reich nuancierten Geschmack und einen charmanten Duft, der an einen Strauß Feldblumen erinnert. Durch seine goldgelbe Farbe leuchtet ein Schimmer von Grün.

La Roche-aux-Moines

Auch der Weinberg La Roche-aux-Moines besitzt seine eigene Savennières-*appellation*. Er gehört nicht einem, sondern mehreren Winzern. Es ist typisch für den Bezirk, daß von den 28 ha, die verfügbar sind, nur 7 bestellt werden, und diese nicht einmal alle mit der Chenin blanc-Rebe. Viele Winzer können sich nämlich nur über Wasser halten, wenn sie neben dem Savennières auch einfache Konsumweine herstellen, und das heißt hier: trockenen weißen Anjou, Rosé und Rotwein. Ein Gut, das einen sehr guten, konzentrierten Savennières La Roche-aux-Moines erzeugt, ist die Domaine de la Bizolière, 400 ha groß, mit 18 ha Rebgärten, zu denen auch 3,5 ha La Roche-aux-Moines gehören. Ich entdeckte in diesem Wein eine sehr subtile Mischung aus Honig, Blumen und Vanille nebst einer etwas herben Frische, die für Savennières-Weine so typisch ist.

Daneben habe ich auch einige «gewöhnliche» Savennières kennengelernt, darunter den nicht selten markanten Château d'Epiré, einen reintönig schmeckenden Wein mit Frische und Frucht, und den an Geschmacksstoffen reichen Château de Chamboureau. Keiner der eben genannten Savennières konnte durch Charme überwältigen, durch Milde schmeicheln oder durch Geschmeidigkeit bezaubern. Der Savennières ist eben kein sehr zugänglicher Wein. Je mehr man ihn aber Schluck um Schluck, Zug um Zug, Glas um Glas kennenlernt, desto mehr Nuancen und Vorzüge entdeckt man. Dennoch gibt es mit Jean Baumard, dem Vorsitzenden des örtlichen *Syndicat Viticole,* einen Winzer, der einen schon früh angenehmen Savennières erzeugt. Verschiedene Jahrgänge waren schon in ihrer frühen Jugend runde, geschmeidige, angenehme Weine, die in Duft und Geschmack auf kultivierte Art Eindrücke von zarter Frucht, aber auch von Gewürzen vermittelten. So klein Savennières ist – es gibt dort doch sehr unterschiedliche Weine.

◄ 4 BEAULIEU SUR-LAYON
ROUTE DU VIN

St·AUBIN·DE·LUIGNÉ 3
CHAUDEFONDS SUR· LAYON 7 ►
ROUTE DU VIN

Links:
Seit 1965 hat Coteaux du Layon eine eigene Weinroute.

Unten:
Französische Privatkunden kaufen viel Wein direkt beim Winzer in sogenannten Cubitainern. Hier werden sie auf der Domaine de la Soucherie gefüllt, die aber auch viel Wein in Flaschen verkauft.

Gegenüberliegende Seite: Einige talentierte Winzer aus den Coteaux du Layon; von oben nach unten: Michel Doucet vom Château de la Guimonière, Pierre-Yves Tijou von der Domaine de la Soucherie, Jean Baumard (der auch hervorragende Weine in Savennières und Quarts de Chaume macht) und André Sorin von der Domaine de la Motte.

Coteaux du Layon

Loire

Das Flüßchen Layon entspringt den Seen von Beaurepaire (Département Deux Sèvres) und windet sich anschließend über 70 km in nordwestlicher Richtung der Loire zu. Der Anblick des bescheidenen Flüßchens legt kaum den Gedanken nahe, daß sein Wasser im Laufe der Jahrtausende das stellenweise sehr breite und manchmal imposante Layontal geschaffen hat. Das Nordufer erhebt sich durchweg mehr als 100 m hoch über die Wasseroberfläche, und auch am Südufer tauchen immer wieder hohe Hügel auf. Tatsächlich wird Weinbau entlang dem gesamten Flußlauf betrieben, und das schon sehr lange: Der Wein von Layon wird bereits in einer Handschrift aus dem 4. Jahrhundert erwähnt. Zur Blüte gelangte der Rebenbau dort jedoch erst im 12. Jahrhundert. Daß man im Tal gerade Reben pflanzte, hat einen sehr einfachen Grund: Die steilen Hänge mit Steigungen bis zu 30 und 40 % sind für die meisten anderen Kulturen völlig ungeeignet.

Holländische Süße

Rings um den Layon übten die Holländer starken Einfluß aus. Sie suchten einen möglichst süßen Wein aus möglichst reifen Trauben – und just diese Sorte Wein konnte das Layontal in reichem Maße bieten. Es soll hier nicht unerwähnt bleiben, daß es weder die Winzer noch ihre Abnehmer mit der Qualität allzu genau nehmen: Die Mehrzahl der Weine wurde nämlich mit entsprechenden Mengen Zucker angereichert, um ihnen die gewünschte Süße zu geben ... Der Handel mit Holland erreichte 1779 seinen Höhepunkt, als der Kanal von Layon fertiggestellt wurde. Er war zwar hauptsächlich für den Transport von Steinkohle aus Saint-Georges-sur-Layon gedacht, aber auch holländische Schiffe benutzten ihn gerne, um ihre süße Fracht in die Heimat zu tragen.

Eine große Familie

Obwohl also schon seit Jahrhunderten an den Ufern des Layon süßer Weißwein hergestellt wurde, wurde die *appellation* Coteaux du Layon erst im Jahre 1950 genehmigt. Vor dieser Zeit wurde der Wein einfach als weißer Anjou verkauft. Die meisten und besten Weinberge

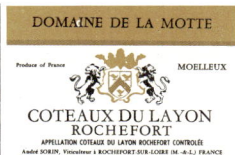

Das Haus Aubert Frères besitzt etwa 13 ha bei Saint-Lambert-du-Lattay. Man gewinnt dort roten Anjou Gamay, einen Cabernet d'Anjou Rosé und weißen (besser gesagt: goldgrünen) Coteaux du Layon. Die Firma Aubert Frères kaufte die Domäne 1964 und machte in diesem großen Loire-Jahr sofort einen hervorragenden Wein mit einem schweren Duft nach Blumen Anjou und Gewürzen, einem frisch-süßen Geschmack und einem leicht bitterem Abgang. Im Jahr 1980 war dieser Wein noch vollkommen vital.

Vater Louis und Sohn Jean Douet besitzen bei Concourson-sur-Layon knapp 25 ha. Ein Viertel davon liefert Coteaux du Layon. Es ist ihr bester Wein, der in guten Jahrgängen in mehreren Durchgängen geerntet wird. Auf dem Etikett ist dann angegeben: *sélection de grains nobles*. Ein solcher Wein weist häufig jahrelang einen Grünglanz auf und eine recht verhaltene Üppigkeit. Erst nach langem Flaschenlager kommt seine wahre Klasse zum Vorschein.

Der Weinberg Clos de Sainte Catherine liegt genau im Norden von Rochefort-sur-Loire auf sehr sandreichem, warmem Boden. Der Rebgarten umfaßt ganze 1,4 ha und ist Eigentum von Jean Baumard. In einem Jahr wie 1978 kann er hieraut noch nicht einmal 7000 Flaschen erzeugen. Es ist kein besonders tiefer oder komplexer, aber doch sehr köstlicher Wein. Baumard sagte mir, daß er diesen Wein allein schon wegen der vielen Frauen, Mütter und Töchter, die Cathérine heißen, sehr leicht verkauft . . .

Der aktive André Sorin in Rochefort-sur-Loire war der Gründer des Club des Layon Villages. Seine Domaine de la Motte ist 16 ha groß, wovon die Hälfte mit weißen Reben bepflanzt ist, nämlich Chenin blanc und etwas Chardonnay für den trockenen weißen Anjou. Sein Coteaux du Layon Rochefort ist in aller Regel ein sorgfältig gemachter, harmonischer Wein mit einem reintönigen, sehr vollen Geschmack und einem gefälligen Nachgeschmack. Gute Erinnerungen habe ich an den 1970er, 1975er, 1976er und 1978er.

Die Domaine de la Soucherie ist ein wunderschön gelegenes Weingut in der Nähe des Weilers Chaume. Eigentümer und Wein-Enthusiast Pierre-Yves Tijou erzeugt auf seinem Weinberg, der Anfang der 80er Jahre auf 35 ha erweitert wurde, verschiedene Weine, darunter einen Coteaux du Layon und einen Coteaux du Layon Chaume. Beide Weine sind gut, letzterer ist jedoch von allen der beste.
Die Trauben hierfür werden in mindestens zwei *tris* gelesen. Ihre Qualität ist ganz hervorragend.

Lange bevor ich Château de la Guimonière besuchte, hatte ich schon einen seiner größten Weine kennengelernt: den Coteaux du Layon Chaume 1945. Dieser besaß den gleichen eleganten, verhaltenen Reichtum, der auch spätere Jahrgänge auszeichnet, dazu ein hinreißendes Bukett. Eigentümer Michel Doucet besitzt in Chaume 17 ha an einem Stück, wovon 15 ha mit Chenin blanc bepflanzt sind. Auf einer Parzelle stehen rund 75 Jahre alte Stöcke. Doucet wartet in guten Jahren möglichst den Eintritt der Edelfäule ab.

Coteaux du Layon

der Coteaux du Layon liegen am Nordufer des Flusses. Der Bezirk zählt insgesamt etwa 1400 ha Rebgärten, die sich über 25 Gemeinden verteilen. Da süße Weine nun schon seit Jahrzehnten nicht mehr in der Gunst der Kunden stehen, haben die dortigen Winzer doch einige Probleme. Ihre Gastfreundlichkeit jedenfalls hat nicht darunter gelitten: In kaum einem anderen Loire-Bezirk wird man als Gast so herzlich willkommen geheißen wie in den Coteaux du Layon. Die meisten Winzer sind irgendwie miteinander verwandt und scheinen manchmal eine einzige große Familie zu sein. Um ein Beispiel zu geben: Pierre-Yves Tijou (Domaine de la Soucherie) ist Bruder von Jean-Paul Tijou (Château Bellevue), Neffe von Joseph Touchais (Domaine und Weinhandlung Touchais), und Onkel von Jacques Boivin (Château de Fesles, Bonnezeaux), Jacques Lalanne (Châteaux Belle Rive, Quarts de Chaume) und Michel Doucet (Châteaux de la Guimonière).

Edelfäule
Die Weißweine der Côteaux du Layon werden ausschließlich aus der Chenin blanc-Rebe hergestellt. Es dürfen pro Hektar höchstens 30 hl geerntet werden (das sind gerade 5 hl mehr als in Sauternes). Die Ernte schwankt zwischen fast 30 000 hl in einem kleinen Jahr wie 1977 und fast der doppelten Menge in einem sonnenreichen Jahr wie 1976. Die Arbeit der Winzer ist darauf gerichtet, daß ein möglichst großer Teil der Trauben von der *pourriture noble*, der Edelfäule, befallen wird. Diese läßt die Beeren eintrocknen und ihren Zuckergehalt ansteigen, während gleichzeitig im Fruchtfleisch subtile Veränderungen vorgehen. Die Edelfäule ist eine Spezialität des Bordeaux-Distrikts Sauternes, aber auch in den Coteaux du Layon versucht man, wenigstens einen Teil der Ernte diesen Grad der Überreife erreichen zu lassen. Im Idealfall dürften während der Ernte nur die reifsten Beeren gelesen werden. Das bedeutet aber in der Praxis, daß die Weinleser mehrmals den Weinberg durchgehen müßten. Das Lesen in *tris* wird jedoch immer mehr eingeschränkt, weil die Preise, die sich für einen Coteaux du Layon erzielen lassen, einfach zu niedrig sind, als daß sie die steigenden Lohnkosten noch auffangen könnten. Heute wird in der Regel in einem Durchgang gelesen, dann jedoch so spät wie möglich. Nur noch die ausschließlich quali-tätsorientierten Winzer arbeiten auch heute noch mit mehrfachen Durchgängen, zumindest in guten Jahren, wenn sich der Aufwand lohnt.

Blühende Linden
Der französische Gastronom Curnonskij hat den Genuß eines Coteaux du Layon einmal verglichen mit «einem Spaziergang mit einem schönen blonden Mädchen unter blühenden Linden bei einem prachtvollen Sonnenuntergang». Ich möchte dies noch durch ein paar persönliche Bemerkungen ergänzen, wenn sie vielleicht auch weniger romantisch ausfallen. Ein guter Coteaux du Layon gewinnt sehr durch Flaschenreife, obwohl er auch schon im Jahr nach seiner Ernte direkt anspricht. Ein wirklich ausgereifter Coteaux du Layon, etwa aus den ausgezeichneten Jahren 1959 und 1964, von denen ich nicht wenige verkostet habe, besitzt eine grüngoldene, manchmal auch goldrosa Farbe, schmeichelt dem Geruchssinn durch eine reiche Vielfalt von Eindrücken (süße Früchte, Nüsse, Gewürze wie z.B. Muskatnuß), und verwöhnt die Zunge mit einer frischen, manchmal beinahe strengen Süße, die gewiß weniger voll und schwer ist als die eines Sauternes, aber doch deutlich vorhanden. Daneben haben viele Coteaux du Layon einen leicht bitteren Abgang sowie eine schöne Ausgewogenheit.
Im allgemeinen ist ein guter Coteaux du Layon nicht süß genug, um als reiner Dessertwein gelten zu können, wenn er auch vorzüglich zu Nachspeisen schmeckt, die nicht allzu süß sind. In der Gegend selbst wird der Wein häufig als Aperitif gereicht, aber auch zu vielerlei Arten von pochiertem, gebackenem und gebratenem Fisch trinkt man ihn gerne. Besonders gut paßt der Coteaux du Layon zu Süßwasserfisch wie Aal und Lachs. Weiterhin läßt er sich gut kombinieren mit Geflügel (Huhn, Wachtel, Ente) und Kalbfleisch (u.a. Bries) – mit letzterem vor allem, wenn dazu eine sahnige oder leicht süße Sauce gereicht wird.

Die sieben Riesen
Seit 1955 kennt das französische Weingesetz eine erlesenere Sorte Coteaux du Layon, die aus sieben Gemeinden stammt. Sechs von ihnen sind unter dem Banner Coteaux du Layon Villages vereint und dürfen ihren Namen auf dem Etikett führen. Es sind dies die Gemein-

Links:
Kellerwinkel im Château de la Guimonière

Rechts:
Rochefort-sur-Loire, die Weinhauptstadt der Coteaux du Layon

Mitte:
Die meisten Winzer in Coteaux du Layon erzeugen neben ihrem süßen häufig auch einen trockenen Weißwein und eine oder mehrere Sorten Rosé. So auch Pierre-Yves Tijou auf seiner Domaine de la Soucherie. Bei Pierres herrlichem, bukettreichem Chaume rief ein Amerikaner einmal aus: «Das ist Port von Chanel!»

Ganz unten:
Ein hübsches kleines Hotel in Rochefort-sur-Loire. Wie mild das Klima ist, zeigen die beiden Palmen.

Coteaux du Layon

den Beaulieu-sur-Layon, Faye-d'Anjou, Rablay-sur-Layon, Rochefort-sur-Loire, Saint-Aubin-de-Luigne und Saint-Lambert-du-Lattay. Der Wein aus diesen Dörfern muß mindestens ein Prozent mehr Alkohol haben als die Coteaux du Layon, nämlich 12 %. Erzeugt werden jährlich 3900 hl. Die siebte Gemeinde ist Chaume. Die dortigen Winzer dürfen nur 25 hl/ha ernten; das ist ein Fünftel weniger als ihre Kollegen in Coteaux du Layon und Coteaux du Layon Villages und ebensoviel wie in Sauternes. Es versteht sich von selbst, daß dies der Konzentration des Weins nur zugute kommt. Der Coteaux du Layon Chaume ist nicht selten ein sehr schöner Wein von verhaltener Fülle. Die Jahreserzeugung liegt bei etwa 2000 hl. Der Boden der Coteaux du Layon Villages enthält überwiegend Lehm, Kies und teilweise Sand; in Chaume ist der Lehmanteil etwas höher als in den umliegenden Gemeinden.

Jedes Dorf seinen eigenen Wein

Der Club des Layon Villages, mit Sitz in Rochefort-sur-Loire, ist die Interessenvertretung der genannten sieben Gemeinden. Sie betreibt aktive Werbung für ihre Mitglieder und hat auch eine Beschreibung der Weine aus den einzelnen Gemeinden herausgegeben. Eine Charakterisierung des Chaume habe ich bereits gegeben; bezüglich der anderen sechs Weine stimme ich im allgemeinen dem Text des Club des Layon Villages zu:

Beaulieu-sur-Layon – Zarter, schwebender Duft, langer, süßer Nachgeschmack, manchmal etwas überladen (obwohl es auch feine, elegante, samtene Weine gibt).

Faye-d'Anjou – Etwas verhaltene Weine, deren Duft manchmal an Unterholz erinnert.

Rablay-sur-Layon – Robuste, runde, kraftvolle Weine, «gesund wie Eichen, die hundert Jahre alt werden können».

Rochefort-sur-Loire – Elegant, nervig, ziemlich tanninreich, stets alkoholreich; können sehr gut reifen.

Saint-Aubin-de-Luigne – Delikater Duft, der sich häufig wie ein Pfauenschwanz entfaltet. Ich persönlich finde den Wein trockener als die Weine der anderen Gemeinden.

Saint-Lambert-du-Lattay – Volle, feste Weine, die gut reifen können, aber doch einen gewis-

sen Charme besitzen. Diese Gemeinde hat die größte Rebfläche des Layon-Gebietes.

Hierunter:
Der winzige Weiler Chaume, Geburtsort eines großen Loire-Weins. Einschließlich der Häuser ist das ganze Gebiet nur 44 ha groß.

Unten links:
Château de Belle Rive

Unten rechts:
Jacques Lalanne beim Etikettieren und Verpacken auf Château de Belle Rive. Auf dem normalen schwarzen Etikett ist eine Biene zu sehen, weil diese hart arbeitet, Honig macht und das Symbol des

französischen Kaiserreichs war. Für England und Japan gibt es ein anderes, weißes Etikett.

Etwa um 1917 entwarf der damalige Eigentümer von Château de Belle Rive, Monsieur Mignot, das erste eigene Anjou-Glas.

Mit ihren 23 ha, davon 17 ha mit der Appellation Quarts de Chaume, ist diese Domäne die zweitgrößte des Gebietes. Eigentümer Jacques Lalanne benutzt für die Gärung Holzfässer und füllt seinen Wein im ersten Frühjahr nach der Ernte ab. Vor seinem Einzug war das Château ein Vierteljahrhundert unbewohnt gewesen; er ließ es vollständig renovieren. Jacques Quarts de Chaume ist ein überaus köstlicher Wein, in dessen elegant-süßem Geschmack der Bitterton der Quitten mitschwingt.

Wo Jean Baumard auch Grund besitzt, macht er einen ausgezeichneten Wein. So auch in Quarts de Chaume (6 ha). In den letzten Jahren hat Baumard seinen Wein so ausgebaut, daß das Aroma der Trauben optimal erhalten blieb und die Oxidation minimal war. So läßt er den Wein sehr langsam gären: den 1978er z. B. volle sechs Monate. Ich fand den 1978er einen ausgezeichneten Wein, reicher und nuancierter als den Wein aus dem sonnenreichen Jahrgang 1976. Ich erinnere mich auch an einen herrlichen, tiefgoldenen 1959er.

Quarts de Chaume

Die beiden wichtigsten Lagen der Coteaux du Layon sind Quarts de Chaume und Bonnezeaux. Quarts de Chaume, etwa 5 km von Rochefort-sur-Loire entfernt gelegen, ist die nördlichere der beiden Appellationen. Sie umfaßt nur 34 ha Rebgärten, die sich südlich des Weilers Chaume auf vier langen, flachen Hügelrücken zum Layontal hin ausbreiten. Das Plateau hinter Chaume umschließt die vier Weinhänge in Hufeisenform und hält von ihnen alle widrigen Winde fern, so daß nur der Südwind Zutritt hat. Quarts de Chaume hat daher auch ein bevorzugtes Mikroklima mit höherer Temperatur als die unmittelbare Umgebung, so daß die Trauben optimal reifen. Der Boden ist stark eisenhaltig. Seinen Namen verdankt Quarts de Chaume der Tatsache, daß der Seigneur de la Guerche früher ein Viertel der Ernte für sich in Anspruch nahm – natürlich nicht das schlechteste Viertel.

Niedrigster Ertrag der Loire
Quarts de Chaume ist auch der Name des Weines. Dieser ist weiß und wird ausschließlich aus der Chenin blanc-Rebe bereitet. Für Quarts de Chaume gilt der niedrigste Hektarertrag des gesamten Loiretals: nur 22 hl/ha. Aber man erreicht manchmal nicht einmal diese Menge; nicht selten muß man sich mit weniger als 18 hl/ha zufriedengeben. Die durchschnittliche Erntemenge beträgt 800 hl im Jahr. In guten Jahren versuchen die neun Eigentümer von Quarts de Chaume nicht nur, den Wein optimal reifen zu lassen, sondern warten möglichst noch den Eintritt der Edelfäule ab, die wir auch aus dem Sauternes kennen. Die Weinleser gehen dann mehrmals den Weinberg durch und nehmen jeweils nur die reifsten Beeren. Unter günstigen Umständen wird z.B. auf Château Belle Rive stets in mindestens drei Durchgängen oder *tris* geerntet. Der niedrige Ertrag und die lange Ernte bringen es natürlich mit sich, daß ein Quarts de Chaume niemals ein billiger Wein sein kann.

Nachgeschmack von Quitten
Die drei wichtigsten Besitzer von Quarts de Chaume sind Jacques Lalanne (Château de Belle Rive, ca. 17 ha), die Familie Laffourcade (die Domänen Suronde und l'Echarderie, zusammen ca. 9 ha) und Jean Baumard (6 ha). Verkostet habe ich die Weine von Lalanne und Baumard, von zwei Winzern, bei denen die Qualität entschieden im Vordergrund steht. Einen guten Quarts de Chaume (Alkoholgehalt: nicht unter 12%) trinkt man entweder sehr jung oder sehr alt – wobei letzteres vorzuziehen ist. Zwischen dem 10. und dem 25. Lebensjahr schmeckt der Wein am besten. Er hat dann eine goldene Farbe angenommen und eine überraschende Fülle und Komplexität. Dabei ist der Quarts de Chaume niemals dick oder plump; er besitzt stets eine unverkennbare Eleganz. Eine andere auffallende Eigenart ist der leicht bittere Nachgeschmack, der stark an Quitten erinnert. Ein Quarts de Chaume ist ein ganz exquisiter Aperitif, aber er paßt auch sehr gut zu Speisen wie *foie gras, poulet à la crème* und einer Mischung aus Blauschimmelkäse und ungesalzener Butter. In der geöffneten Flasche hält sich der Wein, wenn er kühlgestellt wird, meist Tage, wenn nicht sogar Wochen.

Links:
Winzer Vincent Goizil, der außer seinen guten Bonne-zeaux auch einfachere Weine erzeugt, darunter Coteaux du Layon, roten Anjou und Cabernet d'Anjou-Rosé.

Links unten:
Château de Fesles, das Jean Boivin bekannt gemacht hat, der dort 40 Jahre lang Wein erzeugte. Sein Sohn Jacques folgte ihm nach. Die Domäne erzeugt verschiedene Weine, auch Rotweine und Rosés, jedoch ist der Bonnezeaux der beste. Das Haus Nicolas kauft hier schon seit 1948 ein.

Rechts unten:
Neben dem Eingang zu seinem Keller hat Vincent Goizil dieses hübsche, auf ihn selbst gemachte Gedicht an die Wand malen lassen.

ANJOU
APPELLATION BONNEZEAUX CONTRÔLÉE
CHATEAU DE FESLE
J. BOIVIN, Propriétaire THOUARCÉ (M.-&.-Loire) FRANCE

Schon vier Generationen lang erzeugt die Familie Boivin Wein auf Château de Fesles (auf dem Etikett fehlt fälschlicherweise das «s» von Fesles). Der beste Wein, seit 1951 Bonnezeaux genannt, war immer der süße Weißwein. Im Keller des Schlosses liegen noch Flaschen bis hinunter zum Jahrgang 1875. In ihrer Jugend haben die Weine einen leichten Grünton, ein ziemlich verschlossenes Bukett und einen frisch-würzigen Geschmack. Es dauert gut zehn Jahre, bis die wahre Klasse durchbricht.

Domaine Du Petit Val
Bonnezeaux
APPELLATION BONNEZEAUX CONTRÔLÉE
Vincent GOIZIL, Viticulteur "Le Petit Val" CHAVAGNES (M.-&-L)

Im Jahre 1954 nahm Vincent Goizil den ziemlich verwahrlosten Besitz seines Schwiegervaters unter seine Hut: damals 6 ha; heute sind es 17 ha, davon 2 in Bonnezeaux. Goizil, bei dem alles seine Ordnung haben muß, macht nur in sonnenreichen Jahren Bonnezeaux. Dieser zeigt häufig eine fast würzige Süße, eine schöne Ausgewogenheit und angenehme Nuancen.
Ein weiterer Erzeuger von gutem Bonnezeaux ist René Renou, der 4 ha besitzt und die 6. Generation einer Winzerfamilie repräsentiert.

Bonnezeaux

Loire

Obwohl Bekanntheitsgrad und Renommée des Bonnezeaux sicherlich geringer sind als die des Quarts de Chaume, war es doch dieses Gebiet, das als erster *cru* von Anjou am 6. November 1951 die eigene *appellation contrôlée* bekam. Quarts de Chaume erhielt diesen Titel erst vier Jahre später. Seinen Namen verdankt der Bonnezeaux einem Weiler in der Gemeinde Thouarcé. Das kleine Herkunftsgebiet bildet eine Enklave in dem viel größeren Gebiet der Coteaux du Layon. Die einzig zulässige Sorte in Bonnezeaux ist die Chenin blanc-Rebe. Sie wird hier auf einer Länge von fast 3 km auf einem breiten Band sanft abfallender Hügel kultiviert. Der Boden von Bonnezeaux setzt sich hauptsächlich aus Lehm und Kalk zusammen.

Zersplitterte Rebgärten
Insgesamt umfaßt das Bonnezeaux-Gebiet etwa 160 ha. Davon werden jedoch schätzungsweise nur 80 bis 90 ha tatsächlich für den Weinbau genutzt. Die Parzellen, die man bearbeitet, sind außerdem noch stark zersplittert. Mit seinen 13 ha ist Jacques Boivin vom Château de Fesles weitaus größter Winzer am Ort (er besitzt,

nebenbei bemerkt, noch etwa 105 ha in anderen Appellationen). Der Hektarertrag liegt in Bonnezeaux sehr niedrig und erreicht kaum mehr als 15–25 hl. Die Gesamternte schwankt zwischen 1000 und 1400 hl. Davon ist längst nicht alles von gleicher Qualität: Sehr viel Bonnezeaux, vor allem von kleinen Winzern, hat seine Herkunftsbezeichnung eigentlich kaum verdient.

Körper und Eleganz
Die Trauben für den Bonnezeaux müssen möglichst reif gelesen werden, am besten schon überreif und mehr oder weniger von der Edelfäule befallen. Man läßt den Wein üblicherweise in konventionellen Betontanks gären. Eine Ausnahme zum Beispiel ist Château de Fesles, wo man kleine Holzbottiche benutzt. Der Wein gärt hier meist sehr langsam bis Weihnachten, manchmal sogar bis weit in den Januar hinein. Jean Boivin, der Vater von Jacques Boivin,

lernte diese Technik während eines Praktikums auf Château d'Yquem. Als Wein bietet der Bonnezeaux keine ausladende Fülle, dafür aber eine elegant gehaltene Süße. Nach Jean Boivin vereint er auf ideale Weise Körper und Eleganz. Daneben findet man häufig eine gewisse Pikantheit im Geschmack, eine Würze, die manchmal fast scharf wirken kann. Ein Bonnezeaux kann und muß lange reifen. Die seinen guten Eigenschaften beginnen sich erst nach etwa fünf Jahren zu entfalten, und erst nach zehn Jahren zeigt er seine wahre Klasse. Eine eindrucksvolle Demonstration der Entwicklungsfähigkeit seines Weines bot mir Jacques Boivin, als er mir einen erlesenen 1947er zu kosten gab. Dieser Wein wurde aus Trauben gekeltert, die zur Hälfte von der Edelfäule befallen waren. Er besaß eine goldene Farbe mit rötlichem Glanz, ein prachtvolles Bukett und einen schönen, reifen, reichen und gleichzeitig erstaunlich frischen Geschmack, der lange am Gaumen haften blieb. Für mich war es ein einmaliger, ein großer Wein. Bonnezeaux wird auf Château de Fesles nur in guten Jahren erzeugt; der Wein aus geringeren Jahren wird als gewöhnlicher Coteaux du Layon verkauft. Es gibt in Bonnezeaux auch noch andere Winzer, die diese lobenswerte Praxis üben.

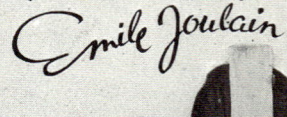

Toi qui jadis en diligence
En carrosse à pied à cheval
Allais du Layon vers l'Aubance
Tu t'arrêtais au "Petit Val"

Eternel passant le vin chante
Même au triste temps du grésil
Blanc ou rosé pour qu'il t'enchante
Fais halte chez Vincent Goizil

Emile Joulain

Links:
Gérard Chauvin. Außer einer großen Weindomäne besitzt er auch eine Schafherde.

Links unten:
Die Domaine des Rochettes aus der Vogelperspektive. Im Vordergrund Gérard Chauvins Wohnhaus.

Rechts unten:
Henri Richou zeigt stolz einige Medaillen, die er mit Coteaux de l'Aubance und trockenem weißem Anjou gewonnen hat.

In Brissac in den Coteaux de l'Aubance wird sehr viel Rosé d'Anjou erzeugt. Außerdem befindet sich hier eine große Genossenschaft. Es heißt, daß Brissac und zehn weitere Dörfer eine eigene Herkunftsbezeichnung bekommen sollen, Brissac Villages.

Der gut genährte Gérard Chauvin ist einer der wichtigsten Winzer der Coteaux de l'Aubance. Er besitzt in dem Gebiet 33 ha, wenn auch nur ein kleiner Teil davon für die Erzeugung von Coteaux de l'Aubance bestimmt ist. Dieser Grundbesitz liegt im Dorf Mozé-sur-Louet. Chauvins Coteaux de l'Aubance ist ein sehr charakteristischer Wein, in dessen tadellosem, nicht übertrieben süßem Geschmack ein Hauch *terroir* zu finden ist. Die Farbe hat einen leichten Anflug von Grün, der Duft ist mild, die Ausgewogenheit gut.

Henri Richou und sein Sohn Didier bewirtschaften gemeinsam die Domaine Richou-Rousseau. Etwa ein Fünftel der 30 ha ihres Weinguts liefert Coteaux de l'Aubance. Es ist ein Wein, der gut, aber nicht extrem lange reifen kann. Im Jahre 1980 z. B. fand ich den 1967er (ein mittleres Jahr) eigentlich doch schon ein bißchen über der Zeit, obwohl ich diesen inzwischen goldfarbenen, reifen Wein durchaus mit Genuß verkostet habe. Richous Weine wurden verschiedentlich mit Goldmedaillen ausgezeichnet.

Coteaux de l'Aubance

Coteaux de l'Aubance ist eine der seltsamsten Appellationen von Anjou. Während das Herkunftsgebiet des Weißweins Coteaux de l'Aubance nämlich sehr groß ist, ist die Produktion sehr gering. Zehn Weingemeinden bringen es zusammen auf nicht mehr als 2300 hl im Jahr. Dies hängt damit zusammen, daß die Gemeinden von anderen Weinen weit mehr erzeugen als vom Coteaux de l'Aubance. Die Winzer dieses Gebiets erzeugen große Mengen Rosé d'Anjou und Cabernet d'Anjou, daneben aber auch roten Anjou und trockenen weißen Anjou. Wer sich in der Gegend auf die Suche nach Coteaux de l'Aubance macht, findet meist andere Sorten Wein – eine Erfahrung, die auch mir nicht erspart blieb. Man muß sich fragen, wofür die Herkunftsbezeichnung Coteaux de l'Aubance im Jahre 1950 eigentlich geschaffen wurde.

Winziges Flüßchen

Das Gebiet Coteaux de l'Aubance verdankt seinen Namen dem Flüßchen Aubance, das so winzig ist, daß ich es erst nach langem Suchen fand. Im Westen schließt das Gebiet an die Coteaux du Layon an und erstreckt sich von dort etwa 20 km in östlicher Richtung; es liegt südlich von Angers am linken Loireufer. Der dort erzeugte Wein ist grundsätzlich weiß und mehr oder weniger süß. Chenin blanc ist die einzige zulässige Rebsorte. Der maximale Hektarertrag ist 30 hl und liegt damit so hoch wie in den Coteaux du Layon und Coteaux du Layon Villages. Der Mindestalkoholgehalt beträgt 11 %. Daß Coteaux de l'Aubance eine eigene *appellation contrôlée* hat, könnte den Schluß nahelegen, daß das Gebiet wie Quarts de Chaume und Bonnezeaux ein *cru* der Coteaux du Layon ist. Dem ist jedoch nicht so: Wenn der Coteaux de l'Aubance mit irgend etwas vergleichbar ist, dann mit gewöhnlichem Coteaux du Layon.

Frischer als Coteaux du Layon

Die meisten Winzer des Gebiets betrachten den Coteaux de l'Aubance als ihren besten Wein. Sie gebrauchen hierfür meist die zuletzt gelesenen, reifsten Trauben und lassen den Most sehr langsam gären. Im allgemeinen ist der Coteaux de l'Aubance eine Spur frischer, lebendiger als ein Coteaux du Layon («plus nerveux», wie ein Winzer meinte). Sehr süße Sorten kommen kaum vor, im Gegenteil: Einige Coteaux de l'Aubance sind eher halbsüß. Die besseren Weine besitzen eine helle Farbe und in ihrer Jugend manchmal eine leichte Grünfärbung. Ihr Duft ist meist angenehm und mild, ihr Geschmack süß, ohne schwer oder pappig zu sein. Mehrfach habe ich auch einen leichten Bodengeschmack, *goût de terroir* entdeckt. Der Wein reift gut, ist aber auch jung schon angenehm zu trinken. Weine, die etwa mit den Coteaux de l'Aubance vergleichbar sind, werden westlich von Angers am rechten Ufer der Loire erzeugt. Sie kommen aus elf Gemeinden, stammen ebenfalls von der Chenin blanc-Rebe, müssen gleichfalls 11 % Alkohol besitzen und kommen in etwa gleicher Menge auf den Markt. Zusammengefaßt werden sie unter dem Namen Anjou Coteaux de la Loire.

Ganz unten:
Silhouette von Saumur; in der Mitte die Konturen des Schlosses

Mitte:
Die Genossenschaft in Saint-Cyr-en-Bourg verfügt über etwa 4 km Kellergänge, in die Besucher mit dem Auto hineinfahren können. Die Cave Coopérative wurde 1957 gegründet. Damals betrug die Anzahl der Mitglieder 50, heute sind es etwa 260. Einer der Gründe für den Zusammenschluß war der stark zersplitterte Grundbesitz in und um Saumur.

Ganz rechts:
Ein altes Plakat, das Ackerman-Laurance für England anfertigen ließ

Rechts:
In Saint-Hilaire-Saint-Florent, das an Saumur grenzt, wurde eine Straße nach Jean Ackerman benannt, dem Begründer der örtlichen Schaumweinindustrie. In der Straße haben sich einige große Betriebe niedergelassen, darunter Veuve Amiot, Rémy-Pannier, Ackerman-Laurance und Langlois-Chateau.

Gegenüberliegende Seite, unten:
Auf dem Plateau von Saumur werden viele Rebgärten durch Mauern aus Tuff voneinander getrennt. Auf dem Foto der Weiler Chaintres.

In Saumur gibt es etwa 50 Champignon-Züchtereien, die sowohl unter- als auch übertage arbeiten. In letzterem Fall findet die Zucht auf ineinander gestapelten Trögen mit Humus statt. Saint-Hilaire-Saint-Florent besitzt ein Champignon-Museum.

In Saumur wird derzeit nur ein Drittel der zugelassenen Rebfläche bestellt.

Eine Beschreibung der méthode champenoise findet sich auf den Seiten 142–145.

Saumur

Saumur, die «Perle von Anjou», ist eine typische französische Provinzstadt mit 35 000 Einwohnern, einem Zuviel an Autos, einem samstäglichen Markt und einem eigenen Schloß. Dieses, ein weißes, beeindruckendes Bauwerk etwa aus dem 14. Jahrhundert, erhebt sich hoch über die Dächer der Stadt und beherrscht das Loiretal weithin. Es beherbergt ein Museum für bildende Kunst und ein Pferde-Museum. Saumur hat nämlich eine besondere Beziehung zu Pferden, da die Stadt seit 1814 Standort der Kavallerieschule Cadre Noir ist. Ein friedlicherer Aspekt von Saumur ist die hier ansässige Fabrik von Karnevalsmasken, die größte ihrer Art in Europa.

Weinzentrum

Im Saumur-Gebiet gibt es 51 Burgen und Schlösser, 61 alte Kirchen, 22 Menhire (große Kultsteine), 2 römische Amphitheater und 4 römische Bäder. Die Römer waren es auch, die den Weinbau in das Gebiet brachten. Mit ihrem Abzug verschwanden die Reben weitgehend, und erst im Jahre 1066 begannen Mönche wieder intensiv mit dem Weinbau. Schon 1194 wurden die ersten Partien Wein nach England versandt. Die Bodenpreise lagen damals in Saumur sogar höher als in der Champagne. Wie in anderen Gebieten an der Loire spielten auch hier die Holländer im 17. und 18. Jahrhundert eine wichtige Rolle bei der Entwicklung von Weinbau und Weinhandel. Die Chronik berichtet, daß sich im Jahre 1617 in dem Weindorf Souzay in der Nähe von Saumur zwei holländische Weinhändler niederließen. Heute gilt Saumur mit dem benachbarten Saint-Hilaire-Saint-Florent als das wohl wichtigste Weinzentrum des Loiretales. Es sind dort eine Reihe sehr großer Weinfirmen ansässig, so Rémy-Pannier, mit der zugehörigen Firma Ackerman-Laurance und Albert Besombes.

Höhlen im Tuffstein

Der Boden rings um Saumur ist größtenteils stark kalkhaltig und ähnelt in seiner Struktur dem der Champagne. Der hier vorkommende kreidige Kalktuff wurde in der Vergangenheit häufg als Baumaterial verwendet: Ein Teil der Westminster Abbey wurde nach dem Brand von 1666 mit Kalktuff aus Saumur wiederaufge-

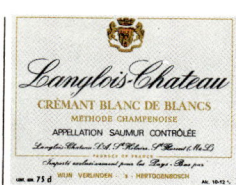

Das Haus Ackerman-Laurance ist der größte Schaumweinerzeuger in Saumur (etwa 3,2 Millionen Flaschen nach der *méthode champenoise*). Man erzeugt diesen Typ Wein in vielen Variationen. Dieser Saumur d'Origine mit dem roten Halsband schäumt kräftig und hat einen schönen, reintönigen, erfrischenden Geschmack. Einfacher und flacher ist der Brut Royal. Die Mehrheit der Anteile liegt in Händen der Familie Rémy von Rémy-Pannier.

Einer meiner Lieblingsschaumweine aus Saumur ist der Blanc de Blancs aus dem Hause Langlois-Chateau (tatsächlich ohne accent auf dem «a»). Das Haus wurde 1858 gegründet und in den 70er Jahren unseres Jahrhunderts von der Champagnerfirma Bollinger übernommen. Nur aus der Chenin blanc-Rebe wird ein Wein mit zurückhaltender Perle und mild-frischem Geschmack erzeugt: köstlich zum Aperitif. Langlois-Chateau stellt auch viel Schaumweine für andere her, die Flaschen dann mit eigenem Etikett versehen.

Die Betriebsgebäude von Gratien, Meyer, Seydoux & Cie (Markenname Gratien & Meyer) liegen hoch an einem Hang an der Straße von Saumur nach Chinon. In diesem seit 1864 bestehenden Familienbetrieb wird gute Arbeit geleistet (wie auch im eigenen Champagnerhaus Alfred Gratien). Man verfügt über 20 ha Rebfläche in Saumur und kauft Trauben dazu. Moussierender Saumur und Anjou rosé sind neben Crémant de Loire die Spezialitäten. Zweite Marke: Henri d'Arlan.

Der beste Schaumwein des Hauses Ackerman-Laurance ist der Cuvée Privée, ein Crémant de Loire. Hiervon wird eine begrenzte Menge mit numeriertem Etikett verkauft. Zu empfehlen ist jedoch nicht nur der weiße Cuvée Privée, sondern auch der Rosé. Dies ist ein echter Rosé (d. h. nur aus blauen Trauben) ausschließlich aus Cabernets. Der Wein besitzt eine schöne Perle und einen tadellosen, freundlich-frischen Geschmack. Ein anderer guter Crémant de Loire ist der Cuvée Privilège.

Die Cave Coopérative des Vignerons de Saumur wurde 1957 gegründet und zählt etwa 260 Mitglieder, die zusammen 825 ha bearbeiten. Hiervon ist die Hälfte mit weißen, die Hälfte mit blauen Rebsorten bepflanzt. Einer der erfreulichsten Weine ist der Saumur Blanc mit seinem frischen und klaren Geschmack und kaum wahrnehmbarer Strenge. Die Genossenschaft erzeugt davon etwa 13 000 hl (nur aus Chenin blanc). Insgesamt verarbeitet der Betrieb etwa 60 000 hl im Jahr.

Gilles Collé ist Winzer und Weinhändler. Seine Spezialität sind die von ihm selbst erzeugten Weine von Saumur. Seine Keller liegen im Château de Parnay, die Trauben kommen vom Clos du Château. Dieser umfaßt 12 ha, davon 7 ha weiße und 5 ha blaue Reben. Vor allem Collés Weißwein ist mir in guter Erinnerung. Ich fand ihn erfrischend und reintönig. Es ist ein Wein, der an Qualität gewinnt, wenn man ihn 3–5 Jahre in der Flasche reifen läßt.

Saumur

---

baut, und auch im niederländischen Maastricht wurden viele Häuser mit diesem Naturstein gebaut. Als Folge der Abbautätigkeit wird die durchweg 20–80 m mächtige Kreideschicht von Saumur von zahlreichen unterirdischen Gängen und Grotten mit einer Gesamtlänge von etwa 1000 km durchzogen. Sie sind der ideale Ort für den Ausbau des Weins, denn die Temperatur beträgt dort jahrein jahraus konstant 12°C.

Ein unternehmender Belgier
Wegen des kalkreichen Bodens neigen die Weißweine von Saumur wie die Weine der Champagne von Natur aus zum Perlen. Es ist daher nicht verwunderlich, daß der Mann, der als erster einen wirklich moussierenden Saumur erzeugte, Jean Ackerman, jahrelang in der Champagne gearbeitet hatte. Er lebte von 1788 bis 1866, heiratete in Saumur eine geborene Laurance 1811 seinen ersten moussierenden Saumur. Eigenartigerweise fand seine Idee nicht sofort Nachahmung: Er blieb 37 Jahre lang der einzige, der aus dem

lokalen Weißwein nach der *méthode champenoise* Schaumwein machte. Ackerman-Laurance ist auch heute noch der größte regionale Erzeuger von *vin mousseux*, aber natürlich gibt es mittlerweile noch weitere Firmen. Diese Weinhandelshäuser gerieten vor Jahren in eine Krise, als die Bezeichnung «champagne» geschützt wurde, denn bis dahin hatte man den moussierenden Saumur als eine Art Champagner verkauft. Den Beweis hierfür sah ich u.a. im Direktionsbüro eines der Häuser, wo ein altes Plakat hing mit dem Text «Finest Dry Royal Champagne, imported from Saumur».

Erfreulicher Preis
Gegenwärtig erzeugen etwa zehn Häuser mehr als 12 Millionen Flaschen Saumur Mousseux im Jahr, und die Produktion nimmt stetig zu (was natürlich auch mit den hohen Champagnerpreisen zu tun hat). Im Wein dürfen verschiedene Rebsorten enthalten sein: Von den weißen Sorten Chenin blanc, Chardonnay und Sauvignon (von den beiden letzten höchstens 20 %), und

von den blauen Sorten Cabernet-Franc, Cabernet-Sauvignon, Malbec, Gamay, Groslot, Pineau d'Aunis und Pinot noir, wobei die blauen Sorten insgesamt nicht mehr als 60 % ausmachen dürfen. Erzeugt werden die Trauben für den Saumur Mousseux in nicht weniger als 93 Gemeinden. Seit 1977 etwa gibt es zwischen den Weinhäusern und vielen Winzern langjährige feste Kontrakte über die Lieferung von Trauben. Bei einem Hektarertrag von 60 hl und einem recht beachtlichen Abnahmepreis für die Trauben ist es kein Wunder, daß mittlerweile schon rund 540 Winzer, die zusammen etwa 14 000 ha bestellen, einen Liefervertrag abgeschlossen haben. Die Weinhandelshäuser nehmen übrigens lieber Trauben als Wein und bezahlen sogar mehr für die Trauben als für das fertige Produkt.
Die Bezeichnung Saumur Mousseux hat man in der Öffentlichkeitsarbeit durch Saumur d'Origine ersetzt, einen Ausdruck, der wohl stilvoller klingt. Die Qualität des Schaumweins ist je nach Firma verschieden, doch handelt es sich in der Regel um einen Wein von guter, verläßli-

Château de Villeneuve liegt in Suzay-Champigny und ist Eigentum von Robert Chevalier. Das Weingut ist 23 ha groß und liefert etwa gleiche Mengen Saumur Blanc und Saumur-Champigny. Ich ziehe den weißen vor. Es ist ein knochentrockener, sehr frischer Wein, in dem die Kreide des Bodens wiederkehrt. Daneben ist doch auch etwas Frucht vorhanden und eine gewisse Milde, wodurch der Wein etwas freundlicher wird.

André Fourrier in Distré besitzt 22 ha Rebfläche, davon 14,5 ha mit Cabernet-Franc, 1,5 ha mit Cabernet-Sauvignon und 6 ha mit Chenin blanc bepflanzt. Ein Teil der weißen Reben ergibt den ziemlich seltenen Wein Coteaux de Saumur. Fourrier erzeugt hiervon 30–35 hl im Jahr. In seiner Art finde ich den Wein hervorragend: sehr aromatisch mit einem Anklang von Gewürzen und einem ausgewogenen, milden Geschmack.

Wer das herrliche Schloß von Montreuil-Bellay besucht, kann dort auch Wein kaufen. Außer über 500 ha Wald verfügt das Château, das immer noch Privateigentum ist, über einen kleinen Weinberg von 9 ha. Dieser liefert Rosé, Weißwein und Rotwein. Es sind keine überragenden Weine, aber vor allem der Rotwein ist nicht unangenehm. Ich finde ihn einen charaktervollen, etwas verschlossenen Wein, der sicherlich reifen muß, um noch etwas freundlicher zu werden. Man sollte ihm mindestens 4–5 Jahre Zeit lassen.

Gabriel Pérols stellt nicht nur einen ziemlich charmanten, recht runden Saumur Blanc her, sondern auch einen guten Saumur Rouge. Dieser kommt nur von Cabernet-Franc-Reben, die nicht auf kreidereichem Grund stehen, sondern auf dem kies- und tonreichen Terrain in der Nähe des Weilers La Coudray-Macouard. Der Rotwein ruht ein Jahr in großen Holzfudern und kann köstlich schmecken. Pérols besitzt 24 ha, 11 für Weißwein, 13 für Rotwein.

André Fourrier, der unter der Erde über schimmelbedeckte, alte Felsenkeller verfügt, arbeitet über der Erde mit sehr modernen Geräten, so mit Gärtanks aus Edelstahl. Sein Saumur von 14 ha Grundbesitz gärt nach dem Verfahren der *macération carbonique* und reift anschließend von neuem auf beispielhafter Qualität. Wenn dies der neue Stil roter Saumur ist, verdient er hohes Lob.

Dies ist eines der Etiketten, mit denen die Cave Coopérative in Saint-Cyr-en-Bourg ihren Saumur-Champigny verkauft. Der Wein wird in verschiedenen Qualitäten mit und ohne Jahrgang angeboten. Im besten Fall ist er tieffarben, nicht übermäßig aromatisch und von lebendigem, geschmack, der sich häufig durch Frucht und frische Säure auszeichnet. Die Genossenschaft verarbeitet knapp 30% aller Saumur-Champigny. Ein Teil des Weins gärt in hochmodernen Tanks aus Edelstahl.

Saumur

cher Qualität. Er erreicht zwar nicht das Niveau des Champagners – dafür ist er zu leicht, zu frisch, zu flach, zu gewöhnlich –, aber er ist auch um einiges billiger. Man muß einfach sagen, daß das Preis/Qualitätsverhältnis beim Saumur Mousseux ganz besonders günstig ist. Dies haben mittlerweile auch einige Champagnerhäuser entdeckt. So ist z.B. Taittinger über die ebenfalls im Loiretal ansässige Firma Monmousseau Eigentümer von Bouvet-Ladubay, während die Firma Langlois-Château zum Hause Bollinger gehört.

Crémant de Loire
Im Jahre 1975 kam zum Saumur Mousseux eine weitere Herkunftsbezeichnung hinzu: Crémant de Loire. Das Produktionsgebiet dieses Schaumweins umfaßt neben Saumur auch noch Anjou und Touraine. Die Vorschriften, die der französische Gesetzgeber für die Erzeugung des Crémant de Loire festgelegt hat, ähneln denen für die *méthode champenoise,* sind aber doch etwas strenger als die für den Saumur Mousseux geltenden Bestimmungen. So liegt der zulässige Hektarertrag bei 50 hl gegenüber 60 hl

beim Saumur Mousseux; die Traubenmenge für einen Hektoliter Crémant beträgt 150 kg gegenüber 130 kg, und ein Crémant de Loire muß 12 Monate *sur lie* ruhen, auf der Hefe mit ihren Ablagerungen, die sich während der zweiten Gärung in der Flasche bilden, während es beim Saumur Mousseux nur 9 Monate sind. Ein Crémant de Loire ist also ein etwas besseres Erzeugnis. Diese Tatsache scheint aber noch nicht allgemein bekannt zu sein, denn die Appellation Crémant de Loire ist bisher noch kein großer Erfolg. Die Produktion liegt zur Zeit bei knapp 2 Millionen Flaschen; das ist noch nicht einmal ein Fünftel des Saumur Mousseux.

Knochentrockener Geschmack
Außer Schaumwein, dem bei weitem wichtigsten Erzeugnis von Saumur, gibt es in diesem Gebiet auch eine Reihe von Stillweinen. Der Saumur Blanc und der Saumur Rouge werden jedoch nur in 38 Gemeinden erzeugt. Weißer Saumur wird mit einem Hektarertrag von 45 hl hauptsächlich aus der Chenin blanc-Rebe hergestellt. Chardonnay und Sauvignon dürfen nur zu höchstens 20% enthalten sein. Der Alkoholmindestgehalt beträgt 10%. Der Saumur Blanc ist meist ein knochentrockener Weißwein mit einem kühlen Charakter und einem festen, manchmal auch säuerlichen Geschmack. Es ist nicht leicht, einen wirklich gelungenen weißen Saumur zu finden. Ich stimme mit dem Sprecher einer der großen Firmen voll überein, wenn er sagt: «Saumur Blanc kann man mit dem Coteaux Champenois aus der Champagne vergleichen. Beide schmecken als Schaumwein am besten.» Ein einziges Mal habe ich auch einen Coteaux de Saumur verkostet. Dies ist durchweg ein halbsüßer Weißwein, der zu 100% aus der Chenin blanc-Rebe hergestellt wird. Er kommt aus 13 Gemeinden und muß mindestens 12% Alkohol enthalten. Der zulässige Hektarertrag liegt hier bei 30 hl. Die Produktion beträgt jährlich mehr als 400 hl. Es muß auch Saumur Pétillant (weiß und rosé) geben, aber ich habe ihn nie zu Gesicht bekommen.

Zwei Sorten roter Saumur
Die Produktion von rotem Saumur hat sich in einem Zeitraum von 25 Jahren verzehnfacht und nimmt noch immer zu – wie ich meine zu

Saumur Champigny
Appellation Contrôlée

SAUMUR CHAMPIGNY
DOMAINE FILLIATREAU
VIEILLES VIGNES

SAUMUR-CHAMPIGNY
CHATEAU DE CHAINTRES

SAUMUR CHAMPIGNY

CABERNET de SAUMUR
APPELLATION CONTROLEE

Alain Sanzay in Varrains ist ein junger Winzer, der so «handwerklich» wie möglich nach der Tradition seiner Vorfahren zu arbeiten versucht. Es versteht sich daher von selbst, daß der Saumur Champigny bei ihm in Holzfässern reift, und zwar ein Jahr lang. Im Geschmack dieses Weins entdeckt man Frucht und Tannin; der Duft ist tadellos. Alain besitzt 5 ha des Weinbergs Les Poyeux, des besten *cru* von Varrains und Chacé. Die weißen Trauben von weiteren 10 ha kommen zur Genossenschaft.

Einer der renommiertesten Winzer der Appellation Saumur-Champigny ist Paul Filliatreau in Chaintres. Er bestellt 27 ha, davon 2 mit weißen Reben, Vor allem Pauls Saumur-Champigny Vieilles Vignes ist ein erstaunlich guter Wein: von tiefer Farbe, konzentriert, fruchtig und mild im Geschmack. Paul begann 1978 mit nur 7000 Flaschen dieses Weins. Auch der normale Saumur-Champigny mit seinem milden und geschmeidigen, manchmal fast schweren Fruchtgeschmack ist ein Genuß. Gärtanks aus Edelstahl.

Der ruhig gelegene Weiler Chaintres hat ein eigenes Château. Es gehört Bernard de Tigny und seiner Frau, einer gebürtigen Amerikanerin. Auf 20 ha (17 ha für Saumur-Champigny, 3 ha für Saumur Blanc) erzeugt man in der Regel ansprechende Weine. Den Rotwein würde ich eindeutig vorziehen: Er besitzt eine volle Farbe, ein sauberes Bukett und einen geschmeidigen, dabei festen Geschmack. Die Qualität ist heute zuverlässig.

Sehr gerne erinnere ich mich an meinen Besuch bei Claude Daheuiller, und zwar nicht nur wegen des gastlichen Empfangs, den er und seine charmante Frau Marie-Françoise mir bereiteten, sondern auch wegen ihrer Rotweine. Ich habe eine Reihe Saumur-Champignys bis hin zum Jahrgang 1961 verkostet. Alle Weine waren harmonisch, charaktervoll, geschmeidig und gleichzeitig keineswegs arm an Frucht oder Tannin. Daheuiller besitzt 18 ha: 12 ha für Saumur-Champigny, 6 mit weißen Reben für stillen und moussierenden Wein.

Einen guten Rosé mit der Herkunftsbezeichnung Cabernet de Saumur bringt Jean-Pierre Charrau in Parnay. Er erzeugt ihn aus 50% Cabernet-Franc und 50% Cabernet-Sauvignon. Der Wein besitzt eine blaßrosa Farbe und einen frischen, nur eine winzige Spur süßen Geschmack. Auch die andern Weine von Charruau verdienen Aufmerksamkeit. In bester Erinnerung geblieben sind mir sein Saumur-Blanc und sein Saumur-Champigny, vor allem ersterer. Die Domäne umfaßt 14 ha.

Andere moussierende Weine von zumindest korrekter Qualität findet man bei: Veuve Amiot (St. Hilaire-St. Florent, Eigentum von Martini & Rossi) Bouvet-Ladubay (St. Hilaire-St. Florent; vom Champagnerhaus Taittinger) De Neuville (St. Hilaire-St. Florent; von Cointreau) Coopérative des Vignerons de Saumur (St. Cyr-en-Bourg)

Gegenüberliegende Seite: Das weiße Schloß von Saumur. Es diente als Festung, Residenz, Kaserne und Gefängnis, bis es seine heutige bestimmung als Museum bekam.

*Ganz unten:
In der Genossenschaft von Saint-Cyr-en-Bourg*

*Mitte:
Claude Daheuiller und seine Frau Marie-Françoise*

Saumur

Recht, denn qualitativ hat der Wein auf alle Fälle mehr zu bieten als sein weißer Namensvetter. Für roten Saumur gilt generell eine Ertragshöchstgrenze von 40 hl/ha, und es dürfen nur die Rebsorten Cabernet-Franc, Cabernet-Sauvignon und Pineau d'Aunis verwendet werden; die beiden letztgenannten kommen allerdings relativ selten vor. Es gibt zwei Sorten roten Saumur: Saumur Rouge aus insgesamt 38 Gemeinden und Saumur-Champigny aus den Gemeinden Chacé, Dampierre, Montsoreau, Parnay, Saint-Cyr-en-Bourg, Saumur und Souzay-Champigny. Im allgemeinen besitzt der Saumur-Champigny die bessere Qualität; er kommt aber auch aus den besten Rebgärten des Gebiets. Diese liegen hauptsächlich auf La Côte, dem mit Reben bedeckten Kalkplateau im Osten von Saumur, hoch über den Ufern der Loire. Die Dörfer liegen meist zu Füßen dieses Plateaus, eingezwängt zwischen der hoch aufragenden Kalksteinwand und der Straße von Saumur nach Chinon. Die Wege zum Plateau sind schmal, häufig kurvenreich und meist steil. Auf dem Plateau selbst gibt es kaum Häuser, wohl deshalb, weil man seit Jahrhunderten die Qualität des Bodens kennt und möglichst jeden Quadratmeter für den Weinbau nutzen möchte.

Initiative einer Genossenschaft
Der große französische Staatsmann Clemenceau zog Saumur-Champigny allen anderen Weinen vor, aber auch seine Begeisterung konnte nichts daran ändern, daß Bekanntheit und Produktion dieses Weins bis in die 60er Jahre hinein nicht sonderlich groß waren. Es ist vor allem das Verdienst der Genossenschaft von Saint-Cyr-en-Bourg, daß die Appellation Saumur-Champigny statt der knapp 700 hl von einst heute 50 000 hl im Jahr erzeugt. Der Direktor der Genossenschaft, Marcel Neau, berichtete mir, daß die Winzer früher nie genau wußten, was aus ihren blauen Trauben eigentlich werden würde, moussierender Weißwein oder stiller Rotwein. Die Genossenschaft begann als erster Betrieb von Saumur damit, eine gezielte Auswahl zu treffen, um zu einer optimalen Qualität des Saumur-Champigny zu kommen. So ergab sich schließlich aus dem Wechselspiel zwischen steigender Qualität und steigender Nachfrage auch eine steigende Produktion. Welche Rolle die Genossenschaft mittlerweile für die Herkunftsbezeichnung

spielt, zeigt sich daran, daß der Betrieb mit seinen 220 Mitgliedern heute zwischen 30 und 40% des Saumur-Champigny liefert. Der Saumur-Champigny ist durchweg etwas geschmeidiger, voller, fruchtiger als der Saumur Rouge, aber ich habe doch auch rote Saumurs getrunken, die dem Saumur-Champigny in der Qualität kaum nachstanden. Die Erzeugung von Saumur Rouge schwankt um 27 000 hl jährlich. Ein dritter Wein aus blauen Trauben ist der Cabernet de Saumur, ein Rosé, der blasser, leichter und trockener ist als der viel bekannte-

re Cabernet d'Anjou. Hiervon werden jährlich nur 1400 bis 2100 hl geerntet.

     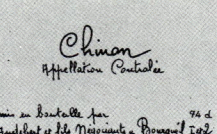

Auf dem kleinsten Chinon, den Couly-Dutheil auf den Markt bringt, ist keine Domäne angegeben. Der Wein kann gut sein, aber auch enttäuschend. Ich empfehle daher lieber den Chinon von der Domaine René Couly, der qualitativ besser und zuverlässiger ist. Der Boden des 27 ha großen Weinberges enthält Kies und Ton; die Rebstöcke sind im Durchschnitt 20 Jahre alt. Der lebendige, nach Frucht duftende Wein hat vor der Abfüllung 6–9 Monate auf Holz gelegen.

Für die Domaine des Bouquerries hat Couly-Dutheil den Alleinvertrieb. Die 14 ha in Cravant-les-Coteaux liegen teils auf flachem, teils auf hügeligem Grund. Wie alle Weine von Couly-Dutheil bleibt auch dieser Chinon 30–40 Tage in den Gärbottichen. Zuvor wurden die Beeren von allen Stielen und Kernen befreit. Ich finde den Chinon der Domaine des Bouquerries in Duft und Geschmack besonders fein. Die Farbe ist häufig ein schönes Hellrot.

Der Clos de l'Echo gehörte einst den Eltern von Rabelais und liefert auf seinen 14 ha einen erlesenen Chinon, der zu den allerbesten roten Loire-Weinen gehört. Der Weinberg liegt an einem Südhang und ist mit Reben bepflanzt, die ein Vierteljahrhundert alt sind. Der Wein reift 12–18 Monate in Eichenfässern. Der Geschmack ist voller als bei den meisten anderen Chinons, aber gleichzeitig sehr nuanciert. In Duft und Geschmack sind häufig Frucht und Blüten zu entdecken. Ein Privileg, den Wein zu trinken.

Plouzeau & Fils ist ein Weinhandelshaus, das in Chinon am Südufer der Vienne, also gegenüber dem alten Dorf, niedergelassen ist. Es besitzt 23 ha in Touraine und 2 ha in Chinon. Als seine Spezialität nennt Eigentümer/Direktor Pierre Plouzeau seinen Chinon Bellamour, eine von ihm zusammengestellte Komposition guter Chinons, die er bei verschiedenen Winzern einkauft. Ich fand den Wein in der Tat köstlich und sauber, recht elegant und mit guter Frucht im Geschmack, vielleicht ein wenig glatt.

Im Dorf Beaumont-en-Véron ist Weinhändler Allouin Besitzer von fast surrealistisch anmutenden Felsenkellern, in denen Gärbottiche und Fässer einen vergeblichen Kampf gegen Schimmel und Unrat zu führen scheinen. Der Chinon, den Allouin regelmäßig anbietet, ist von etwas rustikaler Art, also nicht so raffiniert, doch nicht uninteressant. Er besitzt nämlich meist etwas Frucht und eine gewisse Abrundung, und außerdem füllt er den Mund gut.

Wiederholt habe ich in Frankreich und außerhalb einen Chinon genossen, der das Etikett von Audebert & Fils trug, einem Familienbetrieb in Bourgeuil. Er wird geleitet von Vater Georges und Sohn Jean-Claude Audebert. Sie arbeiten qualitätsbewußt und haben aus den Rotweinen von Bourgueil, Saint-Nicolas-de-Bourgueil und Chinon eine Spezialität gemacht. Die Weine – auch der Chinon – reifen in der Regel ein Jahr in Eichenholzfässern von 600 l Inhalt, den *demi-muids.*

Chinon

Einige Kilometer südöstlich von Saumur mündet die Vienne in die Loire. Hier verläßt man Anjou und gelangt in das nächste große Weingebiet der Loire: die Touraine. Chinon ist die erste Appellation. Ein dort ansässiger Winzer sagte mir einmal: «Wir machen Wein für unsere Freunde und für die Weinhandelshäuser.» Er brachte damit indirekt zum Ausdruck, daß er und seine Kollegen relativ wenig Wein selbst auf Flasche ziehen. Das Wenige, das sie abfüllen, wird außerdem nur im kleinen Kreis verkauft. Diese Situation ist typisch für ganz Chinon. Etwa die Hälfte des in der Gegend erzeugten Weines wird von den *négociants* aufgekauft. Dies ist deshalb so bemerkenswert, weil Chinon eines der renommiertesten Weingebiete der Loire ist und man annehmen sollte, daß die dortigen Winzer ihr Produkt ohne weiteres selbst an den Mann bringen könnten. Seinen Ruhm verdankt der – meist rote – Wein von Chinon in nicht geringem Maße François Rabelais. Dieser berühmte Schriftsteller wurde in der Nähe von Chinon geboren und ließ viele der Helden seines umfangreichen Oeuvres ebendort ihre Abenteuer bestehen. Eine Rolle spielte auch, daß Rabelais von fast legendärer Trinkfreude war und den Chinon nicht nur bei

vielen Gelegenheiten zu sich nahm, sondern auch überschwenglich pries. Berühmt ist die Zeile aus dem fünften Buch von Pantagruel, in der es heißt: «Chinon, Chinon, petite ville, grand renom.» Dieses Zitat wird auch heute noch von den dortigen Winzern gerne gebraucht.

Burgruinen

Daß der Wein von Chinon überwiegend rot ist, ist auf Kardinal Richelieu zurückzuführen. Dieser sandte nämlich 1631 seinen Intendanten, Abt Breton, nach Bordeaux, um dort die edle Rebe Cabernet-Franc zu holen. Diese heißt übrigens in Chinon und Umgebung «Breton», was aber nicht unbedingt etwas mit besagtem Abt zu tun haben muß; einige französische Autoren sind der Ansicht, daß der Name auf die Bezeichnung «bretonischer» Wein zurückgeht, Wein für die Bretagne. Etwa 98 % der Rebfläche sind mit der Cabernet-Franc-Rebe bepflanzt. Der Kardinal ließ es leider nicht bei der Einführung der Rotweinkultur bewenden; er ließ auch die drei Burgen von Chinon schleifen. Ihre Reste bedecken heute hoch über Chinon ein Areal von 400 mal 70 Metern. In diesem riesigen Komplex haben einst englische Könige, unter ihnen Heinrich II. und Richard Löwenherz, Obdach gefunden, und das achtzehnjährige Bauernmädchen Jeanne d'Arc überredete hier Karl VII., sich in Reims zum König krönen zu lassen. Chinon, zu Füßen der Burgruine hingebreitet, gehört zu den malerischen Städtchen des Loiretals. Die engen Straßen bieten immer wieder Sehenswertes, vor allem schöne Fachwerkhäuser aus dem 14., 15. und 16. Jahrhundert. Am Ufer des Flusses gibt es – natürlich – eine Rabelais-Statue. Einen starken Kontrast zum mittelalterlichen Stadtbild von Chinon bildet Frankreichs erstes Kernkraftwerk, das keine 15 Gehminuten entfernt liegt.

Drei Geländeformen

Der Wein von Chinon kommt nicht allein aus der Ortschaft Chinon, sondern aus insgesamt 17 Gemeinden, die über ein großes Gebiet verstreut sind. Zur Appellation gehören etwa 1600 ha Weinberge. Dies ist eher wenig – und doch wieder viel, wenn man bedenkt, daß es vor

Einer der talentiertesten Winzer von Cravant-les-Coteaux ist Jean-François Olek. Er besitzt knapp 8 ha Rebgärten, davon die Hälfte an Hängen. Olek ist ein großer Verfechter des Ausbaus in Holzfässern statt in Tanks, «denn das Holz hilft mit, dem Wein Charakter zu geben und ein langes Leben». Daher reift der Wein, den Olek selbst abfüllt (nur noch ein Teil seiner Ernte), meist ein Jahr auf Holz, manchmal sogar länger, der 1976er z. B. zwei Jahre. Das Resultat ist ein klassischer, ausgezeichneter Wein.

Der Vater von Gérard und Daniel Chauveau kaufte die Domaine de Pallus-Beauséjour, weil sie ihm gefiel, und pflanzte dort Obstbäume. Seit 1969 haben die beiden Brüder auf den etwa 25 ha, die auf höchstens 35 ha vergrößert werden können, Reben angepflanzt. Der meiste Grund liegt in Cravant-les-Coteaux (18 ha). Die Domäne erzeugt einen geschmeidigen Typ Chinon, der fleischig und fruchtig ist.

Es hat mich viel Zeit gekostet, daß Haus von Serge Sourdais ausfindig zu machen, denn in Cravant-les-Coteaux gibt es viele Familien mit dem Nachnamen Sourdais. Schließlich fand ich es, versteckt in den Hügeln und am Ende einer Straße. Serge Sourdais, der von seinem Sohn Daniel unterstützt wird, besitzt 22 ha Rebfläche in Cravant-les-Coteaux. Der Wein gewinnt regelmäßig Preise. Es ist ein ausgezeichneter Lagerwein mit einer tiefroten Farbe und einem festen, würzigen Geschmack.

Nach dem Tode von Jean Spelty im Jahre 1978 übernahm sein Sohn Gérard die Weindomäne. Sie umfaßt 10 ha unter Reben (70% Ebene, 30% Hänge). Der Wein gärt in cuves aus Holz und Beton und ruht anschließend 3–12 Monate in Holzfässern. Nur ein Teil der Ernte wird von Gérard selbst abgefüllt, jedoch nimmt dieser Anteil ständig zu. Speltys Chinon ist durchweg tanninreich und weniger fruchtig als andere Chinons. Vier Jahre Flaschenlager sollte man dem Wein daher schon gönnen.

Gegenüberliegende Seite:
Das beeindruckende Schloß Chinon, das eigentlich aus drei Ruinen nebeneinander besteht. Kardinal Richelieu ließ die Schlösser schleifen und mit den Steinen eine nach ihm selbst benannte Stadt erbauen. Sie besteht noch heute und gilt als Musterbeispiel für Stadtplanung im 17. Jahrhundert. La Fontaine nannte den Ort Richelieu «das schönste Dorf des Universums». Von Mai bis Mitte Oktober fährt von Chinon ein Zug mit Dampflokomotive nach Richelieu.

Unten rechts:
Jean François Olek, ein kleiner Winzer, der in Cravant-les-Coteaux ausgezeichnete Chinons erzeugt.

Mitte:
Blick über Chinon und das Tal der Vienne

Zu den Sehenswürdigkeiten von Chinon gehören ein sympathisches Stadtmuseum, ein Weinmuseum und eine in den Felsen gehauene Kirche. Die 8500 Einwohner zählende Stadt veranstaltet jedes Jahr im August einen mittelalterlichen Markt. Chinon war einst ein römisches Kastell.

Für die Weine von Chinon gilt ein Hektarertrag von 45 hl und ein Mindestalkoholgehalt von 9,5%.

Außer der Cabernet-Franc wird in Chinon auch die Cabernet-Sauvignon-Rebe angepflanzt, doch in nur geringem Umfang und mit mäßigem Erfolg.

Chinon

30 Jahren gerade 500 ha waren. Die Weinberge erstrecken sich über drei verschiedene Landschaftsformen, so daß es auch drei verschiedene Sorten Chinon gibt. Der erste Typ kommt aus den Ebenen längs der Vienne. Sand und Kies bestimmen hier die Bodenstruktur; sie machen die Weine leicht, fruchtig und schnell trinkbar, aber wenig haltbar. Dies sind die *vins de sables.* Die zweite Kategorie von Weinbergen besteht überwiegend aus Plateaus und vereinzelten Hängen, auf denen Lehm und Kies vorherrscht. Von hier kommen die *vins de plateaux,* auch *vins de graviers* genannt, die mehr Tiefgang, Kraft und Finesse besitzen. Die dritte und aus der Sicht des Weintrinkers interessanteste Landschaftsform sind die Hänge und Plateaus mit Ton und Kalk. Hier werden die *vins de coteaux* geboren, tieffarbene, üppige, haltbare Weine, die erst nach einigen Jahren der Reife ihre wahre Klasse zeigen. Wie wichtig die Landschaftsform für den Charakter des Weins auch sein mag – der menschliche Anteil bei der Entstehung des Weins darf nicht vergessen wer-

Hoch über Panzoult liegt an einer schmalen, gewundenen Straße das Haus von Guy Lemaire. Er ist Weingroßhändler, daneben aber auch *viticulteur*. Guy besitzt 5 ha unter Reben, die über eine große Zahl von Parzellen verteilt sind. Sein Chinon ist ein traditionell ausgebauter, tieffarbener, manchmal sogar fast undurchsichtiger Lagerwein von fester Statur, der lange am Gaumen haftet. Es ist daher ein Chinon, der Geduld verlangt, dessen Qualität aber das Warten belohnt.

Charles Joguet gilt als einer der tonangebenden Winzer von Chinon. Er wohnt und arbeitet in Sazilly, besitzt aber auch Reben in der Gemeinde Chinon. Charles bestellt insgesamt etwa 11 ha, davon 3,5 ha mit Stöcken, älter als 45 Jahre, und 1,5 ha mit Stöcken, älter als 20 Jahre. Der Wein von diesen *vieilles vignes* wird getrennt vinifiziert und abgefüllt, wie auch auf dem Etikett des Cuvée du Clos de la Dioterie zu lesen ist. Alle Joguet-Weine besitzen in der Regel eine interessante Qualität.

In den grünen Hügeln gegenüber dem Städtchen Chinon ist auf der anderen Seite der Vienne die Domaine de la Noblaie von Pierre Manzagol gelegen. Er hat mit den Weinen großen Erfolg. Sie haben meist eine helle Farbe und einen ziemlich vollen Geschmack, der würzige Anklänge hat und etwas Frucht besitzt. Manzagol ist einer der wenigen *viticulteurs*, die auch etwas weißen Chinon herstellen. Der Wein kommt von stark kalkhaltigem Boden, duftet herrlich und hat einen frischen Geschmack.

Es gibt soviele Raffaults in Chinon und Umgebung, daß Raymond Raffault seinen Wein unter dem Namen Domaine du Raifault anbietet. Raymond wohnt und arbeitet in Savigny-en-Véron, einer Gemeinde mit sehr sandhaltigem Grund. Die 20 ha von Raffault liegen jedoch teilweise auch auf Boden mit Ton und Kalk. Der sympathische Winzer ließ mich fast sieben verschiedene Sorten Chinon probieren. Raffaults Chinon ist ein herrlicher, korrekter Wein. Eine bessere Version heißt Cuvée Réservée (alte Stöcke).

Andere gute Chinons stammen von:
Léonce Angelliaume (Cravant-les-Coteaux)
Winzer Farou (Saint-Louans)
dem Hause Aimé-Boucher (Huisseau-sur-Cosson)
Château de Ligré (Ligré)
Château de la Grille (Chinon)
Bernard Baudry (Cravant-les-Coteaux)
Domaine du Roncée (Panzoult)
Jean-Maurice Raffault (Savigny-en-Yéron)
Maurice Desbourdes (Panzoult)
Clos du Parc de Saint-Louans
Yves Mureau (Savigny-en-Véron)
Domaine de l'Abbaye (Parilly)
François Haerty (Savigny-en-Véron)
Georges Farget (Chinon)

Olga Raffaults beste Qualitäten Wein nimmt häufig das ausgezeichnete Restaurant Barrier in Tours auf seine Karte. Ich selbst habe die Erfahrung gemacht, daß der Wein in manchen Jahren schwer enttäuscht und manchmal gerade durch seine Klasse überrascht (z.B. 1973). Am besten von Olga Raffaults Weinen gefällt mir eigentlich der weiße Chinon, der von einer Parzelle mit dem Namen Champ Chenin stammt. Dieser kann fast süß und üppig sein, aber auch sehr frisch.

Chinon

den. Ein guter Winzer kann auf ebenem Terrain allemal einen besseren Wein erzeugen als ein mäßiger Winzer auf einem steilen Südhang. Ich konnte dies mehrfach feststellen. Daneben gibt es noch diejenigen Winzer, die Grundeigentum auf verschiedenen Böden besitzen. Gérard Spelty zum Beispiel erzeugt 70 % seines Weines in der Ebene und 30 % auf den ton- und kalkhaltigen *coteaux*.

Cravant-les-Coteaux
Die größte Weingemeinde der Appellation Chinon ist Cravant-les-Coteaux im Osten von Chinon. Von den 600 ha dieser Gemeinde kommen etwa 35% des Chinon. Der Boden von Cravant-les-Coteaux bietet aber auch die besten Voraussetzungen für den Weinbau. Der Name des Dorfes verrät dies bereits: «Cravant» geht auf ein gallisches Wort zurück, das «kies-reiches Land» bedeutet, und «coteaux» (Hügel) spricht ja für sich. Der Boden der Gemeinde ist sehr tonreich; hinzu kommt entweder Kies oder Kalk. Der Kalkanteil liegt jedoch stets niedriger als in den anderen Teilen von Chinon.

Ende Mai findet in Cravant-les-Coteaux die jährliche Weinmesse statt, die *foire aux vins*. Das stille Dorf erwacht dann zum Leben, und Besucher strömen von nah und fern herbei. Die Winzer lassen hier ihren jüngsten Wein probieren. Es ist in der Regel der körperreichste, rundeste Typ des Chinon. Für etwa 80 Winzer ist der Wein die Haupteinnahmequelle. Daneben gibt es in Cravant-les-Coteaux noch rund 40 *viticulteurs*, die auf einem kleinen Fleckchen Grund Weinbau als Nebenerwerb betreiben. Große Besitzungen gibt es kaum; 10 ha Land haben nur die wenigsten. Dies gilt übrigens für Chinon ganz allgemein. Daß es in dem Gebiet keine Genossenschaft gibt, hängt mit der beherrschenden Rolle der Weinhandelshäuser zusammen, vielleicht aber auch mit der individualistischen Einstellung der Winzer.

Das Haus Couly-Dutheil
Es wäre nun aber ungerecht, alle *négociants* wegen ihrer Vormachtstellung und ihres – manchmal – mäßigen Weins an den Pranger stellen zu wollen. Einige haben wirklich viel

Links:
Weinmesse in Cravant-les-Coteaux. Die Messe findet immer am Himmelfahrtstag statt. Chinon hält seine Foire aux vins am 2. Samstag im März ab, Panzoult am 1. Mai.

Seite gegenüber, links unten: Jacques Couly, Generaldirektor des Hauses Couly-Dutheil. Er wohnt auf Clos de l'Echo.

Seite gegenüber, rechts unten: Dieses Foto wurde um 1920 in den Reben des Clos de l'Echo aufgenommen und zeigt nicht nur die Großeltern von Jacques Couly, sondern, noch als Kinder, auch seine Eltern.

Seite gegenüber, Mitte: Raymond Raffault, ein qualitätsbewußter Winzer in Savigny-en-Véron. Sein Weingut heißt Domaine du Raifault.

Unten:
Der Clos de l'Echo, Wiege eines wunderbaren Chinon. Der 14 ha große Weinberg liegt nach Süden, besitzt einen ton- und kalkhaltigen Boden und war Eigentum der Eltern von Rabelais.

Chinon und Bourgueil haben ein eigenes Glas, auf dem der Spruch steht: «Buvez toujours, ne mourrez jamais.»

Der Rotwein von Chinon schmeckt am besten, wenn er kühl serviert wird.

Die Weinbruderschaft von Chinon heißt Les Entonneurs Rabelaisiens de Chinon.

Chinon

dafür getan, dem Chinon auch in unserer Zeit Ansehen und Bekanntheit zu verschaffen. Vor allem die Firma Couly-Dutheil muß hier genannt werden. Chinon-Weine aus diesem Haus findet man in zahlreichen renommierten französischen Restaurants sowie bei den ersten Importeuren des Auslands. Ich selbst konnte mich ebenfalls erst für den Chinon so richtig begeistern, nachdem ich vor Jahren eine Flasche Clos de l'Echo getrunken hatte – einen Wein aus dem Hause Couly-Dutheil. Ich hätte mir vorher nicht vorstellen können, daß der Wein von Chinon so erstaunlich gut sein kann. Couly-Dutheil ist ein Familienbetrieb; die Tagesgeschäfte führen die Brüder Jacques und Pierre Couly. Die Familie hat 57 ha in Besitz oder Pacht und für 65 ha das Alleinbezugsrecht. Der Wein von diesen letztgenannten Rebgärten wird unter der Kontrolle von Couly-Dutheil vinifiziert und im Februar in die Felsenkeller von Chinon transportiert. Die Domänen, die exklusiv an Couly-Dutheil liefern, sind Domaine des Bouquerries (14 ha), Domaine du Puy (15 ha), Domaine de la Semellerie (19 ha), Domaine de Versailles (12 ha) und Domaine de la Haute Olive (5 ha). Letztere liegt in Chinon selbst, alle anderen in Cravant-les-Coteaux. Die eigenen Besitzungen sind Clos de l'Echo (14 ha, Chinon), Clos de l'Olive (2 ha, Chinon) und die Domaine René Couly (27 ha auf dem Plateau oberhalb Chinon). Die Domaine de Turpenay (9 ha, zwischen Chinon und Cravant-les-Coteaux) wird in Pacht bestellt.

Veilchen und Walderdbeeren

Ein guter Chinon ist für mich einer der besten Loire-Weine: Er hat eine funkelnd rote Farbe, duftet verlockend nach Veilchen, Walderdbeeren oder Früchten und besitzt einen eleganten Geschmack, der meist ebenfalls Frucht aufweist, eine angenehme Frische, eine reizvolle Finesse und einen sehr eigenen Stil. Weniger robust als der Wein von Bourgueil, wird der Chinon oft mit diesem in einem Atemzug genannt. Es gibt auch eine Redensart, die lautet: «Man sucht in Bourgueil die Kraft, in Chinon die Finesse.» Man kann einen Chinon auch durchweg eher trinken als einen Bourgueil, selbst wenn er von den *coteaux* stammt. Das soll aber nicht heißen, daß ein guter Chinon nicht reifen könnte. Vor allem in sonnenreichen Jahren kann der Wein eine ausgezeichnete Konstitution besitzen. So habe ich verschiedene Chinons aus dem sehr guten Jahr 1964 getrunken; sie waren alle nach 15 Jahren überaus vital. Bei einer Degustation wurde einmal sogar ein Clos de l'Echo 1964 höher eingestuft als ein Château Batailley 1966, ein *grand cru* aus der Bordeaux-Gemeinde Pauillac.

Außer rotem Chinon wird auch noch eine geringe Menge Rosé erzeugt, ein trockener Wein, der durchaus seine Vorzüge hat. Von beiden Sorten werden jährlich zwischen 30 000 und 38 000 hl erzeugt. Daneben gibt es noch weißen Chinon zu 100 % aus der Chenin blanc-Rebe. Es ist ein rarer (knapp 145 hl jährlich), manchmal trockener, manchmal lieblicher Wein, der nach Gewürzen, verschiedenen Blumen und Akazienblüten duften kann.

Rechts:
Jean-Claude Audebert vor
seinem Betrieb

Unten:
Das Zentrum von Bourgueil
mit der Kirche. Die Weinmessen von Bourgueil und Saint-
Nicolas-de-Bourgueil finden
am 1. Samstag im Februar
und Ostern statt.

Seite gegenüber, links unten:
Felsenkeller des Hauses
Audebert & Fils

Seite gegenüber, Mitte:
Winzer Marc Mureau läßt
seinen Wein probieren.

Seite gegenüber, rechts unten:
Die Abtei von Bourgueil besitzt einen eigenen Weinberg.
Das Bauwerk stammt aus
dem 13., 15., 17. und 18.
Jahrhundert.

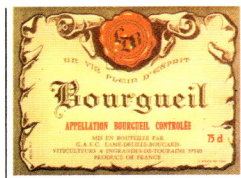

In den 60er Jahren begann das in Bourgueil ansässige Weinhandelshaus Audebert & Fils eigenen Weingrund zu kaufen. Heute verfügt die Firma über 30 ha. Eine der eigenen Besitzungen ist die Domaine du Grand Clos, 9 ha auf Plateau und Hang. Hier wächst ein tieffarbener, sehr voller, würziger, tanninreicher, klassischer Bourgueil, der unbedingt viele Jahre reifen muß. Der Wein wird in Edelstahl vinifiziert, reift aber auf Holz.

Audeberts *vignoble* Les Marquises liegt in der Nähe von Benais. Es ist noch kein *coteau*, hat aber doch Ton und Kalk im Boden. Der Rebgarten ist nur 2 ha groß. Der Wein ist für mich vor allem hinsichtlich seines Geschmacks einer der besten Bourgueils: sehr komplex, ein Hauch Pfeffer, ein bißchen Frucht, eine kräftige Dosis Tannin. Sein Bukett beginnt meist erst nach ungefähr fünf Jahren wirklich tief zu werden. Dann erst sollte man auch beginnen, den Wein zu trinken.

Die Domaine Lamé-Delille-Boucard in Ingrandes-de-Touraine verfügt über 28 ha in Weinberg, davon 23 ha in Bourgueil. Die Parzellen liegen über verschiedenen Bodenarten verstreut. Lucien Lamé hat zusammen mit seinem Schwiegersohn René Boucard 1974 eine neue Kelterhalle bauen lassen.. Dort liegen auch die großen Holzfässer, in denen der Wein reift. Man bringt verschiedene Qualitäten auf den Markt. Der Wein für den Export ist der körperreichste und enthält meist 25% Cabernet-Sauvignon.

Für einen Teil der Ernte bewirtschaften Jean-Baptiste Thouet und Michel Lorieux seit 1975 den 7 ha großen Clos de l'Abbaye, Eigentum der Abtei von Bourgueil. Sie machen einen sehr guten Wein, der häufig nach Frucht duftet (u. a. Himbeeren), sehr kräftig im Geschmack ist und einen langen Abgang besitzt. Der Clos de l'Abbaye war 1979 einer der wenigen Weinberge, die einen sehr guten Wein lieferten, da die Rebstöcke hier nicht erfroren. Offizieller Name der Domäne: G.A.E.C. de la Dîme.

Bourgueil

Bourgueil und Umgebung gehörten früher zum Verwaltungsbezirk Saumur und waren damit ein Teil der Provinz Anjou. Im Jahre 1790, als Frankreich in Départements eingeteilt wurde, wurde Bourgueil jedoch auf friedliche Weise von Indre-et-Loire annektiert und kam zur Touraine. Der Ort liegt etwa 5 km vom rechten Loire-Ufer entfernt und 15 km von Chinon, das links der Loire an dem Flüßchen Vienne liegt. Funde in der Umgebung von Bourgueil weisen auf eine Besiedlung in der Römerzeit hin; größere Bedeutung erlangte der Ort aber erst um 990, als dort eine Benediktinerabtei gegründet wurde, die noch heute besteht. Jahrhundertelang diente sie der Bevölkerung bei Hochwasser und in Kriegszeiten als Zufluchtsort. Mit

einigem Stolz erzählt man in Bourgueil, daß in der Nähe dieser Abtei erstmals die Cabernet-Franc-Rebe gepflanzt wurde, jene Rebe, die die Seele aller guten und bekannten Loire-Rotweine ist. Hierhergebracht hat sie angeblich Abbé Baudry, der 1089 Abt wurde. (In Chinon dagegen heißt es, daß erst Kardinal Richelieu im Jahre 1631 die Cabernet-Franc-Rebe aus Bordeaux holen ließ.) Von Abbé Baudry ist jedenfalls ein Brief erhalten, in dem er seine Freunde bittet, doch unbedingt jedes Jahr zu kommen und seinen Wein zu kosten, «denn dieser bringt Freude in betrübte Herzen».

Mildes Mikroklima
Das Bourgueil von heute ist ein Ort, in dem es wenig Leben und wenig zu erleben gibt. Neben der Abtei lohnt eigentlich nur die Kirche einen Besuch. Sie ist dem heiligen Germain geweiht und besitzt neben Teilen aus dem 15. einen prachtvollen Chor aus dem 12. Jahrhundert. Nur dienstags erwacht der Ort zum Leben, denn dann ist Wochenmarkt. Im Norden des Städtchens erhebt sich ein fast 120 m hohes, teilweise bewaldetes Plateau, und schützt das Land zu seinen Füßen vor den rauhen Nordwinden. Dies ist wohl der Grund für das milde Mikroklima von Bourgueil; man nennt es auch «das kleine Vaucluse». Die jährliche Niederschlagsmenge beträgt knapp 600 mm. Das milde Klima ließ sogar den Anbau mediterraner Kulturpflanzen wie Süßholz, Anis und Muskattrauben zu. Heute erzeugt das Gebiet neben Weintrauben viele weitere Früchte, so Erdbeeren, Kirschen, schwarze Johannisbeeren, Birnen, Äpfel (u.a. Pépin de Bourgueil), Spargel, grüne Bohnen, Karotten, Zwiebeln, Lauch. Rings um Bourgueil herrscht der gemischte Pflanzenbau vor. Die meisten Winzer können von ihrem Wein allein nicht leben und kultivieren daher auch noch andere Gewächse. Nur eine Handvoll *viticulteurs* verfügt über 15 ha oder mehr Anbaufläche; der durchschnittliche Weinbergbesitz liegt bei ganzen zwei Hektar.

Drei Weinbauzonen
Die Appellation Bourgueil gilt für acht Gemeinden: Bourgueil, Saint-Nicolas-de-Bourgueil, Restigné, Ingrandes-de-Touraine, Saint-Patrice, Benais, La-Chapelle-sur-Loire und Chouzé-sur-Loire. Es gibt drei Weinbauzonen,

deren jede einen eigenen Wein erzeugt. Die breiteste ist La vallée, ein flacher, sehr sandiger Landstrich von der Loire bis zur Grenze von Bourgueil, Restigné und Ingrandes-de-Touraine. Weinbau gibt es hier nur auf einigen kieshaltigen Enklaven, vor allem bei La Chapelle-sur-Loire und Chouzé-sur-Loire. Der dort erzeugte Wein ist schnell reif, nicht allzu voll und meist ziemlich flach. Die zweite Zone ist La terrasse. Auf diesem rund fünf Kilometer langen Plateau wird der meiste Bourgueil erzeugt. Der Boden besteht hier überwiegend aus einem Gemisch von grobem Sand und Kies. Er ergibt aromatische Weine mit mehr Kraft und Tiefe, als die Weine aus dem Tal haben. Die dritte Zone heißt Les coteaux. Das Gelände steigt hier an, und der Boden ändert seine Struktur vollständig: Sand und Kies weichen Ton und Kalktuff. Die Hänge liegen nach Süden und werden optimal von der Sonne beschienen. Außerdem ist es hier etwas trockener als anderswo im Gebiet. Dieses Mikroklima bringt kraftvolle Trauben hervor, die manchmal schon zwei Wochen früher reifen als die anderen. Der Wein von den *coteaux* ist härter, fester, tieffarbener und weniger fruchtig als die Weine von La terrasse; es ist ein Wein, der sich gut zum «Hinlegen» und «Lagern» eignet. Der beste Typ Bourgueil entsteht häufig durch Mischen von *coteaux*- und *terrasse*-Wein: Das Ganze ist dann mehr als die Summe der Teile. Die gelungensten Weine unter dem Namen Bourgueil werden daher auch von Winzern erzeugt, die in beiden Zonen Anbauflächen haben.

Schlichte Häuser
Insgesamt gibt es in Bourgueil 1200 ha Rebfläche, die im Jahr durchschnittlich 42 000 hl Wein liefern. Fast die gesamte Ernte wird als Rotwein auf den Markt gebracht, nur ein geringer Rest als Rosé. Weißwein wird im Gegensatz zu Chinon nicht erzeugt. Rot- und Roséwein stammen in der Regel von der Cabernet-Franc-Rebe, obwohl der Gesetzgeber auch die Cabernet-Sauvignon-Rebe zugelassen hat. Tatsächlich trifft man letztere Rebsorte nur hin und wieder in Bourgueil an. Der zulässige Hektarertrag für Rotwein und Rosé beträgt 45 hl. Der Weinbau wird in Bourgueil hauptsächlich von kleinen, hart arbeitenden Winzern betrieben. Châteaux und Villen finden sich in Saumur, aber nicht mehr in diesem Teil des Loiretals.

Pierre Grégoire besitzt knapp 9 ha Weinberge, darunter etwas Grund auf den *coteaux*. Der Wein reift 8–18 Monate in großen Holzfässern und wird niemals filtriert. Grégoires Wein besitzt häufig gute Nuancen und meist für einen Bourgueil auch reichlich Frucht. Wie bei den meisten anderen Winzern von Bourgueil heißt es auch hier, die besten *cuvées* auszuwählen. Ein Teil von Grégoires Weinbergen liegt in Saint-Nicolas-de-Bourgueil; er verkauft jedoch allen Wein als Bourgueil.

Marc Mureau wohnt in Lossay bei Restigné und besitzt 10 sehr zersplitterte Hektar Weingrund. Der größte Teil davon, nämlich 80%, liegen auf den Tuffsteinhängen. Mureau verkauft keinen Wein, der nicht mindestens ein Jahr auf Holz gelegen hat. Nach der Abfüllung hat der Wein einiges zu bieten: sehr tiefe Farbe, Kraft, langen und tanninreichen Geschmack, manchmal einen Anflug von Pfeffer und angenehme Anklänge von Frucht. Bei seinem 1976er rief Mureau selbst aus: «C'est un maréchal!»

An einem der Tuffsteinhänge in der Nähe des Dorfs Restigné steht das Haus von Paul Caslot. Hinter dem Haus führen die Keller in den Kreidefelsen hinein. Paul ist verheiratet mit einer Jamet (Angehörige in Saint-Nicolas-de-Bourgueil), wird unterstützt von seinem Sohn Pierre und arbeitet mit den Namen Caslot-Jamet und Domaine de la Chevalerie (12 ha). In den 80er Jahren hat sich die Qualität der Weine stetig verbessert. Sie haben durchwegs viel Tannin und eine gute Struktur.

Bei einer kleinen Degustation, die ich einmal mit einigen Jahr veranstaltete (u.a. mit Weinen von Weinhandelshäusern weit außerhalb des Bourgueil-Gebietes) bekam der Wein von Raphaël Galteau bei allen Teilprüfungen die meisten Punkte. Der Wein besaß eine tiefe, klassische, noch jugendliche purpurne Farbe, reintönigen Duft und angenehmen, runden Geschmack mit weniger Herbheit als der Durchschnitts-Bourgueil. Im Nachgeschmack viel Tannin, doch keineswegs unangenehm.

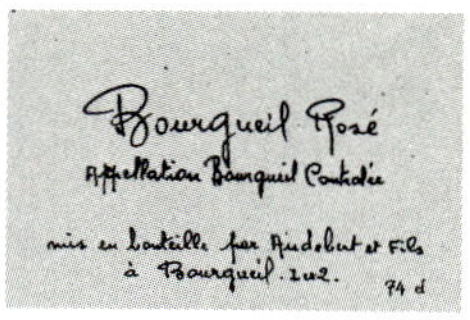

Von den rund 600 000 Flaschen, die das Haus Audebert & Fils jährlich verkauft – vor allem an französische Restaurants – ist der größte Teil Rotwein und stammt aus Bourgueil, Saint-Nicolas-de-Bourgueil und Chinon. Jean-Claude Audebert ließ mich jedoch auch einen Rosé aus Bourgueil probieren. Dieser hatte eine helle, orange-rosa Farbe, einen milden Duft, einen ausgesprochen frischen Geschmack mit etwas Erdton, etwas *terroir*. Ich fand ihn einen guten, angenehmen Wein.

Andere gute Bourgueils (oder manchmal einigermaßen gute) habe ich probiert von:
Paul Maître (Benais)
Roland Fleury (Restigné)
Jean Nau (Ingrandes-de-Touraine)
Paul Gambier (Ingrandes-de-Touraine)
Jean-Louis Richer (Restigné)
Plouzeau & Fils, Cuvée de la Chevalerie (Chinon)
Aimé-Boucher (Huisseau-sur-Cosson)
Jacques Morin (Benais)
Domaine Boucard (Benais)
Delanoue Frères (Benais)
Pierre-Jacques Druet (Benais)
Jean Gambier (Bourgueil)

Bourgueil

Die Winzer von Bourgueil leben meist in alten, schlicht eingerichteten Häusern; der Weinkeller befindet sich häufig unter oder gleich neben dem Haus. Empfangen wird nicht in einem eleganten Salon, sondern im Keller, wo manchmal eine einfache Probetheke installiert ist, in einem kleinen Büro oder in der Küche. Dies alles läßt erkennen, daß der Bourgueil seinen Erzeugern keine Reichtümer gebracht hat. Die Ursache hierfür ist vielleicht nicht nur in dem relativ geringen Bekanntheitsgrad des Weines zu suchen, sondern wohl auch in seinem Charakter.

Rustikaler Charakter

Der Bourgueil ist nämlich kein besonders zugänglicher Wein, der durch Frucht und Charme schnell für sich einnehmen würde. Er besitzt eine ziemlich derbe, rustikale Art und ist deutlich ärmer an Finesse, Eleganz, Frucht und Blütenaromen als der Chinon. Der widerborstige, wenig nachgiebige Charakter des Bourgueil erinnert mich an einen ungeschliffenen Halbedelstein, dessen rohe Kanten sich erst nach Jahren zu runden beginnen. Erst nach und nach beginnt die wahre Klasse dieses Loire-Weins sich zu erweisen. Winzer Paul Caslot sagte mir: «Es dauert etwa 10 Jahre, bis man meine Weine trinken kann» – ein Satz, den ich in dieser oder ähnlicher Form von vielen Winzern gehört

habe. Umso erstaunlicher ist es, daß in vielen Weinbüchern zu lesen ist, der Bourgueil solle gerade jung getrunken werden! Auch dies wieder eines der vielen Mißverständnisse über die Loireweine. In Bourgueil werden die Trauben stets ohne Kerne und Stiele vergoren. Leicht vorstellbar, daß der Wein ohne diese Methode hart und abweisend und damit unverkäuflich würde. Weitere Merkmale des Bourgueil sind sein häufig dunkles Rot, ein Duft, in dem Himbeeren enthalten sind (das einzige wirklich charmante Element, das sich schon früh zeigt), und ein würziger Geschmackston, der manchmal fast scharf ist. Durch seinen sozusagen derben Charakter paßt der Bourgueil vor allem gut zu typischen Fleischgerichten aus der bäuerlichen Küche, von Niederwild bis zu Wurst und Speck. Auch in reifen Jahren schmeckt der Wein nicht zu warm, also bei etwa 18°C, am besten. Bourgueil Rosé ist ein vollkommen trockener Rosé von frischem Geschmack und nicht selten mit einem gewissen Erdton. Im Gegensatz zu seinem roten Namensvetter gewinnt er durch lange Lagerung nicht.

Links unten:
Winzer Pierre Jamet mit seinem Wein. Meist zeigt Pierre seinen Gästen ein Buch, in dem ein Vater im vorigen Jahrhundert Weinverkäufe vermerkt hat.

Mitte:
Das Dorfcafé von Saint-Nicolas-de-Bourgueil. Neben dem Eingang ein Plan der Gemeinde (etwa 700 ha Weinberge) und ein Verzeichnis der Winzer.

Rechts unten:
Im Dorfcafé trinken einige Stammgäste den örtlichen Wein. Die Gläser werden bis zum Rand gefüllt.

Der Boden ist hier sehr durchlässig: Das Regenwasser versickert beinahe sofort.

Zusammen mit seinen Söhnen Francis und Jean-Jacques bearbeitet der dynamische Pierre Jamet 14 ha sand- und kieshaltigen Boden. Unter dem Haus der Jamets befindet sich ein Kellergewölbe aus dem Jahre 1890, das auf dem Etikett abgebildet ist. Pierre Jamet macht sehr anständige, wenn auch manchmal etwas feste Weine von ziemlich rustikalem, aber auch ehrlichem Charakter. Vor der Abfüllung bleiben sie drei bis zwölf Monate in Holzfässern, nachdem sie erst in einem Jahr in beschichteten Gärbottichen ruhten.

Anselme Jamet, Bruder von Pierre, ist ebenfalls Winzer. Er besitzt 18 ha, davon 3,5 ha auf Tuffsteinhängen. Er und sein Sohn Philippe lassen den Wein 1–1½ Jahre in Eichenholzfässern reifen. Vor dem Zeitpunkt der Abfüllung ist Anselmes Wein meist sehr ordentlich und besitzt häufig etwas Frucht im Duft. In der Flasche enttäuscht er jedoch oft; man hat offensichtlich bei der Abfüllung Probleme. Es ist zu hoffen, daß diese bald mit fachlicher Beratung gelöst werden.

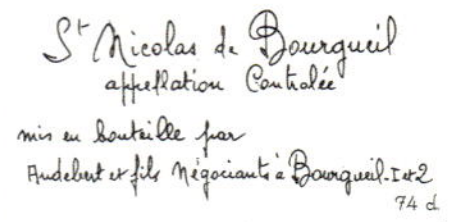

Das Weinhandelshaus Audebert & Fils (Bourgueil) verfügt über 5 ha in Saint-Nicolas-de-Bourgueil und kauft daneben Wein dazu. Ich finde den Wein für seine Appellation sehr gelungen, zumindest die Jahrgänge, die ich verkostet habe. Sie hatten etwas von dem Würzig-Pfeffrigen des Bourgueil im Geschmack, waren nach etwa zwei Jahren sehr gut zu trinken, und dufteten nicht unangenehm. Auch der Wein des Handelshauses Plouzeau & Fils (Chinon) gefiel mir recht gut, ist aber etwas glatter, weniger charakteristisch.

Die Keller von Jean-Paul Mabileau befinden sich direkt neben der Kirche von Saint-Nicolas-de-Bourgueil; außerdem gehört ein Felsen-Keller dazu. Die Domäne ist 13 ha groß. Diese sind zum Teil noch mit ziemlich jungen Stöcken bepflanzt. Der Wein von jungen und alten Stöcken wird getrennt vinifiziert und ausgebaut. Der Wein von den alten Reben (Les Fosses) ist der beste: klare Farbe, markanter Duft, deutliche Anklänge von Holz und Frucht. Ein anderer talentierter Winzer ist Claude Vallée (Dom. de la Cotelleraie-Vallée).

Joël Taluau wohnt in dem Weiler Chevrette an der Grenze zwischen Saint-Nicolas-de-Bourgueil und Bourgueil. Er besitzt etwa 9 ha Weingrund (Cave de l'Ormeau de Maures). Sein Wein gehört für mich zu den besten des Gebietes: stets makellos, reintönig und angenehm im Geschmack. Der 1980er z. B. hatte eine sahnige, überaus angenehme Milde und war ein Jahr nach seiner Ernte bereits herrlich zu trinken. Einen starken Kontrast hierzu bildet der altmodische, überladene Bauernwein von Daniel Moreau (etwa 5 ha).

Saint-Nicolas-de-Bourgueil

Saint-Nicolas-de-Bourgueil ist die einzige Gemeinde der Touraine, die eine eigene *appellation contrôlée* hat. Bourgueil, Vouvray, Montlouis usw. sind zwar ebenfalls nach Gemeinden benannt; das Gebiet, das diese Appellationen umfassen, schließt aber noch verschiedene andere Ortschaften ein. Saint-Nicolas-de-Bourgueil liegt genau im Westen von Bourgueil, etwa drei Kilometer davon entfernt. Bleibende Eindrücke vermittelt der Ort nicht, denn Saint-Nicolas-de-Bourgueil sieht aus wie die meisten anderen französischen Dörfer: quer durch den Ort eine breite, stark befahrene Straße, eine Kirche mit einem hohen, spitzen Turm, und schräg gegenüber ein Café, in dem sich die männliche Bevölkerung trifft. An der Fassade des Cafés ist ein Plan angebracht, auf dem die örtlichen Winzer verzeichnet sind.

Etwas karger Boden

Die Weinberge von Saint-Nicolas-de-Bourgueil umfassen etwa 700 ha (das ist gut die Hälfte von Bourgueil) und liefern jährlich durchschnittlich 25 000 hl. Der Boden unterscheidet sich nicht sehr von dem in Bourgueil, wenn man einmal davon absieht, daß hier die *vallée*-Zone fehlt. Vorhanden sind jedoch das sand- und kiesreiche Plateau und die Hänge mit Ton und Kalk. Auch in Saint-Nicolas-de-Bourgueil liefern diese *coteaux* sehr feste und tanninreiche Weine. Im allgemeinen ist der Boden in Saint-Nicolas-de-Bourgueil sandreicher und karger als in Bourgueil. Bemerkenswert ist auch, daß in den Gemeinden der Appellation Bourgueil 80 % des Bodens landwirtschaftlich nutzbar sind, dagegen in Saint-Nicolas-de-Bourgueil nur knapp 50 %. Es ist zweifelsohne auf die doch etwas andere Bodenstruktur zurückzuführen, daß der Gesetzgeber dieser Nachbargemeinde von Bourgueil eine eigene Herkunftsbezeichnung zugestanden hat.

Leichter und freundlicher

Jahrelang galt für Saint-Nicolas-de-Bourgueil ein niedrigerer Hektarertrag als für Bourgueil, nämlich 35 hl gegenüber 40. Inzwischen hat der Gesetzgeber für beide Gemeinden 45 hl festgelegt. Auch die übrigen Vorschriften sind genau gleich. Der kargere Boden von Saint-Nicolas-de-Bourgueil ergibt einen etwas leichteren Wein, einen Wein mit etwas weniger Körper im Vergleich zum Bourgueil. Man kann einen Saint-Nicolas-de-Bourgueil daher in der Regel eher trinken – aber auch weniger lange lagern. Im übrigen ähnelt er sehr dem Bourgueil: Die beiden Weine sind offensichtlich sehr eng miteinander verwandt, wobei der Saint-Nicolas-de-Bourgueil durchweg der freundlichere ist. Die Gemeinde erzeugt auch eine geringe Menge trockenen Rosé.

Ganz unten:
Der Saft von Sauvignon-Trauben läuft aus der Presse.

Unten:
Henri Marionnet bei seinem Weinberg Domaine de la Charmoise.

Die Rebstöcke wachsen bei Marionnet in die Höhe, was u. a. den Vorteil hat, daß die Bearbeitung der Reben leichter ist, ebenso die Lese. Zwischen den Reihen wächst das Unkraut. Es lüftet nicht nur den Boden, sondern bildet auch einen Teppich, auf dem noch bei feuchter Witterung der Traktor fahren kann und Menschen gehen können. Das ist kein unnötiger Luxus, denn der Boden ist hier sehr lehmig. Henri war übrigens der erste, der Touraine Primeur auf den Markt brachte. Dies war 1973. Er lebt ganz für seinen Wein: «Der Wein ist für mich jedes Jahr wie ein neues Baby – und ich bin die Mutter.»

Eines der Etiketten, unter denen die Confrérie des Vignerons de Oisly et Thésée ihren in der Regel exzellenten Sauvignon verkauft. Er ist nicht selten einer der besten Weine der ganzen Touraine: ein ehrlicher, nach Frühlingsblumen duftender Wein, geschmeidig, frisch und reintönig im Geschmack. Der Wein wird u. a. nach England, Belgien, Deutschland und den Niederlanden versandt. Auch der weiße Pineau de la Loire (Chenin blanc) ist zu empfehlen.

Der sympathische, bescheidene Maurice Barbou bestellt 17 ha in Oisly und macht ein reiches Sortiment Weine aus Chardonnay, Gamay, Cabernet-Sauvignon, Pinot noir und Pineau d'Aunis (für Rosé). Ich habe alle diese Sorten mit Genuß probiert und getrunken. Der beste Wein von Maurice ist jedoch sein Sauvignon, der durchweg ein hinreißendes Bukett nach Blumen und Frucht besitzt, sowie einen mild-frischen, reintönigen Geschmack.

Das Wasser läuft mir heute noch im Mund zusammen, wenn ich an die frischen Spargel denke, den mir Henri Marionnet, Winzer in Soigns, mit seinem Sauvignon de Touraine servierte. Es war eine erlesene Kombination. Dem Wein fehlt der Geschmack nach Gemüse, an dem viele Sauvignons kranken. Er schmeckt fruchtig, geschmeidig und recht voll. Von seinen 46 ha, die im höchsten Teil von Loir-et-Cher liegen, hat Henri 11 ha mit der Sauvignon-Rebe bepflanzt. Nach dem Entrappen preßt er die Beeren leicht.

Patrick de Ladoucette ist auf dem besten Wege, in allen wichtigen französischen Weißweingebieten eine bedeutende Rolle zu spielen. Mit großem Erfolg bringt er Weine aus den Gebieten Pouilly-Fumé, Sancerre, Chablis, Vouvray und auch Touraine auf den Markt. Sein Baron Briare ist ein Sauvignon de Touraine, der aus angekauftem, fertigem Wein zusammengestellt wird, sowie aus Most, der zur Gärung in die Keller bei Château du Breuil in Saint-Paterne-Racan gebracht wird. Der Wein besitzt eine tadellose Qualität.

Wie Patrick de Ladoucette einen erlesenen Pouilly-Fumé unter dem Namen Baron de L anbietet, so bringt er auch neben seinem Baron Briare einen erlesenen weißen Touraine. Dieser heißt Baron Philippe de La Bouillerie nach dem *gérant* des Touraine-Weinbetriebs auf Château du Breuil in Saint-Paterne. Der 1978er war der erste Jahrgang. Er wird nur einigen Spitzenrestaurants im Loire-Tal zur Verfügung gestellt. Ich fand den Wein sehr fein, nuanciert, ausgewogen, sehr reintönig – fast ein schlanker Pouilly-Fumé.

Touraine

«Schande über den, der meine fröhliche, meine schöne, meine kühne Touraine nicht bewundert mit ihren sieben Tälern, in denen Wasser strömt und Wein.» Das schrieb Balzac über die Touraine, seine Heimat, die ihren Namen von der Stadt Tours hat. Balzac ist nicht der einzige große Schriftsteller, den die Touraine hervorgebracht hat. Auch Descartes, Ronsard, Rabelais und Alfred de Vigny erblickten hier das Licht der Welt und erwähnten die Touraine später meist in ihren Werken. Die Touraine ist in der Tat eine Herz und Geist beflügelnde Landschaft. Die grünen Flußtäler von Loire, Cher, Indre, Vienne setzen romantische Akzente in einer bewegten Landschaft mit flachen Hügeln, ausgedehnten Wäldern und einer reichen Vielfalt an Weinbergen, Obstgärten, Äckern und Gärten. Das Klima unterstreicht die fast sprichwörtliche Lieblichkeit dieses «Gartens Frankreichs»: Die Winter sind praktisch nie sehr streng, die Sommer fast nie sehr heiß, und auch die Niederschläge sind hier geringer als etwa im nördlicher gelegenen Reims. Es nimmt nicht Wunder, daß der wohlhabende französische Adel gerade diese Gegend auswählte, um hier für sich selbst oder auch für eine Mätresse prachtvolle Residenzen zu bauen. So möchte einem die Touraine heute fast wie ein riesiges Freiluftmuseum erscheinen, in dem die schönste Schlössersammlung der Welt ausgestellt ist: Genannt seien hier nur die Châteaux von Amboise, Azay-le-Rideau, Chaumont, Chenonceaux, Chinon, Cinq-Mars, Langeais, Loches, Luynes, Ussé und Villandry.

Der Heilige und der Esel
Die Touraine war früher eine Provinz, die hauptsächlich das heutige Département Indre-et-Loire mit 6124 qkm umfaßt. Hinzu kommen noch knapp 2000 qkm vom Département Loir-et-Cher und einige von Indre. Man nimmt an, daß die Rebe hier schon im 2. Jahrhundert kultiviert wurde. Sehr bekannt ist die Legende vom Esel des heiligen Martin, der hier in längst vergangenen Zeiten von einem Weinstock Schößlinge abfraß, woraufhin die übriggebliebenen Zweige ganz besonders gute Früchte trugen. Es heißt, daß dies der Anfang des Rebschnitts war. Erinnerungen an den heiligen Martin findet man noch überall in Touraine, so in der großartigen Basilika St. Martin in Tours und in der altehrwürdigen Kirche von Azay-le-

Die Domaine du Grand Moulin ist ein 5 ha großes Weingut in der Gemeinde Châteauvieux. Der Boden ist hier sehr kalkhaltig, weshalb vor allem die Sauvignon-Rebe gut gedeiht. Sie gibt einen Wein, der häufig ein intensives Obst- und Blumen-Parfum besitzt. Auch im Geschmack ist meist etwas Frucht vorhanden, sowie manchmal Anklänge von grünen Pflanzen. Dieser angenehme Touraine-Wein wird von Yves Senau erzeugt und von der Firma Pierre Chainier vertrieben.

Im Jahre 1972 kaufte das Haus Plouzeau & Fils (Chinon) die Domaine de la Garrelière. Diese umfaßt zur Zeit 23 ha Rebfläche. Die Domäne liegt in der Nähe von Richelieu und gehörte einst dem Herzog von Richelieu. Der Sauvignon ist ein reintöniger, nach Blümchen duftender, saftiger Wein, während der Cabernet korrekt schmeckt, jedoch im Niveau etwas abfällt.

Das Dorf Huisseau liegt unweit des beeindruckenden Schlosses von Chambord. In Huisseau ist das Weinhandelshaus Aimé Boucher niedergelassen. Es hat als einziger Betrieb das Recht, im Loire-Tal Destillate bei den Winzern zu sammeln. Daher hat man ausgezeichnete Kontakte zu vielen Winzern, auch hinsichtlich des Weins. Aus diesem Grund führt Aimé Boucher in der Regel ein sehr gutes Sortiment Loire-Weine. Natürlich fehlt auch der Sauvignon-Touraine nicht. Er ist meist sehr aromatisch und reintönig im Geschmack.

Das Weinhaus Jean-Claude Bougrier befindet sich in Saint-Georges-sur-Cher, einem hübschen Dorf mit einem alten Hafen und einer interessanten romanischen Kirche. Es ist bekannt für seine «offenen» Weine. Bougriers Sauvignon-Touraine trinke ich schon seit Jahren zur vollen Zufriedenheit. Der Wein trägt meist keine Jahrgangsangabe und hat eine in jeder Hinsicht anständige Qualität. Auffallend ist das frühlingshaft frische Bukett.

Da die Preise für Chablis sehr hoch liegen und der Markt für diesen Wein daher beschränkt ist, bringt das Haus J. Moreau & Fils erschwinglichere trockene Weißweine aus anderen französischen Gebieten auf den Markt, darunter einen Sauvignon-Touraine. Dieser ist sehr korrekt. Moreau arbeitet u. a. mit den Marken Héritiers du Marquis de Bieville und André Meunier. Ein anderes Haus mit durchweg akzeptablen Touraine-Weinen ist Buisse in der Loire-Gemeinde Montrichard. Zweit-Marke: Caves de Boule Blanche.

In ihren mit Thermostaten geregelten Gärtanks erzeugt die Confrérie des Vignerons de Oisly et Thésée einen beachtlichen Rotwein. Der aus der Gamay- und der Malbec-Rebe zusammengestellte Wein trägt den Namen Baronnie d'Aignan. Er besitzt meist eine tiefe, etwas düstere Farbe, manchmal ein stark nach Erdbeeren duftendes Bukett und einen fruchtigen, sehr geschmeidigen, recht vollen Geschmack. Ich ziehe ihn anderen roten Confrérie-Weinen wie dem Gamay und dem Cabernet vor.

Touraine

Rideau. Trotz den Verwüstungen durch die Reblaus, die im vorigen Jahrhundert die Weingärten Frankreichs vernichtete, war im Jahre 1900 der Weinbau die wichtigste Einkommensquelle der Touraine. Damals waren 63 500 ha mit Reben bepflanzt, die nicht weniger als 875 000 hl Wein lieferten. Heute umfaßt die Rebfläche etwa 10 350 ha, auf denen etwa 485 000 hl erzeugt werden.

Ausgedehntes Weingebiet

Bodenstruktur, Mikroklima und Traditionen sind in der Touraine so vielfältig, daß es auch eine Vielzahl von Weinen und Appellationen gibt. In den vorangegangenen Kapiteln haben Sie bereits Chinon, Bourgueil und Saint-Nicolas-de-Bourgueil kennengelernt; in den folgenden Kapiteln sollen u. a. Touraine-Azay-le-Rideau, Touraine-Amboise, Touraine-Mesland, Vouvray und Montlouis vorgestellt werden. Thema dieses Kapitels sind die Gebietsweine, die unter der allgemeinen Bezeichnung *appellation contrôlée* Touraine verkauft werden. Ihr Herkunftsgebiet umfaßt die ganze, an die hundert Kilometer breite Touraine – in keinem anderen Gebiet mußte ich für meine Besuche bei den Winzern größere Strecken zurücklegen als hier. Die allgemeine Herkunftsbezeichnung Touraine gilt für ein gutes Drittel aller Weingärten in diesem Gebiet, nämlich für etwa 4300 ha. Die durchschnittliche Erntemenge von weißem Touraine beträgt 120 000 hl pro Jahr. Vom Rotwein und Rosé wird etwas mehr erzeugt: Der Jahresdurchschnitt für diese Weine liegt bei 130 000 hl.

Reiche Traubenmischung

Im Herkunftsgebiet der Touraine-Weine findet man Traubensorten aus allen Gegenden Frankreichs; es ist eine Art Schmelztiegel der Rebsorten. Bei den Rotweinen finden sich: Gamay aus dem Beaujolais; Cabernet-Franc, Cabernet-Sauvignon und Malbec aus Bordeaux; Pinot gris aus dem Elsaß; Pinot meunier aus der Champagne und Pinot noir aus dem Burgund. Für den Rosé dürfen außerdem Pineau d'Aunis und Groslot verwendet werden, die aus dem Loiretal selbst stammen. Die Weißweinreben sind Chenin blanc, Menu Pineau und Sauvignon (alle drei vermutlich aus dem Loiretal selbst) und die burgundische Chardonnay-Rebe (bis zu höchstens 20% der Anbaufläche). Rotwein und Rosé haben einen Mindestalkoholgehalt von 9%; für den Weißwein sind 9,5% vorgeschrieben. Zwei Rebsorten spielen eine Hauptrolle: Gamay und Sauvignon. Die erste Rebe liefert schätzungsweise knapp zwei Drittel allen Rotweins, die zweite etwa ein Viertel des Weißweins.

Bei der Ausdehnung der Touraine sind die Böden dort sehr unterschiedlich. Die Folge ist ein breites Spektrum von Weinen. Große Güter sind in der Touraine selten. Das Gesicht der Appellation wird von Wein-Handelshäusern und -Genossenschaften geprägt, wenn sich hier auch Veränderungen abzuzeichnen beginnen. Je mehr Rebfläche die Winzer nämlich bestellen, desto unabhängiger werden sie, und desto größer wird die Neigung, den selbst erzeugten Wein auch selbst abzufüllen und zu verkaufen. Damit werden auch die Vielfruchtkulturen nach und nach verschwinden. Maurice Barbou zum Beispiel, Winzer in Oisly, vertraute mir an, daß er bis 1979 auch auf den Spargelbau angewiesen war, erst ab 1980 konnte er sich ganz seinem Wein widmen. Maurice besitzt 17 ha Rebfläche. Sehr nett fand ich es, daß im Keller von Maurice noch Töpfe mit eingemachtem Spargel lagern. Diese hält er für einige treue Kunden bereit, die einfach nicht auf seinen Spargel verzichten wollen, auch wenn er gar keinen Spargel mehr anbaut …

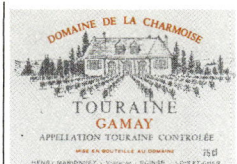

Seit 1973 erzeugt Henri Marionnet auf seiner Domaine de la Charmoise einen Gamay de Touraine nach dem Verfahren der *macération carbonique*. Dies ergibt duftende, geschmeidige, schnell trinkfertige Weine. Die Weine von Marionnet machen hier keine Ausnahme. Seine Gamays haben meist eine sehr tiefe Farbe, eine mildfrische Nase, einen ziemlich vollen, manchmal fast würzigen Geschmack mit Anklängen von Frucht und eine große Reintönigkeit. Ich finde sie herrlich.

Pouillé ist ein Dorf am linken Ufer des Cher, etwa in Höhe von Thésée, das am rechten Ufer liegt. Ein wichtiger Weinhersteller am Ort ist Jacques Delaunay, stolzer Besitzer von 12 ha Rebfläche. Dies ist zu einem Viertel mit weißen Reben bepflanzt und zu drei Vierteln mit blauen. Einer der attraktivsten Weine von Jacques ist für mich der Cabernet, der in guten Jahren eine sehr tiefe, hellrote Farbe besitzt sowie einen würzigen, ziemlich festen Geschmack. Auch der Gamay ist oft empfehlenswert.

Eine interessante, aber rare Spezialität der Touraine ist der Pineau d'Aunis Rosé. Er kann ziemlich dünn sein. Die Confrérie des Vignerons de Oisly et Thésée wählt jedoch ihren Pineau d'Aunis mit großer Sorgfalt aus. Der Wein zeigt eine blaßrosa Farbe, ein ziemlich subtiles, verfeinertes Bukett und einen reintönigen, eleganten, sauberen Geschmack: ein wirklich hervorragender, trockener Rosé, der stärkere Beachtung verdient. Ein anderer guter Confrérie-Wein ist der weiße Baronnie d'Aignan.

Blanc Foussy ist der weitaus am meisten verkaufte Schaumwein der Touraine. Jährlich werden rund drei Millionen der dickbauchigen Flaschen abgesetzt. Die Trauben für den Blanc Foussy kommen zum Teil von eigenen Weinbergen, die der Société Foltz gehören, zum Teil von Hunderten von Winzern. Man verwendet ausschließlich die Chenin blanc-Rebe. Der Wein wird nach der *méthode champenoise* verarbeitet und ist ein in jeder Hinsicht korrektes Erzeugnis, das einen angenehmen Aperitif bildet.

Gegenüberliegende Seite:
Der Betrieb Foltz erzeugt in Rochecorbon bei Vouvray verschiedene Weine, darunter den Blanc Foussy, einen guten, erfolgreichen Touraine Mousseux. Die Herkunftsbezeichnung für Touraine Mousseux besteht seit 1974. Der Wein kann weiß, rosé oder sogar rot sein. Nach 1959 gab es schon einmal eine Appellation Touraine Pétillant; diese Weine werden jedoch kaum noch hergestellt.

Unten:
Auf dem Nachhauseweg

Mitte:
Kleines Café in Azay-le-Rideau

Oben:
Maurice Barbou und seine Frau

Für Touraine-Wein gibt es drei Bruderschaften, die Chevaliers des Cuers du Baril, die Tire-Douzils de la Grande Brosse und die Maîtres de Chais. Weinmessen finden u. a. statt in Tours-Fondettes (2. Samstag im Februar), Saint-Georges-sur-Cher (Ostern), Meusnes (Pfingsten) und Thésée (1. Samstag im Juli).

Weitere Erzeuger:
Dom Octavie (Oisly)
Dom. de la Bergerie (Pouillé)
Dom. de la Presle (Oisly)
Ch. de Chenonceau (Chenonceaux)
Moreau Perceval (Sassay)
Dom. du Pré Baron (Oisly)

Touraine

Voll Frühlingsblumen

Es war übrigens der Großvater von Maurice Barbou, der als erster in der Touraine die Sauvignon-Rebe anpflanzte. Vor allem in der Umgebung von Oisly, Thésée, Contres und Soings, wo der Boden aus einer sandreichen Oberschicht auf einem lehmigen Untergrund besteht, gedieh dieser Rebentyp besonders gut. Ein guter Touraine Sauvignon aus dieser Gegend ist ein trockener Wein mit einem köstlichen Duft: Es ist, als ob man einen Laden voll Frühlingsblumen betritt. In kaum einem anderen Gebiet Frankreichs gedeiht die Sauvignon-Rebe, die wahrscheinlich aus der Gegend von Bourges stammt, so gut wie hier. Durch den Duft und frischen Geschmack der Sauvignon-Rebe kommt der Wein bei pochiertem oder gebackenem Fisch besser zur Geltung als bei Schalentieren wie etwa Austern. Einer der Winzer aus Oisly sagte mir auch, daß der Sauvignon je nach Wetterlage anders schmeckt. Eine interessante Feststellung, die einmal eine Untersuchung wert wäre: Ist es der Wein, der anders schmeckt, oder «schmeckt» der Mensch anders? Im allgemeinen finde ich die Weißweine der *appellation* Touraine, und ich meine hier vor allem den Sauvignon, gelungener als die Rotweine. Den hauptsächlich von der Gamay-Rebe stammenden Rotweinen mangelt es zu oft an Farbe, Kraft, Charakter und Charme. Ich mußte mich durch eine lange Reihe magerer, teilweise sogar grün schmeckender Rotweine hindurch probieren, um einige wirklich gute Sorten zu entdecken. Es ist anzunehmen, daß es einigen Winzern doch noch erheblich an Fachkenntnissen in der Vinifikation des Rotweins mangelt.

Mustergültiger Betrieb

Ein Betrieb, der vielen anderen als Vorbild dienen könnte, ist die Confrérie des Vignerons de Oisly et Thésée. Sie wurde 1961 von neun Winzern gegründet, die es leid geworden waren, ihre Trauben bei einer Genossenschaft abzuliefern oder ihren Wein bei einem Handelshaus. Sie beschlossen, einen genossenschaftlichen Betrieb zu gründen, der die von ihnen selbst erzeugten Weine ausbauen, abfüllen und in den Handel bringen sollte. Die Zahl der Mitglieder ist mittlerweile auf 50 Winzer mit insgesamt 275 ha angewachsen. Der Betrieb verarbeitet fast zehn verschiedene Rebsorten,

Unten:
Langer Felsenkeller in Roche-
corbon, wo knapp 140 000
Flaschen Blanc Foussy reifen

Rechts:
Eines der Betriebsgebäude
der Confrérie des Vignerons
de Oisly et Thésée in Oisly

Die Appellation Touraine
umfaßt 127 Gemeinden in
Indre-et-Loire, 42 in Loir-et-
Cher und 1 Gemeinde in
Indre. Für weißen Touraine-
Wein gilt ein Ertrag von
60 hl/ha, für Rotweine und
Rosé von 50 hl/ha.

Der einfachste *vin de pays*
der Touraine ist der Vin de
Pays du Jardin de la France.
Zwei gute Lieferanten sind
Aimé Boucher in Huisseau
(Weißwein) und das Lycée
Viticole in Amboise (Rosé).

Rote Touraine-Weine sollte
man leicht gekühlt trinken.

Touraine

aus denen ein breites Spektrum von Weinen
erzeugt wird. Die durchschnittliche Jahreserzeugung beträgt 17 000 hl, davon etwa 8000 hl
weißer und 7500 hl roter Touraine. Der Betrieb
ist hervorragend ausgerüstet. So verfügt man
über moderne Gärtanks aus Edelstahl, in denen
sich die Temperatur perfekt regeln läßt. Es wird
mehrmals streng selektiert (Trauben, Most,
Weine), und der fertige Wein wird vor dem
Abzug in Flaschen sechs Monate unter Stick-
stoff in Tanks gelagert. Dadurch kann sich der
Wein entwickeln, ohne sein Aroma und seine
Persönlichkeit zu verlieren. Der gesamte Vini-
fikations- und Ausbauprozeß wird im eigenen
Laboratorium überwacht. Dank dieser gewissenhaften und fachkundigen Arbeitsweise
hat sich die Confrérie des Vignerons de Oisly
et Thésée innerhalb und außerhalb Frankreichs
einen hervorragenden Ruf aufgebaut. Vielfache
Auszeichnungen (insbesondere für den Sauvignon) ließen nicht auf sich warten. Natürlich
gibt es mehr Menschen und Betriebe, die gute
Touraine-Weine erzeugen. Die Erzeugnisse
eines Henri Marionnet oder eines Maurice

Barbou verdienen hohe Anerkennung. Es ist zu
hoffen, daß sich das Qualitätsstreben in der
Touraine letzten Endes durchsetzt.

Schaumweine

Ein eigenes Kapitel der Appellation sind die
Schaumweine. Die Herkunftsbezeichnung hierfür wurde 1974 geschaffen. Dies kam so man-
chem Winzer sehr gelegen, der früher seinen
Weißwein gar nicht oder kaum verkaufen konnte, hatte er doch nun die Möglichkeit, wenigstens einen Teil, manchmal sogar die ganze
Ernte an Chenin-Trauben zu einem anständigen Preis loszuschlagen. Um welche Zahlen es
geht, zeigen Daten des führenden Erzeugers
von moussierenden Touraine-Weinen, Blanc
Foussy: Dieser Betrieb alleine verarbeitet ein
Viertel aller weißen Trauben, die im Herkunftsgebiet Touraine geerntet werden. Der
Betrieb verkauft jährlich rund drei Millionen
Flaschen seines Vin Vif de Touraine und ver-

fügt neben Kellern in Rochecorbon bei Vouvray auch über ein hochmodernes Kelter- und
Vinifikationszentrum in Bléré. Es gibt drei Sorten Blanc Foussy, die alle nach der *méthode
champenoise* hergestellt werden: trockener weißer, halbtrockener weißer und Rosé-Schaum-
wein. Der Betrieb, der Eigentum der Société
Foltz ist und zum Konzern Société des Vins de
France gehört, erzeugt neben Blanc Foussy
noch zwei andere Marken, Veuve Oudinot
(ebenfalls ein moussierender Touraine-Wein,
der vor allem für den französischen Markt bestimmt ist) und Château Moncontour (verschiedene Sorten Vouvray). Auch die Firma Monmousseau, Eigentum von Champagne Taittinger, drängt mit Macht auf den Markt der schäumenden Touraine-Weine, so mit der Marke
Brut de Mosny.

Links:
Gaston Pavy, ganz vorsichtig eine Flasche aus dem Jahre 1911 haltend

Unten:
Robert Denis, der auch etwas Getreidebau und Viehzucht betreibt

Ganz unten:
Das Schloß von Azay-le-Rideau, um das der Indre fließt

Für die Weine von Azay-le-Rideau ist ein Ertrag von 45 hl/ha zulässig. Der Rosé muß mindestens 9% Alkohol enthalten (bei einem Restzuckergehalt von höchstens 3%), der Weißwein 10%.

Die jährliche Weinmesse wird hier am letzten Wochenende im Februar abgehalten.

Der Boden von Azay-le-Rideau ist hauptsächlich lehm- und kalkhaltig.

Robert Denis besitzt 4 ha Rebfläche. Sein weißer Touraine Azay-le-Rideau kann sec oder demi-sec sein. Die trockene Variante hat eine winzige Spur von Grün in der Farbe und einen ungemein frischen Geschmack, manchmal mit einem Hauch von Milde. Die halbtrockene Version besitzt mehr Farbe und muß unbedingt reifen. «Erst nach 20 Jahren sieht man die Sonne im Glas», sagt Robert. Von 1 ha, der zu 95% mit Groslot bepflanzt ist, macht er auch einen erfrischenden, reintönigen Rosé.

In Saché hat Gaston Pavy außer Korn, Mais und Weidenbäumen auch Weinreben angebaut. Von diesen 3 ha sind zwei Drittel Chenin und ein Drittel blaue Trauben, nämlich 60% Groslot und 40% Malbec. In Gastons Felsenkeller verkostete ich nach Frucht duftende, trockene Weißweine aus dem Faß, sowie einen vollkommen vitalen, goldfarbenen, halbsüßen Wein von 1911. Außerdem ließ mich Gaston einen vier Jahre alten Rosé genießen, der trocken war ohne ein Zuviel an Säure und eine gute Qualität besaß.

An der Straße von Azay-le-Rideau nach Tours liegt Château de l'Aulée mit seinen 52 ha Grund. Davon sind zur Zeit 15 ha bepflanzt. Die Domäne ist Eigentum des Champagnerhauses Deutz & Geldermann in Ay. Dieses erzeugt hier sowohl einen weißen Touraine Azay-le-Rideau als auch einen Touraine Mousseux der – natürlich – nach der *méthode champenoise* hergestellt wird. Der Markenname ist Armelle. Für beide Weine werden bei verschiedenen Winzern in der Umgebung Tausende Kilo Trauben gekauft.

Touraine Azay-le-Rideau

Der Ort Azay-le-Rideau verdankt seinen Namen einem gewissen Ridel, Seigneur von Azay. Er beherrschte das Land von einer Burg aus, die 1418 auf Anordnung Karls VII. zerstört wurde. Ein Finanzminister erbaute später an dieser Stelle ein wahres Kleinod von einem Schloß. Es wurde 1529 fertiggestellt und gilt als Musterbeispiel für ein Renaissance-Schloß. Mit Recht hat der französische Staat, dem das Château Azay-le-Rideau seit 1905 gehört, hier ein Renaissance-Museum eingerichtet, das auch Teppiche und Möbel aus dieser Zeit enthält.

Kleine Weinbaufläche
Bei dem Zustrom von Touristen sollte man eigentlich erwarten, daß die Winzer ihren Wein ohne weiteres absetzen könnten. Das ist allerdings nicht der Fall. Die Bauern haben Mühe, ihren Wein zu verkaufen, und müssen es auch noch zu einem geringen Preis tun. Kennzeichnend für die Situation ist, daß die Weinbaufläche von Azay-le-Rideau vor dem Zweiten Weltkrieg erheblich größer war als heute, fast so groß wie jene von Vouvray. Um 1955 hatte die Ertragslage einen solchen Tiefstand erreicht, daß viele Winzer auf Obstbau umstellten. Heute umfaßt der *vignoble* von Azay noch rund 100 ha stark zersplitterter Rebgärten. Die Winzervereinigung hat etwa 45 Mitglieder – unschwer zu errechnen, wie klein die Besitzungen geworden sind. Hinzu kommt noch, daß das größte Weingut am Ort, Château de l'Aulée, nicht einmal einem Ortsansässigen gehört, sondern einem Champagnerhaus.

Das Château lockt jährlich Tausende von Besuchern nach Azay-le-Rideau, die über diesem «weiblichsten» aller Loire-Schlösser den Ort selbst meist vergessen. Dabei ist dieser durchaus einen Spaziergang wert: Das kleine Zentrum ist sehr romantisch, und beim Rundgang kann man viel Sehenswertes entdecken, so eine hübsche historische Ausstellung, ein Eckhaus aus dem Jahre 1442, ein gemütliches Café und die Kirche von Saint-Symphorien, die aus dem 11. Jahrhundert stammt.

Nur Weißwein und Rosé
Die Weinberge von Azay-le-Rideau liegen in acht Gemeinden: Azay-le-Rideau, Artannes, Cheillé (hier wurde 1950 eine gallisch-römische Weinpresse gefunden), Lignières, Rivarennes, Saché (Balzac schrieb hier sein berühmtes Le lys dans la vallée – Die Lilie im Tal), Thilouze und Vallères. Erzeugt wird hier nur Rosé und Weißwein. Der Weißwein stammt von der Chenin blanc-Rebe und kann von fast beißender Frische, aber auch halbsüß sein. Der letztere Typ kann unglaublich alt werden. Bei Winzer Gaston Pavy habe ich einen goldfarbenen, noch vollkommen frischen Azay-le-Rideau aus dem Jahre 1911 verkostet.
Der Rosé aus diesem Gebiet bekam erst 23 Jahre nach dem Weißwein die *appellation contrôlée,* nämlich im Jahre 1976. Er wird hauptsächlich aus der Groslot-Rebe hergestellt, die auch zu mindestens 60% im Wein enthalten sein muß. Weiterhin sind zugelassen Gamay, Malbec, Cabernet-Franc und Cabernet-Sauvignon, die Cabernet-Reben jedoch nur zu höchstens 10%. Dieser Rosé ist ein blaßrosa, sehr trockener und erfrischender Wein. Die Rosé-Erzeugung liegt zwischen 600 und 1500 hl im Jahr, diejenige des Weißweins zwischen 450 und 1500 hl.

Hubert Denay bestellt zusammen mit seinem Sohn Thierry östlich von Amboise 9 ha; davon sind 2 ha Chenin, 4,5 ha Gamay, 1,5 ha Cabernet und 1 ha Malbec. Für die Rotweine werden die drei blauen Traubensorten getrennt vinifiziert und abgefüllt. Sowohl der trockene Weißwein als auch der trockene Rosé (halb Gamay, halb Cabernet) und der rote Gamay sind in ihrer Art ausgezeichnet. Am meisten beeindruckt jedoch der Cot (oder Malbec): viel Frucht, viel Kraft, viel Farbe, viel Charakter.

Das Château de Pocé steht am Nordufer der Loire in Pocé-sur-Cisse. Der ton- und kalkhaltige Weinberg ist bepflanzt mit Gamay (15 ha) und Chenin blanc (15 ha). Das in einem herrlichen Park gelegene Schloß erzeugt drei verschiedene Qualitäten, darunter einen leichten, gefälligen, roten Touraine-Amboise von der Gamay-Rebe, der durch das Weinhandelshaus Pierre Chainier in Amboise abgefüllt wird.

Ein großer, bekannter Erzeuger von Touraine-Amboise ist die Domaine Dutertre Père & Fils in Limeray am Nordufer der Loire. Vater Gabriel und Sohn Jacques Dutertre bestellen 30 ha Rebfläche, darunter 9 ha mit weißen Reben und 21 ha mit blauen (Gamay, Cabernet, Pinot noir und Malbec). Etwa ein Drittel der blauen Trauben wird als Rosé vinifiziert. In den Felsenkellern liegen nicht nur gute Weine der Appellation Touraine-Amboise, sondern auch stille und moussierende Weine der Appellation Touraine.

Unten:
Vater Hubert und Sohn Thierry Denay vor dem Felsenkeller, in dem sie ihre guten Weine machen

Mitte:
Das Dorf Limeray ist eine der Gemeinden der Appellation Touraine-Amboise. Im ganzen Gebiet sind etwa 120 Winzer tätig.

Oben:
Diese Darstellung des Schlosses von Amboise ziert viele Etiketten. In der Stadt werden Ostern und am 15. August die jährlichen Weinmessen abgehalten.

Der zulässige Hektarertrag für Amboise-Weine beträgt 55 hl. In der Praxis erreicht die Malbec-Rebe häufig nicht mehr als 25–30 hl/ha.

Die Bruderschaft des Gebietes ist die 1966 gegründete Commanderie des Grands Vins d'Amboise.

Loire

Touraine-Amboise

Die Stadt Amboise wird von ihrem Schloß beherrscht, das hoch über dem Ort thront. Wenn man von oben auf die Dächer niederblickt, gleichen sie nach Flaubert «einem Häufchen Kieselsteine am Fuße eines Felsens.» Das prächtige, teilweise aus dem 15. Jahrhundert stammende Château hat viele königliche Bewohner gehabt, unter ihnen Karl VIII., Franz I. und Franz II. Im Jahre 1560 wurde eine Gruppe von Protestanten, deren Versuch, den noch jungen König Franz II. zu stürzen, gescheitert war, an einer der Balustraden des Schlosses aufgehängt. Franz I. lud 1515 Leonardo da Vinci nach Amboise ein, der dem Ruf folgte. Vier Jahre danach starb der geniale Künstler, Erfinder und Wissenschaftler in der Nähe von Amboise auf seinem Landgut Clos Lucé. Dort befindet sich heute ein Museum, in dem unter anderem maßstabgetreue Modelle von Erfindungen Leonardos ausgestellt sind.

Wein von beiden Flußufern

Amboise und die nähere Umgebung haben einen Wein mit eigener Herkunftsbezeichnung, den Touraine-Amboise. Diese Appellation entstand 1954 auf Betreiben des Bürgermeisters von Amboise, Michel Debré, und umfaßt die folgenden Gemeinden: Amboise, Cangey, Chargé, Limeray, Mosnes, Nazelles, Pocé-sur-Cisse und Saint-Ouen-les-Vignes. Ein Teil dieser Gemeinden, darunter Amboise selbst, liegt am Südufer der Loire, ein Teil am Nordufer, auf der Seite von Vouvray. Der Wein von Nazelles und Pocé-sur-Cisse wurde früher sogar als Vouvray verkauft. Etwa 200 ha sind mit Reben bestockt; diese Fläche nimmt stetig zu. Der Durchschnittsbesitz in Touraine-Amboise ist zwischen 7 und 8 ha groß.

Erstaunlich gute Malbecs

Die Touraine-Amboise erzeugt überwiegend Rot- und Roséweine, und zwar insgesamt etwa 5000 hl. Die Rotweine und Rosés müssen mindestens 9,5% Alkohol enthalten. Der Rebenbestand umfaßt Gamay, Malbec (hier wie auch anderswo im Loiretal meist *cot* genannt), Cabernet-Franc und Cabernet-Sauvignon. Vor allem die Malbec-Rebe kann in der Gegend von Amboise erstaunlich gute Weine hervorbringen. Das örtliche Collège Viticole hat diese Rebe nach vielen Versuchen auch besonders empfohlen. Sie liefert markante,

feste, haltbare Weine, während die Weine aus der Gamay-Rebe durchweg leichter und geschmeidiger sind, dabei in der Entwicklung schneller reifen. Die Cabernets werden viel zusammen mit der Gamay-Rebe zur Herstellung durststillender trockener Rosés verwendet.

Der weiße Touraine-Amboise, von dem jährlich etwa 3000 hl erzeugt werden, stammt ausschließlich von der Chenin-Rebe. Im besten Fall ist es ein frisch-trockener, sauberer Wein, für den mindestens 10,5% Alkohol vorgeschrieben sind.

46

Unten:
Das Dorf Mesland. Die Weinberge um diese Gemeinde liefern etwa zwei Drittel des gesamten Touraine-Mesland.

Mitte:
François Girault (mit Hut) untersucht eine Erntemaschine, die auf seinen Domänen vor allem für die Lese der blauen Trauben mit Erfolg eingesetzt wird.

Die Weinbruderschaft von Touraine-Mesland heißt Confrérie des Compagnons Grangousier und hat ihren Sitz in Grangousier. In diesem Dorf wird am 3. Samstag nach Ostern eine Weinmesse abgehalten.

Die Herkunftsbezeichnung Touraine-Mesland stammt aus dem Jahre 1955.

François Girault, der mit einer Artois verheiratet ist, ist ein talentierter, besessener Winzer, der mit modernen Hilfsmitteln (u. a. Erntemaschine, Gärtanks aus Edelstahl) eine Reihe makelloser Weine erzeugt. Zu den besten gehören der Gamay von der Domaine d'Artois (20 ha) und vom Château Gaillard (8 ha; ein noch etwas festerer Wein). Aber auch der frische Rosé Gris de Touraine und der trockene weiße Pineau de la Loire schmeckten mir sehr.

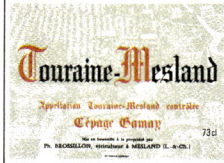

Der in Mesland wohnende Philippe Brossillon besitzt 35 ha Rebfläche. Davon sind etwa 30 ha mit Gamay bepflanzt. Der Rotwein hieraus hat durchweg eine gute Qualität, ist geschmeidig, ziemlich leicht im Mund und von freundlicher Art. Von derselben Rebe erzeugt Philippe auch einen ausgezeichneten Rosé mit einem hübschen Fruchtton in Duft und Geschmack. Ein köstlicher Wein für einen Sommertag.

Gilbert Breuzin in Onzain bearbeitet 8 ha Weinberg, davon 6 ha mit Gamay. Daraus erzeugt er in sehr klassischer Manier einen Rotwein. Ein Jahrgang z.B. hatte eine undurchsichtige Farbe, nach zwei Jahren noch eine gewisse Verschlossenheit und einen vollen, festen Geschmack, der mit etwas Tannin gut im Mund nachtönte. Eigenartigerweise war der gleiche Wein ein Jahr später eine Enttäuschung. Eine andere *cuve*? Fehler bei der Abfüllung? Wie dem auch sei, die Qualität kann erheblich schwanken.

Sohn José und Vater Rolland Chollet sind Eigentümer von 20 ha Rebfläche, die zu drei Vierteln mit der Gamay-Rebe bepflanzt ist. Sie machen einen würzigen Typ Gamay ohne viel Spiel, Frucht oder Duft, der jedoch alles andere als unangenehm ist. Rolland ist einer der aktivsten Winzer von Touraine-Mesland: er ist Vorsitzender dieser *appellation* und Vorsitzender der Genossenschaft von Anzain.

Mit viel Mühe und harter Arbeit hat André Rediguère 3 ha Grund erworben. Die Parzellen, häufig Grund, den andere nicht wollten, sind sehr zerstückelt. André hofft jedoch, für sich und seine Söhne durch Tausch und weitere Ankäufe zu einem geschlosseneren, größeren Besitz zu kommen. Rotwein macht André noch nicht, dafür aber einen hübschen Gamay-Rosé mit etwas *terroir* im Geschmack und einen guten Pineau de la Loire (von der Chenin-Traube), der leicht 10–15 Jahre seine milde Frische behält.

Touraine-Mesland

Um das Gebiet Touraine-Mesland zu erreichen, verläßt man das Département Indre-et-Loire in östlicher Richtung, wo sich das Département Loire-et-Cher anschließt. Die Weinberge liegen alle am Nordufer der Loire und sind vor allem um den Ort Mesland konzentriert. Die rund 550 Einwohner des Dorfes sind fast alle im Weinbau tätig. Bürgermeister Paul Roger sagte mir daher auch: «Wenn es dem Wein gut geht, geht es auch Mesland gut.» Des weiteren gehören zur Appellation die Gemeinden Chambon-sur-Cisse, Chouzy-sur-Cisse, Molineuf, Monteaux und Onzain. In letzterem Ort befindet sich eine wichtige Genossenschaft, die etwa ein Drittel des Touraine-Mesland erzeugt. Allerdings hat der schlecht geführte Betrieb einige Schwierigkeiten, was natürlich auch für die Mitglieder gilt. Das Herkunftsgebiet des Touraine-Mesland umfaßt 1400–1500 ha, wovon jedoch nur etwa 250 ha tatsächlich für die Appellation verwendet werden. Dem Rest der Winzer ist die Erzeugung eines Weines mit geschützter Herkunftsbezeichnung zu umständlich, und sie produzieren lieber einfachen Tafelwein, von dem sich ebenfalls nicht schlecht leben läßt.

Kleine und große Domänen

Im Gebiet Touraine-Mesland gibt es sehr kleine Domänen, aber auch solche von stattlicher Größe. Zu den letzteren gehören unter anderem die Besitzungen von Philippe Brossillon (35 ha), Girault-Artois (28 ha) und Paul Roger (30 ha – die Weine davon enttäuschten mich). Der an vielen Stellen stark tonhaltige Boden eignet sich vor allem für die Erzeugung von Rotwein und Rosé. Die Weißweine von Mesland sind meist weniger gelungen, wenn es auch Ausnahmen gibt. Für die Weißweine ist nur eine Rebsorte zulässig: Chenin blanc; für die Rotweine deren vier: Gamay (die bei weitem wichtigste Sorte), Cabernet-Franc, Cabernet-Sauvignon und Malbec. Die Erzeugung von weißem Touraine-Mesland erreicht höchstens 2000 hl im Jahr. Von Rotwein und Rosé dagegen werden im Jahresdurchschnitt etwa 5000 hl erzeugt.

Köstliche Rotweine

Touraine-Mesland-Weine trinke und verkoste ich immer mit großem Vergnügen. Dieser Wein besitzt unter allen Weinen, die den Namen Touraine tragen, häufig die meiste Farbe und Kraft. In diesem Gebiet wird sogar ein Gamay ein angenehm voller Wein, der einerseits gut einige Jahre in der Flasche liegen kann, andererseits aber schon von Anfang an so viel Frucht und Geschmeidigkeit besitzt, daß man ihn schon früh trinken kann. Natürlich ist hier nur die Rede von Gamays, die fachkundig gemacht sind, wie es etwa die Weine der Domaine Girault-Artois sind. Indirekt gibt auch der französische Gesetzgeber einen Hinweis darauf, daß die Weine von Touraine-Mesland die kräftigsten der vier Touraine-Weine sind: Für Rotwein und Rosé gilt ein Mindestalkoholgehalt von 9,5%, für Weißwein von 10%. Diese Normen decken sich bei Rotwein und Rosé mit denjenigen von Touraine-Amboise und bei Weißwein mit denjenigen von Touraine-Azay-le-Rideau. Ich bin davon überzeugt, daß Touraine-Mesland vor allem hinsichtlich des Rotweins gute Zukunftschancen hat; es ist zu hoffen, daß sie auch genutzt werden.

Links:
Das Abfüllen des Weines in den Kellern von Marc Brédif. Die Abfüllung ist übrigens eine Kunst, die einige kleinere Winzer im Vouvray-Gebiet noch nicht so ganz beherrschen. Ich habe das vor allem in dem Dorf Vernou erlebt.

Rechts:
Winzer André Freslier bringt zwei Weine zum Probieren, seinen trockenen, stillen Vouvray und seinen perlenden. Freslier war einer der wenigen, der in dem verregneten Jahr 1980 Vouvray von gutem Niveau erzeugte. Wie gut seine Weine in sonnenreicheren Jahren sind, läßt sich also denken.

Vouvray

Loire

In dem Ort Vouvray, 10 km östlich von Tours am Nordufer der Loire gelegen, betreibt man Weinbau schon seit Menschengedenken. Die ersten Rebstöcke wurden hier vermutlich im 4. Jahrhundert gepflanzt, nachdem der heilige Martin im Jahre 372 Abt des später sehr mächtigen Klosters Marmoutier geworden war. Die Geistlichkeit sollte überhaupt sehr lange in Vouvray entscheidenden Einfluß haben. Die Chronik berichtet, daß Karl der Große das Dorf im 8. Jahrhundert der Abtei von Saint-Martin in Tours zum Geschenk machte. 887 mußte sie es wieder abtreten. Im Jahre 1364 bekam sie Vouvray wieder zurück, diesmal für vier Jahrhunderte. Die arbeitsamen Mönche trugen viel zur Weiterentwicklung der Weinkultur bei. Sie rodeten nicht nur das Land, sondern pflanzten auch die richtigen Rebsorten auf den richtigen Boden. Vor allem Abt Baudoin, der 1707 Herr der Weinberge von Vouvray wurde, beschäftigte sich intensiv mit der Auswahl der richtigen Rebsorten. Aber schon früher war der Wein von Vouvray sehr berühmt: Rabelais beschrieb ihn einmal als Wein «wie von Taftseide».

Wahre Art blieb unbekannt

Rabelais kannte den Wein, weil er in der Nähe, nämlich in Chinon, lebte und arbeitete. Die meisten anderen Franzosen bekamen den Wein jedoch nie zu Gesicht, weil schon vor dem 15. bis Ende 19. Jahrhundert praktisch die gesamte Ernte nach Holland und Belgien versandt wurde. Dort wurde er sofort nach seiner Ankunft mit süßem spanischem Wein verschnitten, so daß auch das Ausland die wahre Art des Vouvray nicht kannte. Nach dem Wegfall der einst so wichtigen Exportmärkte wurden die Winzer von Vouvray noch mit einem weiteren Problem konfrontiert: Es gab noch keine geschützten Herkunftsbezeichnungen, so daß in Frankreich jahrzehntelang aller Weißwein aus der Touraine als Vouvray verkauft wurde. Erst mit der Einführung der *appellation contrôlée* im Jahre 1936 wurde dieser Zustand beendet. Vouvray kann seither nur noch aus den folgenden acht Gemeinden kommen: Vouvray, Rochecorbon, Vernou-sur-Brenne, Sainte-Ragonde, Chançay, Moizay, Reugny und einem Teil von Parçay-Meslay. Von diesen acht zählt Sainte-Ragonde eigentlich nicht mehr mit, da es in Tours eingemeindet wurde. Insgesamt sind etwa 1800

ha unter Reben; einzige Sorte ist die Chenin blanc-Rebe, hier auch Pineau de la Loire genannt.

Höhlenwohnungen

Wer von Tours nach Vouvray fährt, hat zu seiner Rechten die breite Loire und zu seiner Linken eine schmale, lange Reihe von Häusern, hinter denen eine Felswand aus Kalktuff aufragt. In diese Wand sind nicht nur tiefe Keller, sondern auch ganze Wohnungen eingehauen. Einige sind drei Stockwerke hoch – und sogar noch bewohnt. Diese meterdicke Kalktuffschicht bildet das «Unterfutter» für die Weine von Vouvray. Die obere Bodenschicht besteht meist aus ton- und kieshaltiger Erde. Die Weinberge befinden sich durchweg auf dem Kalkplateau, die Häuser darunter. Häufig auch liegen sie in kleinen, geschützten Seitentälern, in denen hie und da sogar Bananenstauden und Zitronenbäumchen gedeihen. Von allen Dörfern im Distrikt hat Vouvray den meisten Charme. Es ist zwar recht stark auf Tourismus eingestellt, hat aber doch seinen Charakter als kleines Weindorf behalten. Die meisten der 2800 Einwohner sind im Weinbau beschäftigt, so daß man auch von Vouvray-les-Vins spricht. Neben den vielen Kellern lohnt vor allem die aus dem 13. Jahrhundert stammende Kirche einen Besuch. Hin und wieder feiert man in Vouvray noch *La bernache*, das Erntefest, bei dem der trübe, gärende Wein ausgeschenkt und zu gerösteten Kastanien getrunken wird. Dieses Fest wurde manchmal sehr ausgiebig gefeiert. Gaston Huet, der Bürgermeister von Vouvray, erzählte mir: «Ich hatte einmal eine Nachbarin, die sich erst, als ihr Mann nach drei Tagen noch immer nicht zu Hause war, ernsthaft Sorgen zu machen begann.»

Lange, lange Reife

Die Ernte beginnt spät in Vouvray. Es ist eine große Ausnahme, wenn die Trauben vor dem 15. Oktober gelesen werden. Die Hauptlesezeit liegt zwischen dem 10. Oktober und 10. November, aber nicht selten sind die Leser und Leserinnen noch bis zum 20. November in den Weinbergen. Der klassische Vouvray wird aus überreifen Trauben gekeltert, ein häufig lieblicher Wein mit mehr oder weniger hoher Restsüße. Dieser Wein hat in der ersten Hälfte dieses Jahrhunderts den Ruhm des Vouvray

begründet. Wie ich meine, zu Recht: Der Wein kann ganz hervorragend sein. Ich habe erlesene Vouvrays demi-sec oder moelleux (etwas süßer als demi-sec) verkostet mit perfekter Ausgewogenheit von Süße und Frische, deren Duft und Geschmack an reife Beeren, Birnen, Quitten, gekochte Pflaumen, Äpfel, Honig, Blumen und Anis erinnerte, und die nachgerade das ewige Leben besaßen. Ein guter Vouvray kann ohne weiteres jahrzehntelang lagern. Man sagt in der Gegend auch: «Unser Wein altert nicht, er reift.» Auch ein Vouvray aus einem mittelmäßigen Jahr hält sich ohne weiteres fünf bis zehn Jahre. In großen Jahren kann der Wein mit Leichtigkeit ein halbes Jahrhundert alt werden. Die Klasse, die ein (halb-)süßer, alter Vouvray erreichen kann, zeigt eine Besprechung in der Zeitschrift Wine & Food aus dem Jahre 1954. Während eines Essens wurde zunächst der berühmte Château d'Yquem aus dem Jahre 1921 serviert, anschließend ein Vouvray Clos le Mont 1921. Der Autor schreibt: «Der Vouvray kann als Rarität unter den Weinen gelten: Er besaß mehr Fülle und Körper als der Château d'Yquem, sowie ein feineres Bukett und war angesichts seines Alters von erstaunlich guter Konstitution.» Mit anderen Worten: Der Vouvray galt als der bessere Wein.

Hoher Säuregrad

Dieser Urtyp des Vouvray ist leider recht selten geworden. Was heute als weißer Tafelwein aus Vouvray auf den Markt kommt, ist meist halbsüßer charakterloser Massenwein mit dem Etikett eines Handelshauses von weit außerhalb des Gebiets. Vouvray hat dadurch den Ruf eines in jeder Hinsicht billigen Weißweins bekommen. Es sind nur noch einige wenige Winzer, etwa ein Gaston Huet, ein Fürst Poniatowski, die streng qualitätsorientiert arbeiten und noch einen klassischen Vouvray erzeugen, und das auch nur in sehr sonnenreichen Jahren. Natürlich gibt es auch trockenen Vouvray. Dieser wird auf dem Etikett meist als Vouvray sec gekennzeichnet – eine Bezeichnung, die recht großzügig gehandhabt wird, denn als *sec* werden auch sehr säurearme Weine angeboten. Wenn auf dem Etikett keine Geschmackskennzeichnung vorhanden ist, bleibt man über die Süße des Weins im unklaren – bis zum ersten Schluck … Der wirklich trockene Vouvray ist ein Wein, der mir wegen seines hohen Säure-

Rechts unten:
In Vouvray liegen die Weinberge häufig direkt über den Häusern. König Heinrich IV. hatte hier einen eigenen vignoble, da er Vouvrays gerne trank und kredenzte.

Links unten:
Einige Flaschen Vouvrays vom Clos de l'Avenir

Im Jahre 1937 bekam Vouvray eine eigene Weinbruderschaft, die Confrérie des Chevaliers de Chantepleure.

In Vouvray finden zwei Weinmessen statt, eine am 3. Samstag im Januar und eine am 15. August.

Rechts:
Eingang zur Weingenossenschaft La Vallée Coquette, in der rund 40 Winzer aus der Gemeinde Vouvray zusammengeschlossen sind. Im Dorf Vouvray hat die Genossenschaft noch ein weiteres Verkaufslokal. La Vallée Coquette wurde 1952 gegründet. Im Jahre 1965 wurde Vouvrays zweite Genossenschaft ins Leben gerufen, die des Château de Vaudenuits. Dieser gehörten anfänglich mehr als 300 Mitglieder an, von denen jedoch viele inzwischen wieder ausgeschieden sind. Vor allem an die Weine der Genossenschaf: La Vallée Coquette habe ich gute Erinnerungen. Sie sind sorgfältig selektiert, bieten sowohl trocken, halbtrocken als auch moussierend gute Qualität und wurden vielfach ausgezeichnet.

Vouvray

grads häufig zu schaffen macht. Sehr viele der von mir verkosteten Vouvrays wirkten zusammenziehend im Mund. Sie waren genauso untrinkbar wie ein aus dem Faß verkosteter junger Bordeaux. Das heißt also, daß auch ein trockener Vouvray unbedingt reifen muß; meist beginnt der Wein erst nach vier bis fünf Jahren einigermaßen angenehm zu werden. Die besten trockenen Vouvrays bringen jene Erzeuger zustande, die die Trauben so lange wie möglich hängen lassen, damit sich möglichst viel Säure in den Beeren in Zucker umwandelt. Auch hier sind wieder Namen wie Huet und Poniatowski zu nennen. Wie gewissenhaft Huet arbeitet, läßt sich daran ablesen, daß er 1979 seine Weinleser anwies, zu grüne Trauben hängen zu lassen, «denn dies ist ein besseres Verfahren, den Wein mild zu stimmen, als es nachher mit Chemie zu versuchen».

Bläschen beleben das Geschäft

Wie schon erwähnt, lag in der ersten Hälfte dieses Jahrhunderts das Schwergewicht auf dem klassischen, süßen Typ Vouvray. In den 50er Jahren trat hier ein Wandel ein, und zwar aufgrund der steigenden Nachfrage nach trockenen Weißweinen, vor allem aber auch nach moussierenden Weinen. Als Folge entstand in Vouvray eine äußerst aktive und zunächst auch sehr erfolgreiche Schaumweinindustrie. Der saure, trockene Grundwein eignete sich ausge-

Gaston Huet, der mit seinem Schwiegersohn Noël Pinguet zusammenarbeitet, ist nicht nur Vouvrays Bürgermeister, sondern auch einer der besten Winzer. Er besitzt 32 ha, darunter die 8 ha von dem Weinberg Le Haut-Lieu. In sonnenreichen Jahren wie 1959 und 1976 werden hier fabelhafte Weine erzeugt, die von feiner Süße und gleichzeitig von tadelloser Ausgewogenheit sind. Huet erntet spät, vinifiziert auf traditionelle Weise und verwendet in seinen Rebgärten niemals Unkrautvernichtungsmittel.

Le Mont gehört zur Domaine Huet und umfaßt 7 ha. Von diesem Weinberg habe ich u. a. einen überaus gelungenen *demi-sec* aus dem Jahre 1969 probiert: reife Frucht; mit dem reintönigen, milden Duft verbindet sich ein harmonischer, eleganter Geschmack. In meinen Notizen findet sich die Bemerkung: «So lernt man erst einen halbtrockenen Wein schätzen!». Gaston Huet hält prinzipiell fünf Jahre Vorrat, das sind etwa 600 000 Flaschen. Er verfügt über riesige Felsenkeller mit mehreren Stockwerken.

Vermutlich ist der Weinberg Clos du Bourg der älteste *cru* von Vouvray. Er bestand bereits im 5. Jh. Heute gehört er dem 6 ha große Weinberg Gaston Huet. Häufig liefert er einen überraschend milden, trockenen Vouvray, dessen Duft Erinnerungen an den Geruch einer saftigen Birne weckt. Ein großer Teil von Huets Weinen reift in *demi-muids* aus Eichenholz. Huet erzeugt auch moussierende und perlende Vouvrays.

Der Clos Baudoin verdankt seinem Namen dem Abt Baudoin, der hier im 18. Jh. mit Traubenzusammenstellungen experimentierte. Seit 1918 ist die Domäne Eigentum der Familie des heutigen Besitzers, Fürst Poniatowski. Der Weinberg umfaßt 22 ha. Rebgarten und Wein werden sehr traditionell behandelt. Die Vouvrays vom Clos Baudoin machen einen kraftvollen Eindruck und haben einen markanten Geschmack. Ihre Süße ist je nach Jahrgang verschieden. Sie können sehr lange reifen.

Das 1893 gegründete Haus Marc Brédif hat seinen Sitz in Rochecorbon. Es verfügt über einen umfangreichen Komplex von Felsenkellern. Im Jahre 1980 verkaufte Jacques Cartier den Betrieb an Patrick de Ladoucette, dessen Pouilly-Fumé weltweit bekannt ist. Cartier selbst blieb als technischer Berater mit Marc Brédif verbunden. Das Haus stellt u. a. einen ausgezeichneten Vouvray Pétillant her (*sec* und *demi-sec*) sowie einen roten Chinon.

Zusammen mit seinem Sohn Jean-Pierre bearbeitet André Freslier 8 ha. Davon erzeugen sie hauptsächlich trockenen Wein. Der Wein gärt in hölzernen *demi-muids,* besitzt eine große Reintönigkeit und manchmal einen auffallenden Apfelton im Geschmack. Am Anfang ist dieser Vouvray *sec* ziemlich sauer. Man muß ihn wahrscheinlich lange reifen lassen, am besten vier bis fünf Jahre. Häufig sehr gelungen ist der Vouvray Pétillant, der übrigens nicht durch die Fresliers selbst zu Schaumwein verarbeitet wird.

Vouvray

zeichnet für einen guten Vouvray Mousseux, der nach der *méthode champenoise* bereitet wurde. Etwa 20 Jahre lang wurden durchschnittlich 70% aller Vouvrays als Mousseux oder als Petillant, also leicht perlender Wein erzeugt. In den 70er Jahren jedoch ging die Nachfrage nach diesem Typ Vouvray zurück; dies lag zum Teil an konkurrierenden Schaumweinen aus anderen Gebieten, zum Teil aber auch an einer Reihe geringerer Ernten. Wo der Vouvray verschwand, trat sofort ein anderer Schaumwein an seine Stelle. Der Mangel an Grundwein zwang darüber hinaus einige örtliche Weinhäuser, ihre Pforten zu schließen. Einige Ertragszahlen: 1975 erzeugte man 39 406 hl Stillwein und 11 397 hl Schaumwein; 1976 waren es 54 486 und 21 284 hl, 1977 21 290 und 13 225 hl, 1978 39 437 und 17 070 hl. Die große Ernte von 1979 ermöglichte es den Weinerzeugern, die geschrumpften Vorräte wieder aufzufüllen: In diesem Jahr brachte man es auf 41 337 hl Stillwein und 47 564 hl Schaumwein. Der derzeitige Jahresdurchschnitt liegt bei 50 000 hl Stillwein und 30 000 hl Schaumwein einschließlich Perlwein, womit die Nachfrage befriedigt werden kann. Der gesetzliche Höchstertrag wurde für stillen Vouvray auf 45 hl/ha festgelegt. Bei moussierendem Vouvray liegt die gesetzliche Ertragsgrenze mit 55 hl/ha etwas höher.

Perlende Pracht

Etwa die Hälfte des moussierenden Vouvray ist Vouvray Pétillant. Der Schaum darin ist «gebremst»: Meist sieht man die Bläschen nur kurze Zeit nach dem Einschenken aufsteigen; wenn der Wein eine Weile im Glas war, sind sie schon wieder verschwunden. Der Vouvray Pétillant wurde um 1920 von Marc Brédif kreiert. Er war der erste, der diesen Typ Wein machte – und noch immer erzeugt die Firma Marc Brédif, die zum Konzern De Ladoucette gehört, einen der allerbesten Pétillants. Die Herstellung eines Vouvray Pétillant erfordert erheblich mehr Fachkunde als die Produktion eines Vouvray Mousseux. Der Wein muß genügend Kohlensäure besitzen, aber auch nicht zu viel. Nur wenige können sich rühmen, einen wirklich gelungenen Vouvray Pétillant zu machen. Von einem, der sich hiermit auskennt, hörte ich den Satz: «Acht von zehn Pétillants sind ein mißlungener Mousseux.» Ein guter Vouvray Pétil-

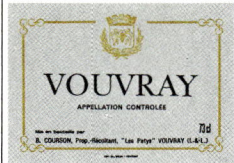

Die Domaine Allias wird von Daniel Allias und seiner Schwester Denise geleitet. Sie besitzen 10 ha, und ihre Spezialität ist der stille Vouvray. Die besten Erinnerungen habe ich an ihre *demi-sec,* die jedoch manchmal so trocken waren, daß sie fast *sec* schmeckten, so etwa der 1975er. Halbtrockene Weine erzeugte man auf dieser Domäne u. a. 1975, 1976 (sehr gut mit einem ziemlich konzentrierten Geschmack und angenehmen Nuancen), 1978 und 1979 her. Der Wein gärt in hölzernen *demi-muids.*

Die Domaine des Barguins ist seit 1710 in Händen derselben Familie. Sie umfaßt 15 ha. Etwa 40% der Ernte werden zu Schaumwein weiterverarbeitet. Eigentümer Pierre-Jean Mathias war so freundlich, mich auch stille Vouvrays probieren zu lassen, darunter einen trockenen, charaktervollen, aber immer noch jungen 1978er und einen 1970er mit Anklängen von Honig und Früchten, der noch vollkommen vital war.

Bernard Courson ist Vorsitzender von Vallée Coquette, einer der beiden Genossenschaften in Vouvray. Dorthin bringt er auch 60% aller Trauben, die er erntet. Bernard bewirtschaftet etwa 10 ha. Sein eigener stiller, trockener Vouvray gewinnt hin und wieder auf Messen Medaillen. Ich erinnere mich an einen sehr reinen, charaktervollen 1978er, dessen Duft nach zwei Jahren noch etwas verschlossen und dessen Geschmack noch ein wenig säuerlich war. Dieser Typ Vouvray muß mindestens vier bis fünf Jahre reifen.

Die größte Weindomäne von Vouvray ist Château Moncontour, das über 65 ha verfügt. 1961 wurde das aus dem 15. Jh. stammende Schloß mit Weinbergen und Kellern an die Firma Foltz verkauft, zu der auch die Marke Blanc Foussy (Touraine Mousseux) gehört. Die Montcontours machen durchweg einen korrekten Eindruck, wobei ich die trockenen und moussierenden Weine (normal schäumenden Crémant und Pétillant) den stillen Weinen unbedingt vorziehe. Der andere schäumende Vouvray von Foltz ist Veuve Oudinot.

Andere Erzeuger:
Coopération La Vallée Coquette/Cave Coopérative des Grands Vins (Vouvray)
Dom. Bourillon-Dorléans (Rochecorbon)
Claude Villain (Rochecorbon)
Philippe Foreau (Vouvray)
Daniel Jarry (Vouvray)
Jean-Pierre Gilet (Parçay)

Das Motto des Vouvray lautet: *Je réjouis les cœurs –* «Ich erfreue die Herzen».

*Seite gegenüber, Mitte rechts:
In einem Kellerwinkel bei Marc Brédif stehen diese alten Flaschen, die Vorläufer des Champagnermodells*

*Seite gegenüber, Mitte links:
Ein Café in Vouvray*

*Seite gegenüber, unten:
Gaston Huet, talentierter Winzer, dynamischer Förderer des Vouvray und Bürgermeister seines Ortes. Vor ihm stehen, von links nach rechts, ein Vouvray sec, ein demi-sec und ein moelleux. Man beachte die Unterschiede in den Farben. Huet benutzt normale Probiergläser und nicht das ziemlich mißlungene eigene Glas von Vouvray, bei dem gegen alle Regel oben sich öffnet.*

*Unten:
Ruhiger Morgen in Vouvray. Der unterste Wegweiser zeigt die Weinroute des Gebietes an.*

*Mitte:
Vogelscheuchen sollen die Vögel von den reifen Beeren fernhalten. Die Winzer von Vouvray besitzen im Durchschnitt 7–8 ha.*

Vouvray

lant ist einem guten Vouvray Mousseux überlegen, weil man bei ihm Mängel weniger gut hinter Perlen verbergen kann: Das bedeutet, daß der Grundwein besser sein muß. Diese Tatsache scheint allerdings nur wenigen Weintrinkern bekannt zu sein. Auch der Vouvray Pétillant kommt zu seinem Schaum über eine zweite Gärung in der Flasche, also nach einem sehr gezügelten Champagnerverfahren. Der perlende wie der schäumende Vouvray müssen mindestens 9% Alkohol enthalten; für den Stillwein gelten 10,5%.

Kurs auf Qualität

Das Gesamtbild der Weinpalette von Vouvray ist höchst vielfarbig. Man findet hier Still-, Perl- und Schaumweine in allen Abstufungen von Süße und sehr unterschiedlicher Qualität. Das Ansehen des Vouvray hat wegen der vielen billigen, mäßigen Konsumweine stark gelitten, und doch ist Vouvray immer noch eine der bekanntesten Loire-Appellationen. Es ist zu hoffen, daß die Winzer in diesem Gebiet mehr und mehr zugunsten der Qualität auf Quantität verzichten und daß ihre Bemühungen vom Weinpublikum entsprechend gewürdigt werden. Ich persönlich bin hier optimistisch. Ich könnte mir denken, daß nach der Übernahme des Hauses Marc Brédif durch Patrick de Ladoucette binnen weniger Jahre im Sortiment renommierter Importeure, in den Weinkarten der Spitzenrestaurants und in den Regalen guter Weingeschäfte wieder Vouvrays von Niveau zu finden sein werden. Dies könnte auch für die anderen Anstoß sein, wieder Kurs auf Qualität zu nehmen, für die einzelnen Winzer wie auch für die beiden Genossenschaften von Vouvray.

Einer der besten Winzer von Montlouis ist Dominique Moyer, dessen Spezialität trockener Stillwein ist. Er besitzt etwa 11 ha mit der Appellation Montlouis. Moyer verwendet ausschließlich organischen Dünger. Die Weinleser gehen bei ihm nicht selten zwei- oder dreimal den Weinberg durch, um nur die reifsten Trauben zu schneiden. Moyer füllt den Wein ab, den er selbst gut findet; der Rest wird engros verkauft. Der Montlouis *sec* von Moyer ist meist von milder Frische, reintönig und leicht fruchtig.

In Saint-Martin-le-Beau befinden sich die Keller der Gebrüder Jean und Michel Berger. Sie sind Besitzer von etwa 12 ha mit Recht auf die Herkunftsbezeichnung Montlouis. Ihren Montlouis *sec* fand ich sehr gut, nicht zu aggressiv und mit einem kühlen, mineraligen Unterton sowie mit einem Anklang von mild-säuerlichen Äpfeln. Die Bergers machen auch gute moussierende Montlouis für den Eigenbedarf sowie für Kunden. Sie exportieren ihre Weine u. a. nach England, Belgien und Deutschland.

Ganz unten:
Montlouis und Vouvray sind über die Loire nur durch eine Eisenbahnbrücke verbunden.

Mitte:
Montlouis nennt sich «Hauptstadt des Weins».

Rechts:
Dorfplatz in Montlouis.

Stiller Montlouis muß mindestens 10,5%, moussierender 9,5% Alkohol enthalten.

Die lokale Bruderschaft ist die Coterie des Closiers de Montlouis.

Zu den besseren Winzern von Montlouis gehören auch Vater und Sohn Délétang in Saint-Martin-le-Beau. Sie bewirtschaften 14 ha. Wie viele Kollegen erzeugen sie etwas Rosé und Rotweine mit der Appellation Touraine.

Loire

Montlouis

Die Weine von Montlouis sind dem Vouvray so ähnlich, daß sie generationenlang unter diesem Namen verkauft wurden. 1936 legten die Winzer dieses Gebietes sogar Rechtsmittel ein, als sich herausstellte, daß Montlouis nicht in die *appellation contrôlée* Vouvray aufgenommen worden war. Ihr Protest war vergebens: Der Einspruch wurde vom Kassationshof zurückgewiesen, und am 6. Dezember 1938 erhielt Montlouis die eigene Herkunftsbezeichnung. Das war natürlich für die dortigen Winzer ein schwerer Schlag. Kein Mensch hatte jemals von Montlouis gehört. Vouvray dagegen war zu jener Zeit ein hochberühmter Wein, für den gute Preise erzielt wurden. Wer sollte für einen vollkommen unbekannten Wein den gleichen Preis bezahlen? Es brachen schwierige Zeiten an. Die Weinbauern von Montlouis schlugen sich durch, und die Krise wurde schließlich überwunden. Montlouis ist im Bekanntheitsgrad wie im Rang aber doch immer im Schatten von Vouvray geblieben.

Etwas mehr Sand

Die Ortschaften Vouvray und Montlouis-sur-Loire sind in Luftlinie etwa drei Kilometer voneinander entfernt. Vouvray liegt am Nordufer der Loire, Montlouis am Südufer auf einer Landzunge zwischen Loire und Cher. Mit dem Auto ist der Weg von einem Ort zum anderen erheblich weiter, denn es gibt nur für die Eisenbahn eine Brücke. Autofahrer müssen über Tours oder Amboise fahren. Das Weingebiet Montlouis umfaßt drei Gemeinden: Montlouis-

sur-Loire, Lussault und Saint-Martin-le-Beau. Die meisten Weinberge liegen auf einem sanft gewellten Plateau sechzig Meter und mehr über dem Fluß. Auch hier trifft man meist einen kreidehaltigen Untergrund an, der jedoch im Gegensatz zu Vouvray überwiegend von einer stark sandigen Bodenschicht bedeckt wird, die mit Ton und Kies durchmischt ist. Diese etwas anderen Bodenverhältnisse machen den Montlouis doch zu einem etwas anderen Wein als den Vouvray.

Schnell reif, weniger voll

Da der Boden von Montlouis etwas mehr Sand enthält, ist der Wein von den 300 ha Weinbergen im allgemeinen etwas schneller reif als der Vouvray und gleichzeitig etwas weniger voll als dieser. Ich habe auch den Eindruck, daß ein Montlouis sec durchweg weniger Säure enthält als ein Vouvray sec. Der Montlouis ist andererseits stählerner, kühler, steiniger im Charakter. Er kann in der Flasche sehr gut reifen. Die

Chenin blanc-Rebe beherrscht hier das Bild vollkommen, und wie in Vouvray erzeugt man hier ein breites Spektrum von Weinen: Still-, Perl- und Schaumweine, die trocken, halbtrocken oder lieblich sein können. Die beiden letzten Sorten werden nur in sonnenreichen Jahren hergestellt. Ich habe übrigens den Eindruck, daß man in Montlouis doch etwas mehr Sonne braucht als in Vouvray, um zu einem gelungenen Ergebnis zu kommen. Wenn in einem mäßigen Jahr die Weine von Vouvray gerade noch akzeptabel sind, erscheinen jene aus Montlouis manchmal schon etwas zu mager – vielleicht einer der Gründe, warum in diesem Gebiet immer mehr Schaumwein erzeugt wird. Die durchschnittliche Jahresmenge liegt derzeit bei etwa 3000 hl im Jahr; von stillem Montlouis werden etwa 10 000 hl erzeugt.

Der frische, kühle Jasnières des jungen Winzers Joël Gigou ist mir zum ersten Mal in einem guten regionalen Restaurant begegnet, das viele lokale Weine führte. Gigou besitzt knapp 10 ha mit den Appellationen Jasnières (etwa 5 ha) und Coteaux du Loir (etwa 5 ha). Er wohnt in La Chartre-sur-le-Loir. Andere gute Jasnières habe ich von André Fresneau (Marçon) und Jean-Baptiste Pinon (Lhomme) verkostet.

André Fresneau und sein Sohn François züchten Reben und sind daneben auch Winzer. Sie besitzen 8 ha, davon 7 Coteaux du Loir und 1 Jasnières. Ihr roter Coteaux du Loir wird ausschließlich aus Pinot d'Aunis erzeugt und reift mindestens 18 Monate in Holzfässern. Es ist ein aparter Wein, der vor allem in sonnenreichen Jahren Rundheit bekommt. Daneben besitzt er einen leicht bitteren Geschmackston und etwas Tannin. Die Fresneaus empfehlen, ihn frisch zu trinken, etwa wie Beaujolais.

Es war kein Leichtes, Robert Minier, Winzer in den Coteaux du Vendômois, ausfindig zu machen. Sein Haus und seine Keller liegen hoch auf einem Hang am Ende einer unbefestigten Straße. Zusammen mit Sohn Claude bearbeitet Robert 6 ha. Ihre Weine sind einfach, weich und erfrischend. Der Rosé von der Pineau d'Aunis-Rebe wird zu Aufschnitt oder zu Grillwürstchen empfohlen. Der Weißwein und der Rotwein schmecken sehr angenehm zu Ziegenkäse, den die Miniers auch selbst herstellen.

Links unten:
In Jasnières gibt es viele Tuffsteinkeller; hier der Keller von André und François Fresneau.

Rechts unten:
Robert Minier, einer der dreißig Winzer, die Coteaux du Vendômois erzeugen. Zulässiger Hektarertrag: 50 hl. Das Gebiet umfaßt 35 Gemeinden in Loir-et-Cher.

Rechts:
Weinberg im Jasnières-Gebiet

Auch für den Coteaux du Loir Rosé gilt ein gesetzlicher Höchstertrag von 50 hl/ha.

Der Coteaux du Vendômois muß mindestens 9% Alkohol enthalten, der Coteaux du Loir 9,5% und der Jasnières 10%.

Jasnières und Nachbargemeinden

Etwa 40 km nördlich von Tours und des Loiretals liegt ein weiteres Tal, das Tal des Loir. Auch dort wird Wein erzeugt, der offiziell zu denen des Val de Loire gezählt wird. Die Weinberge liegen an beiden Seiten des Loir meist auf kreidereichen Hängen, manchmal auch auf den Plateaus. Das bekannteste Gebiet ist Jasnières, dessen Wein schon vor Jahrhunderten von französischen Schriftstellern wie Ronsard und Rabelais erwähnt wurde. Jasnières bekam die *appellation contrôlée* im Jahre 1937. Bis in die 80er Jahre galt für Jasnières ein Hektarertrag von ganzen 25 hl – dies ist ebenso viel wie für den Bordeaux-Dessertwein Sauternes. Jasnières (ausschließlich Weißwein) war jedoch kein süßer Wein, sondern gerade ein außergewöhnlich trockener. Der Chenin Blanc und der Tuffstein-Untergrund verleihen diesem Wein einen wahrhaft kreidetrockenen, straffen, anfangs wirklich sauren Geschmack, der meist erst nach fünf Jahren Charme bekommt. Nur höchst selten – wie z.B. 1964, 1959 und dem «Jahrhundertjahr» 1947 – wird ein (halb)süßer Jasnières erzeugt. Heute gilt ein realistischerer Hektarertrag von 50 hl. Das Herkunftsgebiet liegt in den Gemeinden Lhomme (mit dem Weiler Jasnières) und Ruillé-sur-Loir. Die etwa 20 ha liefern gut 900 hl pro Jahr.

Coteaux du Loir

Das Gebiet von Jasnières liegt eingebettet in das weit ausgedehntere Herkunftsgebiet der Coteaux-du-Loir-Weine, das Rot-, Rosé- und Weißweine hervorbringt. Es besteht aus 22 Gemeinden, zu denen auch die Jasnières-Dörfer Lhomme und Ruillé-sur-Loire gehören. Viele Winzer dort erzeugen sowohl weißen Jasnières als auch roten oder roséfarbenen Coteaux du Loir. Rot- und Roséweine stellen hier auch den Löwenanteil. Der Ertrag schwankt zwischen 350 bis fast 1000 hl jährlich, während an Weißwein nicht mehr als 200 bis 530 hl erzeugt werden. Weißer Coteaux du Loir ist nicht oder kaum von Jasnières zu unterscheiden; auch hier ist nur die Chenin blanc-Rebe und ein Hektarertrag von 50 hl zulässig. Die Rotweine (50 hl/ha) werden hauptsächlich aus der Pineau d'Aunis-Rebe gekeltert, während Cabernet, Gamay und Malbec ebenfalls erlaubt sind. Die Weine haben einen aparten Geschmack mit einem leichten Bitterton. Sie sind durchweg leicht und haben wenig Tiefe. Ich ziehe sonnenreiche Jahrgänge vor. Die Roséweine, für die neben den genannten blauen Trauben bis zu 25% Groslot-Trauben verwendet werden dürfen, sind von recht fester, frischer Art. Das Herkunftsgebiet des Coteau du Loir ist nur nach dem Gesetz viel größer als das von Jasnières: Die Anbaufläche beträgt zur Zeit nur knapp 30 ha.

Coteaux du Vendômois

Das Gebiet Coteaux du Vendômois liegt etwa 50 km östlich von Jasnières und Coteaux du Loir unweit der Stadt Vendôme. Die Weine dieser Gegend gehören seit 1968 zur Kategorie *vin délimité de qualité supérieure* (VDQS). Es gibt Weißweine (Chenin blanc plus höchstens 20% Chardonnay), Roséweine (Pineau d'Aunis plus höchstens 20% Gamay) und Rotweine (mindestens 30% Pineau d'Aunis, dazu Gamay, Pinot noir, Cabernet-Franc, Cabernet-Sauvignon). Das Gebiet umfaßt 250 ha in 35 Gemeinden, von denen jedoch nur die Hälfte für Coteaux du Vendômois genutzt wird. In guten Jahren kann die Erntemenge fast 6000 hl eines leichtgewichtigen, teilweise recht guten Weins betragen.

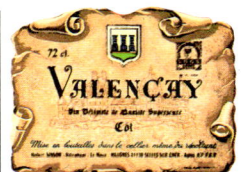
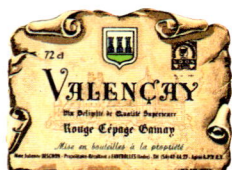

Weitere Erzeuger von Cheverny:
Christian Tessier (Cour-Cheverny)
Roger Samin & Fils (Fougères-sur-Bièvres)
Marcel Sauger (Fresnes)
Givièrge Père & Fils (Cour-Cheverny)
Jean-Michel Courtioux (Les Montils)

Weitere Erzeuger von Valençay:
Jacky Augis (Meusnes)

Die Domaine Gendrier besteht aus etwa 20 ha. Etwa ein Viertel ihres Weinberges ist mit der Romorantin-Rebe bepflanzt. Der Wein davon düftet und schmeckt abgerundeter als die meisten anderen Romorantins wenn es auch immer noch ein herber, ziemlich harter Wein bleibt. – Einen angenehmen, kleinen Cheverny, reintönig, lebendig und ziemlich mild, entdeckte ich beim Weinhandelshaus Pierre Chainier in Amboise (Marke auf dem Etikett: Ph. de Guerois).

Hubert Sinson besitzt 15 ha, davon 7 mit der Herkunftsbezeichnung Valençay. Dieser Grund ist überwiegend mit der Gamay-Rebe bepflanzt. Sinsons bester Wein ist für mich jedoch sein Cot (anderenorts Malbec genannt). Er hat in guten Jahren eine tiefe Farbe, ein mildes, festes Parfum und einen ebenso festen, etwas pikanten Geschmack. Kein großer Wein, aber doch viel besser als so viele leichtgewichtige Valançays aus der Gamay-Rebe. Sinson erzeugt auch einen gelungenen Pineau d'Aunis Rosé.

Julienne Beschon hat einen richtigen Bauernhof im Distrikt Valençay, nahe Faverolles: mit Hühnern, Kaninchen, Gänsen, einer Ziege und kleinen Kätzchen. Sie macht jedoch auch Wein, und zwar auf 4,5 ha, von denen gut die Hälfte mit der Gamay-Rebe bepflanzt ist. Ihr Gamay-Wein schmeckt leicht, reintönig, einfach und gefällig. Ein herrlicher Wein für jeden Tag. Von etwas geringerem Niveau, aber doch auch sehr korrekt, fand ich den weißen Sauvignon und den Rosé von der Cabernet-Rebe.

Unten:
Das im Jahre 1634 fertiggestellte Schloß von Cheverny

In Cheverny wie in Valençay sind 50 hl/ha zugelassen, wobei ein Mindestalkoholgehalt von 9% für Rotwein und von 9,5% für Weißwein und Rosé vorgeschrieben ist.

Oben.: Büste von Talleyrand in Valençay. Er bewohnte einst das Schloß.

Die Bruderschaft von Valençay heißt Confrérie Gastronomique des Grands Escuyers de Valençay en Gastine.

Cheverny und Valençay

Loire

Die Weinberge von Cheverny liegen in einem ziemlich großen Gebiet am Südufer der Loire auf der Höhe von Blois. Es umfaßt 22 Gemeinden, darunter Cheverny und Cour-Cheverny. Zur Zeit stehen rund 500 ha unter Reben; nach dem Gesetz könnte die doppelte Fläche kultiviert werden. Ein VDQS ist Cheverny seit 1973. Ein großer Erfolg ist die Herkunftsbezeichnung nicht. Die etwa 230 Winzer kämpfen mit allerlei Problemen, darunter der zu geringen Ernte (in einem guten Jahr etwa 17 000 hl), die nicht ausreicht, um Cheverny bekannt zu machen. Außerdem ähneln ihre Weine in gewisser Weise denen der benachbarten, viel größeren Appellation Touraine. Die Winzer bekommen also wenig Geld für ihren Wein. Die meisten von ihnen verkaufen ihn engros an Weinhandelshäuser oder bringen die Trauben zur Genossenschaft. Ein ernsthafter Versuch, diese Situation zu ändern, war die Gründung des Chai des Vignerons in Chitenay. Dieser Betrieb wurde 1976 von etwa zwanzig Winzern mit dem Ziel gegründet, dort ihre besten Weine selbst abzufüllen und zu verkaufen. Der Betrieb konnte sich jedoch nicht einmal ein Jahrzehnt halten.

Seltene Rebsorten

In Cheverny begegnet man einer besonderen weißen Rebsorte, der Romorantin. König Franz I. ließ hiervon im Jahre 1519 80 000 Stökke aus dem Burgund bei seinem Schloß in der Nähe von Romorantin anpflanzen. Dort gibt es diese Rebe heute nicht mehr; den Namen der Stadt hat sie jedoch behalten. In Cheverny ergibt sie einen Wein, den die Franzosen beschreiben als *très, très sec, très vif,* außergewöhnlich trocken und frisch, und dazu mit einem sehr ansprechenden Aroma. Sie könnte mit der Gros Plant-Rebe im Nantais-Gebiet verwandt sein (s. S. 16). Daneben werden Weißweine aus den Reben Chenin blanc, Sauvignon, Chardonnay und Pineau menu oder Arbois erzeugt. Am häufigsten ist die Sauvignon-Rebe. Die meisten Rot- und Roséweine stammen von der Rebe Gamay noir à jus blanc, jedoch sind andere Rebsorten wie Cabernet-Sauvignon, Cabernet-Franc, Pinot noir und Malbec ebenfalls zulässig. Außerdem wird auch etwas Schaumwein nach der *méthode champenoise* hergestellt. Prachtvoll ist in Cheverny allerdings nur das Schloß; die Weine sind es nicht. Der durchschnittliche Cheverny ist meist etwas dünn und streng ohne viel Frucht oder Abrundung. Man bemüht sich allerdings ernsthaft, die Weine angenehmer zu machen – hie und da durchaus mit Erfolg.

Valençay

Valençay ist ein kleines Weingebiet, das sich südöstlich an die Touraine anschließt. Obwohl es 15 Gemeinden umfaßt, ist die Anbaufläche dieses VDQS nur 130 ha groß. Die 35 Winzer erzeugen höchstens 6500 hl pro Jahr. Der Wein ist überwiegend rot und stammt von der Gamay-Rebe; des weiteren gibt es Weine von Cabernet-Sauvignon, Cabernet-Franc, Malbec und Pinot noir. Die Rot- und Roséweine von Valençay müssen zu mindestens 75% die vorgenannten Rebsorten enthalten; für die restlichen 25% sind vier weitere Rebsorten zulässig. Roter Valençay ist ein gefälliger, unkomplizierter, meist leichter Wein, der jung und kühl zu trinken ist. Das gleiche gilt für den Rosé. Auch die Weißweine sind leicht und nicht unangenehm. Sie müssen mindestens 60% an Pineau menu- (oder Arbois), Chardonnay- oder Sauvignon-Reben enthalten; der Anteil der Chenin blanc- oder der Romorantin-Rebe darf insgesamt nicht mehr als 40% betragen.

Die bekannteste Persönlichkeit von Reuilly ist Robert Cordier. Einige Funktionen, die dieser liebenswürdige Herr bekleidet, sind: Vorsitzender des Syndicat Viticole, Vorsitzender der Flurbereinigungs-Kommission und Mitglied des Institut National des Appellations d'Origine. Von seinen 6 ha Rebfläche sind 4 ha mit Sauvignon-Reben bepflanzt. Diese geben einen frischen, reintönigen Wein mit einem würzigen Kern und einem schwachen Pflanzenaroma. Dieser weiße Reuilly kann ohne weiteres 6–7 Jahre reifen.

Seinen Rosé stellt Robert Cordier, der von Sohn Gérard unterstützt wird, ausschließlich von Pinot gris-Reben her. Er hat damit 2 ha bepflanzt. Der Wein wird «während des März-Monds» abgefüllt, nachdem er einige Monate entweder in Holzfässern von 600 l Inhalt oder in cuves aus Beton oder Metall gelegen hat. Der Pinot-Rosé von Cordier schmeckt herrlich. Trotz der bescheidenen Menge werden diese und andere Cordier-Weine, so auch ein angenehmer roter Vin de Pays de l'Indre, in verschiedene Länder exportiert.

Der junge Winzer Claude Lafond genießt in der Gegend hohes Ansehen, ernannte man ihn doch zum stellvertretenden Vorsitzenden des Syndicat Viticole. Er besitzt etwa 8,5 ha, bepflanzt mit Sauvignon (4 ha), Pinot gris (1,4 ha), Pinot noir (0,6 ha) und gut 2 ha Gamay für den Vin de Pays de l'Indre. Claudes hellen, beige-rosa Rosé fand ich exzellent, aber auch der sehr trockene Sauvignon, in dessen Geschmack sich kurze Anklänge von Gras oder Gemüse zeigten, präsentierte sich alles andere als unangenehm.

Henri Beurdin wohnt im Weiler Preuilly bei Reuilly und ist Eigentümer von 7 ha Weingrund. 6 ha haben das Recht auf die Herkunftsbezeichnung Reuilly, 5 ha sind mit Sauvignon bepflanzt. Auf den restlichen beiden Hektar stehen Pinot noir. Beurdins weißer Reuilly hat meist einen etwas festen, sauberen Geschmack und ist außergewöhnlich frisch. Der Duft des Weins könnte etwas tiefer sein, ist aber keineswegs unangenehm.

Mitte:
Plan von Reuilly; links eine Liste von einem Dutzend Winzern mit Hinweisziffern auf den Plan.

Links unten:
Dorfcafé in Reuilly. Ein Schild macht auf den weißen Sauvignon aufmerksam, während eigentlich der Rosé Reuillys bester Wein ist.

Rechts unten:
Reuilly ist nicht nur ein Weingebiet, sondern auch ein Dorf.

Rechts:
Robert Cordier, ein tonangebender Winzer

Reuilly

Etwa auf halbem Wege zwischen Valençay und der Stadt Bourges befinden sich zwei kleine, abseits gelegene Weingebiete: Reuilly und Quincy. Die dort wachsenden Weine werden noch zum Loire-Gebiet gerechnet, obwohl die Loire noch am nächstgelegenen Punkt 70 km entfernt ist. Die beiden Gebiete verdanken ihren Namen jeweils einem Dorf, Reuilly ist das westlichere. Der auf einer Anhöhe gelegene Ort macht einen etwas müden Eindruck und erinnert irgendwie an einen vergessenen Radrennfahrer, der vor Zeiten einmal die Tour de France gewonnen hatte und auf seine alten Tage nur noch von seinen Erinnerungen lebt.

Daß Reuilly schon einmal bessere Zeiten gesehen hatte, zeigt sich an einigen überraschend weitläufigen Plätzen und einer großen alten Kirche. Der Ort erwacht eigentlich nur einmal im Jahr zum Leben, und zwar Ostern, während der *foire aux vins*, dem Weinmarkt.

Boden à la Chablis

Reuilly bekam die *appellation contrôlée* im Jahre 1937, ein Jahr nach Quincy. Das Weingebiet besteht offiziell aus sieben Gemeinden, von denen zwei im Département Indre liegen (eine davon ist Reuilly) und fünf im Département Cher (u. a. Quincy). Die meisten Weinberge liegen in der Nähe von Reuilly am linken Ufer des Flüßchens Arnon. Der Boden ist sehr kalkhaltig und erinnert in seiner Zusammensetzung stark an den Rebengrund von Chablis. Insgesamt werden nur etwa 60 ha für die Appellation Reuilly verwendet; weitere 100 ha liefern einen einfachen Tafelwein. Hierbei handelt es sich überwiegend um einen roten Gamay, der als Vin de Pays de l'Indre verkauft wird.

Immer zuwenig Wein

Die bescheidene Rebfläche von Reuilly ist in Händen von einigen Dutzend Winzern. Das Fleckchen Grund, das auf jeden Winzer entfällt, ist daher alles andere als groß. Mit 5 ha ist man hier schon einer der größten Weinbauern. Es gibt nur wenige, die vom Weinbau allein leben können. Selbst Robert Cordier, der mit seinen 6 ha Rebfläche der drittgrößte Besitzer ist, baut daneben noch 50 ha Getreide an. Es ist nicht leicht, die Winzer von Reuilly ausfindig zu machen. Ihre Wohnungen und Keller sind meist in kleinen Weilern verborgen und längst

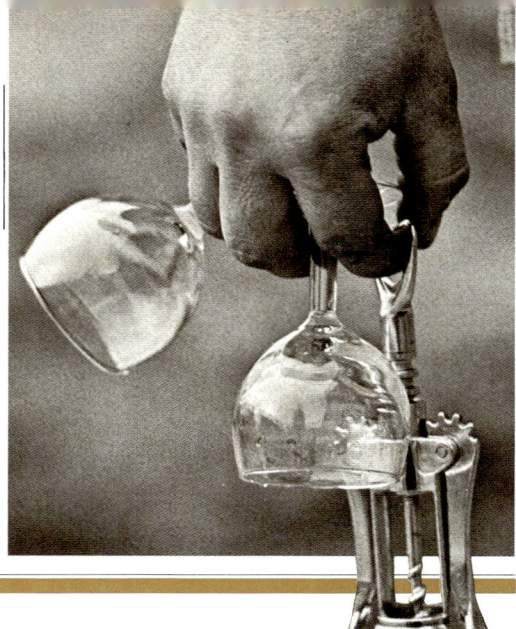

Wegen der anderen Boden-struktur ist der Weißwein von Reuilly – im Vergleich zum Quincy – etwas trockener und weniger abgerundet.

Auch Reuilly hat eine eigene Weinbruderschaft. Sie führt den Namen Echansonnerie de Reuilly.

Viele Sehenswürdigkeiten gibt es in Reuilly nicht. Das Dorf besitzt eine alte Kirche, und in der näheren Umgebung liegt das Schloß von Ormeteau mit seinen drei runden Türmen.

An sonnigen Tagen erholen die Einwohner von Reuilly sich am Ufer des Cher, wo es sogar einen kleinen Sand-strand gibt.

Unten:
Der recht stille Weiler La Ferté, Wohnsitz von Robert Cordier, liegt an der Straße von Reuilly nach Issoudon. In einem der Häuser befand sich das Café de la Gaieté, das Café «zur Freude». Es ist inzwischen wieder ein Wohnhaus gewor-den. In Reuilly selbst wurde auch das Restaurant des Café de Paris geschlossen; dieses Lokal fungiert nur noch als Café.

Rechts:
Zwei unerläßliche Requisiten für jede Weinverkostung, ein Korkenzieher und Gläser ...

Ein weiterer, noch nicht ge-nannter Erzeuger von hervor-ragendem weißem Reuilly ist Guy Malbete.

Reuilly

---

nicht immer mit deutlichen Namensschildern versehen. In Quincy ist das ganz anders. Aller-dings brauchen die Winzer von Reuilly ihren Wein nicht an Laufkundschaft zu verkaufen: sie haben immer zuwenig Wein.

Ausgezeichnet zu Austern

Als ich Reuilly das erstemal besuchte, kannte ich das Gebiet nur wegen seines Weißweins. Dieser wird aus der Sauvignon-Rebe hergestellt und muß mindestens 10,5% Alkohol enthalten. Die Kühle der Kreide prägt deutlich den Ge-schmack, häufig ist auch etwas von Gemüse oder Spargel oder auch eine Komponente von beidem vorhanden, wie man es etwa auch von Weinen aus Sancerre und Pouilly-Fumé kennt. Der Wein ist schlank und rank, was hier nicht mit mager oder dünn verwechselt werden darf. Der Duft ist nie besonders ausgeprägt. Der Reuilly ist ein ausgezeichneter Begleiter zu Mu-scheln und Schalentieren. Dies ist zweifellos der Grund, warum Reuilly und Marennes, das ja wegen seiner Austern bekannt ist, Partner-städte geworden sind. Während meines Besu-ches wurde das Bild, das ich mir von weißem Reuilly gemacht hatte, in vollem Umfang bestä-tigt. Ich entdeckte aber noch einen anderen Reuilly, nämlich den Rosé.

Spezialität Rosé

Dieser Rosé hieß früher *vin gris,* und vor allem für diesen Wein war Reuilly bekannt. Robert Cordier erzählte mir, daß sein Vater noch mit einem 200-Liter-Faß nach Bourges und Vierzon zog, um den graurosa Wein an Cafés und Re-staurants zu verkaufen. Dort wurde der Wein in Gefäßen ausgeschenkt, die einen halben Liter faßten; die Kunden pflegten *«une chopine»* zu bestellen. «Viel verdient», fügte Robert hinzu, «hat mein Vater damit nicht.» Auch heute noch ist der Rosé eine Spezialität von Reuilly. Wenn Winzer aus Sancerre ihre Kollegen hier besu-chen, trinken sie diesen Wein. Mit einigem Stolz erzählte mir Robert Cordier auch, daß die örtliche Feuerwehr für ein Fest einmal hundert Flaschen seines Rosé bestellt hatte.

Höchst ansprechend

Für mich persönlich war der Reuilly Rosé eine Offenbarung: Er ist ohne Zweifel einer der besten Rosés des ganzen Loire-Gebietes. Er wird in der Regel aus der Pinot gris-Rebe her-gestellt, die im Elsaß den Tokay d'Alsace lie-fert. Daneben kann auch die Pinot noir-Rebe verwendet werden, die aber doch einen ande-ren Typ Rosé ergibt. Ein wirklich guter Reuilly Rosé, also einer von der Pinot gris-Rebe, zeich-net sich aus durch eine zarte beige-rosa Farbe, einen sauberen, ansprechenden Duft und einen leichtfüßigen Geschmack, der frisch und mild zugleich ist. Es ist ein großartiger Durstlöscher, der sowohl beim sommerlichen Picknick als auch in einem mit Sternen ausgezeichneten

Restaurant an seinem Platz ist. Ich habe diesen Rosé zu wiederholten Malen mit großem Ge-nuß getrunken. Der Wein muß mindestens 10% Alkohol enthalten, was auch für den roten Reuilly gilt. Letzterer wird allerdings kaum erzeugt. Der Hektarertrag für Weißwein ist 55 hl, für Rosé und Rotwein 50 hl. Es ist wirk-lich schade, daß in Reuilly so wenig Wein er-zeugt wird, vor allem von dem köstlichen Rosé: Hiervon werden nur zwischen 200 und 425 hl erzeugt. Der Weißweinertrag schwankt zwi-schen 350 und 1100 hl im Jahr. Es ist zu hoffen, daß eine weiter steigende Nachfrage nach Reuilly Rosé mit der Zeit auch die Produktions-ziffern kräftig in die Höhe wachsen läßt.

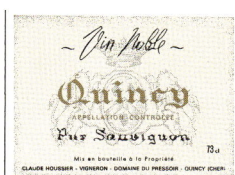

Unten:
Dorfszene aus Quincy, wo man im Café ein Glas des erfrischenden örtlichen Weines mit einem Stückchen Ziegenkäse zu sich nehmen kann.

Mitte:
Winzer Raymond Pipet

Die Lese beginnt in Quincy normalerweise eine Woche früher als in Sancerre und Pouilly-sur-Loire.

Der Wein von Quincy muß mindestens 10,5% Alkohol enthalten.

Auf den Etiketten von Quincy-Weinen findet sich häufig die Aufschrift *Vin Noble*. Eine lokale Tradition?

Nach dem Tode von Gilbert Surtel übernahmen seine Tochter und ihr Mann, Gérard Brisset, die Weindomäne. Die Domaine Brisset-Surtel umfaßt 4,5 ha, die zum weitaus größten Teil mit Sauvignon bepflanzt sind. Daneben hat man ein wenig Pinot noir für etwas einfachen Rosé und Rotwein angebaut. Der von der Sauvignon stammende Quincy ist gewöhnlich ein guter, wohlschmeckender Wein mit kräftiger, jedoch nicht störender Säure und ausgeprägter Reintönigkeit.

Im Quincy-Gebiet leben etwa dreißig Winzer ausschließlich von ihrem Wein. Einer der wichtigsten, auch was Qualität betrifft, ist Raymond Pipet. Er besitzt 14 ha, wovon er 13 ha mit der Sauvignon-Rebe bepflanzt hat. Pipet entrappt alle seine weißen Trauben und preßt sie anschließend mit hohem Druck, «um alle Finesse aus der Maische zu holen». Ich finde diesen Quincy sehr reintönig und sauber im Geschmack; ab und zu ist ihm auch eine gewisse Abrundung eigen.

Wie Raymond Pipet exportiert Claude Houssier ab und zu etwas Wein, u. a. nach England. Er bewirtschaftet 6 ha Rebfläche. Sein Wein hat auf mich einen guten Eindruck gemacht. Er besitzt manchmal einen beinahe fruchtigen Duft und einen sauberen, erfrischenden, etwas würzigen Geschmack.

Weitaus das größte Weingut von Quincy ist die Domaine de Maison Blanche. Mit ihren 25 ha Rebfläche steht sie fast für ein Viertel der gesamten Appellation. Der Rebenbestand ist über verschiedene Parzellen in der Gemeinde Quincy verstreut. Der Wein ist sehr angenehm, erinnert im Duft an Blüten und hat einen guten Geschmack.

Die Keller von Maurice Rapin liegen mitten in Quincy. Maurice macht einen gelungenen Wein, der meist lange im Mund nachtönt. Der Weinberg umfaßt 3 ha.

Weitere Erzeuger:
Pierre et Jean Mardon
Bernard Pichard
Pierre Ragon

Keine überragenden, aber doch ordentliche Quincys habe ich probiert von:
Alphonse Mellot (Sancerre) und Nicolas (bei Paris).

Quincy

Loire

Das Gebiet Quincy liegt etwa 10 km östlich von Reuilly und ist knapp doppelt so groß wie dieses. Die etwa 120 ha Weinberge befinden sich am linken Ufer des Cher. Diese Lage direkt an einer Wasserstraße bildet den wichtigsten Grund dafür, daß die Weine von Quincy schon vor Jahrhunderten in Paris getrunken wurden. Es waren die Mönche von Cîteaux, die im 14. Jahrhundert in dieser Gegend den Weinbau einführten. Die Erzbischöfe des nahen Bourges gehörten zu den Freunden des Quincy. Es ist wohl nicht zuletzt auf die lange Weintradition von Quincy zurückzuführen, daß das Gebiet als zweites in Frankreich kurz nach Châteauneuf-du-Pape im Jahre 1936 die *appellation contrôlée* erhielt.

Ein wahres Weindorf

Bis auf einige Parzellen in Brinay liegen alle Weinberge dieses kleinen Gebietes in Quincy selbst. Der Ort besitzt unverfälscht ländlichen Charakter. Daß die meisten seiner Bewohner im Weinbau tätig sind, zeigt sich überall an den ins Auge springenden Hinweistafeln, Fassadenmalereien und sogar an einigen Schaufenstern. Der Besucher kann den Hinweisen auf *caves* und *dégustations* nicht entrinnen. Im Vergleich zu Reuilly hat Quincy eine sehr kleine Kirche mit einem bescheidenen Türmchen; es scheint, daß die Leute dort nie so reich waren, um die Mittel für den Bau einer großen Kirche aufbringen zu können. Aber auch heute haben sie es nicht immer leicht. Am 9. April 1977 zum Beispiel erfroren 90% der Ernte, so daß nur 486 hl erzeugt wurden. 1978 wurde gleichfalls nicht viel geerntet: Am 29. Juli um 8 Uhr abends brach ein heftiges Unwetter los, das binnen weniger Stunden die Hälfte der Ernte vernichtete. Einen kleinen Trost bot 1979: Mit 4860 hl fiel der Ertrag sehr gut aus. In den 80er Jahren fielen die Ernten etwas regelmäßiger aus; der Durchschnittsertrag lag zwischen 2500 und 3000 hl.

Nur Weißwein

Die Appellation Quincy liefert nur Weißwein von der Sauvignon-Rebe. Der Wein ist anders als der von Reuilly, da der Boden hier weniger Kalk enthält und mehr Kies. Der Quincy ist etwas runder als der Reuilly, etwas weniger «kreidig», ein bißchen freundlicher. Der zulässige Hektarertrag lag in Reuilly zunächst niedriger als in Quincy, beträgt jedoch heute für beide 55 hl/ha. Man erzählte mir, daß sich die Weinberge des Gebietes größtenteils auf dem ehemaligen Bett des Cher befinden. Die Böden dort, so Raymond weiter, ähneln stark denen im Pouilly-Fumé-Gebiet, vor allem in der Gegend von Les Loges. Von Raymond stammt auch der folgende Ausspruch: «Hätte ich als junger Winzer wählen können, hätte ich für Rosé am liebsten Grund in Reuilly für Rotwein in Menetou-Salon und für Weißwein in Quincy gehabt.» Raymonds Rebstöcke stehen alle in Quincy, aber er ist auch damit ganz zufrieden.

Die Weine der Domaine Bailly-Reverdy findet man in nicht wenigen französischen Restaurants von Niveau. Bernard Bailly, der mit einer Reverdy verheiratet ist, bestellt zusammen mit seinen Söhnen Jean-François und Philippe etwa 12 ha, davon 8 in Bué. Auf Bués Clos du Chêne Marchaud verfügt man über 1,5 ha. Hier wächst ein markanter, fruchtiger Wein von großer Allüre. Bei Bailly-Reverdy probierte ich auch einen der wenigen guten roten Sancerres.

Einer der bekanntesten Winzer von Bué ist Lucien Picard. Er ist Eigentümer von 5,2 ha mit Sauvignon (2 ha auf dem Clos du Chêne Marchand und 1,25 ha auf dem Clos du Roy) und 1,8 ha mit Pinot noir. Luciens Weißweine besitzen stets eine makellose Qualität, haben einen reintönigen Duft und lang anhaltenden Nachgeschmack. Der Wein meiner Wahl ist hier der Wein vom Clos du Chêne Marchand: charaktervoll im Geschmack, voll im Mund und meist ohne weiteres 3–4 Jahre zu lagern.

Sancerre

Im lieblichen Tal der Loire mit seinen sattgrünen Wiesen und Weiden trifft der Anblick des Orts Sancerre den Reisenden unerwartet: Steil erhebt sich aus der friedlichen Landschaft ein Hügel auf 300 m Höhe, bekrönt von den harten Konturen eines Dorfs. Sancerre beherrscht die Gegend weithin, hält stille Wacht über die benachbarten Dörfer und die nahe Loire. Die strategische Bedeutung des Hügels wurde schon in der Geschichte erkannt: Manche Historiker sind der Ansicht, daß Cäsar hier eine

Siedlung gründete (es gibt im Ort auch eine Porte César), während andere die Entstehung Sancerres in die Zeit Karls des Großen verlegen, als sich dort eine Gruppe Sachsen niederließ. Mag diese Frage auch unentschieden bleiben: Sancerre ist jedenfalls ein sehr alter Ort. Aus der anfänglich wohl sehr bescheidenen Siedlung wurde im 10. Jahrhundert ein richtiges Dorf, als Graf Thibault aus der Champagne auf dem Felsen eine mächtige Burg errichtete, um die sich bald immer mehr Häuser gruppierten.

Aushungerung

Einer der Nachfolger von Graf Thibault, Stephan I., nannte sich Comte de Sancerre und prägte für sich und seine Truppen den Leitspruch «Passe avant le meilleur», «Der Bessere zuerst». Die stolze Burg, von der noch alte Stiche erhalten sind, war der Grund dafür, daß die Epoche der Religionskriege von Sancerre schweren Blutzoll forderte. Seit Beginn des 16. Jahrhunderts war das Bollwerk nämlich Zufluchtsort der Protestanten. 1573, während der

Die Keller von Lucien Crochet liegen nahe bei den Kellern Lucien Picards. Sie sind groß, modern und gefliest. Lucien Crochet ist nicht nur Winzer, sondern auch Weinhändler: Er kauft Trauben von anderen Winzern. Er selbst verfügt über etwa 20 ha mit Parzellen im Clos du Chêne Marchand und im Clos du Roi. Ersterer gibt den besseren Wein. Er ist eher solide als raffiniert und weist etwas *terroir* auf. Ein markanter Sancerre, dem man sehr gute Qualität bescheinigen muß.

Winzer Jean-Max Roger (Bué) wuchs nicht nur in einer langen Familientradition auf, sondern genoß auch eine gediegene oenologische Ausbildung im Burgund. Von seinen 7 ha liegen 75% in Le Grand Chemarin, der Rest überwiegend im Clos du Chêne Marchand. Etwa 1,5 ha sind mit der Pinot noir-Rebe bepflanzt, aus der Jean-Max einen der besseren Rotweine erzeugt. Mein bevorzugter Weißwein ist der etwas strenge, sehr reintönige, harmonische Le Grand Chemarin.

Das gesamte Halbrund des Clos de la Poussie in Bué (10 ha ausschließlich Sauvignon) ist Eigentum des Bordeaux-Hauses Cordier. Es erzeugt hier einen recht charmanten, spritzigen Typ Sancerre mit Saft, Frucht und einer erfrischenden Art. Die Qualität ist heute erheblich besser als in den 70er Jahren. Auf weiteren 20 ha (Domaine de l'Orme aux Loups bei Sancerre und 7 ha in Ménétréol) macht man auch Rosé und Rotwein von wenig überzeugender Qualität.

Der Grand Chemarin von Pierre Girault ist meist ein schöner, recht voller Wein mit Grünglanz, einem charakteristischen Pflanzen-Bukett und einem harmonisch anschließendem Geschmack, in dem auch Saft, ein Hauch Frucht, eine angenehme Frische zu entdecken sind. Pierre Girault wohnt in Bué und ist Eigentümer von 4 ha.

Gegenüberliegende Seite, oben:
Die Sauvignon-Rebe, Basis aller weißen Sancerres. Für diesen Wein gilt ein Mindestalkoholgehalt von 10,5%. Für Rotwein und Rosé Sancerre sind 10% vorgeschrieben. Ertragsbegrenzung für Weißwein 55 hl/ha, für Rotwein und Rosé 50 hl/ha.

Unten:
Das Dorf Sancerre aus südlicher Richtung. Etwas rechts vom Ortskern sieht man deutlich den Tours des Fiefs (12. Jh.), einziger Überrest der Befestigungsanlagen, die den Ort einst umgeben haben. Der Turm steht unter Denkmalschutz.

Pfingsten findet in Sancerre eine stark besuchte Weinmesse statt.

Beim Eingang zum Dorf liegen etwa auf halber Höhe des Hügels die Caves de la Mignonne, als Weinkeller dienende Steinbrüche, in denen Besucher willkommen sind. Sie wurden 1972 eröffnet.

10 km von Sancerre entfernt liegt in der Gemeinde Noyer das Château de Boucard. Es gehörte ursprünglich einem Feudalherrn und wurde im 16. und 17. Jahrhundert renoviert. Im Sommer finden hier Musikaufführungen, aber auch Ausstellungen statt.

Sancerre

Regierungszeit Karls IX., wurde die Burg erneut eingeschlossen und belagert, nachdem man schon früher vergeblich versucht hatte, Sancerre niederzuzwingen: 1572 waren 5915 Kanonenkugeln auf die Burg abgefeuert worden. Diesmal war man entschlossen, die Verteidiger auszuhungern. Sieben lange Monate dauerte die Belagerung. In den Archiven findet sich folgender Bericht: «Nachdem man die Pferde, Esel und Maultiere geschlachtet hatte, aß man im Mai Ratten, Mäuse und Maulwürfe,

schließlich auch die Kühe, die man wegen der Milch für die Kinder geschont hatte. Im Juni gab es kein Brot mehr …» Am 19. August 1573 fiel Sancerre. Die Bilanz war schrecklich: 585 Tote (gut ein Viertel der Bevölkerung), 139 Verwundete und mehr als 200 Kranke. Die Burg wurde teilweise zerstört, und den Einwohnern wurde eine hohe jährliche Abgabe auferlegt. Kein Wunder, daß viele Familien in die Schweiz und die Niederlande flohen. 1621 wurde Sancerre wieder angegriffen, diesmal aus

rein politischen Gründen. Bei der erneuten Eroberung wurde die Burg bis auf einen einzigen Turm dem Erdboden gleichgemacht. Dieser Tour des Fiefs (12. Jh.) steht noch heute und kann zu bestimmten Zeiten bestiegen werden.

Häufige Namen
Nicht alle Einwohner kehrten in diesen düsteren Zeiten Sancerre den Rücken; viele hielten an ihrem Dorf und ihrem Land fest. Die Familie Mellot zum Beispiel ist seit 1531 in Sancerre

Beste Erinnerungen habe ich an den Sancerre der Domaine des Garennes, einen meist sehr vollen, recht markanten Wein mit schönem Duft. Erzeuger ist Jacques Fleuriet. Dieser stammt aus einer Familie, die seit Generationen in Chandoux bei Verdigny Wein erzeugt. Sein Vater bewirtschaftete nur 3 ha. Jacques Fleuriet hat den Weinberg auf 10 ha ausgedehnt und auch viel in Keller und moderne Betriebsmittel investiert. Ein weiterer seiner Weine ist der Clos du Carroy Maréchaux.

Entdeckt in Sancerres Restaurant La Tasse d'Argent: der Sancerre von Michel Girard, Winzer in Chaudoux bei Verdigny. Ich trank den 1979er: ein frisch schmeckender, markanter Wein mit würzigem Unterton. Ich schmeckte sowohl die Kühle des Kreidebodens als auch ein wenig die Frucht der Traube. Alles in allem ein Wein von ausgezeichneter Qualität. Michel besitzt 5 ha Fläche. Spätere Jahrgänge bestätigten das hohe Niveau von Girards Weinen.

Der Weinberg La Perrière in Verdigny besitzt einen Boden des Typs *caillottes*: trockener Kalkgrund mit Kieselsteinen. Dieser liefert einen feinen, recht fruchtigen Typ Sancerre, der schnell trinkfertig ist. Ein guter Vertreter ist der Sancerre Vignoble de la Perrière von Bernard Reverdy, ein charaktervoller, im duftender und schmeckender Wein mit kräftiger Säure. Bernards Weindomäne ist etwa 7 ha groß.

Jean Reverdy in Verdigny macht einen vortrefflichen Sancerre mit dem Namen Domaine des Villots. Der Wein hat Frucht, viel Rasse, einen lebendigen Geschmack, einen kühlen Kreideton und eine perfekte Ausgewogenheit. Wiederholt fiel mir angenehm auf, daß ein gemüseartiger Ton in Duft und Geschmack fehlte; so blieb der Charme dieses Weines ungeschmälert. Jean Reverdy bestellt 6 ha.

Eine ganze Reihe von Medaillen unterstreichen die köstliche Qualität von Pierre Prieurs Weinen. In guten Jahren besitzen die Weine ein reintöniges Sauvignon-Aroma, das an Gewürze erinnert, sowie einen schönen Geschmack mit Frucht, leichten Anklängen an Spargel, verbunden wiederum mit einem Hauch von Würze. Pierre bietet sie unter dem Namen Domaine de Saint-Pierre an. Sein Weinberg liegt in Verdigny und umfaßt 6 ha.

Pierre Archambault, dessen Keller in Verdigny viele Besucher anziehen, führt ein sehr großes Sortiment an Weinen. Sie sind nicht alle von gleich guter Qualität. Sein bester Wein jedoch, der Comte de la Perrière, besitzt Klasse: meist ein reich nuanciertes Bukett, in dem u. a. Spargelduft deutlich zu entdecken ist, und einen fast saftigen, sehr eleganten Geschmack ohne aggressive Säure. Archambaults Weinberg umfaßt 25 ha mit 90% weißen Reben.

Sancerre

---

ansässig und betreibt das Weinhaus Alphonse Mellot, das größte am Ort. Einer der Vorfahren der Familie war César Mellot, *conseiller viticole* Ludwigs XIV. Auffallend ist, wie häufig manche Familiennamen in und um Sancerre sind. Namen wie Bailly, Crochet und Reverdy findet man ungewöhnlich oft bei den Winzern, auch Fleuriets und Raimbaults gibt es viele. In Sancerre tut man gut daran, sich den Vornamen der Winzer zu merken, denn anders sind sie kaum ausfindig zu machen.

Hübscher Marktplatz
Obwohl so viele Male Soldaten in Sancerre ihr Unwesen trieben, besitzt der Ort auch heute noch den Charme eines uralten Dorfes. Es gibt noch viele alte Häuser und sonstige Bauwerke aus dem 11., 12. und 15. Jahrhundert, eingebettet in ein Geflecht von engen, verwinkelten und meist abschüssigen Gassen. Das örtliche Syndicat d'Initiative hat einige Rundwege beschildert, die an den markantesten Punkten vorbeiführen. Im Zentrum von Sancerre liegt der Marktplatz, der von einigen Cafés und Restaurants sowie von einer Töpferei, Kunstgewerbe-Läden und einer Pâtisserie eingerahmt wird, in der es die örtliche Spezialität Croquets de Sancerre zu kaufen gibt. Bei letzteren handelt es sich um eine knusprig-süße Leckerei auf Nougatbasis, die im Ort auch Les Délices oder Le Lichou genannt wird. In Sancerre wohnen heute etwa 1600 Menschen; in der Blütezeit des Ortes waren es etwa 3500.

Mönche und Könige
Wie in vielen anderen Weingebieten waren es auch hier die Mönche, die den Weinbau einführten. Vor allem die Klosterbrüder von Saint-Satur, einem Dorf in der Nähe von Sancerre, haben viel für die Rebe getan. Französische Könige waren große Liebhaber von Sancerre-Weinen. Ludwig XIV. soll ihn als «den herrlichsten meines Königreichs» beschrieben haben. Schon vor ihm tat Heinrich IV. in dem Dorf Chavignol einst seufzend den Ausspruch: «Der Chavignol ist der beste Wein, den ich jemals getrunken habe. Wenn nur alle Menschen in meinem Königreich ihn trinken würden, dann gäbe es keine Religionskriege mehr.» Er sagte dies, als er in Chavignol, das heute zur Appellation Sancerre gehört, eine Ulme pflanzte. Sie steht noch heute, und an

ihrem Stamm ist eine Tafel befestigt, die den königlichen Ausspruch wiedergibt.

Vielfältige Vegetation
Im Gebiet Sancerre gibt es eine sehr vielfältige Vegetation. Dies hängt mit der hügeligen Landschaft zusammen. Wer in Sancerre im Restaurant La Tasse d'Argent essen geht, kann von dort aus einen herrlichen Rundblick genießen über die Hügelketten und die zwischen ihnen eingebetteten Täler. Auf den Südhängen findet man meist Reben, auf den Nordhängen und Plateaus meist Getreide; die höchsten Hügelkuppen sind bewaldet. Die Dörfer liegen stets im Grund der Täler. Wer die Weinberge von Sancerre betrachtet, kann nur staunen, daß die Winzer den Mut und die Zähigkeit aufgebracht haben, diese Böden zu roden. Manche Hänge sind so steil, daß sie weder mit Pferd noch Traktor zu bearbeiten sind. Seit Menschengedenken mußten hier alle Arbeiten von Hand verrichtet werden. So mußte auch die Erde nach oben getragen werden, die der Regen zu Tal gespült hatte. Kein Wunder, daß einige Weinberge drastische Namen bekommen haben, wie etwa «Monts Damnés», «Verfluchte Berge». Ein willkürlich herausgegriffenes Beispiel für einen arbeitsintensiven Weinberg ist der Clos de la Poussie in Bué. Die Hänge dieses imposanten Wein-Amphitheaters besitzen an vielen Stellen eine Neigung von 60%. Die einzige mechanische Hilfe, die den Arbeitern hier zur Verfügung steht, ist eine Lastseilbahn, mit der Geräte und Material hangaufwärts und hangabwärts transportiert werden können. In Frankreich gibt es eine alte Redensart, die da lautet:

Geld verloren, nichts verloren;
Ehre verloren, viel verloren;
Mut verloren, alles verloren.

Hier hat sie ihre besondere Berechtigung – um so mehr, als auch das Wetter hier traditionell überaus launisch ist. Beliebige Beispiele aus dem 18. Jahrhundert sind das verheerende Unwetter vom 20. Juli 1723, die acht Monate dauernde Regenperiode von 1763 und die große Dürre von 1778.

Wiedergeburt des Weinbergs
Wir kennen Sancerre heute vor allem als Weißwein, der ausschließlich aus der Sauvignon-Re-

be hergestellt wird. Früher jedoch wurde in diesem Gebiet vor allem Rotwein aus der Pinot noir-Rebe erzeugt, während der Weißwein von der Chasselas-Rebe stammte. Die Chasselas-Rebe ist vollkommen verschwunden, und die Pinot noir-Rebe spielt nur mehr eine untergeordnete Rolle. Von weißem Sancerre werden jährlich zwischen 83 000 und 97 000 hl geerntet. Die Ertragszahlen für Rotwein und Rosé lauten 20 000 und 26 000 hl. Zu Beginn dieses Jahrhunderts gab es in Sancerre etwa 1700 ha Weinberge, eine Zahl, die allmählich auf ganze 600 ha im Jahre 1960 zurückging. Dann entdeckten die Weintrinker in aller Welt plötzlich den Sancerre, mit der Folge, daß die Rebfläche bis heute rasch wieder auf etwa 1600 ha zunahm. Es wird erwartet, daß der *vignoble* von Sancerre noch auf 2000 ha anwachsen wird.

Vierzehn Gemeinden
Die 1936 geschaffene Appellation Sancerre umfaßt 14 Gemeinden. Es sind dies – in alphabetischer Reihenfolge – die Orte Bannay, Bué, Crézancy, Menetou-Ratel, Ménétréol, Montigny, Saint-Satur, Sainte-Gemme, Sancerre, Sury-en-Vaux, Thauvenay, Veaugues, Verdigny und Vinon. Einige dieser Gemeinden, so Vinon und Montigny, besitzen nur wenige Hektar und sind von untergeordneter Bedeutung. Vier Gemeinden haben über 100 ha Rebfläche (Crézancy, Sancerre, Verdigny und Sury-en-Vaux), eine Gemeinde über 200 ha (Bué). In Bué habe ich mich relativ lange aufgehalten, denn dort gibt es nicht nur große Ernten, sondern häufig auch große Qualität.

Kuh der Armen
Bué ist nicht nur deshalb, weil sein Name vermutlich von dem keltischen Wort für «Quelle» abgeleitet ist, sozusagen ein Weindorf reinsten Wassers: Von den 400 Einwohnern haben 350 mit Wein zu tun. Der Weiler besteht aus einigen krummen Gassen und liegt in einem Tal, das fast von allen Seiten von Weinhängen umgeben ist. Besucher sind im Caveau des Vignerons immer willkommen. In diesem einfachen, sympathischen Lokal kann man bei einigen Gläschen des lokalen Weins einen *coudré* (Ziegenkäse mit einem Reifegrad zwischen frisch und blau), auch ein Omelett, eine Grillade zu sich nehmen. Das kleine Lokal gehört etwa 20 der rund 60 Winzer, die Bué zählt. Vor circa 10

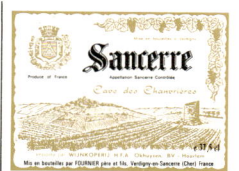

Von dem Wein der Cave des Chanvrières, einem 12 ha großen Besitz von Paul und Claude Fournier in Verdigny, habe ich verschiedene Jahrgänge des öfteren probiert. Es ist ein guter Sancerre, nicht zu voll und nicht zu mager, angenehm im Duft, der manchmal etwas Blumenartiges hat und etwas fest im Geschmack. Daneben ist häufig auch etwas *terroir* vorhanden. 1950 umfaßte die Fournier-Domaine erst 2 ha.

In Verdigny besitzen Pierre und Etienne Riffault etwa 5 ha. Ihr Sancerre Les Bois Bouteux hat in guten Jahren ein ziemlich feines, sauberes Parfum und einen mild-frischen Geschmack, der im Abgang manchmal fast ins Süße spielt. Für mich ein harmonischer Wein, der nicht zur allerhöchsten Klasse gehört, aber doch einen erfreulichen Gesamteindruck hinterläßt.

Vincent Delaporte ist ein sympathischer Winzer mit etwa 10 ha in Chavignol. Vincents bester Wein kommt vom Clos Beaujeu, einem Weinberg direkt neben der bekannten Lage Monts Damnés. Es ist ein aromatischer Sancerre mit leichtem Blumenduft und einem mundfüllenden, freundlichen Geschmack, der eine frische, aber keineswegs störende Säure besitzt. Sogar in einem schwierigen Jahr wie 1977 gelang es Vincent Delaporte, einen zumindest annehmbaren Wein zu erzeugen.

Die heutige Generation der seit 200 Jahren in Verdigny beurkundeten Familie repräsentiert Roger Neveu, der 10 ha bewirtschaftet, und zwar 8 ha mit Sauvignon und 2 ha mit Pinot noir. Man findet die Neveu-Weine in einer ganzen Reihe tonangebender französischer Restaurants. Von dem weißen Sancerre Clos des Bouffants probierte ich erstmals den Jahrgang 1979. Es war ein köstlich duftender Wein mit Frucht und Blumen im Bukett. Der bezaubernde Geschmack schloß sich harmonisch an.

Mitte links:
Das Dorf Chavignol ist sowohl für seinen Wein als auch für seinen Ziegenkäse berühmt, den allbekannten crottin de Chavignol.

Links unten:
Dieses Schild findet man an einer Konditorei auf dem Dorfplatz von Sancerre. Die croquets sind eine knusprige, lokale Spezialität, die u. a. aus Nougat hergestellt wird.

Rechts unten:
Alphonse Mellot, Eigentümer und Direktor der wichtigsten Weinfirma wie auch der größten Weindomäne von Sancerre. Alphonse arbeitet seit 1970 im gleichnamigen Familienbetrieb. Sein verstorbener Vater hat viel für den Ruf des Sancerre getan, so indem er auf der Pariser Avenue Rapp das Probierlokal Le Sancerre eröffnete.

Sancerre

Jahren gab es in Bué noch mehr Ziegen als Menschen, so an die 1000 bis 1500 Stück. Jeder Bauer hatte wenigstens ein paar Ziegen. Durch den Aufschwung des Weinbaus ging jedoch die Zahl der Ziegen hier wie auch anderswo in Sancerre stark zurück. Heute hört man die «Kuh der Armen» in den echten Weindörfern kaum mehr meckern. Etwas außerhalb der Gemeinde Sancerre gibt es eine große Ziegenkäse-Genossenschaft, die rund 300 Tiere hält.

Weicher, poröser Tuff

Der berühmteste Weinberg von Bué ist der Clos du Chêne Marchand, den sich eine große Zahl von Winzern teilt. Den Bodentyp dort bezeichnet man in der Gegend als *caillottes*, eine Verbindung von kleinen Kieseln mit porösem, trockenem Kalktuff. Der Tuff ist viel weicher als der etwa von Vouvray, weshalb man in Bué auch keine Keller in den Stein hauen konnte. Diese Bodenart ergibt einen feinen Typ Sancerre mit häufig guter Frucht und Frische, reichem Duft und vergleichsweise früher Reife. Die Lage des Clos du Chêne Marchand nach Südwest bis Südost verleiht dem Wein zusätzlich Kraft und Ausdruck. Die Verlängerung des 30 ha großen Clos du Chêne Marchand bildet der Clos du Roy mit etwa 15 ha, der überwiegend zur Gemeinde Crézancy gehört. Dieser Weinberg hat die gleiche Bodenstruktur. Dies trifft noch auf einen weiteren Bué-Weinberg zu, den Le Grand Chemarin (ca. 20 ha) sowie für einen Teil des Clos de la Poussie (ca. 10 ha). Daneben gibt es noch *caillottes*-Böden in Teilen der Gemeinden Chavignol, Ménétréol, Sancerre und Verdigny.

Mergel und Feuerstein

Eine zweite Bodenart ist *marne argileuse* oder *terres blanches,* Tonmergel, der meist mit Kies durchmischt ist. Beispiele für diesen Bodentyp sind teilweise der Clos de la Poussie, weiterhin die schon genannten Monts Damnés in Verdigny und Chavignol, in Chavignol auch der Clos Beaujeu, und viel Rebengrund in Sury-en-Vaux. Dieser Bodentyp ergibt einen festeren Wein, der länger braucht, um Duft und Geschmack zu entwickeln. Eine dritte Bodenart ist Silex, Feuerstein. Hierauf erzeugt man unter anderem in den Gemeinden Sancerre, Ménétréol und Saint-Satur in der Regel feste, kühle,

Das Château de Maimbray in der Gemeinde Sury-en-Vaux ist Eigentum der Familie Roblin. Der Weinberg dieser Domäne umfaßt 11 ha. Der Wein gefällt mir sehr gut: reintöniger Duft mit Anklängen von Frucht, Feldblumen und Gemüse, ebenso sauber im Geschmack, geschmeidig, würzig, genügend voll. Neben den Weißweinen, die drei Viertel der Produktion ausmachen, erzeugen die Roblins auch Rotweine und Rosé.

Alphonse Mellot besitzt etwa 42 ha Rebfläche. Der bekannteste Wein von Alphonse stammt von seiner Domaine La Moussière (37 ha). Es ist ein nicht übertrieben bukettreicher Sancerre, sauber, schlank, etwas fest und meist mit einer angenehmen Dosis Frucht. Alle Elemente dieses charaktervollen Weins harmonieren in der Regel ausgezeichnet miteinander. Mellot überwacht selbst die Vinifizierung seiner Weine.

Das abgebildete Etikett ist eines der vielen, unter denen die Genossenschaft von Sancerre ihre Weine verkauft. Der Betrieb hat etwa 165 Mitglieder und genießt einen guten Ruf. Man findet hier Edelstahltanks, in Sancerre eine Seltenheit. Die besten Weine der Cave des Vins de Sancerre haben vielleicht keinen sehr ausgeprägten Charakter, übertreffen jedoch qualitativ nicht wenige Sancerres von individuell arbeitenden Winzern. Die Genossenschaft wurde 1963 gegründet.

Die Brüder Denis und Louis Vacheron bewirtschaften gemeinsam 18 ha. Mit ihren 5 ha Pinot noir erzeugen die Vacherons wirklich gute Rotweine – die besten, die ich in dem Gebiet kenne. Den 1978er – tiefe Farbe, voller Geschmack, Tannin im Abgang – fand ich in seiner Art einen ausgezeichneten Wein. Für rote Sancerres war 1978 aber auch der beste Jahrgang seit 1921. Doch auch geringere Jahrgänge waren sehr gelungen. Die weißen Vacheron-Weine sind ebenfalls beachtlich.

Das einzige noch verbliebene Schloß von Sancerre stammt aus dem Jahre 1874 und gehört seit 1920 der Familie Marnier-Lapostolle (Likörmarke «Grand Marnier»). Zum Schloß gehören große Keller, in denen der von 14 ha Reben stammende eigene Wein gekeltert wird. Nach Schönung, Kältebehandlung und Filtration ist ein sehr gepflegter, recht leichter Sancerre entstanden, der sich sehr angenehm präsentiert, ohne wirklich groß zu sein. Als überaus fähiger *régisseur* fungiert Gérard Cherrier.

Großes Talent besitzen Vater Marcel und Sohn Pascal Gitton. Sie stellen in Sancerre und in Pouilly-sur-Loire einige erlesene Weine her. Etwa drei Viertel ihrer Weine vinifizieren die Gittons in Holzfässern von 600 l Inhalt, den Rest in Edelstahltanks. In Sancerre besitzen sie Grund in den Lagen Les Montachins (9 ha; ein aromatischer Wein mit viel *terroir*), Les Belles Dames (7 ha; schwerer, auch sehr schön) und Les Romains (2 ha; ein herrlicher Wein, der sich am langsamsten von den dreien entwickelt).

Sancerre

---

fast stählerne Weine. In der Gegend hört man oft, daß die besten Weine diejenigen seien, die von verschiedenen Bodentypen kommen. Das ist allenfalls die halbe Wahrheit; denn es gibt eine ganze Reihe herrlicher Sancerres, die von einem einzigen Weinberg kommen. Hier ist vor allem Bué zu nennen, wo nicht wenige Winzer von den Reben des Clos du Chêne Marchand schöne, mundfüllende Weine erzeugen, und auch von Le Grand Chemarin stammt eine Anzahl hochwertiger Sancerres. Nicht umsonst lautet in Bué die Devise: «Des vins du Sancerrois, celui de Bué est roi» (Von den Sancerres ist der Bué der König).

Gute Genossenschaft
Die gegen 1600 ha von Sancerre sind in Händen von etwa 600 Winzern. Das bedeutet, daß der durchschnittliche Grundbesitz nicht groß ist. Längst nicht alle Winzer können allein von ihrem Weinberg leben. Etwa 165 kleinere Winzer haben sich in der Genossenschaft von Sancerre zusammengeschlossen. Sie ist vorzüglich ausgerüstet, arbeitet unter anderem mit Gärtanks aus Edelstahl und erzeugt recht ordentliche Weine von verläßlicher Qualität. Die Cave Coopérative bringt etwa 20% der Sancerre-Weine heraus. Dieser Anteil könnte noch erheblich höher liegen, jedoch sind viele Mitglieder nur zur Ablieferung von mindestens 20% verpflichtet. Die Genossenschaft nimmt etwa zu gleichen Teilen Most und Wein ab; Trauben werden nicht mehr verarbeitet. Geliefert wird der Wein unter verschiedenen Etiketten nicht nur an den französischen Wein giganten Nicolas, sondern auch an viele ausländische Importeure und an einige Fluggesellschaften (früher u.a. die KLM).

Spargelduft
Wie die Zunahme der Rebfläche zeigt, ist der Sancerre seit den 60er Jahren stark im Aufwind. Der Wandel des Publikumsgeschmacks hin zu den trockeneren Weinen hat hieran großen Anteil, aber auch die relative Nähe von Paris, das nur knapp zwei Autobahnstunden entfernt ist. Der Sancerre muß heute als einer

Paul Millérioux wohnt in der Gemeinde Crézancy und bearbeitet dort 13 ha. Sein von 11 ha stammender Weißwein zeichnet sich meist durch eine sehr helle Farbe, durch den Duft von Spargel und Frucht im Bukett und durch einen etwas leichten Geschmack aus, der herb ist, ohne sauer zu sein. Im Abgang schließt sich ein wenig Erdton an. Der Wein hinterläßt keinen überwältigenden Eindruck, man trinkt ihn jedoch mit Genuß.

«Bis 1970 gab man sich auf der Domaine du Nozay dem Nichtstun hin», erzählt Eigentümer Philippe de Benoist. Er pflanzte die ersten Rebstöcke. Sie stehen zur Zeit auf einem Areal von 4,5 ha, das noch vergrößert werden wird. Von dem noch jungen Weinberg kommt ein besonders gefälliger Sancerre, der im Mund voll und mild ist und Anklänge von reifen Früchten im Duft sowie etwas Nußartiges im Abgang hat. Es ist – ohne «Kreidigkeit» – ein fast atypischer, jedoch sehr köstlicher Sancerre.

Der in Pouilly-sur-Loire und in Paris niedergelassene Betrieb von Patrick de Ladoucette bietet seinen Sancerre unter der Marke Comte Lafond an. Patrick besitzt keinen eigenen Grund in Sancerre, kauft aber dort Most (ein Viertel) und fertigen Wein, nachdem dieser zum ersten Mal abgestochen wurde (drei Viertel). Der weitere Ausbau und die Abfüllung finden in den Kellern von Château du Nozet in Pouilly statt. Qualitativ gehört der Comte Lafond zu den besseren Sancerres.

Weitere Sancerres
von durchweg guter Qualität:
Jean Delaporte (Chavignol; vor allem seine Les Monts-Damnês)
Pierre Millet-Roger (Bué; vor allem sein herrlicher Le Grand Chemarin)
Jean Vatan (Verdigny)
Alain Dezat (Maimbray bei Sury-en-Vaux)
Château de Thauvenay (Thauvenay)
Gérard Millet (Bué)
Maurice Raimbault-Pineau (Domaine des Godons, Sury-en-Vaux)
Côte des Chante-Merles von Michel Thomas (Sury-en-Vaux)
Grande Réserve aus dem Hause Bourgeois (Chavignol)
Cave de la Petite Fontaine (F. Fleuriet, Verdigny)
Domaine de Sarry (Veaugues)

Seite gegenüber, links unten: Tröge mit frisch gelesenen Trauben von Alphonse Mellots eigenen Weingärten stehen zum Pressen bereit.

Seite gegenüber, rechts unten: Das Château de Sancerre, von seinem tadellos unterhaltenen Park aus gesehen

Unten: Winzer Jean-Max Roger aus Bué (links) beim Erfahrungsaustausch mit einem Kollegen.

Sancerre besitzt eine einzige Weinbruderschaft, die Chevaliers de Sancerre.

In Sancerre gibt es zwei Weinhäuser mit dem Namen Mellot, Alphonse Mellot und Joseph Mellot. Die beiden scheinen sich nicht recht zu mögen. So betreibt etwa Joseph Mellot ein Restaurant mit dem Namen Alphonse Mellot, was diesen natürlich gar nicht freut. Juristisch scheint es jedoch möglich zu sein.

der bekanntesten Weißweine Frankreichs gelten. Er besitzt mehr Kraft und Klasse als der Muscadet und ist etwas «freundlicher» als der Chablis – auch im Preis. Die Farbe zeigt in der Regel eine leichte Grünschattierung, und der Duft ruft häufig einen deutlichen Eindruck von Spargel hervor. Daneben entdeckt man oft den Duft von Gemüse oder Gras, während die besseren Weine auch Frucht in ihrem Bukett aufweisen. Der Geschmack eines wirklich guten Sancerre ist sehr trocken und erfrischend, ohne jedoch hart oder mager zu sein; das mit der Nase erspürte Spargelaroma kehrt auch auf der Zunge wieder, ebenso die Frucht oder die Gemüsetöne. Der Charakter des Sancerre läßt viele kulinarische Kombinationen zu. Der Wein paßt problemlos zu allen möglichen Arten Fisch, zu Muscheln und Schalentieren, zu Pasteten und anderen kalten Vorspeisen. Und natürlich darf der Ziegenkäse nicht vergessen werden: Wer sich jemals in der Gegend selbst morgens um elf Uhr mit einem kühlen Glas Sancerre, einem Stückchen Stangenbrot und etwas Ziegenkäse gestärkt hat, weiß, wie wunderbar dieser Wein und dieser Käse miteinander harmonieren. Einer der berühmtesten Ziegenkäse Frankreichs kommt aus dem Weindorf Chavignol und heißt Crottin de Chavignol.

Unterschiedliche Qualität
Schon seit Jahren wird nun der Sancerre leicht und zu einem guten Preis abgesetzt. Für einige Winzer war dies Anlaß, ohne Rücksicht auf die Qualität möglichst viel Wein zu produzieren. Gleichzeitig ließ sich nicht übersehen, daß Betriebe in die Hände von Söhnen übergingen, die nur die Aussicht auf viel Geld zum Bleiben bewog, während sie weder Interesse noch Eignung für den Beruf des Winzers mitbrachten. So sieht sich der Konsument mit einer großen Zahl überaus mäßiger Sancerres konfrontiert. Dies zeigte sich sehr deutlich bei zwei Verkostungen mit jeweils 15 Weißweinen, die ich speziell für dieses Buch organisierte: Die Hälfte der Weine wurde nicht mehr oder gerade noch mit «ausreichend» bewertet. Es ist daher unerläßlich, Sancerre sehr sorgfältig auszuwählen.

Rotwein und Rosé
Das für den Weißwein Gesagte gilt in noch viel stärkerem Maße für Rotwein und Rosé. Die Herkunftsbezeichnung für sie wurde im Jahre 1959 bestimmt, also 23 Jahre nach der Weißwein-Appellation. Sancerre Rouge und Rosé sind Modeweine. Vor allem in Paris werden sie viel getrunken – etwas, was ich nicht ganz verstehen kann, denn qualitativ sind sie ihren weißen Namensvettern deutlich unterlegen. Sie werden ihre Beliebtheit wohl dem Umstand verdanken, daß sie erstens neu und zweitens selten sind. Es ist in Frankreich ganz offensichtlich der unübliche (freilich nicht billige!) *petit vin,* mit dem die Restaurateure bei ihren Kunden Erfolg verbuchen können. Ein weiteres Beispiel hierfür ist der stille Champagner Coteaux Champenois (s. S. 190 und 191). Daß die Rot- und Roséweine Sancerres qualitativ erheblich zu wünschen lassen, davon überzeugten mich nicht nur Verkostungen, sondern auch eine Äußerung von Winzer Jean-Marc Roger aus Bué: «Wenn sich im ganzen Sancerre zehn gute Rotweine finden lassen, ist das viel.» Es ist mir in der Tat nicht gelungen. Das ist zum Teil darauf zurückzuführen, daß die meisten Winzer ihre besten Böden mit der Sauvignon-Rebe bepflanzt haben, so daß für die Pinot noir-Bepflanzung nur weniger geeignetes Land übrigblieb. Viele «rote» Weinberge liegen daher auch ganz oder teilweise nach Norden.
Ein Betrieb, der es bewußt nicht so gemacht hat, ist Vacheron aus Sancerre selbst.

Dessen Pinot noir-Stöcke liegen voll nach Süden – und liefern einen sehr guten Wein.
Da die Nachfrage nach Rotwein und Rosé bei weitem nicht befriedigt werden kann, sind viele Winzer geneigt, durch Rodung «weißer» Rebberge oder bei der Kultivierung zusätzlicher Rebflächen die Pinot noir-Rebe zu bevorzugen. Es ist nur zu hoffen, daß dieser Trend nicht anhält – erstens, weil der weiße Sancerre nun einmal der bessere Wein ist, und zweitens, weil niemand vorhersagen kann, wie lange der Rotwein- und Roséboom, der nichts weiter als eine Mode ist, noch dauern wird. Es wäre schade, wenn Sancerre in absehbarer Zeit Unmengen Rot- und Roséweine erzeugen und der Weißwein durch seine Knappheit unerschwinglich teuer würde.

Menetou-Salon

Während sich Sancerre auf der Wein-Bühne als gefeierter Star im gleißenden Licht der Scheinwerfer sonnt, steht Menetou-Salon abseits im Halbdunkel der Kulissen. Trotz der Tatsache, daß einige Weine von Menetou-Salon dem Sancerre sehr ähnlich sind, und trotz der weiteren Tatsache, daß die beiden Gebiete nur eine halbe Autostunde voneinander entfernt sind, ist Sancerre sehr bekannt und Menetou-Salon fast nicht. Die Hauptursache könnte die geographische Lage der beiden Gebiete sein. Sancerre liegt direkt an der Loire, weshalb die Weine schon vor Jahrhunderten leicht überallhin versandt werden konnten. Menetou-Salon dagegen liegt im Landesinnern, was früher sicherlich ein großer Nachteil war. Sancerre befindet sich dazu näher an Paris und den großen Autostraßen. Warum sollte jemand weiter fahren als bis Sancerre, wenn er dort den gewünschten Wein schon bekommt?

Zögernder Beginn
Wenn man von Sancerre nach Menetou-Salon fährt, läßt man schon bald die kreidigen Weinhügel der Loire hinter sich, und die Landschaft wird wieder ganz die französische *campagne*. Die Straße führt an sanften Hügeln mit Weiden, Äckern, vereinzelten Wäldern und stillen Gehöften mit verwittertem Gemäuer vorbei. Die Rebe ist nirgendwo mehr zu sehen. Erst wenige Kilometer vor Menetou-Salon tauchen wieder Weinberge auf, meist kleinere Parzellen, die fast ein wenig verloren wirken. Die erste größere Weindomäne an der engen, kurvenreichen D 25 nach Menetou-Salon sind die Caves Gilbert. Sie sind in mancher Hinsicht eine gute Einführung in dieses Gebiet; sie zählen nicht nur zu den größten Gütern der Gegend, sondern erzeugen auch vielfach prämierte Weine.

Prächtiges Schloß
Als Dorf hinterläßt Menetou-Salon keinen überwältigenden Eindruck. Der Ortskern besteht aus einem großen, mit Bäumen bestandenen Platz, um den die wichtigsten Gebäude gruppiert sind – die Kirche, einige Cafés und mehrere Restaurants. Gleich hinter diesem Platz sieht man das Prunkstück des Ortes, ein prächtiges Schloß. Es gehörte Jacques Cœur, dem Finanzminister Karls XII. Sein Wahlspruch lautete: «A vaillants cœurs riens impossible» – Tapferen Herzen (oder: tapferen Cœurs) ist nichts unmöglich» – ein feinsinniges Wortspiel. Vielleicht hat sein Wahlspruch dazu beigetragen, daß Jacques Cœur der reichste Mann Frankreichs wurde? Im vorigen Jahrhundert wurde das Schloß von Prinz Auguste d'Arenberg, dem Präsidenten der Suezkanal-Gesellschaft, vollständig renoviert. Ihm verdankt es auch zahlreiche Gemälde, antike Möbel und flämische Wandteppiche. Heute noch ist das Schloß die wichtigste Attraktion von Menetou-Salon. Ob einmal der Wein dazu wird?

Rebfläche nimmt zu
Noch ist es aber nicht so weit. Der *vignoble* von Menetou-Salon nähert sich gerade der 125 ha-Grenze – Sancerre hat zwölfmal soviel. Die Rebfläche nimmt indes kräftig zu. Während meines ersten Besuches in Menetou-Salon im Jahre 1977 wurde mir erzählt, daß in Saint-Céols volle 7 ha gerodet worden waren, was für das Gebiet einen beträchtlichen Zuwachs bedeutete. Henry Pellé, Winzer und Bürgermeister von Morogues, teilte im selben Jahr mit, daß er innerhalb von 5 Jahren seinen 11 ha großen Weinberg zu verdoppeln hoffte, während Bernard Clément im etwa gleichen Zeitraum von 15 auf 25 ha erweitern wollte. Bei einem späteren Besuch traf ich Georges Chavet, der mit seinen beiden Söhnen gerade einen modernen und größeren Keller baute, dessen Kapazität für die geplante Vermehrung seiner Rebfläche ausreichen sollte. Die Appellation Menetou-Salon, die erst 1959 geschaffen wurde, umfaßt mehrere Gemeinden. Es sind dies Menetou selbst, Morogues und Parassy (die drei wichtigsten), weiterhin Vignoux-sous-les-Aux, Saint-Céols, Humbligny, Aubinges, Pigny, Quantilly und Soulangis, insgesamt also zehn Gemeinden.

Ähnlichkeit mit Sancerre
In dem Gebiet gedeihen zwei Rebsorten, Sauvignon (etwa 4500 hl Weißwein) und Pinot noir (2500 hl Rotwein und Rosé). Für Weißwein

Henry Pellé ist Bürgermeister von Moroygues. Er wohnt gegenüber der aus dem 13. Jahrhundert stammenden Kirche; seine Keller liegen etwas außerhalb des Dorfs. Der aktive, dynamische Pellé bewirtschaftet zur Zeit etwa 20 ha Menetou-Salon und 5 ha in einer angrenzenden Sancerre-Gemeinde. Technisch ist er bestens ausgerüstet. Seine Weine, ob Weißwein, Rotwein oder Rosé, besitzen fast immer eine tadellose Qualität. Die Rotweine reifen häufig ein Jahr in Eichenfässern.

Die Domaine de Chatenoy umfaßt 95 ha, von denen 25 ha einmal mit Reben bepflanzt sein sollen. Eigentümer Bernard Clément bestellt heute knapp 20 ha. Ich kenne nur Cléments weißen Menetou-Salon, der meist ein sehr fruchtiges Bukett besitzt (manchmal mußte ich an Pfirsiche denken) und einen frischen, angenehmen, nicht zu leichten Geschmack.

Bei Georges Chavet, der von seinen Söhnen Michel und Jean-Philippe unterstützt wird, habe ich einen wunderschönen Menetou-Salon Rosé probiert, einen jener Weine, bei denen man sofort Appetit auf den zweiten Schluck bekommt. Die Chavets besitzen rund 10 ha unter Reben und möchten vorläufig jedes Jahr um 1 ha erweitern. Auch den roten Menetou-Salon fand ich sehr angenehm, und auch der weiße duftete und schmeckte köstlich. Die Hälfte der Domäne ist mit Pinot noir bepflanzt.

In Menetou-Salon hat eine Genossenschaft mit dem Namen Cave Viticole Jacques Cœur ihren Sitz. Die Mitglieder bearbeiten etwa 50 ha in Menetou-Salon, sind jedoch nicht verpflichtet, ihre gesamte Ernte abzuliefern. Die Erzeugung besteht zu etwa 80% aus Weißwein und zu 20% aus Rotwein und Rosé. Die Qualität der Weine ist höchst zuverlässig. Der Betrieb hat auch Mitglieder im Gebiet Quincy und führt daher auch den gleichnamigen Wein.

Weitere Menetou-Salons von annehmbarer, manchmal auch guter Qualität: Jean Teiller (Menetou-Salon) Paul und Jean-Paul Gilbert (Menetou-Salon) Joseph Mellot (Sancerre) Jacky Rat (Menetou-Salon)

In Menetou-Salon dürfen die Dorfnamen auf dem Etikett angegeben werden.

Die örtliche Weinbruderschaft heißt Confrérie du Paissian.

Die Weingenossenschaft von Menetou-Salon erzeugt jährlich etwa 1000 hl Wein. Alle Winzer liefern ihr einen Teil der Ernte, manchmal allerdings nur einen geringen.

Der weiße Menetou-Salon muß mindestens 10,5% Alkohol enthalten, Rotwein und Rosé 10%.

Seite gegenüber, rechts oben: Winzer Georges Chavet und sein Sohn Philippe

Seite gegenüber, links oben: Henry Pellé in seinem Büro in Moroyues. Er wird von seinem Sohn unterstützt.

Seite gegenüber, unten: Das Schloß von Menetou-Salon

Ganz unten: Weinberg in Menetou-Salon; im Hintergrund die Kirche des Ortes. Das Gebiet könnte theoretisch 300 ha unter Reben haben.

Mitte unten: Menetou-Salon liegt an einem Hang.

Menetou-Salon

wurde ein Hektarertrag von 55 hl, für Rotwein und Rosé von 50 hl festgelegt. Im Norden werden die Reben von ausgedehnten Wäldern geschützt, in denen auch viele Eichen stehen. Der Grund, auf dem die Reben wachsen, ist fast überall stark kalkhaltig. Der beste Boden dürfte in Morogues liegen; die Ähnlichkeit mit Sancerre ist frappierend. Henry Pellé kann daher auch unwidersprochen behaupten: «Es gibt nicht selten größere Unterschiede zwischen den Sancerres untereinander als zwischen einem Sancerre und einem Menetou-Salon – vor allem, wenn dieser aus Morogues kommt.» Hierzu paßt eigentlich ganz gut, daß ein Teil von Pellés Wein für den Winzer und Weinhändler Jean-Max Roger aus Bué in Sancerre abgefüllt wird, und daß mein erster Kontakt mit Pellé über das in Sancerre ansässige Weinhaus Alphonse Mellot zustande kam. Die Sancerrois wissen schon lange, daß in Menetou-Salon auch guter Wein gemacht wird. Wann wird es der Rest der Welt entdecken?

Köstliche Durstlöscher

Die Ähnlichkeit zwischen weißem Menetou-Salon und Sancerre mag sehr groß sein – ganz gleich sind sie doch nicht. Auf die eine oder andere Weise duftet und schmeckt der Mene-

tou-Salon charmanter als sein bekannterer Kollege. Der Wein besitzt häufig ein höchst ansprechendes, zartes Bukett, das an Feldblumen und Früchte erinnert, und der Geschmack ist lebendig und frisch ohne das Knochentrockene, manchmal auch Wuchtige einiger Sancerres. Der Menetou-Salon besitzt lediglich etwas weniger Tiefe als der Sancerre, jedoch wird dieses Manko meiner Meinung nach durch das schiere Trinkvergnügen nicht nur ausgeglichen. Insgesamt bleibt der Weißwein von Menetou-Salon

um ein geringes hinter dem von Sancerre zurück. Dies gilt aber nicht für die Rot- und Roséweine. Von Sancerre gibt es hier wenig Erfreuliches zu berichten, von Menetou-Salon sehr wohl. Wenn es die Sonne mit den Rotweinen ein bißchen gut gemeint hat, sind sie mildwürzig, gerade voll genug, häufig fruchtig und sogar lagerfähig, während die Rosés köstliche Durstlöscher sind: meist fruchtig, angenehm frisch, leicht im Geschmack und von einem durchscheinenden Rosa.

Pouilly-Fumé

Wenn wir von Menetou-Salon an die Loire zurückkehren, sehen wir Sancerre am linken Ufer des Flusses, Pouilly-sur-Loire am rechten. Die beiden Gemeinden liegen in Luftlinie noch nicht einmal 10 km auseinander, und beide erzeugen, überwiegend aus der Sauvignon-Rebe, einen frischen, trockenen Weißwein. In Pouilly sagt man daher gern: «Das Wasser trennt uns, der Wein vereint uns.» Im übrigen gibt es aber doch zwischen den Orten wie zwischen den Weinen erhebliche Unterschiede. Sancerre ist liebenswürdig, voller Leben und zieht jährlich Tausende von Touristen an. Pouilly-sur-Loire dagegen wirkt irgendwie verträumt. Jahrelang führte die stark befahrene N7, die *route bleue,* mitten durch den Ort. Während die meisten Einwohner den unaufhörlich brausenden Verkehr verwünschten, verdienten andererseits nicht wenige hiermit ihr Brot. Es gab in dem Ort zum Beispiel viele gutgehende Hotels und Restaurants. Am 21. Oktober 1973 wurde das schlagartig anders: An diesem Tag wurde die neue Umgehungsstraße für den Verkehr freigegeben. Plötzlich legte sich Stille über den Ort. Von diesem Schock scheint sich Pouilly-sur-Loire bis heute nicht erholt zu haben. Die meisten Hotels, soweit sie noch geöffnet haben, ernähren ihren Besitzer kaum noch, das gleiche gilt für die Restaurants. Nur die riesigen verwaisten Parkflächen vor dem Ort erinnern noch an das rege Leben von einst.

Jahrhundertelang Klosterbesitz

Dennoch ist Pouilly-sur-Loire alles andere als eine arme Gemeinde. Der lokale Wein hat in den 70er Jahren stark an Popularität gewonnen, so daß die Winzer immer höhere Preise verlangen konnten. Nicht wenige Winzer sind wohlhabende Leute mit komfortabel eingerichteten Häusern, gut ausgerüsteten Kellern und fahren Wagen der Oberklasse. Pouilly ist eine römische Gründung, die ursprünglich Pauliaca Villa hieß, «Haus des Paulus». Die Römer haben auch den vermutlich schon in Ansätzen vorhandenen Weinbau kräftig gefördert. In der Nähe des Ortes sind noch die Reste einer Römerstraße vorhanden. In den Annalen von Pouilly ist zu lesen, daß im Jahre 680 der Erzbischof von Auxerre den Weinbergen einen Besuch abstattete. Bei Kämpfen im Jahre 840 wurde der Rebberg völlig verwüstet, aber schon 859 hatte man den Weinbau wieder im früheren Umfang aufgenommen. Im 11. Jahrhundert war das Dorf Eigentum eines Barons Humbault. Als er von einem Kreuzzug nicht mehr zurückkehrte, fiel sein Besitz durch Testament an das Benediktinerkloster von La Charité-sur-Loire (übrigens heute noch ein wunderschönes altes Dorf mit einer großartigen Basilika). Die Mönche dieser romanischen Abtei dehnten in unermüd-

Seite gegenüber, oben:
Weinlese bei Les Loges

Seite gegenüber, unten:
Château de Tracy in der
waldreichen Gemeinde Tracy

Unten:
Die Kirche von Saint-Ande-
lain

Der Pouilly-Fumé von De Ladoucette ist der bekannteste, renommierteste und meist verkaufte Wein der Appellation. Vor allem in Restaurants der gehobenen Klasse wird dieser Wein getrunken; obwohl jährlich 1–2 Millionen Flaschen verkauft werden, läßt die Qualität nichts zu wünschen übrig. Im Gegenteil: Dieser Wein weist mehr Klasse auf als fast alle anderen Pouilly-Fumés. In seinem Bukett zeigt er häufig Frucht und Würze; der Geschmack ist lebendig, ausgewogen, komplex und nobel.

In guten Jahren wählte Patrick de Ladoucette mit seinem Kellermeister und zwei unabhängigen Weinmaklern seinen allerbesten Wein aus nur eigenen Reben. Es ist durchweg ein vornehmer, für einen Pouilly-Fumé ausgeglichener Wein von großer Klasse. Er wird in das Modell der antiken, schweren, dickbauchigen Flasche abgefüllt, deren Schulter ein L mit Krone ziert. Trotz seines außergewöhnlich hohen Preises wird der Wein schlank verkauft. Seine Menge ist allerdings begrenzt.

Château de Tracy ist eine der ältesten Weindomänen von Pouilly-Fumé. Aus einer alten Urkunde geht hervor, daß hier schon mindestens seit 1396 Wein erzeugt wird. Von den etwa 100 ha Grund sind knapp 20 mit Reben bepflanzt. Der Wein von Château de Tracy, das den d'Estutt d'Assay gehört, ist ein recht harter, beißender Typ Pouilly-Fumé mit bescheidener Frucht. Er kann ausgezeichnet reifen und ist aus sonnenreichen Jahrgängen am besten.

Marcel Gitton und sein Sohn Pascal wohnen in Sancerre. Dort vinifizieren sie auch ihren Pouilly-Fumé, der von 9 ha stammt. Die Gittons erzeugen verschiedene Qualitäten von durchweg hohem Niveau. Meine Vorliebe gilt dem Les Chantalouettes, auch als Clos Joanne d'Orion verkauft, einem der wenigen Weine, die die Klasse des De Ladoucette annähernd erreichen. Der von einer 4 ha großen Parzelle stammende Wein besitzt verhaltene Eleganz, viel Stil und reintönige Frische.

Parallel zur Hauptstraße des Weilers Les Loges verläuft die Straße, in der Maurice Bailly wohnt. Zusammen mit seinen Söhnen Jean-Pierre und Michel bestellt er 12 ha, von denen etwa 1,5 ha mit der Chasselas-Rebe bepflanzt sind. Die Baillys machen einen wirklich guten Pouilly-Fumé, der viel exportiert wird und außerdem regelmäßig Medaillen gewinnt. Der Keller der Baillys liegt in Les Loges, die Abfüllung des Weins erfolgt in Tracy.

Pouilly-Fumé

licher Arbeit die Weinbauflächen von Pouilly ständig aus. Sie hatten hierfür sehr viel Zeit: Bis zur Französischen Revolution sollte das Dorf Eigentum des Klosters bleiben.

Zeitweise auch Tafeltrauben
Eigenartige Zeiten erlebte die Gemeinde im vorigen Jahrhundert. Obwohl der Wein damals bereits einen guten Ruf genoß, begannen sich immer mehr Winzer auf die Produktion von Tafeltrauben umzustellen, weil in Paris hiernach gerade große Nachfrage herrschte. Man hatte damals in Pouilly überwiegend die Chasselas-Rebe angepflanzt, eine Sorte, die zu Wein verarbeitet werden kann, aber auch wohlschmeckende Tafeltrauben liefert. Über die kleinen Loire-Häfen Pouilly und das benachbarte Tracy wurden viele Tonnen Trauben via Orléans nach Paris versandt. Nach dem Bau der

Eisenbahnlinien war es mit diesem Handel vorbei, da nun die weitaus billigeren Trauben aus dem Midi auf den Markt drängten und sich schließlich durchsetzten. Wie sehr die Chasselas-Rebe einst das Bild beherrschte, zeigt sich daran, daß zu Beginn des 18. Jahrhunderts 1000 der 1100 ha Rebfläche mit dieser Sorte bepflanzt waren. Erst nach 1920 büßte sie ihre Vorrangstellung ein. Heute ist diese Rebe zwar noch vorhanden, verschwindet aber immer mehr von den Weinbergen: 85% der in Pouilly kultivierten Reben sind Sauvignon. Während das Gebiet vor 1914 noch 1000 ha unter Reben hatte, führten Schwierigkeiten verschiedener Art sowie das geringe Interesse an dem Wein selbst zu einem kräftigen Rückgang des Bestandes. 1968 etwa umfaßte die Rebfläche des Gebiets noch 362 ha. Zu Beginn der 70er Jahre stieg der Wein von Pouilly, vor allem der von der Sauvignon-Rebe stammende Pouilly-Fumé oder Blanc Fumé de Pouilly, stark in der Gunst des Publikums, so daß es heute wieder 620 ha Weinberge gibt.

Sieben Gemeinden
Das Weingebiet von Pouilly-sur-Loire umfaßt sieben Gemeinden: Pouilly-sur-Loire selbst (einschließlich des Weilers Les Loges), Saint-Andelain (einschließlich des Weilers Les Berthiers), Tracy-sur-Loire, Saint-Laurent, Saint-Martin-sur-Nohain, Garchy und Mesves-sur-Loire. Die ersten drei Gemeinden sind bei weitem die wichtigsten. Die besten Weinberge liegen innerhalb eines fächerförmigen, am Rand 6 km breiten Gebietes im Norden von Pouilly-sur-Loire. Oberhalb dieses Gebietes wird die Landschaft flacher und ist daher durch Nachtfrost gefährdeter. Viele Weinberge wurden im Laufe der Zeit wieder aufgegeben, weil sich die Bearbeitung nicht lohnte. Überhaupt spielt im

Pouilly-Fumé

Pouilly-Gebiet die Gefahr des Nachtfrostes eine größere Rolle als in Sancerre, einfach weil die Landschaft weniger gegliedert ist (allerdings ist hier die Lage bei weitem nicht so kritisch wie in Chablis). Der Boden von Pouilly-sur-Loire und den umgebenden Weingemeinden besitzt weitgehend die gleiche Mergelstruktur, die man auch im Chablis und an vielen Stellen in Sancerre antrifft *(terres blanches* oder *marne argileuse)*. Er enthält überwiegend Ton. Mehr kalkhaltige Böden kommen unter anderem in der Nähe des Weilers Les Loges vor. Dort hat man auch Versteinerungen von urzeitlichen Austern gefunden.

Besuch in Les Loges
Les Loges ist übrigens der einzige Ort, in dem die steilen Weinberge hoch über die Dächer der Häuser aufragen. Daß Mönche hier die ersten Reben pflanzten, zeigt sich an dem Namen eines der Weinberge: La Loge aux Moines. Der Weiler liegt in der Nähe der Loire und war früher Wohnort vieler Flußschiffer. Heute leben dort fünfzehn Winzerfamilien und einige

Alte. Les Loges besteht aus nicht viel mehr als ein paar Häuserzeilen; es gibt dort keine Läden, keine Kirche, nicht einmal ein Café. An den Fassaden sind fast überall Schilder angebracht: *Vente directe, Dégustation.* Alles steht unter dem Zeichen des Weines. Bei meinem ersten Besuch in Les Loges lernte ich auch Maurice Bailly kennen, einen fröhlichen kleinen Mann, der zusammen mit seinen beiden Söhnen einen guten Pouilly-Fumé erzeugt. Es war 7 Uhr abends, die Tagesarbeit war getan, und wir tranken mit der ganzen Familie und einigen Nachbarn in dem blitzsauberen Keller zu Stangenbrot und frischem Ziegenkäse einige Gläschen des noch jungen Weines.

Der Weiler Les Berthiers
Les Loges liegt etwas abseits an der etwas kurvigen *Route du Vin,* die im Zickzack durch das Gebiet verläuft. Der Weiler Les Berthiers, bei Weinfreunden nicht minder berühmt, liegt einen Steinwurf davon entfernt an der N 7 zu Füßen des 268 m hohen Hügels, auf dem das Dorf Saint-Andelain gelegen ist. Die Dorfkirche ist schon von weitem zu sehen. Das Bau-

werk mit dem hohen, spitzen Turm ist eine Stiftung der Urgroßmutter von Patrick de Ladoucette, die auf diese Weise Gott dafür dankte, daß ihr Sohn aus dem Ersten Weltkrieg zurückkehrte. Les Berthiers liegt zwar zwischen dem größeren Saint-Andelain und der *Route Nationale,* ist aber noch kleiner und stiller als Les Loges. Hier wohnen nur Winzer. Zwei von ihnen sind André Chatelain und sein Sohn Jean-Claude. Sie bearbeiten zusammen 10 ha, genug, um beiden Familien einen bescheidenen Wohlstand zu ermöglichen. Die Chatelains würden trotzdem sehr gerne neues Land roden, können aber niemanden finden, der ihnen hierbei helfen würde – Arbeitskräfte sind im Pouilly-Gebiet rar. Nur einige wirklich große Domänen haben Arbeiter fest eingestellt. Diese Betriebe können häufig dem Personal freies Logis und andere Vergünstigungen bieten, doch diese Möglichkeiten hat ein kleiner Winzer natürlich nicht. Mit ihren 10 ha sind die Chatelains ohnehin schon an der Grenze dessen, was zu schaffen ist: Normal rechnet man vier Hektar pro Mann und Jahr.

Seite gegenüber, links oben:
Château du Nozet, Besitz der
Familie De Ladoucette. Das
Schloß stammt aus der Zeit
um 1850. Neben und hinter
dem Schloß liegen die Be-
triebsgebäude für den Wein.
Das Château wird hauptsäch-
lich für geschäftliche Emp-
fänge und Diners benutzt.

Seite gegenüber, rechts oben:
Die elegante Flasche mit dem
Baron de L, dem besten Wein
von Patrick De Ladoucette

Seite gegenüber, unten:
Landschaft bei Les Loges.
Das Pouilly-Fumé-Gebiet
besitzt eine eigene Weinroute,
die einen etwas unübersicht-
lichen Verlauf hat.

Unten:
Der Weiler Les Loges

Mitte:
In den Kellern von Château
du Nozet

Jean-Claude Chatelain und sein Vater André sind Eigentümer von 10 ha Rebfläche. Ihre Häuser und Keller und ein hübsches Probierlokal befinden sich in Les Berthiers. Etwa 90% des Weines gehen in den Export. Den gewöhnlichen Pouilly-Fumé (abgebildetes Etikett) finde ich mit seinem markanten Duft und dem fruchtigen Geschmack durchweg sehr korrekt. Ein etwas rustikalerer Wein kommt von der Domaine de Saint-Laurent-l'Abbaye. Dieser Pouilly-Fumé trägt ein anderes Etikett.

Die Winzer Landrat und Guyollot sind Nachbarn der Châtelains in Les Berthiers. Sie bewirtschaften 8 ha. Einer ihrer Weine wird mit dem obigen Etikett und unter dem Namen Les Chaudoux angeboten. Es ist durchweg ein sehr anständiger, recht fester Wein mit Anklängen von Gras, Gemüse oder Spargel in Duft und Geschmack.

Robert Pesson ist ein qualitätsbewußter Winzer mit 5 ha Rebfläche in der Gemeinde Saint-Andelain. Der Wein gärt bei ihm in *cuves* aus Beton und Holzfässern von etwa 600 l Inhalt. Sein Pouilly-Fumé gefiel mir wirklich gut; er besitzt manchmal eine gewisse Würze, Geschmeidigkeit, etwas Rasse und einen im übrigen ausgezeichneten Geschmack. Nicht ein Wein mit viel Tiefe oder Nuancen, sondern einfach einer, den man mit Genuß trinkt. Robert erzeugt auch einen angenehmen Pouilly-sur-Loire.

Auf der Domaine du Petit Soumard bei Saint-Andelain wohnt der fröhliche, wohlbeleibte, rothaarige Marcel Langoux. Auf seinen 8 ha Rebengrund, von denen 7 ha mit Sauvignon bepflanzt sind, macht er einen anständigen Wein, der vielleicht etwas fest ist, aber doch auch Frucht und Rasse besitzt.

Pouilly-Fumé

Hoher Alkoholgehalt

Der Wein Pouilly-Fumé erhielt 1937 die *appellation contrôlée*. Er darf nur von der Sauvignon-Rebe stammen; der zulässige Hektarertrag beträgt 55 hl, und der Mindestalkoholgehalt wurde auf 11% festgelegt (weißer Sancerre: 10,5%). Dieser Prozentsatz wird in der Praxis leicht übertroffen; die meisten guten Pouilly-Fumés besitzen zwischen 12,5 und 13% Alkohol, während es in wirklich großen, sonnenreichen Jahren ohne weiteres mehr als 14% sein können. Man sollte übrigens diesen Wein nicht mit dem Pouilly-Fuissé aus dem Burgund verwechseln: Dieser stammt von der üppigeren Chardonnay-Rebe und wächst zudem auf einem völlig anderen Boden.

Höhepunkt der weißen Loire-Weine

Ich persönlich finde den Pouilly-Fumé den besten trockenen Weißwein des ganzen Loiretals. Mit dieser Ansicht stehe ich allerdings nicht allein. Schon 1857 schrieb Victor Rendu in seiner «Ampélographie française»: «Der renommierteste aller Centre-Weine ist zweifellos

Links:
Ortseingang des heute stillen Pouilly-sur-Loire (Departement Nièvre). Das Dorf hat keinen caveau, in dem man den örtlichen Wein probieren und kaufen kann. In den Restaurants werden jedoch im Sommer und an Sonntagen Verkostungen abgehalten.

Die Genossenschaft von Pouilly hat etwa 100 Mitglieder. Rund 75% ihrer Weine sind Pouilly-Fumé, 15% Pouilly-sur-Loire und 10% Coteaux du Giennois.

Pouillys Weinmarkt findet immer am 15. August statt.

Confrérie des Baillis de Pouilly ist der Name der örtlichen Weinbruderschaft.

Pouilly-Fumé

der Weißwein von Pouilly (Nièvre), ein trockener Weißwein mit ziemlich ausgeprägtem Feuersteingeschmack, der ausgezeichnet reifen kann.» Etwa ein Vierteljahrhundert früher vermerkte der Schriftsteller Jullien in seiner «Topographie des tous les vignobles connus»: «Pouilly-sur-Loire erzeugt Weine, die fest und anregend sind. Sie duften leicht nach Feuerstein und haben einen sehr angenehmen Geschmack.» Die Frage ist natürlich berechtigt, ob die beiden Herren den Wein von der Sauvignon- oder den von der viel reichlicher vorhandenen Chasselas-Rebe meinten. Angesichts der hochgepriesenen Qualität und der Erwähnung des Feuersteinaromas muß aber angenommen werden, daß sie den Sauvignon-Wein im Auge hatten, den Vorgänger also des heutigen Pouilly-Fumé. Daß ein Pouilly-Fumé qualitativ wohl etwas mehr zu bieten hat als sein nächster Nachbar Sancerre, hängt mit der anderen Bodenstruktur zusammen. Im allgemeinen enthält der Boden von Pouilly etwas mehr Ton, weshalb der Wein in der Regel schwerer ist als der Sancerre. Aus dem gleichen Grund wurde auch der Mindestalkoholgehalt höher angesetzt.

Lagerung wünschenswert

Der Pouilly-Fumé braucht auch mehr Zeit, sich zu entwickeln. Während ein Sancerre meist schon in seinem ersten Lebensjahr getrunken werden kann, beginnt ein guter Pouilly-Fumé meist erst nach zwei bis vier Jahren seine wahre Klasse zu zeigen. Ein weiterer auffallender Unterschied: Ein Pouilly-Fumé präsentiert sich etwas fester, weniger gefällig als ein Sancerre, besitzt gleichzeitig aber mehr Rasse und mehr Finesse. Er hat insgesamt doch mehr zu bieten. Die Farbe eines guten Pouilly-Fumé ist in der Regel grün schattiert, und im Duft wird man einen Hauch von Moschus gewahr sowie indrücke von Spargel, Fenchel, Gras und Gewürzen. Daneben riecht man häufig die feuersteinartige Kühle des Kalkbodens. Sie kehrt auch im Geschmack wieder, der dazu knochentrocken ist, manchmal fast metallen, bei einem guten Wein aber nie rauh oder aggressiv: Der Pouilly-Fumé besitzt von Natur aus reichlich geschmeidig machendes Glyzerin und viel Substanz. Patrick de Ladoucette, der größte Winzer und Weinhändler am Ort, sagt von seinem Wein: «Ein gutes Bukett mit einem Höchstmaß an Körper.» Eine interessante Erfahrungtatsache

ist es auch, daß schlechte oder mittelmäßige Jahre dem Pouilly-Fumé anscheinend weniger anhaben können als dem Sancerre. Von dem kleinen Jahrgang 1977 etwa waren die meisten Pouilly-Fumés besser zu trinken als die doch sehr dürftigen Sancerres.

Vielseitigkeit

Eine galante Redensart in Pouilly-sur-Loire lautet: «Qui Pouilly boit, femme ne deçoit.» Dieser Spruch erklärt natürlich nicht den Erfolg des Pouilly-Fumé. Ich halte es dagegen nicht für ausgeschlossen, daß der Pouilly-Fumé ebenso wie der Sancerre ihre Beliebtheit anfänglich weitgehend den hohen Preisen und der Knappheit des seinerzeit viel bekannteren Chablis verdankten – in einer Zeit, in der die Nachfrage nach trockenen Weißweinen stark zunahm. Man suchte daher nach Ausweichmöglichkeiten und fand, nicht einmal weit von Paris, zwei gute, trockene, frische Weine zu einem erfreulich niedrigen Preis. Heute haben Pouilly-Fumé und Sancerre natürlich längst eine eigene Marktposition erobert. Durch seinen festeren Geschmack ist der Pouilly-Fumé vielseitiger verwendbar als der Sancerre. Er paßt nicht nur ausgezeichnet zu vielerlei Fisch aus See, Fluß und Meer, zu Krusten- und Schalentieren, sondern auch zu Geflügel, Kalbfleisch, Schweinefleisch und sogar zu Lammfleisch. Die Vielseitigkeit des Pouilly-Fumé wurde während eines Essens im Amsterdam Hilton überzeugend demonstriert, als zu jedermanns vollster Zufriedenheit Patrick de Ladoucette seinen Wein zu Bresse-Huhn mit Chicorée, feingeschnittener Kalbsleber auf einer Lauchschaumsauce und mit Minze aromatisiertem Milchlamm kredenzte. Trotz häufig zu hörender anderslautender Behauptungen hat das «fumé» von Pouilly-Fumé nichts mit einem rauchigen Duft zu tun, sondern mit dem grauen, rauchartigen Belag, der sich auf den reifenden Sauvignon-Reben zeigt.

Dynamischer Baron

Bis zum Beginn der 70er Jahre wurde die Erzeugung von Pouilly-Fumé von der lokalen Genossenschaft beherrscht. Heute dagegen verarbeitet das rund vierzig Jahre alte Gemeinschaftsunternehmen höchstens noch 20% der 30 000 hl Pouilly-Fumé, die jährlich geerntet werden. Und das, was der Genossenschafts-

betrieb erzeugt, ist meist nicht von allerbester Qualität. Hinsichtlich Kapazität und Qualität hat ein anderer Betrieb der Winzergenossenschaft den Rang abgelaufen: Das Familienunternehmen De Ladoucette. Dieses hat seinen Sitz auf Château du Nozet, einem aus dem Jahre 1850 stammenden Schloß, das Baron Patrick de Ladoucette (Jahrgang 1952) und seinen beiden Schwestern gehört, deren Ehemänner nichts mit Wein zu tun haben. Patrick ist eine dynamische Persönlichkeit, vom Wein besessen. Er hat keine Hobbies – der Wein ist sein Leben. Er wohnt in Paris, fährt im Jahr mindestens 75 000 km und fliegt mit der eigenen Maschine durch ganz Europa. 1973 ging er mit Energie daran, den dahinkümmernden Familienbetrieb in Schwung zu bringen – mit dem Erfolg, daß dieser heute schätzungsweise 60–70% des gesamten Pouilly-Fumé verkauft. Patrick erwarb außerdem Anteile in der Touraine (Marke: Baron Briare), er erzeugt Sancerre (Marke: Comte Lafon), übernahm das Vouvray-Haus Marc Brédif, macht einen Chablis und kaufte 18 ha Rebengelände im kalifornischen Napa Valley (die Trauben werden vorläufig von Robert Mondavi verarbeitet).

Große Klasse

Hinter dem schmucken, stilvollen Château du Nozet befindet sich ein höchst leistungsfähiger Kellerkomplex. In den Gärtanks aus Edelstahl gärt bei einer Durchschnittstemperatur von 15° C nicht nur der Most vom eigenen Weinberg (z. Zt. 55 ha; wird ständig erweitert), sondern auch der von anderen Erzeugern. Patrick de Ladoucette kauft bei den Winzern vor allem Most, weil er dann den Wein nach eigenem Gutdünken herstellen kann. Daneben kauft er auch einmal abgezogenen, fertigen Wein. Ein Drittel der Produktion stammt vom eigenen Grund, zwei Drittel von fremdem, wobei es sich hier zu 70% um Most, zu 30% um Wein handelt. Nicht aller Wein wird im Mai auf Flaschen gezogen. Ein Teil wird in glasausgekleideten Tanks aufbewahrt, wo der Wein seine optimale Frische behält. Es spricht für Patrick und seine fähige Mannschaft, daß der Pouilly-Fumé de Ladoucette trotz der großen Menge von großer Klasse ist – sehr vollständig, sehr harmonisch, sehr reintönig, sehr edel. Bei verschiedenen Degustationen, die ich selbst durchführte oder an denen ich teilnahm, verwies

Ganz unten:
Winzer Maurice Bailly. Er wohnt in Les Loges.

Mitte:
Patrick de Ladoucette beim Öffnen einer Flasche Vouvray von Marc Brédif. Er übernahm das Haus im Jahre 1980. Spezialität des Barons bleibt jedoch sein Pouilly-Fumé.

Oben:
Robert Pesson, der in der Nähe von Saint-Andelain 5 ha Reben besitzt

Die größten Jahre für Pouilly-Fumé waren 1934, 1945 und 1959, als einige Weine auf natürliche Weise 15% Alkohol erreichten.

Den Grundstock für das Vermögen der Familie De Ladoucette legte Patricks Ururgroßvater, Graf Lafon, der die Banque de France verwaltete und daher im wörtlichen und übertragenen Sinne aus den Finanzen des Landes Münze schlug. Patrick, der eine Zeitlang an der Handels-Hochschule Lausanne studierte, verblieb bis 1965 in Argentinien, wo auch seine Eltern wohnten. Das Motto des dynamischen Weinunternehmers lautet: «Ich arbeite mit den Winzern, nicht gegen sie.» Auch das erklärt vielleicht seinen Erfolg.

Es ist überliefert, daß Ludwig XIV., Marie-Antoinette und Napoleon gerne Wein aus Pouilly getrunken haben. In einem Brief beklagte sich Napoleon, daß seine Fässer noch nicht in Rußland angekommen waren.

Ein kleines, relativ junges Handelshaus ist die 1981 gegründete Firma Pascal Jolivet. Der gleichnamige Eigentümer verkauft jährlich etwa 25 000 Kisten hauptsächlich Pouilly-Fumé und Sancerre. M. Jolivet hält nichts von grünen, säuerlichen Sauvignon-Weinen, sondern sucht elegante, ehrliche Sorten mit einem sauberen Geschmack, einem langen Abgang und einer schönen Balance. Verschiedene Weine aus dem Sortiment tragen den Namen von Winzern oder Lagen. Sitz der Firma ist Pouilly-sur-Loire.

In Huisseau ist das Weinhandelshaus Aimé Boucher domiziliert. Das von Eigentümer Aimé Boucher und seinem Schwiegersohn Claude Kisner geleitete Haus verkauft jährlich zwischen 800 000 und 1 000 000 Flaschen. Die beiden holen Weinalkohol bei den Bauern und kennen daher zahlreiche Keller und Weine im Loire-Tal. Das ist zweifellos der Grund für die gute Qualität ihres Pouilly-Fumé, der häufig an die 13% Alkohol, einen mundfüllenden Geschmack und ein nuancenreiches Bukett aufweist.

Die Domaine St. Michel ist ein Weingut von etwa 8,5 ha in Les Berthiers. Pächter ist die in Santenay ansässige Burgunder-Firma Prosper Maufoux. Unter der Kontrolle dieses Hauses finden auch Vinifikation und Abfüllung statt. Der Pouilly-Fumé ist gewöhnlich ein sauberer, wohlschmeckender Wein von geschmeidiger und dabei recht lebendiger Art. In seiner Art finde ich auch den Pouilly-sur-Loire (1,4 ha) sehr angenehm. Die Domaine St. Michel hieß früher Domaine de Riaux.

Weitere Erzeuger:
Georges Guyot (Les Loges)
Michel Redde
  (Les Berthiers)
René Michot & Fils
  (Les Berthiers)
Alphonse Mellot (Sancerre)
Paul Figeat (Les Loges)
M. Bertin (Les Cassiers)
Serge Dagueneau
  (Les Berthiers)
Edmond Figeat (Pouilly)
J.-M. Masson-Blondelet
  (Pouilly)
Renaud-Bossuat & Fils
  (St. Andelain)
Guy Saget (Pouilly)
Jean Dumont (Pouilly)
Alain Pabiot (Pouilly)

Pouilly-Fumé

---

dieser Pouilly-Fumé die Konkurrenten fast immer auf die Plätze. Neben dem «gewöhnlichen» Pouilly-Fumé bietet Patrick de Ladoucette in geringen Mengen seinen Baron de L an, der vom eigenen Weinberg stammt und aus den besten *cuvées* ausgewählt wird. Die Auswahl treffen Patrick selbst, sein Kellermeister und zwei unabhängige Weinmakler. Unnötig zu sagen, daß die Qualität ausgezeichnet ist. Der Baron de L wird auf eine elegante, schwere Flasche abgezogen; es ist ein sehr teurer Wein. Aber auch der normale Pouilly-Fumé von De Ladoucette ist nicht gerade billig. Sein Erzeuger meinte hierzu: «Guter Wein ist niemals, schlechter Wein ist immer zu teuer.» Ein weises Wort.

Weniger solide

Abschließend noch einige Worte zum zweiten Wein des Gebietes, dem von der Chasselas-Rebe stammenden Pouilly-sur-Loire. Er kommt aus den gleichen sieben Gemeinden, und auch für ihn ist ein Hektarertrag von höchstens 55 hl festgelegt. Der Mindestalkoholgehalt beträgt 9 gegenüber 11%. Die Erzeugung ist konstant rückläufig und liegt heute bei etwa 4000 hl im Jahr. Der Pouilly-sur-Loire besitzt deutlich geringere Anlagen als der Pouilly-Fumé; in Duft, Geschmack, Abgang, Charakter und Klasse bleibt er erheblich hinter diesem zurück. Dennoch hat der Wein, den die Winzer als «weniger solide» beschreiben, als recht neutraler, nicht zu teurer Durstlöscher, der bald nach der Ernte zu trinken ist, durchaus seine Verdienste.

Angesichts früherer Erfahrungen mit den Orléans-Weinen war ich mit geringen Erwartungen zu Vater Roger und Sohn Daniel Montigny gekommen, die in Mareau-aux-Prés 10 ha Rebfläche besitzen. Dann kam jedoch ein guter Wein nach dem anderen auf den Tisch: ein geschmeidiger, saftiger Auvernat Blanc, ein höchst charmanter Gris Meunier, ein außergewöhnlich fruchtiger, leichter Pinot Noir und ein sehr erfreulicher Cabernet. Die Weine werden unter dem Namen G.A.E.C. Clos Saint Fiacre herausgebracht.

Arnold Javoy bewirtschaftet mit seinen Söhnen Jean-Claude und Michel 10 ha im Orléanais. Ihr Betrieb befindet sich in Mezières-les-Cléry. Die Rotweine reifen hier überwiegend in großen Holzfudern. Von den Weinen, die ich probierte, begeisterte mich am meisten der leichte, fröhliche, köstliche Cabernet-Rosé. Recht ordentlich schmeckten der Pinot Noir und der Cabernet. Die Javoys experimentieren auch mit der Cot- oder Malbec-Rebe.

Paul Paulat fungiert schon sehr lange als Vorsitzender des Winzerverbandes in den Coteaux du Giennois. Er und sein Sohn Alain bestellen 6 ha in der Nähe des Weilers Villemoison unweit Cosne-sur-Loire. Große Probleme hatte ich mit ihrem Gamay und ihrem Pinot Noir. Den geschmeidigen, nicht zu leichten, aus 85% Gamay und 15% Pinot Noir hergestellten Rosé fand ich gerade noch akzeptabel, ebenso den von jungen Stöcken stammenden weißen Sauvignon.

Ganz unten:
Stilleben mit Traubenscheren

Mitte rechts:
Diese metallene Flasche steht vor der Türe der Winzer Roger und Daniel Montigny.

Mitte links:
Einladung zur Degustation in Giennois

Rechts:
Daniel Montigny aus Mareau-au-Prés, bei dem ich köstliche Weine probiert habe

Im Orléanais und Giennois gilt für Weißwein und Rosé ein Mindestalkoholgehalt von 10%, für Rotwein von 9%. Zulässiger Ertrag: 45 hl/ha.

Ein weiterer guter Orléanais-Erzeuger ist die Genossenschaft Les Vignerons de la Grand'Maison in Mareau-aux-Prés.

Loire

Orléanais, Giennois und südlicher

In den vorangegangenen Kapiteln haben wir eine große Zahl von Loire-Weinen kennengelernt. Am Ende der Reise längs dieses Weinflusses schließen sich noch einige kleinere Gebiete an, deren Weine der Kategorie VDQS angehören. An der Stelle, wo die Loire am weitesten nach Norden ausholt, liegt die Stadt Orléans. In ihrer unmittelbaren Umgebung wird schon seit Jahrhunderten Wein erzeugt – einst in großem Maßstab, heute nur noch in geringem Umfang. Selbst in einem guten Jahr werden hier nicht mehr als 6000 hl Vin de l'Orléanais erzeugt. Etwa 60 Winzer bestellen hier etwa 185 der für den Weinbau zugelassenen 400 ha. Die Weinberge liegen über 24 Gemeinden verteilt zu beiden Seiten der Loire. Der charakteristischste Wein des Gebietes ist der Gris Meunier, meist ein hellroter, sympathischer, mildfrischer kleiner Wein mit einer guten Dosis Erdgeschmack. Er wird aus der Pinot meunier-Rebe hergestellt, die auf kalk- und tonhaltigen Böden am besten gedeiht. Daneben habe ich im Orléanais auch nicht unangenehme, leichtgewichtige Weine von der Auvernat rouge- (oder Pinot noir-) und der Cabernet-Rebe verkostet, erfrischende Rosés, ebenfalls von der Cabernet-, und erstaunlich gute Weißweine von der Auvernat blanc-Rebe (Chardonnay).

Coteaux du Giennois

Wer die Weinberge der Coteaux du Giennois in der Gegend um Gien sucht, wird dort nicht viel entdecken. Es gibt dort nur zwei oder drei Bauern, die Weinbau betreiben. In den 20er Jahren war das noch anders: 800 Winzer bestellten damals 2000 ha Rebfläche. Heute muß man eigenartigerweise die Loire 40 km stromaufwärts fahren, wo bei Cosne-sur-Loire die Giennois-Weine wachsen. Früher besaß Cosne eine eigene *appellation d'origine simple*. Als diese aufgehoben wurde, entschieden sich die Winzer nicht für eine eigene neue VDQS-Bezeichnung, sondern übernahmen die bestehende Bezeichnung Coteaux du Giennois mit der Berechtigung, auf dem Etikett «Cosne-sur-Loire» anzugeben. Insgesamt erzeugt das Gebiet auf 70 ha Rebfläche etwa 3500 hl Wein. Die Rebfläche könnte noch auf 200 ha erweitert werden. Die Gamay-Rebe ist hier die am häufigsten angepflanzte Sorte, gefolgt von der ebenfalls blauen Pinot noir- und der weißen

Sauvignon-Rebe. Ich persönlich bin kein großer Liebhaber der Giennois-Weine. Die meisten besitzen ein eigenartiges, fast muffiges Aroma und eine schlicht mäßige Qualität. Ein großer Teil des Coteaux-du-Giennois wird von der Genossenschaft von Pouilly-sur-Loire vinifiziert.

Zu guter Letzt

Die Weine von Orléanais und Giennois werden praktisch nicht exportiert, sondern in der Gegend getrunken. Das gleiche gilt für die Rot- und Roséweine der Côtes Roannaises. Diese Weine werden an beiden Ufern der Loire in der Gegend von Roanne erzeugt. Ihre Basis ist die Gamay-Rebe. Geerntet werden jährlich etwa 3500 hl. Rund 70 Winzer bearbeiten knapp 600 ha, wovon jedoch nur 100 ha Wein mit Herkunftsbezeichnung liefern. Auch im südlichsten Gebiet der Loire, den Côtes du Forez, dominiert die Gamay-Rebe. Erzeugt wird der Wein hier von nur 10 Winzern, die zusammen 105 ha bearbeiten. Die Erntemenge erreicht in guten Jahren 4000 hl.

Das Elsaß

Links:
Ein vom berühmten elsässischen Künstler Hansi mitgestaltetes Ladenschild im Zentrum von Colmar. Die angezeigte Charcuterie liegt gegenüber dem Kopfhaus, in dem sich ein Restaurant befindet.

Unten:
Winzermahlzeit in der Nähe von Eguisheim. Die Lese findet im Elsaß meist zwischen dem 15. Oktober und dem 15. November statt. Vor dem 10. Oktober wird praktisch nie gelesen.

Das Departement Haut-Rhin hat mit 8000 Rebgärten erheblich mehr als Bas-Rhin, das nur gut 4500 besitzt.

Aus schriftlichen Dokumenten geht hervor, daß es im 10. Jahrhundert im Elsaß noch Wisente, Elche und Auerochsen gab, bis ins 16. Jahrhundert noch Wildpferde.

Außer Wein, der etwa ein Viertel der landwirtschaftlichen Produktion ausmacht, liefert das Elsaß neben anderem Getreide, Gemüse, Obst, Tabak und Hopfen.

Hansi – eigentlich «Onkel Hansi» – war der Künstlername von Jean-Jacques Waltz. In romantischer, verspielter, unübertrefflicher Weise illustrierte er das gemütliche Leben der Elsässer.

Der Name «Elsaß» geht wahrscheinlich auf den Fluß Ill zurück, der früher auch Ell hieß.

Charakteristisch für das Elsaß sind neben den Aushängeschildern der Gasthäuser, Gewerbebetriebe und Läden die Storchennester. Man hält nämlich den Storch für einen Glücksbringer. Leider bleiben die meisten Nester leer; der Storch ist praktisch aus der Gegend verschwunden. Daher hat man vor allem in Kientzheim und Hunawihr begonnen, Storchenkolonien zu schaffen.

Der höchste Berg des Elsaß ist der Grand Ballon mit einer Höhe von 1424 m.

Zwischen Rhein und Vogesen

Im Nordosten Frankreichs, dort, wo der Rhein auf einer Länge von 170 Kilometer von der Hügelkette der Vogesen begleitet wird, liegt in der fruchtbaren, 25–30 Kilometer breiten Ebene zwischen Bergkuppen und Fluß die historische Landschaft des Elsaß. Sie umfaßt etwa die heutigen Départements Bas-Rhin und Haut-Rhin. Vor allem auf den Ausläufern der Vogesen, in einer Meereshöhe von 200–400 m, ist die Rebe beheimatet. Infolge seiner strategisch bedeutsamen Lage zwischen Deutschland und Frankreich war das Elsaß häufig Schauplatz und Gegenstand internationaler Konflikte. Winzer Jean Hugel formulierte das einmal so:

«Wir sind Spezialisten für Kriege und Wein.» In vorchristlicher Zeit mußten hier die Kelten den Römern weichen, später die Römer den Alemannen, und die Alemannen schließlich den Franken: Der Frankenkönig Chlodwig I. errang 496 beim heutigen Wissembourg den entscheidenden Sieg. Seine Nachfolger gründeten überall Siedlungen, weshalb viele elsässische Dörfer Namen fränkischen Ursprungs tragen.

Die Zeit der Feudalherrschaft
Nach den fränkischen und merowingischen Königen wurde das Elsaß von Herzögen regiert, den Etichonen, so genannt nach dem grausamen Etichon, dem Vater der hl. Odilia. Im 10. Jahrhundert kam das Gebiet für die nächsten 700 Jahre unter deutsche Herrschaft. Die Macht der deutschen Kaiser war allerdings begrenzt. Herzöge und andere Seigneurs bestimmten zusammen mit den mächtigen Erzbischöfen von Straßburg und den zahlreichen Klöstern über Wohl und Wehe der Bevölkerung. Zu Beginn des 6. Jahrhunderts gab es im Elsaß 40 Abteien, im 13. Jahrhundert bereits über 300. Von den meisten ist nichts mehr erhalten geblieben. Auch von den Schlössern und Burgen der weltlichen Machthaber sind nur mehr Reste vorhanden. Im 14. Jahrhundert entstand als Reaktion auf die Exzesse der Feudalherren der «Zehnstädtebund». Ein Jahrhundert später hatten die Elsässer unter den Armagnaken zu leiden, die 1439 in das Gebiet einfielen. Ein anderes düsteres Jahr in der Geschichte des Elsaß ist das Jahr 1525, als sich 20000 Bauern gegen ihre Herren erhoben und alle bis auf den letzten Mann niedergemacht wurden.

Der Dreißigjährige Krieg
Von der zweiten Hälfte des 16. bis zum Beginn des 17. Jahrhunderts erlebte das Gebiet eine Zeit der Ruhe und des Wohlstands. Das Elsaß wurde der reichste und dichtestbesiedelte Teil des deutschen Kaiserreichs. Viel später als in Frankreich hielt auch hier die Renaissance mit ihrer weltlicheren Auffassung von Kunst und Leben ihren Einzug. Aus dieser Zeit stammen viele großartige, sehr gut erhaltene Bauwerke, so auch im Weindorf Riquewihr. Mit dem Ausbruch des Dreißigjährigen Krieges im Jahre 1618 ging die Zeit der Blüte abrupt zu Ende. Mehrmals marschierten fremde Truppen ins Elsaß ein. Vor allem die Schweden richteten um

Der elsässische Wein wird in grüne Schlegelflaschen sowie solche mit 1 l Inhalt abgefüllt. Die 1 l-Flasche wird vor allem für die einfachen Weinsorten verwendet.

Das Elsässer Weinglas hat einen langen Stiel und einen nicht allzu großen Kelch. Häufig ist der Stiel ebenso wie der Fuß grün, manchmal sogar giftgrün. Vorteilhaft ist diese grüne Farbe eigentlich nie. Wer elsässischen Wein aus einem wirklich guten Glas der Gegend trinken will, muß sich daher nach einem Glas mit farblosem Stiel und Fuß umsehen.

Westdeutschland nimmt bei weitem den meisten Elsässer-Wein ab – wenn auch hauptsächlich die einfacheren Qualitäten.

Unten:
Käserei in den Vogesen, unweit Münster. Auf solchen Almen grasen die Kühe, die die Milch für den Münsterkäse liefern, eine Käsesorte, die wahrscheinlich schon seit dem 8. Jahrhundert hergestellt wird. Der Name «Münster» geht wahrscheinlich auf monastère, Kloster, zurück. Im Elsaß ist es üblich, den Münsterkäse in Kümmel zu stippen oder etwas Kümmel darauf zu streuen. Diese Gewohnheit geht auf die einstmals große Zahl von Juden zurück, die den Käse mit Kümmel aßen, um sicher zu sein, daß er koscher war. In Leiden und Mainz findet man aus dem gleichen Grund Kümmelkäse.

Rechts:
Die Place de la République in Rouffach mit dem Kornhaus und dem Hexenturm

Zwischen Rhein und Vogesen

1633 große Verwüstungen an. Dazu forderten Pest und Hungersnot hohen Tribut. Mit dem Westfälischen Frieden von 1648 fiel das Elsaß wieder an Frankreich. König Ludwig XIV., der beim Anblick der Gegend ausgerufen haben soll: «L'Alsace ... quel beau jardin!», entwarf einen Plan zur Neubesiedlung des Elsaß. Katholische Zuwanderer wurden bevorzugt. Es kamen daher viele Schweizer, weshalb auch die Elsässer Tracht starke Ähnlichkeit mit Schweizer Trachten aufweist.

La Marseillaise

Im Jahre 1674 unternahm der römisch-deutsche Kaiser einen Versuch, das Elsaß zurückzugewinnen, und fiel mit 60 000 Mann in das Gebiet ein. Bei Turckheim mußte er jedoch eine Niederlage gegen die Truppen des Marschalls Turenne hinnehmen (s. a. Seite 126). Das bis dahin unabhängige Straßburg wurde 1681 von Truppen Ludwigs XIV. besetzt. In dieser Stadt wurde gut hundert Jahre später, genauer gesagt im Jahre 1792, zum erstenmal die Marseillaise

gesungen. Die Französische Revolution war in aller Schärfe entbrannt, und einige Patrioten befanden, daß die Kämpfer ein befeuerndes Marschlied haben müßten. Daraufhin komponierte Rouget de Lisle an einem einzigen Tag ein Lied, dessen Grundlage die Losungen, Parolen und Aufrufe waren, die man überall in der Stadt lesen und hören konnte. Am Abend des 26. April trug er mit seiner Tenorstimme im Hause des Bürgermeisters Baron Frédéric de Dietrich das «Kriegslied der Rheinarmee» vor.

Links:
Markt in Riquewihr

Ganz links:
Wochenmarkt in Eguisheim.
In diesem Dorf wurde im
Jahre 1002 Bruno, Graf von
Dagsburg-Eguisheim, gebo-
ren. Er war später als Leo IX.
von 1049 bis zu seinem Tode
im Jahre 1054 der erste und
einzige Papst aus dem Elsaß.

Im Elsaß wird heute in ungefähr 110 Dörfern Wein produziert; im 14. Jahrhundert waren es 172. Der Wein wird überwiegend als stiller Wein erzeugt, doch wird auch Schaumwein hergestellt.

Im Gegensatz zur landläufigen Meinung können die besseren elsässischen Weine – Riesling, Gewürztraminer, Tokay, Muscat – meist ausgezeichnet reifen, vor allem wenn sie aus einem sonnenreichen Jahr stammen.

Schon seit dem 3. Jahrhundert wird im Elsaß Wein erzeugt. Zwischen 1200 und 1600 nahm der Weinbau einen großen Aufschwung. Wein wurde damals sogar schon exportiert: Der englische König Eduard III. trank *wines of Ausoye.* Um 1400 versandte allein die Stadt Colmar jährlich etwa 100 000 hl.

Zwischen Rhein und Vogesen

Eine kleine Gedenktafel an der Place de Broglie Nr. 4 – heute ein Bankgebäude – erinnert daran, daß hier einst dieses Haus stand.

Deutsch, Französisch, Deutsch, Französisch
Der deutsch/französische Krieg von 1870/71 führte zur Eingliederung des Elsaß in das neu erstandene Deutsche Reich. In der Folgezeit verließ aufgrund der strengen Verwaltungsvorschriften, die unter anderen Maßnahmen Deutsch als Verkehrssprache vorschrieben, ein Achtel der Bevölkerung das Land. Während des Ersten Weltkriegs war das Elsaß vier Jahre lang Kriegsschauplatz. 1918 wurde wieder die französische Flagge gehißt – und 22 Jahre später, als die Deutschen im Zweiten Weltkrieg das Land erneut besetzten, wieder eingerollt. Diesmal brachen für das Elsaß besonders schwere Zeiten an: Viele junge Elsässer wurden an der Ostfront eingesetzt. Etwa 43 000 dieser Malgré-nous mußten ihr Leben lassen. Tausende gerieten in russische Gefangenschaft. Der letzte der überlebenden kehrte 1955 in die Heimat zurück. Bei Colmar fanden im Winter 1944/45 schwere Gefechte statt. Dörfer wie Mittelwihr, Bennwihr, Sigolsheim, Ammerschwihr und Katzenthal wurden praktisch dem Erdboden gleichgemacht.

Lebenskünstler
Trotz – oder vielleicht gerade wegen – des generationenlangen Leids sind die Elsässer optimistische und lebensfrohe Menschen. Lebensfreude spricht aus der Blumenpracht, die dem Besucher vom Frühjahr bis zum Herbst in allen Dörfern von Fensterbänken und Balkonen, von Gärten, Parks und Plätzen entgegenleuchtet. Die Elsässer sind auch stolz auf ihr Land. Dies zeigt sich nicht nur an der Sorgfalt, mit der historische Gebäude unterhalten oder restauriert werden (so kümmern sich Freiwillige um die Instandhaltung von Burgruinen), sondern auch an den vielen Büchern, ja sogar Zeitschriften, die nur das Elsaß zum Thema haben. Neben Französisch und Deutsch spricht die Bevölkerung außerdem einen für Auswärtige kaum zu verstehenden Dialekt.

Baustile
Das Elsaß hat touristisch sehr viel zu bieten. In den Vogesen kann man im Sommer durch ausgedehnte Fichten-, Tannen- und Buchenwälder wandern, vorbei an hübschen, stillen Bergseen wie dem 72 m tiefen Lac Noir und über Almweiden *(chaumes),* wo zwischen Mai und Oktober die Kühe grasen, deren Milch zum Münsterkäse verarbeitet wird. Im Winter ist Skilauf möglich. Zwischen und auf den Ausläufern der Vogesen liegen die Weindörfer, oft zauberhafte Städtchen wie aus dem Bilderbuch, mit Fachwerkhäusern, alten Kirchen und Springbrunnen. Daran anschließend folgt die Ebene mit den großen Städten Straßburg, Mulhouse und Colmar; aber auch hier wieder gibt es stille, kleine Dörfer und Obstgärten mit reicher Blütenpracht. Im Elsaß kann man sehr gut die verschiedenen Baustile studieren. Der romanische Stil (11. und 12. Jahrhundert) mit den wuchtigen Mauern und kleinen Fenstern wird etwa durch die Saint-Léger-Kirche in Guebwiller und die Kirchtürme von Gueberschwihr repräsentiert. Beispiele für den gotischen Stil (13.–15. Jahrhundert) mit den Spitzbögen, Verzierungen, Plastiken, schlanken Türmen und vielen Fenstern sind das Straßburger Münster und die Kirche von Thann. Aus der Renaissancezeit (Ende des 15.–Anfang des 17. Jahrhunderts) sind im Elsaß, so in Riquewihr, Steinbauten erhalten mit den charakteristischen Spitzgiebeln und Spitzdächern, den stilvollen Ornamenten und vorspringenden Fensterrahmen, mit den Galerien und Freitreppen. Auch der klassizistische Stil ist im Elsaß vertreten, so mit den strengen Formen des Altertums, in denen nach dem Dreißigjährigen Krieg zerstörte Klöster wieder aufgebaut wurden.

Geschützte Weinberge
Neben den geistigen bietet das Elsaß natürlich auch leibliche Genüsse. Die Küche – deutsche Portionen, französisches Raffinement – und der Wein sind über alle Grenzen berühmt. Der Weinbau kam mit den Römern ins Land. In einem Schriftstück aus dem Jahre 785 wird uns erstmals von einem guten Weinjahr berichtet. Schon vor dem Jahr 900 zählte man 160 Orte, an denen Wein erzeugt wurde. Daß im Elsaß die Rebe gedeiht, ist kein Wunder. Das Gebiet wird durch die Vogesen vor den Einflüssen des Meeres geschützt, weshalb auch die Niederschlagsmengen gering sind. In Colmar zum Beispiel fallen jährlich nur 480 mm Regen; das macht es nach Perpignan zum trockensten Ort Frankreichs. In den Vogesen dagegen fallen jährlich über 2000 mm. Auch der Boden eignet sich sehr gut für den Weinbau; er ist zudem sehr unterschiedlich strukturiert, so daß ein breites Spektrum von Weinen entsteht. Lokale Mikroklimata, zehn verschiedene Rebsorten und Tausende von Winzern tragen außerdem das ihrige zur Weinvielfalt des Elsaß bei. Die Mehrzahl der Elsässer Weine ist weiß und trocken. Rotwein und Rosé wird heute – im Gegensatz zu früheren Zeiten – nur in geringen Mengen erzeugt. Das Elsaß produziert im Durchschnitt an die 1 Million hl jährlich. Das sind 150 Millionen Flaschen oder ein Fünftel aller französischen Weißweine mit geschützter Herkunftsbezeichnung. Die *appellation contrôlée* erhielt das Gebiet am 3. Oktober 1962. Zehn Jahre später wurde festgelegt, daß aller Elsässer Wein im Herkunftsgebiet abgefüllt werden muß. Kein anderes französisches Weinbaugebiet wurde in diesem Jahrhundert so ausgeblutet, aber kein anderes Gebiet hat sich auch so hervorragend wieder erholt und solchen Sinn für Qualität entwickelt.

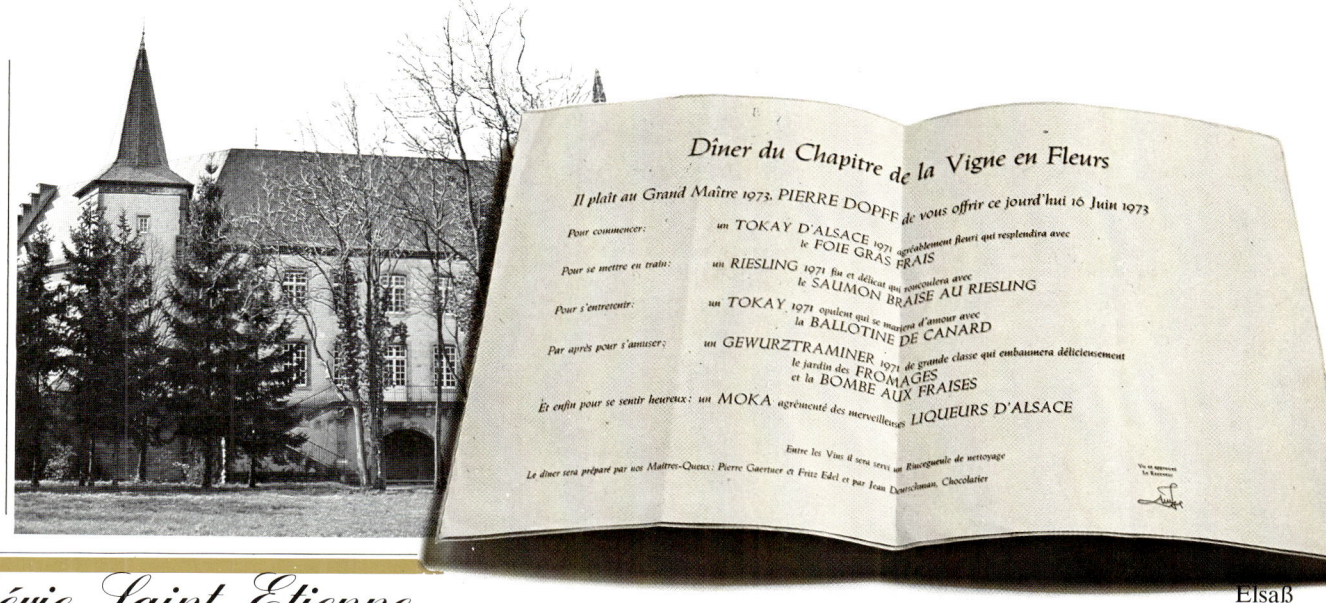

Unten:
Typische Speisekarten-Illustration im Stil von Hansi. Daneben das Siegel der Bruderschaft Saint-Etienne.

Ganz rechts:
Speisefolge eines Diners, wie es die Confrérie Saint-Etienne zu servieren pflegt

Rechts:
Das Château de Kientzheim, das die Bruderschaft im Jahre 1973 erwarb und zu ihrem offiziellen Sitz machte

Wer die drei Eignungsprüfungen bestanden hat und daher im Besitz der drei Bänder ist, darf sich *confrère-maître* nennen.

Das Lied der Bruderschaft hat einen ziemlich einfachen Text: «Singe eins, trinke eins, tralalalalalala.»

Díner du Chapitre de la Vigne en Fleurs

Il plait au Grand Maître 1973, PIERRE DOPFF de vous offrir ce jourd'hui 16 Juin 1973

Pour commencer: un TOKAY D'ALSACE 1971 agréablement fleuri qui resplendira avec le FOIE GRAS FRAIS

Pour se mettre en train: un RIESLING 1971 fin et délicat qui ruccoulera avec le SAUMON BRAISE AU RIESLING

Pour s'entretenir: un TOKAY 1971 opulent qui se mariera d'amour avec la BALLOTINE DE CANARD

Par après pour s'amuser: un GEWURZTRAMINER 1971 de grande classe qui embaumera délicieusement le jardin des FROMAGES et la BOMBE AUX FRAISES

Et enfin pour se sentir heureux: un MOKA agrémenté des merveilleuses LIQUEURS D'ALSACE

Entre les Vins il sera servi un Rincegueule de nettoyage

Le diner sera préparé par nos Maîtres-Queux: Pierre Gaertner et Fritz Edel et par Jean Deutschman, Chocolatier

Elsaß

La Confrérie Saint-Etienne

Die Elsässer Weinbruderschaft La Confrérie Saint-Etienne hat ihren Ursprung im 14. Jahrhundert. Damals wurde in dem Weindorf Ammerschwihr eine sogenannte Herrenstuben-Gesellschaft gegründet, eine Vereinigung von Notabeln. Im Jahre 1561 wurde sie offiziell ermächtigt, die Qualität des lokalen Weines zu überwachen. Mit der Zeit bürgerte sich für die Gesellschaft der Name La Confrérie Saint-Etienne ein, da der Vorsitzende jedes Jahr am 26. Januar, dem Tag des heiligen Etienne, für die Mitglieder ein Bankett nach allerbester Elsässer Tradition ausrichtete. Zwischen 1848 und 1947 wurde es aufgrund von Kriegen, Besetzungen und anderen widrigen Umständen still um die Bruderschaft. 1947 jedoch wurde ihr, wiederum in Ammerschwihr, neues Leben eingehaucht. Vier Jahre später wurde sie von einer lokalen in eine regionale Bruderschaft umgewandelt.

Blau, rot und grün

Heute ist die Confrérie Saint-Etienne eine sehr aktive Vereinigung mit Tausenden von Mitgliedern aus aller Herren Ländern. Ziel der Bruderschaft ist es, «alle Freunde des Elsaß, seiner Weine, seiner Gastronomie und seiner Landschaft zu vereinigen». Und das geschieht auch. Die Bruderschaft organisiert mindestens vier *grands chapitres* in der Gegend selbst und hält zahlreiche kleinere Zusammenkünfte im übrigen Frankreich sowie im Ausland ab. Im Gegensatz zu vielen anderen Bruderschaften stellt die Confrérie Saint-Etienne an diejenigen, die sich um die Mitgliedschaft bewerben, bestimmte Anforderungen. Wer erstmals an einem Chapitre teilnimmt, muß einen feinen, einen guten und einen einfachen Wein unterscheiden können. Beim zweiten Mal lautet die Aufgabe, einen Riesling, einen Muscat, einen Tokay und einen Gewürztraminer zu erkennen. Beim dritten Mal müssen drei Weine aus dem ganzen Spektrum der Elsässer Kreszenzen vollständig identifiziert werden. Die Belohnung besteht in einer Urkunde, an der nach jeder bestandenen Prüfung ein blaues, dann ein rotes, schließlich ein grünes Band befestigt wird. Zwischen den einzelnen Eignungstests muß ein Jahr vergangen sein. Um alle Bänder zu bekommen, muß man also dreimal an den Verkostungen teilnehmen. Der Erfolg ist in der Regel dank der vielen freundlichen Souffleure sichergestellt.

Aber es ist für die Kandidaten natürlich Ehrensache, es möglichst alleine zu schaffen. Und darauf kommt es der Confrérie an.

Château de Kientzheim

Samstag, der 7. Mai 1977 war für die Confrérie ein denkwürdiges Datum. An diesem Tag wurde nämlich der neue Sitz der Bruderschaft eingeweiht, das Château de Kientzheim. Es war die Krönung des großen Unternehmens, das die Bruderschaft 3,2 Millionen Franc gekostet hatte. Den größten Teil dieser Summe brachten die Mitglieder selbst auf. In den vier großen Sälen des vollständig restaurierten Schlosses können 200 Menschen gleichzeitig speisen. Die Diners, die die Confrérie Saint-Etienne dort nach jedem Chapitre ausrichtet, umfassen mindestens vier Gänge, dauern stundenlang und fordern gestandene Esser. Im Schloß befindet sich auch ein Weinmuseum sowie eine Önothek. Diese «Flaschenbibliothek» enthält unter anderem Kontrollflaschen von allen Weinen, die die Weinbruderschaft «be-siegelt» hat. Jährlich wählt die Confrérie bei einer doppelten

Verkostung eine Anzahl der besten Weine aus der Gegend aus. Hierbei gilt besonderes Augenmerk der Reintönigkeit und dem Charakter: Die ausgewählten Weine müssen für ihre Rebsorte und ihren Jahrgang sehr typisch sein. Sie werden erst in ihrem zweiten Jahr geprüft, so daß sie sich vollständig entwickeln konnten. Ein Weinproduzent darf nicht mehr als sechs verschiedene Weine zur Verkostung vorstellen. Das *sigille de qualité* – das Qualitäts-Siegel – gilt zwei Jahre; nach dieser Zeit muß der Wein erneut geprüft werden. Neben der Confrérie Saint-Etienne gibt es auch lokale Bruderschaften: Confrérie des Hospitaliers du Haut-Andlau (Andlau), Confrérie Saint-Sébastien (Bergheim), Confrérie des Rieslinger (Scherwiller) und die Confrérie des Rois Mages (Ribeauvillé).

Die elsässische Küche

Wer das Elsaß besucht, kann dort nicht nur die regionalen Weine, sondern auch die regionale Küche genießen. Das Gebiet ist ein ganz besonderer kulinarischer Landstrich mit zahllosen, meist stark besuchten Restaurants. Die meisten sind einfache, kleine Weinstuben, aber es gibt auch exzellente Betriebe auf 3-Sterne-Niveau. Schon 1580 schrieb Michel de Montaigne nach einem Besuch in diesem Gebiet: «Die kleinsten Mahlzeiten dauern drei oder vier Stunden, weil das Servieren so lange dauert; und wirklich, sie essen auch viel weniger eilig als wir und viel gesünder.» Und doch wurde die elsässische Küche erst etwa ein Jahrhundert später zu dem, was sie heute ist: Am Ende des Dreißigjährigen Krieges, im Jahre 1648, kam das Elsaß zur französischen Krone und damit unter den Einfluß der französischen Küche. Für die Franzosen eröffnete sich hier ein lohnendes Betätigungsfeld, zumindest, wenn wir den Worten eines französischen Arztes Glauben schenken wollen, der in der zweiten Hälfte des 17. Jahrhunderts schrieb: «Ihre Fleischgerichte sind schlecht zubereitet, ihre Ragouts ohne Finesse, ihre Braten trocken.» Das steht nun sehr im Gegensatz zu dem, was Michel de Montaigne berichtete, aber man darf natürlich nicht vergessen, daß dreißig Jahre Krieg sicherlich auch ihre Spuren hinterlassen haben.

Gänseleberpastete
Wiederum ein Jahrhundert später, etwa um 1780, macht Jean-Pierre Clause in Straßburg erstmals eine *pâté de foie gras* – die Gänseleberpastete –, eine Delikatesse, die bis zum Hof Ludwigs XVI. vordringt. Das Gericht gewinnt später noch an Erlesenheit, als ein Koch aus Bordeaux vorschlägt, eine Trüffel hinzuzufügen. Noch immer ist die Gänseleberpastete eines der feinsten Gerichte, die im Elsaß serviert werden – wenn auch die Lebern hierfür inzwischen vor allem aus Israel und einigen Ostblockländern importiert werden. Zwei meiner Lieblingsadressen für *pâté de foie gras* sind die Restaurants Aux Armes de France in Ammerschwihr und Moulin du Kaegy in Steinbrunn-le-Bas. Es versteht sich von selbst, daß die Pâté hier hausgemacht ist. Aber nicht nur aus Gänseleber macht man in Elsaß Pâté. In Restaurants wie bei den Leuten zu Hause gibt es die verschiedensten Varianten. Eines der köstlichsten Beispiele für eine gute warme Pâté

ist die *pâté vigneron* der Winstub Gilg in Mittelbergheim.

Bekannte Spezialitäten
Aber die elsässische Küche hat natürlich mehr zu bieten als Pâté. Das Gebiet ist reich an Naturprodukten. Aus der Rheinebene kommen Kartoffeln, Getreide, Vieh, Gemüse, die verschiedensten Früchte, ja sogar Hopfen und Tabak. Auf den Ausläufern der Vogesen wächst Wein. Aus den Bergwäldern stammen Wild und Früchte, aus den wenigen noch sauberen Bächen und Flüssen Fisch. Über die elsässischen Spezialitäten sind dicke Bücher geschrieben worden. Es würde zu weit führen, sie hier alle zu nennen, deshalb nur eine kleine Auswahl: *Tarte à l'oignon, Tarte flambée* oder Flammekueche (eine Art Pizza), Suppen mit Kartoffeln, Linsen, Zwiebeln, Bier, Gerichte mit Froschschenkeln (die wie die Gänselebern kaum mehr aus dem Elsaß kommen), Forelle blau, Hecht, Zander, Baekeoffe (andere Schreibweisen: backoffe, bäckeofe, backenoffa und baeckaoffa, ein Schmorgericht mit Rind-, Schweine- und Hammelfleisch), Schiefala (ge-

Seite gegenüber, rechts oben: Gugelhopf, eine Art Napfkuchen, ist eine elsässische Spezialität.

Seite gegenüber, links oben: Hie und da kann man wie hier in Katzenthal «hiesigen Honig» kaufen.

Seite gegenüber, ganz unten: Die Brüder Jean-Pierre (links) und Paul Haeberlin, das exzellente gastronomische Duo, das drei Michelin-Sterne für die Auberge de l'Ill in Illhaeusern eroberte. Jean-Pierre, talentierter Kunstmaler, kümmert sich um Restaurant und Keller, während Paul die Küche in seiner Obhut hat. Eine große Hilfe ist ihm dabei sein Sohn Marc.

Seite gegenüber, Mitte: Das Restaurant Auberge de l'Ill

Unten: Jean Schillinger in seinem stilvollen Louis XVI-Restaurant in Colmar. Man ißt hier ausgezeichnet, und auch der Weinkeller ist für Auge und Tafel sehr interessant.

Ganz rechts: Elsässischer Spargel aus Horbourg

Rechts Mitte: Illhaeusern (Auberge de l'Ill der beiden Haeberlins) und Collonges-au-Mont d'Or (Paul Bocuse) sind Patenstädte.

Rechts: In den Bergen über Munster verläuft die Route du Fromage, die Käse-Route. In einigen Käsereien, an denen sie vorbeiführt, wird nicht nur selbsterzeugter Münsterkäse gereicht, sondern häufig auch ganze Mahlzeiten.

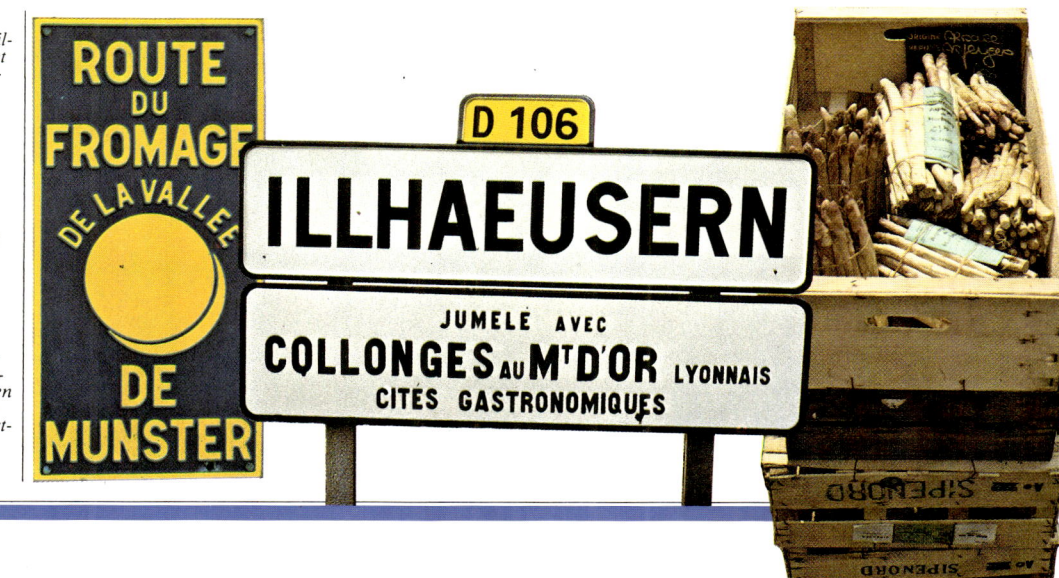

Die elsässische Küche

räucherte Schweineschulter, häufig mit Meerrettichsauce serviert), *Coq au Riesling,* Wildgerichte, Gugelhopf (eine Art Napfkuchen), Obsttorten mit Äpfeln, Zwetschgen oder Blaubeeren, und *Sorbet au Marc de Gewürztraminer.*

Herrliches Sauerkraut
Noch nicht erwähnt wurde das *Choucroute à l'Alsacienne*, das in jeder Hinsicht hervorragende Elsässer Sauerkraut. Es besteht stets aus Sauerkraut, Kartoffeln und meist fünf bis sechs Sorten Fleisch. Das Sauerkraut schmeckt am besten im September, wenn die neue Ernte eingebracht ist. Anbaugebiet ist vor allem die flache Landschaft im Südwesten von Straßburg, wo etwa 1000 ha mit Weißkohl bepflanzt sind. Es gibt sogar eine *Route du Choucroute*, die durch die wichtigsten Sauerkrautdörfer führt. In einem Ort namens Krautergersheim (!) wird allein ein Siebtel des französischen Weißkohls erzeugt.

Münsterkäse
Natürlich darf auch der Münsterkäse nicht vergessen werden, ein würziger, weithin bekannter Weichkäse, der wahrscheinlich schon seit etwa 13 Jahrhunderten in der Gegend um die Stadt Munster hergestellt wird. Den besten Münsterkäse bekommt man an der *Route du fromage*, die an 28 Käsereien vorbeiführt. Sie liegen auf den Almen hoch über Munster und haben fast alle eine kleine Wirtsstube, wo man den Käse aus der eigenen Produktion mit etwas Brot und Wein zu sich nehmen kann. Die Elsässer selbst streuen meist wegen des Geschmacks und der Verdauung Kümmel auf den Käse. Als idealer Begleiter dazu gilt der Gewürztraminer.

Klassisch und modern
Wenn die elsässische Küche auch vom Ursprung her sehr traditionell eingestellt ist, so heißt das doch nicht, daß in den regionalen Restaurants die Zeit stehengeblieben wäre. Im Gegenteil: Eine neue Generation von Küchenchefs widmet sich hingebungsvoll der Aufgabe, modern und mit Erfindungsreichtum zu kochen, leichter und verspielter als früher. Manchmal werden nur Zutaten aus dem Elsaß verwendet, manchmal auch nicht. Da mit dem Europäischen Parlament in Straßburg ganz Westeuropa politisch vertreten ist, wird auch auf und in den elsässischen Küchenherden Internationales zubereitet. Die klassische und die moderne Küche florieren nebeneinander. An ein und dem selben Tag kann man etwa in der Winstub Arnold in Itterswiller einen nahrhaften *baekoffe* zu sich nehmen, und in der Auberge de l'Ill in Illhaeusern einen *Blanc de Saint-Pierre aux huitres de pleine mer et beurre de basilic* von unglaublicher Leichtigkeit. Der Kontrast könnte kaum größer sein. Eines aber haben die alte und die neue elsässische Küche gemeinsam: Zu beiden paßt der Wein aus der Gegend ganz ausgezeichnet.

Die Weinproduktion

Es gibt wenige Gebiete in Frankreich, in denen die Rebgärten so zersplittert sind wie im Elsaß. Die knapp 13 000 ha Weinbaufläche teilen sich nicht weniger als 9000 Winzer. Die Weinszenerie des Elsaß wird also nicht durch wenige große Erzeuger, sondern durch sehr viele kleine geprägt. Der weitaus größte Teil der Winzer kann vom Weinbau allein nicht leben. Heute braucht man hierfür wenigstens 4 ha – und über 6000 elsässische Weinbauern haben nicht einmal 1 ha. Bei den etwa 2900 restlichen Winzern sieht es wie folgt aus: 1000 Winzer mit 1–2 ha,

1450 mit 2–5 ha, 405 mit 5–10 ha und nur 45 mit mehr als 10 ha. Möglicherweise haben sich die Zahlen inzwischen etwas geändert, aber Tatsache bleibt nach wie vor, daß nur eine kleine Minderheit unter den Winzern im Elsaß ihr Einkommen ausschließlich aus dem Weinbau bestreitet. Dies erklärt auch, warum es in der Gegend so viele andere Kulturen gibt.

Aufkommen der Genossenschaften

Die geschilderte Situation liefert auch die Erklärung für die starke Stellung der Weinhan-

delshäuser und Genossenschaften im Elsaß. Die Mehrzahl der Winzer besitzt zu wenig Reben und Möglichkeiten, um die gelesenen Trauben zu Wein verarbeiten oder gar noch den Wein ausbauen, abfüllen und verkaufen zu können, zumal bei den acht verschiedenen Rebsorten. Etwa 5000 Winzer verkaufen darum ihre Trauben an einen *négociant* oder bringen sie zur *coopérative*. Zur Zeit werden etwa knapp 45% des elsässischen Weines von Handelshäusern erzeugt und gut 25% durch Genossenschaften. Der Anteil der Genossenschaften

Gegenüberliegende Seite, oben:
Moderne Vaslin-Pressen auf der Domaine Weinbach in Kaysersberg

Gegenüberliegende Seite, unten:
Hölzerne Fuder im Keller von Marcel Deiss in Bergheim

Es kommt nur selten vor, daß der Rebflächen-Besitz eines elsässischen Winzers aus einem zusammenhängenden Weinberg besteht. Meist sind seine Rebstöcke über verschiedene Parzellen verteilt. Man hat ausgerechnet, daß das elsässische Weinbaugebiet in nicht weniger als 120 000 Parzellen von durchschnittlich 0,9 ha zersplittert ist.

Rechts unten:
Mit vereinten Kräften werden die Trauben in den fouloirégrappoir gestürzt, eine Maschine, in der sie entstielt und gemahlen werden.

Rechts:
Pressen und metallene Gärtanks auf der Domaine Zind-Humbrecht in Wintzenheim.

Weingenossenschaften gibt es in folgenden Dörfern: Andlau, Beblenheim, Bennwihr, Cléebourg, Dambach-la-Ville, Eguisheim, Hunawihr, Ingersheim, Kientzheim, Obernai, Orschwiller, Pfaffenheim, Ribeauvillé, Traenheim, Sigolsheim, Soultz, Turckheim und Westhalten. Einige Genossenschaften haben noch Zweigstellen in anderen Gemeinden.

Die Weinproduktion

ist insofern bemerkenswert, als sie eigentlich erst ab 1945 mit den Genossenschaften Sigolsheim und Bennwihr eine Rolle zu spielen begannen. Zuvor, nach dem Abzug der Deutschen im Jahre 1918, brachten fast nur Weinhandelshäuser Wein auf den Markt. Davon konnte das Elsaß übrigens nur profitieren, denn die *négociants* erschlossen jahrzehntelang dem Elsaß neue Märkte und stimulierten auch sonst viele Entwicklungen.

Konkurrenten wider Willen
Der Genossenschaftsgedanke entwickelte sich im Elsaß nur sehr zögernd. Die erste Genossenschaft entstand 1902 in Eguisheim. Sie und andere Genossenschaften, die folgten, waren im Grunde nichts weiter als zentrale gemeinsame Keller, in denen Weinüberschüsse gelagert werden konnten. Sie waren daher ein Mittel zur Regulierung des Marktes. Erst nach dem Zweiten Weltkrieg entstanden *caves coopératives*, in denen der Wein nicht nur gelagert, sondern auch ausgebaut wurde. Den Anfang machten die Winzer von Bennwihr und von Sigolsheim, zwei Dörfern, die im Winter 1944/45 vollständig verwüstet wurden. Zunächst hatten die Winzer nicht die Absicht, ihren Wein auch zu vertreiben. Sie hofften, ihn insgesamt an ihre traditionellen Abnehmer, die Weinhändler, abgeben zu können. Den *négociants* waren jedoch diese neuen starken Gruppen ein Dorn im Auge, und sie kauften nichts. Die Genossenschaften mußten daher wohl oder übel Abfüllung und Vertrieb selbst in die Hand nehmen. So wurden sie statt Zulieferbetrieb direkte Konkurrenten. Heute gibt es im Elsaß 17 Weingenossenschaften mit etwa 2700 Mitgliedern. Einige Betriebe arbeiten in verschiedener Weise eng zusammen. Ich halte es durchaus für möglich, daß die Stellung der Genossenschaften noch stärker wird, da sie billiger anbieten können als die Weinhändler: Es entstehen keine Transportkosten für die Trauben, die Kredite sind günstiger, und die Gewinnsteuer entfällt; die Genossenschaft werden vom Staat gegenüber den freien Weinhändlern sehr bevorzugt behandelt. Dieses niedrigere Preisniveau wird vor allem dann ausschlaggebend werden, wenn die Preise für den elsässischen Wein stark anziehen sollten.

Immer mehr Wein direkt vom Winzer
Während die Weinhandelshäuser bereits im scharfen Wettbewerb mit den Genossenschaften stehen, erwächst ihnen weitere Konkurrenz aus der zunehmenden Zahl der *propriétaires-viticulteurs* oder *manipulants*. Das sind diejenigen Winzer, die aus eigenen Trauben eigenen Wein erzeugen und selbst abfüllen und verkaufen. Ihr Marktanteil beträgt mittlerweile fast 30%. Dies hängt sicherlich auch mit dem zunehmenden Touristenstrom zusammen. Daneben ist in ganz Frankreich auch Selbstabholung beim Winzer sehr in Mode. Die wachsende Zahl der auf eigene Rechnung arbeitenden Winzer bedeutet für die Weinhändler nicht nur einen Druck auf die (vor allem regional getätigten) Verkäufe, sondern auch weniger Trauben beziehungsweise Wein. Sie selbst verfügen nur über 3,5% des Bodens. In Gesprächen mit Weinhändlern habe ich den Eindruck gewonnen, daß sie gleichbleibende Umsätze nur dann für möglich halten, wenn die Rebfläche erheblich zunimmt. Rechtlich wäre dies ohne weiteres möglich, jedoch sieht die Praxis so aus, daß die Konzessionen für Neubepflanzung bei den vorhandenen *viticulteurs* liegen. Diese haben jedoch kein sonderliches Interesse an einer Erweiterung, da zuviel Wein leicht auf die Preise drücken kann. Die Händler dagegen sagen den Winzern immer wieder, daß mehr Rebfläche mehr Umsatz und stabilere Preise bringt – was für beide Teile doch besser wäre. Die Zukunft wird zeigen, wie groß die Überzeugungskraft der *négociants* ist.

Die Weinbereitung
Wer Genossenschaften, Weinhändler oder selbst vinifizierende Winzer besucht, dem wird auffallen, daß der Most in vielen Fällen mit Hilfe von Separatoren von den Trub- und Schmutzteilchen gereinigt wird, die nach dem Pressen zurückbleiben. Das ziemlich teure Gerät fehlt nur bei denjenigen, die entweder kein Geld dafür haben oder aus prinzipiellen Gründen nicht damit arbeiten wollen. Die Domäne Zind-Humbrecht in Wintzenheim zum Beispiel machte die Beobachtung, daß der Most durch das Separieren zuviel Frucht verlor; heute wird der Preßmost daher nur noch separiert, wenn es unumgänglich ist. Wenn kein Separator verwendet wird, wartet man, bis sich die Trubstoffe im Most von selbst gesetzt haben (débour-

bage statique). Die anschließende Gärung findet in Küfen, Tanks oder Fudern statt. In der Regel folgt der ersten, alkoholischen Gärung noch eine Milchsäuregärung – bei manchen Erzeugern aber auch nicht. Das entscheidet jeder Winzer für sich selbst. Meist wird der Wein im Januar erstmals mit Kieselgur filtriert; anschließend wird er noch mit einem neutralen, klärenden «Mehl» von mikroskopischen Fossilien gereinigt. Kurz vor der Abfüllung in Flaschen, die später im Jahr stattfindet, wird nochmals filtriert. In der dazwischenliegenden Zeit sind Eingriffe wie etwa «kalte Behandlung» zum Abbau der Weinsäure nicht unüblich. Fest steht allerdings, daß der Wein um so mehr Charakter verliert, je mehr Prozeduren er durchläuft. Auch der Faktor Weinbereitung bestimmt bei kleinen wie bei großen Erzeugern wesentlich die Qualität des fertigen Weines.

Die derzeitigen *grands crus* sind: Altenberg (Bergbieten), Altenberg (Bergheim), Brand (Turckheim), Eichberg (Eguisheim), Geisberg (Ribeauvillé), Gloeckelberg (Rodern, St. Hippolyte), Goldert (Gueberschwihr), Hatschbourg (Hattstatt Voegtlinshoffen), Hengst (Wintzenheim), Kanzlerberg (Bergheim), Kastelberg (Andlau), Kirchberg (Barr), Kirchberg (Ribeauvillé), Kitterlé (Guebwiller), Moenchberg (Andlau, Eichhoffen), Ollwiller (Wuenheim), Rangen (Thann, Vieux-Thann), Rosacker (Hunawihr), Saering (Guebwiller), Schlossberg (Kaysersberg, Kientzheim), Sommerberg (Niedermorschwihr, Katzenthal), Sonnenglanz (Beblenheim), Spiegel (Bergholt, Guebwiller), Wiebelsberg (Andlau).

Daß der Ausdruck *grand cru* geschützt ist, verhindert keineswegs die Angabe einzelner Weinbergnamen auf dem Etikett. Auch die Herkunftsgemeinde kann nach Belieben angegeben werden.

Vermutlich nimmt man in keinem anderen französischen Weingebiet so eifrig an Messen und Wettbewerben teil wie im Elsaß. Nebenstehend einige der Halsetiketten, die man antreffen kann. Die Erfahrung hat gezeigt, daß den Auszeichnungen von Colmar und der Confrérie Saint-Etienne (s. S. 77) die meiste Bedeutung beizumessen ist. Der Wettbewerb von Paris findet für die Elsässer Weine zu früh statt; sie sind zu diesem Zeitpunkt noch mitten in der Entwicklung. Die Beurteilung ist hier beinahe ein Lotteriespiel. Über Mâcon und andere Messen habe ich von den Erzeugern

selbst immer wieder gehört, daß die Beurteilung und die anschließenden Kontrollen dort meist nicht seriös sind. Ein Winzer sagte mir: «In Mâcon wird meist einer von drei Weinen ausgezeichnet.» Die Messe von Colmar findet im August statt, wenn der Wein schon einige Monate in der Flasche gelegen hat; außerdem wird hier fachmännisch und sehr seriös geprüft. Der Jury in Colmar werden 500 bis 1000 verschiedene Weine vorgestellt.

Rechts:
Weinlese bei Katzenthal

Unten:
Dieses Schild kennzeichnet Winzer, die ihren eigenen Wein selbst ausbauen und verkaufen.

Ganz unten:
Die Trauben für das Haus Trimbach in Ribeauvillé werden eingeliefert.

Elsaß

Reben und Weine

Jahrhundertelang wurde im Elsaß nur zwischen Weinen von «unedlen und edlen Stöcke» unterschieden. Damals wurden auch fast ausschließlich Mischweine hergestellt. Erst zu Beginn unseres Jahrhunderts begann man nach und nach damit, Weine aus einer einzigen Rebsorte herzustellen. Nach dem Ersten Weltkrieg, als das Elsaß wieder französisch war, setzte sich diese Methode immer mehr durch. Heute ist etwas anderes kaum mehr vorstellbar. Der weitaus größte Teil der elsässischen Weine wird aus einer einzigen Rebsorte gemacht und nach dieser benannt. So gibt es einen Chasselas, Sylvaner, Pinot Blanc (oder Klevner), Muscat, Riesling, Tokay d'Alsace (oder Pinot Gris), Gewürztraminer und einen Pinot Noir, der einzige Rot- oder Roséwein. Außerdem gibt es noch als Mischwein den Edelzwicker, der aus zweien oder mehreren der genannten Weine beziehungsweise Traubensorten zusammengestellt wird.

Edelzwicker und Chasselas

Alte Speisekarten aus der Zeit um 1890 und andere Hinweise legen den Schluß nahe, daß der Edelzwicker früher als der zweitbeste Wein galt. Der Tokay war meist der letzte und beste Wein der Mahlzeit, der Edelzwicker, früher *Gentil* genannt, der vorletzte. Er wurde meist aus allen edlen Rebsorten hergestellt. Heute gilt der Edelzwicker als der einfachste der elsässischen Weine. Er enthält meist einen hohen Anteil Pinot blanc, und falls man auch die Chasselas-Rebe zur Verfügung hat, wird diese ebenfalls mit verarbeitet. Der Edelzwicker ist eine *appellation contrôlée*. Mit anderen Worten, der Ausdruck, «Edelzwicker» muß gegebenenfalls immer auf dem Etikett erscheinen. Die Qualität ist natürlich von Erzeuger zu Erzeuger sehr unterschiedlich. Es gibt allerdings Markenweine, die, obwohl Edelzwicker, das nicht ausweisen. Das ist aber gesetzlich nicht zulässig.

Geschützte Bezeichnungen

Im Regelfall gilt für die elsässischen Weine ein Hektarertrag von maximal 100 hl und ein Alkoholgehalt von mindestens 8,5% vor der (fast immer durchgeführten) Chaptalisierung. Bei der Qualität *grand cru* sind die Vorschriften anders. Hier gilt ein Ertrag von 70 hl/ha, während Muscat und Riesling mindestens 10%, Ge-

würztraminer, Tokay und Pinot Noir mindestens 11% Alkohol enthalten müssen. Andere Rebsorten sind für dieses Prädikat nicht zugelassen. Der erste Weinberg, der zum *grand cru* erklärt wurde, war die Lage Schloßberg in Kientzheim/Kaysersberg. Es folgten und folgen noch weitere – aber bestimmt nicht alle besseren Lagen. Viele Eigentümer von Weinbergen, die dafür in Frage kämen, sind da zurückhaltend wegen der Beschränkung der Rebsorten und wegen des niedrigeren Ertrags. Außerdem werden die *grand cru*-Bewerber natürlich auch einer genauen organoleptischen Prüfung unterzogen. Und wenn die Mehrheit der Eigentümer einer bestimmten Lage den *grand cru*-Status nicht will, kann er ebenfalls nicht erteilt werden. Zur Zeit gibt es 25 *grands crus;* 22 weitere Lagen wurden in die Liste der Bewerber aufgenommen. Der künftige Anteil der *grands crus* an der gesamten Elsässer Weinproduktion wird auf etwa 10% geschätzt. Außerdem unterscheidet man die Bezeichnungen *vendange tardive* und *sélection de grains nobles*. Sie werden nur für Riesling, Tokay, Gewürztraminer und Muscat verwendet und gelten für spätgelesene und daher zuckerreiche Trauben. Bei Riesling und Muscat muß der Zuckergehalt in den Beeren für einen theoretischen Alkoholgehalt von 13% *(vendange tardive)* und 15% *(sélection de grains nobles)* ausreichen, bei Tokay und Gewürztraminer lauten die entsprechenden Wert 14,3 und 16,4%. Beide Kategorien stellen meist schwere, mehr oder weniger süße Weine dar, die in diesem doch sehr nördlichen Weingebiet als Besonderheit gelten, aber gleichzeitig sehr untypisch für das Elsaß sind. Ausdrücke wie *Réserve, Réserve Personnelle* und ähnliche zieren zahllose Flaschen, sind aber nicht geschützt. Jeder Produzent versteht darunter etwas anderes. Die Bezeichnung *Cuvée Exceptionnelle*, die man früher als Fantasieausdruck ebenfalls fand, ist inzwischen durch EWG-Verordnung verboten.

Ganz unten:
Weinleserin in der Nähe von
Kaysersberg bei der Arbeit

Mitte unten:
Rebhänge zwischen Westhalten und Orschwihr

Ganz rechts:
Chasselas rosé-Traube

Rechts Mitte:
Chasselas blanc-Traube. Im
Elsaß sind etwa 4% der Rebfläche mit Chasselas-Reben
bepflanzt. Noch vor wenigen
Jahren betrug der Anteil
20%.

Rechts:
Sylvaner-Rebe, mit der gut ein
Fünftel der Rebfläche be-
pflanzt ist. Während der Erntezeit bilden frische Sylvaner-
Trauben mit Münsterkäse
eine traditionelle Delikatesse.

Sylvaner und Chasselas

Die Sylvaner-Rebe stammt aller Wahrscheinlichkeit nach aus dem rumänischen Siebenbürgen, der Landschaft im Innern des Karpatenbogens. Anderen Forschungen zufolge soll Österreich die Wiege der Sylvaner gewesen sein, aber auch Frankreich oder die Ufer des deutschen Rheins werden als Herkunftsgebiet genannt. Im Elsaß wird die Sylvaner-Rebe jedenfalls seit 1870 erwähnt. Es ist eine Rebe, die in kühlen Gebieten einen hohen Ertrag gibt und auch bei sehr nassem Wetter fäulnisbeständig ist. Das ist zweifellos der Grund, warum gut ein Fünftel der elsässischen Weinberge mit dieser Rebe bepflanzt ist. Man findet sie vor allem im Departement Bas-Rhin. Vor allem in Barr, Mittelbergheim, Epfig und Dambach-la-Ville liefert sie sehr gute Resultate.

Erfrischende Art
Als Wein ist der Sylvaner recht anspruchslos: Seine Funktion ist die des unkomplizierten Durstlöschers, und er eignet sich sehr gut zu Picknicks, Salaten und einfachen Gerichten mit Meeresfrüchten, weißem Fleisch, Huhn und dergleichen. In der Gegend selbst wird er häufig «offen» verkauft. Geschmacklich besitzt der Sylvaner neben dem Riesling den höchsten Säuregrad der elsässischen Weine. Die Frische des Weines wird häufig noch durch den Eindruck eines leichten Perlens verstärkt. In den besseren Kreszenzen sind auch ein zarter Fruchtgeschmack sowie eine gewisse Saftigkeit vorhanden. Pierre Seltz in Mittelbergheim gab mir den Tip, daß der Sylvaner mit seiner erfrischenden Art sehr gut nach einer üppigen Mahlzeit schmeckt, die mit einem Gewürztraminer beschlossen wurde. Ein Glas kühlen Sylvaners kann dann sehr belebend wirken.

Zum Verschwinden verurteilt
Im ganzen übrigen Frankreich wird die Chasselas-Rebe als Tafeltraube kultiviert, im Elsaß jedoch als Keltertraube. Ihre Zeit ist allerdings abgelaufen. Die Chasselas-Rebe – in Baden besser bekannt als Gutedel – ist im Elsaß im Verschwinden begriffen. 1969 waren noch 20% der Rebfläche mit dieser Rebe bepflanzt, zehn Jahre später nur noch 4,3%. Fast aller Wein aus der Chasselas- und Sylvaner-Rebe wird für den Edelzwicker verwendet. Ein Wein aus 100% Chasselas wird nur selten hergestellt, so von der Domäne Keintzler in Ribeauvillé. Der im Elsaß erzeugte Chasselas ist meist von einfacher Qualität. Eigenartigerweise erzeugt man in der Schweiz aus der gleichen Rebe in großem Umfang höchst angenehme Weine, die deutlich mehr Klasse besitzen; man denke etwa an den Fendant aus dem Wallis. In der Schweiz wurde mir hierzu erklärt, daß die Chasselas-Rebe mit äußerster Sorgfalt ausgebaut werden will; der kleinste Fehler macht sich schwer geltend. Sollte man im Elsaß bisher das wahre Potential dieser Traubensorte nicht erkannt haben? Oder liegt die Ursache der geringeren Qualität einfach doch an der unterschiedlichen Bodenstruktur und den anderen Klimaverhältnissen? Die Antwort auf diese Fragen hat jedoch nur theoretischen Wert; innerhalb einer Generation wird es im Elsaß sowieso kaum mehr einen Chasselas-Stock geben.

Der Pinot blanc-Bestand stieg von 11% im Jahre 1969 auf etwa 18% heute.

Wein aus der Chardonnay-Rebe wird als Klevner oder Pinot Blanc angeboten. Siehe den Wein von Boeckel in Mittelbergheim (S. 98 und 99).

Links unten:
Gummihandschuhe trocknen während der Mittagspause. Daneben Lesescheren.

Rechts unten:
Ernteszene. Die Pinot-Auxerrois-Rebe wird heute viel in ebenen Rebgärten angebaut, da diese Sorte relativ frostbeständig ist.

Rechts:
Stiller Winkel in Pfaffenheim, von wo gute Pinot Blancs kommen

Pinot Blanc

Der auf dieser Seite zu besprechende Wein wird unter vier verschiedenen Bezeichnungen angeboten: als Pinot blanc, Klev(e)ner und Auxerrois. Dies ist die eine Schwierigkeit. Die andere ist die, daß der Wein aus fünf verschiedenen Rebsorten hergestellt werden kann. Es ist daher kein Wunder, daß der Pinot Blanc einer der am meisten unterschätzten und gleichzeitig am wenigsten verstandenen Weine des Elsaß ist. Die beiden wichtigsten Reben sind Pinot blanc (Weißer Burgunder) und Pinot-Auxerrois. Erstere kommt aus dem Burgund, die zweite entweder aus Lothringen auf der anderen Seite der Vogesen oder aus dem Auxerrois, der früheren Grafschaft Auxerre, in der Gegend von Chablis. Die beiden Reben sind eng miteinander verwandt, ergeben aber doch einen etwas anderen Wein. Gemeinsam haben sie die relativ gute Frostbeständigkeit (vor allem die Pinot-Auxerrois) und die Gleichmäßigkeit des Ertrages. Auch in Jahren, in denen die Witterung anderen Rebsorten stark zusetzt, liefern die beiden Pinots noch eine akzeptable Ernte.

Gemischt am besten
Die Pinot blanc-Rebe ist die ertragreichere der beiden Sorten, ergibt aber für sich genommen einen etwas harten Wein («eckig», wie es ein Elsässer Winzer einmal ausdrückte). Die Pinot-Auxerrois reift etwas schneller, liefert etwas weniger Trauben und bildet die Grundlage eines geschmeidigeren Weines, der vielleicht ein wenig mehr Würze besitzt. Beiden Weinen gemeinsam ist ihre geringe Säure. Einige Winzer, so Louis Hauller in Dambach-la-Ville, vinifizieren die beiden Rebsorten einzeln und bringen die Weine getrennt auf den Markt. Der Wein aus der Pinot blanc-Traube heißt stets Pinot Blanc, der aus der Pinot Auxerrois Klevner, Clevner oder Auxerrois. Der Klevner ist fast immer der bessere. Die meisten Erzeuger mischen jedoch beide Trauben beziehungsweise Weine. Zu Recht, wie ich meine: Das Ganze ist auch hier mehr als die Summe der Teile. Der auf diese Weise erzeugte Wein, der jeden der drei Namen tragen kann, kommt manchmal sehr dicht an einen Riesling heran, wie etwa der elegante Pinot Blanc aus dem Hause Kuehn in Ammerschwihr. Es gibt allerdings auch viele Pinot Blancs von auffallender Milde, die durch einen ansprechenden Duft und einen lebendi-

gen, nicht zu leichten, sehr geschmeidigen Geschmack ergänzt wird. Da der Wein wenig bekannt ist, ist das Preis/Qualitätsverhältnis hier besonders glücklich. Die Erzeugung könnte gesteigert werden, denn heute geht viel Pinot Blanc anonym in Crémant d'Alsace oder Edelzwicker auf. Etwa 18% der Rebfläche im Elsaß sind mit Pinot blanc und Pinot-Auxerrois bepflanzt, wobei die besten Gebiete Cléebourg, Wintzenheim, Pfaffenheim und Westhalten sind.

Drei weitere Sorten
Die drei anderen zulässigen Sorten sind die Pinot noir- (weiß gekeltert wie in der Champagne), die Pinot gris- oder Tokay d'Alsace-und die Chardonnay-Reben. Ein Beispiel für den Pinot Noir liefert Marcel Reutz in Zellenberg; ich finde den Wein erstaunlich gut. Ein wenig Chardonnay wird als Pinot Blanc verkauft von der Firma Boeckel in Mittelbergheim. Der Wein aus dieser Burgunder- und Champagner-Rebe verdient viel Sympathie. Ein besonderer Klevener trägt den Namen Klevener de Heiligenstein (s. Seite 96). Dieser Wein wird nicht aus einer der hier genannten Rebsorten erzeugt, sondern aus der Savagnin rose-, die mit der Gewürztraminer-Rebe verwandt ist.

Links:
Der Marktplatz von Ober-
morschwihr mit der vergolde-
ten Madonna. Ein Wagen der
Firma Sparr aus Sigolsheim
holt hier gerade Wein. Außer
Trauben kaufen viele Wein-
handelshäuser auch fertigen
Wein, meist die einfacheren
Qualitäten.

Ganz unten:
Reife Trauben der Sorte
Muscat-Ottonel

Unten:
In verschiedenen Dörfern
sind Straßen nach Reben- und
Weinsorten genannt, so auch
in Eguisheim.

Trotz der Tatsache, daß die Muscat-Ottonel weniger empfindlich ist als die Muscat d'Alsace-Rebe und auch früher reif, fällt die Ernte manchmal vollständig aus. So wurde 1978 praktisch kein Muscat-Ottonel erzeugt.

Guter Muscat d'Alsace kann überraschend lange reifen; 5–8 Jahre sind ohne weiteres möglich. Ich erinnere mich an verschiedene gute alte Muscats, darunter den 1971er des Hauses Trimbach, von dem nur 368 Flaschen erzeugt werden konnten.

Muscat eignet sich sehr gut für die Herstellung von Wein-Sorbet.

Muscat

In den Büchern der Pfarrgemeinde Wolxheim wird die Muscat-Rebe erstmals in der ersten Hälfte des 16. Jahrhunderts erwähnt. Seit so langer Zeit wird die Sorte Muscat à petits grains (Weißwein und Rosé mit einem Einschlag von Blau) bereits im Elsaß angebaut. Die Herkunft dieser Rebe glauben einige Wissenschaftler bis auf die *vitis apiana* der Römer zurückführen zu können, die «Rebe, die die Bienen lockt». Die Muscat-Rebe braucht sehr viel Sonne und ist daher auch vor allem in den Mittelmeerländern verbreitet. In Frankreich selbst gedeiht die weiße Sorte Muscat à petits grains als Muscat de Frontignan unter der vollen Sonne des Mittelmeers, wo sie durchweg ausgesprochen süße, meist schwere Weine liefert. Im Elsaß dagegen bringt sie einen Wein von solcher Leichtigkeit und Frische hervor, daß er als der ideale Aperitif gilt. Leider hat die Rebe in dieser nördlichen Gegend einen schweren Stand. Sie ist so anfällig gegen Fäulnis und Schimmel, daß stets mehr Ernten mißlingen als gelingen. Deshalb wurde in der Mitte des vorigen Jahrhunderts auch ein zweiter Muscattyp im Elsaß heimisch gemacht, die Muscat-Ottonel-Rebe, die schneller reift und gegen die herbstlichen Regenfälle daher weniger empfindlich ist.

Die beste Kombination

Die Sorte Muscat-Ottonel ergibt außerdem einen etwas feineren Wein, weshalb sie in steigendem Maße die Muscat à petits grains (Muscat d'Alsace) ersetzt. Ganz ohne diese Traube geht es indes nicht. Sie verleiht nämlich dem Wein etwas Körper, etwas mehr Fülle, die einem Muscat nur aus der Ottonel-Rebe häufig fehlt. Außerdem bringt die Sorte Muscat à petits grains die nötige Frische mit. Es besteht daher Übereinstimmung, daß der beste Muscat aus zwei Dritteln Ottonel und einem Drittel Muscat à petits grains zusammengesetzt ist. Die aus vielen Weingemeinden verbannte Muscat à petits grains kommt deshalb mancherorts in bescheidenem Umfang wieder zurück. Bei der Genossenschaft von Westhalten erzählte man mir, daß auf ihr Anraten die Winzer die Muscat d'Alsace wieder anpflanzten, um dem Wein etwas mehr Frucht und Kraft zu geben. Dort beträgt heute – zu jedermanns Zufriedenheit – das Verhältnis Ottonel zu Petits grains 70:30.

Noch immer sehr anfällig

Auch die Muscat-Ottonel-Rebe ist übrigens ein empfindlicher Rebentyp. Häufig sind von fünf Ernten nur zwei wirklich gelungen, und die restlichen drei liefern entweder einen mäßigen oder fast keinen Wein – wie zuletzt 1980. Aus diesem Grund bemüht sich das Institut National des Recherches Agronomiques in Colmar schon seit längerer Zeit, einen weniger anfälligen Typ Muscat zu entwickeln. Solange dieser nicht gefunden ist, wird der Muscat-Anteil bei den etwa 3% stehenbleiben, die schon seit zehn Jahren in der Statistik für die beiden Muscat-Sorten zusammen ausgewiesen sind, und bis dahin wird ein guter Muscat aus einem guten Jahr ein ziemlich seltener und gewiß nicht billiger Wein sein. Wer allerdings einen solchen Wein ergattern kann, darf sich glücklich schätzen. Ein guter Muscat duftet und schmeckt einfach köstlich. Sein Duft ist der von frisch gelesenen, süßen Trauben, und auch sein milder, aber doch trockener und frischer Geschmack erinnert sehr stark an frische Muscattrauben. Es ist, als ob man in eine Weinbeere beißt. Dieser herrliche, charmante Wein sollte keineswegs nur als Aperitif getrunken werden, sondern auch etwa zu Spargel, frischen Garnelen, Fisch mit einer nicht zu schweren, eher milden Sauce, und zu trockenem Gebäck. Abends nach dem Essen schmeckt dieser Wein ebenfalls sehr gut. Gemeinden, deren Muscat in gutem Ruf steht, sind Mittelwihr, Wettolsheim, Voegtlinshoffen und Gueberschwihr.

Links:
*Illuminierte Bauten am Orts-
eingang von Kaysersberg*

Links unten:
*Riesling-Traube. Der Anteil
dieser Rebe stieg von 12,7%
im Jahre 1969 auf etwa 21%
heute.*

Rechts unten:
Straßenschild in Eguisheim

Rechts:
*Das Flüßchen Weiss, von der
Brücke von Kaysersberg aus
aufgenommen*

Man hört manchmal, daß zu
alter Riesling *un petit goût de
pétrole* – leichten Ölge-
schmack – bekommt.

Elsaß

Riesling

Der Riesling, der von der gleichnamigen noblen Rebe stammt, ist der König der elsässischen Weine. Über den Ursprung dieser Rebe
herrscht Unklarheit. Sie könnte von einer
Rebsorte stammen, die der Römer Plinius (23–
79 n. Chr.) beschrieben hat; möglicherweise ist
ihre Heimat aber auch das Rheintal. Im Bereich dieses Flusses wurde die Riesling-Rebe
wahrscheinlich schon seit dem 9. Jahrhundert
kultiviert. 1430 wird ein «Rusling»-Weinberg
bei Worms erwähnt. Die erste Nachricht von
der Riesling-Rebe aus dem Elsaß stammt vom
Jahr 1477; sie wurde dort «Rissling» genannt.
Drei Jahrhunderte später war der Rebentyp
über das ganze Elsaß verbreitet. Seit 1756 wird
sie unter anderem in Guebwiller, Sélestat, Colmar, Molsheim und Riquewihr erwähnt. Der
eigentliche Siegeszug des Riesling kam aber
erst nach dem Zweiten Weltkrieg. In dem ständig wachsenden Weinbaugebiet stieg der Ries-
ling-Anteil auf heute 21%. Gleichzeitig stieg
auch das Renommee des Weines. In Frankreich
und darüber hinaus denkt man bei Wein aus
dem Elsaß zuerst an Riesling und an Gewürztraminer. Daher auch die Redensart, «Wer den
Riesling kennt, kennt das Elsaß, und wer das
Elsaß liebt, liebt auch den Riesling.»

Rasse und Finesse
Daß der Riesling im Elsaß gedeiht, ist eigentlich ein kleines Wunder. Diese Rebe verlangt
nämlich eine lange Reifezeit, nicht zuviel Regen und reichlich Sonnenstunden – Punkt für
Punkt Forderungen, die in einem nördlichen
Gebiet kaum zu erfüllen sind. Es ist nur der
geschützten Lage der elsässischen Weinberge
zu verdanken, daß die Riesling-Rebe hier mit
solchem Erfolg angepflanzt wird, und natürlich
zum Teil auch dem Boden. Im Gegensatz zu
seinem deutschen Namensvetter enthält der Elsässer Riesling in der Regel keinen Hauch Süße. Es ist ein trockener, frischer Wein, dessen
hervorstechendste Merkmale Rasse und Finesse sind. Daneben bietet ein guter Riesling Eleganz, Feinheit und Lebendigkeit, während man
in Duft und Geschmack Aromen von Früchten
und Blumen entdecken kann, sowie manchmal
einen winzigen Hauch von Gewürzen. Es ist ein
köstlicher, «offener» Wein mit feinen Nuancen
und einem vortrefflichen Gleichgewicht zwischen Säure und Geschmeidigkeit.
Natürlich sind nicht alle Rieslinge im Elsaß
gleich. Im Gegenteil: Ein etwas anderer Boden
und ein anderer Ausbau sind die Ursachen
dafür, daß jeder Erzeuger einen Riesling von
ganz eigenem Stil hervorbringt. Weine von
leichtem Boden etwa können schon sehr jung
getrunken werden, während ein Wein von
Kalkboden sich deutlich langsamer entwickelt.
Jemand hat einmal geschrieben: «Du Riesling
dans le verre, c'est le ciel sur la terre» – «Wem
ein Glas Riesling beschieden, der hat den Himmel hinieden.» Das gilt um so mehr dann, wenn
man dem Wein einen vollkommenen Begleiter
gibt, etwa Forelle blau oder andere Arten Süß-
wasser- oder Seefisch, natur oder mit einer
feinen Sauce. Folgende Gemeinden bieten in
der Regel die Gewähr für sehr gute Qualität:
Wolxheim, Dambach-la-Ville, Scherwiller, Ribeauvillé, Hunawihr, Riquewihr, Mittelwihr,
Kaysersberg, Ammerschwihr, Husseren-les-
Châteaux, Orschwihr und Thann.

RUE
DU RIESLING

Links unten:
Der Colmarer Restaurateur Jean Schillinger mit der ältesten Flasche aus seinem Keller, einem Tokay 1865.

Rechts unten:
Traube von der Tokay- oder Pinot gris-Rebe. In anderen Gegenden hat diese Rebsorte noch weitere Namen: Im Burgund nennt man sie auch Pinot beurot oder Beurot, in anderen Teilen Frankreichs (z.B. im Muscadet) sowie in der Schweiz Malvoisie, und in Deutschland Ruländer. Es gibt übrigens drei Sorten Tokay: petit grain (vor allem für reichen, tiefen, möglichst kalkhaltigen Boden geeignet), moyen grain (für armen Boden) und grand moyen (keine Empfehlung).

Rechts:
Das Dorf Kientzheim, wo Lazarus von Schwendi gelebt hat und in der Kirche neben seinem Sohn begraben liegt. Nach seinem letzten ungarischen Feldzug war Lazarus von Schwendi ein vermögender Mann, der zwischen 1568 und 1573 neben anderen folgende Besitzungen erwarb: Burckheim, Triberg, die Herrschaft Hohlandsbourg, Kientzheim, Sigolsheim, Ingersheim, Katzenthal, Logelheim, Kirchhoffen und Teile von Ammerschwihr, Turckheim, Niedermorschwihr und Wintzenheim.

Mit der Tokay-Rebe sind etwa 5% der Rebgärten im Elsaß bepflanzt.

Tokay d'Alsace / Pinot Gris

Lazarus Freiherr von Schwendi, 1522 geboren, beendete seine bemerkenswerte militärische Laufbahn in Ungarn, wo er zwischen 1564 und 1568 mit seinem Expeditionsheer die Türken vertreiben sollte. Am 11. Februar 1565 griff Schwendi die Festung Tokaj an. Er blieb siegreich und erbeutete unter anderem an die 4000 Fässer Tokajer Wein. Nach der Überlieferung soll der Feldherr davon so begeistert gewesen sein, daß er nach seiner Rückkehr ins Elsaß den Auftrag gab, die Tokajer-Rebe aus Ungarn zu holen. Auf diese Weise soll die Tokay d'Alsace- oder Pinot gris-Rebe, in Deutschland auch Ruländer genannt, ins Elsaß gekommen sein. Tatsache oder Legende? Niemand weiß es genau. Fest steht lediglich, daß der Tokay d'Alsace außer einem Namen nichts, aber auch gar nichts mit dem Ungarwein zu tun hat. Ungarischer Tokayer wird nämlich aus der Furmint-Rebe hergestellt, einer völlig anderen Rebsorte. In einer anderen Gegend Ungarns, rings um den Plattensee, ist die Pinot gris-Rebe dagegen schon zu finden. Dort heißt sie *szürkebarat,* «grauer Mönch». Sollte Schwendis Intendant die falsche Rebe mitgenommen haben? Oder wurde gerade umgekehrt die Pinot gris-Rebe von den elsässischen Soldaten nach Ungarn gebracht, wie man dort behauptet? Wie gesagt, die Wahrheit wird wohl im Dunkel bleiben.

Absurdes Verbot

Daß Ungarn die Pinot gris-Rebe aus Frankreich bekommen hat und nicht umgekehrt, halten einige Forscher nicht für ausgeschlossen. Sie sind der Ansicht, daß die Pinot gris- einfach eine Mutation der (burgundischen) Pinot noir-Rebe ist. Das würde auch den Namen erklären. Anfänglich wurde die Rebe auch als Grauklevner bezeichnet, wie ein aus dem Jahre 1644 stammendes Dokument aus Riquewihr beweist. Es bleibt dann nur die Frage, warum die Rebe mit einem ungarischen Namen belegt wurde. Die Verwendung des Namens Tokay für Elsässer Weine mag den Ungarn nie gefallen haben. Es waren aber die Amerikaner, die die Ächtung des Namens Tokay für elsässische Weine verlangten und damit tatsächlich Erfolg hatten: 1980 erließ die zuständige EG-Behörde ein Verbot, die Bezeichnung Tokay d'Alsace auf Etiketten oder in anderer Weise zu verwenden. Die Amerikaner revanchierten sich damit für das ihnen auferlegte Verbot, europäische Na-

men für Weinsorten zu verwenden wie Beaujolais, Chablis und andere. Die Brüsseler Bürokraten hatten die elsässischen Winzer nicht einmal angehört! Der Proteststurm aus Frankreich war denn auch so heftig, daß die Vorschrift, falls sie bestehen bleiben sollte, in der Praxis keinerlei Auswirkungen haben wird. In diesem Buch wird daher stets die Rede von Tokay d'Alsace sein, sofern nicht ein Erzeuger selbst die Bezeichnung Pinot gris gewählt hat.

Zu Gänseleber – oder gerade nicht

Als Wein ist der Tokay d'Alsace einer der kräftigsten des Gebietes, voller, üppiger und auch weicher im Geschmack als etwa der Riesling und gleichzeitig alkoholreicher. Er erscheint manchmal fast wuchtig. Der Duft eines Tokay d'Alsace ist nicht sehr ausgeprägt. Bei guten Sorten riecht man manchmal ein gewisses Raucharoma, aber ich habe auch Anklänge von Nüssen und Honig im Duft entdeckt. Der

Wein, dem man den Beinamen «der Sultan» gegeben hat, schmeckt nach einigen Jahren der Reife am besten, kann aber aus einem guten Erntejahr ohne weiteres ein Jahrzehnt oder länger lagern.

Die Winzer des Elsaß betrachten Tokay d'Alsace und Gänseleber als ideale Kombination. Die Gänseleberhersteller dagegen raten meist zum Riesling. Bernard Heydt-Trimbach meinte hierzu einmal: «Das ist Geschmackssache. Die Winzer wollen natürlich ihren Wein im Vordergrund sehen, die *foie gras*-Hersteller ihre Gänseleber.» Weitere Gerichte, die sich zum Tokay d'Alsace empfehlen, sind Geflügel, weißes Fleisch, Niederwild, die regionale Spezialität *baekeoffa* und Salat. Da die Pinot gris-Rebe eine empfindliche Sorte ist, sind nur knapp 5% der Rebfläche damit bepflanzt. Gelungene Tokay d'Alsace liefern – neben weiteren – die Gemeinden Cléebourg, Obernai, Beblenheim, Mittelwihr und Kientzheim.

Gewürztraminer ist eine spät reifende Traube, in der ein hoher Säuregehalt unerwünscht ist, da er den Wein ordinär macht.

Der elsässische Gewürztraminer ist in seiner Art einer der besten, wenn nicht schlechthin der beste der Welt. Man bemüht sich im Elsaß schon seit Jahren darum, eine möglichst vollkommene Art zu züchten.

Man nennt den Gewürztraminer auch den «Don Juan» des Elsaß, da angeblich alle Frauen seiner verführerischen Sinnlichkeit erliegen. Sein offizieller Beiname ist übrigens «Der Kaiser».

Unten:
Das Zentrum von Barr mit dem schönen Rathaus. In dieser Gemeinde wird sehr guter Gewürztraminer erzeugt. Etwa 20% der Elsässer Rebgärten sind mit Gewürztraminer bepflanzt.

Rechts:
Auf solchen schweren Lehmböden gedeiht der Gewürztraminer ausgezeichnet. Dieses Foto wurde bei Bergheim aufgenommen.

Gewürztraminer

Generationenlang war der Gewürztraminer der Botschafter des Elsaß, für viele war sein Name ein Synonym für «Elsaß» – und bei manchen ist es heute noch so. Seinen Botschafterrang muß der Gewürztraminer inzwischen wohl mit dem Riesling teilen, jedoch hinterläßt er zweifellos einen besonderen Eindruck. Wer diesen Wein einmal getrunken hat, vergißt ihn – und damit das Elsaß – nie mehr. In Frankreich ist der Gewürztraminer in seiner Art einmalig und mit keinem anderen Wein vergleichbar. Daß er eine gewisse Würze besitzt, verrät ja schon sein Name. Daneben riecht und schmeckt man meist verschiedene Früchte, während sich bei manchen Sorten auch ein leichter Muskatton zeigt. Der Prototyp eines Gewürztraminers hat einen milden, wenn nicht weichen Geschmack, der sich breit im Mund entfaltet. Daneben ist der Wein mit reichlich Alkohol gesegnet. Je später die Trauben gelesen werden, desto kräftiger und süßer ist das Endprodukt. Ich habe von keinem elsässischen Wein so viele mit dem Prädikat *vendange tardive* verkostet wie vom Gewürztraminer, wobei sich teilweise sogar Weine mit zwanzig Lebensjahren noch in ausgezeichnetem Zustand befanden.

Manchmal parfümiert
Die Beschreibung dieses Prototyps sollte nicht die Erwartung wecken, daß alle Gewürztraminer so sind. Im Gegenteil: Charakter und Qualität dieses Weines können im Elsaß höchst unterschiedlich sein. Es gibt Gewürztraminer, die sehr frisch und leicht sind und ohne weiteres zum Essen serviert werden können; es gibt aber auch schwere, zu Kopf steigende Gewürztraminer von so aufdringlichem Aroma, daß sie überparfümiert wirken. Ein Wein solchen Typs nennen die Winzer auch *pommadé.* Der Direktor eines Weinhandelshauses sagte mir einmal: «Wenn die Elsässer ihren Gewürztraminer mehr nach ihrem eigenen Geschmack machen würden als nach dem der Pariser, wäre der Wein viel weniger parfümiert.» Ich persönlich kann mich mit dem wuchtigen, überaromatischen und dazu meist ziemlich plumpen Typ Gewürztraminer nicht recht anfreunden. Ich ziehe entweder gleich die leichtere Sorte oder den volleren, klassischen Typ Gewürztraminer vor, in dem noch eine gewisse Eleganz vorhanden ist. Ein solcher Wein kann hervorragend

mit Münsterkäse harmonieren, selbst wenn zuvor zum Hauptgericht ein Rotwein gereicht wurde. Außerdem paßt er gut zu Räucherlachs, gegrillten Sardinen, Speisen mit Curry und anderen Gewürzen, also zu geschmacksintensiven Gerichten.

Ton und Kalk
Früher unterschied man im Elsaß Traminer und Gewürztraminer. Gewürztraminer war der aro-

matischere, kraftvollere und würzigere. Beide stammten von der Traminer-Rebe ab, die mindestens seit 1551 im Elsaß zu finden ist. Möglicherweise kommt sie aus dem Dorf Tramin in der italienischen Region Trentino-Alto Adige. Heute heißt eine Weiterzüchtung dieser Rebe Gewürztraminer. Sie wurde zuerst 1904 auf einem elsässischen Weinmarkt vorgeführt. Traminer gibt es nicht mehr, weder als Rebe noch als Wein. Der rötliche, kleinbeerige Gewürztraminer-Rebentyp findet optimale Verhältnisse auf schwerem, tiefem Boden, der möglichst kalk- und tonreich ist. Einige Gemeinden, die vorzügliche Gewürztraminer erzeugen, sind Barr, Rorschwihr, Bergheim, Beblenheim, Mittelwihr, Sigolsheim, Kientzheim, Kaysersberg, Ammerschwihr, Ingersheim, Turckheim, Wintzenheim, Eguisheim, Westhalten und Orschwihr.

Links:
Der Pinot Noir wird meist in weißen Flaschen abgefüllt, so auch auf der Domaine Weinbach von Madame Faller in Kaysersberg.

Rechts:
Eine Pinot noir-Traube

Ganz unten:
Der gärende Saft von Pinot noir-Beeren

Unten:
In diesen speziellen, heizbaren Gärtanks kann man im Elsaß dem Pinot Noir mehr Farbe geben. Die Aufnahme wurde bei Charles Schleret in Turckheim gemacht.

Pinot Noir

Die Rebenfamilie der Pinots ist im Elsaß stark vertreten. Neben der Pinot blanc- und der Pinot gris-Rebe (Tokay d'Alsace) wird auch Pinot noir angebaut, wenn auch in geringem Umfang. Alle Rot- und Roséweine, die hier erzeugt werden, stammen von dieser blauen Rebe. Sie war schon den Galliern bekannt. Das Wort *pinot* ist von *pin* abgeleitet, Kiefer, weil die Trauben dieser Rebsorte sehr kompakt sind und etwa die Gestalt eines Kiefernzapfens haben. Gebiete, in denen die Pinot-Rebe häufig vorkommt, sind das Burgund, wo alle großen roten Weine aus dieser Rebe erzeugt werden, und die Champagne – was nicht so verwunderlich ist, da die Pinot noir-Traube einen ziemlich farblosen Saft besitzt. Man kann also aus einer blauen Traubensorte sehr wohl weißen Champagner erzeugen. Die den Farbstoff enthaltenden Beerenhäute werden dabei natürlich nicht im Most belassen. Im Elsaß ist dies anders: Für Rosé läßt man die Beerenhäute einige Stunden mitgären, für Rotwein einige Tage. Viele Elsässer Winzer erwärmen die hereinkommenden Trauben auf etwa 20°C. Das hat zwei Gründe: Zum einen sind die Trauben bei der Anlieferung mit 5–10°C meist zu kalt für das Einsetzen der Gärung, und zum anderen bekommt der Wein durch dieses Erwärmen eine tiefere Farbe.

Angenehm und korrekt

Ich habe stark den Eindruck, daß die Winzer des Elsaß die Pinot noir-Rebe nur deshalb angepflanzt haben, weil sie ab und zu etwas anderes trinken möchten als Weißwein. Weitaus die meisten Rosés und Rotweine von dieser Rebe bleiben nämlich qualitativ weit hinter den Weißweinen zurück. Sie schmecken sauber, angenehm und korrekt, aber damit ist meist auch schon alles gesagt. Wirklich gute Weine, wie Rosés mit Frucht und Leben oder Rotweine mit Nuancierung, Tiefe und etwas Tannin im Abgang sind die große Ausnahme. Daß mit dem Pinot Noir kein Staat zu machen ist, zeigt sich auch daran, daß im Elsaß viel Bordeaux getrunken wird. Die Weinkarten von Restaurants wie Auberge de l'Ill (Illhaeusern), Aux Armes de France (Ammerschwihr) und Schillinger (Colmar) bieten ausgezeichnete Sortimente von Bordeaux-Weinen. Bei Weinhändler Charles Sparr in Sigolsheim, in dessen Privatkeller ich einen Blick werfen durfte, sah ich an die fünfzehn Kisten mit erlesenen Bordeaux-Weinen, so aus den Gebieten Médoc und Pomerol. Trotz

der meist nicht mehr als anständigen Qualität des Pinot Noir, der zu gut 90% zu Rosé verarbeitet wird, besteht eigenartigerweise eine starke Nachfrage nach diesem Wein. Dies ist zweifellos der Grund dafür, daß seit dem Jahrgang 1969 der Pinot noir-Anteil an der Gesamtrebfläche von 2,1% auf 6% zunahm. Es ist nur

zu hoffen, daß sich dieser Trend nicht durchsetzt. Die Zukunft des Elsaß liegt im Weißwein. Einige der besseren Pinots Noirs (Rosé und Rotwein) verkostete ich in den Gemeinden Cléebourg, Marlenheim, Ottrott, Saint-Hippolyte, Rodern und Turckheim.

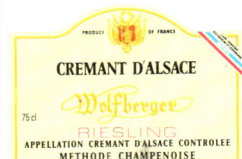

Das Haus Dopff au Moulin in Riquewihr erzeugt etwa 500 000 Flaschen Schaumwein nach der *méthode champenoise*. Für den Crémant d'Alsace Cuvée Julien, den besten Wein, werden hauptsächlich Pinot blanc- und Pinot-Auxerrois-Trauben verwendet, die von 5 ha in der Lage Harth bei Colmar stammen. Außerdem wird in der Regel etwas Weißwein von Pinot noir-Trauben hinzugefügt. Der Cuvée Julien besitzt einen schönen Schaum, verhaltenen Duft und reifen, angenehmen Geschmack mit einer Spur *terroir*.

Der weitaus größte Erzeuger von Elsässer Wein ist die Genossenschaft in Eguisheim. Sie stellt u.a. auch 2 Millionen Flaschen Crémant d'Alsace her. Die Grundlage der einfacheren Sorte sind die Pinot blanc- und die Pinot-Auxerrois-Trauben, während der bessere ausschließlich Riesling enthält. Für mich ist es ein tadelloser, köstlicher Wein von festem und gleichzeitig mildem Geschmack. Er besitzt wenig Nuancierungen oder Tiefe, eignet sich aber doch ausgezeichnet als Aperitif.

Die Genossenschaft von Westhalten begann 1974 mit der Erzeugung von Schaumwein. Der Crémant d'Alsace des Betriebs ist sehr erfolgreich. Man wählte einen eigenartigen Markennamen: Producteur. Die Winzer haben die Auflage, die Trauben für den Crémant d'Alsace etwas früher zu lesen als die anderen, damit sie noch etwas Säure besitzen und nicht zuviel Alkohol entwickeln. Der Wein ist weinig, frisch, reintönig und hat einen eher milden Geschmack und etwas grobe Perlen.

Der Brut Real ist ein ziemlich fruchtiger, feinschäumiger, sympathischer moussierender Wein der Genossenschaft in Bennwihr. Es handelt sich hier nicht um einen Crémant d'Alsace, sondern um einen Vin Mousseux. Wie der Wein genau gemacht wird, wollte man mir nicht sagen. Die Genossenschaft hat ein eigenes Verfahren entwickelt, das man geheimhalten möchte. Ich weiß daher nur, daß die Pinot blanc-Rebe als Basissorte dient.

Im Jahre 1973 beendigte Patrick Schaller, Sohn von Winzer Edgard Schaller in Mittelwihr, sein Weinstudium in der Champagne. Es ist daher nicht erstaunlich, daß die Domäne Schaller seither einen eigenen Crémant d'Alsace herstellt. Die Produktion beträgt etwa 15 000 Flaschen im Jahr. Der Wein hat häufig eine Spur Grün in der Farbe, reichlich kleine Perlen, einen guten, etwas rustikalen Geschmack und einen guten Abgang. Patrick erzeugt ihn aus Pinot-Reben.

Lucien Albrecht in Orschwihr erzeugt seit 1977 einen eigenen Crémant d'Alsace aus Pinot blanc. Der Wein hat in der Regel eine sehr anständige Qualität. Geschmack und Duft sind reintönig und nicht zu aufdringlich. Der Wein ist eher mild. Jahreserzeugung: etwa 25 000 Flaschen.

Andere Weine und Getränke

Als neuer Stern am Firmament des Elsässer-Weines erstrahlt ein Schaumwein, der seit dem 24. August 1976 eine eigene Herkunftsbezeichnung besitzt, der Crémant d'Alsace. Die Produktion hat in relativ kurzer Zeit sehr stark zugenommen. Wurden 1979 noch 500 000 Flaschen erzeugt, so erreichte man innerhalb eines Jahrzehnts über 10 Millionen Stück. Der so erfolgreiche Crémant d'Alsace muß nach dem Champagnerverfahren hergestellt werden, das auf den Seiten 142–145 ausführlich beschrieben wird. Charakteristisch hierfür ist die zweite Gärung in der Flasche mit allen dadurch notwendigen Arbeitsgängen. Einige andere spezifische Vorschriften, die für die Herstellung des Crémant d'Alsace gelten, betreffen den Beginn der Lese, den Transport der Trauben (nur in Küfen, die nicht wasserdicht sein dürfen), das Pressen und die Menge Saft, die vinifiziert werden darf (100 l pro 150 kg Trauben). An Rebsorten sind nur zugelassen Pinot blanc, Pinot-Auxerrois, Pinot noir, Pinot gris, Riesling und Chardonnay. Grundlage der allermeisten Crémants d'Alsace sind Pinot blanc und Pinot-Auxerrois, zwei Rebsorten, die auch in entsprechendem Umfang angepflanzt sind.

Pionier Dopff au Moulin
Ein Pionier auf dem Gebiet der moussierenden elsässischen Weine ist das Haus Dopff au Moulin in Riquewihr, das bereits 1900 mit der Herstellung von Weinen nach dem Champagner-Verfahren begann. Es gab damals noch mehr Betriebe, die nach diesem Verfahren arbeiteten; Dopff au Moulin ist jedoch der einzige von ihnen, der noch besteht. Der heutige Direktor, Pierre-Etienne Dopff, erzählte mir, daß das Haus seinen Schaumwein häufig als Visitenkarte gebrauchte. Dopff au Moulin brachte einen Wein, den keine der anderen Firmen führte. Heute hat Dopff au Moulin bei den Schaumweinen vor allem von Genossenschaften Gesellschaft bekommen. Daneben gibt es auch einzelne Winzer, die ebenfalls einen Crémant d'Alsace erzeugen. Es ist jedoch nicht aller Schaumwein, der im Elsaß erzeugt wird, auch ein Crémant d'Alsace: Dopff bietet neben seinem Crémant d'Alsace auch einen Vin Mousseux an, der zwar auch nach dem Champagner-Verfahren hergestellt wird, jedoch von geringerer Qualität ist. Die Genossenschaft von Bennwihr macht überhaupt keinen Crémant d'Alsace, sondern nur Vin Mousseux. Auf dem Etikett dieser Schaumweine darf das Wort «Alsace» nicht erscheinen.

Bier und Mineralwasser
Das Elsaß liefert zum Vertreiben des Durstes nicht nur Wein. Es gibt hier eine große Auswahl an Bieren, so Kronenbourg (ein Bier des mächtigen Konzerns BSN-Bières, der etwa die Hälfte des französischen Biermarktes beherrscht), Mutzig (gehört zu Heineken), Météor, Schutzenberger, Fischer, Adelshoffen und Rheingold. Außerdem besitzt das Elsaß Mineralquellen, so die Carola-Quellen in Ribeauvillé. Auf der anderen Seite der Vogesen, bereits außerhalb des Elsaß, liegen die Orte Vittel und Contrexéville, die beide große Mengen von Mineralwasser liefern. Schließlich sind noch die Branntweine zu nennen, die Eaux-de-vie oder Alcools Blancs, die das Elsaß in unglaublicher Vielfalt aus Obst, Blüten, Wurzeln und Knospen erzeugt.

Klare Schnäpse
Im 16. und 17. Jahrhundert gab es vor allem in Colmar zahlreiche kleine Schnapsbrennereien, die den regionalen Wein zu einem scharfen Destillat verarbeiteten. Diese kleinen Betriebe verschwanden infolge der Kriege und des Mangels an Wein. Erst nach einiger Zeit begann man wieder zögernd zu destillieren, und zwar diesmal nicht mehr Wein, sondern Getreide, Mais, Bier und so weiter. Aber der Erfolg blieb aus. Erst im 18. Jahrhundert kam der Gedanke auf, aus den vielen vorhandenen Obstsorten hochprozentige Getränke zu machen. Heute, zwei Jahrhunderte später, genießen die elsässischen Branntweine großen und immer noch wachsenden Ruf. Auffallend ist hier im Elsaß, daß Produktion und Vertrieb anders als etwa in Cognac meist in einer Hand liegen.

Mandelaroma
Weitaus das häufigste Obstdestillat ist der Kirsch. Seine Qualität hängt in erster Linie von den verwendeten Früchten und deren Qualität ab. Das gilt auch für alle anderen Schnäpse. Nach der Ernte werden die Früchte möglichst schnell in die Brennerei transportiert, wo sie zum Gären gebracht werden. Nach Ablauf der Gärung läßt man den nunmehr entstandenen Kirschwein noch einige Zeit mit den Fruchtresten und den Kernen zusammen. Diese Kerne sind es, die dem Kirsch sein Mandelaroma geben. Schließlich findet die Destillierung statt, anschließend die Reifung; letztere meist in Glas- oder Tonbehältern, manchmal auch in Eschenholzfässern. Kurz vor der Abfüllung wird der Alkoholgehalt mit destilliertem Wasser auf 45–50% herabgesetzt. Auf etwa die gleiche Weise, jedoch ohne Verwendung der Kerne, werden Eaux-de-vie aus anderen natursüßen Früchten erzeugt, so Mirabelle (aus der gleichnamigen gelben Pflaumensorte), Quetsch (aus Zwetschgen), Reine-Claude (aus Renekloden), Poire Williams (aus Williamsbirnen), Coign (aus Quitten) und Prune Sauvage (aus wilden Pflaumen).

Seite gegenüber, unten:
Die Brennerei von Preiss-Henny in Mittelwihr. Einige andere gute Likörbrenner sind Massenez in Dieffenbach-au-Val, Meyblum in Albé, Gilbert Miclo in Lapoutroie, Nusbaumer in Steige und Sainte-Odile in Obernai.

Dopff & Irion erzeugt auch Crémant d'Alsace ausschließlich aus der Pinot blanc-Rebe. Es ist ein gefälliger, leicht fruchtiger, sauberer Wein.

Es gibt auch einen Crémant d'Alsace rosé, von dem sehr geringe Mengen erzeugt werden. Grundlage ist die Pinot noir-Rebe, deren Saft auch zu normalem weißem Crémant d'Alsace verarbeitet werden kann.

Destillate von der Muscat-Rebe und von der lie – dem Niederschlag, der sich beim Ausbau des Weines bildet – sind selten.

DISTILLERIE ARTISANALE
Gilbert Miclo
LAPOUTROIE

EAU DE VIE
de la Vallée de Lapoutroie
FRAMBOISE - KIRSCH ALISIER - MYRTILLE
COLIS À EMPORTER

Links:
Die Brennerei von Miclo liegt in Lapoutroie.

Ganz unten:
Poire William-Flaschen mit Birne. Man steckt einen Fruchtansatz in die Flasche und hängt sie in den Birnbaum, so daß die Frucht darin wachsen kann.

Mitte unten:
Ausgestellte Flaschen bei Kaysersberg

Unten:
Eine Kiste Poire William von Eugène Klipfel in Barr

Andere Weine und Getränke

Etwa 30 verschiedene Sorten

Alle anderen Früchte und Beeren legt man erst in Alkohol oder Zuckerlösung. Zuchthimbeeren und wilde Himbeeren, die für Framboise beziehungsweise Framboise Sauvage vorgesehen sind, werden vor dem Destillieren bis zu einem Monat in ein möglichst neutrales Obst- oder Weindestillat eingelegt. Auf 4 Kilo Himbeeren erlaubt der Gesetzgeber die Verwendung von 1 Liter Branntwein. Die Beeren der Stechpalme, aus denen der Houx gebrannt wird, haben so wenig natürlichen Zucker, daß sie erst in Zuckerlösung gelegt, dann vergoren und schließlich destilliert werden. Insgesamt werden im Elsaß etwa 30 verschiedene Alcools Blancs hergestellt. Zu den noch nicht genannten gehören Fraise (Erdbeere), Fraise des Bois (Walderdbeere), Abricot (Aprikose), Pêche (Pfirsich), Prunelle (Schlehe), Pomme Golden (Apfel), Mûre (Brombeere), Cassis (schwarze Johannisbeere), Alisier (Weißdorn), Sorbier (Eberesche), Groseille (Johannisbeere), Airelle (Preiselbeere), Myrtille (Heidelbeere), Sureau (Holunder), Gratte-cul oder Eglantine (Hagebutte), Gentiane (Enzian), Fleur d'Acacia (Akazienblüten) und Bourgeon de Sapin (Fichtentriebe). Selbst diese umfangreiche Aufzählung enthält noch nicht alle elsässischen Schnäpse. Aus den Beerenhäuten, Kernen und Stielen, die nach dem Pressen der Gewürztraminer-Trauben zurückbleiben, wird ein dünner Wein hergestellt, der zu Marc de Gewürztraminer (Tresterschnaps mit mindestens 45% Alkohol) gebrannt wird. Man hat also Auswahl übergenug, um eine richtige, also reichliche elsässische Mahlzeit mit einem passenden elsässischen Verdauungsschnaps zu beenden.

Bei den nachfolgend einzeln behandelten Gemeinden ist die rebenbepflanzte Fläche in Hektar angegeben. Die Zahlen stammen aus dem Jahre 1986 und können sich daher – geringfügig – geändert haben. Sie gelten ausschließlich für Rebgärten, die *Appellation Controlée*-Weine liefern, und wurden auf der Basis der deklarierten Ernten zusammengestellt (*déclarations de récolte*).

Die meisten Winzer des Elsaß besitzen Grund in mehr als einer Gemeinde, meist sogar in drei bis vier verschiedenen Dörfern.

Unten:
Karten des Elsaß mit den wichtigsten Weingemeinden. Links die Dörfer des Departements Bas-Rhin, rechts die von Haut-Rhin. Die Karte links oben gibt an, wo die Dörfer des Kapitels «Der hohe Norden» liegen (s. gegenüberliegende Seite). Die Gemeinden werden in diesem Buch von Nord nach Süd fortschreitend in geographischer Reihenfolge beschrieben.

Rechts:
Weindörfer in allen Richtungen …

Elsaß

Die Weinroute

Die folgenden 46 Seiten führen Sie in Wort und Bild von Nord nach Süd entlang der elsässischen Route du Vin. Alle wichtigen Gemeinden sind beschrieben, ebenso die wichtigsten Lagen und Erzeuger. Außerdem nenne ich bei jedem Dorf einige gute Weine, die insgesamt sicherlich kein vollständiges, aber doch ein einigermaßen repräsentatives Bild geben. Die Weinroute wurde am 30. Mai 1953 feierlich eröffnet. Sie führt zwischen Marlenheim in Höhe von Straßburg und Thann in Höhe von Mulhouse durch knapp 100 Weinorte. Je nach Anzahl der Abstecher, die man noch einplant, ist die Route zwischen 120 und fast 180 Kilometer lang. Ganz im Norden des Elsaß gibt es noch eine Exklave mit einer eigenen, viel kürzeren Weinroute.

Kontrastprogramm

Hinsichtlich Geschichte, Tradition und Weinen bietet die Route du Vin eine Attraktion nach der anderen. Wer sich für jedes Dorf genügend Zeit nimmt, entdeckt meist eine faszinierende Fülle an Interessantem und Sehenswertem. Und die Menschen sind gastfrei.
Groß sind die Kontraste zwischen den Weinen. Welten liegen etwa zwischen einem herben, frischen Riesling Rangen von der Domaine Zind-Humbrecht und der würzigen, ausladenden Wucht eines Gewürztraminers aus der Genossenschaft von Eguisheim – nicht nur im Geschmack, sondern auch in Erzeugungsmenge und Wein-«Philosophie». Die nebenstehenden Karten dienen zum Auffinden der einzelnen Gemeinden. Alle beschriebenen Gemeinden sind angegeben. Ich hoffe sehr, daß Ihre Kenntnis der Route du Vin des Elsaß nicht auf die Informationen, Bilder und Etiketten in diesem Buch beschränkt bleibt, sondern daß es Ihnen vergönnt sein wird, diese, wie ich, viele Male zu befahren.

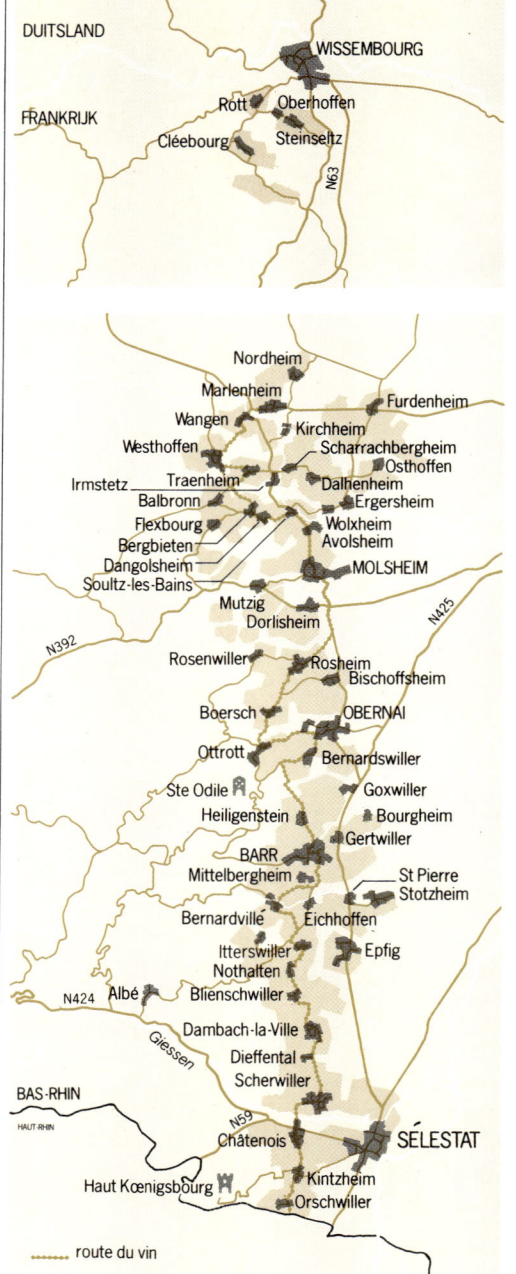

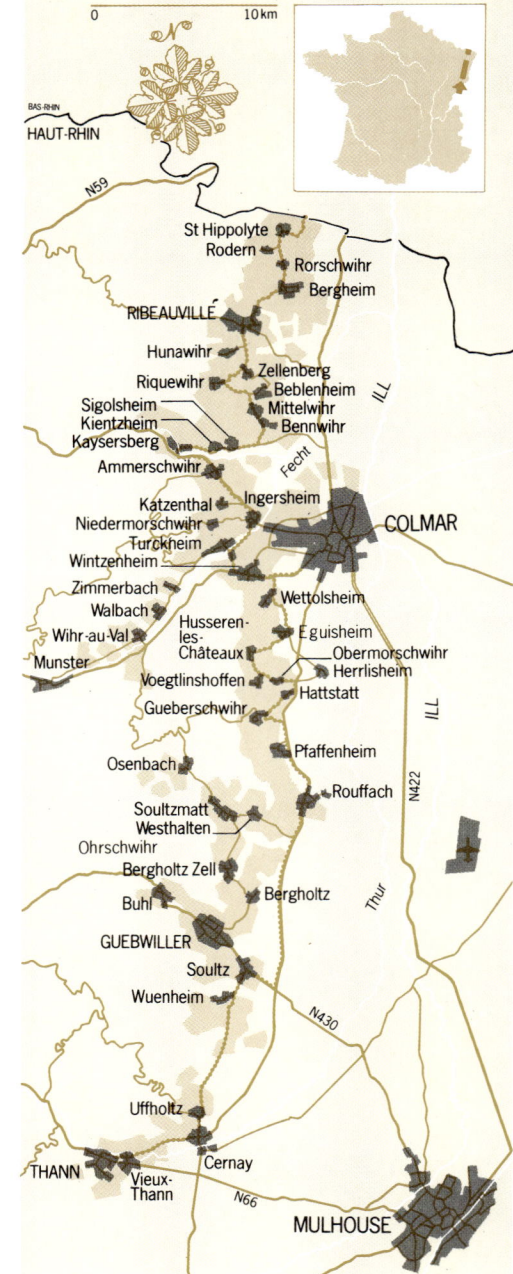

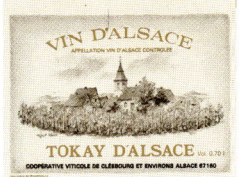

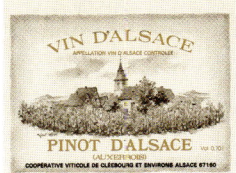

Der Boden der Dörfer Cléebourg und Steinseltz eignet sich ausgezeichnet für den Anbau der Pinot gris- oder Tokay d'Alsace-Rebe. Der Tokay der regionalen Genossenschaft ist daher alles andere als enttäuschend. Es ist ein sehr guter, ziemlich würziger Wein, der sich auch in schwächeren Jahren durchweg als überaus angenehm erweist. Wie alle Weine der Genossenschaft wird auch der Tokay d'Alsace unter verschiedenen Marken angeboten.

Der Pinot d'Alsace der Genossenschaft von Cléebourg wird ausschließlich aus Pinot-Auxerrois-Trauben hergestellt. Es ist ein wohlschmeckender, ziemlich voller Wein, der vielleicht etwas flach ist, aber doch sehr angenehm. Aus der gleichen Rebe erzeugt der Betrieb auch einen erfreulichen Schaumwein mit dem Namen Duc Casimir.

In Geschmack und Nachgeschmack des meist orangerosa Pinot Noir der Coopérative Viticole de Cléebourg et Environs entdeckt man in der Regel deutlich etwas Erdton, der übrigens für die meisten Weine in diesem Gebiet charakteristisch ist. Ein ansprechender, weiniger Duft und ein ebensolcher Geschmackscharakter vervollständigen den Eindruck. Während der Pinot Noir über den Durchschnitt hinausragt, gilt das für mein Gefühl nicht für Sylvaner, Riesling und Gewürztraminer.

Hektar Rebfläche
Rott – 35
Oberhoffen – 1
Steinseltz – 40
Cléebourg – 37

Im 17. Jahrhundert war Cléebourg jahrelang schwedischer Besitz.

Links unten:
Cléebourg mit seinen Fachwerkhäusern aus der Zeit von 1750 bis 1840. Das nahegelegene Rott besitzt einen der seltenen befestigten Kirchhöfe des Elsaß.

Rechts unten:
Georges Rupp, Direktor der Genossenschaft von Cléebourg, die sein Vater mit begründete.

Oben:
Die Genossenschaft von Cléebourg empfängt viele Besucher, vor allem aus Deutschland. Der Betrieb erzeugt 8000 bis 10 000 hl im Jahr.

Dieses nordfranzösische Weingebiet war das erste, in dem 1945 und 1946 eine Flurbereinigung in den Weingärten durchgeführt wurde.

CAVE COOPERATIVE VITICOLE CLEEBOURG
Weinkeller
EDELZWICKER
GEWÜRZTRAMINER
SYLVANER
TOKAY
RIESLING
Vente au detail – Detail Verkauf
OUVERT TOUS LES JOURS
de 8ʰ–12ʰ 13ʰ30–18ʰ
même samedis-après-midi et dimanches
JEDEN TAG GEÖFFNET
auch Samstag-Nachmittag und Sonntag
VINS FINS D'ALSACE – FEINSTE ELSÄSSERWEINE

Der hohe Norden

Elsaß

Die nördlichsten Weinstöcke des Elsaß stehen in einem kleinen, isolierten Gebiet an der Grenze zu Deutschland. Wenn man von der Rheinpfalz aus bei Wissembourg ins Elsaß fährt, sind es nur wenige Kilometer bis zu den ersten Weinbergen. Gleich hinter Wissembourg, auf der Straße zu den Weindörfern Rott und Cléebourg, wird die Landschaft hügeliger, und bald tauchen die ersten Rebgärten auf – sowie ein Gasthaus mit dem Namen Relais de la Route du Vin. Denn wie klein das Gebiet auch ist, es hat doch eine eigene Weinroute. In einem Ort wie Cléebourg mit seiner langen, geraden Dorfstraße und den hübschen Fachwerkhäusern, ist die Atmosphäre eher deutsch als französisch. Nur der Duft des Knoblauchs in dem Restaurant neben der örtlichen Genossenschaft verschafft einem die Gewißheit, daß man wirklich in Frankreich ist, und natürlich auch der Weißwein, der nichts von deutscher Lieblichkeit hat, sondern einen frischen, trockenen Geschmack.

Flurbereinigung

Der Weinbau in Cléebourg und Umgebung reicht bis vor das Jahr 1000 zurück. Als um 630 die bedeutende Benediktinerabtei beim heutigen Wissembourg gegründet wurde, begannen die Mönche bald darauf mit dem Anbau der ersten Rebstöcke. Trotz dieses frühen Beginns erlangte der Weinbau hier erst nach dem Zweiten Weltkrieg wirklich Bedeutung. 1941 wurden zunächst einmal auf Initiative von Georges Rupp, dessen Sohn heute die Genossenschaft leitet, alle 300 ha Weinberge gerodet. Dies war ein notwendiger Reinigungsprozeß, denn zwei Drittel der Pflanzen waren damals minderwertige Hybriden oder standen auf Hängen, wo man weder mit dem Traktor noch mit dem Pferd arbeiten konnte. Kurz danach wurde eine Flurbereinigung in Angriff genommen, die nach dem Kriege zu Ende geführt wurde. Man achtete darauf, daß die richtigen Reben auf die richtigen Böden kamen und auf sonnenreiche, für die Bearbeitung mit Maschinen geeignete Hänge. 1946 wurde außerdem eine Genossenschaft gegründet.

Spezialität Tokay

Alle 230 Winzer des Gebietes sind an die Cave Coopérative angeschlossen. Sie bearbeiten etwa 130 ha in den Gemeinden Cléebourg, Rott, Steinseltz und Oberhoffen. Nur ein einziger der Genossenschafts-Winzer lebt ausschließlich vom Ertrag seiner Reben; die anderen erzeugen noch sonstige Landwirtschaftsprodukte. Die Muscat-Rebe wird man in dieser nördlichen Gegend vergebens suchen, sie ist für das örtliche Mikroklima zu empfindlich. Die Pinot-Sorten dagegen gedeihen hier ausgezeichnet. Die Pinot gris- oder Tokay d'Alsace-Rebe gilt sogar als örtliche Spezialität. Genossenschafts-Direktor Georges Rupp: «Im ganzen Elsaß gibt es keinen besseren Tokay als den unseren.» Der Wein ist tatsächlich sehr gut. Auch den Pinot-Auxerrois und den Pinot Noir habe ich in Cléebourg mit Vergnügen verkostet. Die übrigen Weine enttäuschten mich etwas. Die Genossenschaft verkauft ihre Erzeugnisse vor allem an französische Ladenketten und an deutsche Importeure und Privatkunden. Letztere kommen oft mit Bussen über die Grenze, um Wein zu kaufen. Für die verschiedenen Abnehmergruppen werden unterschiedliche Marken und Etiketten benutzt.

Die renommierteste Winzer-familie in Marlenheim ist die Familie Mosbach. Die Mos-bachs wohnen an der Dorf-straße; ihr Keller liegt etwas davon entfernt in einer Sei-tenstraße. Die Domäne um-faßt 18 ha Rebfläche in Mar-lenheim selbst, fast ein Drit-tel der gesamten Rebfläche. Gute Erinnerungen habe ich zunächst an den Vorlauf von Mosbach, einen orange-brau-nen Rosé von köstlichem und ziemlich würzigem Ge-schmack mit etwas *terroir*. Ebenfalls gelungen: der Tokay und der Gewürztra-miner.

Das Haus Laugel besitzt 2 ha in Marlenheim. Sowohl von eigenem Boden als auch aus zugekauften Pinot noir-Trauben wird Rosé de Marlen-heim erzeugt, ein eingetra-genes Warenzeichen. Es ist ein recht kräftiger Wein mit deutlichem *terroir* im Geschmack. Die besten anderen Laugel-Weine tragen meist das *Escusson* (Wappen-schild) der Unidal, von denen die Firma die Trauben kauft. Die unterschiedlichen Farben Gold, Silber und Bronze be-zeichnen die Qualitätsstufe.

Hektar Rebfläche
Marlenheim – 67
Nordheim – 48
Wangen – 78
Kirchheim – 22

Unten:
Das Dorf Marlenheim, von einem seiner Weinberge aus gesehen

Rechts:
In der Hauptstraße von Mar-lenheim findet man die Do-maine Mosbach. Einige hun-dert Meter weiter befindet sich die Firma Laugel.

Das Haus Laugel wurde 1889 von Michel Laugel gegrün-det, der auch Weinmakler war und in Wangen in der Nähe von Marlenheim wohn-te. 1919 übernahm sein Sohn Paul den Betrieb und verleg-te ihn nach Marlenheim. Zur Zeit verfügt man über eine Lagerkapazität von etwa 60 000 hl in Form von glas-ausgekleideten Betonküfen und 50 Eichenholz-Fudern.

Nach der Übernahme der Brennerei Ganter in Mul-house erzeugt Laugel eigene Weinbrände.

Elsaß

Marlenheim

Südlich von Cléebourg ist etwa 50 Kilometer weit keine Rebe zu entdecken. Erst bei Marlen-heim kommen die ersten Reben wieder in Sicht, und hier beginnt auch die lange Route du Vin. Marlenheim gilt nicht nur geographisch als der eigentliche Beginn des Weingebietes Elsaß, sondern auch in historischer Hinsicht. Die erste Erwähnung des elsässischen Weinbaus stammt aus dem Jahre 589. In diesem Jahr vermerkte der Geschichtsschreiber Gregor von Tours, daß der merowingische König Childebert II. einen aufständischen Gefolgsmann zu Zwangsarbeit in den königlichen Weingärten zu Marlenheim verurteilt hatte. Es muß damals in der Nähe von Marlenheim einen Palast gegeben haben, den Dom Ruinart (s. S. 170) als «einen der großartigsten» seiner Zeit beschrieb.

Pendler und Feste
Das Marlenheim von heute ist ein Straßendorf, das von der stark befahrenen N 4 Straßburg-Paris durchschnitten wird. Es haben sich hier viele Pendler niedergelassen, die im nahen Straßburg arbeiten, weshalb die Bevölkerung in sechs Jahren von 1800 auf 2900 Einwohner

zunahm. In Marlenheim sind alle erforderli-chen Geschäfte vorhanden, sowie die wichtig-sten medizinischen und Freizeit-Einrichtungen. Doch ist das historische Marlenheim nicht ver-schwunden. Es hat sich in den alten Fachwerk-häusern um das Rathaus und entlang der Dorf-straße erhalten. Außerdem feiert man im Herbst drei Tage lang das traditionelle Ernte-fest und im August das sehr ausgelassene «Hochzeitsfest von Freund Fritz».

Der berühmte Vorlauf
Schon sehr lange wird in Marlenheim die Pinot noir-Rebe angebaut, deren Wein hier «Vor-lauf» heißt (der Vorlauf ist eigentlich der Most, der ohne Druck aus der Kelter abläuft). Die Legende erzählt, daß plündernde Schweden 1632 plötzlich von ihren Untaten abließen, nachdem die Marlenheimer ihnen reichlich Vorlauf zu trinken gegeben hatten. Erwähnt wird der Wein seit 1592. Im Jahre 1748 schrieb der Arzt Behr: «Der Vorlauf von Marlenheim ist gewiß ein berühmter Trank, gesund und angenehm, der aus noblen blauen Trauben ge-wonnen wird und zahlreiche Burgunderweine

hinter sich läßt.» Daß die Pinot noir-Rebe in Marlenheim gut gedeiht, hat zum einen mit der geschützten, trockenen Lage der Weinberge zu tun, zum anderen mit dem stark kalkhaltigen Boden, der durch unterirdische Quellen feucht gehalten wird. Früher war der Vorlauf fast im-mer ein (leichter) Rotwein; heute ist es meist ein Rosé. Sofern er von einem guten Winzer kommt, gehört er zu den besseren Weinen des Elsaß. In Marlenheim ist übrigens auch das bekannte Weinhandelshaus Laugel niedergelas-sen, das jährlich rund fünf Millionen Flaschen verkauft. Diese Firma hat die Union des Pro-ducteurs de Raisins d'Alsace ins Leben geru-fen, in der zwischen 500 und 600 Winzer als Zulieferer der Firma zusammengeschlossen sind. Die Weine des Familienbetriebes Laugel besitzen meist einen eher verhaltenen Duft, einen etwas glatten, dabei fast metallisch küh-len Geschmackston und eine Qualität, die zu-mindest als korrekt gelten muß. Die Firma ist auch ein wichtiger Erzeuger von Crémant d'Alsace.

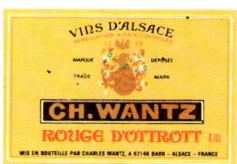

Die Genossenschaft von Traenheim hat für ihre Mitglieder einen Bepflanzungsplan ausgearbeitet, damit die verschiedenen Bodensorten mit den geeigneten Rebentypen bepflanzt werden. Einer der Weine, die mich ansprachen, war der in seiner Art sehr gelungene Sylvaner. Auch den Clevner und den meist jahrgangslosen, hellroten, geschmeidigen Pinot Noir fand ich sehr angenehm, ebenso einige ausgewählte Rieslinge. Der fähige Leiter des Betriebes ist Pierre Goefft.

Wenn Mitte September Bugatti-Fahrer und -Enthusiasten ihrer einer Wallfahrt gleichende Fahrt nach Molsheim veranstalten, schenkt ihnen die Gemeindeverwaltung einen Gewürztraminer mit speziellem Bugatti-Etikett. Erzeuger des in jeder Hinsicht honorigen Weines ist Winzer Antoine Klingenfus. Seine Rebgärten liegen neben der Rue Ettore Bugatti. Während Bugatti-Fahrzeuge zwischen 1925 und 1935 Triumphe feierten, produziert die Fabrik heute nur noch Flugzeugmotoren.

Der Clos Ste. Odile in Obernai entstand im Jahre 1920 und besteht aus fast 10 ha. Eigentümer ist Michel Weiss, Direktor der Brennerei Ste. Odile (schöner eau-de-vie, u.a. ein vorzüglicher Kirsch). Bis 1981 erzeugte die Domäne nur Tokay, einen aromatischen, kraftvollen, geschmeidigen Pinot Noir-Rotwein – wirklich gut. Seit 1981 gibt es vom Clos auch einen Riesling und einen Gewürztraminer. Letzterer Wein macht etwa die Hälfte der 60 bis 70 000 Flaschen aus, die Clos Ste. Odile jährlich liefern.

Charles Wantz vom gleichnamigen, von ihm gegründeten Weinhaus in Barr war nach dem Zweiten Weltkrieg einer der ersten, die im Elsaß einen Pinot Noir-Rotwein einführten. Jahrelang kaufte Wantz sogar alle Pinot-noir-Trauben in dem für diese Reben sehr berühmten Dorf Ottrott auf. Auch heute noch kauft Wantz dort große Mengen. Sein Rouge d'Ottrott ist ein ziemlich leichter Rotwein von heller Farbe mit einem saftigen, traubigen, köstlichen Geschmack, der mit etwas Tannin endet.

Hektar Rebfläche
Furdenheim – 23
Westhoffen – 127
Scharragbergheim/ Irmstett – 83
Dahlenheim – 93
Osthoffen – 19
Traenheim – 84
Soultz-les-Bains – 37
Balbronn – 125
Bergbieten – 59
Dangelsheim – 47
Wolxheim – 140
Ergersheim – 93
Avolsheim – 41
Mutzig – 9
Molsheim – 58
Dorlisheim – 168
Rosheim – 99
Rosenwiller – 75
Bischoffsheim – 34
Obernai – 69
Boersch – 31
Ottrott – 46
Bernardswiller – 89

Unten:
Kirche und Kirchhof von Barr. In diesem Ort findet immer am zweiten Sonntag im Oktober ein Erntefest statt.

Bei Ottrott, in dem das Fest des «Wildschweins am Spieß» gefeiert wird, liegen zwei Schlösser, aus dem 12. und aus dem 13. Jahrhundert.

Odile starb im Jahre 720. Das von ihr gegründete Kloster blieb bis ins 12. Jahrhundert Eigentümer von Obernai.

Weitere Erzeuger:
Jean-Pierre Bechtold (Dahlenheim)
André Pfister (Dahlenheim)
Frédéric Mochel (Dahlenheim)
François Muhlberger & Fils (Wolxheim)

Obernai und Umgebung

Von Marlenheim sind es nach Obernai knapp 20 km in Richtung Süden. Während weiter im Inneren des Elsaß die Rebe die Landschaft beherrscht, wechseln hier die Weinberge noch häufig mit Äckern, Weiden und Wäldern ab. In der Nähe des mittelalterlichen Westhoffen zum Beispiel liegt ein großer Wald mit fast reinem Eichenbestand. Etwas außerhalb von Traenheim, wo nach der Überlieferung Helden aus dem Nibelungenlied geboren sein sollen, kommt man an einer ziemlich großen Genossenschaft vorbei. Rund 260 Winzer, die in 14 Gemeinden etwa 220 ha bearbeiten, liefern hier ihre Trauben ab. Der Betrieb arbeitet – neben anderen – mit der Marke Roi Dagobert, ein Hinweis auf den merowingischen König gleichen Namens, der in dieser Gegend Besitzungen hatte. Von den Weinen, die ich bei der 1951 gegründeten Genossenschaft verkostet habe, erwiesen sich Sylvaner, Klevner und Pinot Noir als die besten.

Bonaparte, Bier, Bugatti

Nach Soultz-les-Bains, wo salzreiches Mineralwasser eine wichtigere Einnahmequelle ist als Wein, und Dangolsheim, wo der Cidre im Vordergrund steht, ist Wolxheim wieder eine Weingemeinde von Bedeutung. Der örtliche Weinberg Altenberg war einst Napoleons Lieblingslage für Weißwein – was nicht unbedingt etwas über den Wein aussagt, denn die großen Kaisers Eß- und Trinkkultur war derart, daß er seinen Chambertin mit Wasser panschte. Der Boden in einem Teil von Wolxheim enthält roten Sandstein. In Avolsheim finden wir viel Sylvaner, in Mutzig vor allem Bier, und in dem geschäftigen Molsheim die «Metzig» – das Schlachthaus – aus dem Jahre 1554, die heute Museum ist. Außerdem befindet sich hier der Sitz der Bugatti-Werke, die alljährlich Ziel einer nostalgischen Rallye von Liebhabern dieser legendären Automarke sind. Es gibt sogar einen eigenen Bugatti-Gewürztraminer.

Die heilige Odilia

Wein und Sehenswürdigkeiten markieren den weiteren Weg nach Obernai, so der Menhir von Dorlisheim, dann ein aus dem 13. Jahrhundert stammendes Haus in Rosheim (das älteste Wohnhaus des Elsaß), und die drei mittelalterlichen Tore des romantischen Boersch. Obernai selbst zieht an Wochenenden und in den Ferienmonaten große Scharen von Besuchern an. Es gibt dort in der Tat viel zu bewundern, so die zahlreichen Fachwerkhäuser, den Marktplatz, die aus dem 16. Jahrhundert stammende Kornbörse, den Kapellturm aus dem 13. Jahrhundert, die herrlichen Reliefs am Sechseimer-Brunnen und den Rundweg um die Stadtmauer. Berühmt wurde der Ort durch die Geschichte der heiligen Odilia, die als blindes und schwachsinniges Kind in der zweiten Hälfte des 7. Jahrhunderts geboren wurde. Ihr Vater, der sich einen Sohn gewünscht hatte, gab Befehl, sie zu töten. Eine Amme rettete jedoch Odilia das Leben. Bei der Taufe gewann das Mädchen plötzlich Augenlicht, Verstand und Schönheit. Nach leidvollen Jahren in ihrer Familie gründete sie auf dem 826 m hohen Odilienberg bei Obernai ein Kloster, das jährlich von Tausenden von Menschen besucht wird. In Obernai gibt es auch einen Clos Sainte-Odile, einen in fünf Terrassen gegliederten Weinberg, der sehr interessante Weine liefert. Der weitaus größte Weinbetrieb von Obernai ist die Firma Divinal, die eigene Keltereien besitzt, aber auch Weine von acht anderen Elsässer Genossenschaften vertreibt. Massenproduktion heißt auch in diesem Fall Massenqualität. Unweit Obernai liegt das Dorf Ottrott, das wegen seines als Rosé vinifizierten Pinot Noir bekannt ist.

Die seltene Rebsorte Klevener de Heiligenstein bezieht das Haus A. Willm in der Regel von einem einzigen Winzer. Der Vorfahr des Gewürztraminers ergibt einen ganz beachtlichen Wein von sehr apartem Geschmack mit erdigem Aroma. Er besitzt meist wenig Säure, kann aber doch ausgezeichnet reifen.

Der Mann, der die Klevener-Rebe aus Italien nach Heiligenstein brachte, war Ehrhardt – genannt Ehret – Wantz, ein ferner Vorfahr von Weinhändler Charles Wantz. Deshalb muß das Haus natürlich auch einen Klevener de Heiligenstein in seinem Sortiment haben. Er ist meist ein milder, duftender, aromatischer Wein mit frischem Nachgeschmack.

In verschiedenen renommierten Restaurants wird der Sylvaner von Willm (Marke Cordon d'Alsace) als weißer Hauswein serviert. Der in Literflaschen abgefüllte Wein besitzt eine ehrliche, ansprechende Einfachheit, einen Hauch *terroir*, eine Spur Saftigkeit und auch etwas Frucht. Ein Wein zum unbeschwerten Genießen.

Willm besitzt eine ganz mit Riesling bepflanzte Parzelle von 4 ha auf dem Kirchberg in Barr. Der Wein davon hat einen etwas ungreifbaren Charakter mit einem recht ausgeprägten, aparten Duft und einem Geschmack, der sich geschmeidig und fast weich im Mund entwickelt, aber doch einen frischen, kühlen Kern besitzt sowie eine Spur Würze. Nicht also der Prototyp eines Rieslings von Rasse und Raffinement, aber doch herrlich zu trinken. Willms normaler Riesling von eigenen Parzellen ist mit «Réserve» etikettiert.

Die 15 ha Freiberg von Klipfel liefern vor allem Gewürztraminer. Der Wein reift wie alle anderen Weine von Klipfel mindestens 3 Monate in hölzernen Fudern. Einen großen Gewürztraminer läßt Direktor André Lorentz jedoch schon einmal 12 Monate im Faß – die Qualität des Jahrgangs bestimmt die Reifedauer. Der Freiberg-Gewürztraminer ist in der Regel ein kräftiger, alkoholreicher Wein voll Duft und Geschmack. Auch der Tokay vom Freiberg und der Riesling vom Kirchberg besitzen meist eine sehr lobenswerte Qualität.

Gegenüber dem Freiberg in Barr liegt der Clos Zisser. Dieser 5 ha große Alleinbesitz von Klipfel kann Gewürztraminer mit noch mehr Kraft und Reichtum geben als die Parzelle auf dem Freiberg. Ich erinnere mich an den Sélection de Grains Nobles von 1976, einen Wein, der aus überreifen Beeren hergestellt war, die am 28. November gelesen worden waren. Auf ganz natürliche Weise besaß dieser Wein einen sehr süßen, sehr schweren Duft und Geschmack und nicht weniger als 15 % Alkohol.

Auf dem Weg von Obernai nach Barr kommt man auch durch das an einem Hügel gelegene Dorf Heiligenstein. Rings um den sehr alten Ortskern, durch den sich die Hauptstraße windet, sind moderne Viertel entstanden. Nicht nur das herzförmige Gewürzbrot ist eine Spezialität des Ortes – dem Weinkundigen ist er vor allem wegen einer ganz speziellen Rebsorte bekannt, der Klevener de Heiligenstein. Sie stammt vermutlich aus dem norditalienischen Chiavenna (Kleven) und wurde 1742 von Ehrhardt Wantz nach Heiligenstein gebracht. Unter seinem Bildnis, das die Fassade des Rathauses ziert, liest man die Inschrift: «Wissen führt zum Fortschritt.» Im Gegensatz zu der häufig als Klevner bezeichneten Rebsorte Pinot blanc ist diese italienische Rebe blau. Ihr richtiger Name lautet Savagnin rose, und sie gilt als Urahn des Gewürztraminers. Die Beeren sind etwas kleiner, und der Wein daraus ist weniger bukettreich und gleichzeitig etwas trockener im Geschmack. Nach der Statistik sind im ganzen Elsaß nur 13 ha mit dieser Rebsorte bepflanzt, und zwar in den Gemeinden Heiligenstein, Barr, Goxwiller und Gertwiller. Als Wein ist der Klevener de Heiligenstein nicht groß, aber doch bemerkenswert, sehr aromatisch und mit keinem anderen Elsässer-Wein vergleichbar.

Gewirr von Gassen

Von Heiligenstein ist es nicht mehr weit bis Barr. Dieses Städtchen mit seinen 4500 (im Sommer 5500) Einwohnern liegt im Tal des Flüßchens Kirneck und besitzt ein hübsches Zentrum, das von einem Gewirr winkliger Gassen durchzogen ist. Der sehenswerteste Teil des Ortes liegt im Bereich des um 1640 erbauten Rathauses. Der Name Barr geht vermutlich auf das keltische Barra zurück, das «Barriere» bedeutet haben könnte. Man vermutet, daß hier schon die Römer Weinbau betrieben haben. Mit seinen prächtigen Gärten, vor allem im Süden der Stadt, macht Barr einen recht wohlhabenden Eindruck. Es heißt, der Reichtum der Einwohner von Barr sei schon fast sprichwörtlich. Im vorigen Jahrhundert hatte nicht nur der Weinbau daran seinen Anteil, sondern auch die inzwischen stark geschrumpfte Lederindustrie.

Gute Gewürztraminer

Die Weingärten von Barr bedecken eine Fläche von knapp 90 ha. Drei Viertel davon werden von Winzern aus dem Ort selbst bearbeitet. Zwei Lagen spielen die Hauptrolle im Weinbau von Barr, der Kirchberg und der Freiberg. Hier liegen zwei Drittel aller Weinberge. Bei klarem Wetter hat man vom Kirchberg aus einen ausgezeichneten Fernblick bis zum Straßburger Münster. Weitere bekannte, jedoch kleinere Rebgärten sind Clos Zisser und Clos Gaensbrœnnel. Letzterer ist nach dem «Gänse-Brünnlein» schräg gegenüber dem aus dem 18. Jahrhundert stammenden Museum La Folie Marco benannt. Es gibt in Barr verschiedene Bodentypen, jedoch überwiegt allgemein der Anteil von Ton und Kalk. Auf 35% der Rebfläche wird mit beachtlichem Ergebnis der Gewürztraminer angebaut. Die zweite wichtige Rebe ist Sylvaner mit 25%, gefolgt von Riesling mit 17%. Einen Anteil von 8% beziehungsweise 6% nehmen Pinot gris (Tokay) und Muscat ein, während Pinot blanc und Pinot noir kaum vorkommen.

Das Weinhaus Klipfel

Die größte Weinfirma von Barr ist Klipfel. Sie arbeitet mit den Namen Louis Klipfel für die Weine von der eigenen Domäne und Eugène Klipfel für die Handelsweine, von denen jährlich etwa 1,2 Millionen Flaschen verkauft werden. Direktor André Lorentz hat für die 20000 Besucher, die jährlich zu ihm zur Weinprobe kommen, einen mit allem versehenen Empfangsraum bauen lassen. So können gleichzeitig 300 Personen im eigenen Probierlokal/Restaurant sitzen, probieren, essen und auch noch eine Dia-Schau ansehen. Der Raum ist reich mit antiken Gegenständen ausgestattet, und vor dem Gebäude stehen 15 alte Pressen. Die große Spezialität von Klipfel ist, wie schon zu vermuten, der Gewürztraminer. Obwohl die Weine des Handelshauses, von Eugène Klipfel also, durchweg von ansprechender Qualität sind, gilt meine Vorliebe doch eindeutig den Weinen von der eigenen Domäne, Louis Klipfel. Sie umfaßt 35 ha, wozu 15 ha auf dem Freiberg und der gesamte Clos Zisser mit 5 ha gehören. In den beiden genannten Weingärten liefert der Gewürztraminer ausgezeichnete Ergebnisse, während ich vom Freiberg auch einen guten Tokay kenne.

Willm und seine Weine

Ein weiterer, kleinerer örtlicher Betrieb ist Alsace-Willm (Jahreserzeugung 500000 Flaschen). Der Besucher, der durch das Tor in den Innenhof tritt, wird im Sommer von reicher Blumenpracht empfangen. Willms schönster Keller, der durch prächtige hölzerne Trennwände abgeteilt ist, liegt unter dem Wohnhaus, während die Betriebsräume weiter oben auf dem Hügel liegen. Vater Edy und Sohn Christian Willm verkauften ihr Handelshaus Ende 1980 an den Elsässer Getränkehändler Roger Bahl, der es seinerseits 1983 an die Genossenschaft von Eguisheim verkaufte. Die Firma verfügt über 12 ha Rebgärten. Von diesen kommen u.a. der Riesling vom Kirchberg (4 ha) und der

Hektar Rebfläche
Heiligenstein – 132
Goxwiller – 78
Bourgheim – 38
Gertwiller – 102
Barr – 71
Zellwiller – 44

Der Clos Gaensbroennel ist ein 7 ha großer, dreieckiger Rebgarten direkt hinter den Kellern von Willm und gehört auch diesem Haus. Der Gewürztraminer Clos Gaensbroennel wird nur in wirklich guten Jahren angeboten. Normalerweise ist der Wein ziemlich konzentriert, mildwürzig im Geschmack und von feiner Säure, die mit dazu beiträgt, daß dieser Gewürztraminer besonders lange haltbar ist – 10–20 Jahre ohne weiteres. In großen Jahren kann der Wein noch älter werden.

Eine der attraktiven Spezialitäten der Firma Charles Wantz ist der Gewürztraminer. Die Güteklasse «Réserve» bietet die beste Qualität. Dieser Wein ist weniger dick und schwer als andere Gewürztraminer aus Barr. Ich habe das sogar bei dem Wein aus dem doch sonnenreichen Jahr 1976 festgestellt. Andere Merkmale sind ein häufig würziger Geschmackston und eine gute Ausgewogenheit. Beim Probieren vertraute mir der kaufmännische Leiter Frédéric Dock an: «Dieser Wein ist mein apéritif maison».

Seite gegenüber, unten:
Vater Edy und Sohn Christian Willm von der gleichnamigen Firma beim Verkauf im Jahre 1980.

Unten:
Im Süden von Barr liegt das große Probierlokal von Klipfel. Auf dem Transparent steht der Name Lorentz-Klipfel, da die Leitung des Hauses bei André Lorentz liegt, der mit einer Klipfel verheiratet ist. André wird unterstützt von seinem Sohn Jean-Louis, der in Beaune studiert hat. Der Bruder Andrés, Charles, betreibt zwei Weinhäuser in Bergheim mit den Namen Gustave Lorentz und Jerôme Lorentz (s. S. 103). In und bei dem abgebildeten Probierlokal stehen mehrere alte Weinpressen. Auch im Büro von Klipfel, das an anderer Stelle in Barr gelegen ist, befindet sich eine alte Weinpresse, ein herrliches Exemplar aus dem Jahre 1708.

Eine Zweitmarke der Firma Klipfel heißt André Lorentz, nach dem heutigen Eigentümer/Direktor.

In Barr fand am 14. März 1906 die erste Elsässer Weinmesse statt. Heute wird sie am 14. Juli abgehalten, dem französischen Nationalfeiertag.

Fast das ganze Dorf Barr ist in der Vergangenheit zweimal, in den Jahren 1592 und 1678, durch Feuersbrünste vernichtet worden.

Das Weinhaus Charles Wantz benutzt als Zweit-Marke für Lieferungen an Supermärkte den Namen Stein.

Weitere Erzeuger:
Jean Heywang & Fils
(Heiligenstein)
Gilbert Hutt & Fils
(Heiligenstein)

Gewürztraminer vom Clos Gaensbrœnnel (7 ha, auf denen auch Riesling und Sylvaner angepflanzt sind). Das Haus Willm bringt auch einen erfreulichen Sylvaner und einen sehr gelungenen Klevener de Heiligenstein. Im allgemeinen sind die Weine von Willm für mich keine ausgesprochenen Persönlichkeiten, die durch Charakter, Finesse oder Abstufungen bleibende Eindrücke hinterlassen würden, aber die besseren Sorten des Hauses habe ich doch oft mit ehrlichem Genuß getrunken.

Charles Wantz
Ein drittes Weinhaus in Barr ist die Firma Charles Wantz. Der Betrieb entstand als Getränke-Großhandlung und versorgt die regionale Gastronomie auch heute noch mit Weinen aus anderen französischen Gebieten. Für ihre elsässischen Weine beziehen Charles Wantz und sein Schwiegersohn Frédéric Dock Trauben und Wein von rund 300 Winzern. Die Trauben werden zusammen mit dem Ertrag der eigenen 5 ha vinifiziert. Die starke Zunahme der selbst abfüllenden Winzer einerseits und die

Machtstellung der Genossenschaften und renommierten Weinhandelshäuser andererseits bringen es mit sich, daß ein mittlerer, nicht allzu bekannter Betrieb wie der von Charles Wantz heute einen schweren Stand hat. Hoffentlich gelingt es ihm, den bisher noch nicht erschlossenen Exportmarkt für einige seiner lobenswerten Spezialitäten zu interessieren, als da sind der Rouge d'Ottrott, der Klevener de Heiligenstein, der Sylvaner Zotzenberg und, nicht zu vergessen, der Gewürztraminer der Sorte «Réserve».

D 362
3 MITTELBERGHEIM
ROUTE DU VIN

Ste ODILE

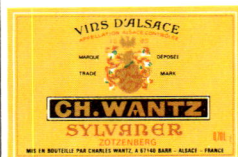

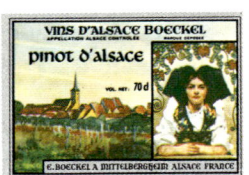

Ein Weinhaus, das einen Zotzenberger Sylvaner als Spezialität führt, ist Charles Wantz in Barr. Ich notierte: Sehr helle Farbe, eleganter und gleichzeitig charaktervoller Geschmack, der mit etwas *terroir* im Mund nachtönt. Andere Weine von Wantz sind auf den beiden vorangehenden Seiten vorgestellt. Wantz' Tokay 1975 war beste Klasse.

Ein wirklich erlesener Sylvaner ist der Zotzenberg «Réserve» des Hauses Seltz. Der Wein ist komplexer als andere Sylvaner, pikant, etwas würzig und fruchtig; außerdem riecht und schmeckt man die Frische des Kalkbodens. Dieser Sylvaner kann auch ausgezeichnet reifen. Die Familie Seltz kommt aus Andlau, ist aber schon seit 1575 im und um den Weinbau tätig. Das Haus arbeitet auch mit dem Namen Pierre Seltz.

Ein anderer vortrefflicher Wein von A. Seltz et Fils ist der häufig unterschätzte Clevner oder Pinot Blanc, ein sehr geschmeidiger, harmonischer und reintöniger Wein, zumindest, soweit er mit Jahrgang verkauft wird. Ein Genuß war auch ein reinrassiger Riesling «Réserve», der aus Trauben von Kalk- und Sandboden in idealer Weise zusammengestellt wurde. Auch Seltz' Gewürztraminer kann sehr gut sein, elegant und keineswegs pomadeartig, was auch für den Muscat gilt.

Der Brandluft – früher «Brandloch» genannt – ist ein kleiner Rebgarten in Mittelbergheim, auf dem Boeckel mit 1,5 ha den meisten Grund besitzt. Der Weinberg hat seinen eigenartigen Namen daher, weil man früher dort Destillierabfälle ablagerte. Boeckel erzeugt einen Brandluft-Riesling mit einem aparten, beinahe rauchigen Aroma und einem häufig lebendigen, pikanten Geschmack. Der Wein gewinnt durch einige Jahre Flaschenlager.

Der Wibelsberg in Andlau zählt 10–15 ha. Davon gehören 5 ha dem Haus Boeckel, die ganz mit Riesling bepflanzt sind. Im Vergleich mit dem Brandluft-Riesling ist der Wibelsberg etwas flacher, anschmiegsamer und milder. Ich finde, daß der Wein oft etwas besser duftet als schmeckt. Von anderen Boeckel-Rieslingen ziehe ich den Riesling «Réserve» vor, der in Duft und Geschmack viel Frucht besitzen kann. Der Buckingham-Palast hat davon gekauft. Eine Zweit-Marke von Boeckel ist Les Héritiers André Schmidt.

Neben seinem gewöhnlichen, korrekten Pinot Blanc führt Boeckel auch einen «Réserve», der nicht von der Pinot blanc- oder Pinot-Auxerrois-Rebe stammt, sondern von der Chardonnay-Rebe. Diese ist auf einem kleinen Stückchen Grund von 50 a angepflanzt. Den Wein finde ich sehr apart; Duft und Geschmack enthalten Anklänge von Kräutern, Rauch, Boden und Saftigkeit. Es ist anzuraten, diesen raren Elsässer 3–4 Jahre liegen zu lassen, bis sich die hohe anfängliche Säure auf eine angenehme Frische reduziert hat.

Mittelbergheim und Nachbargemeinden

Der Ort Mittelbergheim, dessen Weinberge an jene von Barr grenzen, entstand zu Beginn des 6. Jahrhunderts. Im Gegensatz zu vielen anderen elsässischen Dörfern ist es von Krieg und Gewalt weitgehend verschont geblieben, da es jahrhundertelang unter dem dreifachen Schutz der Stadt Straßburg, des Erzbistums Straßburg und der Abtei von Andlau stand. Mittelbergheim war daher zu allen Zeiten ein sehr wohlhabendes Dorf. Einen guten Anteil daran hatten einige tüchtige, arbeitsame protestantische Familien, die im 16. Jahrhundert aus dem benachbarten Andlau hierher zogen. Unter ihnen finden wir bekannte Namen wie etwa Seltz (so das gleichnamige örtliche Weinhaus) und Gilg (unter anderen das beste Restaurant am Ort, Winstub Gilg). Was Friede und Wohlstand zu bewirken vermögen, zeigt sich am heutigen Mittelbergheim: Es ist ein hervorragend erhaltenes Weindorf mit vielen großzügigen Häusern aus dem 16. und 17. Jahrhundert, einem Glockenturm aus dem 12. Jahrhundert, mit kunstvollen Verzierungen an vielen Fassaden und manchen weiteren großen und kleinen Sehenswürdigkeiten. Mittelbergheim liegt an einem Hang und besteht mehr oder weniger aus zwei langen, sich kreuzenden Straßen. Es ist ein Dorf, das man zu Fuß entdecken muß, denn mit dem Auto entgeht einem so manches Detail und ein großer Teil der Atmosphäre.

Ausgezeichneter Sylvaner

Früher wurde in jedem elsässischen Dorf jährlich der Preis festgelegt, zu dem der Wein verkauft wurde. Dies geschah beim sogenannten «Weinschlag». In Obernai geht diese Tradition bis auf das Jahr 1380 zurück. Die Preise wurden mit allgemeinen Bemerkungen zum Jahrgang im «Weinschlagbuch» festgehalten. Es gibt noch mehrere dieser Bücher, jedoch ist die Sammlung nirgends so vollständig wie in Mittelbergheim: Sie umfaßt lückenlos den Zeitraum von 1600 bis heute. In unserer Zeit werden allerdings keine Preise mehr genannt; dafür werden Erntemenge und Erntequalität um so ausführlicher beschrieben. Die Weinschlagbücher geben einen einmaligen Einblick in die Geschichte Mittelbergheims als Weingemeinde. So liest man unter anderem, daß 1313 den schlechtesten Ertrag seit 100 Jahre brachte ... Heute sind in Mittelbergheim etwa 173 ha unter Reben, was etwa dem Stand vor 150 Jahren entspricht. Der herausragende Wein ist der Sylvaner vom Zotzenberg. Der stark kalkhaltige Boden dieses 30 ha großen, nach Südwesten

Appellation Alsace Controlée
Sylvaner
Jean BEYER, Propriétaire-Viticulteur à EPFIG (Bas-Rhin)

Jean Beyers Sohn Patrick verwaltet die 6 ha große Domäne in Epfig. Patrick ist einer von etwa zehn Winzern, die ihren Wein selbst auf Flaschen ziehen. Die übrigen etwa neunzig Winzer arbeiten mit einem Haus oder einer Genossenschaft zusammen. In Epfig überwiegt die Sylvaner-Rebe. Hiervon macht Patrick einen sehr guten Wein: mild, reintönig, frisch, fruchtig und ausgewogen. Auch der Gewürztraminer und der Pinot Blanc sind durchwegs gelungen.

Hektar-Rebfläche
Mittelbergheim – 185
Andlau – 100
Eichhoffen – 39
Saint-Pierre – 25
Stotzheim – 118
Itterswiller – 132
Bernardvillé – 55
Epfig – 339
Nothalten – 202
Blienschwiller – 207

Die Leitung des Hauses Boeckel haben Emile Boeckel und sein Neffe Jean-Pierre Heyler. Rings um ihre Betriebsgebäude stehen im Sommer viele Rosen und 600–700 Geranien.

Weitere Erzeuger:
Armand Gilg & Fils (Mittelbergheim)
Domaine Ostertag (Epfig)
Madame Julien Meyer & Fils (Nothalten)
André Durrmann (Andlau)
Guy Wach (Andlau)

Seite gegenüber, links:
Pierre Seltz und seine amerikanische Frau Dolly. Auf dem Tisch sieht man die Manzanilla-Oliven, die Pierre in Südkalifornien entdeckt hat und jetzt importiert. Der Grund: Sie schmecken ausgezeichnet zum Wein, sind sehr fein und saftig und nicht scharf. Ich habe sie zu Seltz' Weinen sehr genossen.

Beide Seiten, unten:
Die Silhouette von Mittelbergheim, wo etwa 650 Menschen wohnen. Früher läutete man die Glocke auf dem Kirchturm, wenn die ausländischen Weinkäufer angekommen waren.

Rechts:
Mit diesem Schild werden Besucher in Mittelbergheim begrüßt. Das Dorf feiert sein Weinfest in der letzten Juliwoche.

Bienvenue dans la Cité du Vin

Mittelbergheim und Nachbargemeinden

---

liegenden Rebbergs ist zu 95% mit Sylvaner-Reben bepflanzt. Da der Hang muldenförmig eingesenkt ist, wird die Sonnenwärme gut gespeichert, weshalb die Sylvanertrauben hier mehr Zucker enthalten als anderswo im Elsaß. Der Name Zotzenberg bedeutet wahrscheinlich «unter dem Berg».

Klasseweine von A. Seltz et Fils
In Mittelbergheim wohnen und arbeiten 25 Winzer, von denen drei auch Weinhandel betreiben. Die Firma A. Seltz et Fils erzeugt einen der allerbesten Zotzenberg-Sylvaner, einen Wein von außergewöhnlicher Qualität. Außerdem habe ich bei Eigentümer und Direktor Pierre Seltz und seiner amerikanischen Frau Dolly einen ausgezeichneten Clevner, Riesling und Gewürztraminer probiert, und im Dreisterne-Restaurant Auberge de l'Ill trank ich einen bemerkenswerten Muscat von Seltz. Das Haus besitzt 2 ha auf dem Zotzenberg und weitere 7,4 ha anderswo (90% in Mittelbergheim). Pierre Seltz, der in Kalifornien Oenologie studiert hat, arbeitet vorzugsweise mit möglichst spät gelesenen Trauben, die anschließend möglichst langsam gären. Wer die Weine von A. Seltz & Fils kennenlernen will, dem sei empfohlen, die

Qualitäten «Réserve» und «Réserve Particulière» mit Jahrgang zu bestellen. Die anderen, einfacheren Sorten finde ich weit weniger interessant. Die Erzeugung liegt bei etwa 200 000 Flaschen im Jahr.

Interessantes Andlau
Unweit von Mittelbergheim liegt in einem Tal der Ort Andlau, eine Gemeinde, die seit den 80er Jahren sehr von sich reden macht. Hier findet man nämlich nicht nur drei *grands crus* (Kastelberg, Moenchberg, Wiebelsberg), sondern auch einige vorzügliche Weingüter. Die Domaine André Gresser steht unter der tatkräftigen Leitung von Rémy Gresser, der auf 9 ha markante Klasseweine erzeugt. Mindestens ebenso bekannt ist Marc Kreydenweiss, dessen intensiv schmeckende, charaktervolle Weine (5 ha) internationalen Ruf haben. Seine Frau führt außerdem unter dem Namen Catherine Lacoste ein kleines Handelshaus mit Ladengeschäft.

Gemeinden im Süden
Zwischen Mittelbergheim und Dambach-la-Ville liegen noch einige andere Weingemeinden, so Andlau mit seinem Kloster und seiner Kirche und den drei Burgruinen auf den umliegenden Bergen. Die Genossenschaft von Andlau gehört zum Divinal-Konzern in Obernai. Während es in Dörfern wie Eichhoffen, Saint-Pierre, Stotzheim, Bernardvillé und Nothalten wenig zu sehen gibt, bieten das hoch am Hang gelegene Itterswiller viel Charme (und ein sympathisches Restaurant), das Dorf Epfig mit seiner großen Weinbaufläche eine sehr schöne Kapelle aus dem 11. Jahrhundert (beim Friedhof) und Blienswiller längs der Straße auffallend viele einladende Wirtshausschilder.

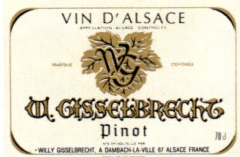

Für sich allein und in vergleichenden Degustationen hat der Pinot Blanc von Willy Gisselbrecht bei mir immer viele Punkte erzielt. Er ist durchweg ein saftiger, gefälliger Wein von ausgezeichneter Qualität und sehr charakteristisch für seinen Typ. Auch über einige Jahrgänge von Sylvaner, Riesling und Gewürztraminer «Réserve» habe ich Positives notiert. In den engen, modernen Kellern mit Tanks aus glasausgekleidetem Beton und aus Edelstahl liegen auch Flaschen mit dem Namen Heinrich, einer Zweit-Marke.

Die Firma Louis Gisselbrecht bringt im allgemeinen keine Weine mit auffallend viel Frucht oder Finesse, aber die Sorten, die man erzeugt, sind nicht zu teuer und bieten guten Wein für wenig Geld. Beispiele hierfür sind der Sylvaner, ebenso der Pinot Blanc und der Edelzwicker. Auch den Riesling finde ich in der Regel sehr korrekt.

Ein durchweg wirklich guter, frischer, an Finesse nicht armer Riesling ist der «Réserve» von Jean Hauller & Fils. Aber auch der Sylvaner «Réserve» ist beachtlich. Die Trauben hierfür kommen nicht von schwerem Boden, sondern von Granitboden, wodurch der Wein ziemlich leicht und rassig schmeckt. Liebhaber eines schweren und sogar süßen Gewürztraminers möchte ich auf Haullers Cuvée Saint-Sébastien der Qualität «Vendange Tardive» hinweisen. Zweit-Marke: Roth und Hellmuth.

Winzer Louis Hauller entstammt derselben Böttcherfamilie wie die Angehörigen des Hauses Jean Hauller, s. das Etikett mit Böttcherwerkzeugen. Louis bearbeitet ungefähr 8 ha, die mit acht Rebsorten bepflanzt sind. Auf 0,4 ha des Rebenhangs in Dambach-la-Ville stehen Pinot blanc und Pinot-Auxerrois. Anders als gemeinhin üblich vermischt Louis die Trauben nicht. Seinen köstlichen Klevner von der Pinot-Auxerrois-Rebe finde ich seinen besten Wein: markant, geschmeidig, sauber.

Dambach-la-Ville

Die größte Weingemeinde im Departement Bas-Rhin, also im nördlichen Teil des Elsaß, ist Dambach-la-Ville. Die Weinberge umfassen einschließlich der jungen Stöcke etwa 500 ha. In den Archiven wird der Name Dambach im Jahre 1125, damals noch als Tannenbach, erstmals erwähnt. Es gehörte mit den umliegenden Weilern zur Herrschaft Bernstein, das früher Bärenstein hieß, weshalb das Wappen von Dambach eine Tanne und einen Bären enthält. Nachdem Dambach an das Erzbistum Straßburg gekommen war, wurde es 1333 mit Befestigungen umgeben. Das führte dazu, daß die umliegenden Dörfer bald aufhörten zu bestehen, weil die Bevölkerung hinter die schützen-

den Mauern abwanderte. Die herrliche St.-Sebastians-Kapelle zum Beispiel, die heute inmitten der Weinberge liegt, war zu Beginn des 14. Jahrhunderts die Pfarrkirche des Weilers Oberkirch. Waren die Einwohner nun auch hinter den Mauern vor Truppen und Räubern sicher, vor der Pest, die im 14. Jahrhundert die Bevölkerung dezimierte, gab es keinen Schutz. In den folgenden Jahrhunderten wurde das Dorf immer wieder von Kriegen heimgesucht. Erst um 1650 setzte eine lange Periode der Ruhe und des Friedens ein. Damals wurde auch sehr viel neue Rebfläche gerodet.

Weinfest und Weinkönig

Von der zweiten Hälfte des 19. Jahrhunderts bis nach dem Ersten Weltkrieg war der Weinbau in Dambach die einzige Einnahmequelle. 1920 erhielt der Ort den Namen Dambach-la-Vigne (später in den heutigen Namen geändert, um es von einem anderen Dambach im Departement Moselle unterscheiden zu können). 1924 kam mit der Ansiedlung einer Schuhfabrik, die heute noch besteht, ein zweiter Wirtschaftszweig nach Dambach. In dem schrecklich häßlichen Gebäude, das zum Glück außerhalb des Ortes liegt, arbeiten zur Zeit etwa 750 Menschen. Im übrigen ist Dambach-la-Ville ein echtes Elsässer-Weindorf geblieben. Von den 600 Familien leben knapp 100 ausschließlich vom Wein, nochmal so viele betreiben Weinbau im Nebenerwerb, und viele Familienväter arbeiten bei Weinhäusern oder Weindomänen. Der Weindorf-Charakter von Dambach zeigt sich auch in dem tagelangen Weinfest, das seit 1964 in der ersten Augusthälfte stattfindet. Dabei wird ein Weinkönig gewählt, der den Namen Bacchus trägt. Wer den Titel erringen will, muß nicht

Hektar Rebfläche
Dambach-la-Ville – 457

*Seite gegenüber, links oben:
René Hauller (Weinhaus Jean Hauller) in seinem Weinberg bei der Sankt-Sebastians-Kapelle.*

*Seite gegenüber, unten:
Der Marktplatz von Dambach-la-Ville. Von links nach rechts das Rathaus (1547), das Hôtel de la Couronne (1569) und der Bärenbrunnen.*

Weitere Erzeuger:
Jean Maurer
Hubert Metz

*Unten:
Die Sankt-Sebastians-Kapelle, in deren Chor sich Fenster aus dem 14. Jahrhundert befinden. Die Kapelle enthält einen herrlichen, holzgeschnitzten Altar, mit einer Marien-Figur in Elsässer-Tracht. Seit 1796 wird die Kapelle von der Société Saint-Sébastien unterhalten.*

*Rechts:
Dambach-la-Ville aus der Vogelperspektive. Französisch wird Dambach als «Damback» ausgesprochen.*

Die Folklore-Gruppe Les Joyeux Vignerons aus Dambach-la-Ville trat 1975 sogar im Elysée-Palast auf.

Nach Pfaffenheim und Marlenheim hat nun auch Dambach einen Wein-Wanderweg durch die Rebberge, einen sogenannten *sentier viticole.*

nur eine Fragenliste richtig beantworten und bei einer Weinprobe drei Weinsorten richtig identifizieren, sondern auch möglichst schnell einen ganzen Liter Wein trinken. Diese letzte Prüfung müssen die Kandidaten auf dem Tisch stehend vor einer großen Menge Schaulustiger absolvieren. Der Sieger, der wahrscheinlich vorläufig keinen Wein mehr sehen kann, erhält als Preis sein Gewicht in Wein.

Blumenpracht
Das Dorfbild von Dambach ist sorgfältig gepflegt. Die meisten der aus dem 17. und 18. Jahrhundert stammenden Fachwerkhäuser, auf die der Blick fällt, wenn man durch einen der drei Tortürme in den Ort hineinfährt, sind in sehr gutem Zustand. Das gleiche gilt für einige ältere Gebäude wie das Rathaus (1547) und das daneben gelegene Hôtel de la Couronne (1569). Im Sommer sind viele Fenster mit leuchtender Blumenpracht geschmückt; Dambach hat auch schon mehrmals den alljährlichen Wettbewerb der Villes et Villages fleuris gewonnen.
Die wichtigsten Weinbetriebe liegen etwas außerhalb des alten Zentrums. Dambach hat eine eigene Genossenschaft, deren 90 Mitglieder etwa 150 ha bearbeiten. Der Wein der Genossenschaft wird allerdings nicht hier, sondern von der Genossenschaft in Eguisheim abgefüllt, die auch den größten Teil des Weines vertreibt. Etwa drei Viertel des Genossenschafts-Weines sind Sylvaner und Riesling, denn eben diese Reben überwiegen hier in den Weingärten. Auch die Pinot blanc gedeiht hier gut.

Willy Gisselbrecht & Fils
Dambachs größtes Weinhaus ist Willy Gisselbrecht & Fils, das 1936 vom Vater der heutigen Direktoren Léon und Jean Gisselbrecht gegründet wurde. Der Betrieb liegt im Süden des Dorfes an der Weinroute. Neben den modernen Kellern besitzt die Firma auch den größten alten Keller in Dambach, in dem noch hölzerne Fuder liegen. Typisch für die Arbeitsweise von Willy Gisselbrecht ist die schnelle Abfüllung, weshalb man, wie es heißt, relativ wenig Schwefel verwenden muß. Einen der ansprechendsten Weine der Firma finde ich den Pinot Blanc, und auch Sylvaner, Riesling sowie Gewürztraminer «Réserve» aus verschiedenen Jahrgängen habe

ich positiv beurteilt. Die Reben von den 15 ha eigenem Boden werden nicht getrennt vinifiziert. Jahresumsatz: 1,8 bis 2 Millionen Flaschen.

Louis Gisselbrecht
Neben Willy Gisselbrecht gibt es auch ein Haus Louis Gisselbrecht. Die Betriebe sind kaum 100 m voneinander entfernt und wurden im selben Jahr gegründet. Louis Gisselbrecht, von Vater André und Sohn Gilbert Gisselbrecht geleitet, ist der kleinere der beiden Betriebe. Das Weinsortiment scheint mir etwas einfacher zu sein (und ist billiger). Die Firma nennt den Riesling ihre Spezialität; ich persönlich fand eigentlich den Sylvaner in seiner Kategorie am besten. Man verfügt über 6 ha eigene Reben. Die von dort stammenden Trauben werden zusammen mit den angekauften verarbeitet. Das Haus verkauft jährlich 600 000–750 000 Flaschen.

Das Haus Hauller
Ursprünglich waren die Haullers eine Familie von Böttchern. Mit der Zeit beschränkten sie sich jedoch nicht mehr auf die Herstellung von Fässern, sondern wurden gleichzeitig auch ein bißchen weintechnische Berater der Winzer. Von da aus war es nur noch ein kleiner Schritt zur Gründung des Weinhauses Jean Hauller & Fils. Bis 1950 wurde die Böttcherei noch ausgeübt, dann nicht mehr. Heute findet man nur mehr in dem hübschen Empfangssaal Reminiszenzen an die Böttcherzeiten, darunter kunstvoll gearbeitete Faßböden und -dauben. Der

Betrieb, der größenmäßig zwischen den beiden Gisselbrechts liegt, besitzt 18 ha Weinberge in einem Umkreis von 12 km um Dambach. Eigene Riesling- und Gewürztraminer-Trauben kommen unter anderem aus Scherwiller, allein Gewürztraminer-Trauben vom Hahnenberg in Châtenois. In der Regel werden die eigenen Reben nicht gesondert vinifiziert und abgefüllt. Die qualitativ besten Trauben lassen die Eigentümer Jean und Sohn René Hauller ganz langsam in nicht erwärmten Drucktanks gären. Die Sylvaner und Riesling von J. Hauller & Fils trinke ich immer gerne, vor allem die «Réserve»-Qualität. Zwei besondere Weine kommen von 0,15 ha bei der St.-Sebastians-Kapelle. Dort wird jedes Jahr sehr spät gelesen, was einen kraftvollen Riesling und einen meist breiten, reichen, milden Gewürztraminer ergibt. Die beiden Weine werden als Cuvée Saint-Sébastien verkauft.

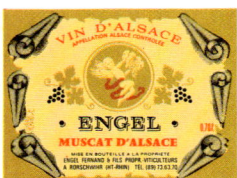

Die Domaine Louis Siffert & Fils in Orschwiller wird von Maurice Siffert geleitet und umfaßt etwa 7 ha. Die Familie Siffert wohnt in der Nähe der Kirche von Orschwiller und hat dort auch eine Probierstube. Obwohl auch der Gewürztraminer und der Pinot Noir gute Qualität besitzen, beeindruckte mich der Riesling am meisten: Er ist häufig ansprechend und nicht zu herb im Geschmack und besitzt zudem eine angenehme Frucht.

Im Jahre 1966 gründeten die Familien Huber und Bléger eines der ersten französischen *groupements viticoles* unter dem Namen G.A.E.C. Saint-Fulrade. Das gemeinsam bewirtschaftete Weingut umfaßt etwa 10 ha in Saint-Hippolyte. Zu den Spezialitäten der Domaine gehört nicht nur der Clevner (voll, würzig, mild), sondern auch der für Saint-Hippolyte traditionelle Pinot Noir, ein geschmeidiger, weiniger Rosé von ziemlich breitem Geschmack, der in seiner Art überaus gelungen ist.

Schätzungsweise 80–90 % der Pinot-noir-Trauben aus dem Dorf Rodern werden von der Genossenschaft von Ribeauvillé verarbeitet. Dieser Betrieb erwärmt den Most etwas, auch um dem Wein viel Farbe zu geben. Den so erzeugten Pinot Noir empfand ich als mehr als einen normalen elsässischen Rosé: Der Geschmack war beinahe «rot», die Farbe ebenfalls. Der Wein duftete außerdem gut nach der Rebe und hatte für seinen Typ ziemlich viel Geschmack.

Die Keller von Fernand Engel liegen an der stark befahrenen Route du Vin, weshalb er an einem Sommertag durchaus einmal 1200–1500 Flaschen an Vorbeifahrende verkauft. Engels Weine besitzen im allgemeinen eine korrekte, aber nicht herausragende Qualität. Am besten gefiel mir der Muscat «Réserve» mit seinem duftigen und deutlich trockenen Geschmack. Das Gut umfaßt knapp 25 ha.

Louis Gassmann bestellt 15 ha in Rorschwihr, Bergheim und Rodern. Die Qualität ihrer Weine ist allgemein hervorragend. Ich denke etwa an den nuancierten, hellrosa Pinot Noir, den Tokay, den normalen Riesling und den manchmal überragenden «Réserve», der noch kräftiger, reicher, nuancierter ist. Höchst beeindruckend auch der Gewürztraminer, ein Wein mit Kraft, Gewürzen, einem meist milden Geschmackston und von großer Reintönigkeit.

Links unten:
*Marie-Thérèse, geb. Rolly,
und Louis Gassmann von der
Domaine Rolly-Gassmann in
Rorschwihr*

Rechts unten:
*Anstehen zum Besuch der
Hoch-Königsburg*

Weitere Erzeuger:
Charles Koehly & Fils
(Rodern)
Koeberlé-Kreyer
(Rodern)
René Klein & Fils
(Saint-Hippolyte)
Muller-Koeberlé
(Saint-Hippolyte)

Zu Füßen der Hoch-Königsburg

Eine der größten touristischen Attraktionen des Elsaß ist die Hoch-Königsburg. Sie prangt auf einer 755 m hohen Erhebung und bietet einen herrlichen Rundblick über Weinberge, Weindörfer und die Rheinebene. Die Burg wurde 1633 von den Schweden und in der Folgezeit noch mehrmals verwüstet. Der Stadtrat von Sélestat schenkte die Ruine Kaiser Wilhelm II., der seinen Architekten zwischen 1901 und 1908 auf den Resten eine neue Burg bauen ließ. Sie ist zwar architektonisch kein Muster an Schönheit, aber doch sehr beeindruckend. Der französische Staat hat sie unter Denkmalschutz gestellt. Zu ihren Füßen, zwischen Dambach und Bergheim, liegen einige hübsche Weindörfer.

Riesling, Tiere und Heilquellen

Das nördlichste dieser Dörfer ist Dieffenthal, wo die Trauben wegen des wärmeren Mikroklimas früher reifen als anderswo. Man findet hier vor allem die Pinot blanc-Rebe. Es folgt die große Weingemeinde Scherwiller, wo zu 90 % Riesling angepflanzt ist. Zu Recht also wurde hier 1980 die Weinbruderschaft der Rieslinger gegründet. Die Weinroute macht im Ort eine scharfe Biegung nach Westen. Es lohnt sich, dem Zentrum mit seinen alten Häusern einen kurzen Besuch abzustatten. Das von den Römern gegründete Châtenois besitzt eine überbreite Hauptstraße, die fast die Abmessungen eines Platzes hat. Andere Besonderheiten des Ortes sind ein aus dem 12. Jahrhundert stammender Wachturm und salz-, eisen- und jodhaltige Quellen, die bis 1904 ausgebeutet wurden. Eine bekannte Lage ist der Hahnenberg. Etwa 15 km westlich von Châtenois liegt tief in einem Bergtal das kleine Weindorf Albé. Dort werden vor allem Obstbranntweine erzeugt. Nach Châtenois folgt Kintzheim, wo Adler, Geier, Bussarde und Falken einen Vogelpark bevölkern und Hunderte von Affen in einem Affenzoo ihre Kunststückchen zeigen. Orschwiller mit seiner barocken Kirchenfassade schließlich ist das südlichste Dorf des Departements Bas-Rhin. Hier wird mindestens seit dem 8. Jahrhundert Wein gemacht. Die örtliche Genossenschaft (140 Mitglieder, knapp 100 ha) verfügt über eine moderne *cuverie* und erzeugt sehr ansprechende Weine.

Der Beginn des Departements Haut-Rhin

Bei Saint-Hippolyte beginnt das Departement Haut-Rhin. Das eigentliche Dorf wird im Geviert von Befestigungen aus dem 13. Jahrhundert umschlossen. Sein Name geht auf den 235 gestorbenen römischen Märtyrer Hippolyt zurück, dessen Reliquien von einem gewissen Fulrade im 8. Jahrhundert aus Rom mitgebracht wurden. Derselbe Fulrade soll auch die Pinot noir-Rebe aus Italien hierhergebracht haben; der Rouge de Saint-Hippolyte genoß früher großen Ruhm. Das benachbarte Rodern ist ebenfalls für seinen Pinot Noir berühmt. In diesem abseits gelegenen, romantischen Weiler wird im Juli sogar die Fête de Pinot Noir gefeiert. Die Weinlandschaft ändert sich in Rorschwihr: In dieser 270 Einwohner zählenden Gemeinde steht der Gewürztraminer im Vordergrund. Man hat in diesem früheren Chrodoldesvillare bei Ausgrabungen Reste aus Bronze- und Römerzeit entdeckt; der Weinbau geht mindestens bis auf das Jahr 742 zurück.

Hektar Rebfläche
Bergheim – 259

Marcel Deiss in Bergheim bestellt zusammen mit seinem Sohn Jean-Michel 20 ha, die zu einem Drittel mit Gewürztraminer, zu einem Drittel mit Riesling und zu einem Drittel mit anderen Trauben bepflanzt sind. Exzellent der Gewürztraminer vom Altenberg; der 1979er wurde so auch zum besten Gewürztraminer von Bergheim gewählt. Auch der Riesling vom Altenberg zeichnet sich aus durch Eleganz, Frische, Frucht und besitzt durchweg viel Klasse. Zweite Marke ist Mischler.

Die besten Weine, die ich von dem Haus Gustave Lorentz probiert habe, waren Gewürztraminer: der «Cuvée Particulière» und der «Cuvée Réserve Altenberg». Der erste Wein war ein klassischer, breiter Typ Gewürztraminer. Der Altenberg war mit mehr Finesse ausgestattet, besaß aber ebenfalls einen breiten, mundfüllenden Geschmack und einen langen Abgang. In sonnenreichen Jahren ist der Geschmackston eindeutig mild. Der Riesling Altenberg hatte nicht das gleiche Niveau, war aber dennoch köstlich.

Als Gustave Lorentz im Jahre 1836 ein eigenes Weinhaus gründete, eröffnete bald darauf auch sein Neffe Jérôme einen eigenen Betrieb. Heute unterstehen beide Häuser einer gemeinsamen Leitung. Beide Häuser haben jedoch ihren eigenen Rebengrund: Gustave zum Teil auf dem Altenberg, Jérôme unter anderem auf dem Kanzlerberg. Der Kanzlerberg-Riesling hat mich voll überzeugt. Auch der Gewürztraminer kann ein sehr komplexer, kräftiger Wein sein, der zudem im Geschmack gute Nuancen besitzt.

Links unten:
Markt in Bergheim. Im Hintergrund die Porte-Haute aus dem Beginn des 14. Jahrhunderts. In verschiedenen Häusern hat man Fresken entdeckt, die aus der gleichen Zeit stammen.

Ganz unten, rechts:
Auf der Domaine Marcel Deiss werden frisch gelesene Trauben angeliefert. Keller und Probierlokal liegen am Ortsrand von Bergheim in Richtung Ribeauvillé. Links Marcel Deiss (mit Hut).

Rechts unten:
Charles Lorentz, Direktor und Eigentümer der Häuser Gustave Lorentz und Jérôme Lorentz, prüft den schönen Gewürztraminer 1971 von Gustave Lorentz. Wegen des schweren Bodens von Bergheim können die meisten dorther stammenden Weine nicht

nur lange reifen, sondern müssen das sogar; 2 Jahre gelten als Minimum.

Übeltäter waren einst in Bergheim willkommen, Zauberer dagegen nicht. Einer der drei Türme in der Ringmauer im Norden des Dorfes ist der «Tour des sorciers», der Turm der Zauberer. Dort wurden Leute, die okkulter Praktiken verdächtigt wurden, eingesperrt und gefoltert.

Weitere Erzeuger:
Louis Freyburger & Fils.

Bergheim

Als der einstige Weiler Perchaim im 14. Jahrhundert mit Wall und Mauern umgeben wurde, war dies der Anfang des heutigen Städtchens Bergheim. Von den Befestigungsanlagen ist noch die nördliche Ringmauer mit den drei Türmen erhalten, von denen die Porte Haute den Zugang zum Ort bildet. Noch älter als diese Befestigungen ist die große Linde, die etwas außerhalb des Ortes steht: Sie soll aus dem 13. Jahrhundert stammen. Bergheim hatte einst ein eigenartiges Privileg: Wer einen Mord begangen hatte oder seine Gläubiger nicht befriedigen konnte, fand innerhalb der Mauern Bergheims Zuflucht und konnte nicht mehr gerichtlich belangt werden. Dieses Privileg, das etwa einhundert Jahre Bestand hatte, wurde durch ein Standbild bei der Haute Porte symbolisiert. Es stellte einen Mann dar, der demonstrativ in einer Gebärde des «Ihr-könnt-mich-mal» sein Hinterteil entblößt hatte. Die anstößige Skulptur wurde im vorigen Jahrhundert von einem sittenstrengen Bürgermeister entfernt.

Schwerer Boden mit Ton und Kalk

Vermutlich hat kein Elsässer-Dorf so oft den Eigentümer gewechselt wie Bergheim. Man hat einmal ausgerechnet, daß der Ort zwischen 700 und 1789, dem Jahr der Französischen Revolution, 32 verschiedene Besitzer hatte. Jedenfalls hat Bergheim seinen mittelalterlichen Charakter großenteils bewahren können. Es ist ein ruhiges kleines Weindorf mit einigen prächtigen alten Häusern und einer Sandsteinkirche mit Teilen aus dem 14. Jahrhundert. Im Sommer gibt es in den Gärten, auf den Balkonen und an den Fenstern überall Blumen. Viele der rund 1700 Einwohner haben mit Wein zu tun. Der Boden in den Weingärten Bergheims ist von schwerer, ton- und kalkhaltiger Struktur, die der Gewürztraminer-Rebe optimal zusagt. Auch die Riesling-Rebe liefert hier gute Ergebnisse. Eine Sorte wie die Sylvaner-Rebe dagegen findet man hier praktisch nicht, höchstens auf flachen Abschnitten. Bergheims bekannteste Lagen sind der Kanzlerberg und der Altenberg.

Zweimal Lorentz

In Bergheim gibt es etwa 15 Weinerzeuger, darunter das unter zwei Namen firmierende Haus Lorentz. Die Firma Gustave Lorentz (20 ha eigener Grund, davon 12 ha auf die *grand cru*-Lage Altenberg) erzeugt jährlich etwa zwei Millionen Flaschen. Die angeschlossene und ebenfalls von Gustave Lorentz geleitete Firma Jérôme Lorentz besitzt 10 ha Rebgärten, davon 1,3 ha auf der *grand cru*-Lage Kanzlerberg. Diese Firma verkauft durchschnittlich 600 000 Flaschen pro Jahr. Seit Anfang der 80er Jahre hat sich die Qualität aller Lorentz-Weine deutlich gebessert. Das heutige Sortiment besteht aus durchwegs reintönigen, sorgfältig gemachten Weinen, zu denen nicht nur herrliche Gewürztraminer, sondern auch großartige Riesling- und Muskatweine gehören. 1985 hat M. Lorentz den örtlichen *négociant* Jules Muller übernommen. Unter dieser Marke werden jährlich etwa 300 000 Flaschen verkauft.

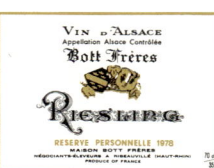

Bezeichnend für die Sorgfalt, mit der das Haus Bott Frères arbeitet, ist die Tatsache, daß man 1978, als die Muscat-Ottonel-Ernte weitgehend ausfiel, einen besonders schönen Muscat herzustellen verstand. Er besaß einen feinen Traubenduft und einen milden, lebhaften Geschmack, der gerade genügend Frische aufwies. Es war ein «Cuvée Exceptionnelle». Auch Muscats aus anderen Jahren mit diesem Prädikat verdienen Aufmerksamkeit. Es gibt auch ein Haus Bott-Geyl in Beblenheim, das ein Bruder von Pierre Bott leitet.

«Réserve Personnelle» bedeutet bei Bott Frères allerhöchste Qualität. Die Trauben hierfür hatten den höchsten Reifegrad und den höchsten Zuckergehalt, und nur der Vorlauf wird verwendet. Der Riesling mit diesem Prädikat ist bukettreich, elegant und weist durchweg neben seiner Frische eine gewisse Milde auf. Der Wein besaß für mich eine höhere Qualität als der «Cuvée Exceptionnelle» oder «Réserve», zwei niedrigere Kategorien. Vom Pinot Noir ist die «Réserve» ein köstlicher, hellfarbener, frischer Wein.

Trimbachs Riesling Cuvée Frédéric Emile, so genannt nach dem Gründer des Hauses, wird fast immer zu mindestens 95 % aus eigenen Reben vom Osterberg hergestellt. Der Wein kann lange reifen und sollte in der Regel nicht vor dem dritten oder vierten Jahr getrunken werden. Es ist ein Riesling von ausgeprägtem Charakter – aromatisch, komplex, lang im Abgang. Kein «problemloser» Wein, aber sehr interessant.

Die Lage Kirchberg, auf dem Louis Sipp 1,2 ha besitzt, hat ton- und kalkhaltigen Grund. Die Kühle des Kalks entdeckt man auch im Riesling von diesem Weinberg. Außerdem kann der Wein echte Finesse haben sowie in dem diskreten Duft etwas Frucht. Auch andere Weine aus dem Sortiment sind meist recht zuverlässig, insbesondere Tokay und Gewürztraminer. Wirklich hervorragende Weine habe ich bei Louis Sipp jedoch nicht verkostet.
Das Haus verkauft etwa 1,2 Millionen Flaschen im Jahr.

Jean Sipp wohnt in dem großen, alten Haus der Familie Sipp. Er bewirtschaftet eine eigene Domäne. Diese umfaßt 20 ha, von denen 80 % in Ribeauvillé liegen. Jean ist Perfektionist: durch eine Bodenuntersuchung ließ er die optimale Bepflanzung und Düngung ermitteln. Etwa 30 % seiner Reben sind Riesling. Die Stöcke auf dem Kirchberg liefern das beste Resultat, einen geschmeidigen Wein von unverkennbarer Eleganz. Auch der einfachste Wein aus Sipps Sortiment, der Edelzwicker, ist stets vorzüglich.

Der Clos du Schlossberg, 0,8 ha, ist Eigentum von Jean Sipp. Er zieht hier vor allem Gewürztraminer und Muscat. Die drei Rebsorten werden zusammen vinifiziert und liefern in einem sonnenreichen Jahr wie 1976 mild duftenden, leicht goldgelben Wein mit einem kräftigen, ziemlich reichen, etwas würzigen Geschmack, der irgendwie in der Mitte zwischen einem Tokay und einem Gewürztraminer liegt. A propos Gewürztraminer: Jean Sipps «Cuvée Particulière» ist ein Wein von Ausgewogenheit und Stil.

Ribeauvillé

Etwa Mitte des 8. Jahrhunderts wird Ribeauvillé erstmals als Ratboldovilare («Gehöft des Ratbold») erwähnt. Nachdem es nacheinander Eigentum der Herzöge des Elsaß, der Grafen von Egisheim und der Erzbischöfe von Basel war, kam es schließlich an die Grafen von Rappoltstein. Diese residierten nicht in Rappoltsweiler selbst, sondern in Burgen hoch auf einem nahegelegenen Berg. Diese Burgen gibt es noch, wenn auch nur als Ruinen: St. Ulrich (die größte und schönste), Ginsberg und Haut-Ribeaupierre. Die Grafen Ribeaupierre waren die Schutzherren der Spielleute. Seit 1715 zogen diese jedes Jahr nach Ribeauvillé, spielten für Grafen und Volk und logierten in der Auberge du Soleil, die noch besteht, aber keine Herberge mehr ist. Mit der Französischen Revolution verschwanden die Grafen, jedoch nicht die Tradition der Spielleute. Heute noch wird in Ribeauvillé jeweils am ersten Sonntag im September der Pfeifertag (Fête des Ménétriers) gefeiert. Straßenmusikanten, Bänkelsänger und Geschichtenerzähler kommen im Städtchen zusammen, und während am folgenden Montag alle anderen Elsässer arbeiten, ist in Ribeauvillé offiziell Feiertag.

Wohlhabendes Bürgertum
Ribeauvillé (4700 Einwohner) ist wirklich sehenswert. Der langgestreckte Ortskern schmiegt sich eng in ein Tal. Man findet dort viele schmucke Häuser, vor allem in so malerischen Straßen wie der langen Grand-Rue und der Rue de la Fraternité. An Baustil und Größe der Häuser läßt sich erkennen, daß es in Ribeauvillé vor langer Zeit ein wohlhabendes Bürgertum gab. Im Ort sind noch Teile der Stadtmauern aus dem 13. Jahrhundert und der große Tour des Bouchers aus der gleichen Zeit erhalten geblieben. Die Weinberge erheben sich zum Teil hoch über dem Ort. Die drei berühmtesten Lagen sind Geisberg, Kirchberg und vor allem Zahnacker, deren Wein schon Ludwig XIV. trank. Der Boden in der Gegend rings um Ribeauvillé besitzt sehr unterschiedliche Struktur, so daß alle noblen Rebsorten angebaut werden können. Am besten gedeiht jedoch der Riesling, dicht gefolgt vom Gewürztraminer.

Mehrere Weinfirmen
Innerhalb der Gemeindegrenzen von Ribeauvillé gibt es eine Stofffabrik, eine Druckerei, die Schecks und andere Wertpapiere herstellt, die Mineralwasserfirma Carola und einen landwirtschaftlichen Musterbetrieb mit 200 Kühen. Dennoch ist der Weinbau der wichtigste wirtschaftliche Faktor. Mit seiner Rebfläche liegt Ribeauvillé im Departement Haut-Rhin an siebter Stelle, und es gibt im Ort eine ganze Reihe von Weinhäusern. In alphabetischer Reihenfolge sind dies: Bott Frères, Robert Faller & Fils, Metz Frères, Louis Sipp und F. E. Trimbach. Sie kaufen Trauben und teilweise Wein nicht nur in Ribeauvillé selbst, sondern auch aus weiter entfernt liegenden Dörfern. Daneben gibt es in Ribeauvillé eine Genossenschaft, in ihrer Art die älteste in Frankreich. Sie wurde 1895 gegründet und konnte sich auch durch schwierige Zeiten hin erhalten.

Zahn's Acker
In Ribeauvillé gibt es etwa 80 Winzer, von denen über 30 an die Genossenschaft angeschlossen sind. Knapp 50 weitere Mitglieder kommen aus den umliegenden Dörfern. Die Genossenschaft erzeugt unter anderem 80–90% des Pinot Noir der hierfür bekannten Gemeinde Rodern (s. Seite 102). Insgesamt bearbeiten die Mitglieder der Genossenschaft etwa 195 ha. 1950 liefen die Geschäfte so schlecht, daß man beschloß, den Betrieb einzustellen. Mit der Auflösung wurde Emile Traber betraut, der jedoch im Gegensatz zu seiner Aufgabe den Betrieb wieder bestens in Schwung brachte. Die Genossenschaft ist technisch gut ausgerüstet und bringt sehr ordentliche Weine. Ich habe eine ganze Reihe erfreulicher Kreszenzen getrunken, darunter den bereits genannten Pinot Noir, einen Riesling, einen Tokay d'Alsace und einen Gewürztraminer. Die große Spezialität ist der Clos du Zahnacker. Die Trauben dafür – Riesling, Gewürztraminer und Tokay – kommen von 0,12 ha Grund, auf dem schon im 9. Jahrhundert Mönche Reben pflanzten. Die Lage hat ihren Namen von einem Martin Za(h)n: Eine Urkunde aus dem Jahre 1419 erwähnt «Martin Zans Acker».

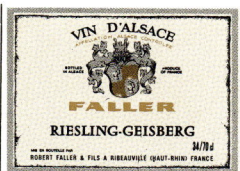

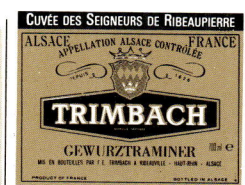

Das Weinhaus Robert Faller & Fils verfügt über 10 ha in Ribeauvillé, die etwa die Hälfte der verarbeiteten Trauben liefern. Spezialität ist der Riesling-Geisberg. Der Geisberg, auf dem Faller 1,5 ha besitzt, gibt häufig einen ziemlich aromatischen Wein, der gut reifen kann. 1980 war der 1973er, ein schöner Wein, mit ausgeprägtem Charakter, noch vollkommen frisch. Auch andere Jahrgänge hinterließen positive Eindrücke.

Die Domaine François Kientzler & Fils gehört zu den besseren Weinerzeugern von Ribeauvillé und Umgebung. Geschäftsführer André Kientzler verwaltet 10 ha, darunter 1,5 auf dem Geisberg. Der Riesling Geisberg besitzt meist viel Geschmack, eine gute Dosis Frucht und angenehme Frische. Andere zu empfehlende Weine von Kientzler sind der graziöse, leicht frische Muscat Kirchberg und der einfache, in seiner Art jedoch erstaunlich angenehme Chasselas der Lage Osterberg.

Die 1,2 ha des Clos du Zahnacker sind mit Riesling, Gewürztraminer und Tokay bepflanzt. Sie werden zusammen vinifiziert und liefern 15 000–20 000 Flaschen im Jahr. Der Zahnacker besteht aus schwerem Boden. Der Wein muß daher Jahre reifen – 5 Jahre sind keine Ausnahme. Der Wein hat anfangs neben gewissen Nuancen und einem schwer zu beschreibenden Charakter ziemlich viel Säure. Er wird ausschließlich von der Genossenschaft Ribeauvillé angeboten. Zweit-Marke ist Martin Zahn.

Außer einem beachtlichen Pinot Blanc sowie Muscats und Tokays von großer Klasse habe ich bei Trimbach auch den Gewürztraminer Cuvée des Seigneurs de Ribeaupierre probiert: ein Wein von Reben auf dem Trottacker in Ribeauvillé: nicht von Breite und Wucht – auch nicht in sonnenreichen Jahren –, fast immer dagegen sind Frucht und Nuancen vorhanden, eine gewisse Frische und ein hohes Maß an Reintönigkeit. Ein guter Jahrgang kann ohne weiteres 10 Jahre oder länger reifen.

Hektar Rebfläche
Ribeauvillé – 284

Seite gegenüber, unten:
Die Place du Bouc in Ribeauvillé, im Hintergrund die Burgruine St-Ulrich

Ganz unten:
Die Brüder Bernard (links) und Hubert Heydt-Trimbach vom Haus Trimbach. Die Ernte ist in vollem Gang.

Unten:
Das imposante Haus von Winzer Jean Sipp. Die Keller liegen darunter.

Ribeauvillé feiert im Juni die Fête du Kugelhopf und hält im Juli seine Weinmesse ab. Ribeauvillé galt früher als Weinhauptstadt des Elsaß. Heute ist dies Colmar.

Eine bekannte Lage von Ribeauvillé ist Kirchberg. Einen Weinberg gleichen Namens gibt es auch in Barr.

Heydt ist eine Zweit-Marke der Firma Trimbach, die vor allem für Privatkunden bestimmt ist.

Weitere Erzeuger:
Henri Fuchs & Fils
André Ostermann
Bernard Gerber
Metz Frères

Das Restaurant Auberge du Zahnacker ist seit 1966 Eigentum der örtlichen Genossenschaft.

Ribeauvillé

Klasseweine bei Trimbach

Am Fuße des Osterbergs von Ribeauvillé liegen die Gebäude eines meiner bevorzugten Elsässer Häuser, der Firma F. E. Trimbach. Es ist ein sehr qualitätsbewußter Familienbetrieb, der von den Brüdern Bernard (Vinifikation) und Hubert (Vertrieb) Heydt-Trimbach geleitet wird. Die Firma verfügt über Gärtanks aus Edelstahl, jedoch werden alle besseren Weine 1–2 Monate in Eichenholzfässern gelagert. Außerdem läßt man die Weine nach der Abfüllung in der Regel mindestens noch 6 Monate ruhen. Trimbach hat deshalb im Verhältnis zum Umsatz einen der größten Flaschenvorräte des Elsaß. Das Haus besitzt 15 ha, wovon die Hälfte in Ribeauvillé liegt, die andere Hälfte in Hunawihr und Bergheim. Die besten Leistungen bringt Trimbach meiner Meinung nach bei den kräftigeren Sorten Wein – bei Gewürztraminer, Tokay und Muscat –, insbesondere bei den Qualitäten «Réserve» und «Réserve Personnelle». Daneben erzeugt das Haus aber auch einige herausragende Rieslinge, so den Cuvée Frédéric Emile und den von Hunawihr stammenden Clos Sainte Hune (s. Seite 106). Positiv im Gedächtnis geblieben ist mir auch der Pinot Blanc.

Die Firma Louis Sipp

Eine weitere bekannte Firma aus Ribeauvillé ist Louis Sipp. Das von Pierre Sipp und seiner Frau Simone dynamisch geführte Haus besitzt fast 15 ha, u.a. in den Weinbergen der näheren Umgebung. Riesling und Gewürztraminer machen mit 30 und 25% zusammen mehr als die Hälfte der Bepflanzung aus. Nur die Trauben vom Kirchberg, wo Louis Sipp 2,2 ha gehören, werden getrennt vinifiziert. Die übrigen werden zusammen mit denen vinifiziert, die man von etwa 100 meist kleineren Winzern ankauft. In den großen Kellern von Louis Sipp liegen viele Holzfuder, die immer noch benutzt werden. Die Weine dieses Hauses sind gewiß nicht schlecht, aber andererseits auch nicht mehr als korrekt zu nennen. Ich habe im Sortiment keine auffallend guten Qualitäten oder großen «Persönlichkeiten» entdeckt. Der beste Wein ist im allgemeinen der Riesling Kirchberg, jedoch nicht aus allen Jahren, während auch der Gewürztraminer manchmal sehr gelungen sein kann.

Bott Frères: eleganter Stil

Ein drittes Weinhaus von Belang ist die Firma Bott Frères, Eigentümerin von 12 ha Weinbergen, die überwiegend in Ribeauvillé selbst sowie in Hunawihr und Beblenheim liegen. Die Trauben werden getrennt vinifiziert; die Weine werden jedoch später mit anderen vermischt. Während Trimbach etwa 800 000 Flaschen verkauft und Louis Sipp etwa 1 Million, liegt der Umsatz von Bott Frères bei etwa 300 000 Stück. Bei Bott werden für Vinifikation und Lagerung hauptsächlich noch Holzfuder gebraucht, von denen einige aus dem Jahr 1890 stammen. Direktor Pierre Bott sagte mir, daß er den Riesling als Spezialität seines Hauses betrachtet. Dies stimmt mit meinem Eindruck überein, daß Bott Frères sehr elegante Weine erzeugt, die im Stil ganz anders sind als etwa die Erzeugnisse von Trimbach. Neben guten Rieslingen kenne ich von Bott Frères auch einen ausgezeichneten Muscat, einen ziemlich schlanken, aber doch angenehmen Tokay und einen sehr guten Pinot Noir. Die besten Qualitäten des Hauses werden als «Cuvée Exceptionnelle» und «Réserve Personnelle» angeboten.

Im Empfangslokal von Hunawihrs Genossenschaft habe ich am Tresen eine Reihe Weine aus verschiedenen Jahrgängen durchprobiert. In seiner Art fand ich den Sylvaner sehr angenehm und ziemlich breit im Geschmack. Die Rieslinge schmeckten mild und frisch zugleich, ohne durch Tiefe oder Finesse zu überragen. Die Gewürztraminer waren nichts weiter als gut; wie auch den anderen Weinen schien es ihnen etwas an Konzentration zu fehlen. Der Pinot Noir war in jeder Hinsicht akzeptabel.

Die Brüder Louis und André Mittnacht heirateten zwei Schwestern aus einer anderen Familie Mittnacht und begannen zusammen im Jahre 1963 einen Weinbaubetrieb. Die Domäne umfaßt 10 ha; zwei Drittel liegen in Hunawihr selbst. Ich probierte bei ihnen einen guten Riesling mit wenig Säure, aber doch genügend Frische, auch Geschmeidigkeit, Frucht und *terroir* waren vorhanden. Hervorragend fand ich auch den sehr charakteristischen Tokay d'Alsace «Réserve Particulière» sowie mild-würzigen Klevner.

Der Clos Sainte Hune in Hunawihr umfaßt 1,25 ha und gehört ganz dem Haus Trimbach. Die Erzeugung, ausschließlich Riesling, beträgt im Durchschnitt nur 7000 Flaschen im Jahr. Der Wein ist außergewöhnlich: frisch, elegant, nuancenreich, lang im Abgang – eine graziöse Persönlichkeit, die viele Eindrücke hinterläßt, aber doch erheblich weniger aromatisch ist als Rieslinge aus dem benachbarten Ribeauvillé. Der Riesling Clos Sainte Hune wurde wiederholt im Elysée-Palast kredenzt. Der Wein kann ideal reifen.

Hektar Rebfläche
Hunawihr – 229

Die Quelle, in der die später heiliggesprochene Huna im 7. Jahrhundert die Kleider der Kranken gewaschen haben soll, gibt es noch heute. Die Legende berichtet, daß einst nach einer geringen Weinernte das Wasser der Quelle sich in Wein verwandelt haben soll.

Das Dorf Hunawihr wird erstmals im Jahre 1114 erwähnt. Das reizvolle Rathaus stammt aus dem Jahre 1517.

Unten:
Die berühmte Wehr-Kirche von Hunawihr, die teilweise von Rebstöcken umgeben ist. Das Bauwerk steht seit 1929 unter Denkmalschutz.

Hunawihr

Das 520 Einwohner zählende Hunawihr liegt etwas südlich von Ribeauvillé, etwa 1 km abseits der Weinroute. Neben der Straße zum Dorf liegt hinter dichtem Grün verborgen ein Storchengehege. Seit 1976 wird hier versucht, im Elsaß wieder Störche heimisch zu machen. Das kleine Hunawihr bekam seinen Namen von Huna, der Frau des Hunon. Sie lebte im 7. Jahrhundert und verrichtete viele mildtätige Werke. So soll sie nach der Überlieferung die Kleider der Armen in einem Brunnen gewaschen haben. Diesen Brunnen gibt es noch heute, und im Frühling und im Sommer wird er mit Blumen geschmückt. Hunon und Huna erbauten auch die erste Kirche des Ortes. Vielleicht erhebt sich das heutige Gotteshaus, eine der markantesten Sehenswürdigkeiten des Elsaß, auf ihrem Fundament.

Befestigte Kirche

Die Kirche ist nämlich befestigt. Sie ist ringsum in Sechseckform von einer dicken Mauer mit halbrunden Türmen umgeben und steht wie ein kleines Bollwerk auf einem Weinhügel oberhalb des Ortes. Die Bevölkerung suchte dort in Kriegszeiten Zuflucht. Die Kirche von Hunawihr stammt größtenteils aus dem 14. und 15. Jahrhundert, während einige Teile wie beispielsweise der Chor auf das 16. Jahrhundert zurückgehen. Die Kirche wurde und wird ökumenisch von Katholiken und Protestanten benutzt. Die Innenwände zieren einige schöne Fresken. Daß Hunawihr schon lange Weindorf ist, machen die Zeiger der Turmuhr deutlich – sie sind mit Trauben verziert.

Eigene Genossenschaft

Der Rebengrund von Hunawihr ist ein ziemlich schwerer Ton- und Kalkboden, auf dem nicht nur Riesling und Gewürztraminer, sondern auch Sylvaner, Pinot blanc und Pinot noir sehr gute Ergebnisse bringen. Die bekannteste Lage ist Rosacker, ein Name, mit dem die örtliche Genossenschaft in zunehmendem Maße zu arbeiten hofft. Die Genossenschaft, deren 120 Mitglieder zu 90% aus Hunawihr selbst stammen, verarbeitet die Reben von rund 180 ha. Der relativ junge Betrieb nahm 1955 die Arbeit auf. Direktor Jacques Ruhlmann und seine Leute erzeugen das gesamte Spektrum elsässischer Weine. Die Qualität ist ordentlich, teilweise sogar gut. Zu den besseren Sorten gehören in einem entsprechenden Jahr Sylvaner, Riesling, Gewürztraminer und Pinot Noir.

Das abgebildete Becker-Etikett ist nicht das des Weinhandelshauses, sondern das der eigenen Domänen-Weine, die unter der Leitung von Jean-Philippe Becker erzeugt werden. Jean-Philippe hat in Beaune und Reims Önologie studiert. Der Gewürztraminer besitzt durchweg einen reintönigen, ziemlich frischen Geschmack, der nicht das Wuchtige vieler vergleichbarer Weine hat. Eine gewisse Würze ist vorhanden. Natürlich wird der Wein in wirklich sonnenreichen Jahren milder und breiter. Ein besonderes Kompliment verdienen auch die eleganten Rieslinge dieses Hauses.

1894 eröffnete Xavier Rentz an der Straße nach Ribeauvillé ein Gasthaus. 1979 tat Marcel Rentz das gleiche: Au Riesling ist der Name seines Hotels und Restaurants. Marcel besitzt 10 ha, überwiegend in Zellenberg selbst. Marcels interessantester Wein ist sein weißer Pinot «Réserve Particulière» von der blauen Pinot noir-Rebe, ein voller, milder, angenehmer Wein, von dem jährlich etwa 7000 Flaschen erzeugt werden. Auch den gewöhnlichen Pinot Blanc fand ich sehr anständig, ebenso den etwas rustikalen Riesling.

Hektar Rebfläche
Zellenberg – 119

Das Familienwappen der Familie Hugel vom gleichnamigen Weinhaus in Riquewihr ist eigentlich das Wappen von Zellenberg. Es zeigt drei Hügel.

Ein der Beachtung werter Winzer – wenn auch nur mit einem kleinen Rebgarten von 4 ha – ist Alphonse Fux. Er erntet seine Trauben so reif und spät wie möglich, und filtert den Wein nur einmal. Zu seinen besten Erzeugnissen gehören die im Geschmack breiten Tokay und Muscat, sowie ein auf Holz gereifter Pinot Noir von klarem Rot.

Unten:
Das auf einem Hügel gelegene Zellenberg, von einem Weinhang bei Riquewihr aus gesehen. Das Dorf entstand im 9. Jahrhundert, als Mönche diesen Hügel rodeten. Der Name Zellenberg hängt auch mit «Klosterzelle» zusammen. Im 10. Jahrhundert befand sich auf diesem Hügel ein von Mönchen betriebener Bauernhof mit dem Namen Celeberch.

Rechts:
Der Kirchturm von Zellenberg hinter herbstlicher Pracht. Die Kirche ist dem heiligen Ulrich geweiht und wurde 1760 erbaut. Im Gegensatz zu den umliegenden Dörfern, wie Hunawihr, Ostheim, Beblenheim, Mittelwihr und Riquewihr, ist Zellenberg nicht protestantisch, sondern katholisch.

Zellenberg

Elsaß

Die meisten Weindörfer des Elsaß liegen im Tal, manche auf halber Höhe an einem Hügel. Zellenberg dagegen wurde oben auf einer Hügelkuppe errichtet und blickt von 120 m Höhe zur einen Seite auf die Rheinebene hinunter, zur anderen auf die eigenen Weinberge und jene von Riquewihr. Der 300 Einwohner zählende Ort hatte jahrhundertelang ein Burgschloß, von dem heute nur noch zwei Türme vorhanden sind. Der Rest wurde von den Erben Christian Botts, eines Bürgers von Ribeauvillé, Stein für Stein verkauft. Christian Bott hatte das Bauwerk 1782 in schlechtem Zustand erworben; um 1820 war es fast vollständig abgetragen. Außer den beiden Türmen hält ein Weinberg mit dem Namen Schloßberg die Erinnerung daran wach. Die Bewohner von Zellenberg hatten früher den Spitznamen «Esel». Warum, ist ungeklärt. Vielleicht kamen aus Zellenberg früher billige Arbeitskräfte, und für einen Esel bezahlte man alleweil weniger als für ein Pferd. Der Spitzname kann auch mit den steilen Hängen von Zellenberg zusammenhängen: Man mußte schon ein Esel sein, um hier Weinberge anzulegen – allein schon deshalb, weil bei starken Regenfällen viel Boden zu Tal gespült wurde, den die Winzer mühsam wieder nach oben tragen mußten. Das geschieht auch heute noch; ich habe beim Weinhaus Becker die speziellen Trageküfen stehen sehen.

Unterschiedlicher Boden
Zellenberg verfügt sowohl über schwere Lehmböden, etwa für den Gewürztraminer, wie über leichtere, stark kalkhaltige Böden, etwa für den Riesling. In der Gemeinde gibt es rund 20 Winzer, von denen drei Viertel an eine Genossenschaft angeschlossen sind (in Beblenheim, Bennwihr oder Hunawihr). Außerdem gibt es in Zellenberg ein Weinhandelshaus, die Firma J. Becker. Die Familie Becker ist eine der ältesten im Dorf. Neben den Ahnenreihen der Familien Rentz, Roeckel und Stinnes ist auch die ihre bis zum Beginn des 17. Jahrhunderts zurückzuverfolgen. Der mittlere Betrieb (Jahresumsatz 500 000 bis 800 000 Flaschen) wird von Jean-Jacques Becker, seinem Sohn Jean-Philippe (Vinifikation) und seiner Tochter Martine (Vertrieb) geführt. Der eigene Weingrund umfaßt 10 ha, unter anderem in den Weinbergen Hagenschlauf, Reimelsberg und Froehn. Die meistangepflanzte Rebsorte ist Gewürztraminer, gefolgt von Riesling. Seit Anfang der 80er Jahre profiliert sich die Firma Becker immer mehr als qualitätsbewußtes Haus. Davon zeugen u.a. die zahlreichen Auszeichnungen, die man bei Wettbewerben erhielt. Insbesondere die Rieslinge von Becker sind vorzüglich (u.a. von der Lage Hagenschlauf), während auch der Muscat vom Froehn-Rebberg, der Gewürztraminer, der Tokay und der Pinot Noir alle Aufmerksamkeit verdienen. Zweite Marke ist Gaston Beck.

Links:
Das Dorf Riquewihr. Etwa 90% der Häuser wurden vor dem Jahr 1640 erbaut. Touristen dürfen nicht mit dem Wagen in das Dorf, sondern müssen außerhalb der Mauern parkieren.

Unten:
Guy Dopff, der zusammen mit Jacques Ricard die Leitung des Hauses Dopff & Irion inne hat.

In Riquewihr befindet sich das Elsässische Postmuseum.

In der Sommersaison finden in Riquewihr sonntags Orgelkonzerte statt.

Seite gegenüber, links unten:
Riquewihr birgt viele Überraschungen für das Auge, darunter diese etwas beschädigte Statue.

Seite gegenüber, rechts unten:
Außer Dopff & Irion, Dopff au Moulin und Preiss-Zimmer hat auch Hugel in Riquewihr ein Weingeschäft. Keller und Büros sind im gleichen Haus und dahinter untergebracht. Das älteste Holzfaß, die «Catérine», stammt aus dem Jahre 1715 und ist noch heute mit Wein belegt. Damit ist es das älteste Holzfaß der Welt, das noch benutzt wird.

Gegenüberliegende Seite, oben:
Der Dolder von Riquewihr. Das aus dem 13. Jahrhundert stammende Bauwerk, das auch auf einer 90-Centimes-Briefmarke erscheint, wurde im Zweiten Weltkrieg beschädigt, jedoch 1950 tadellos restauriert.

Riquewihr

Kein anderes Dorf im Elsaß zieht so viele Besucher an wie Riquewihr. An sommerlichen Wochenenden sind die Parkplätze an der äußeren Stadtmauer bis auf die kleinste Lücke mit Personenwagen belegt, während beim Zugangstor unter dem Rathaus Bus um Bus seine Fahrgäste entlädt. An solchen Tagen empfängt Riquewihr bis zu 20 000 Menschen, dreizehnmal soviel, wie es Einwohner hat. Daß Riquewihr so viele Besucher anzieht, kommt nicht von ungefähr. Nicht umsonst lautet eine alte Redensart: «Wer Riquewihr nicht gesehen hat, hat das Elsaß nicht gesehen.» Das Dorf repräsentiert in Architektur, Charakter und Atmosphäre das Elsaß auf das schönste. Riquewihr ist wie ein großes Museum, eine mittelalterliche Märchenstadt, die über Hunderte von Jahren ihre Schönheit behielt. Die Sehenswürdigkeiten alle aufzuzählen, ist unmöglich. Fachwerkhäuser, Renaissancehäuser, Brunnen, Innenhöfe, Keller, Wirtshaus- und Handwerkerschilder, Stadtmauern, Holzschnitzerein, Giebel, Tore, Verzierungen, Malereien, Kerker und Türme versetzen den Besucher zurück in frühere Jahrhunderte.

Frühe Weingesetzgebung

Riquewihr ist ringsum von Weinbergen umgeben. Es sind meist sanft ansteigende Hügel; lediglich beim Schoenenberg ist der Hang relativ steil. Aufgrund der leichten Neigung werden die Weinberge vom frühen Morgen bis zum späten Abend optimal von der Sonne beschienen. Der Boden ist von sehr unterschiedlicher Struktur, so daß die meisten Rebsorten hier ausgezeichnet wachsen können. Es gibt hier lediglich wenig Sand, was aber niemanden stört. Im Ort spottet man sogar: «Drei sandige Parzellen Rebengrund und drei Mädchen ruinieren den besten Bauern.» Schon früh begann man in Riquewihr Qualität an die erste Stelle zu setzen. So wurde bereits 1575 ein Dekret erlassen, in dem zwischen noblen und anderen Reben unterschieden wurde. Für den Anbau nicht genehmigter Reben wurden Bußen verhängt. 1589 zum Beispiel mußte ein Winzer eine Parzelle Elbling roden. Dekrete aus den Jahren 1644 und 1674 verschärften die örtliche Weingesetzgebung noch. Einen nicht zu unterschät-

Reiches Dorf

Obwohl bei Riquewihr Gräber aus der Merowingerzeit (5.–8. Jahrhundert) gefunden wurden, ist über den Ursprung des Dorfes wenig bekannt. Es verdankt seinen Namen vermutlich einem Franken namens Richo, denn es wird 1094 in einer Urkunde als Richovilare erwähnt. Seit dem 14. Jahrhundert hieß es Reichenweier. Dies ist ein deutlicher Hinweis auf den Reichtum der Bewohner, die mit ihrem Wein gut verdienten. Schon 1291 hatte Riquewihr die Erlaubnis erhalten, Stadtmauern anzulegen. Aus diesem Jahr stammen auch die ältesten Bauwerke, so der Nordwall und der Dolder, ein hoher Turm an der Westseite des Dorfes, der im 15. und 16. Jahrhundert noch verstärkt wurde. Im 16. Jahrhundert bauten die Bewohner von Riquewihr um die alten Stadtmauern herum eine neue Befestigung. Das Dorf war 472 Jahre Eigentum des Herzogtums Württemberg, von 1324 bis zur Französischen Revolution. Schwere Zeiten erlebte der Ort während des Dreißigjährigen Krieges und der Belagerung durch den Erzbischof von Straßburg 300 Jahre davor. Nach Riquewihrs Fall im Jahre 1333 ließ der Erzbischof sofort allen Wein nach Straßburg schaffen, denn der Wein von Riquewihr war damals schon berühmt.

Frühe Weingesetzgebung

zenden Einfluß besaß auch die 1520 gegründete Winzervereinigung. Sie achtete auf die richtige Pflanzweise und legte jedes Jahr den Zeitpunkt der Lese fest. Dieser wurde natürlich so spät wie möglich gewählt, um die Trauben optimal reifen zu lassen.

Bekannte Weinberge

Der bekannteste Weinberg von Riquewihr ist der Schoenenberg im Norden des Orts, auch Schoeneburg oder Schoenenbourg genannt. Er erstreckt sich über mehr als 30 ha und wird so intensiv von der Sonne beschienen, daß man ihn früher auch Sonnenberg nannte. Der Boden ist ein reicher Ton- und Kalkgrund mit einigen stark gipshaltigen Stellen. Die Lage ist fast ausschließlich mit Riesling bepflanzt. Ein anderer berühmter Weinberg ist der Sporen im Südosten des Dorfes. Er ist 10 ha groß, wovon 6,5 ha dem Haus Hugel gehören. Auf diesem ebenfalls ausgezeichneten Boden hat Hugel 20% Tokay, 25% Riesling 50% Gewürztraminer und 5% Muscat angebaut. Diese Trauben werden zusammen gelesen und zusammen vergoren – und liefern einen überaus köstlichen Wein.

Dopff & Irion

In der Gemeinde Riquewihr gibt es nicht nur viele Winzer, sondern es haben sich hier auch einige der wichtigsten Weinhändler des Gebietes niedergelassen: Dopff & Irion, Dopff au Moulin und Hugel et Fils. Daneben hat auch die kleinere Firma Jean Preiss-Zimmer hier ihre Hauptniederlassung. Unsichtbar für den Touristen liegt ein See von Wein unter den Straßen und hinter den Mauern von Riquewihr, abgefüllt in Tanks, Bottiche, Fuder und Flaschen. Dopff & Irion war einst das größte Haus am Ort; um 1980 war es sogar der größte Erzeuger des ganzen Elsaß. Geschäftliche Einbrüche zwangen jedoch die Firma zu einem Kapazitätsabbau. Die Firma bringt heute etwa 2,5 Millionen Flaschen jährlich auf den Markt, davon rund 120 000 Flaschen Crémant d'Alsace. Dopff & Irion verfügt über moderne Einrichtungen; der größte Teil der Lagertanks (Kapazität 30 000 hl) ist aus Edelstahl. Vorsitzender Direktor ist Jacques Ricard, während sich der liebenswürdige Guy Dopff um den Export in diesem Familienbetrieb kümmert.

Der etwa 3 ha große Amandiers-Weinberg liegt beim Schoenenberg und enthält ebenfalls einige gipshaltige Stellen. Eigentümer des Weinbergs ist Dopff & Irion. Das Haus erzeugt hier einen milden Muscat, der durchweg ohne weiteres 5 Jahre reifen kann. Das für den Muscat so charakteristische Traubenaroma ist nicht besonders ausgeprägt, aber doch vorhanden. Die größten Exportmärkte von Dopff & Irion sind Deutschland, die USA, Belgien, Kanada und die Niederlande.

Les Mureilles ist ein Weinberg von etwa 10 ha in der Nähe des Schoenenbergs. Der Grund gehört Dopff & Irion. Das Haus hat dort Riesling angepflanzt. Die Qualität ist seit dem Jahrgang 1985 besser geworden. Der Wein hat Stil, eine beherrschte Kultur, eine schöne Balance und eine angenehme Reintönigkeit. Die Frische dieses Rieslings hält sich lange. Dopff & Irions zweiter, besserer Riesling ist der samtene, aber keinesfalls süße *vendange tardive,* der sehr komplex und doch diskret ist.

Das Terrain, auf dem früher Hexen verbrannt wurden, heißt Les Sorcières. Heute befindet sich dort ein Weinberg von etwa 11 ha, der dem Haus Dopff & Irion gehört. Der schwere Bodentyp eignet sich gut für den Anbau von Gewürztraminer. Dennoch ist der Gewürztraminer Les Sorcières kein wuchtiger, schwerer Wein, sondern ansprechend, saftig und elegant. Eine etwas mildere, prononciertere und kräftigere Version ist die *vendange tardive* von der gleichen Lage.

Riquewihr   Elsaß

Trockene, angenehme Weine

Dopff & Irion bearbeitet selbst 32 ha und hat zusätzlich mit über 300 Winzern Verträge über die Lieferung von Trauben abgeschlossen. Nach dem Kapazitätsabbau hat sich die Firma noch mehr in Richtung Qualität orientiert. So vinifiziert die Firma ihre Weine grundsätzlich selbst; außerdem wird konsequent ein großer Flaschenvorrat von etwa 1,5 Millionen Stück in den Kellern gelagert. Die Dopff & Irion-Weine werden überdies ausschließlich an Restaurants und Privatkunden verkauft; das Supermarktregal ist tabu. Zu den besten Weinen des Hauses zählen diejenigen aus den eigenen Rebgärten. Seit dem Jahrgang 1985 haben diese an Klasse und Stil gewonnen. Es sind zwar keine sehr ausdrucksvollen Weine mit kraftvoller Persönlichkeit; was sie jedoch auszeichnet, ist ihre beherrschte Kultur und ihre schöne Harmonie. Außerdem habe ich einige gelungene *vendanges tardives* verkostet, u.a. Tokay, sowie einen schönen *sélection des grains nobles* (Gewürztraminer). Die Domänenweine von Dopff & Irion werden unter dem Etikett Domaines du Château de Riquewihr angeboten. Weinnamen sind u.a. Riesling Les Murailles, Gewürztraminer Les Sorcières, Muscat Les Amandiers und Tokay Les Marquisards. Früher führte die Firma auch das 85 ha große Gut von Charles Jux bei Colmar, jedoch ist Charles Jux heute nur mehr (wie auch Ernest Preiss und Kugler) zweite Marke.

Dopff au Moulin

Wenn man von Zellenberg aus nach Riquewihr fährt, kommt man kurz vor dem Zentrum an den Betriebsgebäuden einer zweiten Firma Dopff vorbei, Dopff au Moulin. Der Zusatz «au Moulin» wird auf allen Etiketten und Drucksachen angegeben, um eine Verwechslung mit Dopff & Irion zu vermeiden. Der korrekte Firmenname lautet jedoch schlicht «Dopff». Chef ist hier Pierre Etienne Dopff, dessen Vater Julien Pierre noch im Betrieb mithilft. Die Familien Dopff von Dopff & Irion und Dopff au Moulin sind miteinander verwandt, jedoch geschäftlich in keiner Weise miteinander verbunden. Dopff au Moulin besitzt 75 ha Weinberge und verkauft jährlich über 2,5 Millionen Flaschen einschließlich einer großen Menge

ge Schaumweins (s.S. 90). Arbeitsweise und Wein sind deutlich anders als bei Dopff & Irion. Während man hier zum Beispiel versucht, die Milchsäuregärung zu vermeiden, wird sie beim Kollegen – außer in sehr sonnenreichen Jahren – gerade angestrebt, vor allem bei Sylvaner und Riesling. Ferner findet man im Sortiment von Dopff au Moulin sehr viel mehr jahrgangslose Weine von Standardqualität. Im allgemeinen bin ich nicht sehr hingerissen von den Weinen von Dopff au Moulin, denn sie sind doch sehr ungleichmäßig und häufig arm an Charakter. Lobenswerte Aus-

nahmen sind allerdings einige Domänenweine, darunter der Muscat, der Riesling Schoenenburg, der Gewürztraminer Eichberg (s. S. 126), der seltene Gewürztraminer «Cuvée Exceptionnelle» und der Schaumwein Crémant d'Alsace. Zweit-Marken des Hauses sind P. E. Dopff & Fils, Mergy und Caves Dolder.

Hugel: Gut 300 Jahre Wein

Wenn man einmal nicht auf die Größe, sondern auf das Renommee eines Hauses sieht, dann steht das Haus Hugel et Fils in Riquewihr zweifellos an erster Stelle. In qualitativer Hinsicht

Das Haus Dopff au Moulin, wo der Sohn stets den zweiten Namen des Vaters als Vornamen bekommt, erzeugt auf eigenem Boden auch einen attraktiven Muscat. Dieser wird allein aus Muscat-Ottonel-Trauben hergestellt. Im besten Fall besitzt dieser Wein einen sauberen, milden Duft mit Anklängen von Gewürzen und reifen Früchten. Auch der Geschmack ist mild, etwas flach vielleicht, aber doch an einem Sommertag mit Genuß zu trinken. Dopff au Moulin hat übrigens eine eigene Etiketten-Druckerei.

Verteilt über mehrere Parzellen besitzt Dopff au Moulin 4 ha der Lage Schoenenberg, die in diesem Haus Schoenenburg genannt wird. Der Riesling dieser Lage besitzt anfänglich hohe Säure im Geschmack, während der Duft dann noch verschlossen bleibt. Häufig beginnt der Wein erst nach 4 oder 5 Jahren seinen Charme und seine Klasse zu zeigen. Es ist kein schlanker Wein, sondern entwickelt sich durchweg breit im Mund.

Nur in guten Jahren und ausschließlich von eigenen Rebgärten in Riquewihr erzeugt Dopff au Moulin eine geringe Menge Gewürztraminer «Cuvée Exceptionnelle». Dieser *vendange tardive* aus dem Jahre 1973 besaß denselben Duft der Edelfäule wie etwa ein Sauternes, einen vollen, ziemlich süßen und gleichzeitig leicht frischen Geschmack und einen Ton von getoastetem Brot im langen Nachgeschmack. Für mich war es ein ausgezeichneter Wein, stilvoll und zum Glück nicht zu süß oder gar plump.

Die Qualität eines Hauses zeigt sich nicht allein an einigen großen Weinen, sondern auch und vielleicht vor allem in einer breiteren Serie kleinerer Weine von gutem oder sehr gutem Niveau. So ist Hugels Edelzwicker, der neben noch anderen die Marken Couronne d'Alsace, Fleur d'Alsace und Flambeau d'Alsace trägt, in seiner Art ein sehr gelungener Wein. Das gilt auch für den Pinot Blanc, der etwas komplexer ist und freundlich im Charakter – ein angenehmer Durstlöscher. Hugel exportiert 80 % seiner Weine.

Hugels 6,5 ha auf der Lage Sporen sind mit 20 % Tokay, 25 % Riesling, 50 % Gewürztraminer und 5 % Muscat bepflanzt. Die Trauben werden zusammen vergoren und ergeben einen guten, ziemlich festen Wein ohne zuviel Säure. Nach dem Gesetz ist der Sporen ein Edelzwicker. Jean Hugel weigert sich jedoch, diesen Ausdruck auf das Etikett zu setzen. Er ist lediglich bereit, den Ausdruck «gentil» zu verwenden (so wurde früher ein Mischwein aus noblen Reben bezeichnet). Das ist aber wiederum nicht zulässig ...

Der normale Riesling wirkt im Verhältnis zum «Cuvée Tradition» und zur «Réserve Personelle» etwas flach, obwohl er stets reintönig und elegant ist. Das Niveau steigt deutlich mit dem «Cuvée Tradition», der in Duft und Geschmack mehr zu bieten hat. Sogar in dem mäßigen Jahr 1977 machte Hugel in dieser Klasse einen sehr ansprechenden Wein. Noch besser ist der «Réserve Personelle», ein mundfüllender und distinguierter Wein. Der «Vendange Tardive» ist mir durchweg zu alkoholreich und zu süß.

Riquewihr

VIN D'ALSACE
APPELLATION ALSACE CONTROLÉE

ist es einer der herausragendsten Betriebe des ganzen Elsaß. Geleitet wurde er von Jean Hugel Père, der 1980 verstarb. Seine Vorfahren waren schon seit 1639 am Ort im Weingeschäft tätig. Dies kommentierte er einmal wie folgt: «Unser Betrieb ist jetzt gut 300 Jahre alt. Das beweist dreierlei: erstens, daß Wein weniger ungesund ist, als oft behauptet wird; zweitens, daß das Weingeschäft nicht sehr rentabel ist, denn nach mehr als drei Jahrhunderten sind wir immer noch selbst Eigentümer; drittens, daß ein Weinhaus wie das unsere sicherlich Zukunft hat, denn sonst gäbe es uns schon längst nicht mehr.» Hugel bekommt seine Weine von 25 eigenen Hektar in Riquewihr sowie von etwa 300 Weinbauern, mit denen langfristige Verträge bestehen. Die Güte der Trauben wird stets streng überprüft, «denn der Wein wird nicht besser als die Trauben.» Außerdem richtet man sich nach dem Prinzip, daß es besser ist, die Trauben zu behandeln als den Wein. Bei Hugel wird daher statt des Weines nach dem Separieren der Most geklärt. Typisch für den Stil des Hauses ist auch, daß der gesamte Vinifikationsprozeß von einem einzigen Mann überwacht wird – man läßt bei Hugel einfach der Natur ihren freien Lauf. Da im Keller Milchsäurebakterien vorhanden sind, läßt man vor allem bei Riesling und Sylvaner auch die *fermentation malolactique* von selbst einsetzen. Heute leiten die drei Söhne von Jean Hugel Père – Georges, Jean und André – die Firma.

FONDÉE EN 1848

TRADE MARK

A L'ÉTOILE

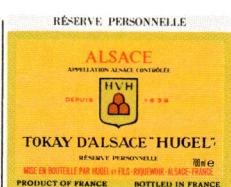

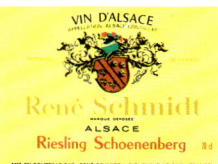

Während eines frugalen Mittagessens im Hause von Jean jun. und Simone Hugel zeigte sich einmal mehr, daß Hugels Tokay große Klasse besitzt. Zum Vorgericht wurde ein Tokay «Réserve Personnelle» 1976 gereicht, ansprechend und stilvoll und sehr typisch im Geschmack. Zum anschließenden Huhn mit Salat folgte ein Tokay aus dem gleichen Jahr, diesmal ein «Vendange Tardive». Dieser Wein war süßer im Geschmack und ebenfalls von sehr hohem Niveau.

Auf den eigenen Lagen von Hugel, die sich sämtlich in Riquewihr befinden, besteht die Bepflanzung aus 47 % Riesling, 46 % Gewürztraminer sowie 7 % Tokay und Muscat. Der beste Gewürztraminer, Qualität «Réserve Personnelle», kommt nur von eigenen Reben. Es ist ein ziemlich kraftvoller Wein von reicher Art, manchmal mit einem leicht süßen Ton. Noch mehr Süße entdeckt man in dem «Vendange Tardive», einem wirklich großen Wein, der höchstens alle fünf Jahre hergestellt werden kann.

Das Haus Preiss-Zimmer verkauft drei Qualitäten Wein: jahrgangslos, «Réserve» und «Réserve Particulière». Nur vom Gewürztraminer führt man außerdem die Qualität «Réserve Comte Jean de Beaumont». Die beiden höchsten Kategorien Gewürztraminer sind das beste, was Preiss-Zimmer anbietet. Die Weine sind reich und geschmeidig, haben aber die für dieses Haus so typische Frische deutlich in ihrem Geschmack. Viel Frische zeigt auch der Riesling «Cuvée Particulière». Ein erfreulicher Sylvaner.

Robert Schmidt ist in der dritten Generation Eigentümer der Domaine René Schmidt. Er bestellt 9 ha, davon etwa 2 ha auf dem Schoenenberg. Der höchstqualifizierte Wein aus dem Schmidt-Angebot, der Riesling Schoenenberg, hat Abstufungen, einen recht vollen Geschmack und einen schönen Abgang, verbunden mit Frucht. Es empfiehlt sich, diesen Wein frühestens nach zwei bis drei Jahren zu trinken.

Hektar Rebfläche
Riquewihr – 260

Seite gegenüber, links Mitte:
Das Wappen von Preiss-Zimmer, wie es auf den Etiketten zu finden ist. Als Aushängeschild hängt es an der Fassade des Betriebes. Preiss-Zimmer verkauft etwa 10 % seiner Weine am Ort an Touristen, und zwar über einen Laden, ein Restaurant und die Weinstube «Le Tire Bouchon».

Seite gegenüber, unten:
Blick vom Schoenenberg auf das nächtliche Riquewihr

Unten:
Weinlese bei Riquewihr. Im Hintergrund sieht man noch die Dächer einiger Gebäude, die Dopff au Moulin gehören.

Jean Hugel jun., der mit seinem älteren Bruder Georges und dem jüngeren Bruder André das Haus Hugel heute leitet, wurde 1924 geboren und heißt eigentlich Jean-Frédéric. In England nennt man ihn häufig Johnny. Er ist eine der großen Persönlichkeiten und Förderer des Elsaß, wie vordem sein Vater Jean sen.

Weitere Erzeuger:
Jean-Jacques Baumann

Zwei Jahresvorräte

Ein anderes Detail, das Hugels Arbeitsweise charakterisiert, ist die Reifezeit, die man den Weinen gönnt. Der Flaschenvorrat beträgt im Durchschnitt das Doppelte des Jahresumsatzes, der zwischen 1 und 1,4 Millionen Flaschen liegt. Jede Flasche wird gegen das Licht gehalten und kontrolliert, «denn», so Jean Hugel, «wir verlieren lieber eine Flasche als einen Kunden.» Außerdem ist zu berichten, daß fast überall die Weine zweimal filtriert werden – bei Hugel jedoch nur einmal kurz vor der Abfüllung. Die sogenannte «kalte Behandlung» ist hier tabu, denn Hugel zufolge ist dies für den Wein tödlich. Kurz, in diesem Haus erstrebt man für ein doch recht ansehnliches Weinvolumen größtmögliche Qualität, die man in vielen Fällen auch erreicht. Die einfacheren Weine – Edelzwicker, Pinot Blanc – sind in ihrer Kategorie sehr lobenswert, während von Riesling, Tokay und Gewürztraminer die Qualitäten «Cuvée Tradition» und «Réserve Personnelle» wirklich ganz ausgezeichnet sind, ebenso die Weine mit dem Prädikat «Vendange tardive». Besonders ansprechend finde ich auch den bereits erwähnten Sporen-Wein.

Jean Preiss-Zimmer

Das zweifellos meistfotografierte Aushängeschild von Riquewihr zeigt unter anderem einen lachenden Mann mit Glas und Flasche in der Hand und den Text «Jean Preiss, Sccr. J. J. Zimmer, gourmet-viticulteur». Das Firmenschild ziert, selbstredend, die schmucke Fassade des Weinhauses Jean Preiss-Zimmer in der Hauptstraße. Eigentümer und Chef des Hauses ist Jean-Jacques Zimmer. Der relativ kleine Betrieb – jährlich rund 300 000 Flaschen – besitzt in Riquewihr teils auf dem Schoenenberg, 12 ha eigenen Grund. Nach Herrn Zimmer sucht sein Haus vor allem «trockene, trockene Weine, mit einem Minimum an Zucker also, aber auch nicht zu herb; leicht, angenehm und so natürlich wie möglich.» Meine Probenotizen weisen aus, daß Preiss-Zimmer das am besten bei den Gewürztraminern gelingt und daß auch der reintönige Riesling «Réserve Particulière» dem Gaumen zu schmeicheln wußte. Als Zweit-Marke dient neben anderen Clos du Vigneron.

Die Wände im Probierlokal der Beblenheimer Genossenschaft sind zu Recht mit vielerlei Urkunden und Auszeichnungen für preisgekrönte Weine behängt. Seit Beginn der 80er Jahre stellt dieser Betrieb, dessen Mitglieder etwa 250 ha in acht Gemeinden bearbeiten, charakteristische, reintönige Weine mit schöner Balance her. Dazu gehören einfache, angenehme Weine wie Sylvaner und Pinot Blanc sowie ganz beachtliche Weine von der *grand cru*-Lage Sonnenglanz.

Nach einem guten Riesling «Réserve» und einem köstlichen, frisch-fruchtigen Muscat ließ Edouard Bott vom Hause Bott-Geyl mich seinen Tokay probieren. Er sagte dazu: «Bei uns in Beblenheim kommt der Tokay gut heraus.» In der Tat war es ein sehr gelungener Wein von geschmeidiger Breite, sehr charakteristisch, und er hatte jenes fast leicht rauchige Aroma, das man in wirklich guten Tokays manchmal findet. Das Haus führt auch einen beeindruckenden Tokay Sonnenglanz.

Auf der Lage Sonnenglanz besitzt das Haus Bott-Geyl etwa 2 ha. Diese liefern einen Gewürztraminer mit einem breiten, ziemlich kraftvollen, aber nicht fruchtigen Geschmack. Ich entdeckte in verschiedenen Jahrgängen dieses Gewürztraminers mehr Finesse, Frische und Nuancen als in dem normalen Gewürztraminer aus Beblenheim vom gleichen Haus. Zu den Nebenerzeugnissen von Bott-Geyl gehören einige Eaux-de-vie, die man selbst destilliert.

Hektar Rebfläche
Beblenheim – 218
Ostheim – 26

Unten:
Die Hauptstraße von Beblenheim. Der Name des Ortes wird 1249 erstmals erwähnt.
In Beblenheim wird schon seit mehr als zehn Jahren kein Weinfest mehr gefeiert, da es einmal bei einem solchen Fest Verwundete gab.
Im Jahre 1898 besaß das Dorf 105 ha Rebfläche, 1979 etwa 100 ha mehr.
Die Genossenschaft von Beblenheim arbeitet mit der Zweit-Marke Caves de Hoen und hat etwa 200 Mitglieder, die etwa 280 ha bearbeiten. Erzeugung etwa 3 Millionen Flaschen.
1944 blieb Beblenheim das Los des benachbarten Mittelwihr erspart, das vollständig zerstört wurde. Auch Ostheim, ein Nachbardorf in der Ebene, wurde völlig zerschossen. Nach dem Winter 1944/45 stand dort nur noch eine Mauer der Kirche.

Das Haus Bott-Geyl hieß bis 1947 Edouard et Jules Geyl, nach den beiden Brüdern, die die Firma um 1910 gründeten. Jules blieb Junggeselle, Edouard heiratete jedoch und bekam zwei Töchter. Eines dieser Mädchen heiratete Paul Bott vom Hause Bott Frères in Ribeauvillé. Edouard Bott von Bott-Geyl wird unterstützt von seinem Sohn Jean-Christophe.

Beblenheim

Nach Beblenheim kommen weniger Touristen als in andere Weindörfer, und zwar einfach deshalb, weil die Weinroute etwas am Ort vorbeiführt. Das Dorf liegt am Fuße seines Weinberges, der Lage Sonnenglanz. Die abschüssige Dorfstraße windet sich vorbei an Fachwerkhäusern aus dem 16. und 17. Jahrhundert. Die einzige Sehenswürdigkeit von Bedeutung ist der etwas ramponierte Bawlabrunnen aus dem 15. Jahrhundert. In Beblenheim sind einige bekannte Persönlichkeiten geboren, so Christian Oberlin, ein Pionier des elsässischen Weinbaus. Am Ende des vorigen Jahrhunderts verfaßte er detaillierte Studien über zahlreiche Rebsorten; ferner war er der Gründer des Weininstituts von Colmar. Ein anderer berühmter Sohn des Ortes ist Christian Pfister, ein begabter Historiker, der viele Bücher und Schriften über das Elsaß veröffentlicht hat. Außerdem findet man in Beblenheim Erinnerungen an Jean Macé, der hier die erste französische Dorfbücherei gegründet hat.

Die Lage Sonnenglanz
Beblenheim ist ein echtes Weindorf. Von den 920 Einwohnern sind 250 Winzer. Die Mehrzahl bringt die Trauben zur Genossenschaft, meist der von Beblenheim selbst. Nur 12 Winzer machen ihren Wein alleine und besorgen auch die Abfüllung und den Vertrieb. Die Leute von Beblenheim sind sehr stolz darauf, daß ihre Lage Sonnenglanz zusammen mit der Lage Kaefferkopf von Ammerschwihr am 24. Februar 1932 als erste Einzellage des Elsaß offiziell vom Gericht in Colmar anerkannt wurde. Eigenartigerweise hat man aber die *appellation* Sonnenglanz nie voll ausgenutzt. Während der Kaefferkopf von Ammerschwihr einen felsenfesten Ruf genießt, kann von einem Renommee des Sonnenglanz kaum die Rede sein. Jahrelang hat nämlich die Genossenschaft von Beblenheim ausschließlich Edelzwicker mit dem Namen Sonnenglanz verkauft. Heute ist man jedoch zu der Erkenntnis gelangt, daß Tokay und Gewürztraminer auf dem stark kalkhaltigen Boden des Sonnenglanz hervorragende Resultate liefern, und dank dieser Weine wird die Bekanntheit dieses *grand cru* zweifellos zunehmen.

Eine Genossenschaft, ein Weinhaus
Die Genossenschaft von Beblenheim hat sich in den 80er Jahren qualitativ verbessert. Nachdem man früher praktisch nur recht billige und nicht mehr als ordentliche Weine erzeugte, bringt die Firma heute gute, charakteristische Sorten auf den Markt. Die weißen Elsässer der Beblenheimer Genossenschaft werden sogar auf verschiedenen Wettbewerben regelmäßig mit Auszeichnungen bedacht. Im Sortiment glänzen nicht nur Weine vom Sonnenglanz, sondern auch sehr zuverlässige Rieslinge und Gewürztraminer. Marken sind u.a. Caves de Hoen und Eugène Deybach.

Das einzige Weinhaus am Ort ist die Firma Bott-Geyl, die von Beblenheims Bürgermeister Edouard Bott geleitet wird. Die Firma erzeugt nicht mehr als 80 000 Flaschen im Jahr.
Die Trauben hierfür kommen zu 98% von den 12 eigenen Hektar in Beblenheim, Zellenberg, Mittelwihr, Riquewihr und Ribeauvillé. In dem stimmungsvollen Empfangskeller habe ich zwischen einer alten Weinpresse und großen Holzfudern einige vorzügliche Weine probiert, so einen Riesling «Réserve», einen Muscat, einen Tokay und einen Gewürztraminer Sonnenglanz.

Speziell für dieses Buch habe ich eine große Reihe vergleichender Degustationen auch im Elsaß organisiert. Die Weine von Preiss-Henny lagen in der Bewertung stets ganz vorne. Dies galt sowohl für den jahrgangslosen, leichten, reintönigen Sylvaner wie für den Muscat. Letzterer besaß ein sehr schönes Bukett und einen herrlichen, eleganten, außergewöhnlich köstlichen Geschmack mit einer winzigen Spur Kohlensäure. Der Wein behält seine Frische ohne weiteres 5 Jahre lang.

Das Haus Preiss-Henny besitzt etwa 4 ha auf dem Mandelberg und erzeugt von dort einen fabelhaften Gewürztraminer. Frucht prägt diesen Wein viel stärker als Gewürze, während der Geschmack Grazie und Reintönigkeit besitzt und einen starken Kontrast bildet zu den wuchtigen, manchmal plumpen Gewürztraminern anderer Erzeuger. Der Wein hat trotz seiner Eleganz doch häufig an die 13 % Alkohol-Gehalt. Ein anderer hervorragender Gewürztraminer ist der «Réserve Henny», ebenfalls fein und frisch im Ton.

Der Großvater von Hubert Preiss heiratete eine geborene Hennij (tatsächlich mit «ij»), woraus der Name Preiss-Henny entstand. Als «Réserve Henny» werden einige Spitzenweine des Hauses verkauft, so der Riesling Mandelberg. Bei diesem notierte ich: «Fast ein vollkommener Riesling.» Er duftete sehr rein nach Frucht und Blüten. Der Geschmack war frisch, rassig, elegant und doch voll genug, die Ausgewogenheit hervorragend.

1981 hat sich Preiss-Henny mit Léon Beyer in Eguisheim zusammengetan, wo sich nun die gemeinsame Verwaltung befindet. Die Marke und Qualität Preiss-Henny ist jedoch erhalten geblieben, und Hubert Preiss ist nach wie vor der Leiter der Domäne.

Links unten:
Hubert Preiss in Arbeitskleidung während der Zeit der Vinifikation. Seit 1978 ist er leitender Direktor des Hauses Preiss-Henny.

Rechts unten:
Eine Vorkriegsaufnahme von Mittelwihr. Sie hängt im Büro von Winzer Edgar Schaller.

Rechts:
Blumen und eine große Weinflasche am Nordeingang des Dorfes.

Die Entfernung zwischen Beblenheim und Mittelwihr ist klein, die Unterschiede zwischen den beiden Dörfern jedoch sind groß. Während Beblenheim während des Zweiten Weltkriegs weitgehend geschont wurde, wurde Mittelwihr vollständig zerstört. Am 5. Dezember 1944 entbrannte zwischen den deutschen Truppen und den alliierten Streitkräften der Kampf um Colmar. Die ungemein heftigen Gefechte sollten bis Februar 1945 dauern. Alle Dörfer im Gebiet der Kriegshandlungen wurden zerbombt und zerschossen; neben Mittelwihr traf es auch Weindörfer wie Bennwihr, Sigolsheim und Ammerschwihr. In Mittelwihr blieben nur einige Teile der Kirche übrig, allein die «Mauer der Märtyrerblumen» blieb unbeschädigt. Sie begrenzt an der Dorfstraße das Grundstück des Weinhauses Preiss-Henny. Im Zweiten Weltkrieg wurde sie zum Gedenken an die Toten dreimal mit blauen Wicken, weißen Petunien und roten Geranien geschmückt, den Farben der Tricolore – daher der Name. Jedesmal entfernte die Gestapo die Blumen wieder.

Verschwundenes Schloß
Den Ursprung von Mittelwihr kann man bis in die Römerzeit zurückverfolgen. Als 1867 die alte Kirche abgerissen wurde, fand man die Reste einer römischen Wasserleitung mit einer Inschrift aus dem Jahre 254, die sich heute im Unterlinden-Museum in Colmar befindet. Bei den Römern hieß der Ort Flaviacum; der Name Mittenwihre taucht erstmals im Jahre 974 auf. Das Dorf besaß jahrhundertelang ein ansehnliches Schloß, dessen letzter Eigentümer das Haus Preiss-Henny war. Auch dieses Bauwerk ging 1944 verloren. Es lebt heute nur noch auf alten Stichen fort und als Preiss-Hennys Zweit-Marke Château de Mittelwihr.

Eigene Identität
Mittelwihr besteht aus wenig mehr als einer langen Hauptstraße mit einigen Querstraßen. Die letzten Häuser grenzen bereits an Bennwihr. Postalisch sind die beiden Orte sogar eine Einheit. Verwaltungsmäßig sind sie jedoch getrennt, verschieden auch in den Konfessionen: Mittelwihr ist überwiegend protestantisch, Bennwihr katholisch. Auch im Weinbau unterscheiden sich die beiden Dörfer. In Mittelwihr arbeiten viele unabhängige Winzer, während in Bennwihr fast jeder seine Trauben bei der örtlichen Genossenschaft abliefert. Außerdem steht für mich fest, daß in Mittelwihr die besseren Weine gemacht werden. Ich habe in diesem Dorf erlesene Weine verkostet, die zum Besten gehören, was das Elsaß zu bieten hat.

Das Midi des Elsaß
Die Qualität dieser Weine ist in nicht geringem Maße auf das Mikroklima zurückzuführen. Im Westen von Mittelwihr liegen Rebhänge, die an drei Seiten von hohen Bergen geschützt werden, so daß es hier wärmer ist als anderswo im Elsaß. Deshalb spricht man auch von «le Midi de l'Alsace». Die beste Lage ist der Mandelberg oder Côte des Amandiers, so benannt, weil hier alljährlich die Mandelbäume blühen (daher auch die köstliche lokale Spezialität der «Mandeltartes»). Der Mandelberg ist knapp 30 ha groß und hauptsächlich mit Gewürztraminer bepflanzt. Daneben ist Riesling und Muscat zu finden. Der Boden des Mandelbergs enthält unter anderem Granit.

Das Haus Preiss-Henny
Welches Qualitätsniveau die Weine von Mittelwihr erreichen können, entdeckt man zum Beispiel bei dem bereits mehrfach genannten Haus Preiss-Henny. Die Familie Preiss, Winzer seit 1535, kommt aus Riquewihr. Verwaltung, Versand usw. des Hauses sind bei Léon Beyer in Eguisheim untergebracht, jedoch unter strikter geschäftlicher Trennung. Insgesamt bestellt Preiss-Henny 35 ha, natürlich auch in Mittelwihr selbst. Dort gehören Preiss-Henny selbst 6 ha Rebgärten, überwiegend auf dem Mandelberg. Daneben hat man mit Winzern Verträge über die Lieferung von Trauben geschlossen. Der Jahresumsatz von Preiss-Henny liegt bei

Während 30% der 6 ha, die Preiss-Henny besitzt, mit Riesling bepflanzt sind, macht die Pinot gris- oder Tokay d'Alsace-Rebe nur 5% aus. Das ist jedoch für die Qualität unerheblich, die beispielhaft ist, vor allem bei der «Réserve Henny». Es ist ein fruchtreicher, köstlicher, frischer Wein – ein nicht allzu ausgeprägter Typ Pinot Gris/Tokay. Auf der Karte des Dreisterne-Restaurants Auberge de l'Ill habe ich von Preiss-Henny sowohl den Pinot Gris wie den Riesling wie auch einen Muscat gefunden.

Der 1953 geborene Patrick Schaller wohnt im Zentrum von Mittelwihr, wurde in der Champagne ausgebildet und besitzt etwa 8 ha. Diese sind über verschiedene Gemeinden verteilt, so Mittelwihr, Zellenberg und Riquewihr. Patricks Großvater Charles-Frédéric hatte den Beinamen «König des Muscat». Auch Patrick erzeugt einen durchweg köstlichen Muscat, der im Mund fast den Eindruck frischer Weintrauben hinterläßt.

Der Riesling des Weinguts Schaller besitzt meist viel Eleganz und Finesse, ohne zu leicht zu sein. Es ist ein wirklich guter, fachmännisch gemachter Wein. Die Schallers verfügen über Gärbottiche aus glasausgekleidetem Beton und aus Emaille, über Gärtanks aus Edelstahl und über die traditionellen hölzernen Fuder. Neben ihren Tafelweinen erzeugen sie auch einen guten schäumenden Crémant d'Alsace (s.S. 90).

Wie viele Elsässer Weinorte hat Mittelwihr einen *caveau*, in dem lokale Weine gereicht werden. Der Betrieb hat recht häufig den Besitzer gewechselt. Dort entdeckte ich den Mandelberger-Riesling von der Domaine Alfred Burghoffer Père & Fils. Es war ein überaus erfrischender Wein mit schöner Säure und angenehmen Nuancen. Die Familie Burghoffer besitzt 6 ha Rebfläche, davon 30 a auf dem Mandelberg. Die Weine gären in hölzernen Fudern. Sehr hübsch auch der Empfangskeller.

Hektar Rebfläche
Mittelwihr – 209

Ganz unten:
Diese fröhliche, für das Elsaß typische Zeichnung ziert das Etikett der Weine von Alfred Burghoffer.

Mitte unten:
Die berühmte Blumenmauer von Mittelwihr, die während des letzten Weltkrieges dreimal mit blauen, weißen und roten Blumen bepflanzt wurde, den Farben der Tricolore.

In Mittelwihr gibt es kein Weinfest, dafür aber, immer im August, das Fest der Mandelbäume.

Das Dorf hat rund 670 Einwohner, davon etwa 130 Winzer.

Nach dem Zweiten Weltkrieg bauten die Eltern von Robert Preiss zunächst die Keller von Preiss-Henny wieder auf, und danach erst ihr eigenes Haus. Bis 1952 wohnte die Familie in Notunterkünften. Für die Vinifikation gebraucht man bei Preiss-Henny vor allem hölzerne Fuder, wobei der gleiche Wein vom gleichen Ort immer in das gleiche Faß kommt. «Das Aroma dieses Weines bleibt so im Holz erhalten», sagt Hubert Preiss. Er liefert in Frankreich seine Weine ausschließlich an Privatleute und renommierte Restaurants wie z.B. Taillevent in Paris. Preiss-Henny verfügt auch über eine eigene Brennerei (s. Foto auf S. 90).

Mittelwihr

---

etwa 300 000 Flaschen. Das Haus arbeitet sehr qualitätsbewußt, was an vielen Details abzulesen ist. So werden die Weine parzellenweise ausschließlich in Fudern vinifiziert. Eine Schönung mit chemischen Mitteln gibt es nicht. Man macht im Winter einfach die Kellertüren auf, damit kalte Luft hereinströmt und der Wein sich selbst klärt.

Optimale Frische
Ein anderes, sehr typisches Detail für die Arbeitsweise bei Preiss-Henny ist die Abfüllung *sur lie,* wodurch der Wein seine optimale Frische behält und meist ganz leicht perlt. Preiss-Henny wendet die *sur lie*-Abfüllung ausschließlich bei Pinot Blanc und Riesling an. Weine wie Gewürztraminer und Tokay vertragen nämlich das Kohlensäuregas nicht. Dieses Verfahren wird im Elsaß nur selten praktiziert, im Loire-

Distrikt Muscadet dagegen sehr häufig (s.S. 12 ff.). Die außergewöhnliche Sorgfalt, die Hubert Preiss und seine Leute dem Wein zuteil werden lassen, prägt den Wein.
Das Sortiment von Preiss-Henny hat mich ganz außerordentlich angesprochen, ob es nun ein einfacher Sylvaner war oder edlere Weine wie Muscat, Riesling, Pinot Gris und Gewürztraminer.

Von der Genossenschaft Bennwihr habe ich Weine mit verschiedenen Etiketten und im Betrieb selbst probiert. Ausreichende bis gute Noten gab ich dem Sylvaner, Pinot Blanc, Muscat, Tokay, Pinot Noir und verschiedenen Qualitätsstufen Riesling. Der beste Riesling war für mich der Riesling des Rebgartens in Bennwihr selbst, der voller war als die normalen Sorten und außerdem deutlich *terroir* im Geschmack aufwies.

Der beste Gewürztraminer der Genossenschaft von Bennwihr weist das Prädikat «Sélection» oder «Réserve» auf. Er erhielt häufig auch Medaillen. Dieser Typ Wein ist durchweg ziemlich alkoholreich und schwer, wuchtig, leicht gewürzt und in sonnenreichen Jahren wenig, doch merkbar süß gestimmt. In Geschmack und Duft findet man wenig Abstufungen. Es ist eine Art Gewürztraminer, die man mögen muß. Ein bereits genanntes weiteres Erzeugnis der Genossenschaft ist der moussierende Brut Réal (s. S. 90).

Hektar Rebfläche
Bennwihr – 304
Houssen – 57

Das Weinfest von Bennwihr findet Anfang August statt, und meist veranstaltet man auch noch im Mai und im Oktober Feste zu Ehren der Rebe.

Unten:
Das Restaurant Relais Hansi, das sich im Haus der Genossenschaft von Bennwihr befindet.

Rechts:
Mit Schläuchen verschiedener Dicke wird der Wein von einer cuve in die andere umgefüllt.

Im Winter 1944/45 ereilte Bennwihr das gleiche Schicksal wie das angrenzende Mittelwihr: Es wurde vollständig zerstört. Unversehrt blieb lediglich das Denkmal für die Gefallenen des Ersten Weltkriegs – groteske Ironie des Schicksals. Zwischen 1947 und 1959 wurde Bennwihr wieder aufgebaut. Leider geschah dies mit weniger Sorgfalt als etwa in Ammerschwihr. Das Bennwihr von heute ist ein ziemlich farbloses Dorf. Das auffallendste Bauwerk am Ort ist die Kirche. Von außen macht sie einen ziemlich kühlen, abweisenden Eindruck. Wenn man jedoch eintritt, wird man überwältigt von dem Reichtum an warmen Farben, die das durch die hohen Glasfenster hereinflutende Licht erzeugt. Die erste Kirche wurde 777 in Bennwihr erbaut, das damals Benonisvilare hieß.

Mächtige Genossenschaft

Die Weinberge von Bennwihr waren durch die Kriegseinwirkungen so verwüstet, daß es Jahre dauerte, bis sie wieder im Ertrag standen. Die meisten Winzer mußten ganz von vorne beginnen. Unter diesen Umständen entwickelte sich eine enge Zusammenarbeit, die 1950 zur Gründung einer Genossenschaft führte. Mit einer Jahresproduktion von über drei Millionen Flaschen ist sie heute eine der größten im Elsaß. Die Vereinigung hat etwa 210 Mitglieder, die rund 320 ha bearbeiten. Einige wenige lokale Winzer sind nicht an die Genossenschaft angeschlossen. In der Firma erzählte man mir, daß die Mitglieder einen Bepflanzungsplan bekommen, in dem angegeben ist, welche Rebsorten wo angebaut werden sollen. Grundlage dieses Planes sind umfangreiche Bodenanalysen, die im Auftrag der Genossenschaft durchgeführt wurden. Daß Bepflanzungsanweisungen kein überflüssiger Luxus sind, zeigt sich schon in Bennwihr selbst, wo die unterschiedlichsten kalk-, feuerstein- und kieshaltigen Böden vorkommen.

Mit Schwerkraft

Die Société Coopérative Vinicole de Bennwihr verfügt über sehr moderne Geräte, um die riesigen Mengen Trauben schnell verarbeiten zu können. Nach der Selektion werden die Trauben automatisch in die richtige Presse gekippt. Die 6 großen Pressen haben zusammen eine Kapazität von 600 Tonnen Trauben am Tag.

Die Anlage ist mehrere Stockwerke hoch, so daß der Most nach dem Separieren mit Hilfe der Schwerkraft in die Gärtanks ablaufen kann. Anschließend an die Gärung folgen zwei Filterungen und eine Kältebehandlung. In der riesigen Abfüllhalle wird der Wein schließlich mit einer Geschwindigkeit von 10000 Flaschen pro Stunde abgefüllt. Die Qualität der Genossenschafts-Weine entspricht ihrer massenhaften Herstellung: Wenn sie auch in der Regel wenig

Finesse oder Charakter besitzen, sind sie doch durchaus nicht schlecht. Das erweist sich auch an der großen Zahl in- und ausländischer Kunden der Genossenschaft. Für die meisten dieser Kunden werden eigene Etiketten verwendet; Zweit-Marken sind zum Beispiel Victor Preiss und Réal. Daneben betreibt die Genossenschaft drei einfache Speiselokale, Relais Hansi in Bennwihr (neben der Kelterei), Chez Hansi in Colmar und Relais des Moines in Riquewihr.

Die Genossenschaft von Sigolsheim nimmt stets an vielen Messen und Wettbewerben teil, und sie tut es mit Erfolg. Einmal wurde ein Viertel der gesamten Jahreserzeugung ausgezeichnet. Einmal habe ich einen prämierten Muscat 1976 probiert, den ich mit seinem ausgeprägten Muscat-Aroma und der großen Reintönigkeit überaus ansprechend fand. Verschiedene Jahrgänge des Tokay gefielen mir ebenfalls: mild-würzig, freundlich und ziemlich voll. Auch den Riesling der höchsten Güteklasse trinkt man mit Genuß.

Die besseren, meist prämierten Gewürztraminer der Genossenschaft in Sigolsheim besitzen stets einen milden, gefälligen Geschmack, der leicht ins Süße spielt. Viel Tiefe besitzen sie nicht. Mehr Nuancen und Fülle findet man in dem ebenfalls mild gestimmten Gewürztraminer Mamburg. Wenn der Wettergott ein bißchen gnädig war, besitzt dieser Wein wirklich eine ausgezeichnete Qualität.

Das Haus Pierre Sparr et ses Fils besitzt mit 4 ha etwa ein Viertel der Lage Altenbourg. Hierauf erzeugt man einen durchweg gelungenen Riesling. In einem sonnenreichen Jahr wie 1983 kann er aromatisch, kräftig und alkoholreich sein und dabei sogar eine gewisse Eleganz besitzen; in einem verregneten Jahr wie 1977 ist er etwas mager und herb. Es ist ein Wein mit viel Rasse oder Finesse, aber als Tafelbegleiter doch höchst angenehm. Der gleiche Wein wird gelegentlich auch als *vendange tardive* erzeugt.

Pierre Sparrs Gewürztraminer Mamburg ist würziger, nuancierter als andere Gewürztraminer dieses Hauses. Der 1979er ist ein gutes Beispiel für das Niveau, das dieser Wein erreichen kann, der 1983er ebenfalls. In solchen guten Jahren mangelt es ihm nicht an Kraft und Fülle. Auf dem Mambourg besitzt Pierre Sparr 6 ha. Ein anderer guter, ebenfalls vollmundiger, breiter Wein aus dem Sortiment Sparrs ist der Tokay «Cuvée Particulière». Ein guter Jahrgang kann ohne weiteres zu Wild gereicht werden.

Das Haus Ringenbach-Moser wurde 1936 in Sigolsheim von Guillaume Ringenbach gegründet, dem Vater des heutigen Eigentümers Jean-Paul Ringenbach. Der kleine Familienbetrieb verfügt selbst über 6,5 ha; die Trauben davon werden nicht getrennt vinifiziert. Bei anderen Winzern kauft man sowohl Trauben als auch Wein. Die Spezialität des Hauses ist der Gewürztraminer: runder Geschmack, ohne zu schwer oder zu süß zu sein. Zweifellos ein guter Wein, dem vielleicht lediglich etwas Tiefe und Länge mangelt.

Hektar Rebfläche
Sigolsheim – 350

Links unten:
Abfüllraum des seit 1892 bestehenden Hauses Sparr.

Rechts unten:
Das romanische Relief über dem Eingang zur Kirche. Der Bauer rechts unten bietet Paulus ein Faß Wein an.

Seite gegenüber, unten:
Charles Sparr (links) und Ko-Direktor René Sparr von der Firma Sparr. Sie verkaufen durchschnittlich 1,6 Millionen Flaschen pro Jahr.

Seite gegenüber, oben:
Sigolsheim, das einst wegen seiner Dächer, die man zu den schönsten des Landes rechnete, eine Auszeichnung erhielt.

Die Genossenschaft erzeugt auch ein wenig koscheren Wein.

Sigolsheim
Elsaß

Das Dorf Sigolsheim, mit etwa 330 ha die drittgrößte Weingemeinde des Departements Haut-Rhin, ist vermutlich im 6. Jahrhundert entstanden. Der Gründer war ein fränkischer Krieger namens Sigolt oder Sigwalt. Eine alte Urkunde belegt, daß hier schon im Jahre 783 Weinbau betrieben wurde. Auch Sigolsheim mußte im Zweiten Weltkrieg schwere Tribut zollen. Am 6. Dezember 1944 schlugen hier die ersten Granaten ein. In den folgenden Tagen wurde Sigolsheim wieder und wieder befreit, und wieder und wieder wurde es zurückerobert. Erst am 28. Dezember war die Schlacht zugunsten der Alliierten entschieden. Zu diesem Zeitpunkt war jedoch vom Dorf nicht mehr viel übriggeblieben. Welch ein Inferno geherrscht haben muß, läßt sich an einigen Flaschen ablesen, die im Keller des Hauses Sparr aufbewahrt werden: Obwohl sie gefüllt waren und in einem Keller lagen, wurden sie von der Hitze völlig verformt. Lediglich Teile der aus dem 12. Jahrhundert stammenden Kirche blieben erhalten, so daß man dieses Bauwerk und seine Türme später restaurieren konnte. Der heute unter Denkmalschutz stehende Bau besitzt über dem Portal ein romanisches Relief mit einem knienden Bauern, der dem heiligen Paulus ein Faß Wein anbietet.

Rebstöcke und Grabkreuze
Hinter Sigolsheim erstreckt sich ein breiter, hoher Hügelzug von drei Kilometer Länge. Er ist fast ganz mit Rebstöcken bepflanzt, die Kuppe jedoch nicht. Dort befindet sich ein Soldatenfriedhof, in dem 1590 französische Soldaten eine letzte Ruhestätte fanden, die hier 1944 fielen. Auch die deutschen Truppen hatten bei Sigolsheim schwere Verluste, weshalb man dem Hügel den Namen Blutberg gab. Das Kloster dort, der Couvent des Capucins, wurde im Dezember 1944 an die fünfzehnmal genommen und zurückerobert. Zum Glück bemerkt der heutige Besucher von den Schrecken der Kriegszeit nichts mehr. Der etwa 1000 Einwohner zählende Ort macht einen friedlichen und zufriedenen Eindruck, und die 127 Winzer haben durchweg ein recht gutes Auskommen. Sie bestellen durchschnittlich 2–4 ha (3 ha genügen zum Leben). Acht Domänen haben mehr als 10 ha, eine Domäne, Pierre Sparr, gut 20 ha.

Der wärmste Weinberg
Früher waren in Sigolsheim wie auch in vielen anderen Orten des Elsaß überwiegend blaue Reben angepflanzt. Bis zum Ende des vorigen Jahrhunderts gab es im Dorf sogar noch einige Ar «Beaujolais». Seinerzeit beherrschte die Trollinger-Rebe das Bild, eine blaue Rebsorte mit weißem Saft. Zunächst wurde sie als Weißwein ausgebaut, später vor allem als Rotwein. Heute ist die Trollinger-Rebe völlig verschwunden, ebenso die Knipperlé-Rebe und andere damals angebaute Sorten. In unserer Zeit ist Sigolsheim vor allem wegen seines Gewürztraminers bekannt, aber auch andere noble Weine werden hier mit Erfolg angebaut. Der bekannteste Weinberg ist der Mambourg, wo der Boden sehr kalkreich ist. Im Frühjahr 1980 vergrößerte man ihn von 65 auf 90 ha. In Sigolsheim hört man immer wieder, daß der Mambourg der wärmste Weinberg des Elsaß ist, weil hier angeblich der Schnee am schnellsten schmilzt. Auch die Lage Altenbourg genießt einen guten Namen. Dort enthält der Boden sowohl Kalk als auch Ton. Altenbourg ist eine Enklave von etwa 16 ha im Vogelgarten, der zusammen mit Altenbourg 55 ha groß ist.

Eine Genossenschaft mit Töchtern
1946 schien dem Gros der Winzer nur engste Zusammenarbeit eine Lösung der Probleme herbeiführen zu können. Aus diesem Grund wurde damals eine Genossenschaft ins Leben gerufen. Sie hat zur Zeit etwa 200 Mitglieder und insgesamt 300 ha. Diese Genossenschaft ist nicht nur eine der größten im Elsaß, sondern ist auch mit am besten ausgestattet. Die Betriebs-

Sigolsheim

räume sind sauber und gefliest, man arbeitet wo immer möglich mit Edelstahl, und Flaschen und Korken können bei der Abfüllung sterilisiert werden. Ich habe bei verschiedenen Gelegenheiten wirklich gute Weine von dieser Genossenschaft verkostet, so einen Muscat, einen Tokay d'Alsace und einen Gewürztraminer. Während die Genossenschaft von ihren Mitgliedern ausschließlich Trauben kauft, nimmt ein Tochterbetrieb von etwa 800 Winzern nur Wein ab. Dieser Tochterbetrieb ist eine sogenannte S. I. C. A. (Société d'Intérêt Coopérative Agricole), die 1968 aus zwei Gründen geschaffen wurde: Zum einen war der Sigolsheimer Rebenbestand nach dem Zweiten Weltkrieg qualitativ so gut geworden, daß sich Mangel an gewöhnlichen Weinen einstellte, und zum anderen konnte man über die S. I. C. A. in kleineren Jahren den Restbedarf zur Erfüllung von Lieferverträgen decken. Die Genossenschaft besitzt noch zwei weitere Zweigfirmen. Die eine liefert Weine von außerhalb des Elsaß tätigen Genossenschaften an in- und ausländische Abnehmer, die andere ist Inhaberin eines Andenken-Ladens in Kaysersberg.

Der Familienbetrieb Pierre Sparr

In Sigolsheim gibt es mehrere Weinhäuser. Das bekannteste ist Pierre Sparr et ses Fils. Die Familie Sparr ist schon knapp drei Jahrhunderte im Weinbau tätig. Der mittelständische Betrieb wird von Charles Sparr, seinem Bruder René und ihren Söhnen Pierre und François geleitet. Sie besitzen selbst 30 ha, davon rund 20 ha in Sigolsheim selbst. Der Rest verteilt sich auf Kientzheim und Turckheim, wo man 4 ha von der Lage Brand besitzt. Außerdem kauft man Trauben von einigen Dutzend Winzern, die zusammen 100 ha bearbeiten. Die Trauben werden in drei Qualitätsklassen eingeteilt und anschließend getrennt in Betonküfen vinifiziert. Im allgemeinen sind die Weine von Pierre Sparr von ziemlich fester, um nicht zu sagen robuster Struktur. Die Qualität der einfacheren Sorten läßt manchmal zu wünschen übrig, während die Spitzenweine recht beachtlich sind. Ich denke hier vor allem an den Tokay Cuvée Particulière, die Gewürztraminer Cuvée Particulière und Mambourg und den Riesling Altenbourg. Zweit-Marken von Pierre Sparr sind Alsace Tempé (Jean-Pierre Tempé), Ziegler und Pierre Dumoulin.

In Kientzheim befindet sich eine der besten Domänen des Elsaß. Sie gehört Marcel Blanck, seinem Bruder Bernard und seinem Schwager Jacques. Sie besitzen knapp 25 ha in etwa sechs Gemeinden, überwiegend jedoch in Kientzheim selbst. Viel Grund, dessen Bearbeitung anderen Winzern zu schwierig war, haben sie selbst mit der Hand gerodet. Die Klasse der Blanck-Weine zeigt sich allein schon an dem ausgezeichneten Edelzwicker Cuvée des Comtes de Lupfen.

Beim Probieren mit Marcel Blanck verblüffte mich die ausgezeichnete Qualität des Sylvaner «Réserve» und des Klevner «Réserve», die beide von Kalkboden stammen. Auf einem ähnlichen Boden wird auch der Tokay d'Alsace «Réserve Spéciale» erzeugt, ein mundfüllender, geschmeidiger, ziemlich nuancierter Wein von ebenfalls ausgezeichnetem Niveau. Man sollte sich mit ihm stets 1–2 Jahre Zeit lassen.

Auf dem Schlossberg besitzt die Familie Blanck 3,25 ha. Sie liefern einen köstlichen, ausgewogenen Riesling von meist fester Art und mit Abstufungen in Duft und Geschmack. Der Wein behält seine Frische jahrelang. Ein ganz anderer Wein ist der Riesling Furstentum: straffer, fast metallen und gleichzeitig voller im Geschmack. Erst nach zwei Jahren beginnt dieser rare Riesling seine Klasse zu zeigen. Auf ihren gut 6 ha Furstentum erzeugen die Blancks auch einen harmonischen Gewürztraminer.

Bei der Genossenschaft von Kientzheim-Kaysersberg achtet man während der Ernte darauf, pro Tag nicht mehr als zwei Traubensorten zu verarbeiten, um jedem Typ auch bei der Selektion ungeteilte Aufmerksamkeit schenken zu können. Nach dem Pressen wird der Most hier nicht ganz, sondern nur zum Teil separiert, damit im Traubensaft Hefezellen vorhanden bleiben. Der Most beginnt daher auch von selbst zu gären. Fast saftig ist der köstliche Pinot Blanc. Auch der Sylvaner ist häufig gut.

Der erste Muscat, den ich zumindest für dieses schwierige Jahr sehr gelungen. Die Klasse des manchmal ganz leicht perlenden Weines haben die späteren Jahrgänge bestätigt. Die Genossenschaft erzeugt meist auch einen charaktervollen, nicht allzu schweren oder alkoholreichen Tokay d'Alsace. Der Riesling Schlossberg kann allerdings mit dem Blanck-Riesling von der gleichen Lage nicht mithalten.

Hektar Rebfläche
Kientzheim – 194
Links unten:
Das Dorf Kientzheim. Links sieht man das Schloß, rechts das weiße Gebäude der Genossenschaft. Im Hintergrund liegt ganz in der Nähe Ammerschwihr.

Mitte unten:
Marcel Blanck, einer der wenigen unabhängigen Winzer des Dorfes. Neben seinem Beruf übt er verschiedene öffentliche Ämter aus.

Rechts unten:
Das Kientzheim von einst, nach einer Darstellung auf einer Wand der Genossenschaft. Das Dorf wird 785 erstmals als Cönesheim erwähnt.

Das Dorffest findet meist Ende Juni statt.

Kientzheim

Von Sigolsheim kommend wird der Besucher in Kientzheim vom «Lalli» oder «Lallekoenig» willkommen geheißen, einem fratzenhaften Gesicht hoch am Stadttor, das die Zunge herausstreckt und dessen Kehle eine Schießscharte birgt. Niemand braucht sich jedoch abschrecken zu lassen, denn Kientzheim ist ein sehr gastfreier Ort. So veranstaltet hier die Weinbruderschaft Confrérie Saint-Etienne mehrmals jährlich *chapitres* und Diners, an denen mehrere hundert Menschen teilnehmen. Diese Festivitäten werden im Schloß von Kientzheim direkt neben dem Stadttor abgehalten. Das Château wurde von den Grafen von Lupfen erbaut, zu deren Herrschaft das Dorf jahrhundertelang gehörte, und im 16. Jahrhundert vom Baron Lazarus von Schwendi verschönert. Das war der Mann, der nach seinen Feldzügen in Ungarn die Tokay d'Alsace-Rebe mitgebracht

haben soll; sein Grab und das seines Sohnes befinden sich in der Kirche von Kientzheim. Das Schloß ist Eigentum der Confrérie Saint-Etienne, die dort auch offiziell ihren Sitz hat. Die Bruderschaft richtete dort ein Weinmuseum und eine gut sortierte Oenothek ein.

Schlossberg: Der erste grand cru
Wenn auch im Westen des Dorfes ein Panzer als Mahnmal aufgestellt ist, hat Kientzheim im Zweiten Weltkrieg viel weniger Schaden genommen als das kaum einen Kilometer entfernte Sigolsheim. In der gewundenen Hauptstraße wie in den schmalen Seitenstraßen sind viele Fachwerkhäuser erhalten geblieben. Fast alle 925 Einwohner haben auf die eine oder andere Weise mit Wein zu tun, der hier im 8. Jahrhundert erstmals erwähnt wird. Die Weinberge ziehen sich hinter dem Dorf teilweise steile Hänge

hinauf und schließen im Süden an die Weinberge von Sigolsheim an. Die bekannteste Lage ist der Schlossberg, dem am 25. November 1975 als erstem elsässischen Weinberg das Prädikat *grand cru* zuerkannt wurde. Er umfaßt etwa 60 ha granithaltigen Boden und verläuft im Osten des Ortes fast bis zur Burg von Kaysersberg. Riesling ist hier die häufigste Rebe. Weiter im Osten findet man die Lage Furstentum, ebenfalls *grand cru*, wo der Boden kalkreicher ist und Gewürztraminer und Tokay überwiegen.

Eine der besseren Genossenschaften
An den Stadtmauern von Kientzheim befindet sich die Cave Vinicole die Kientzheim-Kaysersberg. Die Genossenschaft hat etwa 125 Mitglieder, davon 15 aus Kaysersberg; insgesamt bewirtschaften sie rund 135 ha. Der Betrieb arbeitet sehr sorgfältig, was sich auch in der strengen Auswahl der Trauben zeigt. «Für guten Wein braucht man auch gute Trauben», meint Direktor André Hauss. Durch nicht zu häufiges Abstechen des Weines erhält man ihm seine Frische. Während der ganzen Vinifikation kommt der Wein nur mit den neutralen Materialien Edelstahl und Glas in Berührung. Kientzheim-Kaysersberg zählt für mich zu den besseren Genossenschaften des Elsaß, vor allem wegen ihrer Sorten Sylvaner, Pinot Blanc, Muscat, Tokay, Gewürztraminer und Gewürztraminer Kaefferkopf.

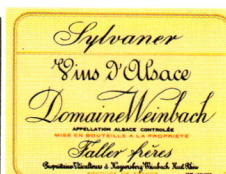

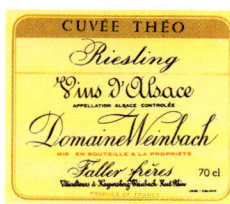

Die Domaine Weinbach, so genannt nach dem kleinen Bach, der dort fließt, liegt etwas außerhalb Kaysersberg in Richtung Kientzheim. 1885 wurde sie Eigentum der Gebrüder Faller. Théo Faller, der 1911 auf der Domaine geboren wurde, vergrößerte die Rebfläche und brachte die Weine auf ein ausgezeichnetes Niveau. Théo verstarb 1979 und ist in seinem geliebten Rebengrund begraben. Seine Frau Colette führt den Betrieb ganz in seinem Sinne weiter. Ihr Sylvaner ist exzellent.

Einen ihrer besten Rieslinge bietet Colette Faller unter dem Namen «Cuvée Théo» an. Merkmale sind ein milder Fruchtduft und ein reintöniger, geschmeidiger, fast saftiger Geschmack, der ebenfalls viel Frucht besitzt und eine große Reintönigkeit. Auch der Riesling Schlossberg aus Kientzheim und der Riesling «Vendange Tardive» sind höchst gelungen. Auf der Domaine Weinbach arbeitet man mit relativ niedrigem Hektarertrag. Der Wein gärt überwiegend in hölzernen Fudern.

Bei meinen Besuchen auf der Domaine Weinbach bekam ich stets aus verschiedenen Fudern verschiedene Gewürztraminer zu probieren, die alle von makelloser Qualität waren. Der reichste Wein war ein üppiger, spät gelesener *sélection des grains nobles* 1983, wirklich überragend und lange im Mund nachtönend. Von dieser beachtlichen Domäne empfehle ich auch Pinot Blanc, Muscat und Tokay d'Alsace. Colette Faller wird unterstützt von Tochter Cathérine und Schwiegersohn Edouard Leiber.

Hektar Rebfläche
Kaysersberg – 58

Kaysersberg ist der Geburtsort des Theologen, Philosophen, Musikers, Arztes, Schriftstellers und Wohltäters Albert Schweitzer (1875–1965). 1952 erhielt er den Nobelpreis. Sein Elternhaus ist heute Museum. Kaysersberg und Lambarene in Gabun, wo Schweitzer arbeitete, sind Patenstädte.

In Kaysersberg leben knapp 3000 Menschen. Der Ort wird im Jahre 1227 erstmals erwähnt.

Vor der Kirche befindet sich ein Brunnen aus der Zeit um 1500 mit einer Statue Kaiser Constantins.

Links unten:
Winzermahlzeit im Hause der Domaine Weinbach. Das Haus wurde im Zweiten Weltkrieg von siebzehn Brandbomben getroffen. Théo Faller blieb jedoch, löschte sie und rettete so das Haus.

Rechts unten:
Eines der prächtigen alten Häuser von Kaysersberg

Madame Colette Faller von der Domaine Weinbach

Kaysersberg

Elsaß

Kaysersberg liegt etwa 1 km westlich von Kientzheim und beherrscht das Weisstal, einen der Zugänge zum Elsaß. Diese strategische Lage war schon den Römern bekannt: Der Ortsname ist nichts weiter als die Übersetzung des römisch-lateinischen Mons Caesaris. Auch spätere Machthaber interessierten sich sehr für den Ort, der schon früh mit Mauern und Burg befestigt wurde. Von beidem sind nur noch Reste vorhanden. Der Spaziergang hinauf zur Burgruine ist sehr lohnend, denn vom Wehrturm aus mit seinen vier Meter dicken Mauern hat man einen großartigen Blick über das Dorf. Aber auch Kaysersberg selbst hat dem Auge viel zu bieten. Es ist eines der schönsten Städtchen des Elsaß, das trotz aller Kriegswunden seine Attraktivität behalten hat.

Viele Sehenswürdigkeiten

An den vielen Fachwerk- und Renaissancehäusern läßt sich ablesen, daß die Bürger von Kaysersberg in der Zeit vom 15. bis 17. Jahrhundert in einigem Wohlstand gelebt haben müssen. Obwohl auch damals von kriegerischen Ereignissen nicht verschont, war der Ort ein blühendes Handelszentrum. Von hier aus wurden Weine in die verschiedensten Länder exportiert; daneben besaß Kaysersberg auch einen guten Ruf für seine Fässer und Leder- und Töpferwaren. Sehenswürdigkeiten aus dieser Zeit sind das Rathaus, die Pfarrkirche (teils romanisch, teils gotisch, Glockenturm aus dem vorigen Jahrhundert; Altarbild von 1518), die zweigeschossige Kapelle St. Michel mit einem Christus aus dem 15. Jahrhundert, der eine Weintraube in der Hand hält, und die befestigte Brücke über die Weiss, die einzige ihrer Art im Elsaß. Auch der Brunnen gegenüber dem Haus Nr. 54 in der Grand'Rue verdient Erwähnung. An ihm ist ein Text im Dialekt des 17. Jahrhunderts zu lesen, der frei übersetzt etwa wie folgt lautet: «Wenn du dich bei Tisch mit Wein betrinkst, schadet das deinem Magen; ich rate dir, mit Maßen einen alten, feinen Wein zu trinken und mir mein Wasser zu lassen.»

Bescheidene Rolle als Weindorf

Weinbau wird in Kaysersberg schon jahrhundertelang betrieben. Das geht nicht nur aus der Inschrift über dem Brunnen hervor, sondern auch aus der Legende vom fliegenden Menschen: Vor ein- oder zweihundert Jahren soll sich ein Weinleser nach dem Genuß einer einzigen, sehr süßen Beere plötzlich in die Lüfte geschwungen haben und ein ganzes Stück weiter weg bei einer kleinen Kapelle gelandet sein. Die Chapelle de l'Homme Volant gibt es noch heute. Sie ist von Kaysersberg aus in 35 Minuten zu erreichen – zu Fuß, versteht sich. Heute ist die Bedeutung von Kaysersberg als Weingemeinde sehr beschränkt. Man bestellt nur 55 ha, und die meisten Winzer bringen ihre Trauben zur Genossenschaft in Kientzheim. Im Ort gibt es nur eine einzige Weindomäne von Bedeutung, die Domaine Weinbach. Sie bewirtschaftet 23,5 ha in Kaysersberg und Kientzheim. Touristisch hat Kaysersberg weitaus mehr zu bieten als mit seinem Wein.

Der Pinot Noir von Kuehn ist einer der besten, die ich kenne. Der Wein hat häufig so viel Klasse, daß er im Grund edlere Rieslinge von weniger gewissenhaften Erzeugern übertrifft. Es ist meist ein ausgewogener, wohlschmeckender, mild gestimmter Wein von guter Frucht und elegantem Charakter. Im Hintergrund entdeckt man auch Anklänge von Gewürzen und Erdton. Ein anderer einfacher Wein, mit dem Kuehn brilliert, ist der Sylvaner.

Was mich betrifft, steht der Riesling Kaefferkopf von Kuehn auf einsamer Höhe: ein Spitzen-Riesling mit viel Finesse, viel Eleganz und viel Rasse, viel Frische und äußerst angenehmen Nuancen. Seine Ausgewogenheit ist außergewöhnlich gut, seine Reintönigkeit vollkommen. Kuehn füllt häufig erst im August ab, da der Wein für seine Vollendung Zeit braucht. Man sollte den Wein vorzugsweise erst 1½–2 Jahre nach der Ernte trinken.

Kuehns Muscat, Tokay, Pinot Noir und Gewürztraminer sind Weine, die nicht mehr und nicht weniger als gut sind. Ein hervorragendes Niveau erreicht dagegen wieder der Gewürztraminer Cuvée Baron de Schiélé (vormals Cuvée Saint-Hubert). Dieser Wein besitzt einen viel komplexeren Geschmack als der gewöhnliche Gewürztraminer. Es gibt bei ihm mehr zu entdecken. Daneben ist der Wein voll, ohne schwer zu sein, und mild, ohne süß zu schmecken. Sein Bukett ist mild und ziemlich breit und besitzt häufig Anklänge von zarter Frucht.

Bei ziemlich vielen der Weine, die ich von dem Haus Adam verkostete, mußte ich Kritisches anmerken. Die Weine waren korrekt, aber ziemlich flach. Eine Ausnahme bildete der Kaefferkopf, in dem ich doch eine gewisse, wenn auch bescheidene Finesse entdeckte. Der Wein wird ausschließlich aus Kaefferkopf-Trauben hergestellt, und zwar Gewürztraminer wie auch Riesling. Der Wein bietet Geschmeidigkeit, Würze und ist von ansprechender Art.

Wenn der normale Gewürztraminer der Genossenschaft in Kientzheim (s. S. 118) auch ein sehr gefälliger Wein ist, besitzt der Gewürztraminer Kaefferkopf doch mehr Niveau. Der Wein duftet und schmeckt feiner und ist gleichzeitig etwas trockener. Die Cave Vinicole de Kientzheim-Kaysersberg erzeugt im Jahresdurchschnitt nicht mehr als 30000 Flaschen von diesem Wein.

Der hochgewachsene, lebensfrohe René Schneider und sein Sohn Bernard besitzen in Ammerschwihr etwa 4,5 ha, davon 0,8 ha auf dem Kaefferkopf. Ihre beiden besten Weine sind der Riesling Kaefferkopf und der Gewürztraminer Kaefferkopf. Den Gewürztraminer ziehe ich noch eindeutig vor. In guten Jahren besitzt er die charakteristische Würze, ohne übertrieben wuchtig oder schwer zu sein.

Ammerschwihr

Ammerschwihr war früher einmal ein malerisches Dorf aus dem 16. Jahrhundert, ein heiterer, beschaulicher, farbenfroher Ort von einer Art, die den Besucher unmittelbar und für immer gefangennahm. Die niederländische Königin Wilhelmina kam oft hierher, um zu malen. Leider ist auch das alte Ammerschwihr bei den Gefechten von 1944 untergegangen. 329 Häuser, 85% des Bestandes, wurden damals verwüstet. Der Feuersturm war so heftig, daß man manchmal mangels Wasser mit Wein löschen mußte, wie das etwa bei dem Hàus Adam geschah. Die Bevölkerung suchte Schutz in den Kellern. Es muß eine trostlose Erfahrung gewesen sein, eines der schönsten Dörfer des Elsaß binnen weniger Wochen in Schutt und Asche zu sehen. Zum Glück hat man Ammerschwihr mit behutsamem Stilgefühl wiederaufgebaut. Es ist heute ein attraktiver, selbstbewußter Ort, der auf jeden Fall einen Besuch lohnt. Hie und da findet man noch Reste des alten Ammerschwihr, so die Porte-Haute aus dem 13. Jahrhundert mit dem nahen Tour des Bourgeois, den L'Homme Sauvage-Brunnen aus dem 16. Jahrhundert, Reste der Kirche und den Schelmenturm aus dem gleichen Jahrhundert. Neben dem Schelmenturm befindet sich eines der berühmtesten Elsässer Restaurants: «Aux Armes de France».

Begehrter Weingrund

Ammerschwihr wird 869 erstmals als Amalricivilare erwähnt. Zu Zeiten besaß der Ort drei Herren: den deutschen Kaiser, den Herrn von Rappoltstein und den Herrn von Hohlandsberg. Damals hatte Ammerschwihr drei Bürgermeister und drei Richter, und es bekam auch drei Türme. Daß Ammerschwihr so begehrt war, kann damals schon an seinem Wein gelegen haben. Bemerkenswert ist nämlich, daß im 13. und 14. Jahrhundert nicht weniger als 70 Klöster und adlige Familien hier Grundbesitz hatten, Rebengrund wohlgemerkt. Auch die Gründung der «Herrenstubengesellschaft»

SICK · DREYER
KAEFFERKOPF
GEWÜRZTRAMINER
R. SICK P. DREYER PROP. VITIC. A AMMERSCHWIHR (HT-RHIN) FRANCE

Die Domäne von René Sick und Pierre Dreyer umfaßt 11 ha, die mit 30% Pinot blanc/Auxerrois, 30% Gewürztraminer, 25% Riesling und 15% übrigen Sorten bepflanzt sind. Die in Ammerschwihr wohnenden Winzer betrachten den Gewürztraminer Kaefferkopf als ihren besten Wein, und zwar zu Recht. Der Wein ist tadellos, attraktiv und sehr gut. Auf dem Kaefferkopf besitzen die Familien Sick und Dreyer 2 ha, die zu 90% mit Gewürztraminer bepflanzt sind.

Kaefferkopf
GEWÜRZTRAMINER
Mise d'Origine
A. EHRHART & FILS, PROPRIÉTAIRES-VITICULTEURS 68770 AMMERSCHWIHR

Der junge Winzer Henri Ehrhardt bestellt in Ammerschwihr 5 ha, wovon 2 ha auf dem Kaefferkopf liegen. Diese Fläche ist mit Riesling und Gewürztraminer bepflanzt. Der Duft des Gewürztraminers Kaefferkopf ruft Erinnerungen an sommerliche Blumen hervor. Weitere gute Erzeuger dieser Gemeinde sind u.a. Domaine Martin Schaetzel (schöner Riesling Kaefferkopf), H. & J. Heitzmann & Fils, André und Pierre Mercklé, Jérôme Geschickt & Fils.

Hektar Rebfläche
Ammerschwihr – 358

Seite gegenüber, links Mitte: Ansicht des alten Ammerschwihr

Seite gegenüber, unten: Das Dorf Ammerschwihr. Hier findet im April stets die erste Weinmesse der Saison statt, und zwar schon seit 1922.

Links: Aushängeschild von Kuehn

Unten: Die Cave de l'Enfer, «Der Keller der Hölle» des Hauses Kuehn. Während des Zweiten Weltkriegs suchten hier nicht nur Menschen Zuflucht; man hatte hier auch die Heiligenbilder aus der Kirche gelagert. Heute noch schmunzelt man darüber, daß damals «die Heiligen in die Hölle kamen».

Ammerschwihr

---

im 14. Jahrhundert belegt die frühe Bedeutung des Weinbaus für Ammerschwihr. Diese freiwillige Bürgervereinigung regelte unter anderem den Verkauf allen Weines, der das Dorf verließ. Am 31. Mai 1947 wurde die Gesellschaft von Joseph Dreyer zu neuem Leben erweckt; dies war der Geburtstag der Confrérie Saint-Etienne. Einen eindeutigen Hinweis auf die Qualität der Weine von Ammerschwihr finden wir bei Nicolas Klein aus Colmar, der im 17. Jahrhundert schrieb, daß «die besten Weine des Landes» aus Ammerschwihr kämen.

Individualisten
Noch immer sind die Weinberge von Ammerschwihr begehrter Besitz. Die etwa 450 ha, von denen 100 ha einfachen Wein ohne Herkunftsbezeichnung liefern, teilen sich 700 Eigentümer. Nur 120–130 von ihnen wohnen in Ammerschwihr selbst. Die meisten dieser Winzer haben verschiedene Parzellen. Nach zehnjähriger Planung wurden die Winzer, die meist mehrere Parzellen besitzen, 1975 zur Abstimmung über die Durchführung einer Flurbereinigung aufgefordert. Der Plan wurde mit großer Mehrheit abgelehnt – die 3225 Parzellen blieben bestehen. Die Menschen dieses Dorfes sind eben durch und durch individualistisch und konservativ eingestellt. Eine Genossenschaft gibt es hier trotz der vielen kleinen Besitzungen bis heute nicht. Nicht jeder ist auch über das neue Dorf-Viertel glücklich, in dem sich immer mehr Tagespendler aus Colmar niederlassen.

Der berühmte Kaefferkopf
Ammerschwihr ist nach Dambach die zweitgrößte Weingemeinde des Elsaß und die größte des Departements Haut-Rhin. Auch qualitativ steht es heute wie ehedem im ersten Glied. So war die Lage Kaefferkopf mit der Lage Sonnenglanz in Beblenheim die erste, die vom Gericht in Colmar genau festgelegt und rechtlich anerkannt wurde, und zwar schon im Jahre 1932. Wein vom Kaefferkopf wurde aber schon seit 1834 unter dem Namen der Lage verkauft, wie an einem alten Etikett bei der Firma Adam abzulesen ist. Der 62,85 ha große Weinberg liegt auf einem sanft geneigtem Hang im Süden des Orts. Typisch für Ammerschwihr sind auch hier die Besitzverhältnisse: Es gibt 220 Eigentümer. Der granitreiche Boden des Kaefferkopf

ist mit 80% Gewürztraminer bepflanzt, aber auch Riesling gedeiht hier optimal. Nur die beiden genannten Trauben sowie Pinot blanc, Pinot gris (Tokay) und Muscat können einen Kaefferkopf-Wein liefern; beispielsweise die Sylvaner-Rebe jedoch nicht. In anderen Weinbergen von Ammerschwihr findet man auch kalkreichen Boden.

Kuehns köstliche Qualität
Von den Weinhäusern in Ammerschwihr gibt Kuehn qualitativ den Ton an. Dieses traditionell arbeitende Haus (viele Eichenholz-Fuder in den uralten Kellern) erzeugt elegante, reintönige Weine, von denen einige schon jahrelang zu meinen Lieblingsweinen gehören: der Pinot Blanc, der Riesling Kaefferkopf und der Gewürztraminer Cuvée Saint-Hubert. Nicht umsonst bekommen die Weine von Kuehn häufig das Siegel der Confrérie Saint-Etienne, nicht umsonst hängen in dem hellen, etwas spartanisch eingerichteten Probierlokal die Wände voller Urkunden. Das Haus besitzt auf dem Kaefferkopf fast 5 ha und weiterhin in Ammerschwihr 3 ha. Die Genossenschaft von Ingersheim hat übrigens eine Mehrheitsbeteiligung an Kuehn. Das Haus Kuehn ist am bestmöglichen Punkt von Ammerschwihr gelegen: Es befindet sich im gleichen Gebäude wie das 3-Sterne-Restaurant Aux Armes de France und direkt gegenüber dem sympathischen Speiselokal A l'Arbre Vert.

Les Caves Adam
Mit etwa 1,3 Millionen Flaschen im Jahr bringt Les Caves J.-B. Adam rund dreimal so viel Wein in den Handel wie Kuehn und ist damit bei weitem das größte Weinhaus von Ammerschwihr. Die Familie Adam, deren Ahnentafel bis zum Jahr 1614 zurückreicht, erzeugt schon seit 1770 Wein. Dokumente aus der Geschichte des Unternehmens finden sich in großer Zahl im Haus von Eigentümer und Direktor Jean Adam, das reich ist an prächtigen alten Möbeln. Unter und neben dem Haus befinden sich einige der Keller; außerdem verfügt man am Ortsrand über moderne Betriebsgebäude. Etwa zwei Drittel des Weines gären in glasausgekleideten Betontanks oder in Edelstahltanks, der (meist feinere) Rest in Holzfudern. Adam ist Eigentümer von 10 ha Rebfläche, hauptsächlich in Ammerschwihr und im einige Kilometer entfernten Ingersheim. Im allgemeinen besitzen die Weine eine anständige Qualität; an der Spitze steht ein aus Gewürztraminer und Riesling komponierter Kaefferkopf.

Der beste Weinerzeuger von Katzenthal heißt Jean-Paul Ecklé. Er ist Eigentümer von etwa 10 ha. Von ihm habe ich einen empfehlenswerten Gewürztraminer probiert und einen wirklich ausgezeichneten Muscat. Der Muscat war fruchtig, reintönig und duftete ganz nach frischen Trauben. Es gibt übrigens in Katzenthal mehrere Leute, die Ecklé heißen. Es ist also wichtig, auf den richtigen Vornamen zu achten.

Monsieur Bernhard und seine beiden Söhne bestellen in Katzenthal, Ammerschwihr und Ingolsheim selbst 10 ha. Daneben bringt man auch Wein von anderen Winzern in den Handel. Die Spezialitäten sind Gewürztraminer und Riesling. Den Riesling, den ich verkostete, fand ich ziemlich charakterlos. Mehr zu bieten hatte der Gewürztraminer: schwerer, milder Duft, guter, milder Geschmack mit Anklängen von Frucht und ein Hauch von Grün in der Farbe. Nichts Außergewöhnliches, aber doch sehr ordentlich.

Hektar Rebfläche
Katzenthal – 195

Links unten:
Das Dorf Katzenthal mit seinem weißen Kirchturm. Die Straße, die zum Dorf führt, endet dort. Das Dorf ist nur über kleine Feldwege mit Niedermorschwihr im Süden und Ammerschwihr im Norden (hinter dem Kaefferkopf, rechts im Bild) verbunden.

Rechts unten:
Winzer Jean-Paul Ecklé schaut durch sein Refraktometer.

Rechts:
Straße in Katzenthal. Das Dorf ist überaus ruhig.

Katzenthal

Katzenthal und Ammerschwihr sind durch den Hügelrücken des Kaefferkopfs getrennt. Aber nicht nur im Norden ist das 550 Einwohner zählende Katzenthal von Reben umgeben, sondern auch von allen anderen Seiten. Das Dorf liegt inmitten sanft gewellter Rebhänge etwa 1 km neben der Route du Vin. Man erkennt es schon von weitem an seinem hohen Kirchturm, dessen Weiß einen starken Kontrast zum Grün der Weinranken und dem Grau der Vogesen bildet. Auch dieses Dorf blieb in den Kämpfen des Jahres 1944 nicht verschont. Bis auf einen geringen Rest wurden alle Gebäude einschließlich der Kirche zerstört. Am besten blieb noch ein Renaissancehaus im Zentrum des Ortes erhalten. Hoch über Katzenthal ragt die Ruine der Burg Wineck auf, die unter Denkmalschutz steht. Sie scheint wie von Weinstöcken belagert. Die Burg stammt aus dem 11. und 12. Jahrhundert, war im 16. Jahrhundert schon verfallen und wird seit 1971 von Freiwilligen, den «Amis de Wineck», nach und nach restauriert. Zu Füßen der Burg Wineck wird alljährlich am 14. Juli, dem französischen Nationalfeiertag, ein Abend mit viel mittelalterlicher Folklore organisiert.

Rund dreißig Winzer
Obwohl man auch den Katzenthaler Zimtkuchen als lokale Spezialität bezeichnen kann, steht doch der Wein in diesem Ort ganz eindeutig im Vordergrund, und zwar seit Jahrhunderten. Die Weine von Katzenthal hat schon um 1560 der Dichter Fischart besungen. Heute besitzt das Dorf knapp 200 ha Rebfläche, die zum großen Teil von ortsansässigen Winzern bewirtschaftet werden. In Katzenthal gibt es über dreißig Winzer, wovon 18 *manipulants* waren (die ihren Wein selbst herstellen, abfüllen und verkaufen), zehn Genossenschaftsmitglieder, zwei Verkäufer von Trauben, zwei Zulieferer von fertigem Wein und einer *négociant*. Ein gutes Bild vom Katzenthaler Wein kann man sich auf dem Weinfest machen, das seit einigen Jahren nicht mehr im Herbst, sondern Mitte August im Ort gefeiert wird.

Rätselhafter Ortsname
Der Name Katzenthal hat nichts mit Katzen zu tun, auch wenn einige Winzer eine Katze auf ihrem Etikett führen. Woher der Name genau kommt, weiß man nicht. Man ist auf Vermutungen angewiesen. Jean-Paul Ecklé, der Vorsitzende des Syndicat Viticole erzählte mir, daß drei Deutungen wahrscheinlich sind. Katzenthal ist entweder auf den fränkischen Landedelmann Kazo, oder auf Caïdinthalo, was «Tal der Hügel» bedeutet, oder auf Kastellthal zurückzuführen, was ein direkter Hinweis auf die örtliche Burg wäre. Jemand hat noch eine vierte Möglichkeit vorgeschlagen: Katzenthal könnte auch auf Katharinenthal zurückgehen, da es hier einst ein Kloster der Katharinerinnen gab.

Der älteste bekannte Name von Colmar ist Villa Columbaria. Der zweite Teil dieses Namens könnte ein Hinweis auf einen Taubenschlag sein oder auf eine Gräberstätte. Der Name wurde später zu Columbra und schließlich zu Colmar.

Schon 1359 wurde in Colmar eine Winzerzunft gegründet.

In Colmar gibt es ein Museum mit Werken des lokalen Künstlers F. A. Bartholdi (1834–1904), der die Freiheitsstatue entworfen hat, die 1886 als Geschenk Frankreichs im Hafen von New York aufgerichtet wurde.

Im Oktober feiert die Stadt meist die «Tage des Sauerkrauts», das dann ganz frisch ist und so lecker wie nie.

Ganz unten:
Der Wochenendmarkt von Colmar

Mitte unten:
Das Geschäftszentrum von Colmar ist Fußgängerzone.

Rechts:
Am Abend in der Nähe des Viertels La Petite Venise. Dieses Viertel verdankt seinen Namen einigen kleinen Kanälen. Dort befindet sich auch der bekannte Brunnen Fontaine du Vigneron.

Trotz der heftigen Kämpfe ganz in der Nähe der Stadt blieb Colmar im Zweiten Weltkrieg wie durch ein Wunder unversehrt.

Colmar

Schon seit Hunderten von Jahren gilt Colmar als die Weinhauptstadt des Elsaß. Sowohl der Weinbau als auch der Weinhandel haben der Stadt seit dem 14. Jahrhundert Wohlstand gebracht. Colmar liegt an der Lauch, einem Nebenfluß des Ill. Früher wurden auf diesen Wasserstraßen große Mengen Wein zum Rhein und von da aus weiter ins übrige Europa verschifft. Der Transport auf dem Wasserweg spielte damals eine viel größere Rolle als heute. Obwohl der örtliche Weinbau und Weinhandel erheblich zurückgegangen sind, ist die zentrale Stellung Colmars im Weinleben des Elsaß unverändert geblieben. Hier sind zahlreiche Ämter, Institute und Verbände niedergelassen, die sich mit dem Weinbau beschäftigen. Um nur einige zu nennen: das Comité Interprofessionnel du Vin d'Alsace, die Association des Viticulteurs d'Alsace, die Fédération des Coopératives Vinicoles d'Alsace, das Groupement des Producteurs-Négociants du Vignoble Alsacien, das Institut Viticole Oberlin und das Centre des Recherches Agronomiques d'Alsace mit einer eigenen Abteilung für Weinbau und Weintechnik. Außerdem findet hier jedes Jahr im August die größte Weinmesse des Elsaß statt. Diese Foire Régionale des Vins d'Alsace dauert rund eine Woche und zieht zehntausende Besucher von nah und fern an.

Städtebauliche Schatzkammer

Colmar ist jedoch mehr als ein Weinzentrum; es ist auch eine sehr schöne Stadt. Voltaire tat Colmar sehr Unrecht, als er es 1754 als «halb deutsch, halb französisch und sehr absonderlich» beschrieb, denn schon damals gab es im Zentrum von Colmar zahlreiche schöne Häuser, die heute noch stehen. Oder hatte er etwas anderes gemeint als die Architektur der Stadt? Sicher ist jedenfalls, daß er sich über den schlechten Kaffee mokierte, den es in Colmar zu trinken gab, während er den Wein *fort bon* fand. Colmar ist auf alle Fälle in Architektur, Kunst und Geschichte ein Spiegelbild des Elsaß. Städtebaulich ist der Ortskern von Colmar eine wahre Schatzkammer, deren Prunkstück das Pfisterhaus aus dem Jahre 1537 ist. Es wurde von einem Kaplan aus Besançon erbaut und ist außen mit einer Holzgalerie, Fresken und Medaillons verziert. Aber auch das Kopfhaus ist sehenswert, es stammt aus dem Jahre

1608 und weist an der Fassade mehrere Köpfe und auf dem Dach eine Winzerstatuette auf. Nicht vergessen werden darf auch das aus dem 15. Jahrhundert stammende Koifhus, das einstige Handelszentrum, und das romantische Klein-Venedig an der Lauch. Aber die Stadt bietet noch viele weitere Schätze, und ein Rundgang durch den Ort erweist sich als ein wahres Fest für das Auge.

Kunst in vielen Formen

Auch dem Kunstfreund hat Colmar viel zu bieten. Das 1850 eröffnete Museum Unterlinden ist nach dem Louvre das am meisten besuchte Museum Frankreichs. Es befindet sich in einem ehemaligen Dominikanerkloster aus dem

13. Jahrhundert und birgt sehr alte wie auch sehr moderne Kunstwerke. Der Besucher kann hier viel über die Geschichte des Elsaß erfahren. Zahlreiche Ausstellungsstücke stammen auch aus dem Weinbau, etwa prachtvoll bearbeitete Fässer, alte Werkzeuge und Pressen aus dem 17. Jahrhundert. Neben Colmars Architektur und Kunst ist auch die Geschichte dieser Stadt untrennbar mit dem Elsaß verbunden. Wie so viele elsässische Gemeinden ist auch Colmar eine fränkische Gründung und bekam einige Jahrhunderte später, genauer gesagt im 12. Jahrhundert, das Stadtrecht und damit Befestigungsanlagen. 1353 ergriff Colmar die Initiative zur Gründung des Elsässer Zehnstädtebundes, der sich gegen den Adel wandte und

Hektar Rebfläche
Colmar – 182
Houssen – 46

Unten:
Das prächtige Pfister-Haus im Zentrum von Colmar. Es wurde 1537 von einem Kaplan aus Besançon erbaut.

Rechts:
Wandtafel des Syndicat de Propriétaires Viticulteurs d'Alsace, einer der Weinorganisationen, die ihren Sitz in Colmar haben.

Das Haus Martinsbourg arbeitet u.a. mit der Marke A. Gaschy und exportiert etwa 98% seiner Erzeugung. Es kauft sowohl Trauben als auch Wein. Einer der interessantesten Weine ist der Riesling von der Lage Steingrubler in Wettolsheim, dem ehemaligen Sitz der Firma. Weitere zweite Marken sind F. Brucker und C. Benoît.

Ein spezieller Cuvée der Firma Martinsbourg ist der Gewürztraminer Réserve Exceptionnelle Comtes de Martinsbourg. Die Trauben hierfür kommen traditionell zum Teil vom Pfersigberg in Eguisheim. Der Wein hat ein üppiges Parfum und einen milden, gut strukturierten Geschmack. Unter demselben Namen werden auch ein guter Riesling und ein Tokav angeboten.

Die Marke Schwendi Monopole war eine Schöpfung des Hauses Charles Jux, das seinen Sitz in Colmar hatte. Charles Jux gelang es, im Hardt-Weinberg über Tausch und Kauf einen zusammenhängenden Rebenbesitz von 30 ha zu erwerben. Außerdem besaß die Firma andernorts weitere 50 ha. Dort pflanzte man verhältnismäßig viel Pinot noir an. Inzwischen sind Betrieb und Rebberge Eigentum des Hauses Dopff & Irion in Riquewihr, das auch für die (Massen-)Qualität verantwortlich zeichnet.

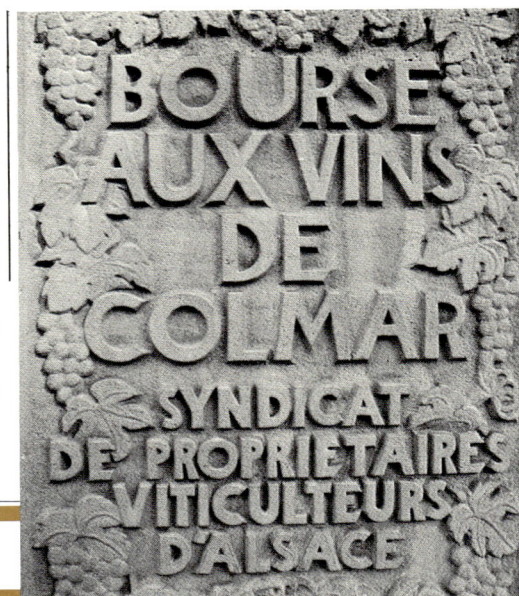

Der renommierteste private Weinerzeuger von Colmar ist Robert Schoffit (27, rue des Aubépines). Dieser erzeugt u.a. einen hervorragenden Riesling auf der lokalen Lage Harth.

Colmar

zum deutschen Kaiser hielt. Unter Ludwig XIV. wurde der Ort 1673 französisch. Der Sonnenkönig ließ das Festungswerk schleifen, um «den Hochmut von Colmar zu brechen». Während der 47 Jahre, in denen das Elsaß nach 1870 wieder deutsch war, blieb Colmar dem Wesen nach französisch. Eine wichtige Gestalt dieser Zeit war der Zeichner, Maler, Schriftsteller und Poet Hansi, dessen farbenfrohen, bezaubernden Werken man noch überall im Elsaß begegnet.

Der Harth-Weinberg
Wirtschaftlich ist Colmar längst nicht mehr vom Wein abhängig. In der großen Stadt mit 65 000 Einwohnern gibt es viele Fabriken, und ständig entstehen neue Wohnsiedlungen, Industrie-Anlagen und Ladenzentren. 1988 besaß Colmar noch ganze 185 ha Rebfläche und erreichte damit nicht einmal den 20. Platz unter den Gemeinden des Départements Haut-Rhin. In den letzten zehn Jahren ist Colmars *vignoble* immerhin um gut 30 ha gewachsen. Diese Zunahme betrifft hauptsächlich die Lage Harth. Dieser Weinberg liegt auf ziemlich flachem Schwemmland mit leichtem, kieshaltigem Boden, der sich in der Sonne schnell erwärmt. Hierauf weist auch der Name hin, der eine alte Form von «Herd» ist. Den angepflanzten Rebstöcken kommt die Tatsache zugute, daß Colmar nach Perpignan die trockenste Stadt Frankreichs ist. Dennoch haben die Weine wenig Gütemerkmale, denn Bodenstruktur und Sonneneinstrahlung sind längst nicht so gut wie auf den Hügeln anderer Gemeinden. Außerdem haben es die Winzer häufig mit Nachtfrost zu tun. Gelegentlich versucht man, den Frühjahrsfrösten mit brennenden Autoreifen oder mit den Dämpfen einer Mischung von Schwefel und Ammoniak zu Leibe zu rücken.

Weinbetriebe
Umsatzstärkster Weinbetrieb von Colmar ist die Centrale des Vignerons d'Alsace, die für eine Gruppe elsässischer Genossenschaften abgefüllte Weine von meist einfacher Qualität verkauft. Man arbeitet mit verschiedenen Etiketten und Marken, unter anderem La Cigogne. Die *négociants* hatten in Colmar ein zentrales Büro. Es wurde im Jahre 1919 nach der Gründung des Syndicat des Négociants en Vins Viticulteurs du Vignoble Alsacien einge-

richtet. Dieser Verband hatte zwei Ziele: eine entschiedene Hebung des Qualitätsstandards (was nach der Zeit im Deutschen Kaiserreich sehr nötig war) und die Förderung des Elsaß als Weingebiet (die Elsässer-Weine wurden bis dahin meist anonym mit deutschen vermischt). Um 1920 gründete der Verband ein eigenes Weinhandelsgeschäft mit der Marke Alsace Monopole. Diese Organisation begann als erste damit, an die Pariser Wein zu verkaufen. Später arbeitete man auch mit dem Verbandsnamen S.Y.N.V.A. als Marke. In den 80er Jahren wurden jedoch alle Handelsaktivitäten einge-

stellt. Der Verband blieb lediglich Eigentümer des Weinbergs von Château d'Isenbourg in Rouffach (s.S. 134). Anfang 1988 ließ sich in Colmar das aus Wettolsheim stammende Haus Martinsbourg (6, rue Edouard Branly) nieder. Diese große Firma (Jahresumsatz etwa 4,5 Millionen Flaschen) exportiert über 95% der Erzeugung. Von wenigen Ausnahmen abgesehen, besitzen die Weine durchschnittliche Qualität und einen angemessenen Preis. Die zu einem Handelskonzern gehörende Firma verfügt über keine eigenen Rebgärten.

Ein jahrgangsloser Sylvaner in einem Elsässer Gasthaus war meine erste Begegnung mit den Weinen der Genossenschaft von Ingersheim. Er hatte einen saftigen, leicht würzigen Geschmack und war ziemlich voll. Später lernte ich auch den Pinot Blanc kennen, einen Wein mit viel Frucht und viel *terroir*. Ich fand ihn, trotz seines rustikalen Charakters, höchst wohlschmeckend. Klasse besitzt auch der Gewürztraminer. Tokay und Pinot Noir sind, sagen wir, nicht schlecht.

Der fröhliche Marcel Mullenbach wohnt in Niedermorschwihr und ist Eigentümer von 5 ha stark zersplitterter Rebgärten. Die Weine gären und reifen bei ihm in hölzernen Fudern und besitzen neben Charakter auch eine gute Qualität. Mit Wohlbehagen denke ich an seinen manchmal leicht würzigen, «erdigen» Riesling zurück, an seinen pikanten Muscat und an den ziemlich intensiv schmeckenden, breiten, würzigen Gewürztraminer. Auch der Tokay ist hervorragend.

Albert Boxler und sein Sohn Jean-Marc bestellen in vier verschiedenen Gemeinden knapp 8 ha. Ihre Domäne liegt in Niedermorschwihr am westlichen Ende der Hauptstraße. Den Riesling betrachten sie als ihre Spezialität. Es ist in der Regel ein ziemlich eleganter, reintöniger Wein, dem man Zeit lassen sollte, damit er etwas Säure abbauen kann. Auch andere Weine dieses seriösen, zuverlässigen Gutes sind empfehlenswert, u.a. der Muscat.

Hektar Rebfläche:
Ingersheim – 235
Niedermorschwihr – 113

Ganz unten:
Das Dorf Niedermorschwihr mit seiner auffälligen gedrehten Kirchturmspitze. Man kann sich kaum vorstellen, daß 60 % des Ortes im Zweiten Weltkrieg zerstört wurden. Einst gehörte der Ort dem Malteserorden; später war er Teil der Herrschaft Hohlandsberg.

Mitte unten:
Eingang zur Genossenschaft von Ingersheim

Das Weinfest von Niedermorschwihr findet stets im Oktober statt, von Ingersheim Ende August oder Anfang September.

In Ingersheim wohnte einst die älteste Frau von Frankreich, eine Josephine Steinlé. Man hat nach ihr eine Straße genannt. War es vielleicht der lokale Wein, der ihr ein langes Leben schenkte?

Ein Teil der alten Stadtmauer von Ingersheim ist noch erhalten, und bei einem Haus in der Rue Maréchal Foch findet man noch Reste des Hexenturms.

In Ingersheim gibt es nur sechs unabhängige Winzer. Alle anderen sind Mitglieder in der Genossenschaft.

Ingersheim wird seit 768 erwähnt, gut ein Jahrhundert vor Colmar. Die ältesten bekannten Namen sind Anngehiseshaim und Villa Annghishaim.

Ingersheim und Niedermorschwihr

Elsaß

Obwohl Ingersheim über 200 ha Rebengrund besitzt und seine Einwohnerzahl größer ist als etwa die von Ribeauvillé, ist es als Weingemeinde seltsam unbekannt. Das hat vor allem mit seiner Lage zu tun: Ingersheim wird eigentlich nur durch die Fecht von Colmar getrennt und wird immer mehr zu einer Vorstadt. Hiervon zeugen die neuen Wohnviertel, Mietblöcke und Industriegebiete. Außerdem wurde Ingersheim während des Zweiten Weltkriegs zum großen Teil zerstört, so daß dem alten Zentrum die Anziehungskraft fehlt, die andere Weindörfer noch haben. Neben einigen alten Häusern sind sowohl das ehemalige als auch das neue Rathaus sehenswert. Ersteres besitzt einen offenen Glockenturm und trägt an der Fassade das Bildnis dreier Männer mit Schnurrbart, angeblich ungarischer Brüder. Touristen sieht man in Ingersheim selten, denn die Hauptverkehrsströme werden über eine Umgehungsstraße um den Ortskern herumgeleitet.

Etwas rustikale Weine

Die Weinberge von Ingersheim erstrecken sich von der Ebene bis hoch hinauf auf den Florimont. Auf diesem Berg, der wegen seiner reichen Flora ein Paradies für Botaniker ist, ist der Boden stark kalkhaltig. In der übrigen Gemeinde findet man neben Kalk auch Ton. Die Winzer von Ingersheim haben schon seit 1910 ihr Syndicat des Vignerons. Anfänglich war es bei weitem die größte Weinorganisation des Elsaß. Das Gefühl für Zusammenarbeit in diesem Ort zeigt sich auch in der frühen Gründung einer Genossenschaft: Sie stammt aus dem Jahre 1925 und ist eine der größten der Gegend. Sie umfaßt heute etwa 210 Mitglieder, die zu 40% aus Ingersheim selbst kommen und zusammen 250 ha bewirtschaften. Der Betrieb, dessen Gärtanks überwiegend mit hübschen rosa Fliesen belegt sind, macht einen gut unterhaltenen Eindruck und verkauft sowohl engros wie auch in Flaschen. Als die besten Weine in ihrer Art betrachte ich Sylvaner, Pinot Blanc und Gewürztraminer. Sie haben meist deutlich *terroir* in Geschmack und Nachgeschmack, was ihnen fast etwas Rustikales gibt. Die besten Weine des Sortiments erscheinen unter dem Namen Florimont.

Gedrehte Turmspitze

Von Ingersheim führt ein hübsches Sträßchen quer durch die Rebgärten nach Niedermorschwihr. Dieses kleine Dorf wird 1214 als Morsvilre erwähnt und hat den Kopf eines Mohren im Wappen. Enge Gassen, alte Häuser, hübsche Brunnen und malerische Winkel geben dem Ort sein Gepräge. Zwei der markantesten Bauwerke sind das Rathaus mit der gedeckten hölzernen Freitreppe und der aus dem 13. Jahrhundert stammende Glockenturm mit der spiralig gedrehten Spitze. Niedermorschwihr liegt sehr geschützt in einem weitläufigen Tal voller Reben. Die bekannteste Lage des Ortes ist der Sommerberg. Die Mehrzahl der etwa 50 Winzer hat sich den Genossenschaften von Ingersheim oder Turckheim angeschlossen.

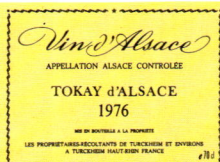

Die Genossenschaft von Turckheim arbeitet mit einer großen Anzahl verschiedener Etiketten. Manchmal ist dort nur Cave Vinicole angegeben, manchmal, wie bei diesem Riesling Côtes du Brand, Les Propriétaires-Récoltants de Turckheim et Environs. Das Wort «Genossenschaft» wird sorgfältig vermieden. Der Wein ist jedenfalls meist von sehr guter Qualität, besser, komplexer, nuancierter und etwas tiefer in der Farbe auch als der normale Riesling.

Außer einem erstklassigen Pinot Blanc und einem ebensolchen Klevner erzeugt die Genossenschaft von Turckheim stets auch einen köstlichen Tokay d'Alsace. Der 1976er etwa besaß einen sehr charaktervollen, typischen Geschmack mit Rückhalt, Reintönigkeit, Ausgewogenheit und einem winzigen Hauch von Honig. Der Betrieb teilt übrigens die Trauben sofort nach der Anlieferung in drei Qualitätsstufen ein, wie dies etwa auch bei der Genossenschaft von Bennwihr geschieht.

Der Gewürztraminer ist eine der Spezialitäten der Genossenschaft von Turckheim. Vor allem die Weine vom Brand, der «Vendange Tardive» und der Réserve du Baron de Turckheim verdienen stärkste Beachtung. Letzterer kommt ausschließlich aus der Gemeinde Turckheim. Das Wappen des Barons von Turckheim darf nur mit Zustimmung der Familie des Barons geführt werden. Der stets kräftige Wein (mitunter bis zu 13%) besitzt meist einen breiten, milden Geschmack mit einer gewissen Würzigkeit.

Im Elsaß werden aus der Pinot noir-Rebe fast immer Rosé-Weine erzeugt. Die Genossenschaft Turckheim stellt jedoch hieraus auch Rotweine her – von ausgezeichnetem Niveau. Er wird aber vielleicht noch besser. Einen Teil des Weines von 1979 hat man nämlich versuchsweise in Eichenfässern reifen lassen, und der so entstandene Pinot Noir war so gut (für mich der beste, den ich je im Elsaß probiert habe), daß man auch andere Jahrgänge in dieser Weise ausgebaut hat.

Das in Riquewihr niedergelassene Haus Dopff au Moulin besitzt 4 ha auf dem Eichberg, einer Lage in Turckheim. Diese 4 ha sind überwiegend mit Gewürztraminer bepflanzt. Die meist spät gelesenen Trauben geben in der Regel einen vollen, milden und häufig fast süßen Wein mit einer guten Dosis Frucht und einem langen Abgang. Hin und wieder scheint mir jedoch dieser Gewürztraminer zur Flachheit zu neigen. Es fehlt ihm dann an Tiefe in Duft und Geschmack sowie an interessanten Nuancen.

Charles Schleret ist ein liebenswürdiger Winzer, der in Turckheim etwa 6 ha bestellt. Er wohnt am Südufer der Fecht und verfügt in seiner modernen Kellerei über neuzeitliche Technik, darunter einen Separator und emaillierte Gärtanks. Die Weine von Schleret sind im allgemeinen ausgezeichnet. Sein Pinot Blanc etwa kann saftig und spritzig im Geschmack sein und daneben über genügend Frische, ein wenig *terroir* und obendrein einen attraktiven Duft verfügen.

Turckheim

Am Eingang des grünen Fechttals, das Münster mit Colmar verbindet, liegt der Weinort Turckheim. Aufgrund seiner strategischen Lage bekam das Städtchen zu Beginn des 14. Jahrhunderts Stadtmauern und Türme. Diese Befestigungen gaben einerseits der Bevölkerung Schutz, provozierten aber andererseits auch immer wieder Kämpfe um den Besitz des Ortes. Wie heftig diese sein konnten, zeigt die schreckliche Bilanz des Dreißigjährigen Krieges: 1648 gab es in Turckheim nur noch achtzehn Familien. Der größte Teil des Befestigungswerkes wurde 1673 zerstört. Nur zwei Jahre später wurde in der Nähe des Ortes erneut eine schwere Schlacht geschlagen: Marschall Henri de Latour d'Auvergne, Vicomte de Turenne, schlug mit 20000 Mann ein deutsches Heer von 60000 Mann. In Turckheim wurde zu Ehren Turennes ein hoher Obelisk und ein Standbild errichtet.

Im Sommer ein Nachtwächter

Trotz so vieler Kriegsnöte, zuletzt 1945, ist in Turckheim das unverfälschte Stadtbild eines alten Weinortes erhalten geblieben. Drei Tortürme aus dem 14. Jahrhundert führen zum Stadtkern, der die Form eines langgestreckten Dreiecks hat: Tour de France (mit Storchennest), Porte de Brand beim gleichnamigen Weinberg und Porte de Munster, durch die man noch 1572 acht zum Tod verurteilte «Hexen» aus der Stadt schaffte. Im Städtchen kann man zahlreiche Bauwerke aus dem 16. und 17. Jahrhundert bewundern, darunter ein schönes Rathaus und das nicht minder schöne Maison des Bourgeois. Im Sommer macht jeden Abend um 10 Uhr ein Nachtwächter in historischer Tracht mit Spieß und Laterne die Runde. Mit einem Lied wünscht er den Bewohnern eine gute Nacht und mahnt sie, Herd und Licht zu hüten. Diese Tradition geht bis auf das Jahr 1540 zurück.

Sterbender Drache

Die bekannteste Lage von Turckheim ist der Brand-Weinberg: «A Turckheim, au Brand, croît des vins d'Alsace le roi» – «Auf dem Brand in Turckheim wächst der König der elsässischen Weine.» Nach der Legende erhielt der Ort seinen Namen von einem sterbenden Drachen. Das feuerspeiende Ungeheuer soll hier durch plötzlich ausbrechende Sonnenglut in Brand geraten sein und mit seinem verströmenden Blut dem Boden übernatürliche Kraft verliehen haben. Tatsache ist, daß der Brand im allgemeinen feste, vollständige Weine liefert. Der ursprüngliche Brand-Weinberg ist nur 3,4 ha groß. 1924 wurde jedoch beschlossen, eine Reihe umliegender und teilweise sogar besserer Weinberge dem Brand zuzuschlagen. Daher umfaßt die heutige Lage Brand etwa 30 ha. Zur Herkunftsbezeichnung Brand gehören folgende Weinberge: Der Brand selbst, dazu

Ein anderer, begeisternder Wein von Charles Schleret ist der Muscat. Ich fand diesen blonden Wein in jeder Hinsicht höchst gelungen. Von den 50 000–60 000 Flaschen, die Charles Schleret jährlich erzeugt, sind etwa 40% mit Gewürztraminer gefüllt. Dieser Wein besitzt ebenfalls viel Charakter und Ausdruck Erwähnen möchte ich auch den Tokay. Daneben findet man hier einen trinkbaren Riesling, sowie einen Pinot Noir mit deutlichem Traubenaroma (das längst nicht überall vorhanden ist).

Viel Rebengrund in Turckheim gehört Winzern in Niedermorschwihr und Wintzenheim. Die Domaine Zind-Humbrecht befindet sich in Wintzenheim, verfügt jedoch in Turckheim über 12,77 ha. Der Gewürztraminer-Weinberg auf dem Herrenweg ist eine flache Lage mit viel Sand und Kies. Der Boden erwärmt sich rasch, so daß die Trauben hier manchmal 1–2 Wochen früher reifen als anderswo im Elsaß. Ein fruchtiger, charmanter, schnell fertiger Wein, der breit, aber im Mund nicht dick ist.

Hektar Rebfläche:
Turckheim – 182
Zimmerbach – 27
Walbach – 18
Wihr-au-Val – 31

Seite gegenüber, unten:
Vor der Kulisse von Lagertanks aus Edelstahl und einem Regenbogen werden bei der Genossenschaft von Turckheim Trauben angeliefert. In diesem Ort wird das Weinfest meist nicht während der Lese, sondern Ende Juli gefeiert.

Unten:
Ansicht von Turckheim. Im Vordergrund der aus dem 14. Jahrhundert stammende Tour de France und das beste Restaurant am Ort, das Hôtel des Vosges. Das Städtchen hat etwa 3700 Einwohner. Der Name Turckheim entstand Mitte des 8. Jahrhunderts als Thorecohaime.

Rechts:
Winzer Charles Schleret mit einem seiner häufig prämierten Weine, einem Gewürztraminer

Eines der schönsten Häuser von Turckheim ist das Maison des Bourgeois (von 1580). Davor befindet sich ein Brunnen aus dem 18. Jahrhundert.

Turckheim ist seit jeher ein Zentrum der Papierindustrie.

Weiter oben im Munster-Tal liegt das Weindorf Zimmerbach. Die beste Lage dort ist der Geissbühl.

Weitere Erzeuger:
Armand Hurst
(Turckheim)
Domaine Schoenheitz
(Wihr-au-Val)

Turckheim

Steinglitz, Kirchthal, Schneckenberg, Weingarten (alle mit Granitboden) und Jebsal (Kalkstein). Dieser Rebenhang zieht sich hinter Turckheim steil in Südlage hinauf und ist durch Berge gegen Nord- und Ostwind geschützt. Es heißt, daß noch der Eichberg zur Lage Brand kommen soll, allein schon deshalb, weil der Name Eichberg noch in anderen Gemeinden vorkommt. Das Haus Dopff au Moulin, dessen Gewürztraminer Eichberg einen großen Ruf hat, wehrt sich jedoch heftig dagegen. Es ist noch zu erwähnen, daß man in Turckheim früher vor allem blaue Trauben gepflanzt hatte und daß die Gemeinde auch heute noch einen der besseren Pinot Noirs des Elsaß erzeugt.

Genossenschaft mit guten Weinen
Im Westen des Dorfes liegt an einen Berghang hingeduckt das Gebäude der Genossenschaft von Turckheim. Bis auf etwa zehn selbständig arbeitende Winzer bringen alle Bauern von Turckheim ihre Trauben hierhin. Daneben gehören noch viele Winzer aus anderen Gemeinden der Genossenschaft an. Insgesamt sind etwa 270 Winzer in der Vereinigung zusammengeschlossen. Sie bewirtschaften etwa 280 ha Rebgärten, davon 15 *grands crus*. Durchschnittlich erzeugt die Genossenschaft etwa 2,8 Millionen Flaschen im Jahr. Fast zwei Jahrzehnte lang war die *cave coopérative* von Soultz-Wuenheim (s. S. 138) an diejenige von Turckheim angeschlossen, jedoch arbeitet dieser Betrieb heute mit der großen Genossenschaft von Eguisheim zusammen. Die 1956 gegründete Turckheimer Genossenschaft arbeitet modern und effizient, wovon u. a. die Bildschirme im Büro Zeugnis ablegen. Die Keller – meist mit Edelstahl-Tanks – sind in drei Stockwerken angelegt, dessen oberstes der *vendengeoir* ist. Dort werden die Trauben gekeltert. Mit Hilfe der Schwerkraft läuft der Most in den *cuvier,* den Gärkeller, ab.
Einige Monate später kommt er zur Abfüllung nochmals ein Stockwerk tiefer. Bei vielen anderen Genossenschaften kommt nur ein Drittel der Produktion von noblen Reben; in Turckheim dagegen machen die besseren Sorten gerade umgekehrt zwei Drittel der Erzeugung aus. Und was man hier an besseren Weinen erzeugt, hat höchst beachtliches Niveau. Pinot Blanc, Klevner, Riesling, Tokay d'Alsace, Gewürztraminer, Pinot Noir – von all diesen Sorten habe ich gute, sehr gute, manchmal sogar ausgezeichnete Flaschen probiert.

Eine der Spezialitäten des Hauses Jos. Meyer & Fils (Umsatz etwa 400 000 Flaschen im Jahr) ist der Pinot Blanc. Der Les Lutins («Die Kobolde») ist ein Pinot Auxerrois von flachen Weinbergen. Der Wein ist etwas eleganter, etwas feiner und etwas weniger glatt als vergleichbare Pinots. Es würde mich nicht wundern, wenn dieser Wein bei einer Blindverkostung Riesling von geringerer Abkunft schlagen würde. Kräftiger, voller, aromatischer ist der Pinot Auxerrois von der Lage Hengst.

Der Riesling Les Pierrets von Jos. Meyer kommt von verschiedenen Parzellen in Wintzenheim und Turckheim, wobei der größte Teil der Trauben in der Regel von der Lage Herrenweg stammt. Es ist ein saftiger, gut abgestufter, sehr charakteristischer Riesling mit Charme und Rasse. Auch der Riesling Hengst ist ein schöner Wein; er braucht allerdings etwas mehr Zeit für seine Entwicklung. Ein anderes ansprechendes Erzeugnis von Jos. Meyer ist der Muscat Cuvée du Centenaire.

Auf der Lage Hengst besitzt das Haus Jos. Meyer 3 ha. Außerdem kauft man von weiteren etwa 3 ha Trauben dazu. Ein großer Teil der Trauben sind Gewürztraminer, denn der kalkhaltige Boden der Lage Hengst ist für diesen Rebentyp wie geschaffen. Den Gewürztraminer Hengst finde ich den besten Gewürztraminer von Jos. Meyer. Der Wein ist köstlich, komplex, nicht zu schwer (wie übrigens keiner der Weine von Jos. Meyer) und doch sehr charakteristisch.

Léonard Humbrecht und seine charmante Frau Geneviève leiten gemeinsam die Domaine Zind-Humbrecht, und beide sind besessen vom Wein. Charakter und Qualität sind Ziele, die das Ehepaar mit fast fanatischem Eifer anstrebt. Eine langsame Gärung («um nichts von Bukett, Aroma und Frucht zu opfern»), keine Filtrierung im Januar, kein Entsäuern: dies sind einige Kernpunkte ihres Ausbauverfahrens. Überaus köstlich ist stets der fruchtige, spritzige Muscat.

Die Domaine Zind-Humbrecht erzeugt auch einen guten Tokay d'Alsace, einen sehr gelungenen, würzigen, wirklich roten Pinot Noir, ein reiches Spektrum von Rieslingen (von unterschiedlicher Qualität: der Riesling von der Lage Hengst ist am ausgeprägtesten) und verschiedene Sorten Gewürztraminer. Auch hier ziehe ich die Lage Hengst vor, wo die Domäne 0,96 ha Gewürztraminer bestellt. Der Wein ist elegant und reich zugleich und ist meist von einwandfreier Ausgewogenheit und makelloser Qualität.

Hektar Rebfläche:
Wintzenheim – 193

*Links unten:
Weinlese bei Wintzenheim.*

*Ganz rechts unten:
Jean Meyer von dem Haus
Jos. Meyer*

*Rechts unten:
Léonard und Geneviève Humbrecht von der Domaine Zind-Humbrecht. Sie erzeugen etwa 250 000 Flaschen im Jahr. Léonard achtet sehr darauf, daß die richtigen Reben auf den richtigen Boden gepflanzt werden; Besucher bekommen häufig eine Lehrstunde in Geologie. Die gesamte Ernte gärt in hölzernen Fudern, in denen sich der Wein auf natürliche Weise klärt. Weitere Zind-Humbrecht-Weine werden auf den Seiten 127 und 138 beschrieben.*

Wintzenheim

Elsaß

Während Turckheim am rechten Ufer der Fecht liegt, ist Wintzenheim am linken Ufer des Flusses gelegen, etwas näher bei Colmar. Auf einem Berg über dem Dorf thront die Ruine Hohlandsbourg, eine Burg aus dem 12. Jahrhundert, deren Herren große Teile des Elsaß beherrschten. Wintzenheim liegt zu beiden Seiten einer langen Straße, auf der sich der Verkehr zwischen Colmar und Munster abspielt. Der Ort birgt einige Mauerreste aus dem 13. Jahrhundert, einen Brunnen aus dem Jahre 1750 auf dem Marktplatz, das ansehnliche Rathaus und einen schönen Fachwerkbau in der Rue des Laboureurs. In einer Urkunde aus dem Jahre 786 wird Wintzenheim erstmals als Wingisheim erwähnt; daß der Weinbau dort noch viele Jahrhunderte weiter zurückreicht, nimmt man an.

Männliche Weine vom Hengst
Der Rebengrund von Wintzenheim setzt sich hauptsächlich aus Kalk- und Sandstein zusammen. Die höchste Kalkkonzentration findet man im Hengst-Weinberg, der besten und bekanntesten Lage des Dorfes. Der Name Hengst besteht schon lange, mindestens seit 1875; eine Speisekarte aus dem Jahre 1921 verzeichnet

einen Wein dieses alten Jahrgangs. Früher wurde noch zwischen Oberhengst und Unterhengst unterschieden, was durchaus sinnvoll war, da die beiden Abschnitte eine unterschiedliche Bodenstruktur besitzen: Während der obere Teil hauptsächlich Kalk enthält, besteht der untere mehr aus einer Mischung von Kalk und Ton. Oben auf dem Hang wächst daher auch Gewürztraminer am besten, während unten vor allem Riesling und Pinot-Auxerrois gut gedeihen. Der Name Hengst kommt tatsächlich von dem männlichen Pferd; er symbolisiert die virile Persönlichkeit der Weine.

Jos. Meyer & Fils
Im Jahre 1854 gründete der Winzer Aloïse Meyer in Wintzenheim sein Handelshaus. Dieses vererbte sich vom Vater auf den Sohn und heißt heute Jos. Meyer & Fils. Die heutigen Eigentümer sind Hubert Meyer und sein Sohn Jean. Jean Meyer hat im Burgund eine solide weintechnische Ausbildung genossen und vinifizierte 1966 seinen ersten Elsässer-Wein. Die Familie Meyer ist selbst Eigentümerin von 12 ha und kauft daneben vor allem von Winzern

aus Wintzenheim und Turckheim noch Trauben zu. Bei der Anlieferung werden die Trauben mit Farbstrichen an den Bottichen in Güteklassen eingeteilt: grün und rot für «sehr gut», grün für «gut» und weiß für den Rest, aus dem Edelzwicker gemacht wird. Der Wein gärt und ruht in Holzfudern, Edelstahltanks und emaillierten und glasausgekleideten Tanks. Charakteristisch für die Firma Jos. Meyer, die jährlich 400 000–500 000 Flaschen erzeugt, ist die große Zahl verschiedener *cuvées,* unter denen man die Abnehmer wählen läßt; allein beim Riesling sind es im allgemeinen sechs. Die Qualität der verschiedenen Weine präsentierte sich mir als zuverlässig und vorzüglich. Jos. Meyer überzeugt durch saubere, tadellos schmeckende Weine. Besonders gefielen mir Pinots und Rieslinge. Von beiden Sorten brachte Jos. Meyer 1987 erstmals eine «Frühjahrsabfüllung» (vom vorigen Jahr) heraus. Diese zeitig abgefüllten Weine schmecken köstlich. Begünstigt wurde ihr kommerzieller Erfolg durch die kunstvollen Etiketten.

Bei Wunsch & Mann erzeugt man verschiedene Sorten Gewürztraminer. Zu den besten rechne ich die Lage Steingrubler (mild, würzig, sehr breit, aber nicht dick) und den Cuvée Saint-Rémy, dessen Etikett oben abgebildet ist. Dieser Wein ist meist robuster, milder und schwerer. In die gleiche Kategorie gehört auch der Tokay Cuvée de la Reine Clothilde, ein voll schmeckender Wein, der sich selbst bei Wild behaupten kann. Das Haus hat einen großen Kundenkreis, vor allem im Elsaß selbst, und exportiert relativ wenig.

Frische und Finesse sind sicherlich nicht die typischsten Merkmale für Weine von Wunsch & Mann. Mit ihrem Riesling habe ich daher einige Schwierigkeiten. Der Edelzwicker Joie d'Alsace dagegen besitzt mehr Fülle als viele Konkurrenten und häufig auch einen angenehmen, geschmeidigen, fast saftigen Geschmack. In seiner Art ebenfalls recht angenehm finde ich den Pinot Noir: eine Art freundlicher, leichter Burgunder, harmonisch und von guter Qualität. Als Zweit-Marke führt man Les Fils de Joseph Mann.

In Wettolsheim behauptet man, daß der Muscat von der Lage Steingrubler gesund ist «für Genesende und Alte». Gut vorstellen kann ich mir das bei dem Wein von Victor Peluzzi. Sein Wein ist kräftig, voll und aromatisch. Diesen Typ Muscat trinkt man entweder abends nach dem Essen oder zum Mittagessen. Als Aperitif finde ich ihn zu schwer. Monsieur Peluzzi besitzt in Wettolsheim 3 ha, darunter 23 a auf der Lage Steingrubler.

In Wettolsheim gab es bereits im 4. Jahrhundert Ansätze christlicher Kultur.

Wettolsheim und Fleurie im Beaujolais sind Patenstädte.

In Wettolsheim leben mehr als 40 Familien ausschließlich vom Weinbau; etwa gleich viele Familien betreiben den Weinbau als Nebenerwerb.

Hektar Rebfläche

Wettolsheim – 377

Ganz unten:
Die nachgebaute Grotte von Lourdes mitten in Wettolsheim

Unten:
Rebenmotiv auf einem Wein-etikett aus Wettolsheim

Wettolsheim

Es ist sehr gut möglich, daß Wettolsheim die Wiege des elsässischen Weinbaus war. Schon während der Römerzeit wurden hier Reben gezogen, und man vermutet, daß sich von hier aus der Weinbau weiter über das Elsaß ausbreitete. Beides hat man anhand von Ausgrabungen in der näheren Umgebung des Ortes festgestellt. Man entdeckte hier nämlich 1874 die Reste einer römischen Siedlung. Die Funde waren so reichlich, daß Wettolsheim den Namen «Pompeji des Elsaß» bekam. Außer einer langen Weintradition hat der Ort auch eine alte religiöse Geschichte. Hier wurde schon im 4. Jahrhundert eine Kirche erbaut, eine der ersten im Elsaß. Außerdem kann man in Wettolsheim eine Imitation der Grotte von Lourdes bewundern. Der mächtige, 9 m breite und 11 m hohe Bau verdankt seine Entstehung der Tatsache, daß ein Sohn des Ortes namens Shoerer zwischen 1900 und 1924 Erzbischof des Wallfahrtsortes war. Während des Zweiten Weltkrieges verlor Wettolsheim einige alte Häuser und 1959 die Ruine des Château de Martinsbourg. Dieses Schloß, Schauplatz der Romanze zwischen dem italienischen Dichter Alfieri und der Gemahlin von Karl Eduard, dem letzten Stuart, war so hoffnungslos verfallen, daß es die Gemeinde an eine Baugesellschaft verkaufte. Nun steht dort eine Neubau-Siedlung.

Reiches Sortiment Weine

Die Weinberge von Wettolsheim, das nach Ammerschwihr die größte Weingemeinde des Departements Haut-Rhin ist, liegen auf den Hängen im Westen des Dorfes. Sie liefern ein reiches Sortiment an Weinen. Das ist nicht nur auf das Mikroklima und die gute Sonneneinstrahlung, sondern auch auf den Boden zurückzuführen, der sehr unterschiedlich strukturiert ist. Hauptbestandteile sind vor allem Löß, Kalkstein, Sandstein, Granit. Die beste Lage trägt den Namen Steingrubler. Hiervon sind der Muscat und der Riesling am renommiertesten. Mit den Weinen von Wettolsheim kann man sich übrigens auf dem jährlichen Weinfest, das am letzten Samstag im Juli stattfindet, eingehend vertraut machen.

Wunsch & Mann

Bis Ende 1987 gab es in Wettolsheim zwei Weinhäuser, jedoch ist das größere von ihnen inzwischen nach Colmar umgezogen (s.S. 124). Die verbliebene Firma ist der Familienbetrieb Wunsch & Mann. Er wird geleitet von den Brüdern Jacques und Jean-Louis Mann. Diese besitzen 14 ha eigene Rebfläche und kaufen bei einigen Dutzend Winzern Trauben dazu. Die Weine dieses 1948 gegründeten Hauses sind durchwegs kräftig und voluminös. Zu den besten Sorten gehören der Gewürztraminer von den Lagen Steingrubler und Hengst, der Tokay vom Hengst und der Cuvée de la Reine Clothilde, während auch der Pinot Noir und der Edelzwicker Joie d'Alsace zu gefallen wissen. Das Haus bringt jährlich etwa 650 000 Flaschen auf den Markt.

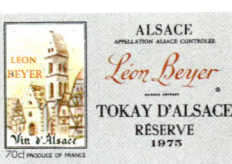

Die Genossenschaft von Eguisheim arbeitet hauptsächlich mit dem Markennamen Wolfberger. Neben dem normalen Sortiment gibt es eine Reihe von Weinen, die in besondere Flaschen mit einem Wappen am Hals abgefüllt werden. Die Rieslinge dieser Reihe besitzen eine gute bis sehr gute Qualität, insbesondere diejenigen von den grand cru-Lagen Hengst, Pfersigberg und Steingrübler. Ein weiterer gelungener Riesling ist der Cuvée des Seigneurs.

Die über 300 Mitglieder der Cave Vinicole Eguisheim liefern aus Eguisheim selbst vor allem Gewürztraminer an. Die besten Trauben, die meist vom Pfersigberg stammen, werden für den Gewürztraminer Cuvée St. Léon verwendet. Es ist ein schwer duftender, aber nicht zu schwer oder zu süß schmeckender Wein von guter Qualität. Empfehlenswert sind auch Muscat Cuvée de la Comtesse, der fast ausschließlich aus Muscat-Ottonel-Trauben hergestellt wird, und der Tokay Cuvée du Schlossherr.

Der stets auf Publicity bedachte Léon Beyer hat vor Jahren den Wettbewerb der besten Austernöffner ins Leben gerufen. Das Ereignis findet alljährlich statt. Ein Nebenprodukt dieses Wettbewerbs ist der Riesling Cuvée des Ecaillers (écailler = Austern öffnen), ein frischer Typ Riesling, der häufig auch Frucht und etwas Nuancierungen besitzt und gerade zu Meeresfrüchten ausgezeichnet schmeckt. Der Riesling «Cuvée Particulière» ist etwas voller und muß etwas länger gelagert werden.

Dem Tokay d'Alsace des Hauses Léon Beyer mangelt es nie an ausreichend Alkohol. Der «Réserve», der besser ist als der normale Tokay, erreicht meist ohne weiteres 13%. Ein Wein, den ich über mehrere Jahre verfolgt habe und der mich nie enttäuschte. Er hatte stets einen milden, nervigen, reichen Geschmack. Ein Erlebnis eigener Art war der «Vendange Tardive» von 1976 mit 14,5% Alkohol und einem fesselnden Aroma, in dem man Anklänge von Holz, Honig und Cream Sherry entdecken konnte.

Der beste Gewürztraminer des Hauses Beyer ist der Cuvée des Comtes d'Eguisheim: ein breiter, fülliger Wein mit einem milden Geschmackston. Meist wird er erst 3–4 Jahre nach der Ernte angeboten. Ein noch speziellerer Wein ist der Gewürztraminer «Vendange Tardive». Ich hatte das Privileg, den 1971er trinken zu dürfen, einen reichen, einmaligen Wein, der unwahrscheinlich lange am Gaumen haftet. Der Wein hatte fast ein Jahr gegoren und auf wundersame Weise 15,9% Alkohol erreicht.

Winzer Antoine Stoffel wohnt in einem Neubauviertel etwas außerhalb von Eguisheim in Richtung der Berge. Er bestellt etwa 6 ha, überwiegend in Eguisheim selbst. Während der Präsentation der neuen Weine von Eguisheim im März 1980 wurden vier Weine von Antoine ausgezeichnet: Riesling, Tokay, Muscat und Pinot Noir. Von diesem Quartett sprach mich persönlich der Muscat am meisten an; es war ein elegant duftender und schmeckender Wein von großer Reintönigkeit.

Eguisheim

Bei allen meinen Besuchen im Elsaß steht Eguisheim fest auf dem Programm, und zwar wegen seiner großartigen *remparts*, den dreifachen Festungsmauern rings um das Zentrum. Der schönere der dadurch gebildeten Festungsgräben bietet sich als eine lange, schmale Straße dar mit einem ungeahnten Reichtum an prächtigen alten Häusern. Diese sind nicht bloß bewohnt, sondern sauber instandgehalten und im Sommer mit reicher Blumenpracht an Fenstern und Balkonen geschmückt. Wer hier einen Rundgang macht, glaubt sich eine knappe Stunde lang in die Zeit vor drei- oder vierhundert Jahren zurückversetzt. Daß dieser Ring von Häusern früher tatsächlich Verteidigungsaufgaben erfüllte, zeigt sich an der Rückseite, wo dieselben hübschen Häuser abweisende, wuchtige Wehrmauern besitzen. Zum Glück ist Eguisheim noch nicht so vom Tourismus entdeckt wie Riquewihr. Während sich dort am Sonntag die Besucher auf die Füße treten, ist es hier noch möglich, die Schönheit des Ortes in Ruhe zu genießen. Die meisten Besucher kommen nicht weiter als bis zur örtlichen Genossenschaft (etwa 100 000 Besucher jährlich) und bis zum Dorfplatz. Möge das noch lange Jahre so bleiben...

Geburtsort eines Papstes
Eguisheim wird in den Annalen erstmals 720 erwähnt. Es war jedoch schon sehr viel länger bewohnt: Im Jahre 1865 fand man hier die Reste des Homo Egisheimiensis, eines unserer fernen Vorfahren, der vor Zehntausenden von Jahren gelebt hat! Unter den Grafen von Eguisheim erlebte das Städtchen eine markante Periode. Der erste, Eberhard, erbaute sowohl die Burg, um die herum das Dorf langsam wuchs, als auch die drei Türme hoch über Eguisheim. Erhalten ist von der Burg nur noch die achteckige Umfriedung; die Gebäude im Inneren wurden im vorigen Jahrhundert vollständig umgebaut. Das Turm-Trio ist ziemlich verfallen, obwohl ein Turm noch bestiegen werden kann. Im Jahre 1002 wurde in der Burg Eguisheim Bruno geboren, Sohn des Grafen Hugon IV. von Eguisheim und der Gräfin Heilwige von Dabo. Er sollte später der erste und einzige Papst aus dem Elsaß werden, Leo IX. (1048 bis 1054). Seine Statue findet man auf einem Brunnen bei der Burg. Die Dynastie der Grafen von Eguisheim erlosch im Jahre 1189, die der Familie Dabo im Jahre 1225. Danach kam Eguisheim in den Besitz des Erzbistums Straßburg, das den Ort 1257 mit Mauern umgab. Wenig später widerstand Eguisheim mit Erfolg einer Belagerung durch den deutschen Kaiser. Im 15. Jahrhundert wurde es von den Armagnaken verwüstet. Beim Wiederaufbau bekam es seine heutige Gestalt: drei Häuserwälle rings um einen kleinen Kern.

Stark kalkhaltiger Boden
Die Weine von Eguisheim genießen schon seit Jahrhunderten einen guten Ruf. Sie wurden so schon sehr früh auch nach England und in die Niederlande versandt. Vor allem der Gewürztraminer ist hier sehr ausdrucksvoll. Das liegt vor allem an dem stark kalkhaltigen Boden, auf dem diese Rebe optimale Wachstumsbedingungen vorfindet. Die geschützte Lage der Weinberge sowie das trockene Mikroklima beeinflussen ebenfalls die Qualität der Weine sehr positiv. Die renommiertesten Lagen sind Pfersigberg und Eichberg. Jeweils am letzten Sonntag des März stellt Bürgermeister Léon Beyer (dessen Vater und Großvater schon dieses Amt bekleideten) der Presse und dem Publikum die Weine vor. Dabei zeichnet eine Jury die vier besten Weine einer jeden Rebsorte aus. Wein in Strömen fließt auch während des Winzerfestes am letzten Sonntag im August.

Die größte Genossenschaft
Die Cave Vinicole d'Eguisheim bezog ursprünglich ihre Trauben aus der eigenen und den umliegenden Gemeinden, u.a. aus Eguisheim, Wettolsheim, Herrlisheim, Hattstatt, Voegtlinshoffen, Husseren-les-Châteaux, Obermorschwihr, Orschwihr, Bergholtz und Bergholtz-Zell. Im Jahre 1976 schloß sich jedoch die Genossenschaft von Dambach-la-Ville derjenigen von Eguisheim an, und 1985 kam diejenige von Soultz-Wuenheim hinzu. Dadurch stieg die Zahl der Mitglieder auf 500, die Zahl der Rebgärten auf 1000. Die Erzeugung beträgt durchschnittlich 10 Millionen Flaschen, wodurch

Hektar Rebfläche
Eguisheim – 294

Das beste Restaurant am Ort ist der Caveau d'Eguisheim, auf Initiative von Léon Beyer von der Société au Propagande pour les Vins d'Eguisheim gegründet. Die Gründungsmitglieder bekamen das Recht, bis zu zehn ihrer Weine auf die Karte setzen zu lassen. Man ißt hier ein ausgezeichnetes Sauerkraut.

Weitere Erzeuger:
Bruno Sorg
Paul Ginglinger
Bruno Hertz

*Rechts:
Das illuminierte Schloß von Eguisheim. Rechts vor dem Brunnen die Statue Papst Leos IX.*

Wohnung und Keller von Joseph Freudenreich, der von seinem Sohn Marc unterstützt wird, befinden sich im Zentrum von Eguisheim, schräg gegenüber dem restaurierten Schloß. Die Domaine Freudenreich umfaßt 7–8 ha und liefert als besten Wein den Gewürztraminer «Cuvée Exceptionnelle», einen duftenden, kräftigen, lange nachtönenden Wein.

*Seite gegenüber, ganz unten:
Vater Léon und Sohn Marc Beyer vom Hause Léon Beyer, das 1981 die Firma Preiss-Henny übernommen hat.*

*Seite gegenüber, unten:
Die Genossenschaft von Eguisheim. Neben viel Wein erzeugt der Betrieb mehr Marc de Gewürztraminer als jede andere Firma.*

*Links unten:
Einer der schmalen, blumengeschmückten remparts, der ehemaligen Festungswälle, von Eguisheim. Die Wohnungen sind rechts, die Scheunen, einst Mauern, links.*

*Rechts unten:
So freundlich gibt das – leider hölzerne – Empfangsfräulein die Öffnungszeiten der Genossenschaft bekannt.*

Eguisheim

---

dieser Betrieb zum größten des Elsaß wird. Außerdem ist die Genossenschaft Eigentümerin des Weinhauses Alsace Willm in Barr (s.S. 96). Die heute riesige *cave coopérative* von Eguisheim wurde 1902 gegründet, führte jedoch bis 1950 nur ein bescheidenes Dasein. Erst dann setzte der große Aufschwung ein. Das Sortiment umfaßt drei Qualitätsklassen: Weine ohne Auszeichnungen, Weine mit Auszeichnungen (Medaillen auf Wettbewerben in Paris, Mâcon und anderswo) und die Cuvées (z.B. Riesling Cuvée des Seigneurs). Bei vergleichenden und anderen Verkostungen habe ich festgestellt, daß in den ersten beiden Kategorien kaum etwas nach meinem Gusto zu finden war. Die Weine sind bestenfalls korrekt und im allgemeinen flach und ohne Charakter. In der Cuvée-Kategorie habe ich dagegen durchaus interessante Weine gefunden, vor allem vom Riesling, Gewürztraminer, Muscat und Tokay. Die Genossenschaft von Eguisheim arbeitet mit verschiedenen Marken, u.a. Pierre Meierheim, Pierre Rotgold und Wolfberger. Unter dem letzt genannten Namen werden auch die Schaum-

weine verkauft, so ein attraktiver Crémant d'Alsace aus Riesling (s.S. 90). Außerdem steht Wolfberger auf den Etiketten der eigenen Destillate (1979 übernahm die Genossenschaft die Brennerei Jacobert und 1985 diejenige von Kuhri de Rhinau) und auf Gänseleber-Dosen.

Die Weinhändler Léon und Marc Beyer
Eine ehemalige Poststation am Eingang des Dorfes dient dem Haus Léon Beyer heute als Firmensitz. Die Firma verkauft ihre Weine in Frankreich vor allem an bessere Restaurants und im Ausland an qualitätsbewußte Importeure. Die Familie Beyer ist schon seit 1580 im Weinbau tätig; das Handelshaus wurde 1867 gegründet. Man verfügt über 20 ha eigenen Grund (überwiegend in Eguisheim), der etwa ein Drittel der Trauben liefert. Insgesamt verkauft der Betrieb etwa 800 000 Flaschen im Jahr. Vater Léon, Sohn Marc und ihr Kellermeister arbeiten mit moderner Apparatur auf sehr traditionelle Weise. So besitzt ihr Haus kein Labor: Alles wird durch Probieren beurteilt. Das Sortiment umfaßt in der Regel etwa 25 verschiedene Sorten Wein, darunter vier

Sorten Riesling. Nicht alle Weine begeistern mich gleichermaßen; sogar bei den wirklich guten Sorten ist der Duft nicht immer überzeugend, und im Geschmack scheint manchmal die Robustheit die Finesse zurückzudrängen. Dennoch empfehle ich einige Weine sehr Ihrer Aufmerksamkeit, denn insgesamt gesehen gehört Léon Beyer doch zu den besseren Häusern. Diese Weine sind Riesling Cuvée des Ecaillers, Riesling «Cuvée Particulière», Tokay «Réserve», Tokay Vendange Tardive und eigentlich alle Sorten Gewürztraminer.

VIN D'ALSACE
APPELLATION ALSACE CONTROLEE

KUENTZ-BAS
0.70 l
RIESLING
CUVÉE RÉSERVÉE
KUENTZ-BAS A HUSSEREN-LES-CHATEAUX HAUT-RHIN FRANCE

VIN D'ALSACE
APPELLATION ALSACE CONTROLEE

KUENTZ-BAS
0.70 l
GEWURZTRAMINER
RÉSERVE PERSONNELLE
KUENTZ-BAS A HUSSEREN-LES-CHATEAUX HAUT-RHIN FRANCE

Wiederholt habe ich es auf Blindverkostungen erlebt, daß die Rieslinge von Kuentz-Bas sehr gut abschneiden. Typisch für die Rieslinge dieses Hauses ist ihre Eleganz. Es sind frische, schlanke Weine, sehr rassig und sehr Riesling, insbesondere die Qualitäten «Cuvée Réservée» und «Réserve Personnelle». Vor allem die «Réserve Personnelle» ist eine Schönheit von feiner und distinguierter Art. Beide Rieslinge haben meist eine fast bleiche Farbe.

Schlechte Weine habe ich von Kuentz-Bas nie getrunken. Sogar ein einfacher Pinot Blanc von diesem Haus besitzt eine tadellose Qualität. Angenehmste Erinnerungen habe ich auch an den Muscat «Cuvée Réservée», an den Tokay «Réserve Personnelle», an den Pinot Noir «Réserve Personnelle» und an den Gewürztraminer «Réserve Personnelle». Dieser letzte Wein ist ein echter Tafelbegleiter. Er ist meist frisch genug, bei Tisch getrunken zu werden, das heißt also weder zu süß, noch zu wuchtig oder zu schwer.

Hektar Rebfläche
Husseren-les-Châteaux – 149

Weitere Erzeuger:
Gérard Schueller
Fernand Stentz

In der Römerzeit diente Husseren als Beobachtungsposten. Das Dorf wurde mehrmals zerstört, so durch die Engländer, die Armagnaken und die Schweden.

Links unten:
Dieses Schild steht beim Eingang zum Dorf und macht auch auf das Fest der Guinguettes aufmerksam. Das Wappen zeigt die beiden Charakteristika des Dorfes: die drei Türme und eine Traube. Die Rebe wird hier seit 1648 kultiviert.

Rechts unten:
Jean-Michel Bas von der Firma Kuentz-Bas. Seine Familie stammt aus dem Burgund, während die Kuentzens aus der Schweiz kommen.

Rechts:
Einige Weinhänge werden hier noch mit Pferden bearbeitet.

Elsaß

Husseren-les-Châteaux

Husseren-les-Châteaux liegt etwa 170 m oberhalb Eguisheim und gilt als das höchste Weindorf des Elsaß. Die Rebstöcke sind bis auf 380 m Höhe angepflanzt. 400 m sind normalerweise die absolute Grenze. Jahrhundertelang hat Husseren zu Eguisheim gehört, und heute ist die Gemeinde noch immer eine Enklave in der Gemeinde Eguisheim. Als der Weiler im 14. Jahrhundert unabhängig wurde, gaben ihm die Eigentümer von Eguisheim nur soviel Grund, wie gerade zum Leben ausreichte. Ein Dasein im Wohlstand war also von vornherein ausgeschlossen. Bis ins vorige Jahrhundert gab es daher auch in Husseren mehr Schnapsbrenner als Winzer, weil man mit den Früchten des nahen Waldes mehr verdienen konnte als mit denen des Weinbergs. Deshalb wurden die Einwohner von Husseren auch lange Zeit nach den großen Flaschen, in denen Destillate aufbewahrt werden, «Les Bonbonnes» genannt.

Wochenende voller Folklore
Heute ist Husseren-les-Châteaux ein echtes Winzerdorf. Von den gut hundert Familien haben fast alle mit Wein zu tun. Das Terrain eignet sich aber auch ausgezeichnet für die Rebenzucht: Die Hänge liegen genau nach Süden, und der Boden enthält Kalk und Ton. Die örtlichen Weine sind meist spritzig und frisch. Besonders lohnend ist ein Besuch in Husseren-les-Châteaux auch an dem Wochenende nach dem 14. Juli; dann findet hier die Fête des Guinguettes d'Europe statt, bei der an französischen, deutschen und italienischen Ständen kulinarische Kostproben gereicht werden und Auftritte internationaler Tanz- und Gesangsgruppen stattfinden. Es ist auch zu empfehlen, einen Blick in die Kirche mit ihrem Taufbecken aus dem 12. Jahrhundert zu werfen, und nur fünf Autominuten entfernt liegen die Türme von Eguisheim. Für deren Bau stellte das Dorf einst viele Arbeitskräfte. Außerdem verdankt Husseren den zweiten Teil seines Namens diesen «Châteaux». Die Umbenennung in Husseren-les-Châteaux wurde 1919 vorgenommen, um Verwechslungen mit einem anderen Husseren in der Nähe von Thann zu vermeiden.

Kuentz-Bas: Erlesene Rieslinge
Nach seiner Heirat mit einer geborenen Kuentz eröffnete André Bas im Jahre 1919 in Husseren ein eigenes Weinhandelshaus, das noch heute floriert. Die Leitung haben Christian Bas, der von seinem Vater Jean-Michel beraten wird, und sein Neffe Jacques Weber, ein Diplom-Önologe. Die Firma erzeugt im allgemeinen feine, diskrete, elegante Weine mit einem deutlichen Ton von Frische. Die Rieslinge von Kuentz-Bas finde ich ausgezeichnet: Bessere findet man im ganzen Elsaß fast nicht. Auch Pinot Blanc, Muscat, Tokay, Gewürztraminer und Pinot Noir verdienen durchweg ein Kompliment. Das Haus arbeitet mit drei Qualitätsklassen: «Cuvée Tradition», die einfachste, aus angekauften Weinen zusammengestellt; «Cuvée Réserve» aus selbst vinifizierten Trauben; und «Cuvée Personnelle» aus Trauben von den eigenen 12 ha. Kuentz-Bas verkauft knapp 400 000 Flaschen im Jahr.

Hektar Rebfläche
Voegtlinshoffen – 153
Obermorschwihr – 104
Herrlisheim – 56
Hattstatt – 85
Gueberschwihr – 192

Weitere Erzeuger:
Joseph Cattin et ses Fils
(Voegtlinshoffen)
Gérard Hartmann & Fils
(Voegtlinshoffen)
Maurice Schueller
(Gueberschwihr)

Als Spezialität von Voegtlinshoffen gilt der Muscat. So ist der Muscat auch einer der besten Weine von Théo Cattin & Fils. Der Wein wird fast ausschließlich aus der Muscat-Ottonel-Rebe hergestellt, die so empfindlich ist, daß im Normalfall nur eine von drei Ernten gelingt. Wenn der Wein jedoch erzeugt werden kann, ist er ein Hochgenuß: reich an Frucht, an Frische und vollkommen reintönig – der vollkommene Aperitif. Außerdem behält dieser Muscat seine Frische meist ohne weiteres 5 Jahre.

Der Gewürztraminer Cuvée de l'Ours Noir ist einer von Théo Cattins besseren Weinen: ziemlich ausgeprägt, mild, etwas schwer. Auch der Riesling Cuvée de l'Ours Noir ist meist nicht unangenehm, ebenso wenig der Pinot Noir. In all seiner Einfachheit fand ich auch den Edelzwicker Ecume des Mers sehr angenehm. Der schwarze Bär (ours noir) auf den Etiketten ist Bestandteil des Familienwappens. Er hat abgehauene Pfoten, weil ein Cattin einmal den Seigneur vor einem Bären beschützt haben soll.

Die aus Württemberg stammende Familie Stempfel hat sich um 1650 in Obermorschwihr niedergelassen und nach und nach immer mehr mit dem Weinbau befaßt. Heute umfaßt die Domäne X. Stempfel & Fils etwa 8 ha, von denen 36 % Gewürztraminer sind, 28 % Riesling, 12 % Pinot noir, 6 % Pinot gris, 6 % Pinot blanc, 5 % Muscat und 7 % andere Sorten. Die Leitung haben die Brüder François und Ulric Stempfel. Einer ihrer besten Weine ist für mich der Riesling: nuancierter Geschmack und ein Hauch *terroir*.

Links unten:
Zwei riesige Flaschen an einem Tor in Voegtlinshoffen. Die rechte Flasche weist auf die lokale Spezialität, den Muscat, hin.

Rechts unten:
Marcel Cattin von der Firma Théo Cattin & Fils mit seinem Familienwappen

Rechts:
Ein kleiner Traubenfreund auf einem Brunnen in Voegtlinshoffen

Die bekannteste Lage von Voegtlinshoffen ist Hatschbourg, teilweise nach Süden gelegen. Auch der Hagelberg hat einen guten Ruf.

Bei der Kirche von Gueberschwihr hat man fränkische Sarkophage gefunden.

In und um Voegtlinshoffen

Elsaß

Der Weinroute folgend ist es von Husseren-les-Châteaux nicht weit nach Voegtlinshoffen. Jahrzehntelang war der Ort nur auf einer nicht weiterführenden Nebenstraße zu erreichen, was die Bekanntheit von Voegtlinshoffen und seiner Weine natürlich nicht gerade gefördert hat. Jahrhundertelang herrschte hier Armut; die Bevölkerung mußte hauptsächlich in den nahen Steinbrüchen arbeiten und lebte nur in geringem Umfang vom Weinbau. Die Voegtlinshoffener bekamen hier 1887 eigenen Grund und Boden, nachdem der letzte Seigneur das Dorf der Stadt Basel vermacht hatte. Inzwischen sind im Dorf bessere Zeiten eingekehrt: Auf dem stark tonhaltigen Grund, der in Trockenperioden die Feuchtigkeit gut speichert, werden an die 127 ha Rebfläche bestellt, und die Straße, die hier einst endete, wurde nach Gueberschwihr fortgeführt. Der Ortskern blieb klein und heimelig; die aus dem 12. Jahrhundert stammende Kirche ist allein schon wegen ihrer Altäre einen Besuch wert.

Théo Cattin et Fils
Unter Ludwig XIV. wurden 1648, gleich nach dem Ende des Dreißigjährigen Krieges, Maßnahmen zur Wiederbesiedlung des Elsaß getroffen. Damals kamen viele Schweizer ins Land, so auch die Familie Cattin, die sich in Voegtlinshoffen niederließ. Ihre Nachkommen betreiben dort heute ein Weinhandelshaus, Théo Cattin et Fils. Die Leitung liegt in Händen von Vater Marcel und Sohn Jean-Bernard Cattin. Die eigenen 20 ha decken nicht ganz den Bedarf für die jährlich etwa 200 000 Flaschen. Die restlichen Trauben werden angekauft. Gärung und Ausbau des Weines geschieht ausschließlich in glasausgekleideten Betontanks. Die Firma Cattin stellt durchweg geschmeidige, weiche Weine mit genügend Kraft her, denen es jedoch etwas an Tiefe und Finesse mangelt. Die besten Qualitäten werden als Cuvée de l'Ours Noir angeboten.

Verschwundene Burgen
In der Nähe von Voegtlinshoffen liegt das Dorf Obermorschwihr mit dem recht einmaligen Fachwerkturm an der Kirche und einer goldenen Marienstatue auf dem Dorfbrunnen. Der Weinbau geht mindestens bis ins 7. Jahrhundert zurück. Weiter draußen in der Ebene liegt Herrlisheim, früher ein mächtiger Ort mit Festungsmauern und Burg. 1677 wurde jedoch ganz Herrlisheim ein Raub der Flammen. Von dem früheren Dorf blieben nur Teile der Mauern, die Ruine des Hexenturms und ein Glockenturm aus dem 15. Jahrhundert erhalten. Auch Hattstatt war einst ein bedeutender Ort, wie das große Rathaus beweist. Es besaß ebenfalls Stadtmauern und eine eigene Burg. In der sehr alten Kirche (erste Hälfte 11. Jh.) gibt es ein Fresko mit Weinranken zu bewundern. Der nächste Ort ist Gueberschwihr, das schon 728 als Vila Eberhardo erwähnt wird. Der Ort besaß nicht weniger als drei Burgen, die heute alle verschwunden sind. Erhalten ist ein großartiger romanischer Kirchturm. Der weitläufige Kirchplatz ist mit seinen alten Häusern und den schattenspendenden Bäumen sehr stimmungsvoll. Viele Winzer bringen ihre Trauben zur Genossenschaft von Pfaffenheim.

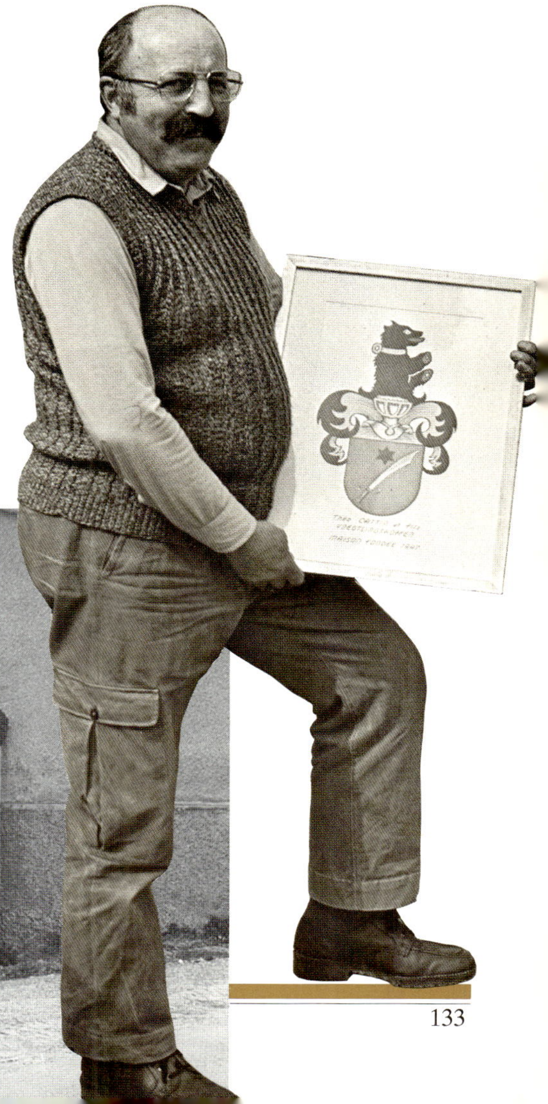

133

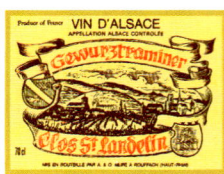

Schon sehr lange ist der Schneckenberg in Pfaffenheim für seinen guten Pinot Blanc bekannt. Dieser Wein ist daher auch eine der Spezialitäten der örtlichen Genossenschaft. Die renommiertesten Weine dieses Betriebs sind jedoch acht Selektionen die die Bezeichnung Cuvée Prestige sowie den Namen von (zum Teil mythischen) Personen tragen, so z.B. der üppige Tokay Rabelais und der reiche Gewürztraminer Bacchus. Weitere gute Weine sind u.a. der Tokay Steinert, der Gewürztraminer Goldert und der Pinot Noir.

Die Domaine Joseph Rieflé ist in einem alten Haus gegenüber dem Rathaus von Pfaffenheim niedergelassen. Eigentümer sind die Brüder René und André Rieflé. Sie besitzen etwa 15 ha, einschließlich Parzellen in Rouffach und Westhalten. Die Weine, die ich bei ihnen verkostete, waren von etwas belangloser, unproblematischer Art; ihre Qualität war nicht mehr als ordentlicher Durchschnitt. Am besten gefiel mir noch der Tokay, dicht gefolgt vom Riesling.

Der Terrassen-Weinberg Clos St. Landelin ist seit 1926 Eigentum der Familie Muré. An einigen Stellen stehen noch sehr alte Stöcke. Der Weinberg liefert sehr markante Weine. Der beste ist für meinen Geschmack der Gewürztraminer, der häufig mild ist, fein und charaktervoll. Auch vom Muscat und Pinot Noir habe ich gute Flaschen getrunken. Der Riesling von Clos St. Landelins Parzelle auf der *grand cru*-Lage Vorbourg ist sehr aromatisch und intensiv im Duft.

Auf einer Anhöhe über Rouffach thront das Luxushotel Château d'Isenbourg. Davor liegt ein Weinberg von 5,5 ha, Eigentum des SYN-VA (s. S. 124), das die Trauben bei Dopff & Irion keltern und vinifizieren läßt; diese Firma verkauft auch die Hälfte der Weine mit genau dem gleichen Etikett. Die Weine sind von anständiger, aber nicht hervorstechender Qualität. Zu den besseren Sorten rechne ich noch den Riesling und den Muscat.

Hektar Rebfläche
Pfaffenheim – 298
Rouffach – 142
Gundolsheim – 32

Rouffach besitzt eine Land- und Weinbauschule. Diese verfügt über 12 ha Rebfläche.

Weitere Erzeuger:
Pierre Frick & Fils (Pfaffenheim)
Clément Bannwarth & Fils (Rouffach)

Ganz unten:
Die Kirche von Pfaffenheim. Der Chor stammt aus dem 13. Jahrhundert.

Unten:
Einkerbungen in der Außenmauer der Pfaffenheimer Kirche. Sie entstanden dadurch, daß die Winzer früher jeden Morgen den Teufel aus ihren Messern trieben, indem sie diese gegen die Mauer schlugen.

Pfaffenheim und Rouffach

Elsaß

Die stark befahrene Route Nationale 83 läuft hart an Pfaffenheim vorbei, einem kleinen, uralten Winzerstädtchen, in dem man Sarkophage aus der fränkischen Zeit gefunden hat. Der Ort mit seinen vielen altehrwürdigen Häusern macht einen sehr ruhigen Eindruck. Als ich hier an einem Samstagmittag im April Station machte, hörte man nichts weiter als das Klingeln der Flaschen: Überall hinter den hohen Holztüren und den dicken Mauern war man dabei, den Wein der letzten Ernte abzufüllen. Pfaffenheim, das bis zur Französischen Revolution zur Herrschaft Rouffach gehörte, besaß einst drei Burgen. Heute ist das interessanteste Gebäude am Ort die Kirche, deren romanischer Glockenturm im Zweiten Weltkrieg seine Spitze verlor. Hinter der Kirche sieht man an der Außenmauer zahlreiche Einkerbungen: Die Winzer hatten früher die Gewohnheit, hier jeden Morgen den Teufel aus ihren Schnittmessern und sonstigen Gerätschaften zu schlagen. Am Ortsrand von Pfaffenheim, direkt neben der Schnellstraße, befindet sich die Cave Vinicole de Pfaffenheim, Gueberschwihr et Environs. In dieser Genossenschaft sind etwa 180 Winzer zusammengeschlossen, die zusammen rund 200 ha bewirtschaften. Eine neue Leitung und die Einstellung eines neuen Önologen haben Mitte der 80er Jahre zu merklichen Verbesserungen geführt. U.a. wurde die gesamte *cuverie* und die Abfüllanlage erneuert, so daß die Qualität der Weine auf der ganzen Linie deutlich zunahm.

Wehrhafte Frauen
Von Pfaffenheim sind es nur wenige Autominuten nach Rouffach. Der Fernverkehr wird an Rouffach vorbeigeführt, weshalb es hier nicht so viele Touristen gibt. Dabei hat der Ort viel zu bieten. So findet man an der Place de la République die St. Arbogast-Kirche, deren Bau bis ins 11. Jahrhundert zurückreicht, das prächtige Kornhaus mit Treppengiebel (Ende des 15., Anfang des 16. Jh.), ein schönes Rathaus (16. Jh.) und Teile der alten Befestigungsanlagen, darunter den Hexenturm (13. und 15. Jh.). Es kann keinen Zweifel geben, daß Rouffach einst eine wichtige Stadt war: Von hier aus regierten die Erzbischöfe ihre Besitzungen am Oberrhein. Die Emanzipation der Frauen ist in Rouffach schon längst verwirklicht: Als im Jahre 1106 Kaiser Heinrich V. am Ostertag ein hübsches Mädchen rauben ließ, das gerade aus der Kirche kam, griffen sich die Frauen die Waffen ihrer Männer, die keinen Widerstand wagten, und jagten den Herrscher aus dem Ort. Bei seiner schimpflichen Flucht mußte er sogar Krone, Szepter und Mantel zurücklassen. Seither stehen in Rouffach die Frauen bei allen offiziellen Feiern in erster Reihe. An der Südseite des Dorfes markiert eine riesige Presse aus dem 13. Jahrhundert den Sitz der Weinfirma Armand & Oscar Muré. Sie wird von zwei jungen Leuten geleitet, von René Muré und seiner Schwester Marie-Thérèse. Der Betrieb gebraucht für seine Handelsweine die Marken Muré-Ehrhardt (gängige Qualitäten) und Muré (bessere Abfüllungen), die zusammen etwa 500 000 Flaschen ausmachen. Daneben bewirtschaftet man 17 ha eigenen Grund, wovon 16 auf dem Clos St. Landelin (etwa 120 000 Flaschen). Diese Rebenterrasse liegt in Richtung Westhalten und hat stark kalkhaltigen Boden. Die Bepflanzung besteht aus einem Drittel Riesling im niedrigsten Teil, einem Drittel Gewürztraminer im mittleren Abschnitt und einem Drittel anderer Sorten, überwiegend auf dem Plateau. Die Weine vom Clos St. Landelin sollten in der Regel frühestens 3 Jahre nach der Ernte getrunken werden. Obwohl René und Marie-Thérèse ihre Weine mit großer Sorgfalt herstellen, sprechen sie mich wegen ihres oft eigenartigen Aromas nicht alle an. Am besten gefallen mir der *grand cru* Riesling Vorbourg und der Gewürztraminer.

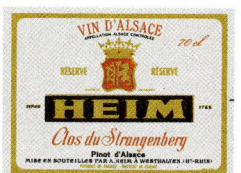
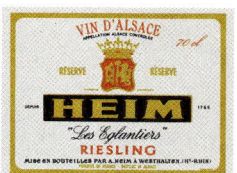

Ein ausdrucksvoll fruchtiges Parfum und ein reintöniger, ebenfalls fruchtiger Geschmack charakterisieren häufig den Muscat «Cuvée Reservée» der Genossenschaft von Westhalten. Der Wein wird normalerweise aus 70 % Muscat-Ottonel und 30 % Muscat d'Alsace erzeugt. Gefällig, mild und sehr geschmeidig ist der Pinot Blanc vom Strangenberg; den Pinot Noir «Cuvée Reservée» muß man in seiner Art einen recht erfreulichen Wein nennen.

Das Zinnkoepflé von Westhalten liefert einen guten, überraschend milden Sylvaner. Dies liegt an dem kalkhaltigen Boden, in dem die Sonnenwärme gespeichert wird. Die Genossenschaft von Westhalten erzeugt ein gutes Beispiel für einen solchen Wein. Qualitativ noch besser finde ich den Gewürztraminer von derselben Lage, einen mild-frischen, ziemlich eleganten Wein, der nicht zu plump oder dick ist und in seinem Duft manchmal Rosen und Veilchen aufweist.

Von der Lage Strangenberg bezieht das Haus Heim traditionelle Pinot blanc-Trauben. Der Wein besitzt meist einen lebhaften, köstlichen und vollkommen reintönigen Geschmack, den man in seiner Art nur ausgezeichnet nennen kann. Alfred Heim gründete erst nach dem Zweiten Weltkrieg ein Haus mit seinem Namen. Die Firma, die aus der Familie seiner Frau stammte, hieß zuerst Koehler, heute noch eine Zweit-Marke, ebenso Anne d'Alsace, Alsace Meyer und Camille Meyer.

Der beste Riesling des Hauses Heim trägt den schönen Namen Les Eglantiers. Der Wein duftet mild und kultiviert und besitzt einen ziemlich mundfüllenden, aber doch eleganten Geschmack, der frisch ist, ohne aggressiv zu sein. Viel Genuß für die Sinne bietet meist auch der Muscat «Cuvée Spéciale», ein intensiv duftender, voller und frisch gestimmter Wein. Der Tokay d'Alsace ist ebenfalls sehr gut; er besitzt manchmal etwas Rauchiges in seinem Duft und einen reintönigen, nicht allzu hervorstehenden Geschmack.

Heims technischer Direktor Hagen hält die Zinnkoepflé-Weine seines Hauses für die besten, und von diesen wiederum den Gewürztraminer. Ich kann ihm hier nur beipflichten. Der Wein, von dem ich verschiedene Jahrgänge verkostet habe, besitzt einen exzellenten Geschmack. Nichts von der dumpfen Schwüle anderer Gewürztraminer, aber doch genügend Breite und Würze. Heim exportiert etwa ein Viertel seiner Weine.

Hektar Rebfläche
Westhalten – 256
Soultzmatt – 228
Osenbach – 21
*Unten:
Mitglieder der Genossenschaft von Westhalten warten, bis sie ihre Trauben abliefern können.*

Weitere Erzeuger:
Paul Kubler
(Soultzmatt)
Kandmann-Ostholt
(Soultzmatt)

Westhalten

Bis zur Französischen Revolution war der östliche Teil von Westhalten Eigentum von Rouffach, der westliche gehörte zu Soultzmatt. Erst 1818 erhielt Westhalten seine Unabhängigkeit. Der Ort zählt heute 750 Einwohner. Westhalten liegt in einem Tal, dessen Umrahmung auf der einen Seite die 400 m hohen Rebhänge Strangenberg und Zinnkoepflé und auf der anderen der 360 m hohe Bollenberg bilden. Der Rebengrund ist überwiegend kalkhaltig. Die Niederschlagsmenge ist manchmal noch geringer als in Colmar. Das ist zweifellos der Grund, warum auf dem Zinnkoepflé neben den Reben eine reiche mediterrane Flora auftritt; Botaniker haben nicht weniger als 550 südfranzösische Pflanzenarten bestimmt. Die Hänge des Zinnkoepflé sind daher auch Naturschutzgebiet. Was den Wein angeht, so liefern sie einen hochklassigen Sylvaner und Gewürztraminer, wobei auch der Tokay hier sehr gut sein kann. Der Strangenberg dagegen ist vor allem für seinen Pinot Blanc und Pinot Noir bekannt, während auf dem Bollenberg meist Muscat und Gewürztraminer die besten Resultate bringen. Westhalten selbst ist ein malerisches Dorf mit alten Häusern, engen Straßen, zwei uralten Brunnen und einem Kerker aus dem Jahre 1682, in dem man die Bürger, die allzu tief ins Glas geschaut hatten, zur Ausnüchterung verwahrte.

Relativ junge Genossenschaft
Etwas außerhalb von Westhalten, Richtung Soultzmatt, liegen die weißen Gebäude der Genossenschaft. Sie wurde 1955 von Winzern aus Westhalten, Soultzmatt, Rouffach, Gundolsheim und Soultz ins Leben gerufen. Die Weinbauern verkauften ihren Wein so schlecht, daß viele Trauben nicht einmal mehr vinifiziert wurden. Diese Probleme gehören heute der Vergangenheit an. Die Genossenschaft bringt jährlich zwischen 2,5 und 3 Millionen Flaschen auf den Markt und ist technisch hervorragend ausgerüstet (ultrakalte Behandlung, Membranfilter usw.). Der Betrieb verarbeitet Trauben von 230 ha, die rund 185 Mitgliedern gehören. Ansprechende Qualität bieten etwa der Sylvaner Zinnkoepflé, der Gewürztraminer Zinnkoepflé, der Muscat «Cuvée Réservée» und der Pinot Blanc Strangenberg. Die Cave Vinicole de Westhalten, Soultzmatt, Rouffach et Environs produziert auch einen angenehmen Crémant d'Alsace (s. S. 90). Zweit-Marken sind Vieilles Caves de Cigogne und Mittnacht.

Heim: sympathisch und sorgfältig
Westhalten ist auch Sitz des besonders sympathischen Hauses Alfred Heim, das Weine von durchweg tadelloser Qualität herstellt. Der unauffällige, alte Eingang mitten im Dorf läßt kaum ahnen, daß sich hinter Büros und Empfangsraum ein weitläufiger Kellerkomplex verbirgt, von dem aus jährlich etwa 1,5 Millionen Flaschen versandt werden. Für die gängigen (Liter-)Qualitäten kauft Heim auch Trauben von etwa 170 kleineren Winzern. Die Trauben und später die Weine werden streng selektiert und kontrolliert. Die Technik ist in Händen von Marc Hagen, einem der besten Oenologen des Elsaß. Er berät auch die Genossenschaft von Westhalten und führte in beiden Betrieben Membranfilter ein, die bessere Resultate liefern als die herkömmlichen Filter. Von Heims sauberen, frischen und dabei geschmeidigen Weinen empfehle ich: den Pinot Blanc Clos du Strangenberg, den Riesling Les Eglantiers, den Gewürztraminer Zinnkoepflé und die Réserve von Muscat und Tokay.

Mit 26 ha Rebfläche ist Lucien Albrecht der größte Winzer von Orschwihr. Seine Familie zieht hier schon seit 1770 Reben. Lucien, der von seinem Sohn Jean unterstützt wird, erzeugt jährlich etwa 200 000–250 000 Flaschen, darunter einen Crémant d'Alsace (s. S. 90). Einer seiner besten Weine ist für mich der Riesling vom Clos Himmelreich (1,5 ha) auf dem Pfingstberg. Es ist ein harmonischer, lebendiger, frischer Wein mit angenehmem Geschmack – kurz, ein köstliches Gewächs.

«In Orschwihr müssen wir Qualitätswein machen, denn hier können wir nicht an Laufkundschaft verkaufen. Die Leute müssen eigens zu uns herfahren.» Dies sagt Lucien Albrecht, der sich selbst auch danach richtet: Seine Weine werden mit viel Gespür für Qualität erzeugt; so etwa der ausgezeichnete Gewürztraminer Cuvée Martine, ein reintöniger Wein mit Frucht, Gewürzen, Milde, einen kräftigen, aber nicht wuchtigen Geschmack. Lucien Albrecht führt auch ein Handelshaus.

Paul Reinhart ist nicht nur der Bürgermeister von Orschwihr, sondern hatte auch mehrmals das Amt des Vorsitzenden des Comité Interprofessionnel du Vin d'Alsace inne. Außerdem betreibt er mit seinem Sohn Pierre eine Weindomäne von etwa 4,5 ha. Sein Riesling kommt von rund 3 ha Grund auf dem Bollenberg. Der Wein besitzt ein ansprechendes Aroma, in dem die Kühle des Kalkbodens wiederkehrt. Es ist ein Typ Riesling, der gut reifen kann und wirklich gute Anlagen besitzt.

Nicht alle Winzer lassen Bodenuntersuchungen durchführen, um zu erfahren, welche Reben wo gepflanzt werden müssen. Paul Reinhart war dieser Aufwand nicht zu groß. So kommt sein Gewürztraminer zum größten Teil von dem lößhaltigen Boden auf dem Pfingstberg. Der «Cuvée Spéciale» zeichnet sich durch seinen sauberen Duft und milden, vortrefflichen Geschmack aus. Auch den Klevner-Pinot von Reinhart fand ich herrlich, und der Pinot Noir besaß einen frisch-würzigen Geschmack.

Wo einst das Schloß von Orschwihr stand, wohnt und arbeitet heute Winzer Martin Hartmann. Er bestellt etwa 6 ha. Diese liegen überwiegend in Orschwihr, der kleinere Teil in Rouffach und Westhalten. Die Weine von Martin Hartmann gehören nicht zur Spitzenklasse, sind aber meist fehlerlos und gut. Ich denke hier vor allem an den Gewürztraminer. In dem alten Schloßkeller stehen überwiegend hölzerne Fuder.

Hektar Rebfläche
Orschwihr – 273
Bergholtz-Zell – 51
Bergholtz – 68

Links unten:
Paul Reinhart, Winzer und Bürgermeister von Orschwihr, der auch schon mehrmals den Vorsitz des Comité Interprofessionnel du Vin d'Alsace geführt hat

Rechts unten:
Winzermahlzeit auf einem Weinhügel über Orschwihr

Der Ort wird 728 erstmals als Otaleswilre erwähnt. Der Name änderte sich später zu Alswilre, Orsweiler, Ohrschweier und schließlich in Orschwihr. Viele Häuser von Orschwihr wurden mit den Steinen der nahen, 1375 zerstörten Burg erbaut.
Weitere Erzeuger:
Jean-Pierre Dirler (Bergholtz)

Orschwihr

«Der Verwalter des Maison des Trois Rois in Soultz hat dem Erzbischof von Straßburg jedes Jahr zwei Pferde und einen Knecht zu stellen, der den Wein vom Lippelsberg nach Saverne bringt.» So steht es in einer Urkunde aus dem Jahre 1578 zu lesen, was beweist, daß der Wein von Orschwihr schon vor Jahrhunderten einen gewissen Ruhm genoß. Der Lippelsberg liegt nämlich in diesem Dorf und ist einer der ersten Weinberge des Elsaß, dessen Name in Zusammenhang mit einem bestimmten Wein ausdrücklich genannt wird. Zur Gemeinde Orschwihr gehört auch der sonnenreichste Teil des Bollenbergs, jenes massigen, hohen Hügelrückens, der den Ort von Westhalten trennt. Außer Rebstöcken findet man hier Orchideen und andere seltene Pflanzen. Der Boden ist stark kalkhaltig. Einst stand auf dem Bollenberg eine der ersten Kirchen in dieser Gegend, die auch von den Leuten aus Rouffach und Pfaffenheim besucht wurde. Heute gibt es da nur eine kleine Kapelle. Nach einer in der Gegend überlieferten Sage trafen früher auf dem Berg Hexen zusammen, um dort ihre schaurigen Festmahle zu halten. Um diese Teufelsbrut vor der Ernte zu vertreiben, zündet man in Orschwihr Mitte August das Hexenfeuer («Haxifir») an, einen 15 m hohen Scheiterhaufen. Zwei weitere bekannte Lagen sind der Pfingstberg und der Affenberg.

Renommierter Gewürztraminer

Die Geschichte von Orschwihr reicht zurück bis in die ferne Vergangenheit. Das Dorf bestand auf alle Fälle schon vor 728, als es Herzog Eberhard von Eguisheim der Abtei von Murbach schenkte. Die Bewohner haben sich zu allen Zeiten hauptsächlich mit Weinbau beschäftigt. 1850 erreichte der Ort mit 1350 Seelen die höchste Einwohnerzahl. Später schrumpfte er immer mehr. Die Gründe lagen – neben anderen Momenten – in der hohen Kindersterblichkeit, in dem Auftreten der Reblaus, die alle Rebstöcke vernichtete, und in der Anziehungskraft der Industrieorte und der Kalibergwerke. Heute leben etwa 820 Menschen in Orschwihr, die ihre Einkünfte überwiegend aus dem Weinbau bestreiten. Eine lokale Spezialität ist der Gewürztraminer. Schon früher suchten Händler hier diesen Wein. Auch gibt es einige ganz ausgezeichnete Rieslinge in Orschwihr.

Sauberer, freundlicher Ort

Weine sind auch Orschwihrs wichtigste Attraktion. Großartige Sehenswürdigkeiten hat der Ort nicht zu bieten, nicht einmal die bei anderen Orten so oft erwähnten Fachwerkhäuser. Doch macht das Dorf einen sauberen, freundlichen Eindruck. An der Place Saint-Nicolas findet man die Weinstube des Ortes. Beim Ortskern lag einst das Wasserschloß, das durch Brände in den Jahren 1722 und 1934 fast voll-

ständig zerstört wurde. Nur die Keller und die Bogenbrücke über den heute trockenen Schloßgraben sind noch erhalten. Leo IX., der Papst aus dem Elsaß, hat dort im 11. Jahrhundert gewohnt. Er weihte damals auch die Kirche des benachbarten Bergholtz-Zell, eines Weindorfes, das heute an Orschwihr grenzt. Die Fortsetzung von Bergholtz-Zell bildet Bergholtz, wo sich im 8. Jahrhundert Missionare aus Schottland niedergelassen haben.

Die Rieslinge von Schlumberger besitzen im allgemeinen einen charaktervollen Geschmack, der stark vom Boden geprägt ist. Der *grand cru* Kitterlé besitzt häufig einen kühlen, eleganten Geschmack, der reifen will. Dies ist der beste Riesling des Sortiments. Der *grand cru* Saering ist etwas geschmeidiger, fruchtiger, saftiger und entwickelt sich schneller. Ein einfacherer Riesling ist der Princes Abbés.

Höchstens alle drei Jahre wird bei Schlumberger ein Gewürztraminer Cuvée Christine Schlumberger erzeugt. In Farbe, Duft und Geschmack glich der 1976er einem leichten Typ Sauternes: goldgelbe Farbe, mild-süßer Reichtum. Ein anderer guter Gewürztraminer wird als Kitterlé Traminer angeboten – ein samtener und sehr geschmeidiger Wein. Einfacher, aber doch akzeptabel ist der Gewürztraminer «Réserve». Zwei andere angenehme Weine sind der Pinot Gris, und der Pinot Blanc.

Hektar Rebfläche
Guebwiller – 129

Wegen seiner reichen Flora wurde das Tal, an dessen Eingang Guebwiller liegt, 1041 von einem poetischen Mönch Florival getauft. In Guebwiller selbst gibt es ein Florival-Museum, in dem kunsthandwerkliche Gegenstände ausgestellt sind. Es ist in der Kirche Notre-Dame untergebracht.

Die Weinberge von Schlumberger umfassen 45 km Terrassen-Mauern und mindestens 700 km Rebzeilen.

Neben dem Namen Knipperlé, einem Teil der Schlumberger-Rebgärten, findet man in Guebwiller auch den Namen Kitterlé. Dies ist heute ein Weinberg von 23 ha; früher gab es jedoch auch eine Rebsorte dieses Namens.

Unten:
Die zwei Kilometer lange Hauptstraße von Guebwiller; links das Rathaus. Dieses Gebäude mit seinem auffallenden Erker stammt aus dem Jahre 1514.

Rechts:
Ernte auf dem Terrassen-Weinberg von Guebwiller. Dieser Winzer entrappt die Trauben seiner kleinen Parzelle an Ort und Stelle. Dies wird der Qualität seines Weines sicher nicht gut tun, unter anderem weil der Most stark oxidiert.

Wegen ihrer Kraft nennt man die Weine von Guebwiller auch «Wadenbrecher».

Guebwiller

Aller Wahrscheinlichkeit nach ist Guebwiller als römische Siedlung entstanden und besaß damals schon Weinberge. Ganz sicher weiß man dies jedoch nicht. Fest steht dagegen, daß der Ort 774 erstmals als Gebunvilare erwähnt wird. Jahrhundertelang waren die Einwohner Hörige der mächtigen Abtei von Murbach. Diese umgab Guebwiller auch mit Befestigungsmauern. Auf diesen Mauern vertrieb Brigitte Schick in der Nacht des 14. Februar 1445 (Valentinstag) ganz allein eine Gruppe von Angreifern. Dieser Tat wird alljährlich in einem Gottesdienst in der St. Léger-Kirche gedacht. Die Leitern, die die Angreifer damals zurückließen, hat man in dieser Kirche aufbewahrt und an der Decke aufgehängt. Guebwiller besitzt übrigens noch zwei andere schöne Kirchen, ein sehenswertes Rathaus im gotischen Stil (1514), einige alte Brunnen und den Parc de la Marseillaise mit seiner Blumenpracht und dem vielfältigen Baumbestand. Im Westen von Guebwiller steht Fabrikhalle an Fabrikhalle, die alle die Aufschrift «Schlumberger» tragen. Dort werden unter anderem Maschinen für die Textilindustrie hergestellt. Der Schlumberger-Konzern beschäftigt nicht nur ein Fünftel der 11 000 Einwohner von Guebwiller, sondern hat auch allen Weingrund am Ort in seinem Besitz.

Größte Weindomäne des Elsaß
Die Familie Schlumberger stammt ursprünglich aus Österreich. Etwa um 1810 begann sich Nicolas Schlumberger in Guebwiller mit Wein- wie mit Maschinenbau zu beschäftigen. Im 19. Jahrhundert hatte der Weinberg der Schlumbergers nur geringen Umfang. Erst nach 1910 nahm die Domäne beträchtlich an Größe zu, als Ernest Schlumberger nach und nach Parzellen aufkaufte, die wegen der Reblaus aufgegeben worden waren. Heute ist die Schlumberger-Domäne mit 135 ha das größte Weingut des Elsaß. Etwa zwei Drittel liegen auf einem langgestreckten Hügel. Wegen der Steilheit des Hangs hat man Terrassen angelegt. Die Gesamtlänge der Stützmauern beträgt nicht weniger als 55 km. Der Boden besteht überwiegend aus rosa Sandstein, in den unteren Abschnitten kommt auch Kalk vor. Ton ist in diesem Weinberg fast nicht vorhanden. Mit je 30% dominieren Gewürztraminer und Riesling im Rebenbestand. Vor allem der Gewürztraminer und der Riesling von der Kitterlé-Parzelle (etwa 15 ha an der Südspitze mit sehr geringem Ertrag) sind sehr begehrt. Die Ernte dauert in der Regel etwa fünf Wochen und endet daher spät. Deshalb sagte mir *gérant* Eric Beydon auch: «Wir haben fast jedes Jahr eine *vendange tardive.*» Vor der Abfüllung läßt man die Weine meist 12–18 Monate reifen, in erster Linie unter dem Gesichtspunkt der Qualität: Die Weine brauchen es. Außerdem hilft dieses Verfahren in schlechteren Jahren, Vorratsengpässe zu vermeiden. Neben der Domäne mit einer Produktion von knapp 1 Million Flaschen im Jahr gibt es noch das Weinhandelshaus Schlumberger. Es verkauft – auch unter anderen Marken – etwa 125 000 Flaschen im Jahr. Ferner hat Schlumberger eine eigene Brennerei, die auch wegen ihres Marc de Gewürztraminer einen guten Ruf genießt.

Château Ollwiller ist ein Schloß, das im 18. Jahrhundert auf alten Fundamenten neu errichtet wurde. Es gehört mit seinem Weinberg von 22 ha der Familie Gros. Diese vinifiziert die Reben nicht selbst, sondern hat hierfür einen Vertrag, mit der Genossenschaft von Soultz-Wuenheim, der Cave Vinicole du Vieil Armand. Ich kenne den Riesling und den Pinot Noir. Es sind anständige, aber sicherlich keine denkwürdigen Weine. Es fehlt ihnen etwas Tiefe und Charakter. Das Schloß kann nicht besucht werden.

Mit 4,6 ha auf dem Rangen in Thann besitzt die Domaine Zind-Humbrecht den größten Teil der Rebfläche der Gemeinde. Die Bepflanzung des Clos Saint Urbain besteht aus 3,6 ha Riesling, 0,5 ha Tokay und 0,5 ha übrige Sorten. Der Riesling ist ein knochentrockener, fast metallen-kühler, eleganter Wein mit einem diskreten Duft. Auch der Tokay (gelegentlich *vendange tardive*) und der Gewürztraminer dieser Lage sind ein Erfolg.

Hektar Rebfläche
Soultz – 59
Wuenheim – 84
Thann – 7

Die Lage Rangen in Thann besteht schon seit dem 12. Jahrhundert. Vom Rangen-Wein sagte man einst, daß er «einem die Beine wegschlägt, aber den Geist klar läßt». Über dem Rangen liegt die Ruine von Schloß Engelsbourg. Erhalten ist ein Stück runder Turmmauer mit einem Loch, dem sogenannten «Hexenauge».

Unten:
Das beeindruckende Château Ollwiller in Wuenheim. Im Ersten Weltkrieg wurde es schwer beschädigt. Aus Wuenheim bezogen die Schweizer früher ihren Meßwein.

Rechts:
Ornament mit Trauben an der Kirche von Thann. Früher wurde hier viel mehr Wein erzeugt als heute. Die aufstrebende Industrie am Ort und die Industriebetriebe des nahen Mulhouse versetzten Thanns Weinbau den Todesstoß.

Der Südzipfel bis Thann

Hinter Guebwiller nähert sich die Weinroute ihrem Ende. Die letzte Etappe beginnt mit einem Besuch in Soultz, einem in der Ebene gelegenen Städtchen, das seinen Namen salzigen Quellen verdankt. Obwohl hier schon mindestens seit dem 7. Jahrhundert Rebstöcke stehen, hat der Weinbau heute nur geringe Bedeutung. Der Weinfreund braucht sich hier nicht lange aufzuhalten, sofern er nicht die Sehenswürdigkeiten an der Place de la République bewundern möchte: Die Saint-Maurice-Kirche (13. und 15. Jh.), das Rathaus mit der doppelten, gedeckten Freitreppe und dem goldenen Adler (1856) und den hübschen Brunnen. Dann führt die Straße weiter nach Wuenheim. An der Abzweigung zu diesem Dorf steht das kantige Gebäude der Cave Vinicole du Vieil Armand (s. S. 127). Der Name Vieil Armand bezieht sich auf den nahegelegenen Berg gleichen Namens, der 1914/15 acht Monate lang Schauplatz blutiger Gefechte war. Etwas außerhalb des Dorfes liegt Château d'Ollwiller, das seine Trauben von der Vieil Armand-Genossenschaft vinifizieren und vertreiben läßt.

Kaum mehr Rebgärten
Weiter im Süden werden die hier schon dünn gesäten Weinberge immer spärlicher, und bei Wattwiller hat die Rebe endgültig Weiden, Obstgärten und Wäldchen Platz gemacht. Erst bei Cernay kommen wieder vereinzelt Reben in Sicht. Bald erreicht man das Dorf Alt-Thann und anschließend die Stadt Thann. Hier endet die Route du Vin endgültig.

Der ruhmreiche Rangen
Thann ist ein geschäftiger Provinzort mit einer berühmten Kirche. Eine alte Redensart lautet: «Das Münster von Straßburg ist das höchste, das von Freiburg im Breisgau das größte, und das von Thann das schönste.» Die Kirche gilt als Meisterwerk der Gotik. Der Bau wurde im 14. Jahrhundert begonnen und zu Beginn des 17. Jahrhunderts vollendet. Die Legende will wissen, daß die Weinernte in Thann in einem Jahr so überreich ausfiel, daß der Mörtel für das Münster anstatt mit Wasser mit Wein angerührt wurde. Heute wäre eine so große Ernte gar nicht mehr möglich. Bis zu Beginn der 70er Jahre wurde sogar so gut wie gar kein Wein mehr erzeugt. Es ist vor allem Léonard Humbrecht von der Domaine Zind-Humbrecht in Wintzenheim (s. S. 128) zu verdanken, daß ein Teil von Thanns bestem Weinberg, dem Rangen, wieder bestellt wird. Der Wein hiervon war früher sehr berühmt und wurde sogar am österreichischen Hof gereicht. Die erneute Rodung des Rangen war eine Titanenarbeit, da der Hang hier 65 Grad steil ist. Nun aber, da die ersten Rebstöcke im Schieferboden Früchte zu tragen beginnen, scheint die Mühe nicht umsonst gewesen zu sein: Die Qualität der Rangen-Weine berechtigt zu großen Hoffnungen.

Die Champagne

Das Herkunftsgebiet des Champagners

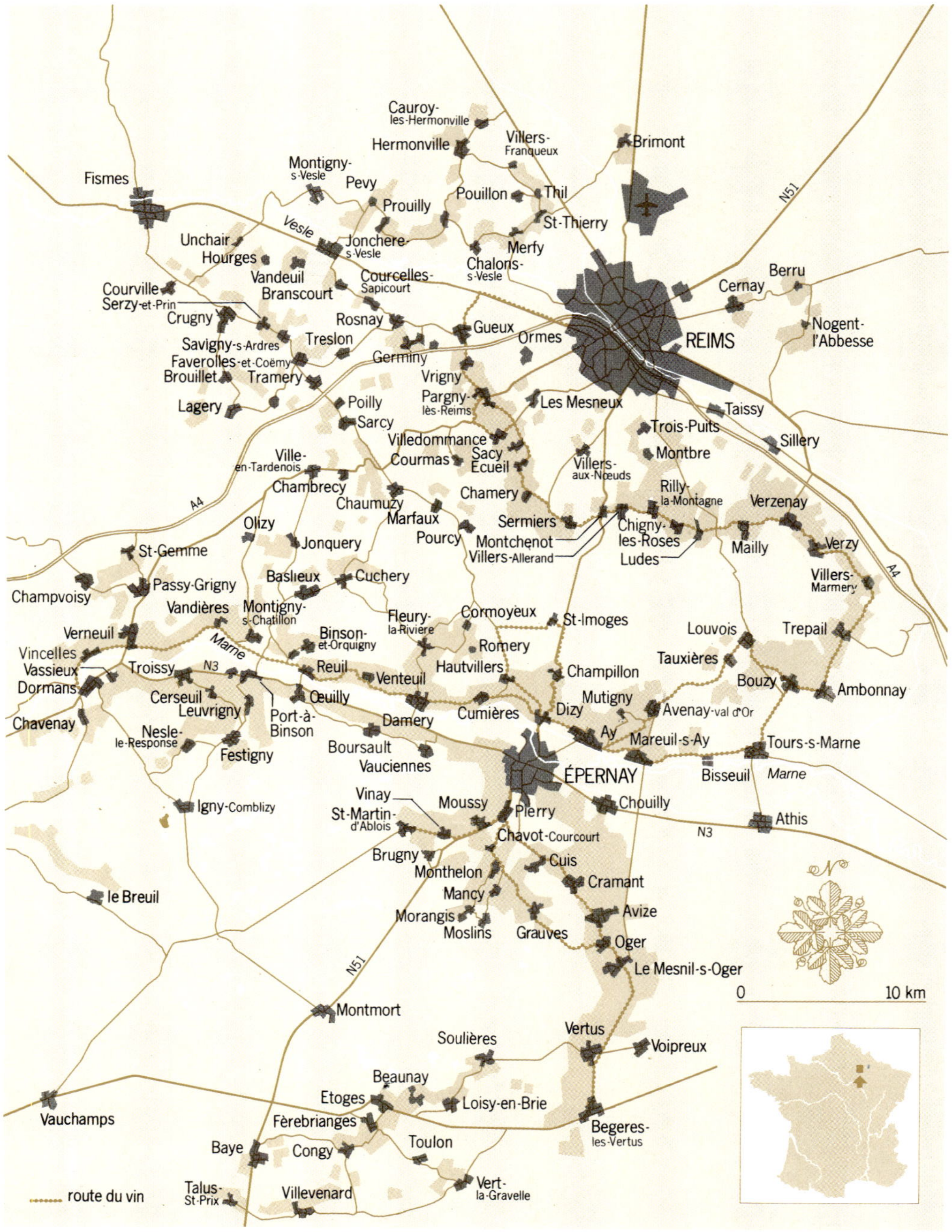

La Champagne ist das Herkunftsgebiet von *le* Champagne: Gebiet und Wein sind untrennbar miteinander verbunden. Der Name des Gebietes läßt uns schon ahnen, welcher Typ Landschaft uns erwartet: Champagne kommt ja von dem spätlateinischen *campania*, flaches Land. In der Tat ist die Champagne größtenteils weitläufige Ebene. Dort, wo die Rebe wächst, ist das Gebiet jedoch hügelig. Die ehemalige Provinz Champagne umfaßt die heutigen Departements Marne, Aube, Haute-Marne, Aisne und Teile von Ardennes und Yonne. Der Weinbau ist auf das Departement Marne konzentriert (78%), während es auch in Aube (15%) und in Seine-et-Marne (7%) Reben gibt. Das Institut National des Appellations d'Origine hat festgelegt, daß höchstens 35000 ha für den Weinbau geeignet sind. Davon sind heute rund 25000 ha bepflanzt. Die Rebgärten liegen überwiegend an sanft geneigten Hängen, wo sie besser gegen Staunässe und Kälte geschützt sind als in den Tälern.

Besondere Kreideschicht

Die einmalige Art des Champagners erklärt sich aus der Art des Unterbodens, der hier aus Kreide besteht. Zwischen Dover und der Champagne gibt es an etwa 50 Stellen Kreideschichten. Der Kreideboden in der Champagne bietet jedoch die besten Möglichkeiten für den Weinbau. In urgeschichtlichen Zeiten war die Champagne ein Meer, das nicht nur allerlei Schalentieren, sondern auch Seeigeln und Belemniten, Verwandten des Tintenfisches, günstige Lebensbedingungen bot. Jahrtausendelang lebten und starben diese Tiere hier. Ihre Schalen, Panzer und Skelette bildeten mit der Zeit eine Kalkschicht von ganz besonderer Art, die *craie à belemnites*. Nirgendwo sonst tritt diese Kalkart so konzentriert auf wie in der Champagne. Lediglich im Pariser Becken ist dieser Typ noch verbreitet, jedoch in geringerer Konzentration.

Nördlichstes großes Weinbaugebiet

Es ist die chemische Zusammensetzung der teilweise 200 m mächtigen und nur von einer dünnen Humusschicht bedeckten Kreideschicht, die dem Champagner seine spezifischen organoleptischen Eigenschaften verleiht. Die Kreide bewirkt aber noch mehr. Sie leitet überschüssiges Wasser in den Unterboden ab, hält

route du vin

0 10 km

Das Herkunftsgebiet des Champagners

*Seite gegenüber, rechts oben:
Bei Mareuil-sur-Ay sieht man
deutlich, wie dick die Kreideschicht und wie dünn die obere Bodenschicht ist. Da diese
obere Bodenschicht vielerorts
immer wieder wegge-
schwemmt wird, sind Kom-
posthaufen ein sehr typisches
Bild für die Champagne.*

*Seite gegenüber, links oben:
Das Dorf Ay, von seinen
Weinbergen aus gesehen.
Dieser Ort mit seiner reichen
Geschichte wurde früher Aÿ
geschrieben, und der Name
wird auch heute noch «A-ie»
ausgesprochen.*

*Seite gegenüber, unten:
Das Herz der Champagne*

*Unten:
Trauben stehen zum Pressen
bereit. In der Champagne
kann man mit einem Wein-
berg von 3 ha eine Familie gut
ernähren.*

*Links:
Ernteszene. Man erwartet
übrigens, daß immer mehr
Erntemaschinen die Arbeit
der vendageurs übernehmen
werden, vor allem bei großen
Firmen wie Moët & Chandon.*

*Die Wälder des Montagne de
Reims haben eine stabilisie-
rende Wirkung auf Temperatur und Luftfeuchtigkeit.*

*Um die Lese effizienter zu
machen, werden häufig die
Reben entlaubt (effeuillage).*

*Es besteht die Tendenz, die
Pinot meunier-Rebe (die
«Müller»-Pinot wegen ihres
wie mehlbestäubt wirkenden
Laubs) durch die edlere Pinot
noir-Rebe zu ersetzen.*

jedoch gleichzeitig soviel Feuchtigkeit zurück, daß sich die Rebstöcke in der trockenen Zeit von Ende Juni bis Anfang August daran laben können. Daher ist in der Champagne Sprengen auch streng verboten. Außerdem speichert die Kreide die Sonnenwärme des Tages und gibt sie in den häufig kühlen Nächten wieder ab. Dieses bißchen zusätzliche Wärme ist äußerst wichtig, denn die jährliche Durchschnittstemperatur der Champagne, des nördlichsten großen Weinbau-gebietes von Frankreich, beträgt nur 10°C. Das ist nur ein Grad über dem absoluten Minimum, bei dem die Rebe gerade noch gedeiht. Der Weinbau findet also in der Champagne unter Grenzbedingungen statt. Ein Sprecher des Comité Interprofessionnel du Vin de Cham-pagne (C.I.V.C.) bemerkte hierzu einmal: «Es ist ein Naturgesetz, daß die besten Produkte stets unter weniger günstiger Bedingungen ge-deihen, da sie gezwungen sind, sich selbst zu übertreffen. Überfluß ist der Feind der Quali-tät.» Um nochmals zur Kreide zurückzukom-men: Sie ist auch an einem optimalen Ausbau des Weins beteiligt. Viele Erzeuger verfügen nämlich über perfekte Keller in der Kreide. Häufig sind dies römische Kreidegruben oder *crayères*. Vor allem in Reims gibt es viele davon.

Grands crus
Die Weinberge liegen in vier Zonen. Es sind dies Montagne de Reims, eine Hochebene mit Weingärten an Nord-, Ost- und Südhängen; Vallée de la Marne; Côte des Blancs (überwie-gend weiße Chardonnay) und Aube – weit südlich von den anderen gelegen – ist qualitativ bei weitem die unbedeutendste An-bauzone. In der Champagne besteht ein enger Zusammenhang zwischen Boden- und Trau-benqualität sowie dem Preis der Trauben. Der Traubenpreis wird jedes Jahr neu festgelegt. Für Trauben aus den zwölf besten Gemeinden, den *grands crus*, bezahlen die Häuser 100% dieses Preises. Daneben gibt es 38 *premiers crus,* für deren Grund und Trauben ein Qualitäts-niveau von 99–90% festgelegt wurde und ein entsprechend geringerer Traubenpreis. In den übrigen Weingemeinden liegt der Preis noch niedriger; diese sind von 89–77% eingestuft. Hier die Namen aller *grands crus:* Ambonnay, Avize, Ay, Beaumont-s/Vesle, Bouzy, Chouilly, Cramant, Louvois, Mailly, Le Mesnil-s/Oger, Oger, Oiry, Puisieulx, Sillery, Tours-s/Marne, Verzenay, Verzy.

Brillanter Kellermeister
Es ist eine seltsame Ironie des Schicksals, daß der festlichste Wein der Welt in einem Gebiet geboren wird, das wie kaum ein anderes von den Schrecken des Krieges heimgesucht wurde. Erwähnt seien hier nur die blutige Schlacht zwischen Attilas Horden und den vereinigten römischen Heeren auf den Katalaunischen Fel-dern (bei Châlons-sur-Marne) im Jahre 451 und die Zerstörung von Reims im Ersten Weltkrieg. Der Weinbau in der Champagne hat eine lange Geschichte. Der Wein war jedoch jahrhunder-telang nicht weiß und moussierend, sondern rot und still. Champagnerkenner Patrick Forbes zufolge waren es die Engländer, die ent-deckten, daß der im Faß importierte Champa-gner die natürliche Neigung besaß, im Frühjahr Perlen zu bilden, was sie bei der Abfüllung ausnutzten. In der Champagne selbst war es Dom Pierre Pérignon (1638–1715), dessen Ide-en entscheidenden Einfluß auf die Weinpro-duktion hatten. Diesem Kellermeister der Ab-tei von Hautvillers gelang es wohl als erstem in der Gegend, vollkommen klaren weißen Wein aus blauen Trauben zu machen. Außerdem ent-deckte er das Prinzip der *cuvée:* Durch kluges Mischen von Weinen aus verschiedenen Parzel-len entstand ein Ganzes, das mehr war als die Summe seiner (Bestand)teile. Es wird berich-tet, daß der in seinen letzten Lebensjahren erblindete Dom Pérignon während der Zeit der Lese vor dem Frühstück Beeren aus den ver-schiedenen Rebgärten zu verkosten pflegte, und dann angab, wie sie am besten zu mischen seien. Schließlich scheint Dom Pérignon der erste Champenois gewesen zu sein, der die – zu seiner Zeit eingeführten – Flaschen mit spani-scher Korkeichenrinde verschloß.

Der große Siegeszug
Der große Siegeszug des Champagners kam nach 1740, als der Wein am Hofe Ludwigs XV. zum Lieblingsgetränk der Damen avancierte. Berühmt sind die Äußerungen von Madame Pompadour: «Der einzige Wein, der eine Frau schön bleiben läßt, wenn sie ihn getrunken hat», und von Madame de Parabère: «Er bringt Glanz in die Augen, ohne die Wangen zu rö-ten.» Der Rest ist Geschichte. Kein anderer Wein der Welt regt so sehr die Phantasie an wie der Champagner. Jährlich werden davon gut 200 Millionen Flaschen verkauft, und die Champagnerstädte Reims, Epernay und Ay locken Hunderttausende von Besuchern aus dem In- und Ausland an. Alle diese Menschen steigen in mindestens einen der Keller hinab, um zu erfahren, wie der Champagner gemacht wird – und genau diesem Thema wollen auch wir uns auf den folgenden Seiten zuwenden.

LA VENDANGE

COLLAGE

BOUCHAGE
FICELAGE

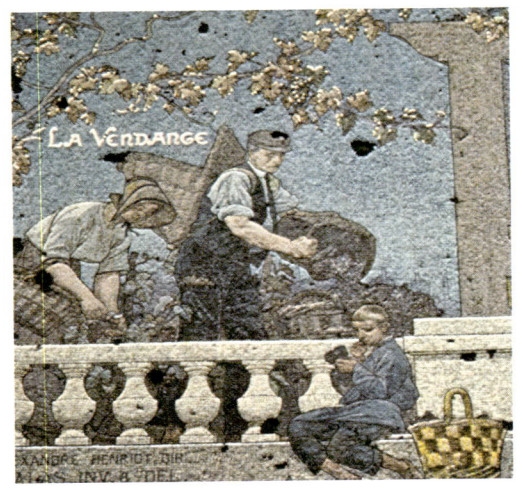

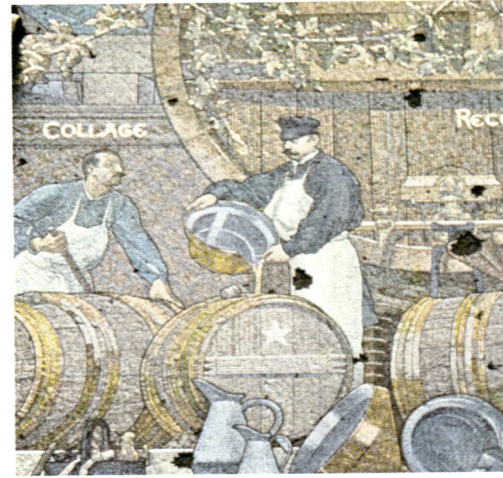

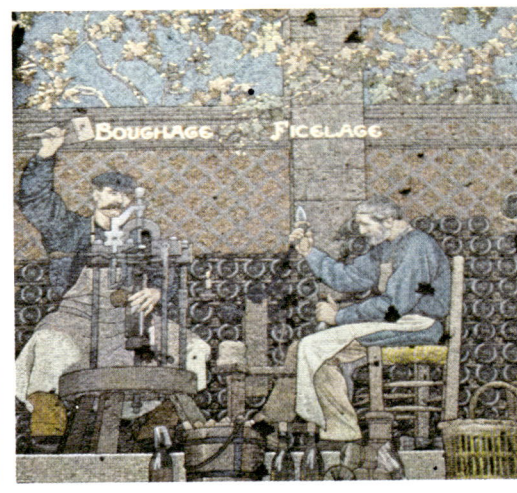

Die Champagner-Herstellung

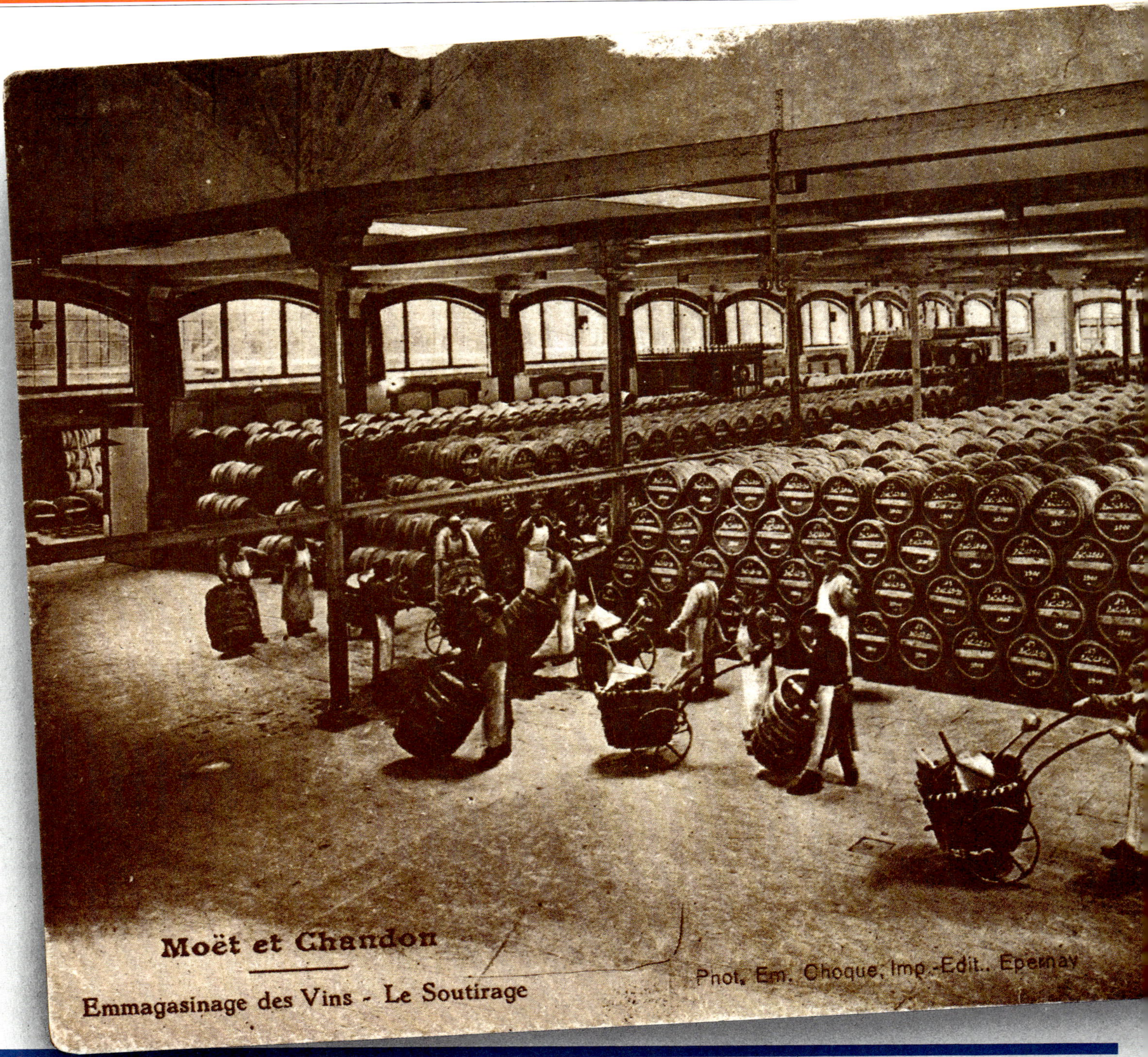
Moët et Chandon
Emmagasinage des Vins - Le Soutirage
Phot. Em. Choque, Imp.-Edit., Epernay

Seite gegenüber, oben, und hierneben:
Vier Fassadenmosaike in Reims (Rue de Champ 6). Von links nach rechts: Ernte; Kellerarbeiten (darunter das Klären des Weins); Verkorken; remuage, dégorgement und Hinzufügen der Dosage.

Seite gegenüber, unten:
Eine alte Ansichtskarte aus der Sammlung von Moët & Chandon. Damals gebrauchte man für das Klären und das Lagern des Weines noch ausschließlich Fässer, heute vor allem Edelstahltanks. Man beginnt gerade mit der soutirage, dem Abstechen.

Rechts:
Praktisch alle Häuser verwenden zum Verschließen der Flaschen während der zweiten Gärung und der remuage eine besondere Art Kronenkorken. Erst beim dégorgement bekommen die Flaschen einen richtigen Korken. Angeblich wird das Depot, das bei der zweiten Gärung entsteht und beim dégorgement mit den Kronenkorken herausgeschleudert wird, von den Herstellern von Champagnersenf und -essig verwendet.

Die Kreidegruben von Reims entstanden in der gallo-römischen Zeit, als man Steine brauchte für Wohnungen, Festungen und Straßen. Wegen der Durchlässigkeit des Bodens war der Abbau im Tagebau gefährlich; man begann daher mit einem 2–3 m tiefen Schacht, der anschließend in Pyramidenform nach unten erweitert wurde. Nach Beendigung der Arbeiten schüttete man die Gruben mit Erde wieder zu.

Die Champagner-Herstellung

Für eine Traubentorte wird man in der Champagne kaum jemals die eigenen Weintrauben verwenden. Dafür sind sie viel zu teuer. Der vom Comité Interprofessionnel du Vin de Champagne (C.I.V.C.) festgelegte Kilopreis findet für alle Trauben Anwendung, die auf vertraglicher Basis abgeliefert werden. Für die übrige Ernte gibt es einen freien Markt, auf dem sich der Preis nach Angebot und Nachfrage richtet. Bei seiner jährlichen Preisfestsetzung richtet sich das C.I.V.C. nach dem durchschnittlichen Verkaufspreis für eine Flasche Champagner ab maison während der vorangegangenen zwölf Monate. Wenn der Wein teurer wird, werden es auch die Trauben. Die Winzer nehmen also an der Preisentwicklung teil. 1980 war nun der Kilopreis für 100%-Trauben bereits auf 13,50 Franc pro Kilo gestiegen, und tatsächlich erlösten die Winzer 1981 wegen der sehr kleinen Ernte nochmals 10 Franc mehr. 1987 betrug der Preis 22,77 Franc. In der Champagne ist also jede kleine Beere ihr Gewicht in Centimes wert.

Drei Rebsorten

Die Reben, aus denen Champagner gemacht werden darf, sind Pinot noir, Pinot meunier (beide blau) und Chardonnay (weiß). Etwa drei Viertel der Rebfläche sind mit blauen Reben bepflanzt, wobei Pinot noir überwiegt. Die Pinot noir-Rebe ist eine Rebe von erlesener Qualität. Sie gibt dem Wein Rückgrat, Kraft und Fülle und ist die Basis aller großen roten Burgunder. Die Pinot meunier-Rebe hat einen etwas rustikaleren Charakter. Sie ist unempfindlicher gegenüber Kälte, Feuchtigkeit und Fäulnis und steht deshalb vor allem dort, wo es für die Pinot noir-Rebe schwierig wäre, zum Beispiel im Marne-Tal. Der Wein daraus besitzt weniger Duft und weniger Finesse; Geschmack und Abgang haben häufig Frucht und Erdton. Auch die Chardonnay-Rebe ergibt im Burgund herrliche Weine. In der Champagne liefert sie Frische, Leichtigkeit und Finesse. Bei vielen Häusern ist die Tendenz zu beobachten, für den Champagner mehr Chardonnay zu verwenden, wodurch sie schlanker und gleichsam geistiger werden. Das Problem ist jedoch, daß die Anbaufläche der Chardonnay kaum mehr vergrößert werden kann. In keinem der Champagnerdistrikte ist die Nachfrage nach Trauben so groß wie in der Côte des Blancs.

Die Qualität der Pressungen

Nach der Lese werden die Trauben so schnell wie möglich in die vendengeoirs (Keltereien) gebracht. Bei den blauen Trauben muß man nämlich unbedingt vermeiden, daß der Saft in den Beeren durch zu langen Kontakt mit der Beerenhaut gefärbt wird. Nach den Vorschriften dürfen von 4000 kg Trauben 2666 Liter Most für die Erzeugung von Champagner verwendet werden. Das sind 13 Fässer à 205 l. Beim Pressen unterscheidet man drei Qualitätsstufen. Der Most (und später der Wein) von der ersten Pressung besteht aus 2050 l oder zehn Fässern und bietet bei weitem die beste Qualität. Dies ist die cuvée. Die zweite Pressung liefert 410 l (zwei Fässer), première taille genannt, und die dritte Pressung 205 l (ein Faß), die deuxième taille. Die Ausdrücke cuvée und taille werden Ihnen in den folgenden Kapiteln über die Champagnerhäuser häufig begegnen, denn je weniger taille verwendet wird, desto besser der Wein. Eine Reihe von Häusern verarbeitet überhaupt nur die cuvée und verkauft die taille-Weine an weniger penible Betriebe oder tauscht sie mit diesen. Im allgemeinen liefert die taille Weine, die in ihrer frühen Jugend höchst angenehm schmecken und fruchtig sind, aber einen Mangel an Finesse, Tiefgang und echten Reifungsmöglichkeiten haben.

Die erste Gärung

Nach dem Pressen folgt die débourbage – die Trubstoffe sinken durch ihr Gewicht nach unten. Anschließend wird der Most zum Gären in die Keller gebracht. Die Gärung findet meist in Tanks aus Edelstahl, emailliertem Stahl oder glasausgekleidetem Beton statt. Nur in ganz seltenen Ausnahmen gärt der Most in Eichenfässern, obwohl dies vor einer Generation noch die Regel war. Bollinger nimmt die Fermentation auf kleinen Eichenfässern vor für zwei Sorten, de Castellane und Gosset auf größeren Eichenfässern. Lediglich Krug läßt allen Champagner noch auf kleinen Eichenholzfässern vergären. Fast alle Häuser lassen nach der alkoholischen Gärung noch eine Milchsäuregärung folgen. Diese fermentation malolactique baut im Wein bestimmte Säuren ab. Es gibt aber auch Häuser, die diese Milchsäuregärung gerade nicht wollen, so Krug, Lanson Père & Fils und Piper-Heidsieck. Warum das so ist, lesen Sie in den entsprechenden Kapiteln.

Links:
Die sechseckigen gyropalettes, *das erfolgreichste System,
mit dem immer mehr Häuser
gegenwärtig die* remuage *mechanisch durchführen. Viele
Firmen halten diese Vorrich-
tungen vor ihren Besuchern
verborgen.*

*Unten:
Eine Batterie traditioneller
Pressen in der Genossenschaft
von Mailly. Es gibt auch andere Typen, zum Beispiel
runde Pressen mit Horizon-
talbetrieb.*

*Einige Erzeuger wenden,
falls nötig, nach der Lese die
sogenannte* épluchage *an,
wobei die qualitativ schlechteren Trauben von den übrigen getrennt werden.*

Die Ausbildung eines remueurs *dauert mindestens ein
Jahr.*

Die Champagner-Herstellung

Phänomenales Können

Bei fast allen französischen Weißweinen ist
nach Ablauf der Gärung die Arbeit so gut wie
getan. Beim Champagner ist das anders; es sind
noch verschiedene Maßnahmen erforderlich,
bis der Wein versandfertig ist. Einer der wichtigsten Vorgänge ist das Mischen, die *assemblage*. Jedes Jahr probieren Spezialisten der Häuser in kühlen, weißen Räumen alle Weine der
jüngsten Ernte, um daraus Zusammenstellun-
gen zu mischen, die für den Stil ihres Betriebes
charakteristisch sind. Beim normalen Brut oder
anderen jahrgangslosen Champagnern wird ihr
Können am meisten gefordert. Dieser Wein
muß ja von Jahr zu Jahr einen möglichst iden-
tischen Geschmack haben. In vielen Fällen läßt
sich das gewünschte Resultat mit den Weinen
der neuen Ernte allein nicht erzielen. Man
greift dann auf die *vins de réserve* zurück. Jedes
Champagnerhaus, das auf sich hält, bewahrt für
die Zusammenstellung einer späteren *cuvée*
Weine aus verschiedenen Jahrgängen auf. Diese Reserveweine werden meist in Tanks gelagert. Die Herstellung der *assemblage* ist eine
unglaublich komplizierte Angelegenheit, die
ein phänomenales Können verlangt. Die Wein-
prüfer müssen gewissermaßen Parfumeur und
Meisterkoch in einem sein. Sie bestimmen und
hüten Stil, Charakter und Qualität. André
Rouzaud vom Haus Louis Roederer drückt das
so aus: «Ein guter Champagner ist das Ergebnis
der *assemblage*.» Ein Satz, der von Dom Pérignon stammen könnte.

Am besten von Champagnerhäusern

Der Umstand, daß in der Regel erst durch
Mischung verschiedener Weine ein hochklassi-
ger Champagner entsteht, bringt es mit sich,
daß man die besten Weine stets bei den Handelshäusern findet. Nur sie verfügen über eine
breite Auswahl von Weinen aus dem ganzen
Gebiet, und nur sie haben auch die *vins de
réserve*. Der kleine Winzer, der selbst seinen
Champagner erzeugt, der *récoltant-manipulant*,
kann nur seine eigenen Reben verarbeiten. Er
ist gewissermaßen Gefangener seines eigenen
Rebenbestandes. Die Champagner einzelner
Winzer sind daher auch fast immer weniger
vielschichtig und nuanciert als die Marken-
Champagner. Während es in fast allen französischen Weingebieten die individuellen Weindomänen sind, die meist den besten Wein liefern,
gilt das für die Champagne absolut nicht.

Die Entstehung des Schaums

Bis zur *assemblage* ist der Champagner immer
noch ein Stillwein. Der Schaum entsteht dadurch, daß man in der Flasche eine zweite
Gärung ablaufen läßt. Sie wird dadurch ange-
regt, daß dem Wein bei der Abfüllung ein
liqueur de tirage mit Hefe und Zucker zugesetzt
wird. Die Kohlensäure, die bei der Gärung
entsteht, kann nicht entweichen und löst sich
unter Druck im Wein: Dies ist die Geburtsstun-
de der Perlen. Der Druck in der Flasche beträgt
normalerweise 5–6,5 bar nach der Schaumbil-
dung und 4,5–5 bar nach dem *dégorgement*.
Sehr wichtig ist dann, daß der Wein nach dieser
prise de mousse noch geraume Zeit reift. Je
länger der Flaschenausbau dauert, desto kleiner und langlebiger werden die Perlen. Große
Perlen sind unerwünscht: Die Kohlensäure

Die wichtigste Weinbruderschaft der Champagne ist der Ordre des Coteaux de Champagne. Sie wurde im 17. Jahrhundert gegründet und 1955 wiederbelebt. Die rührige *confrérie* vertritt sowohl die Champagne im allgemeinen als auch einzelne Champagnerhäuser.

Seit 1941 arbeitet in der Champagne das Comité Interprofessionnel du Vin de Champagne (C.I.V.C.), eine Organisation, die in höchst effektiver Weise die Belange der Winzer wie auch des Handels wahrnimmt. Das C.I.V.C. überwacht die *appellation*, übt Kontrollfunktionen aus, führt Untersuchungen durch, gibt Beratung, legt den Traubenpreis fest, treibt Marktstudien, erteilt Auskünfte usw. Sitz der Organisation ist Epernay; im Ausland gibt es Zweigstellen.

In der Regel gehen 3 von 1000 Flaschen während der zweiten Gärung zu Bruch.

Unten:
Das Depot, das während der zweiten Gärung in der Flasche entsteht. Während und nach dieser Gärung reift der Wein einige Zeit in Flaschen, die auf Latten liegend (sur lattes; s. Abb. S. 177) gestapelt werden. Der Wein hat dann bestmöglichen Kontakt mit dem Depot, das dem Wein bestimmte Duft- und Geschmackselemente zurückgibt, die bei der ersten Gärung verlorengingen (Keller Perrier-Jouët).

Rechts:
Kurz vor dem dégorgement wird der Flaschenhals in eine tiefgekühlte Flüssigkeit getaucht, so daß das Depot gefriert.

Die Champagner-Herstellung

würde dann in aggressiver Weise im Mund «explodieren».

Genügend lange Reife ist auch unter einem anderen Gesichtspunkt wichtig. Bei der Gärung entsteht nämlich ein Depot, die *lie*. Diese «nährt» den Wein, indem sie ihm zahlreiche subtile Duft- und Geschmackselemente mitteilt. Während der *prise de mousse* und des anschließenden Ausbaus werden die Flaschen liegend aufbewahrt, damit der Wein optimal mit dem Depot reagieren kann.

Das Gesetz schreibt vor, daß jahrgangslose Weine vor dem Verkauf mindestens 1 Jahr auf der Flasche gelegen haben müssen, Jahrgangsweine mindestens 3 Jahre. Alle qualitätsbewußten Häuser lassen jedoch jahrgangslose Champagner mindestens 3 Jahre liegen, während man Jahrgangsweinen mindestens 5 Jahre Ruhe vergönnt. Diese Reifungsdauer hält man nicht nur wegen der oben beschriebenen Gründe ein, sondern auch deshalb, damit die Champagner auf ganz natürliche Weise einen Teil ihrer Säure abbauen können. Diese mindestens dreijährige Lagerung des Champagners ist eine kostspielige Angelegenheit. Es sind meist kapitalkräftige Champagnerhäuser, die sich dieses Verfahren leisten können; viele kleine Winzer verkaufen dagegen ihren Champagner schon nach einem Jahr.

Drehen, Rütteln, Heben

Nach Ablauf der Reifephase muß das Depot aus der Flasche entfernt werden. Das traditionelle Verfahren hierfür beginnt damit, daß man die Flaschen mit dem Hals nach unten in schräge Gestelle hängt, die sogenannten *pupitres* oder Rüttelpulte. Das nächste ist die *remuage*, ein Prozeß, durch den das Depot zum Korken getrieben wird. Dies geschieht durch speziell ausgebildete Fachleute, die *remueurs*, wörtlich «Beweger» oder «Rüttler». Ihre Arbeit beginnt damit, daß sie die Flasche regelmäßig eine Achteldrehung weiterdrehen. Später drehen sie die Flasche nicht nur, sondern rütteln sie auch, so daß sich die *lie* nach und nach löst. Schließlich drehen, rütteln und heben sie die Flasche. Bei jeder Runde wird die Flasche etwas steiler in die *pupitre* gehängt, bis sie schließlich auf dem Kopf steht und auch das kleinste Depotteilchen an der Unterseite des Korkens ruht. Ein erfahrener remueur kann auf diese Weise an einem

Tag 30000–40000 Flaschen behandeln. Um seine Arbeit ist der *remueur*, der den ganzen Tag in feuchten, düsteren Kellern zubringt, sicherlich nicht zu beneiden – und doch hält jeder *remueur* auf seine Ehre als Fachmann. Stolz spricht er von «seinem» Wein, denn nur er allein bewegt eine bestimmte Partie Flaschen. Wenn er krank wird, wartet man auf ihn. Eine traditionelle *remuage* dauert 2–3 Monate. Den meisten Champagnerhäusern ist jedoch diese Zeitspanne zu lang und zu kostspielig. Man verwendet daher schon seit Jahren Mittel, die das Gleiten des Depots beschleunigen, angeblich ohne die Qualität des Weines zu beeinträchtigen. Bei vielen Häusern dauert die *remuage* deshalb nur mehr 6 Wochen. Daneben experimentiert man eifrig mit mechanischen Rüttlern. Einige Firmen bedienen sich bereits überwiegend solcher Apparate. Das beliebteste System sind derzeit die *gyropalettes*: Drahtkörbe mit einem Fassungsvermögen von 504 Flaschen, die sich tagaus tagein, auch nachts und an den Wochenenden, alle acht Stunden in der gewünschten Weise bewegen. Piper-Heidsieck hat hiermit die *remuage* auf eine einzige Woche komprimiert.

Eisiges Salzbad

Wenn sich das Depot an der Unterseite des Korkens abgesetzt hat, führt man die Flasche auf dem Kopf mit dem Halsende durch ein eisiges Salzbad von meist −20°C. Das Depot gefriert dann zu einem festen Pfropf. Anschließend wird die Flasche geöffnet, wobei der Pfropf ausgetrieben wird. Das Einfrieren und Entfernen des Depots nennt man Degorgieren. Meist geht dabei auch etwas Wein verloren, der

aber sofort ersetzt wird. Gleichzeitig bekommt der Wein seinen *liqueur d'expédition*, die Dosage, ein Gemisch aus Champagner, Rohrzucker und ein wenig Cognac. Nach André Rouzaud vom Hause Roederer fügt die Hälfte aller Häuser Cognac hinzu. Ich habe diese Behauptung nicht auf ihren Wahrheitsgehalt überprüfen können, denn viele Champagnerfirmen erteilen bei diesem Thema nur höchst nebulöse und ausweichende Antworten. Sobald die Dosage zugesetzt ist, wird die Flasche endgültig verkorkt. Der Korken trägt ein kleines Metallplättchen und wird mit dem *muselet*, einem «Maulkörbchen» aus Draht gesichert. Früher geschah dies mit der Hand, heute fast immer maschinell. Bei den besseren Häusern ist es üblich, die Flaschen vor dem Versand noch einige Monate ruhen zu lassen. Der Wein kann sich dann von all den rauhen Eingriffen erholen und der *liqueur d'expédition* sich perfekt mit dem Champagner verbinden. Schließlich wird der Wein noch etikettiert, verkapselt und versandfertig gemacht.

Das Syndicat de Grandes Marques de Champagne hat folgende Mitglieder: Ayala, Billecart-Salmon, Bollinger, Canard-Duchêne, Veuve Clicquot, Deutz & Geldermann, Heidsieck Monopole, Charles Heidsieck, Henriot, Krug, Lanson, Laurent Perrier, Massé, Mercier, Moët & Chandon, Montebello, Mumm, Perrier-Jouët, Joseph Perrier, Piper-Heidsieck, Pol Roger, Pommery & Greno, Prieur, Louis Roederer, Ruinart, Salon, Taittinger/Irroy. Einige dieser Häuser bestehen nur noch dem Namen nach.

Mehr als die Hälfte der Winzer der Champagne besitzt weniger als 1 ha Rebfläche. Daher gibt es in der Champagne auch 146 Genossenschaften. Die meisten von ihnen haben lediglich die Aufgabe, die Trauben zu pressen und Wein zu lagern.

Die Champagner-Erzeuger

Die Champagne hat, wie erwähnt, heute etwa 25 000 ha Rebfläche. Davon sind rund 21 000 ha in Händen der etwa 17 000 Winzer und 3000 ha im Besitz der Champagnerhäuser. Die Champagnerhäuser sind in hohem Maße von den Winzern abhängig, denn während sie etwa zwei Drittel des Champagners erzeugen und verkaufen, verfügen sie nur über ein Achtel der Rebfläche. Viele Häuser haben sogar überhaupt keinen Rebengrund: Von den etwa 140 Betrieben besitzen nur 60 eigene Weinberge. Diese Situation hat in den letzten Jahren zu gewissen Spannungen geführt. Immer mehr Winzer gehen nämlich dazu über, selbst Champagner zu erzeugen; ihre Zahl ist inzwischen auf über 4000 angewachsen. 1969 erzeugten die Champagnerhäuser (négociants-manipulants) noch 74,7% des Weines und die selbständigen Winzer/Erzeuger (récoltants-manipulants) 25,3%. Zehn Jahre später lauteten die Zahlen bereits 65,7% für die Firmen und 34,3% für die Winzer. Die Folge dieser Entwicklung ist, daß immer mehr Häuser Schwierigkeiten haben, ihren Bedarf an Trauben zu decken. Und die Zukunft? Nach Bertrand Mure von Ruinart gibt es nur eine Lösung: «Die Häuser müssen ihren Gewinn mit den Winzern teilen.»

Inlandsmarkt wenig anspruchsvoll

Typisch ist übrigens, daß die *récoltants-manipulants* vor allem und fast ausschließlich auf dem französischen Markt erfolgreich sind. Es ist ein Markt, der hinsichtlich der Qualität weniger anspruchsvoll ist als das Ausland. Verwunderlich ist das nicht: Was gibt es schließlich an einem Champagner noch zu schmecken, wenn man ihn, wie in Frankreich weitgehend üblich, zu einer süßen Nachspeise trinkt: Der Export ist noch immer fest in Händen der Champagnerhäuser. Es sind, wie bereits gesagt, etwa 140 an der Zahl, wobei jedoch viele nur mehr dem Namen nach oder als Tochter eines größeren Konzerns existieren. Die besten Häuser sind in der Interessengemeinschaft Les Grandes Marques zusammengeschlossen, aber wie so viele ähnliche Verbände hat auch dieser das Problem, daß Mitglieder schneller aufgenommen als ausgeschlossen sind. Es ist manche Firma dabei, die eigentlich nicht mehr dazugehört. Eine vollständige Auflistung der Mitglieder findet sich oben auf dieser Seite.

Sichtbare und unsichtbare Bande

Die Welt der Champagnerhäuser ist klein und exklusiv, vor allem die der Grandes Marques. Zunächst einmal arbeiten viele Häuser zusammen. So gehören Moët & Chandon, Mercier und Ruinart zur gleichen Holding, in der auch Veuve Clicquot, Henriot und Canard-Duchêne zusammengeschlossen sind. Außerdem gehören Mumm, Perrier-Jouët und Heidsieck Monopole dem gleichen Eigentümer, was auch für Pommery & Greno und Lanson gilt sowie für Krug und Charles Heidsieck. Weiterhin ist Laurent Perrier über Anteile und auf Managementebene an De Castellane beteiligt, während Taittinger wiederum stiller Teilhaber bei Laurent Perrier ist. Häufig sind auch die Bande zwischen den großen Häusern verwandtschaftlicher Art. So begegnet man den Namen De Vogüé bei Moët & Chandon wie bei Veuve Clicquot, und auch zwischen den Eigentümern von Laurent Perrier und De Castellane gibt es Familienbande, um nur einige Beispiele zu nennen.

Das Verkosten von Champagner

Vor einigen Jahren wurde in England eine Marktuntersuchung zu dem Thema durchgeführt, woran Menschen bei dem Wort «Champagner» denken. Niemand antwortete «Schaumwein» oder wenigstens «Wein». Die Antworten lagen alle in Richtung «Vergnügen», «Feiern», «Luxus», «Erfolg», «Liebe». Der Ruf, den der Champagner hat, ist zweifellos der Grund dafür, daß Champagner kaum einmal seriös degustiert wird. Allerdings ist es gar nicht so leicht, Champagner kritisch zu beurteilen. Zum einen wird der Wein häufig zu kalt serviert, und zum anderen erfordert es einige Erfahrung, um hinter den sprudelnden Perlen den Geschmack des Weines zu erspüren. Sogar Fachleute, die regelmäßig Stillweine verkosten, haben mit Champagner (und anderen Schaumweinen) oft Schwierigkeiten. Für dieses Buch habe ich versucht, Champagnerweine ernsthaft zu verkosten, in den Kellern der von mir besuchten Häuser wie bei Verkostungen bei mir zu Hause. Ich habe mich bewußt auf trockene, also die reinsten Champagner beschränkt. Es ergaben sich weit größere Unterschiede in Qualität und Charakter, als ich jemals geglaubt hätte.

Sorten und Geschmack

Champagner gibt es in vielen Sorten und Geschmacksrichtungen. Nicht nur stellt jeder Erzeuger einen Wein eigenen Stils her – daneben gibt es Champagner auch in verschiedenen Trockenheitsgraden und aus verschiedenen Grundweinen. Die Süße wird erst im allerletzten Augenblick bestimmt, nämlich während des Degorgierens (s. S. 145). Dem Wein wird hierbei der *liqueur d'expedition* zugefügt, in dem Rohrzucker aufgelöst wurde. Je mehr Rohrzucker, desto süßer schließlich der Wein. Eigenartigerweise gibt es in der Champagne keine gesetzlichen Vorschriften für die Süßegrade und die entsprechende Terminologie. Und das in einem Gebiet, in dem so ungemein viele Verordnungen gelten, daß man sagt: «In Frankreich gibt es überall *liberté*, nur bei uns nicht.» Die Dosage Rohrzucker für den trockensten Typ Champagner, brut genannt, liegt gewöhnlich zwischen 6,4 und 12,8 g/l. Gesetzlich vorgeschrieben ist weniger als 15 g/l Restzucker. Manchmal ist es viel weniger, wie z. B. beim Brut Sauvage von Piper-Heidsieck, manchmal auch gar nichts; in diesem Fall heißt der Wein dann brut de brut, brut zéro, brut 100% usw. Die weiteren Vorschriften gesetzlicher Art: Extra dry zwischen 12 g und 20 g Restzucker; sec zwischen 17 g und 35 g; demi-sec zwischen 33 g und 50 g. Ein Doux muß mehr als 50 g/l enthalten. Die Qualität extra dry, die in England viel getrunken wird, liegt in der Trockenheit zwischen brut und dry. Der Zucker deckt vieles zu – die besten Champagner haben am wenigsten Dosage. Umgekehrt werden für demi-sec und doux die geringsten Weine verwendet; die meisten Häuser verarbeiten hier ihre *tailles*.

Champagne Crémant

Daneben gibt es Unterschiede im Kohlensäuregehalt. Normalerweise enthält Champagner Kohlensäure bis zu einem Druck von 5–6,5 bar. Im Champagne Crémant wird der Druck nicht höher als 3 bar. Diesen weniger kräftigen Schaum erzielt man dadurch, daß man den Zuckergehalt im *liqueur de tirage* (s. S. 145) beschränkt. Statt 24 g/l fügt man nur 12 g zu. Etwas verwirrend ist der Umstand, daß der Ausdruck «Crémant» seit 1975 auch in anderen französischen Gebieten verwendet werden darf (Loire, Elsaß, Burgund). Dort handelt es sich

Normalerweise verwendet man für die Flaschen-Gärung nur 75 cl-Flaschen, halbe Flaschen und 150 cl-Flaschen (Magnum). Bei kleineren und größeren Flaschen wendet man *transvasage* an, das Umfüllen unter Druck aus 75 cl-Flaschen in Flaschen der gewünschten Größe. Spezialist hierfür ist das Haus Piper-Heidsieck in Reims, das viel für Fremdfirmen umfüllt. Nur wenige Erzeuger lassen auch bei einer oder zwei Übergrößen die zweite Gärung in der Flasche ablaufen.

Seite gegenüber, links oben:
Fassadenmalerei an dem guten Restaurant Royal Champagne in Champillon, oberhalb Epernay

Seite gegenüber, rechts oben:
In einer kleinen hydraulischen Presse wird der marc gepreßt, der Trester aus Beerenhäuten

und Stielen, der von früheren Pressungen zurückblieb. Aus dem Saft wird ein Wein erzeugt, der zu dem scharfen Schnaps Marc de Champagne gebrannt wird (s. S. 191).

Rechts:
Das stimmungsvolle Speiselokal Le Vigneron in Reims ist auf regionale Gerichte der Champagne spezialisiert.

Unten:
Moët & Chandon hat in dem Dorf Hautvillers, wo Dom Pérignon gearbeitet hat und begraben liegt, ein Museum für diesen berühmten Kellermeister eingerichtet.

Ganz unten:
Keller eines récoltant-manipulant (Winzer, der Champagner vom eigenen Rebgrund erzeugt, abfüllt und verkauft) in Avize. Hier werden hölzerne Fuder benutzt.

jedoch um Schaumweine mit dem normalen Kohlensäuregehalt von etwa 6 bar. In der Champagne ist Crémant meist ein preiswerteres Erzeugnis von nicht allzu begeisternder Qualität. Einige Häuser, wie etwa Abel Lepitre, haben hieraus aber gerade eine Spezialität gemacht.

Von einer Rebsorte

Weitaus die meisten Champagner werden aus blauen und weißen Trauben hergestellt. Es gibt aber auch eine ganze Reihe von Champagnern, für die nur die weiße Chardonnay-Traube verwendet wurde. Einen solchen Wein nennt man Blanc de Blancs. Er ist leichter als der übliche Typ Champagner. Daneben kommt auch ein Blanc de Noirs vor, ein Wein nur aus blauen Trauben, der allerdings ziemlich selten ist. Champagne-rosé ist fast immer ein Verschnitt von Rotwein und Weißwein – eine Praxis, die im übrigen Frankreich streng verboten ist. Der Rotwein wird hierbei meist zum Zeitpunkt der Abfüllung zugefügt. Nur wenige Häuser erzeugen ihren Rosé dadurch, daß sie die Beerenhäute einige Zeit am Most belassen. In den meisten Fällen ist der Champagne-rosé kein großer Erfolg, höchstens für das Auge (weiße Perlen im rosa Dekor). Der zugesetzte Rotwein beeinträchtigt in der Regel Finesse und Frische des Weißweins doch sehr.

Mit Jahrgang

Schließlich wird Champagner noch mit und ohne Jahrgang verkauft. Jahrgangs-Champagner (millésimés) stammen aus einer einzigen Ernte, jedenfalls – laut EG-Verordnung – zu mindestens 80%. Natürlich muß es ein guter, wenn nicht sehr guter Jahrgang gewesen sein. Jahrgangs-Champagner sind stets brut. Eine besondere Gruppe sind die sogenannten *cuvées de prestige,* der beste Wein eines Hauses. Die erste Firma, die einen solchen Wein herausbrachte, war Moët & Chandon mit ihrem Dom Pérignon. Andere Firmen folgten bald nach. Prestige-Champagner kommen meist in luxuriöser Aufmachung auf den Markt und kosten ein kleines Vermögen. Ob sie ihren exorbitanten Preis auch immer wert sind, davon lesen Sie in den Kapiteln über die einzelnen Champagnerhäuser. Den stillen (nicht moussierenden) Champagnern, den Coteaux Champenois, ist ein eigenes Kapitel gewidmet (s. S. 190/191).

Kredenzen und Trinken

Champagner soll kühl getrunken werden. Man stellt hierzu die Flasche eine Stunde in den Kühlschrank oder 10 Minuten in einen Champagnerkühler mit kaltem Wasser und Eiswürfeln. Beim Öffnen soll der Korken nicht knallen. Das ist erstens gefährlich, zweitens «erschrickt» der Champagner, und drittens geht Wein verloren. Vielmehr entfernt man zuerst Kapsel und «Maulkorb» und lockert dann ganz vorsichtig den Korken durch seitliches Drücken oder Drehen, ohne ihn herausfliegen zu lassen. Vor dem Eingießen wischt man die Flaschenöffnung kurz ab.

Das beste Champagnerglas ist das schlanke, tulpenförmige Modell; dieses wird auch in der Gegend selbst am häufigsten benutzt. Gut geeignet ist auch das schlanke Flötenglas, die *flûte.* Verbieten sollte man dagegen die flache Sektschale mit Hollywood-Flair, in denen weder Schaum noch Duft auch nur halbwegs zur Geltung kommen. Viele Franzosen trinken Champagner (trockenen!) vor allem zum Dessert – für mich der denkbar ungeeignetste Zeitpunkt. Der Wein kommt unendlich viel besser zu seinem Recht als festlicher Aperitif oder hochkarätiger Begleiter zu Vor- und Hauptspeisen.

Links:
Das Sitzungszimmer von Veuve Clicquot. Hier fiel im Jahre 1987 die Entscheidung, 95% der Anteile an die Gruppe Louis Vuitton (u.a. Leder) zu verkaufen. Im gleichen Jahr kam es wenig später noch zu einem Zusammenschluß zwischen Veuve Clicquot/Vuitton und Moët-Hennessy. Treibende Kraft dieser Fusion war Joseph Henriot, dessen eigene Firma sich schon vor längerem mit Veuve Clicquot zusammengeschlossen hatte.
Unten:
Porträt der Witwe Clicquot-Ponsardin

Es gibt einen «Valse Clicquot», der um 1900 komponiert wurde.

Der Betrieb erzeugt neben Champagner kleine Mengen weißen und roten (aus Bouzy) Coteaux Champenois sowie Ratafia.

Seite gegenüber, unten:
Das Haus Veuve Clicquot achtet traditionell sehr auf die Qualität der Korken.

Seite gegenüber, oben:
Die Gärtanks aus Edelstahl

Der Konzern Veuve Clicquot-Ponsardin ist Mehrheitsaktionär unter anderem beim Champagnerhaus Canard-Duchêne (s. S. 172), der Firma Debrise-Dulac (Eigentümerin des Calvados Père Magloire), bei dem Weinimporteur H. Parrot & Cie., dem Getränkevertrieb Champadis-France und bei Parfums Givenchy.

Château de Boursault, wo die Witwe ihre letzten Lebensjahre verbrachte, ist nicht mehr Eigentum der Firma, wurde jedoch zur Zweihundertjahrfeier der Firma gemietet.

Veuve Clicquot-Ponsardin

Philippe Clicquot, Bankier und Stoffhändler in Reims, heiratete im Jahre 1772 und eröffnete im selben Jahr ein Champagnerhaus. Seine Frau hatte nämlich als Mitgift ausgezeichnete Lagen in Bouzy und Vezenay in die Ehe eingebracht. Jahrelang verkaufte Monsieur Clicquot seinen Wein ausschließlich an Freunde und Geschäftspartner. Dies änderte sich, als sein Sohn François in die Firma eintrat, der sich mehr für Wein interessierte als für Bankgeschäfte und Textilien. François heiratete 1799 Nicole-Barbe Ponsardin, die Tochter eines reichen, angesehenen Bürgers, der später Bürgermeister von Reims wurde. François war damals 23, seine Braut 20 Jahre alt. Ihre Trauung fand – sehr symbolisch – in einem Weinkeller statt, weil die Revolution damals die Kirche noch nicht anerkannt hatte. 1804 beschloß François, sich ganz auf den Weinhandel zu konzentrieren, und liquidierte die Bank und die Wollhandlung, die ihm von seinem Vater 1801 übertragen worden waren. Ein Jahr darauf starb François plötzlich, sein Vater wenig später. Die Familie wollte das Weinhaus daraufhin auflösen, hatte aber nicht mit der Willenskraft von Nicole-Barbe gerechnet. Allen Warnungen zum Trotz führte sie den Betrieb fort. Zusammen mit zwei Mitarbeitern, darunter ihr späterer Reisender und Bevollmächtigter Bohne, gründete sie vier Monate nach dem Tode ihres Mannes das Haus Vve Clicquot-Ponsardin, Fourneaux & Co. Sie war damals 27 Jahre alt und hatte eine dreijährige Tochter namens Clémentine.

Erfolge in Rußland

Die Anfangsjahre waren sicher nicht leicht für die junge Witwe. Dank Bohne gingen aber doch nach und nach nennenswerte Aufträge ein, vor allem aus Rußland. So schrieb Bohne einst an seine Patronin: «Die Zarina ist in anderen Umständen. Wenn ein Prinz geboren wird, werden in diesem riesigen Land Ströme von Champagner fließen. Sprechen Sie nur mit niemanden darüber, um unsere Konkurrenten nicht auf den Plan zu rufen.» Rußland wurde Veuve Clicquots größter Abnehmer. Dem Haus gelang es als erstem nach Napoléons Sturz auf listige Weise, eine Schiffsladung Champagner nach Rußland zu bringen. Der Wein kam am 3. Juli 1814 an, und es folgten ein zweites und ein drittes Schiff. Der Wein der Witwe wurde so populär, daß der russische Dichter Puschkin in einem seiner Briefe berichtete: «Madame Clicquot tränkt Rußland. Man nennt ihren Wein «Klikovskoe», und man trinkt keinen anderen.»

Eine wichtige Entdeckung

Nicht nur die friedliche Eroberung Rußlands läßt die Erinnerung an Madame Clicquot fortleben, sondern auch noch eine andere Tatsache: Sie schuf die Grundlage für die heutige Methode der *remuage*. Zu ihrer Zeit wurden die Flaschen nach Ablauf der zweiten Gärung mit dem Hals nach unten gelagert und einige Male kurz geschüttelt. Dieses Vorgehen trieb einen Teil des Depots zum Korken, aber längst nicht alles. Durch Versuche fand die Witwe heraus, daß das Verfahren viel besser funktionierte, wenn man die Flaschen erst schräg in Platten mit ausgeschnittenen Löchern hängte. Dies waren die Vorläufer der Rüttelpulte. 1817 heiratete Tochter Clémentine einen Grafen, der das Geld leichter ausgab als verdiente. Daher holte die Witwe nicht ihn als Partner in

Der Brut von Veuve Clicquot besitzt meist einen hellgoldenen Glanz in der Farbe, kleine, reiche Perlen, ein attraktives Bukett mit gewissen Nuancen und einen mundfüllenden, klassischen Geschmack, der sehr komplex, reintönig und geschmeidig-frisch ist. Qualitativ gehört dieser ausgewogene Champagner zum besten seiner Kategorie. Auch die Jahrgangsweine von Veuve Clicquot, die ein goldenes Etikett tragen, sind ausgezeichnet.

Um 1815 schrieb Bohne aus Rußland an Nicole-Barbe: «Der Wein von Madame Clicquot gilt hier als vollkommen. Der Rosé ist ein Göttertrank.» Um 1912 wurde in Paris eine Mode-Kollektion mit dem Namen «Clicquot-Rosé» vorgestellt. Der heutige Rosé von Veuve Clicquot ist so exzellent wie der frühere: zartrosa Farbe, klare, winzige Perlen, Frucht im Duft, eleganter und fester Geschmack. Es wird 10–15% stiller Rotwein zugefügt. Dieser Champagner wird immer mit Jahrgang verkauft.

Veuve Clicquots Cuvée de Prestige La Grande Dame wird aus Trauben von den eigenen Weinbergen in Verzy, Verzenay, Bouzy, Ay, Mesnil und Avize hergestellt. Der Wein kam 1970 erstmals auf den Markt. Es ist ein Champagner mit vollem Duft, versehen mit kleinen, schnellen Perlen, einem kräftigen, markanten, reifen Geschmack und einem köstlichen Abgang: ein echter Diner-Wein. Es fehlt ihm die große Finesse mancher anderer Prestige-Champagner, aber er besitzt doch große Klasse.

Veuve Cliquot-Ponsardin

ihren Betrieb, sondern den jungen, gewissenhaft arbeitenden, deutschstämmigen Edouard Werlé. Er erschloß den Champagnern von Veuve Clicquot noch andere Absatzgebiete neben dem russischen Markt. In Frankreich selbst hatte die Witwe bis dahin noch nicht eine Flasche verkauft.

Nicole-Barbe Clicquot-Ponsardin verbrachte die letzten Jahre ihres Lebens in dem von ihrem Schwiegersohn luxuriös eingerichteten Château de Boursault. Als sie den Betrieb übernahm, betrug der Umsatz 50000 Flaschen im Jahr; bei ihrem Tode im Jahre 1866 lag er sechzehnmal höher.

Keine Filtrierung des Weins

Im Jahre 1987 wurde Veuve Clicquot (wozu u.a. die Firmen Henriot und Canard-Duchêne gehören) mit Moët-Hennessy vereinigt. Veuve Clicquot wird jedoch weiterhin seinen eigenen Stil Champagner machen. Die Firma verfügt über 280 ha Rebgärten (Qualitätsniveau 96%), die etwa 30% des Traubenbedarfs decken. Jahrgangsweine werden ausschließlich aus der ersten Pressung erzeugt, der Cuvée. Jahrgangsloser Brut enthält auch die zweite Pressung. Der Most gärt bei 22–23°C in modernen Edelstahltanks. Wichtig ist, daß bei Veuve Clicquot der Most filtriert wird und nicht der Wein. Der Wein wird nur der sogenannten «kalten Behandlung» unterzogen, manchmal auch einer Schönung. Die Keller des Hauses haben eine Gesamtlänge von 20 km. Sie bestehen zum Teil aus Kreidegruben, genau 227 Stück – mehr als Ruinard besitzt. Die *remuage* geschieht noch von Hand und dauert etwa zwei Monate. Veuve Clicquot verkauft etwa 6,6 Millionen Flaschen im Jahr; der Vorrat bewegt sich zwischen 20 und 24 Millionen Flaschen.

Makellose Qualität

Bei Veuve Clicquot ist Qualität Trumpf. Der ehemalige Generaldirektor Alain de Vogüé sagte mir: «Wir arbeiten traditionell. Unsere *cuvée* enthält einen erheblichen Anteil weißer Trauben, und unsere Weine reifen in Kreidegruben. Für uns zählt auch nicht so sehr der Schaum wie der Wein. Champagner darf nicht nur Schaum sein, denn dann unterscheiden wir uns nicht von anderen Schaumweinen. Ich mag auch das Wort «Champagner» nicht so sehr; ich spreche lieber von 'vin de cham-

pagne'.» Die Champagner von Veuve Clicquot sind äußerst soigniert und von makelloser Qualität. Das gilt für das ganze Sortiment trockener Weine, vom jahrgangslosen Brut, einem der besten seiner Kategorie, bis hin zum Prestige-Champagner La Grande Dame. Alle diese Weine besitzen Stecknadelkopf-Perlen, einen mundfüllenden Geschmack und reiche Nuancen. Es sind nicht die delikatesten, die feinsinnigsten Champagner, aber doch Weine von bewundernswerter Qualität. Vor allem bei Tisch (oder nachher, später am Abend) kommen sie gut zur Geltung. Veuve Clicquot ist schlicht ein ausgezeichnetes Haus.

G. H. Mumm & Co.

Wie so viele Champagnerhäuser wurde auch G. H. Mumm von einem Deutschen gegründet. Er hieß P. A. Mumm und kam aus dem Weinort Rüdesheim. Sein Compagnon hieß Giesler, und die Firma, die sie 1827 gemeinsam gründeten, bekam den Namen P. A. Mumm, Giesler & Co. Die Annalen berichten, daß Giesler nach wenigen Jahren sein eigenes Weinhaus eröffnete. Zu einer zweiten Spaltung kam es 1852. Der Betrieb wurde damals von zwei Enkeln des Gründers geleitet, George Hermann Mumm und Jules Mumm. Auch sie beschlossen, getrennte Wege zu gehen, und eröffneten eigene Firmen. Die Firma Jules Mumm existiert heute nur noch als Name und ist Eigentum von G. H. Mumm & Co. Um die Marke weiterhin

führen zu dürfen, verschickt G. H. Mumm & Co jedes Jahr fünf Kisten Jules Mumm nach England.

1914 konfisziert

Der Betrieb von George Hermann, dessen Kinder immer Vornamen bekamen, die mit «G» und «H» begannen, wuchs rasch. Großen Anteil am Geschäftserfolg hatte die neue Marke Cordon Rouge, die Mumm 1873 herausbrachte. Die Bedeutung des Cordon Rouge für die Firma zeigt sich daran, daß dieser Brut mit und ohne Jahrgang 65–82% des Gesamtumsatzes ausmacht. Für G. H. Mumm & Co. endete die Geschäftstätigkeit schlagartig, als der Erste Weltkrieg ausbrach. Niemand in der Familie

Mumm hatte daran gedacht, sich einbürgern zu lassen, so daß das Haus als feindliches Eigentum konfisziert wurde. 1920 bot es der französische Staat öffentlich zum Verkauf an. Neue Eigentümer wurden eine große Zahl von Anteilseignern, unter ihnen die Getränkefirma Dubonnet. Aus diesem Betrieb kam Mumms neuer Direktor René Lalou, der mit einer Dubonnet verheiratet war.

Erfolge in Amerika

Monsieur Lalou machte sich mit Energie daran, das Champagnerhaus Mumm neu aufzubauen, und es gelang ihm in beeindruckender Weise. G. H. Mumm & Co. entwickelte sich zu einem der größten Häuser der Champagne, setzt heu-

Die Bruts von Mumm mit und ohne Jahrgang tragen auf dem Etikett ein rotes Band mit der Inschrift «Cordon Rouge». Hiervon besitzt der Jahrgangswein deutlich am meisten Kraft und Charakter. Außerdem ist der Wein länger gereift. Der erfolgreiche jahrgangslose Brut zeigt viel Geschmeidigkeit im Duft wie im Geschmack. Der Cordon Vert ist ein Demi-sec. Außerdem gibt es einen sehr guten Jahrgangs-Rosé mit einem stilvollen Etikett.

Mumms ältester und bekanntester Cuvée de Prestige ist der René Lalou, der zur Hälfte aus weißen Trauben hergestellt wird. Es ist ein stilvoller, kultivierter Wein mit reizvollem Duft und Festigkeit im Geschmack. Ende 1987 brachte das Haus einen zweiten Prestige-Champagner heraus, den Mumm de Mumm (erster Jahrgang: 1982). Dieser ist mit seiner Grazie und der perfekten Balance noch etwas feiner und eleganter als der René Lalou.

Mumms feinschäumiger Champagner von ausschließlich weißen Trauben aus dem Dorf Cramant ist ein besonders bezaubernder Wein: frisch, freundlich und leicht. Einige Jahre überzeugte der Wein qualitativ nicht, doch hat er heute wieder das frühere Niveau. Die Dosage ist um ein Viertel höher als beim René Lalou (der Wein wäre sonst etwas rauh, heißt es bei Mumm), doch um ein Drittel weniger als beim normalen Cordon Rouge.

Seite gegenüber, oben:
Einige von Mumms Betriebsgebäuden. Darunter erstrecken sich Keller mit einer Länge von knapp 19 km.

Seite gegenüber, unten:
Das Haus betätigt sich auch als Kunstmäzen: Die Kapelle von Notre Dame de la Paix ließ es vom Japaner Fujita (der auch die Rose auf dem Halsetikett des Jahrgangs-Rosés schuf) mit 140 m² Fresken ausschmücken; es besitzt Gemälde, die in seinem Auftrag angefertigt wurden, so von Utrillo, und den abgebildeten Wandteppich Le Champagne von Lurçat.

Unten:
Mumms directeur des caves Bernard Geoffroy, der schon seit drei Jahrzehnten in der Firma arbeitet

Rechts:
Detail einer Abfüllanlage

G. H. Mumm & Co.

te jährlich rund 9 Millionen Flaschen um und hält etwa 28 Millionen Flaschen auf Vorrat. Unter der Leitung von Monsieur Lalou errang Mumm eine tonangebende Stellung auf dem amerikanischen Markt. Da René Lalou, der die Anteilsmehrheit in dem Unternehmen erworben hatte, keine direkten Nachkommen besaß, verkaufte er im August 1973 seine Anteile an den kanadischen Getränkekonzern Seagram, der ohnehin bereits an der Firma beteiligt war. Zum Seagram-Konzern gehören heute auch Perrier-Jouët und Heidsieck Monopole. Ein interessantes Detail wurde schon erwähnt; das Champagnerhaus Taittinger besitzt 5% der Anteile von Mumm und Mumm umgekehrt 5% von Taittinger.

219 ha eigene Rebfläche
Mumm verfügt über 219 ha eigene Rebfläche mit einem durchschnittlichen Qualitätsniveau von 95%. Diese Weinberge decken 20–25% des Bedarfs an Trauben. Bei Mumm sagte man mir, daß nur Wein von der ersten Pressung verwendet wird, jedenfalls in den Qualitätsstufen ab jahrgangslosem Brut. Wein von der zweiten Pressung wird nur bei den weniger trockenen Typen wie sec und demi-sec verwendet. Für die erste Gärung verwendet man verschiedene Arten von *cuves;* es ist hier also nicht alles Edelstahl, was glänzt – wie auch bei einigen anderen Häusern. Die mechanische *remuage* ist bei Mumm vorläufig noch kein Thema. In den fast 19 km langen Kellergängen wird dieses Verfahren noch ganz von Hand ausgeführt.

Mild und kommerziell
Die Amerikaner schätzen an Weißweinen eine gewisse Abrundung. Das ist vielleicht der Grund dafür, warum der jahrgangslose Cordon Rouge einen sehr milden Geruchs- und Geschmackseindruck hinterläßt. Auch der Schaum ist weich, fast cremig. Mumms meist verkaufter Wein besitzt wenig Tiefe oder Nuanciertheit und so keine ausgeprägte Persönlichkeit. Es ist nicht mehr und nicht weniger als ein gefälliger, kommerzieller Champagner, dessen Erfolg die Verkaufszahlen beweisen. Der Cordon Rouge mit Jahrgang hat stets etwas mehr Klasse und Kraft, obwohl man auch hier keinen hinreißenden Wein erwarten darf. Mumms Cordon Rouge-Champagner sind wie die meisten Bruts hauptsächlich aus blauen Trauben hergestellt, wenn man auch etwas mehr Weißwein verwendet, als bei vielen anderen Häusern üblich ist. Der Cuvée de Prestige René Lalou hat den größten Anteil an Wein von weißen Trauben, nicht selten volle 50%. Es ist ein schöner Wein mit Stil, Kultur und Festigkeit. Hinsichtlich seiner Finesse blieb dieser Champagner jedoch etwas hinter anderen Cuvées de Prestige von anderen großen Häusern zurück. Dies war vielleicht der Grund, warum das Haus Ende 1987 einen zweiten Top-Champagner herausbrachte: Mumm de Mumm, eine wirklich feine, graziöse Kreation.

Crémant de Cramant
Der ungewöhnlichste Wein von G.H. Mumm & Co. befindet sich in einer recht nüchternen, aber stilvollen Flasche. Es ist der Crémant de Cramant, ein Champagner, der nach einer schwachen Phase heute wieder beeindruckt. Wie der Name schon sagt, besitzt dieses Produkt eine etwas weniger kräftige Mousse als normaler Champagne und kommt ausschließlich aus der *grand cru*-Gemeinde Cramant (Qualitätsniveau 100%) in der Côte des Blancs. Die für diesen Blanc de Blancs verwendeten Trauben kommen zu einem Teil aus Mumms eigenen Weinbergen. Für mich ist der Crémant de Cramant ein besonders ansprechender Wein. Er schmeckt frisch, freundlich und leicht und ist ein gleichsam geistiger Champagner, der Körper und Geist auf höchst angenehme Weise erquickt. Von diesem Wein werden jährlich nicht mehr als 105 000–110 000 Flaschen erzeugt. Man findet sie vor allem in den besseren Restaurants Europas.

Der jahrgangslose Brut von Lanson Père & Fils trägt ein schwarzes Etikett mit dem Namen Black Label. Es ist ein guter Wein mit üppigen Perlen, einer hellen Farbe, einem mildfrischen, ziemlich fruchtigen Bukett, robustem Geschmack und leicht herbem Nachgeschmack. England ist schon seit Generationen der größte ausländische Abnehmer dieses und anderer Lanson-Champagner.

Die *millésimés* von Lanson sind fester, robuster als der normale Brut. Die Weine, die ich probiert habe, enttäuschten hinsichtlich ihres Duftes etwas. Der Geschmack hat etwas mehr zu bieten: Er war stets komplex, ausgereift und gleichzeitig von vitaler Frische.

Der Rosé von Lanson enthält niemals mehr als 12% Rotwein. Die Frische des Weines bleibt daher vollständig erhalten. Der zartrosa Wein mit seinen winzigen weißen Perlen besitzt einen äußerst angenehmen trockenen Geschmack. Auch der Duft ist ansprechend. Es ist schlicht ein sehr guter Champagner rosé.

Lanson Père & Fils

Das Haus Lanson wurde in turbulenten Zeiten gegründet. Sein Gründer, Jean-Baptiste Lanson, trat zu Beginn des 19. Jahrhunderts (das genaue Datum ist unbekannt) in den seit 1760 bestehenden Betrieb ein. Es war das Europa der Französischen Revolution und der Napoleonischen Kriege. Die Revolution zwang Jean-Baptiste zur Flucht. Er fand Unterschlupf bei der befreundeten deutschen Familie Kellerhof. Später sollte es den Kellerhofs nicht anders ergehen. Da sie nicht gegen Franzosen kämpfen wollten (einer der Söhne von Jean-Baptiste

hatte eine Kellerhof geheiratet), mußten sie nach Reims flüchten. 1838 übernahm Jean-Baptiste Lanson das Champagnerhaus und gab ihm seinen eigenen Namen. Noch heute wird Lanson Père & Fils von seinen direkten Nachkommen geleitet. Eigentum der Familie Lanson ist es jedoch nicht mehr.

Kunstdünger und Champagner
Unter der Leitung des dynamischen Victor Lanson, der während seines Lebens mindestens 50 000 Flaschen Champagner trank und damit

87 Jahre alt wurde, holte man sich 1970 einen finanzkräftigen Partner ins Haus. Der Pastis-Konzern Ricard erwarb damals 48% der Anteile. Diese Verbindung hielt jedoch nicht lange. Knapp 10 Jahre später bezahlten die Brüder François und Xavier Gardinier 65 Millionen Franc für das Ricard-Paket. Damit wurden sie Eigentümer des Hauses Lanson, da sie schon früher Anteile von der Familie Lanson selbst gekauft hatten.
Die Zusammenarbeit zwischen Gardinier und Lanson erscheint auf den ersten Blick etwas

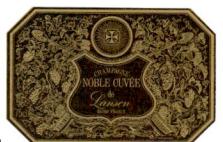

1982 hat Lanson den Lanson Noble Cuvée, einen Cuvée de Prestige, herausgebracht. Der Wein trägt keine Jahrgangsangabe und ist zusammengestellt aus 50% Pinot noir, 45% Chardonnay und 5% Pinot meunier verschiedener erfolgreicher Jahrgänge. Der relativ hohe Anteil der Chardonnay ergibt einen ziemlich leichten Geschmack, wodurch sich der Wein deutlich von anderen Lanson-Champagnern unterscheidet, vor allem von den Jahrgangs-Champagnern oder Jahrgangs-Cuvées.

Lanson Père & Fils

Seite gegenüber, oben: Besucherecke im Lanson-Gebäude am Boulevard Lundy. Die Keller und Büros befinden sich dagegen in den Gebäuden der von Lanson übernommenen Firma Massé. Rechts auf dem Tisch steht das alte Modell der Jahrgangsflasche, die seit 1976 durch den üblichen Flaschentyp ersetzt wurde.

Seite gegenüber, unten: Etwa 80% des Weines gärt bei Lanson in Edelstahltanks.

Unten: Salmanazars (Inhalt 12 normale Flaschen) mit «Black Label»

Rechts: Einer der Kellergänge mit vollen Rüttelpulten. Das Haus erzeugt keinen Crémant und keinen Blanc de Blancs. Gegründet wurde die Firma 1760 von François Delamotte.

befremdlich. Die Gardiniers pumpten viel Geld in Lanson Père & Fils, das u.a. zu einer Modernisierung der Gärgeräte verwendet wurde. Später erwarb die Gardinier-Lanson-Holding die Mehrheit der Anteile bei Pommery & Greno. Im November 1983 verkauften die Gardiniers jedoch ihre Champagner-Anteile an den BSN-Konzern (Glaswaren, Nahrungs- und Genußmittel). Von diesen Veränderungen der Eigentumsverhältnisse unberührt blieb jedoch die wichtige Rolle der Familie Lanson in der Firma. Die Firma BSN führte weitere Verbesserungen durch. Lanson Père & Fils und Pommery & Greno sind völlig unabhängig voneinander. Über 20 Jahre lang hielt Lanson etwa 25% der Anteile von Laurent Perrier, jedoch wurden diese inzwischen an eine französische Bank verkauft. Zu Lanson gehört jedoch weiterhin das Champagnerhaus Massé.

Erwerb von Weinbergen

Bis zum Ersten Weltkrieg besaß Lanson nicht einen einzigen Rebstock. 1918 jedoch begannen Victor Lanson und sein Bruder Henri mit dem Ankauf von Weinbergen. Heute verfügt das Haus über 210 ha, die etwa 40% des Bedarfs an Trauben decken. Die Qualitätsstufe des Rebengrunds liegt durchschnittlich bei 96%. Die beiden wichtigsten Parzellen, jeweils etwa 40 ha groß, liegen bei Chouilly in der Côte des Blancs und bei Dizy auf den Flanken des Montagne de Reims.

Keine Milchsäuregärung

Nachdem die Trauben gepreßt sind, läßt man den Most hauptsächlich in Edelstahltanks gären. Charakteristisch für die Vinifikation bei Lanson ist die Tatsache, daß man bei dem im Tank ruhenden Wein keine *fermentation malolactique* ablaufen läßt. Piper-Heidsieck und Krug sind von den anderen großen Firmen die einzigen, die es ebenso machen. Diese Gärung, die die Apfelsäure in die freundlichere Milchsäure umsetzt und den Wein dadurch etwas milder stimmt, wird bei Lanson nicht angestrebt, da man aus verschiedenen Gründen darin keine Verbesserung des Weins sieht. So ist man schon deshalb dagegen, weil zum Einleiten dieser Gärung der Wein leicht erwärmt werden müßte. Pierre Lanson meint auch: «Die *fermentation malolactique* ist ohnehin für Rotweine viel wichtiger als für Weißweine.» In den etwa 10 km langen Kellern erfolgt die *remuage* (2–3 Monate) noch von Hand, jedoch experimentiert man mit einem mechanischen System. Für die rund 5 Millionen Flaschen, die Lanson im Jahr verkauft, wird grundsätzlich nur Wein von der ersten Pressung gebraucht, dazu die sogenannte *cuvée suite*, das erste Faß der zweiten Pressung. Der Flaschenvorrat liegt bei 16 Millionen Stück.

Männlicher Charakter

Die Mehrzahl der Champagner, die Lanson verkauft, etwa 80–85%, trägt ein schwarzes Etikett und den Namen Black Label. Dies ist der jahrgangslose Brut. Daß man dem Wein einen englischen Namen gab, hängt wohl damit zusammen, daß England schon sehr lange Lansons wichtigster ausländischer Abnehmer ist. Seit Königin Viktoria wurde das Haus außerdem von allen britischen Monarchen zum Hoflieferanten ernannt. Das Black Label ist ein guter Wein: helle Farbe, ausgeprägter Duft (Anklänge von Frucht und milder Säure), sauberer, reintöniger Geschmack, dessen frische Säure in milden Schaum gehüllt ist. Für mich ein männlicher, tadellos gemachter Wein, angenehm zu trinken und durch die Jahre hin von stabilem Charakter. Während im normalen Brut noch eine gewisse Eleganz, eine gewisse Beschwingtheit vorhanden ist, scheint diese in den Jahrgangsweinen nicht mehr vorhanden zu sein. Sie sind deutlich solider im Geschmack, sie enthalten auch einen größeren Anteil blauer Trauben. Die von mir verkosteten Weine machten einen milden und gleichzeitig frischen Eindruck. Der sehr komplexe Geschmack sprach mich (etwa beim 1971er, 1975er und 1979er) mehr an als der Duft.

Kompositionen in Rot und Rosé

Lanson stellt auch einen guten, jahrgangslosen Champagner rosé her, der eine zartrosa Farbe, weiße Stecknadelkopf-Perlen und einen freundlichen, graziösen, trockenen Geschmack besitzt. Dieser Wein macht nur etwa 5% des Gesamtumsatzes aus. Interessant ist auch der rote Coteaux Champenois (s. S. 191). Dieser stille Champagner wird stets aus drei verschiedenen Jahrgängen zusammengestellt, weshalb er etwas mehr zu bieten hat als das Gros seiner Konkurrenten. Neben Frische besitzt der Wein auch Geschmeidigkeit und Milde. Viel Duft und Tiefe darf man allerdings nicht erwarten. Seit 1982 führt Lanson einen Luxuschampagner mit dem Namen Noble Cuvée. Es ist ein schöner Wein, der aus verschiedenen guten Jahrgängen zusammengestellt wird. Der Chardonnay-Anteil beträgt 45%. Der Cuvée 225me Anniversaire (1980) dagegen enttäuschte.

Links:
Einige Pommery-Erzeugnisse.
An der Ausstattung wurden
inzwischen noch weitere Verbesserungen vorgenommen.

Unten:
Ausschnitt aus dem 18 km langen Kellerkomplex von Pommery. Einige Gänge liegen
30 m unter der Erde.

Seite gegenüber, unten:
Im Vergleich mit dieser An-
sicht aus dem Jahre 1905 ist
lediglich der Verkehr vor den
Gebäuden von Pommery &
Greno dichter geworden.

Seite gegenüber, oben:
Die weitläufige Besucher-
Auffahrt

Berühmte Namen im Gäste-
buch sind u.a. General
MacArthur (10.3.39) und
der Herzog von Windsor
(17.5.39).

Während Ende der 70er Jahre den normale Brut nicht sonderlich beeindruckte, hat sich die Qualität dieses Weins seither deutlich verbessert. Dies ist u.a. auf erhebliche technische Investitionen (z.B. eine moderne *cuverie*) zurückzuführen. Der Wein besteht zu etwa 70% aus blauen Trauben. Die Farbe ist hell, der Geschmack etwas trockener als bei anderen Bruts. Daneben verfügt der Wein über eine große Reintönigkeit und eine beständige Mousse. Auch der sehr haltbare Jahrgangs-Champagner (50% Chardonnay) hat Qualität.

Das obige Etikett zierte den Blanc de Blancs aus Pommerys eigenen Rebgärten in Avize. Leider ist dieser exzellente Wein nicht mehr im Sortiment. 1985 kreierte das Haus einen neuen Cuvée de Prestige, den Louise Pommery. Dieser wunderbar reife Jahrgangswein aus den 100%-Rebgärten in Ay und Avize zeichnet sich durch Geschmack und Noblesse aus. Auch Pommerys Rosé ist beachtlich.

Pommery & Greno

Die markanteste Gebäude-Gruppe von Reims befindet sich im Südosten der Stadt. Ein schmiedeeisernes Tor und große Rasenflächen führen zu einem ziemlich uneinheitlichen Komplex von Bauten aus grauem, braunrotem und gelblichem Mauerwerk, mit Flach- und Spitzdächern, mit runden Türmen und viereckigen. Es sieht so aus, als ob jemand verschiedene englische Bauten aus verschiedenen Perioden durch französische Architekten ein bißchen gewaltsam zu einem Ensemble hätte zusammenfügen lassen. In der Tat trügt der Schein nicht – es hat sich genauso zugetragen. Die Gebäude wurden 1878 fertiggestellt und entstanden aus zwei englischen Landsitzen, Inverary Castle und Mellerstone. Die Französin, die den Auftrag zum Bau des Komplexes gab, war Madame Louise Pommery. Sie leitete das Haus Pommery & Greno und wollte Betriebsgebäude haben, die nicht nur auffallen, sondern auch der Eitelkeit ihrer wichtigsten Abnehmer, der Engländer, schmeicheln sollten. Auffällig sind die Büros und Keller von Pommery & Greno auch heute noch. Ob die architektonische Leistung Bewunderung verdient, ist wohl eher zweifelhaft.

Aktive Witwe
Auch in anderer Hinsicht prägte Madame Pommery das Gesicht der Firma. Sie war 39 Jahre alt, als ihr 1858 nach dem Tode ihres Mannes Louis die schwere Aufgabe zufiel, den Betrieb weiterzuführen. Louis Pommery hatte die Firma 22 Jahre zuvor gemeinsam mit Narcisse Greno gegründet. Die Witwe Pommery beschloß, fortan den Schwerpunkt auf die Produktion von Schaumwein zu legen, während man bisher vor allem stillen Rotwein erzeugt hatte. Außerdem nahm sie sich vor, den englischen Markt zu erobern. Sie führte dort einen der ersten trockenen Champagner ein, den Champagne Nature 1873, der 1874 auf den Markt kam. Außerdem ließ Louise Pommery die Kreidegruben unter ihrem Grund zu Champagnerkellern ausbauen. Das Projekt verschlang ungeheure Summen, doch verfügte man danach über 120 untereinander verbundene Keller, in denen man viele Millionen Flaschen lagern konnte. 1882 und 1883 brachte ein Künstler aus der Gegend dort mehrere Bas-Reliefs an. Am hübschesten finde ich «Le champagne au XVIII. siècle», eine fröhliche

Darstellung von Männern und Frauen an einem großen Tisch, die sich mit sichtlichem Genuß an dem brausenden Wein laben.

Öffentlicher Park
1879 heiratete Louises Tochter den Grafen Guy de Polignac. Genau 100 Jahre später verkaufte die Familie de Polignac die Mehrheit der Anteile an die Familie Gardinier, die damals bereits Eigentümerin des Champagnerhauses Lanson war. Hundert Jahre lang stand also Pommery & Greno in ununterbrochener Reihenfolge unter der Leitung von de Polignacs, manchmal in seitlicher Linie (wie in den Jahren nach dem Tode der Witwe Pommery im Jahre 1890), meist aber in direkter Linie. Marquis Melchior de Polignac legte 1913 den Parc Pommery an, der nur durch eine Straße von den Betriebsgebäuden getrennt ist. Es gibt dort Spazierwege, ein Schwimmbad, Tennisplätze, ein Leichtathletik-Stadion sowie verschiedene andere Sportanlagen sowie ein berühmtes Restaurant, Les Crayères. Nachdem man Pommery & Greno u.a. mit einer modernen *cuverie* mit Gärtanks aus Edelstahl ausgestattet hatte, verkaufte die Familie Gardinier die Firma an den BSN-Konzern. Dieser erwarb auch Lanson Père & Fils, jedoch arbeiten die beiden Firmen wie bisher unabhängig voneinander. Die Familie De Polignac ist bei Pommery & Greno nach wie vor in wichtigen Funktionen tätig. So ist z.B. Fürst Alain de Polignac für die Vinifikation zuständig.

Viel Grund in Avize
Pommery & Greno verkauft etwa 3,8 Millionen Flaschen im Jahr, bei einem Vorrat von 12 Millionen Flaschen. In einer Reihe von Märkten ist das Haus sehr erfolgreich, so in Deutschland, Österreich, den Niederlanden, Japan und der Schweiz. Etwa die Hälfte des Traubenbedarfs wird aus eigenen Weinbergen gedeckt. Pommery & Greno besitzt 307 ha, davon liegen gut zwei Drittel im Montagne de Reims und knapp ein Drittel in der Côte des Blancs, wo das Haus in Avize mit 40 ha größter Grundeigentümer ist. Fast aller Weingrund ist mit 100% eingestuft.

Die dazugekauften Trauben haben mindestens 90%-Niveau. Bevor die Familie Gardinier im Jahre 1979 vorübergehend die Leitung übernahm, enttäuschten die Weine von Pommery & Greno immer wieder. Eine qualitätsorientierte Firmenpolitik und erhebliche technische Investitionen (u.a. in eine moderne *cuverie* mit Gärtanks aus Edelstahl) führten zu einem geradezu dramatischen Qualitätsanstieg. So ist der jahrgangslose Brut heute ein höchst zuverlässiger Wein. Er zeichnet sich durch eine lebendige, lang anhaltende Mousse aus, eine helle Farbe und einen leben-

digen, dabei recht vollen Geschmack, der trockener ist als derjenige der meisten anderen Bruts. Der Jahrgangs-Champagner enthält etwas mehr Chardonnay (etwa 50%), der ihm einen vitaleren Charakter verleiht. Der Wein behält seine Frische ohne weiteres einige Jahre. Der jahrgangslose Rosé ist ungewöhnlich trocken und aromatisch: ein köstlicher Frühlingswein. Das Flaggschiff von Pommery & Greno war einst der Blanc de Blancs aus Avize, der jedoch 1985 durch einen Cuvée de Prestige mit dem Namen Louise Pommery ersetzt wurde. Der Wein befindet sich in einer hübsch

ausgestatteten Flasche und besteht aus 100%-Trauben von den Rebgärten in Ay (Pinot noir) und Avize (Chardonnay). Es ist ein Jahrgangs-Champagner, der in der Regel nach sechs Jahren auf den Markt kommt und daher eine schöne Reife aufweist. Der Wein hat viel Geschmack und Distinktion – Madame Pommery wäre damit sicher zufrieden.

Heidsieck & Co. Monopole

In Reims gibt es drei Heidsieck-Champagnerhäuser: Heidsieck Monopole, Piper-Heidsieck und Charles Heidsieck. Urheber aller drei Häuser war Florenz-Ludwig Heidsieck, ein deutscher Wollhändler. 1777 führte ihn eine Geschäftsreise erstmals nach Reims. Dort lernte er nicht nur den Wollhändler Nicolas Perthois kennen, sondern auch dessen Tochter. Acht Jahre später nahm er sie zur Frau und ließ sich als selbständiger Wollhändler in Reims nieder. Er war damals 36 Jahre alt. Er nannte seine Firma «Heidsieck & Co., Weine und Tuche». Florenz-Ludwig, dessen Name später zu Florens-Louis französiert wurde, war nämlich in Reims wie so viele andere unter den Bann des perlenden Weines geraten.

Deutsche Neffen

Der Wein von Heidsieck & Co. hatte großen Erfolg, so daß der Tuchhandel nach und nach aufgegeben wurde. Schwere Jahre brachen für Florens-Louis mit der Französischen Revolution an. Es gelang ihm, die größte bronzene Glocke der Kathedrale von Reims vor dem Einschmelzen zu retten. Dies trug ihm die Arrestierung durch die Revolutionäre ein; mit knapper Not konnte er fliehen, während sein Nachbar auf dem Schafott endete. In seinem ständig wachsenden Betrieb wurde Florens-Louis, dessen einziger Sohn in jungen Jahren starb, von drei deutschen Neffen unterstützt. Bei seinem Tode im Jahre 1828 hinterließ er ihnen die Firma. Nur wenige Jahre arbeiteten die Kompagnons zusammen; nach 1834 trennten sich ihre Wege.

Die Entstehung des Monopole

Der älteste der drei Neffen war Henri-Louis Walbaum. Er gründete im gleichen Jahr zusammen mit seinem Schwager Auguste Heidsieck das Champagnerhaus Walbaum, Heidsieck & Co. 1846 zog sich Walbaum aus dem Geschäft zurück. Auguste führte den Betrieb unter dem Namen Heidsieck & Co. weiter. Später wurde der Firmennamen noch mehrfach geändert; der längste Name, den das Haus jemals trug, entstand im Jahre 1899: Walbaum, Luling, Goulden & Co., Successeur de Heidsieck & Co., Maison fondée en 1785. Die heutige Bezeichnung Heidsieck & Co. Monopole erhielt das Haus erst 1923. Das Namenselement «Monopole» entstand 1860 als Markenname für einen

Seite gegenüber, oben:
Unter den von außen wenig attraktiven Betriebsgebäuden von Heidsieck & Co. Monopole erstrecken sich 12 km Keller. Diese werden jährlich von 4000–5000 Menschen besucht (nur nach Anmeldung). In seinen Archiven besitzt das Haus ein Kellerbuch aus dem Jahr 1845 und eine herrliche Speisekartensammlung, die bis 1923 zurückreicht.

Seite gegenüber, unten:
Zwei Symbole von Reims: Champagnerflaschen (hier Riesenflaschen von zwei Typen Heidsieck & Co. Monopole) und die Kathedrale. Das prächtige Bauwerk wurde seinerzeit gegen den heftigen Protest der Bevölkerung gebaut. Als der Klerus immer höhere Abgaben forderte, wurden die Baumeister und die Bischöfe in einem regelrechten Aufstand aus der Stadt gejagt. Das Projekt, das im Jahre 1211 in Angriff genommen wurde, lag dann jahrelang still, und die Stadt Reims wurde deswegen sogar exkommuniziert. Erst im 14. Jahrhundert wurde die Kathedrale fertiggestellt – bis auf die Türme. Diese entstanden erst im 15. Jahrhundert.

In Verzenay besitzt Heidsieck eine Windmühle, in der Empfänge und Diners abgehalten werden. Die Mühle stammt aus dem Jahre 1823. Heidsieck Monopole kaufte sie 1901 dem damaligen Besitzer ab, einem Müller, und zwar für die Summe von 1000 Goldfranken für jedes seiner Kinder. Das waren neun an der Zahl – zumindest bis zum Tag der Vertragsunterzeichnung: Da kam nämlich das zehnte. Der Müller hatte darauf bestanden, daß sich die Flügel der Mühle nach seinem Tode nicht weiter drehen sollten. Heidsieck Monopole blockierte daher den Mechanismus im Jahre 1904.

Unten:
In traditioneller Kleidung wird dieser junge Champenois bei einem Diner in der Mühle von Verzenay Wein serviert.

Heidsiecks Dry Monopole, der aus zwei Dritteln blauen Trauben und einem Drittel weißen Trauben hergestellt wird, besitzt keinen ausgeprägten Charakter. Er ist ein ziemlich voller Champagner, der in Duft und Geschmack weder positiv noch negativ auffällt. Im Duft zeigt sich manchmal eine kleine Unsauberkeit (vor allem, wenn der Wein wärmer wird), und der feinherbe Geschmack ist nicht sehr anziehend, wenn auch korrekt. Der Red Top ist der sec, der Green Top der demi-sec.

Der Brut mit Jahrgang bekommt bei Heidsieck Monopole eine Dosage, die etwa ein Drittel geringer ist als beim normalen Brut. Allerdings ist der Grundwein wegen seiner längeren Reifung milder. Die Reife riecht und schmeckt man auch deutlich. Dennoch behält der Wein meist lange Jahre einen frischen, daneben auch würzigen Geschmackston. Finesse und Nuancen fehlen jedoch weitgehend.

Der Diamant Bleu ist die Prestige-Marke des Hauses Heidsieck Monopole. Dieser Champagner enthält mehr Weißwein – 50% – als die anderen Typen des Sortiments. Feine, reiche Perlen, köstlicher Duft, reiner, erfrischender Geschmack, der manchmal (wie bei verschiedenen Jahrgängen festgestellt) fast mineralisch sein kann. Schöne Ausgewogenheit. Ein guter, frischer Prestige-Champagner, wenn auch von bescheidenem Raffinement. Ich persönlich trinke den Wein am liebsten 7–8 Jahre nach seiner Ernte.

Heidsieck & Co. Monopole

damals im Sortiment befindlichen Champagner, den Dry Monopole. Dieser Wein war so beliebt, daß man später – recht werbewirksam – beschloß, das «Monopole» in den Firmennamen aufzunehmen. Die älteste Flasche mit dem Etikett «Dry Monopole» stammt von 1892. Henry Champman, Werbeleiter bei Heidsieck Monopole, erhielt sie von Jean-Marc Heidsieck, dem Direktor von Charles Heidsieck, zum Geschenk. Auch dies wieder ein Beweis für die große Kollegialität, die zwischen vielen Champagnerhäusern schon fast traditionell zu nennen ist.

Kanadische Mutter
Am 11. März 1972 wurde Heidsieck Monopole von Mumm übernommen. Beide Betriebe sind heute Töchter des kanadischen Konzerns Seagram. Heidsieck Monopole verfügt über 108 ha Rebgärten, die fast alle zur 100%-Kategorie gehören. Sie liefern etwa ein Drittel der benötigten Trauben. Der Flaschen-Ausstoß des Betriebes nähert sich der 2-Millionen-Grenze, der Vorrat liegt bei 8 Millionen Flaschen. Für die Vinifizierung ist Heidsieck Monopole sehr gut, um nicht zu sagen ultramodern ausgerüstet. Man verfügt über Gärtanks aus glasausgekleidetem Beton, aus emailliertem Stahl und Edelstahl. Früher wurden die *vins de réserve* in Holzfudern gelagert, während man heute auch hierfür Tanks benutzt.

Alte Windmühle
Über die Arbeitsweise von Heidsieck Monopole gibt es praktisch nichts besonderes zu berichten. Erwähnenswert ist höchstens, daß in den Jahrgangs-Champagnern, dem normalen Brut und den weniger trockenen Sorten nicht nur Wein von der ersten Pressung verwendet wird, sondern meist auch von der *première taille,* der zweiten Pressung. Lediglich bei der «Prestige»-Marke Diamant Bleu geschieht dies nicht. Der angenehmste Ort, um Heidsieck Monopole zu trinken, ist die Mühle von Vezenay. Diese 1820 errichtete und in der Champagne einmalige Windmühle steht auf dem Mont Bœuf inmitten der 43 ha, die Heidsieck Monopole in Vezenay besitzt. Das Haus gibt hier manchmal Empfänge und Diners. Im Ersten Weltkrieg diente die Mühle als militärischer Beobachtungsposten.

Prächtiger Diamant
Die Keller wie auch die Mühle von Heidsieck Monopole habe ich mehr als einmal besucht, und auch die Champagner habe ich oft getrunken. Eigenartigerweise sind die Erinnerungen an die Weine von damals viel erfreulicher als die Degustationsnotizen von heute, die ich speziell für dieses Buch anfertigte. Jahrelang habe ich den Brut von Heidsieck Monopole für einen guten Mittelklasse-Champagner gehalten. Heute fällt mein Urteil jedoch weniger positiv aus. Sowohl für sich getrunken als auch in vergleichenden Degustationen war der Dry Monopole doch eher eine Enttäuschung. Der Schaum war nicht sehr beständig, im Duft schien im Hintergrund eine kleine Unsauberkeit vorhanden, und den Geschmack, der nicht sehr fesselnd war und neben einer gewissen Milde im Mund und im Abgang auch Säure aufwies, fand ich bestenfalls korrekt. Es ist einfach ein Champagner ohne viel Charakter, weder in positiver noch in negativer Hinsicht. Die Jahrgangsweine wirken durchweg etwas

besser, voller und vor allem reifer, aber als hochklassig betrachte ich auch sie nicht. Der Diamant Bleu aus verschiedenen Jahrgängen sprach mich dagegen sehr an. Es waren prächtige, reiche schäumende Weine, köstlich und frisch im Mund und von schöner Ausgewogenheit. Bei einem der Weine notierte ich: «Kleine, üppige Perlen, leichter Grünton in der Farbe, reintöniger Duft, vital; kerniger, kühler, fast mineraliger Geschmack, beinahe beißend, noch unerwachsen. Eher leicht von Gewicht.» Ergänzend ist noch zu bemerken, daß der Diamant Bleu meist zur Hälfte aus weißen Trauben erzeugt wird; die anderen Champagner von Heidsieck Monopole enthalten nur ein Drittel weiße Beeren.

Links:
Die Place Drouet d'Erlon im Zentrum von Reims. In dieser Stadt befindet sich der Sitz von Piper-Heidsieck. Reims bestand schon vor Paris und verdankt seinen Namen dem einst hier ansässigen Stamm der Remer. Als der Ort in römischer Zeit eines der drei Zugangstore nach Gallien war, lautete sein Name Durocortorum. Viele französische Könige wurden in Reims gekrönt, unter ihnen Frankreichs erster christlicher Herrscher, Chlodwig.

Links unten:
Ein altes Plakat im heute so gesuchten Jugendstil aus der Sammlung von Piper-Heidsieck

Rechts unten:
Piper-Heidsieck ist einer der am stärksten mechanisierten Betriebe in Reims, wie zum Beispiel die automatische Rüttelanlage beweist. Die hier gezeigte Maschine versieht die Flaschen mit der Kapsel.

Etwa 80% Piper-Heidsieck-Weine werden ohne Jahrgang verkauft.

Piper-Heidsieck hat zusammen mit dem amerikanischen Importeur Renfield im kalifornischen Sonoma Valley einen Betrieb errichtet, in dem moussierende Weine mit dem Namen Piper-Sonoma erzeugt werden. Das Haus besitzt auch eine eigene Niederlassung in Mailand, Piper-Heidsieck Italia.

Piper–Heidsieck

Einer der drei Neffen von Florens-Louis Heidsieck (s. S. 156) war Christian Heidsieck. Er arbeitete mit der Marke Heidsieck. Christian starb bereits 1835, acht Monate nach der Gründung seiner Firma. Die Leitung des Hauses übernahm seine Witwe, die dabei von Christians drei Assistenten unterstützt wurde. Einen von ihnen heiratete sie im Jahre 1837: Henri-Guillaume Piper. Der Firmenname wurde daraufhin in H. Piper & Co. geändert. Der Wein hieß jedoch nach wie vor Heidsieck. Mit der Zeit wurde er häufiger als «Piper's Heidsieck» bezeichnet, vor allem in Amerika, wo sich einer der Assistenten, J. C. Kunkelmann, niedergelassen hatte und für Piper den Markt erschloß.

Firma wieder geändert
1850 kehrte Kunkelmann aus New York zurück. 1870 übernahm er nach dem Tod von Henri-Guillaume Piper die Firma. Ihr Name wurde dann in Kunkelmann geändert. Der Champagner jedoch behielt seinen Namen: Aus Piper's Heidsieck war inzwischen die feste Marke Piper-Heidsieck geworden, und daran wollte man nichts ändern. Der letzte der Kunkelmanns hinterließ das Haus seiner Tochter, der Marquise de Suarez d'Aulan. Nachdem ihr Mann als Kriegsheld 1944 den Tod gefunden hatte, heiratete sie General d'Alès. Ihr Sohn François d'Aulan aus erster Ehe ist heute Direktionspräsident des Betriebes. Aktien des Hauses Piper-Heidsieck, wie heute auch die

Unten:
Ausschnitte aus dem herrlichen Skulpturenfries am Hauptportal der Kathedrale von Reims. Dies sind nur einige der zahllosen Figuren, die Künstler vor Hunderten von Jahren geformt und wieder benutzt haben: Heilige, Engel, Bischöfe, Propheten, Könige, Männer, Frauen sowie – in 38 verschiedenen Reliefs – Adam und Eva.

Piper-Heidsieck arbeitet mit der Zweit-Marke Becker und ist auch Eigentümer der Marke Heidsieck. Diese wird nur hin und wieder benutzt. In den Jahren 1835–1837 arbeitete das Haus unter dem Namen Veuve Heidsieck.

Piper-Heidsieck bewahrt eine Flasche mit Jahreszahl, die Napoleon am Tage vor der Schlacht bei Austerlitz trank.

Der normale Brut von Piper-Heidsieck ist ein frischer, leichter, unkomplizierter Champagner, der mild schäumt und keinen überwältigenden Charakter besitzt. Der Wein kann manchmal ein bißchen «grün» schmecken. Ab und zu habe ich leichte Anklänge von Hefe in Duft und Geschmack festgestellt, aber der Wein ist doch korrekt ausgebaut.

Die Jahrgangs-Champagner von Piper sind im allgemeinen zu etwa 50% aus der weißen Chardonnay-Rebe hergestellt. Sie besitzen deutlich mehr Finesse und Eleganz als der jahrgangslose Brut.

Das Haus Piper-Heidsieck erzeugt einen vortrefflichen Champagner-Rosé, bei dem der zugefügte stille Rotwein einmal nicht die Frische des Grundweins, der zur Hälfte aus weißen Trauben hergestellt ist, ausgelöscht hat. Hellrosa Farbe, feiner Schaum, schlanker, erfrischender Geschmack. Man sollte ihn vorzugsweise 5 Jahre nach seiner Herstellung trinken.

Piper-Heidsieck hat seinen Cuvée Prestige nach dem Mann genannt, der das Fundament der drei Heidsieck-Häuser gelegt hat: Florens-Louis Heidsieck. Der Wein besitzt einen ziemlich leichten Charakter (er wird aus 60% weißen Trauben hergestellt), einen fragilen Duft und einen stilvollen, kultivierten Geschmack. Außerdem ist er sehr reintönig. Er wird nur in sehr guten Erntejahren hergestellt.

Nach Jahren des Experimentierens wurde 1980 der Brut Sauvage vorgestellt. Dieser neue Wein von Piper-Heidsieck erhält eine möglichst geringe Dosage und ist daher sehr trocken im Geschmack. In Qualität und Preis ist er mit dem Florens-Louis vergleichbar, wenn er auch nicht aus einem, sondern aus mehreren guten Jahren zusammengestellt wird. Da es dem Wein etwas an Substanz (und auch Komplexität) mangelt, eignet er sich vor allem als Aperitif vorzüglich.

Piper-Heidsieck

Firma heißt, werden an der Börse gehandelt, jedoch besitzt die Familie d'Alès-d'Aulan eine Mehrheit von 68%.

Mechanische Remuage
Das Haus Piper-Heidsieck verkauft rund 5 Millionen Flaschen im Jahr. Etwa ein Viertel geht in die Vereinigten Staaten, wo die Interessen der Firma immer noch von einer eigenen Niederlassung mit dem Namen Kunkelmann in New York vertreten werden. In den riesigen Kellern, durch die Besucher in kleinen Wagen befördert werden, liegen drei Jahresumsätze als Vorrat. Auffallend ist, daß viele von Pipers Kellergängen leer sind. Dies hängt damit zusammen, daß man fast vollständig auf mechanische *remuage* umgestellt hat. 1980 hatte Piper-Heidsieck hierfür bereits 5 Millionen Franc investiert. Man arbeitet mit dem System der *gyropalettes* (s. S. 145). Statt 2 Monate dauert die *remuage* bei Piper-Heidsieck heute nur noch 1 Woche. Man spart dadurch nicht nur Zeit, sondern auch Platz, da die Flaschen nicht mehr in Rüttelpulte – die *pupitres* – gehängt werden müssen. Man sagte mir bei Piper-Heidsieck, daß in einem Kellergang mit *gyropalettes* siebzigmal (!) soviel Flaschen behandelt werden können wie früher in einem Gang mit *pupitres*.

Keine eigenen Reben
Piper-Heidsieck besitzt keine eigenen Reben. Man muß daher allen Wein einkaufen. *Taille*-Weine – Weine aus der zweiten oder dritten Pressung – kommen dabei nur für den Demi-sec in Betracht. Wie Krug und Lanson Père & Fils läßt auch Piper in den Weinen keine Äpfelsäuregärung ablaufen. Die Firma nennt auch den Grund: «Wir vermeiden die *fermentation malolactique,* weil der Wein dann frischer bleibt und weniger schnell altert.» Nur in sehr «sauren» Jahren läßt man bei einem Teil des Weines eine Apfelsäuregärung zu. Piper arbeitet seit 1972 ohne diese Gärung, und man erwartet, daß nach und nach weitere Champagnerfirmen folgen werden. Allerdings unterzieht man den Wein bei Piper-Heidsieck der sogenannten kalten Behandlung (10 Tage bei –4°C), einer Schönung und einer Filtrierung.

Frisch, leicht, unkompliziert
Im allgemeinen haben die Piper-Weine keine überwältigende Persönlichkeit. Der jahrgangslose Brut schmeckt frisch, leicht und unkompliziert. Die Ausgewogenheit zwischen Säure und Milde ist durchweg gut, wenn man nicht gerade an eine junge Flasche gerät: Der Wein kann dann noch ziemlich grün schmecken. Der Brut enthält meist etwa zu 30% Wein von weißen Reben. Sein Bukett ist nicht auffallend, aber doch reintönig, der Schaum ist etwas schwach, aber doch aus ansprechenden kleinen Perlen zusammengesetzt. Feiner und angenehmer sind die Jahrgangschampagner. Sie enthalten auch mehr Weißwein, nämlich meist 50%. Einer meiner Lieblingsweine von Piper ist der Jahrgangs-Rosé. Beim 1975er notierte ich zum Beispiel: «Zartrosa Farbe, feiner Schaum, schlanker, frischer Geschmack – einfach ein tadelloser Wein.» Der Grundwein für diesen Rosé besteht zur Hälfte aus Wein von weißen Trauben. Später fügt man diesem Basiswein noch 18–20% stillen Rotwein zu. In der Regel schmeckt Pipers Rosé etwa 5 Jahre nach der Ernte am besten.

«Wilder» Brut
Piper-Heidsieck führt drei Cuvées de Prestige. Die ältere und bekanntere Marke ist der Florens-Louis, der stets mit Jahrgang auf den Markt kommt. Die weiße Chardonnay-Rebe liefert hier 60% des Weines, weshalb es nicht verwundert, daß dieser Champagner einen ziemlich leichten Geschmackston besitzt. Andere Charakteristiken sind eine fast blasse Farbe, feine Perlen, ein delikater Duft, ein kultivierter Stil und eine große Reintönigkeit. Die zweite Prestige-Marke kam 1980 heraus, der Brut Sauvage (ohne Jahrgang). Dieser Wein hat viel von dem Florens-Louis – auch den Preis –, schmeckt aber deutlich trockener. Er bekommt nämlich fast keine Dosage. Ich finde diesen Champagner vor allem als Aperitif sehr an seinem Platz, während ihm zum Begleiter von Gerichten doch wohl etwas die Substanz fehlt. Daneben besitzt er auch nicht genügend Nuancen, um das Interesse lange wachhalten zu können. Die Erfahrung hat allerdings inzwischen gelehrt, daß der Brut Sauvage von einigen Jahren Flaschenlager ganz erheblich profitiert. Der dritte Cuvée de Prestige ist der rarste, wie auch schon sein Name sagt: Champagne Rare. Dieser kam 1985 anläßlich des 200-jährigen Firmenjubiläums von Piper auf den Markt. Es war ein 1976er aus den damals 12 grand cru-Gemeinden. Finesse und Eleganz war deutlich vorhanden sowie ein leicht zitronenartiges Aroma und eine schöne Mousse.

Der jahrgangslose Brut von Charles Heidsieck ist heute ein reintöniger, recht trockener Wein mit angenehmer Frucht, einer gewissen Eleganz und einer schönen Mousse. Er enthält zu etwa 30% Wein aus weißen Trauben. Dieser Anteil erreicht 40% beim Jahrgangs-Champagner, der dazu etwas fester, vollständiger und reifer schmeckt und seine Vitalität lange behält.

Der Blanc de Blancs mit Jahrgang ist ein aromatischer, kultivierter Champagner mit einem manchmal fast butterigen Bukett (wie ein schöner Meursault). Der Geschmack ist stets saftig und lebendig. Dieser spritzige, delikate Wein stammt hauptsächlich aus *grand cru*-Gemeinden. Das Etikett wurde inzwischen geändert und ähnelt jetzt mehr demjenigen des jahrgangslosen Brut.

Bis Ende der 70er Jahre hieß Charles Heidsiecks Cuvée de Prestige «La Royale». Heute nennt sich der Wein Cuvée «Champagne Charlie». Der 1979er kam Anfang der 80er Jahre auf den Markt, gefolgt von einem 1981er und einem 1983er. Es ist ein köstlicher Wein mit guter Entwicklungsfähigkeit. Die Rebsorten sind Pinot noir und Chardonnay (50/50).

Charles Heidsieck

Charles-Henri Heidsieck, Neffe von Florenz-Ludwig Heidsieck (s. S. 156) kam 1805 nach Reims. Er sollte später vor allem in Rußland ausgedehnte Reisen für die Firma unternehmen. In seinem Gespann lief ein Schimmel, und mit ihm erlangte Charles-Henri fast legendären Ruf. Im Jahre 1824 ereilte ihn ein früher Tod. Etwas von seiner Leidenschaft für Wein und Reisen muß er seinem Sohn Charles-Camille vererbt haben. Dieser begann nach einigen Jahren Praktikum bei Piper-Heidsieck 1851 einen eigenen Champagner-Betrieb. Charles-Camille zog es vor allem nach Amerika. Im Gepäck hatte er nicht nur Probierflaschen, sondern als passionierter Bären- und Büffeljäger auch die neuesten Jagdgewehrmodelle. Seine Popularität wuchs mit den Jahren, der Weinumsatz auch. Charles-Camille bekam sogar den Beinamen «Champagner-Charlie», und im Jahre 1869 war ein Schlager mit diesem Titel in London der Hit der Saison.

Stets Vornamen mit «Charles»
Der amerikanische Bürgerkrieg brachte Charles-Camille in große Schwierigkeiten persönlicher und geschäftlicher Art. Der Umsatz stagnierte, und er selbst wurde vier lange Monate unter schlechtesten Bedingungen in einem Gefängnis bei New Orleans festgehalten. Außerdem verlor er große Summen Geldes bei einer fehlgeschlagenen Spekulation im Baumwollgeschäft. 1861 kehrte er als ruinierter Mann nach Frankreich zurück. Zu allem Überfluß war auch noch der Betrieb in Reims völlig heruntergekommen. Als sein Sohn Charles-Eugène 1871 die Leitung der Firma übernahm, waren noch immer nicht alle Schulden bezahlt. Erst nach längerer Zeit fand die Misere ein Ende, und zwar mit Hilfe eines mehr oder weniger zufällig erworbenen Grundbesitzes in Colorado, dessen Wert plötzlich stark gestiegen war. Nach Charles-Camille und Charles-Eugène leiteten immer Männer aus der gleichen Familie den Betrieb, und alle hatten ein «Charles» im Vornamen. So hieß der letzte Heidsieck, der für die Firma arbeitete, Charles Jean-Marc Heidsieck; dieser ging im Sommer 1987 in den Ruhestand. Zu diesem Zeitpunkt war die Firma schon zwei Jahre in Händen des Rémy Martin-Konzerns, nachdem sie bis dahin zu Henriot gehört hatte. Ersterer Konzern hatte zu einem früheren Zeitpunkt schon die Mehrheit bei Krug erworben.

Links:
Einige der modernen Tanks,
mit denen der Betrieb arbeitet

Seite gegenüber, oben:
Der letzte Charles Heidsieck,
der in der Firma arbeitete,
war Charles Jean-Marc
Heidsieck. Er war für den
Export zuständig und trat im
Sommer 1987 in den Ruhe-
stand.

Seite gegenüber, unten:
Charles Heidsieck verfügt über
etwa 100 crayères *(Kreide-*
gruben). Diese Gruben hat
man mit einem 300 m langen
Gang miteinander verbunden.
Insgesamt bedecken die
Gruben eine Fläche von etwa
6 ha.

Unten:
Man darf nicht glauben, daß
die Weinleser während der
Ernte immer nur Champa-
gner zu trinken bekommen.
Wie auch anderswo in Frank-
reich müssen sie ihren Durst
mit einfachstem Landwein
oder Mineralwasser löschen.

Im Büro von Charles Heid-
sieck hängen Stiche, die
«Champagner-Charlie»
seinerzeit aus Amerika mit-
gebracht hat.

Charles Heidsieck besitzt
noch einige der allerersten
Flaschen, die die Firma auf
den Markt brachte. Ich sah
ein Etikett mit einem russi-
schen Textteil, ein anderes
Etikett mit der Aufschrift
«Verzenay grand Mousseux»
und ein drittes mit dem Titel
«Grand Vin Premium Weiss-
lack».

Charles Heidsieck

Eigener Typ Gärtanks

Charles Heidsieck verfügt über keine eigenen Rebgärten, hat jedoch in rund 105 verschiedenen Weingemeinden Winzer über langfristige Verträge an sich gebunden. Früher wurden für die Charles Heidsieck-Champagner auch die zweite und dritte Pressung verwendet, jedoch werden diese heute praktisch vollständig verkauft. Nur ein kleiner Teil davon kommt in den Demi sec. In der Henriot-Ära wurde eine hochmoderne Kelterhalle mit 154 Edelstahltanks gebaut. Diese wurden nach Maß gefertigt und weisen u.a. keine rechten Winkel auf, damit sie problemlos gereinigt werden können. Die Existenz dieser hervorragenden *cuverie* gab bei Rémy Martin den Ausschlag zur Übernahme von Charles Heidsieck.

Kreidegruben

Die Keller von Charles Heidsieck bedecken eine Fläche von etwa 6 ha. Sie bestehen aus etwa 100 *crayères,* die durch Gänge miteinander verbunden sind. Neben den römischen Kreidegruben wurden jedoch auch Keller neueren Datums angelegt. Die *remuage* erfolgt derzeit noch von Hand, jedoch experimentiert man bereits mit *gyropalettes.* In den Kellern, die bis in eine Tiefe von 19 m reichen und eine gleichmäßige Temperatur von 9°C aufweisen, reift der normale Brut 3 Jahre, einige Monate länger als früher. Die besseren Champagner lagern natürlich noch länger.

So natürlich wie möglich

Der Charles Heidsieck neuen Stils ist ein Champagner, der «so natürlich wie möglich» ist. Man versucht, mit möglichst wenigen Eingriffen und einer geringen Dosage auszukommen. Von den etwa 3,5 Millionen Flaschen, die jährlich die Keller verlassen, ist das meiste normaler Brut. Dieser schmeckt elegant, reintönig, vinös und ziemlich trocken mit einer angenehmen Frucht. Je nach Jahrgang setzt er sich aus 30 bis 40% Pinot noir zusammen, 20 bis 30% Pinot meunier und 30% Chardonnay. Ein Zehntel bis ein Fünftel des Weins stammt aus den Reserven, die Charles Heidsieck vorrätig hält. Der Jahrgangswein ist in der Regel etwas üppiger, voller, reifer und vollständiger und besitzt eine große Vitalität. Vorzüglich ist auch der Blanc de Blancs mit Jahrgang, ein saftiger, eleganter Champagner, der schon immer zu den besten des Hauses gehörte.

Namensänderungen

Der Prestige-Champagner dieses Hauses war La Royale, der früher Royal Charles hieß. Mit dem Jahrgang 1979 wurde der Name erneut geändert und lautet seither Cuvée «Champagne Charlie». Die Rebsorten sind etwa 50% Pinot noir und 50% Chardonnay. Es ist ein fester Wein mit einer gewissen Reife. In der Flasche entwickelt er sich jedoch noch sehr gut weiter. In Duft und Geschmack entdeckt man Frucht und andere reizvolle Nuancen. Dem 1979er folgte ein 1981er und 1983er. Ein weiterer erwähnenswerter Wein von Charles Heidsieck ist der Rosé, der mit Jahrgang verkauft wird und etwas milder schmeckt als die anderen trockenen Weine dieses beachtlichen Hauses.

Links:
Einige der modernen Horizontalpressen, in die die Henriot-Trauben gekippt werden. Ganz bewußt hat die Firma übrigens keinen einzigen Stock Pinot meunier angepflanzt.

Links unten:
Blick in die Kreidekeller von Henriot, die sich über etwa 5 ha erstrecken. Das Haus verkauft rund 1,5 Millionen Flaschen im Jahr und versucht, durchschnittlich 3,5 Jahresumsätze als Vorrat zu halten.

Rechts unten:
Einige Henriot-Champagner. Eine Zweit-Marke des Hauses ist Doyen, ein Wein, der früher viel in Rußland verkauft wurde.

Während Henriots Blanc de Blancs etwas mager schmeckt und der normale Brut mir so mild vorkam, daß ich ihn am liebsten als «demi-brut» bezeichnen würde, wird die Qualität mit dem Jahrgangswein Souverain erheblich besser. Dies ist allerdings auch der einzige Henriot-Champagner, bei dem der Pinot noir (etwa zwei Drittel) gegenüber dem Chardonnay deutlich überwiegt (ein Drittel). Henriot erzeugt auch einen sehr erfreulichen Jahrgangs-Rosé.

Um 1970 begann Joseph Henriot mit der Entwicklung einer speziellen *cuvée* für Baron Philippe de Rothschild. Dieser wollte einen Champagner mit seinem eigenen Namen kredenzen können. Es dauerte Jahre, bis der Baron zufrieden war: Der erste Wein, der 1966er, kam erst 1973 auf den Markt. Feine Perlen, voller Schaum, beschwingter, graziöser und doch mundfüllender Geschmack sowie ein bemerkenswerter Abgang. Etwas schwach in den Nuancen, manchmal auch im Duft.

Henriot

«Tradition, Technik und Esprit sind die Mittel, mit denen wir arbeiten.» Das sagt Joseph Henriot, Präsident der Holding, zu der Champagne Henriot gehört. Seine Vorfahren kamen 1640 nach Reims und handelten seit 1808 mit Champagner. Gegründet wurde der Betrieb von Apolline Henriot, geborene Godinot. Nach dem Tode ihres Mannes beschloß sie, die Weinberge ihres Vaters zu bestellen. Ihre Firma nannte sie Veuve Henriot Aîné. Nach der Übernahme des Hauses durch Apollines Enkelsohn Ernest Henriot im Jahre 1875 bekam der Betrieb den Namen Henriot & Co. Vorher hatte Ernest zusammen mit seinem Schwager Charles-Camille Heidsieck fast ein Vierteljahrhundert lang die Firma Charles Heidsieck geleitet. Henriot gehörte einst der erlesenen Gruppe von Häusern an, die unter der Bezeichnung Les Grandes Marques zusammengefaßt sind. Als jedoch Josephs Vater im Jahre 1930 seine Trauben mit dem Lastwagen transportieren ließ, wurde diese «industrielle» Handlungsweise mit dem Ausschluß geahndet. Es dauerte ein rundes halbes Jahrhundert, bis das Haus wieder aufgenommen wurde.

Viel eigener Grund

Die Henriots haben immer großen Wert auf eigene Weingärten gelegt. Daher verfügt das Haus heute über 110 ha. Die Qualitätseinstufung liegt bei 94%. Die Mehrzahl der Rebgärten, fast 60%, liegen in der Côte des Blancs, der Rest auf dem Montagne de Reims. Wegen dieses großen Bestandes an Weinbergen machte sich Henriot in den 70er Jahren auf die Suche nach einem Partner. Das Haus verfügte damals im Verhältnis zum Weinumsatz über einen Überschuß an Trauben. Man fand schließlich Charles Heidsieck, eine Firma, die keine Weinberge besaß und an Trauben wie an Kapital großen Mangel hatte. Die Übernahme erfolgte 1976. Später erwarb Henriot noch die damalige Gruppe Trouillard/De Venoge. 1985 wurde jedoch Charles Heidsieck an Rémy Martin verkauft, und Henriot kam zur Veuve Clicquot-Gruppe. Die Anteile Trouillard/De Venoge wurden verkauft. 1987 fusionierte die Veuve Clicquot-Gruppe mit Moët-Hennessy; Regisseur ist Joseph Henriot.

Relativ viel Weißwein

Henriot arbeitet sowohl mit Korb- wie auch mit Schneckenpressen. Die Mehrzahl der Gärtanks ist aus Edelstahl, und für die *remuage* hat man sich bereits die ersten *gyropalettes* angeschafft. Die Henriot-Weine werden möglichst ohne chemische Mittel ausgebaut; Joseph Henriot bevorzugt biologische und physikalische Verfahren. Eine Eigenheit der Henriot-Champagner ist die Herstellung aus einem hohen Anteil weißer Trauben, z.B. 50–60% beim jahrgangslosen Souverain Brut. Im allgemeinen bringt das Haus ziemlich leichte, erfrischende Champagner. Die Jahrgangs-Champagner sagen mir deutlich mehr zu als die Champagner ohne Jahrgang. Der beste Champagner ist für mich der Réserve Baron Philippe de Rothschild, in dem Beschwingtheit, Grazie, ein langer nachtönender Geschmack und ein feiner, voller Schaum in höchst ansprechender Weise miteinander harmonieren. Dem Wein mangelt es lediglich geringfügig an Nuancen, und er könnte manchmal auch mehr Duft aufweisen. Auch der Cuvée de Prestige Le Premier ist mir in guter Erinnerung geblieben.

Unten:
In den Kreidekellern von Abel Lepitre in Reims befindet sich ein verziertes Weinfaß, das etwa 125 Jahre alt ist.

Rechts:
Die Niederlassung in Reims. Sie liegt ganz in der Nähe der Keller von Veuve Clicquot.

Da Abel Lepitre keine Weinberge besitzt, hat die Firma auch keine Pressen.

Gefunden im Gästebuch von Abel Lepitre: «Wenn Kain Lepitre gekannt hätte, hätte er Abel geschont.»

Die *remuage* geschieht bei Abel Lepitre noch ganz von Hand und dauert durchschnittlich 2–2½ Monate.

Das Haus erzeugt auch Ratafia und Coteaux Champenois.

Die Weine von Abel Lepitre werden wenig exportiert; etwa 75% bleiben in Frankreich.

Ein anderer guter Champagner ist der Cuvée de Prestige Prince A. de Bourbon-Parme, der immer noch mit Jahrgang verkauft wird. Persönlich ziehe ich jedoch den Blanc de Blancs Crémant vor.

Abel Lepitres ganz aus weißen Trauben hergestellter Crémant, der stets mit Jahrgang verkauft wird, ist der beste Wein des Sortiments. Er ist sehr leicht, sehr kultiviert, mit einem frühlingshaften Duft und einem fast fragilen Geschmack, der einen schwachen, mild-frischen Ton von Limonen aufweist. Ein vollkommener Aperitif-Champagner, den ich mir auch am Morgen oder zum zweiten Frühstück vorstellen könnte. Der Wein wird seit 1975 in eine spezielle Flasche abgefüllt.

Abel Lepitre

Champagne
Reims

In Reims befinden sich die Betriebsstätten von Abel Lepitre zwischen den Gebäuden von Henriot und Veuve Clicquot. Hier entstand der neue Sitz des Hauses, der sich nach der Gründung im Jahre 1924 zunächst im Dorf Ludes befunden hatte. Gründer war der damals 24jährige Abel Lepitre. Er hatte großen geschäftlichen Erfolg, konnte ihn jedoch nicht lange auskosten: 1940 starb er in Kriegsgefangenschaft. Nach dem Kriege wurde das Champagnerhaus von Abels Sohn Jacques mit großem Engagement weitergeführt. Das stete Wachstum der Firma zwang Jacques, außerhalb der Stadt Raum für die Erweiterung des Betriebes zu suchen. Er fand das geeignete Areal im Dorf Sacres, wo man für die Anlagen über und unter der Erde erhebliche Investitionen tätigte. Die Firma verkauft jährlich knapp eine Million Flaschen. Etwa zwei Drittel davon tragen den Namen Abel Lepitre. Der Rest kommt unter verschiedenen Namen, u.a. George Goulet, Henry Goulet, Saint-Marceaux, Girard & Co. und Gustave Gilbert & Gravet auf den Markt. Der offizielle Name der Firma, der für alle Marken gilt, ist Les Grandes Champagnes de Reims. Dem heutigen Eigentümer, Félix Chatellier, gehört in Bordeaux das vollständig renovierte Château Dauzac (5e grand cru classé Margaux).

Jugendlicher Stil, jung zu trinken

Für fast alle Champagner von Abel Lepitre wird der Most von der ersten, zweiten und dritten Pressung verwendet. Seitens der Firma sieht man hierin keinerlei Probleme, denn man verweist darauf, daß die zweite und dritte Pressung Weine ergeben, die jung am charmantesten sind – und Abel Lepitre will gerade jugendliche, frische Weine erzeugen. Zwei Jahre nach dem Verlassen des Kellers sollten sie getrunken werden. Dann haben sie bereits gut drei Jahre in den Kreidegruben gelegen. 650 000 verkauften Flaschen (nur Abel Lepitre) steht ein Vorrat von rund 2,2 Millionen Flaschen gegenüber. Eigene Weingärten besitzt das Haus Lepitre nicht. Der Most gärt in glasausgekleideten Betontanks, und die *remuage* erfolgt noch von Hand.

Spezialität: Crémant

Obwohl Abel Lepitre eine ganze Reihe sehr anständiger, vielleicht nicht überaus bemerkenswerter Champagner anbietet, möchte ich hier nur einen Typ beschreiben: den Blanc de Blancs Crémant, die Spezialität des Hauses. Mit diesem Crémant – bekanntlich eine Champagnersorte mit 4 statt 6 bar Kohlensäuredruck – ist Abel Lepitre sogar in vielen französischen Spitzenrestaurants vertreten. Der Wein trägt stets die Jahrgangsangabe. Der erste Jahrgang, der 1952 auf den Markt kam, war der 1949er. Bei den meisten Champagnerfirmen ist der Crémant ein zweitrangiger Wein, bei Lepitre dagegen ist er das Spitzenprodukt des Hauses. Dieser Champagner zeichnet sich meist aus durch eine helle Farbe, ein feines, frühlingshaftes Bukett und einen subtilen, fast zarten Geschmack mit einem erfrischenden, winzigen Hauch von Zitrone. Vor allem als Aperitif ist Abel Lepitres Crémant Blanc de Blancs beinahe perfekt zu nennen.

Links:
Henri (rechts) und Rémi Krug studieren die noch trüben, jungen Weine. Zu einem späteren Zeitpunkt werden sie drei Wochen lang zwei bis drei Mal in der Woche alle jungen Weine durchprobieren, um die cuvée zusammenzustellen. Fast immer greift man dabei auch auf die vins de réserve zurück, von denen Krug stets mindestens achtzig Sorten verfügbar hat. Auch diese probieren Henri und Rémi alle durch. Was die Trauben angeht, so wird der Grande Cuvée normalerweise aus etwa 50% Pinot noir, 33% Chardonnay und 17% Pinot meunier zusammengestellt.

Unten:
Der Wein gärt bei Krug in Holzfässern.

Seite gegenüber, oben:
Beim Abziehen des Weins in ein neues Faß.

«Man spielt Bach heute auch nicht mehr so wie 1930» sagen die Krugs, um zu begründen, warum der Grande Cuvée leichter, vitaler ist als sein Vorgänger Private Cuvée. Für diesen Champagner werden auch mehr weiße Trauben verwendet. Der Grande Cuvée (ohne Jahrgang) ist ein großartiger Champagner mit allerfeinstem Schaum, vielen Nuancen (vor allem im Duft), einer großen Reintönigkeit und einer wunderschönen Ausgeglichenheit. Einen besseren Champagner kann man nicht herstellen.

Der Jahrgangs-Champagner macht 15–20% des Umsatzes von Krug aus, außer in England, wo dieser Anteil bei 50% liegt. Es ist ein traditionellerer Wein als der Grande Cuvée, fester, komplexer, voller. Den Grande Cuvée könnte man als einen sehr spirituell-geistigen Champagner beschreiben, den Vintage als den ganz gediegenen Wein. Seine große Klasse ist unverkennbar, natürlich ist er viel stärker vom Jahrgang geprägt. Die jüngsten Weine sind der 1975er (nur eine geringe Menge) und der 1976er (lieferbar seit Frühjahr 82).

Krug

Das Haus Krug verdankt seinen Namen Joseph Krug (1800–1866) aus Mainz, dem Gründer der Firma. Als er 1834 in die Champagne ging, trat er zunächst in die Dienste des Hauses Jacquesson & Fils, einer damals sehr bedeutenden Weinfirma in Châlons-sur-Marne. Er wurde dort Rechte Hand und Verhandlungsführer von Eigentümer Adolphe Jacquesson und unternahm in dieser Eigenschaft weite Reisen, so auch nach Rußland. 1843 gründete Joseph Krug in Reims seine eigene Firma. Er begann mit einem Teilhaber, der jedoch wenig später verstarb. Heute stehen immer noch direkte Nachkommen von Joseph Krug dem Champagnerhaus vor: Henri Krug als Generaldirektor, Rémi Krug als kaufmännischer Leiter. Die beiden Brüder repräsentieren die fünfte Generation der Champagnerfamilie Krug. Die sechste Generation steht schon bereit: Henri hat drei Söhne. Er erzählte mir die hübsche Geschichte, wie er nach der Geburt eines jeden Kindes mit

Krug

einer Flasche Champagner und einer kleinen silbergefaßten *flûte* in die Klinik ging, um dem Neugeborenen *un petit goût* zu geben. Dies ist schon Familientradition; auch Henri selbst bekam gleich nach der Geburt einen Schluck Krug, und zwar aus dem gleichen kleinen Glas.

Ankauf von Weingärten
Früher einmal besaß Krug viel eigenen Weingrund, so 25 ha bei Mailly. Dieser Rebenbesitz wurde jedoch nach und nach restlos verkauft. Erst in jüngster Zeit hat das Haus wieder Weinberge erworben. 1960 kam kein Wein von Krug aus eigenem Besitz, 1970 2%. 1971 und 1972 wurden dann die großen Ankäufe getätigt, so daß Krug heute wieder über etwa 9 ha in Ay und 6,5 ha in Mesnil-sur-Oger verfügt; außerdem hat man 30 ha in Avize und Oger gepachtet, wovon die Hälfte der Ernte an Krug geht. Insgesamt kann Krug mit diesen Rebflächen etwa ein Drittel seines Bedarfs an Trauben decken. Den Erwerb der Weingärten ermöglichte eine Finanzspritze des Cognac-Hauses Rémy-Martin, das 1970 eine Minderheitsbeteiligung bei Krug erwarb. Hieraus ist inzwischen eine Mehrheit geworden; der andere Anteilseigner ist die Familie Krug.

Aller Wein gärt in Fässern
Krug ist immer ein relativ kleiner Betrieb geblieben. Der Jahresumsatz von rund 500 000 Flaschen ist etwa der gleiche wie im Jahre 1900. So klein die Quantität ist, so überragend ist die Qualität: Die Champagner von Krug sind mustergültig bis zur Perfektion. Sie gehören zur absoluten Spitze. Natürlich ist die einmalige Klasse dieser Weine kein Zufallsprodukt. Krugs Champagner sind Resultat einer Arbeitsweise, die bis ins kleinste Detail von einer schon fast nicht mehr zeitgemäßen Sorgfalt geprägt ist. Es versteht sich von selbst, daß Krug nur Trauben bester Qualität verwendet. Bei der Kelterung ist meist ein Mitglied der Familie anwesend. Prinzipiell wird nur der Most der ersten Pressung, die *cuvée* verwendet. Für die Gärung nehmen Henri und Rémy wie alle Krugs vor ihnen kleine Eichenfässer – für die gesamte Ernte. Dort gären die Weine ganz langsam bei niedrigen Temperaturen. Das verleiht den Weinen mehr Bukett, wie Henri Krug erklärt. Dank den relativ geringen Mengen Wein in den Fässern verfügt das Haus für die

endgültige Zusammenstellung des Weins über Dutzende verschiedener «Bausteine». Henri und Rémy können hier Nuancen einstellen, die mit größeren Grundmengen nicht zu verwirklichen wären. Außerdem kann man den Wein auch Faß für Faß beurteilen und ungeeignete *pièces* einfach aussondern. Auf Großgebinden, wie Tanks, ist das nicht möglich.

Umfangreicher Vorrat
Bei Krug gibt es keinerlei Konzessionen, wenn es um die Qualität geht. In schwachen Jahren kann es daher vorkommen, daß man in großem Umfang auf die vorhandenen Reserveweine zurückgreift. Ihr Anteil liegt auch in normalen Jahren häufig schon bei 30%; dem mäßigen 1978er aber setzte man nicht weniger als 55% *vin de réserve* zu. Krug lagert diese Reserveweine überwiegend in Edelstahltanks. Einen Kellermeister haben die Krugs nicht. Es ist vor allem Henri, der die Auswahl trifft, wobei ihn sein Bruder Rémy und manchmal auch sein Vater Paul unterstützen. Sehr charakteristisch für die Krug-Weine ist die Tatsache, daß im Faß keine zweite Gärung, keine *fermentation malolactique* stattfindet. Es ist einerseits in der Tat schwieriger, bei kleinen Mengen diese Äpfelsäuregärung überhaupt auszulösen, aber vor allem bleiben die Weine auf diese Weise frischer. Die vorhandene aggressive Säure verschwindet bei Krug von selbst, denn keine Flasche verläßt den Keller, bevor sie dort nicht mindestens 5 Jahre gelegen hat. Der Vorrat bewegt sich um die 2,8 Millionen Flaschen.

Eile mit Weile
Eile kennt man bei Krug nicht. Die *remuage* geschieht von Hand und dauert 2–3½ Monate, und nach dem *dégorgement* läßt man die Flaschen nochmals 3–6 Monate ruhen. Außerdem wird der Wein nicht ein einziges Mal filtriert, sondern nur (mit Hausenblase) geschönt. Zu den unzähligen Einzelheiten, die dem Champagner Krug seine Größe geben, gehören die Abfüllung mit Hilfe der Schwerkraft, eine sehr geringe Dosage (der Wein ist ja ausgereift) und ein tadelloser Korken.

Nur zwei Weine
Krugs wichtigste Champagner sind der Grande Cuvée und ein Jahrgangswein, beide ausschließlich brut. Der Grande Cuvée kam Ende

der 70er Jahre als Nachfolger des Private Cuvée auf den Markt. Dies geschah aus zwei Gründen: Der Private Cuvée unterschied sich auch nach dem Urteil von Kennern zu wenig vom Jahrgangs-Champagner, um als Alternative gelten zu können, und zum anderen wollte das Haus einen «moderneren», einen leichteren und gleichsam geistigeren Champagner anbieten. Dieser Entschluß fiel um so leichter, als man in der Côte des Blancs, in Avize, Mesnil und Oger ausgezeichnete Weinberge erworben hatte. Für mich ist der Grande Cuvée ein erlesener Wein. Seine auffallendsten Eigenschaften sind die außergewöhnlich feinen Perlen, ein reicher Duft mit feinen Nuancen, ein ungemein köstlicher, eleganter, frischer Geschmack, der etwas fest ist und sehr natürlich, ein prächtiger Abgang und eine wunderschöne Ausgewogenheit. Dieser Champagner, der etwa 80% des Umsatzes von Krug ausmacht, ist mein Lieblings-Cuvée de Prestige – jede Flasche ist stets ein besonderes Erlebnis. Die Jahrgangs-Champagner sind von anderer Art. Sie sind traditioneller, komplexer, runder als der Grande Cuvée, und natürlich sind sie mehr vom Jahrgang geprägt. Wenn man einmal einen Vergleich mit der französischen Küche wagen will, dann repräsentiert der Grande Cuvée die Nouvelle Cuisine mit ihren leichten, ideenreichen Schöpfungen, während der Vintage mehr für die klassische Richtung steht. Beide sind sie jedoch ganz große Weine. Bei der Hochzeit des Prince of Wales mit Diana wurde für das Frühstück im engsten Kreise als Champagner der 1969er Vintage des Hauses Krug gewählt.

Große Champagner
Im November 1984 brachte Krug einen beachtlichen Rosé heraus, der zu drei Vierteln von blauen Trauben stammt. Der Wein ist geschmeidiger als Krugs andere Champagner; er besitzt köstliche Töne von kleinen roten Früchten, viel Kultur und genügend Festigkeit, um Gerichte mit hellem Fleisch zu begleiten. Henri Krug nennt diesen Wein daher auch *un rosé de gastronomie*. Ein anderer relativ neuer Wein im Krug-Sortiment ist der Clos du Mesnil, ein Blanc de Blancs mit Jahrgang: die schiere Finesse im Glas, ein köstlicher, eleganter, perfekt harmonischer Champagner.

Taittinger

Während des Ersten Weltkrieges wurde auch die Champagne – zum wievielten Male in ihrer Geschichte? – zum Schauplatz schwerer Gefechte. Der Stab des Generals Joffre hatte sich damals im Château de la Marquetterie einquartiert, einem schönen Landsitz aus dem 13. Jahrhundert in Pierry bei Epernay. Die meisten Offiziere hatten damals sicherlich keinen Blick für die Umgebung, in der sie ihre taktischen Operationen planten – bis auf einen jungen Kavallerieoffizier namens Pierre Taittinger. Ihm gefiel das Gebäude so gut, daß er sich vornahm, es nach dem Kriege zu kaufen. Tatsächlich konnte er sein Vorhaben verwirklichen. Pierre Taittinger war nicht lange in der Champagne, da begeisterte er sich auch für den Wein. Bald übernahm er die 1734 gegründete Firma Fourneaux Forest et Successeurs und eröffnete unter dem neuen Namen Taittinger-Mailly sein eigenes Champagnerhaus. Das war im Jahre 1932. Rund zwanzig Jahre später bekam die Firma ihren heutigen Namen.

Wachstum und Diversifikation

Der Aufstieg des Hauses Taittinger war in der Tat kometenhaft. Dies kommt nicht nur in den jährlich verkauften 4 Millionen Flaschen (mit steigender Tendenz) zum Ausdruck, sondern auch in einer Reihe von Übernahmen. So kann sich Taittinger Eigentümer des Champagnerhauses Irroy, der auf Loireweine spezialisierten Häuser Monmousseau und Bouvet-Ladubey, einer Heizgerätefabrik und der Hotelkette Concorde nennen. Außerdem erwarb

Taittinger die Residenz der früheren Herzöge der Champagne. Dieses großartige Bauwerk wurde im Auftrag Thibaults IV. (1201–1253) errichtet, von dem es heißt, er habe bei der Rückkehr aus einem Kreuzzug die Chardonnay-Rebe von der Insel Zypern mitgebracht. Das Gebäude steht in Reims, wie auch die Büros und die Keller von Taittinger. Die Aktien von Taittinger werden an der Börse gehandelt, jedoch sind noch 63–65% im Besitz der Familie. Geleitet wird der Betrieb von Claude Taittinger.

Relativ viel Weißwein

Zu den Besitzungen von Taittinger gehören auch Weinberge. Sie bedecken nicht weniger als 250 ha und decken gut 40% des Bedarfs an Trauben. Zu etwa zwei Dritteln sind sie mit Pinot noir bepflanzt, und zu etwa dem verbleibenden Drittel mit Chardonnay. Die Pinot meunier-Rebe macht nur einen winzigen Bruchteil aus. Ein großer Teil der übrigen Trauben, die man verarbeitet, wird auf vertraglicher Basis geliefert: Das Haus Taittinger hält sich zugute, in der Côte des Blancs mehr Trauben unter Kontrakt zu haben als jede andere Firma. Weiße Trauben spielen übrigens bei Taittinger eine große Rolle. Nicht nur, daß man für den normalen Brut etwas mehr Weißwein verarbeitet als die meisten anderen Häuser – auch der Prestige-Cuvée Comtes de Champagne ist ein Blanc de Blancs. Hiervon werden jährlich schätzungsweise 600 000 Flaschen erzeugt.

Moderne Arbeitsweise

Unter den Büros an der Place Nicaise befinden sich fünf jahrhundertalte Kreidegruben, die heute als Keller dienen. Sie stammen aus dem 4. Jahrhundert. Es würde sich gut fügen, könnte man diese und das Gebäude der Comtes de Champagne sowie das nicht minder altehrwürdige Château de la Marquetterie als Symbol des Champagnerhauses Taittinger hinstellen – aber es wäre nicht berechtigt. So sehr der Betrieb mit der Vergangenheit verbunden ist, so modern ist dort die Arbeitsweise. Die vier Keltereien sind mit der neuen Technik ausgerüstet, weitaus die meisten Gär- und Lagertanks sind aus Edelstahl, und die Zahl der Flaschen, die in *gyropalettes* mechanisch gerüttelt werden, wächst ständig. Groß ist auch der Kontrast zwischen den stimmungsvollen Kreidegruben und den funktionellen, modernen Kellern an der Rue de la Justice.

Tadellose, elegante Weine

Taittinger arbeitet qualitätsbewußt. Dies zeigt sich nicht nur an dem Flaschenvorrat für drei Jahre, den man stets bereit zu halten versucht, sondern auch daran, daß nur Wein von der ersten Pressung verwendet wird. Den Wein der folgenden Pressungen tauscht man mit anderen Firmen. Für ein Faß Weißwein von der *cuvée* ist Taittinger bereit, drei Fässer *taille* abzugeben – eine Großzügigkeit, die sich nur wenige Champagnerhäuser leisten wollen und können. Die Weine von Taittinger machen im allgemeinen einen tadellosen, eleganten, reintönigen Eindruck. Der normale Brut ist nicht sehr ausgeprägt oder anziehend im Duft, besitzt aber einen milden, gefälligen Geschmack mit einer gewissen Lebendigkeit und genügend fraîcheur, so daß man durchaus von einem harmonischen Wein sprechen kann.
1982 hat Taittinger seinen Brut Absolu herausgebracht, einen Champagner ohne Dosage. Die Qualität ist exzellent, der Geschmack erstaunlich rund. Der Wein stammt von 60% Pinot noir- und 40% Chardonnay-Reben.

Comtes de Champagne

Die Krönung der Taittinger-Weine ist der Blanc de Blancs Comtes de Champagne, der stets mit Jahrgang angeboten wird. Persönlich rechne ich ihn zu den allerbesten Cuvées de Prestige, ranggleich fast mit Krug und Dom

Der Brut Réserve ist Taittingers *cheval de bataille:* ein milder, angenehm schmeckender Wein mit einer gewissen Lebhaftigkeit und genügend Frische. Guter, beständiger Schaum, manchmal ein klein wenig Grün in der Farbe und ein wenig markanter, aber doch reintöniger Duft.

Im Verhältnis erzeugt und verkauft Taittinger wenig Wein mit Jahrgang (den Comtes de Champagne nicht mitgerechnet). Durchweg bietet das Jahrgangs-Sortiment Weine von etwas reiferer, etwas milderer Art, als sie der Brut aufweist. Nicht das große Raffinement, aber doch höchst angenehm und sorgfältig vinifiziert.

Ein ausgezeichneter Champagner, dieser Comtes de Champagne. Man stellt ihn ausschließlich aus weißen Trauben her, also aus der Chardonnay, und läßt ihn 5–6 Jahre reifen. Charakteristisch sind ein feiner Schaum, ein milder, eleganter Geschmack, feine Frische und perfekte Ausgewogenheit. Einer der besten Prestige-Cuvées auf dem Markt.

Wie den weißen Comtes de Champagne füllt man auch den Rosé in eine Flasche ab, die eine Kopie des Urmodells der Champagnerflasche ist. Im Gegensatz zu seinem weißen Kollegen hat der Wein weniger Finesse zu bieten. Das stark im Vordergrund stehende «rote» Element überlagert die Finesse des Weißweins doch zu stark. Außerdem schmeckt der Wein für einen Brut ziemlich süß. Gut, aber nicht groß.

Seite gegenüber, rechts oben:
Claude Taittinger in einem der eigenen Weinberge seiner Firma. Die Qualitätsstufe der Rebflächen liegt durchschnittlich bei 94%.

Seite gegenüber, links oben:
Das Château de la Marquetterie, das Pierre Taittinger, Claudes Vater, nach dem Ersten Weltkrieg erwarb. Es ist heute noch Familienbesitz. Die Taittingers zogen nach dem Deutsch-Französischen Krieg von 1870 nach Reims, da ihre Heimat Elsaß-Lothringen damals zu Deutschland kam. Claudes Großvater, war seinerzeit Geschäftsführer der Schlafwagengesellschaft. Er sprach fließend Latein und Griechisch und galt als einer der größten Käsekenner Frankreichs. Zu seinem 80. Geburtstag ließ er 80 verschiedene Käsesorten servieren.

Seite gegenüber, unten:
Eingang zum Hauptgebäude an der Place Saint-Nicaise in Reims

Ganz unten:
Ausschnitt aus den Taittinger-Kellern unter dem Hauptgebäude. An anderem Ort in Reims befinden sich moderne Keller mit gyropalettes. Die Kellerkapazität wird auf etwa 15 Millionen Flaschen erweitert.

Rechts unten:
Kleine Statue im Keller

Jedes Jahr organisiert das Haus einen der wichtigsten gastronomischen Wettbewerbe für Chefköche, den Prix Culinaire International Pierre Taittinger. Es dürfen auch nicht-französische Köche daran teilnehmen.

Taittinger

Pérignon von Moët & Chandon. Merkmale sind häufig reichlich vorhandene kleine Perlen, ein mildes, elegantes Bukett und ein ebensolcher Geschmack, dessen Säure immer kultiviert ist, keinesfalls aggressiv. Bevor der Wein auf den Markt kommt, hat er 5–6 Jahre Flaschenausbau hinter sich. Die *remuage* des Comtes de Champagne erfolgt immer von Hand, und für den vorübergehenden Verschluß während der Flaschengärung nimmt man keinen Kronenkorken, sondern einen echten Korken. Es gibt außerdem einen Comtes de Champagne rosé.

Dieser ist weniger verfeinert als sein weißer Namensvetter. Im Jahre 1962 brachte Taittinger einen Champagner ohne Dosage auf den Markt, den Brut Absolu. Der Wein schmeckt etwas voller und runder als vergleichbare Typen und ist von tadelloser Qualität. Er wird aus 60% Pinot noir und 40% Chardonnay zusammengestellt. Die rein äußerlich auffallendsten Taittinger-Champagner sind diejenigen der Vintage Collection. Die Flaschen befinden sich in einer Kunststoff-Umhüllung, die ein Entwurf eines modernen Künstlers ziert (Vasarely, Arman, Masson). Das Niveau der Weine ist ausgezeichnet.

Louis Roederer

Ein würdevolles Herrenhaus am Boulevard Lundy in Reims, ein weitläufiger Innenhof, eine riesige Steintreppe, hohe, hellbraun gestrichene Wände, ein Empfangs- und Auskunftsschalter und ein Tischchen, auf dem meist nicht mehr ganz druckfrische Zeitschriften ausliegen: das sind die Büros von Louis Roederer. Die Entstehung dieses nicht nur gediegen aussehenden, sondern auch gediegen arbeitenden Hauses geht auf das Jahr 1765 zurück. Damals wurde nämlich das Champagnerhaus Dubois & Fils gegründet. 1827 befand sich der Betrieb in Händen von Nicolas-Henri Schreider. Da er

keinen männlichen Erben hatte, holte er seinen Neffen Louis Roederer in die Firma. Louis stürzte sich mit unbändiger Energie in die Arbeit. Seine Weine wurden in Rußland wie in den Vereinigten Staaten überaus beliebt. Sein Betrieb wuchs, sein Vermögen nahm zu, und sein Ansehen stieg. Louis Roederer bekleidete eine wichtige Funktion im Stadtrat von Reims, und noch heute gibt es ein Krankenhaus, das seinen Namen trägt. Louis starb im Jahre 1870 und hinterließ die Firma seinem Sohn, der ebenfalls Louis hieß. Dessen Erbin war seine Schwester, Madame Jacques Olry-Roederer.

Später sollte der Betrieb noch mehrmals weibliche Eigentümer bekommen, darunter die legendäre Madame Camille Olry-Roederer.

Energische Witwe
Nach dem Tode ihres Mannes im Jahre 1932 mußte Camille die Leitung von Louis Roederer übernehmen. Sie versah ihr Amt mit Willenskraft und Klugheit. Berühmt wurde sie wegen der Art und Weise, wie es ihr gelang, im Zweiten Weltkrieg einen Teil des Champagnervorrates zu retten. Als deutsche Truppen 1940 begannen, die Champagnerkeller zu leeren, ging Camille Olry-Roederer zu dem für den Champagnerwein zuständigen Deutschen, einem ge-

Der Brut ist ein feinschaumiger, ziemlich fester Champagner, der die Kraft der blauen Trauben (gut 60% Pinot noir, je zur Hälfte aus dem Marne-Tal und vom Montagne de Reims) mit der Frische der weißen (35–40% Côtes de Blancs) korrekt, aber nicht besonders anziehend vereint. Vor zu alten Flaschen sollte man sich hüten – der Wein könnte dann seine Attraktivität verloren haben und einen etwas matten Eindruck machen.

Die Jahrgangs-Champagner von Louis Roederer sind stets sehr gut und bedeutend besser als die Bruts. Sie besitzen meist eine feste Farbe, reichlich kleine Perlen und einen reifen, ziemlich lang nachtönenden Geschmack. Er ist deutlich fester und fruchtiger als bei den normalen Bruts. Im Jahre 1983 kam Roederer mit einem neuen Wein heraus, dem jahrgangslosen Brut Premier. Dieser wird aus reifen Champagnern (zwei Drittel Pinot noir, ein Drittel Chardonnay) fachkundig zusammengestellt, die kaum Dosage brauchen.

Kraft, Klasse und Frische sind beim Cristal zu einer wohlschmeckenden Symphonie vereint. Es ist ein großer Wein, der auch zu rotem Fleisch, Geflügel und Wild ohne weiteres gereicht werden kann. Als Aperitif finde ich ihn zu schwer. Die Menge Cristal, die Roederer erzeugt, ist von Jahr zu Jahr unterschiedlich. In ganz schlechten Jahren (1968, 1972) wird sogar überhaupt nichts erzeugt. Das abgebildete Etikett ist wegen des farblosen Glases auch auf der Rückseite bedruckt.

«Wir wollen, daß es Champagner bleibt und nicht Rotwein wird», sagt Direktor Jean-Claude Rouzaud über seinen Rosé. Der Wein besitzt den geringstmöglichen Hauch von Rosa, und wenn man ihn mit geschlossenen Augen probiert, ist er nicht von normalem Champagner zu unterscheiden. Der Wein enthält etwas mehr Pinot noir als der normale Jahrgangswein und schmeckt dadurch etwas fester. Ich zähle diesen Rosé zur absoluten Spitze dessen, was in der Champagne in dieser Art erzeugt wird.

Seite gegenüber, rechts oben:
Eine Kellerführerin schenkt Besuchern ein Glas Champagner ein. Roederer verfügt über gut 4 km Kellergänge.

Seite gegenüber, links oben:
Roederers Gärtanks aus Edelstahl, die 60–100 hl Fassungsvermögen besitzen. Sie wurden zwischen 1967 und 1970 installiert. In einem anderen Teil des Gebäudes liegen die Holzfuder mit den réserve-Weinen.

Seite gegenüber, unten:
Der Innenhof hinter den Bürogebäuden am Boulevard Lundy in Reims.

Unten:
Die Büros von Louis Roederer sind nüchtern, aber doch stilvoll eingerichtet.

Roederer gehört die weltberühmte Pferdezucht Haras des Rouges-Terres in der Normandie.

Ein Teil der Keller und der größte Teil der Betriebsgebäude befinden sich in einer Seitenstraße des Boulevard Lundy.

Nach dem Degorgieren werden alle Flaschen bei Roederer mindestens 6 Monate gelagert.

Roederers Direktionspräsident Jean-Claude Rouzaud wurde 1942 geboren und hat seit 1967 alle Abteilungen des Betriebes durchlaufen. Seine heutige Funktion bekleidet er seit 1979. Jean-Claude besitzt den Pilotenschein und macht davon auch auf Geschäftsreisen Gebrauch.

Louis Roederer

wissen Klaebisch. Sie muß ihm damals gesagt haben (ich zitiere einen Direktor von Roederer): «Wenn ihr so weitermacht, habt ihr bald keinen Champagner mehr, um euren Sieg zu feiern» (« …il ne restera plus de champagne pour célébrer votre victoire»). Angeblich zur Dosage ihrer Champagner wußte sie sich auch zusätzliche Mengen Zucker zu verschaffen, die sie dann insgeheim unter der notleidenden Bevölkerung verteilte. Nach dem Tode von Camille Olry-Roederer im Jahre 1975 ging der Betrieb an ihre Tochter Madame Marcelle Rouzaud über, deren Sohn Jean Claude Direktionspräsident ist; ihr Mann Claude ist stellvertretender Direktor.

Viel eigener Grund

Das Haus Louis Roederer befindet sich in der glücklichen Lage, 80% des Bedarfs an Trauben aus eigenen Weinbergen decken zu können. Der Betrieb verfügt über 185 ha (überwiegend eigener Besitz, der Rest ist unter Vertrag) mit einer durchschnittlichen Qualität von 98–99%. Die Flächen sind zur Hälfte mit der Pinot noir-Rebe bepflanzt, zur Hälfte mit Chardonnay. Der Saft gärt in kleinen Edelstahltanks von 60–100 hl. Es wird nur Wein von der ersten Pressung verwendet. Der Wein wird höchstens leicht filtriert, die Schönung erfolgt mit natürlichen Stoffen wie Eiweiß. Die *remuage* dauert etwa 4–6 Monate und geschieht von Hand, obwohl man bereits mit Automaten experimentiert. Kennzeichnend ist, daß man einen Vorrat von fünf Jahresumsätzen hält; bei etwa 1,5 Millionen verkauften Flaschen jährlich sind dies 7,5 Millionen Flaschen. Ein anderes Charakteristikum des Hauses sind die eichenen Fuder, in denen Roederer seine *vins de réserve* lagert, die wiederum eine ganze Jahresernte repräsentieren. Sie bilden – zusammen mit anderen Maßnahmen – die Ausgangsbasis für einige große Champagner.

Weiße Flasche

Der beste und gleichzeitig berühmteste Wein von Louis Roederer ist der Cristal. Er verdankt seinen Namen der weißen Flasche, in die er schon seit gut einem Jahrhundert abgefüllt wird. Angeblich soll die Flasche 1876 speziell für Alexander II., den Zaren aller Reußen, entwickelt worden sein. Er und sein Hofstaat fanden es unter ihrer Würde, den gleichen Roederer-Champagner aus der gleichen Flasche trinken zu müssen wie der Rest der Welt. So bekam Louis Roederer den Auftrag, einen eigenen Zaren-Cuvée mit einer eigenen Flasche zu kreieren. Die heutige Cristal-Flasche ist das getreue Abbild des ursprünglichen Modells: starkes, dickes Glas für die lange Reise nach Petersburg und mit einem ebenen Boden. Die Flasche ist in der Tat so stabil, daß man auf den üblichen, tief eingezogenen Boden verzichten kann, der bei anderen Flaschen für Druckverteilung sorgt. Geändert hat man inzwischen allerdings die Zusammensetzung des Glases. Es bietet heute sicheren Schutz gegen die höchst schädliche Wirkung der ultravioletten Anteile des Lichts, die im Wein einen sehr unangenehmen, muffigen *goût de lumière* verursachen können. Zusätzlich wird aller Cristal noch in farbiges Zellophanpapier verpackt. Der Cristal von Roederer hat einen überragenden, weltweiten Ruf. Er gilt als einer der größten Champagnerweine.

Aus der Balance, in der Balance

Für die *cuvée* des Cristal werden ausschließlich gesunde, reife Trauben verwendet, die einen kräftigen Wein ergeben. Dieser Grundwein ist eigentlich sogar zu kräftig. Das findet man jedenfalls bei Roederer, und man gibt dem Cristal daher etwas mehr Weißwein zu als den anderen Champagnern des Hauses. «Wir geben dem Wein zunächst so viel Kraft, daß er aus der Balance gerät», sagen die Rouzauds. «Dann stellen wir das Gleichgewicht mit Weißwein wieder her. Der Cristal wird so zu einem Wein, der schwer und leicht zugleich ist.» In der Tat ist der Cristal ein Wein, in dem Kraft und Frische optimal vereint sind. Der Wein schmeckt voll, ohne auch nur einen Augenblick plump zu wirken, vermittelt einen ausgereiften Eindruck, besitzt langlebige Perlen und hat einen langen Nachgeschmack. Es ist ein echter Essens- oder Abendchampagner. Ich persönlich schätze etwas mehr Finesse in meinem Wein, aber ich verstehe durchaus diejenigen, für die der Roederer Cristal der Champagner aller Champagner ist. Der Anteil des Cristal an Roederers Produktion beträgt 20–25%.

Andere Weine

Wie bei den meisten anderen Firmen ist auch bei Roederer der meistverkaufte Champagner der jahrgangslose Brut. Er zeigt schöne Perlen und hat einen frischen, mundfüllenden Geschmack, der manchmal mit einem Hauch Bitterkeit endet. Der Wein schmeckt am besten in dem Jahr, nach dem er die Keller von Roederer verlassen hat; zu diesem Zeitpunkt ist er 5 Jahre alt. Danach baut er relativ schnell ab. Ich habe dies schon mehrmals erlebt. Die Jahrgangsweine von Louis Roederer sind stets kräftiger und fruchtiger als der normale Brut. Sie bilden einen guten Übergang zwischen den doch sehr weit auseinanderliegenden Qualitätsniveaus von Brut und Cristal. Von den übrigen Weinen verdienen vor allem der gut komponierte Brut Premier und der subtile Jahrgangs-Rosé alle Aufmerksamkeit.

Links und unten:
Das Hauptbüro von Ruinart. Das Namensschild beim Eingang nennt das Gründungsdatum dieses ältesten Champagnerhauses.

Rechts unten:
Bertrand Mure, Direktor von Ruinart und eine der großen Persönlichkeiten der Champagne. Er wurde 1914 geboren und ist seit 1938 für Ruinart tätig. M. Mure arbeitete jedoch nicht nur für die Champagne und für Ruinart, sondern beschäftigte sich auch mit anderen Dingen. So produzierte er Filme mit Brigitte Bardot, Yves Montand und Louis de Funès und wirkte am Bau des neuen Hafens in Cannes mit. Sein Lieblingssport ist Golf. Einer seiner Vorfahren war Bürgermeister von Reims, als Karl X. dort als letzter französischer König gekrönt wurde.

Gegenüber dem Büro von Ruinart führt eine Treppe mit gut 140 Stufen direkt in die Keller hinein. Es folgt eine weitere Treppe mit noch mehr Stufen.

Ruinart Père & Fils

Am 25. Mai 1728 erteilte König Ludwig XV. der Stadt Reims die Genehmigung, den Wein der Champagne in Körben zu 50 oder 100 Flaschen zu transportieren. Vor dieser Zeit war nur der Transport in Fässern zulässig gewesen. Der erste Champenois, der dieses neue Dekret zum Anlaß nahm, ein eigenes Weinhaus zu eröffnen, war Nicolas Ruinart, Tuchhändler von Beruf. Er hatte früher seinen Kunden als Werbegeschenk stets Champagner offeriert – und prompt so viele Nachfragen bekommen, daß sich die Lieferung von Wein bald zu einem veritablen Nebenerwerb entwickelte. Nun war die Gelegenheit gegeben, den Weinhandel durch Lieferung in Flaschen erheblich auszudehnen, und Ruinart nutzte sie. In einem dickleibigen Kontokorrentbuch ist zu lesen, daß Nicolas Ruinart am 1. September 1729 «im Namen Gottes und der Heiligen Jungfrau» eine Partie Wein verkauft hatte. Dieser Eintrag macht Ruinart zum ältesten Champagnerhaus. Daß sich Nicolas (und vor ihm schon sein Vater) so sehr zum Champagner hingezogen fühlte, könnte auf den Einfluß seines Onkels, Dom Thierry Ruinart, zurückzuführen sein. Dieser Benediktinermönch, der zu seiner Zeit ein bekannter Schriftgelehrter war, lebte und arbeitete in Paris, reiste aber fast jedes Jahr in die Champagne. Die Abtei von Hautvillers besaß nämlich eine Bibliothek, die damals zu den größten der Welt gehörte. Es heißt, daß Dom Ruinart in Hautvillers mit Dom Pérignon, dessen Arbeit er bewunderte, Freundschaft schloß. Es ist durchaus denkbar, daß Dom Ruinart sogar mit dem berühmten Kellermeister zusammenarbeitete – oder sollte es nur Zufall sein, daß seine Besuche fast immer bis in die Erntezeit hinein dauerten? Inwieweit nun Dom Thierry Ruinart seinen Neffen Nicolas beeinflußt hat, weiß man nicht genau. Allerdings war Dom Ruinart, der in Hautvillers (wo ihn der Tod ereilte) neben Dom Pérignon begraben liegt, schon zwanzig Jahre tot, als Nicolas seinen Weinbetrieb eröffnete.

Beeindruckende Kreidegruben

Die Nachfahren von Nicolas Ruinart bauten den Weinhandel immer weiter aus. Claude Ruinart (1731–1798) verlegte den Betrieb von Epernay nach Reims, und zwar in den Teil der Stadt, in dem sich die alten römischen Kreidegruben befanden. Er war der erste, der diese *crayères* als Weinkeller nutzte. Heute verfügt Ruinart über 100 Kreidegruben, die mittlerweile unter Denkmalschutz gestellt wurden. 30 m unter der Erdoberfläche erstrecken sie sich 8 km weit über eine Fläche von 25 000 m². Wieder ein anderer Ruinart, Edmond (1796–1881), reiste nach Amerika, wo er gute geschäftliche Erfolge verbuchen konnte. Er durfte sogar im Weißen Haus vorsprechen und übergab Präsident Jackson eine Kiste Champagner. Edmond Ruinart selbst war magenleidend und trank keinen Champagner, sondern nur Milch. Deshalb reiste auf seinen Überfahrten nach Amerika eine Kuh mit, wohlversorgt mit einigen Fudern Heu …

Expansion und Übernahme

Nach schweren Rückschlägen (vollständige Zerstörung der Gebäude im Ersten Weltkrieg, Plünderung der Keller im Zweiten Weltkrieg) begann die wirkliche Expansion des Hauses Ruinart im Jahre 1949. Damals schloß Direktor Bertrand Mure einen Vertrag mit Baron Philippe de Rothschild, der die Vertragspartner verpflichtete, wechselseitig ihre Produkte zu vertreiben. Die Zusammenarbeit dauerte fast 14 Jahre; in diesem Zeitraum stieg der Jahresumsatz von Ruinart von 150 000 auf 600 000 Flaschen. Die Geschäftsbeziehung endete 1963, als Moët & Chandon 80% der Ruinart-Anteile übernahm. 1973 wurde der Betrieb ganz dem Moët & Chandon-Konzern einverleibt. Treibende Kraft der dynamischen Entwicklung des Hauses Ruinart war Bertrand Mure. Er ist eine der großen Persönlichkeiten der Champagne, der Neffe des letzten Abkömmlings der Ruinarts. Daß die Champagnerfirmen in mancherlei Hinsicht wie eine große Familie sind, zeigt sich wieder einmal daran, daß Bertrands Vater 35 Jahre lang die Leitung des Hauses Roederer hatte.

Gärtanks aus Edelstahl

Die Umsatzentwicklung von Ruinart Père & Fils zeigt unverändert nach oben. Jährlich verkauft man etwa 1,3 Millionen Flaschen, davon mehr als zwei Drittel ins Ausland. Die Vorratsmenge liegt bei gut drei Jahresumsätzen, genauer bei etwa 4,5 Millionen Flaschen. Ein ganz geringer Teil der benötigten Trauben kommt von den 14 ha, die Ruinart schon seit etwa 200 Jahren in der Nähe des Dorfes Sillery

Ruinarts Brut Tradition ist ein ziemlich milder Champagner, der keinen Anspruch auf Größe erhebt, sich aber doch sehr angenehm und korrekt präsentiert. Der Geschmackston ist frisch ohne störende, scharfe Säure. Der Duft enthält häufig leichte Anklänge von Frucht und Reife. Etwas besser und spirituell-geistiger sind die Jahrgangs-Champagner, die meist ebenfalls frisch im Geschmack sind und manchmal einen Hauch von Zitronen aufweisen. Der Jahrgangs-Rosé ist sympathisch, aber nicht bemerkenswert.

Die Chardonnay-Trauben für den weißen Dom Ruinart (es gibt auch einen seltenen Rosé) stammen sowohl aus der Côte des Blancs als auch vom Montagne de Reims. Man stellt ausschließlich aus diesen Trauben einen höchst kultivierten, harmonischen, ziemlich leichten, verfeinerten Champagner von fast mildem Ton her. Für mich könnte der Dom Ruinart allerdings mehr Rasse und Finesse in Duft wie in Geschmack besitzen. Für einen Cuvée de Prestige finde ich ihn doch etwas zu glatt und auch zu kurz.

Ganz unten:
In den Kreidekellern von Ruinart

Unten:
Ruinarts edelster Wein wird kredenzt

Rechts:
Da die Kreidegruben von Ruinart 1933 unter Denkmalschutz gestellt wurden, darf daran nichts verändert werden. Daher wurde 1979 über den Kellern ein riesiger Neubau erstellt, der heute dem Moët-Konzern zur Verfügung steht.

Ruinart Père & Fils

besitzt. Der Boden ist von bestmöglicher Qualität: Er ist mit 100% eingestuft. Für die Gärung des Mostes hat man Edelstahltanks angeschafft. Wein von der ersten *(cuvée)* wie von der zweiten Pressung *(première taille)* wird für den jahrgangslosen Brut verwendet. Die Jahrgangs-Champagner einschließlich des Prestige-Cuvée Dom Ruinart werden ausschließlich aus der *cuvée* erzeugt.

Leichter, frischer Stil

Bertrand Mure beschrieb mir den Stil seiner Weine als «leicht, frisch und mit viel Finesse». Diese Charakterisierung gilt in hohem Maße für den Dom Ruinart, einen Blanc de Blancs, der stets mit Jahrgang verkauft wird. Es ist in der Tat ein ziemlich leichter, frischer Wein mit einer gewissen Delikatesse und Finesse. Der Geschmack hat jedoch meiner Ansicht nach etwas wenig Tiefe und Charakter. Gelegentlich stellte ich einen leichten Zitronenton fest. Der Dom Ruinart ist sicherlich ein ausgewogener, kultivierter Champagner, der aber nach meinem Dafürhalten etwas vielschichtiger und interessanter sein dürfte. Wieviele Flaschen Dom Ruinart man erzeugt, wird nicht preisgegeben. Es dürfte sich aber, zumindest für einen Cuvée, um eine beträchtliche Menge handeln. Die Vereinigten Staaten zum Beispiel, wichtigstes Exportland des Hauses, kaufen ausschließlich Dom Ruinart. Die normalen Jahrgangsweine von Ruinart Père & Fils besitzen weniger Klasse als der Dom Ruinart, aber doch eine gute Qualität. Der jahrgangslose Brut wird meist aus 15–20 verschiedenen Weinen hergestellt. Diese Weine bestehen zu einem Viertel oder mehr aus reifen *vins de réserve.* Verkauft wird der normale Brut – früher mit Brut Tradition, heute mit «R» de Ruinart etikettiert – nach etwa zweieinhalb Jahren. Es ist ein sicher mehr als ordentlicher, recht eleganter, frischer Champagner ohne viel Tiefgang oder Länge. Der Jahrgangs-Brut hat etwas mehr Klasse. Hierfür wird auch im Gegensatz zur jahrgangslosen Version kein Pinot meunier verwendet. Daneben erzeugt Ruinart auch einen sympathischen, in seiner Art gewiß gelungenen weißen Coteaux Champenois.

Etwa 60% des Canard-Duchêne-Champagners werden in französischen Supermärkten verkauft. Der Wein hat einen ziemlich niedrigen Preis und eine entsprechende Qualität. Er wird aus 75% blauen Trauben hergestellt – daher wohl auch der manchmal rötliche Glanz in der Farbe. Der Duft ist flach, der Geschmack ziemlich mild und problemlos. Genau der gleiche Wein wird in Frankreich auch mit dem Etikett Cuvée Royale angeboten. Der Jahrgangs-Brut ist etwas feiner und etwas frischer.

Den Cuvée de Prestige Charles VII. brachte Canard-Duchêne 1968 auf den Markt. Der Wein besteht zu 66% aus weißen Trauben. Duft und Geschmack besitzen ein gehöriges Maß an Finesse und sind ziemlich frisch. Echte Größe möchte ich dem Charles VII. jedoch nicht zuerkennen. Die Spezialflasche ist ziemlich dunkel, das Glas läßt aufgrund einer besonderen Behandlung kaum ultraviolettes Licht durch.

Links unten:
Die Gebäude von Canard-Duchêne, die das Dorf Ludes optisch fast «erschlagen».

Ganz unten, rechts:
Einige pupimatics, mechanisch bewegte Rüttelpulte. Dieses System gilt inzwischen als weniger effizient als das der gyropalettes, mit dem 504 Flaschen gleichzeitig bewegt, gerüttelt und gedreht werden können.

Rechts unten:
Diese rebenbekränzte Putte ist ein Wasserspeier.

Rechts:
Der ehemalige Direktor Jean-Pierre Canard, der in Ludes seine eigene Champagnerfirma gründete, die Société Vinicole du Château de Ludes. Der Markenname ist Victor Canard. Die Weinqualität ist durchschnittlich.

Das Haus besitzt 15 ha Rebfläche, deren Ertrag 3–4% des Bedarfs deckt. Die Reben stehen in Ludes, Taissy und Verzenay.

1972 übernahm Canard-Duchêne das Champagnerhaus Chanoine Frères, das damals in Epernay niedergelassen war. Es war eine der ältesten Firmen des Gebietes, 1730 gegründet. Heute ist Chanoine Frères nurmehr eine Zweit-Marke.

Die 33,6% Anteile, die Veuve Clicquot 1978 übernahm, befanden sich damals in Händen von Piper-Heidsieck.

Zwei andere, nicht uninteressante Champagner aus dem Sortiment von Canard-Duchêne sind zwei Jahrgangsweine, der Blanc de Blancs und der Rosé.

Canard–Duchêne

Man findet das Haus Canard-Duchêne in dem kleinen Weindorf Ludes auf der Nordseite des Montagne de Reims. Die Betriebsgebäude fallen sofort ins Auge, wenn auch nur wegen des kantigen, bunkerartigen Kellers, der optisch die Häuser von Ludes fast erschlägt. Dieser überirdische Keller – in Bordeaux würde man ihn *chai* nennen – wurde 1974 fertiggestellt und besitzt eine Nutzfläche von 2400 m². Ein älterer Gebäudekomplex liegt gegenüber, und unterirdisch verfügt man noch über ein System von Gängen mit einer Gesamtlänge von 5 km Länge. In den 70er Jahren hat Canard-Duchêne nicht nur für den neuen Keller Investitionen getätigt, sondern auch für Gärtanks aus Edelstahl und zwei Anlagen für die mechanische *remuage*.

Verbindung mit Veuve Clicquot
1978 wurden 33,6% der Anteile an Veuve Clicquot verkauft. Wenig später erwarb dieses Haus weitere 33%. Dies bedeutete das Ende des Hauses Canard-Duchêne als Familienbetrieb, wenn auch die Leitung noch einige Jahre bei Mitgliedern der Familie lag. Gründer des

Hauses war Victor-François Canard, der im vorigen Jahrhundert in Ludes mit Françoise-Léonie Duchêne den Bund der Ehe schloß. Er verfügte über eigene Weinberge und errichtete 1868 die eigene Champagnerfirma. Seine Nachkommen brachten den Betrieb, vor allem nach dem Zweiten Weltkrieg, zu großer Blüte. Von 287 000 Flaschen im Jahre 1946 stieg der Jahresumsatz über 853 000 Flaschen im Jahre 1960 und 1 650 000 Flaschen im Jahre 1970 auf heute 2 500 000 Flaschen. Etwa 80% des Weines bleiben in Frankreich.

Relativ niedrige Preisklasse
Canard-Duchêne möchte ein Sortiment Weine anbieten, die bei einem nicht zu hohen Preis gute Ware bieten. Etwa 90% Wein wird im Departement Aube eingekauft, das bekanntlich keine Spitzenqualität liefert. Wein von der zweiten Pressung verwendet man für den normalen Brut, Wein von der dritten Pressung für den Demi-sec. Der Brut besitzt meist einen Hauch von Röte in der Farbe, einen flachen Duft mit leichtem Kochapfel-Aroma und einen ziemlich milden, problemlosen Geschmack oh-

ne viel Rasse oder Nuancen. Die Jahrgangsweine, die mehr weiße Trauben enthalten, sind etwas besser und frischer. Wirklich interessant aber wird die Qualität erst bei dem Prestige-Cuvée Charles VII. Dieser Wein kommt manchmal mit Jahrgang auf den Markt, meist jedoch ohne. Er enthält zu zwei Dritteln Wein von der Chardonnay-Rebe. Duft und Geschmack sind ziemlich fein und eher leicht, frisch, aber nicht herb. Als wahre Größe möchte ich ihn nicht bezeichnen, bleibt er doch unendlich weit etwa hinter einem Dom Pérignon zurück, aber im Sortiment von Canard-Duchêne ist er doch der gediegenste Wein.

Grundlage des jahrgangslosen Brut von Joseph Perrier sind etwa 70% blaue Trauben, wodurch der Wein einen recht kräftigen, vollen Geschmack bekommt. Für einen angenehm frischen Akzent sorgen 30% Chardonnay. Daneben gibt es auch einen milden jahrgangslosen Blanc de Blancs. Der Jahrgangs-Champagner enthält etwa 40% Chardonnay und hat durchweg Aroma, Stil und Rasse. Der Wein hält sich gut in der Flasche.

Der Cuvée du Cent Cinquantenaire erinnert daran, daß Joseph Perrier nun schon gut eineinhalb Jahrhunderte besteht. Es ist ein Champagner, der aus den besten Weinen verschiedener guter Jahrgänge zu dem nuanciertesten, attraktivsten Wein des Hauses zusammengestellt wird. Er ist ziemlich voll im Mund und besitzt einen größeren Gehalt an blauen Trauben als viele andere Prestige-Cuvées.

Unten:
Das Eingangstor zu Joseph Perrier. Das Haus wurde 1825 von Joseph Perrier (1795–1870) gegründet.

Rechts unten:
Von dieser langen Galerie gehen alle Kellergänge aus. Durch Schlitze dringt das Tageslicht herein. Man nennt die Galerie la cloître, *den Kreuzgang.*

Rechts:
Exportleiter Jean-Claude Fourmon

Bei Joseph Perrier läßt man die Flaschengärung in Flaschen bis zum Methusalem-Format ablaufen (Inhalt 8 normale Flaschen). Die meisten Häuser gehen nicht weiter als bis zur Magnum (2 Flaschen) und füllen Übergrößen unter Druck aus normalen Flaschen ab.

Joseph Perrier Fils & Cie

Champagne
Châlons-sur-Marne

Während die Mehrzahl der Grandes Marques jährlich eine große Zahl von Besuchern durch ihre Keller schleust, ist es bei Joseph Perrier ziemlich ruhig. Dieses Haus liegt nämlich außerhalb des eigentlichen Weingebietes und auch abseits der Weinrouten, in der Provinzstadt Châlons-sur-Marne. Vielleicht ist diese Lage mit der Grund dafür, daß Joseph Perrier fils & Cie – so der offizielle Firmenname – ein relativ kleines, unbekanntes Haus geblieben ist. Es verkauft etwa 600 000 Flaschen im Jahr bei einem Vorrat von rund 2 Millionen Flaschen. Von größeren Investitionen wie Gärtanks aus Edelstahl und Automaten für die *remuage* war hier 1980 noch nicht die Rede. Das Haus wurde 1825 von Joseph Perrier gegründet, dessen Vater schon einen Weinbetrieb besaß und dessen Onkel Gründer des Champagnerhauses Perrier-Jouët war. Nach Josephs Tod übernahm sein Onkel Gabriël Perrier die Leitung des Hauses. Dieser hatte keine Nachkommen und verkaufte den Betrieb 1888 an Paul Pithois. Dessen Familie leitet seitdem die Geschicke des Hauses; die Direktion bilden heute Georges Pithois und sein Neffe Jean-Claude Fourmon.

Die Arbeitsweise
Etwa ein Drittel des Bedarfs an Trauben wird aus den eigenen Weinbergen gedeckt. Diese umfassen fast 20 ha und liegen in den Gemeinden Cumières, Daméry, Hautvillers und Verneuil. Neben traditionelleren *cuves* verfügt Joseph Perrier auch über Gärtanks aus Edelstahl. Diese wurden Mitte der 80er Jahre installiert. Die Weine werden stets einem biologischen Säureabbau und einer Kältebehandlung unterzogen. In der Regel werden die Champagner nicht nur aus der ersten Pressung *(cuvée),* sondern auch aus der zweiten *(première taille)* zusammengestellt. Neben den Schaumweinen erzeugt das Haus auch einen roten und einen weißen Coteaux Champenois. Insbesondere ist der Rotwein (aus Cumières) sehr gelungen.

Milde Frische
Während im Hintergrund das Klingeln der Flaschen auf dem Abfüllband zu hören war, habe ich im großen Empfangssaal – altes Gebälk, großer Kamin, steinerner Fußboden – fünf Champagner von Joseph Perrier durchprobiert. Einige von ihnen habe ich später zuhause noch-

mals verkostet. Der jahrgangslose Brut hatte eine gelbliche Farbe und einen mild-frischen Geschmack, bei dem ich notierte: «Gerade noch nicht zu süß.» Kühle Frische und mundfüllende Festigkeit zeichnen Joseph Perriers Jahrgangs-Champagner aus. Einen besonderen Platz im Sortiment des Hauses nimmt der Cuvée du Cent Cinquantenaire ein. Dieser Prestige-Cuvée ist in Duft und Geschmack nuancierter als die anderen Weine des Sortiments und besitzt eine feste Konstitution. Man stellt ihn

aus verschiedenen Jahrgängen zusammen, wie es etwa auch bei dem Grand Siècle von Laurent Perrier geschieht. Der Cuvée du Cent Cinquantenaire reift wie die anderen Perrier-Weine in Kellergängen, die auf einer Ebene mit den Betriebsgebäuden liegen. Sie führen nämlich direkt von der Kelterei in den Hügel hinein. Die Oberfläche dieses Hügels beträgt 3 ha.

Der Brut Impérial von Moët & Chandon ist der meistgetrunkene Champagner der Welt. Trotz der Tatsache, daß jährlich viele Millionen Flaschen erzeugt werden, ist die Qualität in jeder Hinsicht einwandfrei. Es ist ein köstlicher, mildfrischer, guter Champagner, der ohne jede Plattheit ein breites Publikum anspricht. Er enthält stets 15% Wein von weißen Trauben und stammt von Weinbergen mit einem Qualitätsniveau von 86–87%. Der gleiche Wein mit Jahrgang ist voller, feiner und nuancierter.

Vor einiger Zeit organisierte ich eine vergleichende Verkostung von 16 verschiedenen Prestige-Champagnern. Dabei setzte ich den Dom Perignon von 1973 auf den zweiten Platz hinter den Krug Grande Cuvée, während andere ihm sogar den ersten Platz zusprachen. Dom Perignon ist ein ausgezeichneter Champagner: Fast cremig im Schaum, blaß in der Farbe, verfeinert im Duft und überaus kultiviert im Geschmack. Nuancenreich und von erlesener Ausgewogenheit. Behält seine Frische mindestens 10 Jahre.

Der Dom Pérignon-Rosé ist der seltenste Wein aus dem Angebot von Moët & Chandon. Jährlich werden nicht mehr als 300–400 Kisten erzeugt, und das nicht einmal in allen Jahren. Dieser Champagner wurde auf der Tausendjahrfeier Persiens erstmals kredenzt. Ein großer Abnehmer ist das Pariser Maxim's. Der Wein besitzt einen Geschmack, der milder und voller ist als bei seinem weißen Namensvetter; hinsichtlich Klasse und Finesse ist er diesem aber doch unterlegen.

Champagne
Epernay

Moët & Chandon

Als der Weinkommissionär Claude Moët, Sproß einer holländischen Familie, die sich im 14. Jahrhundert in der Champagne niedergelassen hatte, um 1743 eine eigene Weinfirma gründete, hätte er sicher nicht gedacht, daß diese sich zum größten Weinhaus des Gebietes entwickeln würde. Alles an Moët & Chandon ist beeindruckend. Man vergegenwärtige sich nur einmal folgende Zahlen: Der Betrieb verfügt über 28 km Keller, hat rund 50 Millionen Flaschen in Vorrat, verkauft jährlich etwa 18 Millionen Flaschen und beschäftigt über 1200 Leute, von den knapp 1500 Weinlesern einmal abgesehen. In Europa, Amerika, Afrika und Asien ist Moët & Chandon der meistgetrunkene Champagner; man kann danach leicht ausrechnen, daß rund um die Welt durchschnittlich alle zwei Sekunden eine Flasche Moët & Chandon entkorkt wird. Die Firma gehört zur Moët-Hennessy-Gruppe (u.a. Champagner Mercier und Ruinart, Cognac Hennessy, Parfums Dior und verschiedene Weinfirmen auf mehreren Kontinenten), die sich 1987 mit der damals gerade von Vuitton (Lederwaren) übernomme-

nen Gruppe Veuve Clicquot zusammenschloß. Hierzu gehören u.a. die Champagnerhäuser Canard-Duchêne und Henriot sowie die Parfum-Marke Givenchy.

Kaiserlicher Kunde
Claude Moëts Nachfolger war sein Sohn Nicolas-Claude, der seinerseits den Betrieb seinem Sohn Jean-Rémy Moët übergab. Unter Jean-Rémy sollte der Betrieb einen unerhörten Aufschwung nehmen. Dieses Wachstum hing zu einem nicht geringen Teil mit Jean-Rémys Freundschaft mit dem zehn Jahre jüngeren Napoleon zusammen. Der kleine Kaiser besuchte das Champagnerhaus mehrere Male und bestellt Moëts Wein auch für seinen Hof. Jean-Rémy ließ für Napoleon und sein Gefolge zwei identische Gästehäuser bauen, die heute noch bestehen. Sie liegen schräg gegenüber dem Hauptgebäude von Moët & Chandon an der Avenue de Champagne. Man nennt sie heute Hôtel de Moët. Sie grenzen an einen hübschen Garten mit einem rechteckigen Teich, an den

sich eine Orangerie anschließt, die eine Kopie der Orangerie von Versailles ist. Offensichtlich war Napoleon von Jean-Rémys Fürsorge sehr angetan, denn am 17. März 1814 empfing Jean-Rémy aus der Hand des Kaisers höchstselbst das Kreuz der Ehrenlegion, das letzte, das Napoleon verleihen sollte. Dieser Orden wird von Moët & Chandon wie ein Schatz gehütet, ebenso ein Hut, den der Kaiser einst trug, sowie andere Gegenstände aus dessen persönlichem Besitz. Die Freundschaft mit Napoleon hat Jean-Rémy auch nach Waterloo nicht geschadet. Zwischen 1814 und 1839 wurde sein Haus zur bevorzugten Attraktion von Kaisern, Königen und Prinzen aus ganz Europa. Der Ruhm des Hauses stieg wie nie zuvor – und der Umsatz natürlich auch.

Moderne Geräte
Jean-Rémy hinterließ die Firma seinem Sohn Victor und seinem Schwiegersohn Pierre-Gabriel Chandon. Das war der Anlaß, daß der Firmenname in Moët & Chandon umgeändert wurde. Das Haus wuchs weiterhin, und zwar nicht zuletzt durch die kluge Geschäftspolitik. Man kaufte durch die Jahre hin ständig Rebengrund hinzu, so daß Moët & Chandon heute über nicht weniger als 485 ha Rebfläche verfügt. Diese decken etwa 25% des Bedarfs an Trauben. Auch bei der Betriebseinrichtung investierte man laufend; technisch ist Moët & Chandon bestens ausgerüstet. So wurde 1978 eine neue *cuverie* in Betrieb genommen, in der sich eine ganze Batterie riesiger Edelstahltanks befindet. Dort werden alle *crus* getrennt vinifiziert und überwacht. Man verfügt auch über eigene Analyse- und Forschungslabors. Auf mechanische *remuage* hat Moët & Chandon nicht umgestellt, da die Keller für das beste heute verfügbare System ungeeignet sind.

Sauberer, korrekter Eindruck
Trotz der beeindruckenden Mengen, die Moët & Chandon verarbeitet, wird die dritte Pressung grundsätzlich nicht verwendet. So weiß ich, daß man 1979 allen Wein dieser *deuxième taille* gegen Wertausgleich mit anderen Betrieben gegen bessere Qualitäten tauschte. Dies und andere Details ergeben einen jahrgangslosen Brut, der trotz der großen Menge im allgemeinen einen sehr korrekten, tadellosen Eindruck macht (obwohl mir auch schon schlechte

Seite gegenüber, oben:
Weinlese auf dem Gut Saran zu Beginn dieses Jahrhunderts. Der Weinberg von Saran (etwa 4 ha) ist Eigentum von Moët & Chandon, ebenso das zugehörige Schloß. Der Weinberg liefert die Trauben für den weißen Coteaux Champenois Saran (s. S. 191) und für den Cuvée de Prestige Dom Pérignon. Das Schloß dient als Gästehaus für wichtige Besucher von Moët & Chandon.

Seite gegenüber, unten: Das imposante Hauptbüro an der Avenue de Champagne in Epernay. Moët & Chandon ist eine Aktiengesellschaft, deren Anteile zum großen Teil in Händen der Hunderten von Angehörigen der Familien Moët und Chandon de Briailles liegen.

Ganz unten:
In dieser Orangerie gegenüber dem Hauptbüro empfängt man im Sommer Gästegruppen. Das Gebäude ist eine Kopie der Orangerie von Versailles.

Links:
Statue von Dom Pierre Pérignon, der wie Ludwig XIV. von 1638-1715 lebte.

Unten:
Etwa 1794 kaufte Jean-Rémy Moët die Abtei von Hautvillers und ihre Weinberge. Das Kloster ist heute noch Eigentum der Firma und kann besucht werden. Natürlich gibt es in Hautvillers eine Rue Dom Pérignon.

Moët & Chandon

Flaschen begegnet sind). Es ist einfach ein guter frischer Champagner, dem nichts Plattes anhaftet, der ein sehr breites Publikum anspricht. Voller, feiner und nuancierter werden dann die Jahrgangsweine. Hierfür wird allerdings auch nur der Wein der ersten Pressung verwendet. Der einzige trockene Champagner, den ich doch etwas enttäuschend finde, ist der Jahrgang-Rosé; diesem mangelt es meist deutlich an Spritzigkeit und Finesse.

Dom Pérignon

Eine Sonderstellung im Sortiment von Moët & Chandon nimmt der Prestige-Cuvée Dom Pérignon ein. Er ist ein exzellenter, lebendiger Wein mit einem hohen Maß an Kultur, Finesse und Nuancen – einer der besten in seiner Kategorie. Dieser Champagner wird ausschließlich auf Moëts eigenen Weinbergen erzeugt und genießt einen so großen, weltweiten Ruhm, daß man nie genug davon liefern kann. Bei Moët & Chandon gibt man nicht preis, wieviele Flaschen Dom Pérignon man verkauft, aber nach allem, was ich hörte, scheint es weniger als eine Million Flaschen im Jahr zu sein. Die verfügbare Menge ist übrigens starken Schwankungen unterworfen, da es sich stets um Jahrgangswein handelt, von dem nicht selten wenig und manchmal auch gar nichts erzeugt wird. Die Idee für den Dom Pérignon stammt von dem legendären André Simon, der Moët & Chandon 1936 vorschlug, anläßlich des hundertjährigen Bestehens der Filiale in England einen speziellen Cuvée herauszubringen. Die Marke Dom Pérignon war damals bereits im Besitz von Moët & Chandon, nachdem man sie um 1930 von Mercier erworben hatte; man hatte sie jedoch bis dahin noch nicht benutzt. Neben dem weißen Dom Pérignon gibt es auch einen Rosé, der noch seltener ist, aber als Wein weniger Klasse besitzt.

Dieses Etikett trägt zum Andenken an Pol Rogers berühmtesten Abnehmer, Winston Churchill, einen schwarzen Rand. Weine mit diesem Etikett werden grundsätzlich nur nach England versandt. Sowohl der normale Brut als auch die Jahrgangs-Champagner sind ausgewogene, verläßliche Champagner, die den Mund kräftig füllen, aber doch nicht plump oder schwer sind. Es ist stets ausreichend Frische vorhanden. Die Weine werden in der Regel aus etwa 60% blauen und etwa 40% weißen Trauben hergestellt.

Blanc de Chardonnay nennt Pol Roger seinen Blanc de Blancs. Es ist ein Jahrgangswein, der 1959 auf den Markt kam. Hierfür werden nur Trauben von ausgezeichneter Qualität verwendet. Der Wein besitzt einen schönen, feinen Schaum, milden, eleganten Duft, reintönigen, kultivierten Geschmack und tadellose Ausgewogenheit – ein köstlicher Aperitif am späten Sonntagmorgen. Nach 9 bis 10 Jahren schmeckt dieser vorzügliche Wein in aller Regel noch vollkommen frisch.

Pol Roger

«Pol Roger won splendidly today so there is a small profit for you on both races, best love, Winston», lautet der Text eines Telegramms, das Winston Churchill an Odette Pol-Roger sandte. Pol Roger war Churchills Rennpferd. Nachdem der große Staatsmann im November 1944 bei einem Empfang in Paris Madame Odette Pol-Roger kennengelernt hatte, wurde der Champagner Pol Roger sein Lieblingsgetränk, und er nannte sein Rennpferd nach Odette. Winston Churchill rückte den Wein von Pol Roger viele Male ins Licht der Öffentlichkeit. Die Firma besitzt mehrere Alben mit Zeitungsausschnitten und Fotos mit Churchill und Pol Roger. Churchill nahm auch stets einen Vorrat Pol Roger mit auf seine Reisen, ob er nun nach Marokko ging oder nach Amerika. Nach seinem Ableben beschloß das Champagnerhaus, das Etikett des für England reservierten Extra Dry mit einem permanenten schwarzen Trauerrand zu versehen. Man folgte hier einem Beispiel von Rolls-Royce, das nach dem Tode von Henry Royce im Jahre 1933 statt der roten Initialen «RR» an den Fahrzeugen die Buchstaben in Schwarz anbringen ließ.

Sohn eines Notars

Odette Pol-Roger war eine der legendären Witwen der Champagne, eine hübsche, intelligente Frau, die bei gesellschaftlichen Anlässen, wo auch immer in der Welt, meist Mittelpunkt der Aufmerksamkeit war. Der Großvater ihres Mannes hatte den Betrieb gegründet. Er hieß Pol Roger und lebte von 1820 bis 1899. Als er 1849 sein Champagnerhaus eröffnete, besaß er weder Keller noch Weinberge – sein Vater war Notar. Diese Schwierigkeit überwand Pol dadurch, daß er zunächst nur Weine für andere machte und erst später eine eigene Marke herausbrachte. 1876 wurden die ersten Flaschen Pol Roger nach England versandt. Pol hinterließ die Firma seinen beiden Söhnen Maurice und Georges. Diese richteten 1899 an den französischen Präsidenten persönlich ein Gesuch, in dem sie um die Genehmigung baten, ihren Namen von Roger in Pol-Roger ändern zu dürfen. Dem Gesuch wurde ausnahmsweise stattgegeben. Der Betrieb wird heute von Maurices und Georges Enkeln geleitet. Es sind dies Christian de Billy (aus der Ehe von Maurices Tochter Antoinette, der Schwägerin von Odette) und

Christian Pol-Roger, ein Sohn von Georges' Sohn Guy. Bis auf den heutigen Tag ist Pol Roger also ein reiner Familienbetrieb geblieben.

In einer anderen Zeit

Die Keller von Pol Roger befinden sich an der Avenue de Champagne in Epernay, die Büros in der Rue Henri Lelarge direkt dahinter. Sie sind nüchtern und modern eingerichtet. Groß ist daher der Kontrast, wenn man in den daneben gelegenen Empfangssalon tritt. Man glaubt sich dort in eine andere Zeit zurückversetzt: Den Besucher empfängt ein knisterndes Kaminfeuer, tiefe Sessel, antike Stilmöbel; alte Gemälde, zwei schöne alte Uhren und ein Teppich in warmem Weinrot mit Blumenmotiv verschönern den Raum. Man wird an ein französisches Landhaus und an einen Londoner Club zugleich erinnert. Für mein Gefühl symbolisiert dieser Salon in gewisser Weise den Stil von Pol Roger, einen Stil, den Christian Pol-Roger wie folgt beschreibt: «Klassisch im besten Sinn des Wortes. Es ist unser Bestreben, die authentischen Werte des Produkts Champagner erkennen zu lassen, und zwar in einer Weise, die seiner Zeit angemessen ist.» Christian erzählte mir, daß die Weine von Pol Roger in der Vergangenheit voller und schwerer waren, sich aber wie die französische Haut Cuisine mit dem veränderten Zeitgeschmack entwickelt haben und daher etwas leichter, etwas jugendlicher geworden sind. «Aber noch immer», fügte er hinzu, «ist der Champagner Pol Roger *très classique et de haut niveau.»*

Traditionelle Arbeitsweise

Es wird bei Pol Roger daher auch traditionell gearbeitet. Der Wein (35% der Erzeugung stammen von den etwa 70 ha, die man in Besitz oder Pacht hat) gärt in kleinen *cuves* aus Beton oder emailliertem Stahl und wird anschließend in großen gefliesten Tanks gelagert. Für den jahrgangslosen Champagner verwendet man Wein von der ersten wie von der zweiten Pressung; die Weine mit Jahrgang werden ausschließlich aus der ersten Pressung hergestellt. Während der zweiten Gärung versieht man bei Pol Roger die Jahrgangs-Champagner noch mit echten Korken statt mit Kronenverschlüssen, was heute die große Ausnahme ist. Die *remuage* erfolgt von Hand, und bei einem Jahresum-

Der Basiswein von Pol Rogers Rosé ist eine *cuvée* aus meist zwei Drittel blauen Trauben und einem Drittel weißen. Hinzugefügt werden dann noch 10% stiller Rotwein aus Bouzy. Hieraus entsteht nach 5 Jahren Ausbau ein großartiger Champagner: leicht braun-rosa Farbe, anziehender Duft, cremiger Schaum, vorzüglicher Geschmack. Als Tafelbegleiter, vor allem zu Gerichten mit weißem Fleisch und Geflügel, ist dieser köstliche Champagner ein Hochgenuß.

Der PR wird nur in sehr guten Jahren aus den allerbesten blauen und weißen Trauben (häufig je zur Hälfte) hergestellt. Anschließend reift der Wein mindestens ein halbes Jahrzehnt. Seine Farbe ist gelblich, die Perlen sind fein, sein Geschmack ist mundfüllend, seine Balance perfekt. Neben diesem Cuvée de Prestige gibt es noch den aromatischen, eleganten und raren Cuvée Sir Winston Churchill.

Seite gegenüber, oben:
Der Hauptsitz von Pol Roger an der Rue Henri Lelarge in Epernay

Seite gegenüber, unten:
Die Direktoren Christian de Billy und Christian Pol-Roger

Unten:
Authentisches Foto des Pferdes Pol Roger; links sein berühmter Besitzer Winston Churchill

Rechts:
Während der zweiten Gärung werden die Flaschen des Prestige-Weines mit echten Korken statt mit Kronenkorken verschlossen.

Pol Roger verfügt über 8 km Keller. 1902 gingen durch eine Bodensenkung 500 000 Flaschen verloren. Es wurden deshalb überall Versteifungen angebracht.

Pol Roger

satz von 1,2–1,5 Millionen Flaschen hält man einen Vorrat von 4–5 Millionen Flaschen.

Exquisites Sortiment
Die traditionelle, sorgfältige Arbeitsweise prägt natürlich den Wein. Die Bruts mit und ohne Jahrgang besitzen einen reichen Schaum mit ziemlich kleinen Perlen, ein recht festes, reines Bukett und einen ebensolchen Geschmack, der einen Eindruck von Reife hinterläßt, ohne im geringsten an Frische verloren zu haben. Das Gleichgewicht zwischen Kraft, Frucht und Säure ist exzellent, der Abgang lang. Die normalen und die Jahrgangs-Bruts von Pol Roger sind vielleicht nicht die markantesten Erzeugnisse der Champagne, aber es sind stets soignierte,

klassische Champagner von höchst verläßlichem Niveau. Hohes Lob verdienen auch andere Weine aus dem Sortiment. So trank ich mit Genuß den milden, eleganten Blanc de Chardonnay, einen stilvollen Aperitif-Champagner, und den wirklich sehr gelungenen Rosé. Beide Weine werden mit Jahrgang verkauft. Pol Roger führt zwei Cuvées de Prestige mit Jahrgang. Beide Weine kommen nur in außerordentlichen Jahren auf den Markt. Der ältere ist der «PR»: ein recht fester, harmonischer Wein, der hervorragend reift und der ideale Begleiter zum Essen ist – *un vin gastronomique.* Noch rarer ist der intensiv schmeckende und doch elegante Cuvée Sir Winston Churchill, der erstmals 1975, und zwar nur in Magnum-

Flaschen, auf den Markt kam. Vom 1979er gab es jedoch auch 1/1-Flaschen. Der nächste Jahrgang wird der 1975er sein. Auch diesem Champagner bekommen einige Jahre Flaschenreife sehr gut. Das Sortiment von Pol Roger verdient wegen seiner überwiegend hohen Qualität das Prädikat «außergewöhnlich».

Links:
Eines der imposanten Gebäu-
de von Perrier-Jouët

Unten:
Ein prächtiges altes Plakat.
Moderner sind die verspiel-
ten, amourösen Zeichnungen,
die das Haus von dem franzö-
sischen Zeichner Peynet an-
fertigen ließ.

Seite gegenüber, unten:
Zugang zu den Kellern. Man
beachte den hübschen Glok-
kenturm.

Seite gegenüber, oben:
Perrier-Jouët hat für seine
Belle Epoque-Flasche auch
einen Kühler und Gläser ent-
werfen lassen.

Das Haus war das erste, das 1848 in England einen trokkenen Champagner auf den Markt brachte – ohne Erfolg. Es heißt, daß schon 1815 anläßlich des Sieges bei Waterloo am englischen Hof Perrier-Jouët getrunken wurde. Später tranken Königin Viktoria, ihr Sohn Edward VII. und Leopold I. von Belgien Perrier-Jouët.

Perrier-Jouët

Champagne
Epernay

Nicolas-Marie Perrier, Sohn eines Korkenfabrikanten und Ehegatte einer geborenen Jouët, gründete 1811 als Fünfundzwanzigjähriger ein eigenes Champagnerhaus. Die ersten Jahre müssen ziemlich hart gewesen sein, denn die Napoleonischen Kriege waren damals auf dem Höhepunkt. Als jedoch in Europa wieder Frieden einkehrte, suchte die Firma ihre Chance unverzüglich im Export, und in der Tat war Perrier-Jouët 1815 nach der Schlacht von Waterloo der erste Champagner, der am englischen Hof kredenzt wurde. Großbritannien blieb danach ein bedeutender Exportmarkt dieses Champagnerhauses. Vor allem während der Belle Epoque feierte Perrier-Jouët in London Triumphe. So berichtete Charles Skinner, der fast ein halbes Jahrhundert lang Weinberater des Savoy-Hotels war, dem britischen Fachblatt Wine & Spirit: «Das Savoy war in jenen Tagen ein Champagnerbetrieb. Wenn man das Restaurant betrat, sah man kaum einen Tisch ohne Champagner. Champagner Nummer eins war damals Perrier-Jouët.» Auch in Paris wurde der Perrier-Jouët viel getrunken. Es heißt, daß Toulouse-Lautrec hieraus Inspirationen schöpfte, und Sarah Bernhardt soll in diesem Champagner auch gebadet haben.

Ein eigenes Château

Die in Epernay ansässige Firma wurde nach dem Tode ihres Gründers von dessen Sohn Charles weitergeführt. Er verdiente als Champagnerproduzent und Politiker soviel Geld, daß er 1863 gegenüber den Betriebsgebäuden ein Château errichten lassen konnte. Er nannte es Château Perrier. Heute befindet sich dort ein hübsches Museum sowie die Gemeindebücherei. Die 10 km Keller von Perrier-Jouët reichen bis unter das Château. Charles war der letzte Perrier-Jouët. Nach seinem Tode setzte ein Neffe den Betrieb fort. Er übergab die Firma einem anderen Neffen, dieser wieder einem Schwager und so weiter. Schließlich kam der Betrieb zum kanadischen Seagram-Konzern, wo er sich bei Mumm und Heidsieck Monopole in guter Gesellschaft befindet.

Glücklicher Fund

Schon 1840 erwarb das Haus seine ersten Weinberge. Heute verfügt man über 108 ha, davon 40 ha in der Côte des Blancs (29 ha in Cramant, 11 ha in Avize). Die eigenen Reben decken

Mit dem Brut von Perrier-Jouët erfährt man sehr viel über den Stil dieses Hauses: schlanke, vitale Champagner, die meist ziemlich frisch sind. Der jahrgangslose Brut besitzt eine recht gute Qualität mit folgenden Merkmalen: hellgelbe Farbe, wirbelnde Perlen, ein verhaltener Duft und ein geschmeidig wirkender, lebendiger Geschmack, in dessen Frische manchmal ein vager Hauch von Zitronen vorhanden ist. Die Weine mit Jahrgang bieten etwas bessere Qualität, sind aber nicht wirklich beachtlich.

Perrier-Jouët erzeugt einen der attraktivsten Champagner-Rosés, die ich kenne. Der Wein besitzt ein mattes orange-rosa, ein ziemlich verhaltenes Bukett und einen delikaten, frischen, fast «weißen» Geschmack, in dem der hinzugefügte Rotwein nur akzentuiert, nicht verdeckt (wie es so oft geschieht).

Der aus 60% Pinot noir und 40% Chardonnay zusammengestellte Blason de France besitzt Frische und Verfeinerung, wirbelnde Bläschen und häufig eine Spur Grün in der Farbe. Es ist ein sehr gelungener Champagner, der gegenüber dem viel bekannteren Belle Epoque unterschätzt wird.

Der Belle Epoque von Perrier-Jouët besitzt ein durchsichtiges Etikett, das auf die prächtig dekorierte Gallé-Flasche geklebt wird. Das abgebildete Etikett ist nicht das eigentliche, gibt dieses aber ungefähr richtig wieder. Nach einer kleinen Schwächeperiode ist der Wein mit seinem vitalen und dabei ziemlich reichen Geschmack wieder ganz vorzüglich. Auch hier sind die Rebsorten 60% Pinot noir und 40% Chardonnay.

Perrier-Jouët

---

rund 40% des Traubenbedarfs. Insgesamt erzeugt Perrier-Jouët um 2,2 Millionen Flaschen im Jahr bei einem Vorrat von etwa 8 Millionen. Etwa die Hälfte geht in den Export. England ist immer noch größter ausländischer Abnehmer, gefolgt von Italien und den Vereinigten Staaten. Letztere importieren vor allem den Belle Epoque, einen Jahrgangswein in einer herrlich dekorierten Flasche mit einem Blumenmotiv im Jugendstil. Die Flasche ist ein Entwurf des berühmten Glaskünstlers Émile Gallé (1846–1904) aus dem Jahre 1902 und wurde durch Zufall wiederentdeckt. Das war 1969, als *directeur des caves* André Baveret in einem vergessenen Winkel des Kellers fünf dieser Flaschen fand. Die Idee, dieses Flaschenmodell erneut herauszubringen, stammt von Perrier-Jouëts Direktor Pierre Ernst. Heute werden davon jährlich etwa 300 000 Exemplare hergestellt.

Schlanke, vitale Champagner

Die Firmengebäude von Perrier-Jouët bilden ein harmonisches Ensemble um drei Innenhöfe an der Avenue de Champagne in Epernay. Außer Büros und eleganten Empfangssalons findet man hier auch glasausgekleidete Beton- und Edelstahl-Tanks. Man sagte mir, daß Perrier-Jouët grundsätzlich allen Wein verwendet, also die erste, die zweite und die dritte Pressung. Der Stil des Hauses ist ein schlanker, vitaler Champagner. Der Brut ohne Jahrgang präsentiert sich stets mit hellgelber Farbe, wirbelnden Perlen, einem verhaltenen Duft und einem mild verdeckten, frischen, lebendigen Geschmack mit einem zarten Hauch von Zitrone. Im allgemeinen finde ich die Qualität dieses Bruts recht gut. Das gleiche gilt für die Bruts mit Jahrgang.

Sehr guter Rosé

Die Qualität steigt nach meinem Urteil bis auf «sehr gut» beim Jahrgangs-Rosé. Perrier-Jouëts Rosé besitzt einen besonders zarten Hauch von Orangerosa, einen verhaltenen Duft und einen delikaten, frischen, beinahe «weißen» Geschmack. Es ist schlicht ein überaus gekonnt erzeugter Champagner, in dem der zugesetzte stille Rotwein lediglich einen Akzent setzt, ohne die Finesse des Grundweins zu überdecken. – Der Blason de France ist ein Cuvée de Prestige. Während in den einfacheren Bruts normalerweise 26–32% Weißwein verarbeitet werden, steigt der Anteil hier auf 48–53%. Zum Teil deshalb besitzt der Wein einen ziemlich leichten, frischen Geschmack mit einer gewissen Finesse. Dieser köstliche Champagner steht hinsichtlich seines Renommees allerdings im Schatten des Belle Epoque. Nach einigen etwas schwächeren Jahren gilt dieser Champagner inzwischen als überaus gelungen und zuverlässig. Es ist ein eleganter Wein, in dem ein Pinot noir-Anteil von 60% für Fülle sorgt und der Chardonnay (40%) für Lebendigkeit. Wie beim Blason de France werden hierfür nur *grand cru*-Trauben verwendet.

Wer eine Flasche Brut von Mercier ersteht, darf keine Spitzenqualität erwarten, aber doch einen recht annehmbaren Wein. Der Champagner zeigt ziemlich große Perlen, einen wenig markanten Duft und einen ziemlich einfachen, nicht besonders trockenen Geschmack, der süßer ist als der anderer Bruts. Er macht dadurch einen etwas lieblichen Eindruck. Der Brut mit Jahrgang wird aus etwas mehr weißen Trauben hergestellt, ist aber ebenfalls keine Größe.

Merciers Cuvée de Prestige heißt Réserve de l'Empereur und wird ausschließlich in guten Erntejahren erzeugt. Der Champagner wird in eine Flasche abgefüllt, die im vorigen Jahrhundert entworfen wurde. Mit der Flasche wird ein gläserner Stöpsel mitgeliefert, so daß man sie später als Karaffe verwenden kann. Der Wein selbst besitzt für einen Prestige-Champagner einen ziemlich schwachen Charakter, der Qualität mangelt es an Finesse und Rasse. Dennoch ist er alles andere als unangenehm.

Mercier

Das Champagnerhaus Mercier entstand im Jahre 1858, als Eugène Mercier fünf kleinere Weinbetriebe, die bereits geschäftlich liiert waren, unter seinem Namen vereinigte. Er nannte die neue Firma Maison Mercier, Union des Propriétaires. Sitz der Firma war ursprünglich Paris, wo die genannten Betriebe ein gemeinsames Verkaufsbüro hatten. Um 1930 wurde der Firmensitz nach Epernay verlegt, wo sich die Keller befanden. Diese Keller wurden nach genauen Angaben von Eugène Mercier gebaut und sind nach den Moët & Chandon-Kellern die größten in Epernay. Die jährlich rund 200 000 Besucher werden – wie bei Piper-Heidsieck in Reims – mit Elektrowagen durch die Gänge gefahren, die eine Gesamtlänge von 18 km besitzen. Bei der Einweihung wurden sie mit einer Kutsche befahren, die von Schimmeln gezogen wurde. Früher fand dort sogar einmal eine Autorallye statt.

Riesenfaß und Fesselballon

Eugène Mercier scheute keinen Aufwand, um seinen Betrieb bekannt zu machen. So gab er den Auftrag für ein ungeheures Weinfaß, an dem 20 Jahre gearbeitet wurde. Man holte hierfür ganze Eichen aus Ungarn. Das Faß wog rund 20 Tonnen und hatte ein Fassungsvermögen von 200 000 Flaschen. Ganz Paris war auf der Straße, als es 1899 von 24 Ochsen zur Weltausstellung gezogen wurde. Die Reise von Epernay nach Reims dauerte acht Tage; unterwegs mußten drei Brücken verbreitert und mehrere Häuser abgerissen werden. An manchen Steigungen mußte man zu den 24 Ochsen noch 18 Pferde anschirren. Das herrlich bearbeitete Faß liegt heute wieder in den Kellern von Epernay. Ein Jahr später ließ Eugène Mercier auf der Weltausstellung den ersten je gezeigten Werbefilm vorführen und die Besucher in einem Fesselballon ein Glas Mercier probieren. Der Ballon war mit einem Seil verankert, das jedoch plötzlich brach. Die 11 Passagiere wurden 16 Stunden später in den damals deutschen Vogesen wohlbehalten wiedergefunden. Das Haus Mercier aber wurde vom deutschen Zoll wegen illegaler Einfuhr von 6 Flaschen Champagner mit einer Geldbuße von 20 Mark belegt.

Zusammenarbeit mit Moët & Chandon

Mercier hat seine Werbung generationenlang auf den französischen Markt konzentriert. Daher werden auch rund 80% des Weines in Frankreich selbst verkauft. Gerade umgekehrt ist es bei Moët & Chandon, das seit 1970 Kapitaleigner von Mercier ist: Moët & Chandon exportiert etwa 70%. Der Jahresumsatz von Mercier beträgt gut 5 Millionen Flaschen, der Vorrat etwa 14 Millionen. Etwa ein Fünftel der Erzeugung kommt aus den eigenen Weingärten, die eine Fläche von 212 ha bedecken. Gepreßt werden die Trauben in Kelterkellern des Moët-Konzerns; die Gärung findet jedoch bei Mercier selbst statt. Beeindruckend ist die lange

Seite gegenüber, oben:
Batterie liegender Gärtanks
aus Edelstahl

Seite gegenüber, links unten:
Relief in den Kellergängen
von Mercier. Das Haus emp-
fängt jährlich 200 000 Besu-
cher, die in kleinen Zügen auf
Gummireifen herumgefahren
werden.

Seite gegenüber, rechts unten:
La vendangeuse champe-
noise – Traubenleserin in der
Champagne – eine kleine
Plastik in einem Keller von
Mercier

Unten:
Noch ein Blick in die unter-
irdischen Gänge. Bei Mercier
arbeiten rund 400 Leute, da-
von etwa 150 im Keller und
gut 80 in den Weinbergen.
Hinzu kommen noch einige
hundert Weinleser.

Rechts:
Merciers Brut und Cuvée de
l'Empereur in einem der
Empfangssalons.

Die Familie Mercier wohnte in dem Château de Pékin, einem Schlößchen bei den Kellern. Seinen eigenartigen Namen verdankt es angeblich der Tatsache, das es ganz im Osten von Epernay liegt. Eugène Mercier ließ es etwa gleichzeitig mit seinen Weinkellern bauen. Der letzte der Merciers, Jacques, hat dort noch gewohnt.

Emile Mercier verdankt Frankreich seine erste Taubstummenanstalt, den Cercle de l'Abbé de l'Epé.

Der wichtigste Exportmarkt für Mercier ist England.

Das Haus Mercier besitzt ein eigenes Museum für Weinpressen mit etwa vierzig verschiedenen Pressen vom 14. Jahrhundert bis in unsere Zeit.

Im Jahre 1987 schloß Mercier einen Wein-Liefervertrag mit dem größten Genossenschaftsbetrieb der Champagne, dem Centre Vinicole de Champagne in Chouilly.

Mercier

Reihe liegender Edelstahltanks, die in einem gefliesten Gang installiert sind. Die Abfüllung besorgt Moët & Chandon, während die Etikettierung wieder bei Mercier erfolgt. Wie eng Mercier und Moët & Chandon zusammenarbeiten, zeigt sich auch an dem gemeinsamen computergesteuerten Verteilungszentrum auf dem Betriebsgelände von Mercier sowie an dem 300 m langen Kellergang, der die beiden Betriebe unter der Avenue de Champagne miteinander verbindet. Trotz dieser engen Zusammenarbeit haben die Weine der beiden Häuser doch einen ganz eigenen Stil.

Nicht zu hoher Preis
Der Stil von Mercier wird von den Forderungen seines wichtigsten Absatzmarktes bestimmt, der wie gesagt Frankreich ist. Hier spielt der Preis eine wichtige Rolle, denn viel Champagner wird im Supermarkt verkauft. Außerdem – ich erwähnte es schon – haben viele Franzosen die Gewohnheit, trockenen Champagner zum Dessert zu trinken. Es macht daher wenig aus, ob der Wein von hoher Qualität ist oder nicht: Bei einer süßen Nachspeise schmeckt man sowieso nichts davon. Angesichts dieser Tatsachen will man bei Mercier einen Wein erzeugen, der in großen Mengen zu einem relativ günstigen Preis verkauft werden kann. Und das gelingt dem Haus sehr gut.

Halbtrockene Bruts
Die Mercier-Weine sind etwas gröber im Schaum, etwas milder im Geschmack und etwas flacher im Charakter als etwa die Moët & Chandon-Erzeugnisse. Nach meiner Erfahrung sind es ziemlich liebliche Weine, die süßer sind als die meisten anderen Bruts. Die Dosage, sagte man mir, enthält bei Mercier auch etwas mehr Zucker als bei Moët & Chandon. Es sind nicht Weine, an denen es viel zu erleben gibt, aber sie trinken sich angenehm. Die Jahrgangsweine von Mercier enthalten stets einen höheren Anteil Weißweine als die normalen Bruts, aber sie sind ebenfalls ziemlich flach. Auch Mercier führt einen Prestige-Champagner, den Réserve de l'Empereur. Der Wein macht meist einen reifen, teilweise sehr reifen Eindruck und besitzt im Vergleich mit anderen Cuvées de Prestige einen deutlichen Mangel an Rasse und Finesse. Kaiserlich ist an diesem Wein allenfalls der Name.

Bollinger

Champagne
Ay

Das Fundament des Hauses Bollinger legte Graf Athanase de Villermont, ein Admiral, der am Ende seiner Karriere durch intensive Nutzung des ererbten Weinbergs von 11 ha das geschrumpfte Vermögen wieder auf den früheren Stand bringen wollte. Da er aus Standesgründen nicht selbst Weinhandel treiben konnte, stellte er hierfür einen jungen Deutschen an. Dieser hieß Joseph (später «Jacques») Bollinger, kam aus Württemberg und sollte später die französische Staatsbürgerschaft annehmen. Am 6. Februar 1829 gründete Jacques ein Champagnerhaus, das seinen Namen und den eines zeitweiligen Kompagnons trug, Paul Renaudin. Der Name des Admirals wurde auf den Etiketten nicht genannt, auch nicht, als Jacques dessen Tochter geheiratet hatte. Der Gründer des Hauses Bollinger leitete den Betrieb bis zu seinem Tode im Jahre 1888. Anschließend übernahmen seine Söhne und später ein Enkel den Betrieb. Dieser Enkel war wieder ein Jacques.

Eine große Frau

Jacques starb 1941, noch keine 50 Jahre alt. Und wieder einmal übernahm – wie so oft in der Geschichte der Champagne – eine Witwe die Leitung, die fünf Jahre jüngere Frau von Jacques, Elisabeth Bollinger, geborene Law de Lauriston-Boubers. Sie war eine Frau, die ihr schweres Amt mit Geschäftssinn, aber auch mit großer Liebenswürdigkeit versah.

Nie werde ich meinen ersten Besuch in der Champagne und bei Bollinger vergessen. Es war im Jahre 1969. Mit einiger Scheu traten meine Frau und ich in das Wohnzimmer der damals schon legendären Madame Bollinger. Sie begrüßte uns jedoch mit großer Herzlichkeit, fast wie eine rüstige, intelligente und überaus warmherzige Großmutter, die sich freut, ihre Enkel nach Jahren wieder einmal zu sehen. Ein paar Mal nannte sie uns denn auch «mes enfants». Sie war sogar so aufmerksam, sofort Englisch zu sprechen (übrigens ausgezeichnet!), als sie hörte, daß meine Frau Amerikanerin ist. Zu dieser Zeit fuhr sie auch noch täglich mit dem Rad ins Büro und manchmal ein wenig durch die Rebgärten. 1972 übertrug sie die Führung der Tagesgeschäfte ihren Neffen, wirkte jedoch an allen wichtigen Entscheidungen weiterhin mit.

Das letzte Mal sah ich diese Grande Dame de la Champagne et du champagne im Jahre 1975, ebenfalls wieder in ihrer Wohnung. Sie machte einen erschöpften Eindruck, denn sie hatte gerade eine Reihe schwerer Operationen überstanden. Ihre geistige Frische war jedoch ungebrochen, und sie empfing uns so freundlich und zuvorkommend wie immer. Ich erinnere mich noch, daß wir über die damalige Krise im Champagnergeschäft sprachen. Sie sagte: «Ich bin nicht mehr so jung und habe schon früher Krisen mitgemacht, wie 1929. Die heutige Krise ist nicht problematischer als die damalige, und wir werden sie schon überwinden. Im Leben darf man nie die Hoffnung aufgeben.» Elisabeth Bollinger, die man «Lily» nannte, starb 1977 im Alter von 78 Jahren.

Gärung vor allem in Fässern

Während ihrer Leitung gelang es Madame Bollinger, den Umsatz ihres Champagners zu verdoppeln, ohne auch nur einen Hauch Qualität preiszugeben. Auch heute noch arbeitet man bei Champagne Bollinger nach fast perfektionistischen Prinzipien. Das Haus besitzt knapp 141 ha, von denen gut 120 ha im Ertrag stehen. Die durchschnittliche Qualitätsstufe liegt bei 97%, und der Beitrag zum Gesamtbedarf beträgt etwa zwei Drittel. Es wird im Prinzip nur die erste Pressung verwendet, die *cuvée;* der Wein von der zweiten, der *première taille,* wird nur teilweise verwendet, aber auch das nicht immer. Außerdem läßt man den Wein überwiegend in kleinen Eichenfässern gären. Je besser das Jahr, desto größer der Anteil, der im Faß gärt. So kamen 1979 etwa 80% in Eichenfässer, der Rest gärte in Beton-Tanks. Bollinger verfügt über etwa 4500 Fässer, die von zwei Küfern instandgehalten werden. Die Fässer geben unter anderem die Möglichkeit, jeden Wein in jedem Faß einzeln zu beurteilen, und auch das gewalttätige Filtrieren nach Ablauf der Gärung kann entfallen. Außerdem, sagt man bei Bollinger, ergeben Fässer einen festeren Wein als normale Gärbottiche – einen Wein auch, der gegen Oxidation gefeit ist und daher später in Flasche und Glas länger frisch bleibt. Und schließlich kann man mit den kleinen Mengen in den Fässern viel genauer, viel raffinierter Weine komponieren als mit den großen Mengen in den herkömmlichen Bottichen oder Tanks.

Aristokratischer Stil

Andere bemerkenswerte Details aus der Arbeitsweise von Bollinger sind die Lagerung der *vins de réserve* in Magnum-Flaschen (dort perlt der Wein ganz leicht und bleibt dadurch länger frisch); der Gebrauch eines echten Korkens für die Jahrgangsweine, die in der Flasche die zweite Gärung durchlaufen; eine langsame *remuage* von 4 Monaten Dauer und ein Vorrat von 5 Jahren. Bei einem Jahresumsatz von etwa 1,4 Millionen Flaschen hat Bollinger rund 7 Millionen Flaschen vorrätig. Das Resultat all dieser großen und kleinen Mühen ist eine Reihe beachtlicher, großartiger Champagner. Der normale Brut besitzt langlebige, kleine Perlen, einen hellgelben, kupfern unterlegten Farbton, ein reifes, charmantes Bukett, einen vollständigen Geschmack mit Frische, Milde und Nuancen und einen schönen Nachgeschmack. Es ist ein Wein von aristokratischem Stil, einer der besten Bruts, die ich kenne. Auch die Vintage-Champagner sind stets exzellent; sie besitzen manchmal etwas mehr Frische als die jahr-

Seite gegenüber, rechts oben:
Speisekarte meines letzten Diners bei Madame Bollinger am 23. Mai 1975. Sie ließ mich dabei erstmals den Vieille Vignes Françaises 1969 probieren. Wie der Champagner waren auch die Gerichte perfekt zubereitet.

Seite gegenüber, links oben:
Generaldirektor Christian Bizot in einem der Bollinger-Rebgärten. Ko-Direktoren sind seine Neffen Michel Villedy und Arnould d'Hautefeuille.

Seite gegenüber, unten:
Auf dem Innenhof des Hauses, das Madame Bollinger bewohnte, werden Fässer zum Reinigen bereitgestellt. Heute wohnt hier Christian Bizot.

Über das Haus Bollinger hat der Engländer Cyril Ray ein ausgezeichnetes Buch geschrieben.

Unten:
Hier befinden sich die Büros von Bollinger.

Mitte:
Hinweise für Besucher und Lieferanten

Ein Jahr nach der Abfüllung bekommen alle Weine des Hauses den *coup de poignetage:* Was noch an Zucker vorhanden ist, wird dabei kräftig mit dem Wein vermischt, damit sicher ist, daß die Gärung vollständig verläuft. Nur wenige Häuser machen dies noch.
Eine Zweit-Marke von Bollinger ist Montvillers (etwa 2% des Umsatzes), und seit 1972 ist man Besitzer der Firma Langlois-Chateau bei Saumur (s. S. 30 und 31).
Außerdem ist Bollinger an der australischen Petaluma Winery sowie an den Atlas Peak Vineyards in Kalifornien beteiligt.

Der Brut Spécial Cuvée reift in den Kellern von Bollinger etwas weniger lange als die Jahrgangsweine, aber doch immer noch 3–4 Jahre. Es ist ein Wein mit einem Hauch Rosa, mit kleinen, langlebigen Perlen, einem reifen, charmanten Duft, einem vielschichtigen Geschmack, der frisch ist und mild, aber auch Nuancen besitzt, und schönem Nachgeschmack. Inzwischen wurde das Etikett dieses Weins geändert sowie auch dasjenige des Jahrgangs-Rosés.

Die Jahrgangsweine von Bollinger sind in ihrer Kategorie, wenn überhaupt möglich, noch besser als das jahrgangslose Brut. Intensiven Genuß bereitet mir stets ihr Duft und ihr distinguierter Geschmack. Je nach Jahrgang kann dieser Wein noch frischer sein als der normale Brut. Auch die Jahrgangsweine besitzen die Vielschichtigkeit, die für das Haus Bollinger so charakteristisch ist, sowie eine angenehme Reife (5 Jahre Keller). Bollinger erzeugt auch einen sehr guten Jahrgangs-Rosé.

Aus den Flaschen mit dem Bollinger R. D. wird erst nach 7–10 Jahren das Depot entfernt. R. D. steht schließlich auch für *récemment dégorgé.* Wenn dieser Cuvée de Prestige auf den Markt kommt, hat er einen perfekten Reifezustand erreicht sowie ein außergewöhnliches Niveau im Duft wie im Geschmack. Das Attribut «majestätisch» ist hier einmal an seinem Platz. Noch reicher, wenn überhaupt möglich, ist eine ganz exklusive Version R.D., der Année Rare. Dieser reift 10 bis 15 Jahre auf seiner *lie.*

Dieser überaus rare Champagner kommt von zwei kleinen Parzellen, auf denen die Rebstöcke noch behandelt werden wie im vorigen Jahrhundert. Die Trauben werden getrennt vinifiziert, zumindest bei großer Qualität der Ernte. Der duftreiche Wein ist ein Blanc de Noirs, also nur aus blauen Trauben hergestellt. Seine Farbe ist deutlich rötlich, sein Geschmack etwas weniger verfeinert als der anderer Jahrgangsweine von Bollinger, aber doch sehr anziehend und reintönig.

Bollinger

gangslosen Bruts. Bollinger erzeugt auch einen sehr gelungenen Rosé, der stets mit Jahrgang verkauft wird. Der Cuvée de Prestige des Hauses trägt auf dem Etikett die Initialen «R. D.», was «Récemment dégorgé» bedeutet. Dieser Champagner bleibt nämlich 7–10 Jahre auf dem Depot *(lie),* das bei der Flaschengärung entsteht, erst dann findet das *dégorgement* statt. Während dieser langen Ruhezeit erreicht der Wein einen perfekten Zustand der Reife, und außerdem entwickeln sich durch die lange Wechselwirkung zwischen Wein und *lie* eine Vielzahl feiner, kleiner Nuancen. Die Firma erzeugt auch einen roten, sehr akzeptablen Coteaux Champenois, La Côte aux Enfants.

Der rarste Wein aus dem Sortiment von Bollinger ist der Vieilles Vignes Françaises. Er kommt von zwei kleinen Parzellen mit zusammen 41 a, auf denen Stöcke wie im vorigen Jahrhundert wachsen, die nicht gegen die Reblaus geschützt werden. Bollinger verwendete die Trauben von diesen Parzellen früher immer zusammen mit den anderen. 1969 machte man hiervon anläßlich des 70. Geburtstags von Madame Bollinger erstmals einen eigenen Wein.

Deutz & Geldermann

Dieses Champagnerhaus in Ay wurde 1838 von William Deutz (1809–1884) und Pierre Hubert Geldermann (1811–1872) gegründet. Die beiden kamen aus Aix-en-Chapelle, das wir besser als Aachen kennen. Damals aber war Aachen unter Kaiser Napoleon vorübergehend französisch. Beide heirateten Mädchen aus der Gegend. Später sollten die ohnehin schon engen Bande zwischen den Familien noch enger werden, als die Tochter von William Deutz einen Sohn von Pierre Geldermann heiratete. Der Betrieb wurde nicht sehr groß, erwarb aber doch so viel Ansehen, daß er in die renommierte Gruppe der Grandes Marques aufgenommen wurde. Eine sehr schwierige Zeit erlebte Deutz & Geldermann kurz vor dem Ersten Weltkrieg. Während eines Aufruhrs unter den Winzern und Kellermeistern wurden nämlich fast alle Betriebsgebäude völlig verwüstet (Ayala und Bissinger erlitten das gleiche Schicksal; in Ay blieb nur Bollinger verschont). Seit 1927 ist Deutz & Geldermann eine Aktiengesellschaft; die Anteile liegen jedoch noch immer in Händen der Familie.

Auch auswärts engagiert

Das Haus wird geleitet von André Lallier, einem Ur-Urenkel von William Deutz. Er ist zusammen mit anderen Familienmitgliedern auch Eigentümer. Der letzte Geldermann schied kurz nach dem Zweiten Weltkrieg aus. Für ein doch ziemlich kleines Haus ist Deutz & Geldermann in nicht unerheblichem Umfang auch in anderen Weingebieten engagiert. So besitzt man in Deutschland eine Sektfabrik, im Loiretal das Château de l'Aulée (s.S. 45), im Rhonetal das Haus Delas und eine Weinfirma in Kalifornien.

Keller im Weinberg

Die eigenen Weinberge in der Champagne umfassen 41 ha und liefern Trauben für etwa 40% des Bedarfs. Bis auf einige kleinere Parzellen besitzen alle Weinberge ein Qualitätsniveau von 100%. Wer Deutz & Geldermann besucht, kann genau sehen, wie jede Generation das Inventar modernisiert hat: Der Großvater von André Lallier ließ Gärbottiche aus Beton einbauen, sein Vater emaillierte Tanks und er selbst Tanks aus Edelstahl. Die Keller führen von ebener Erde teilweise 175 m tief in einen Weinberg hinein. Normalerweise liegt dort ein

Vorrat von rund vier Jahresumsätzen. Jährlich verkauft Deutz & Geldermann etwa 750 000 bis 800 000 Flaschen. Gut die Hälfte davon geht in den Export.

Sorgfältige Verarbeitung

Bei Deutz & Geldermann wird der Wein mit der Sorgfalt behandelt, die ihm zukommt. Alle Jahrgangs-Champagner werden ausschließlich aus der ersten Pressung hergestellt, während für den normalen Brut ein klein wenig von der zweiten Pressung hinzugefügt wird. Die dritte Pressung bekommen die Destillateure. Außerdem unterzieht man den Wein lediglich einer «kalten Behandlung»; geklärt und filtriert wird hier nicht. Die *remuage* erfolgt noch von Hand.

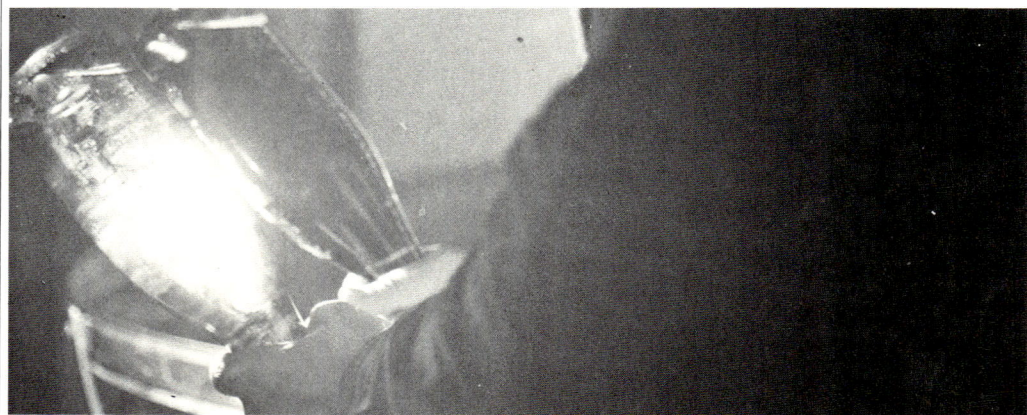

Wenn die Flaschen dann endgültig verkorkt sind, ruhen sie im allgemeinen noch etwa 6 Monate im Keller. Der Anteil der Jahrgangsweine liegt bei Deutz & Geldermann mit 40% der Gesamtmenge relativ hoch.

Milder Charakter

Wie man aufgrund des Vorstehenden schon vermuten kann, sind die Champagner von Deutz & Geldermann, die alle unter dem Namen Champagne Deutz verkauft werden, sehr korrekt in Duft und Geschmack. Besonders ausgezeichnet hinsichtlich Rasse, Finesse, Tiefe oder Abgang sind sie allerdings nicht. Es fiel mir auch auf, daß die meisten Weine einen reifen Ton hatten und sich außerdem ziemlich

Seite gegenüber, rechts oben:
Die beiden Stilsalons mit echten Napoleon III-Möbeln. Der Gründer von Deutz & Geldermann, William Deutz, lebte in dieser Epoche (etwa 1860).

Seite gegenüber, links oben:
Vorsitzender Direktor André Lallier

Seite gegenüber, Mitte:
Bei Deutz & Geldermann wird jede Flasche gegen das Licht gehalten und auf mögliche Verunreinigungen geprüft.

Seite gegenüber, unten:
Kisten mit übergroßen Flaschen, eine Spezialität des Hauses, werden versandt.

Unten:
Einige Gärtanks aus Edelstahl

Mitte:
Dieses Wappen ziert die meisten Etiketten.

Anläßlich des 150jährigen Bestehens brachte das Haus einen Cuvée 150e Anniversaire auf den Markt, und zwar nur 20 000 1/1- und 5000 Magnumflaschen. Der Champagner wurde zusammengestellt aus den Jahrgängen 1979 (5%), 1981 (10%) und 1982 (85%). Abgefüllt wurde er im Jahre 1983.

Das Champagnerhaus Deutz hat anläßlich seines 140jährigen Bestehens einen Jahrgangs-Champagner, den 1971er, mit einem Etikett des berühmten französischen Künstlers Georges Mathieu versehen lassen. Das moderne Etiketten-Modell wurde noch für eine begrenzte Anzahl späterer Jahrgangs-Champagner verwendet. Georges Mathieu hat auch das Symbol des Zweiten Französischen Fernsehens entworfen sowie das Zehnfrancstück.

Der Blanc de Blancs 1971 von Deutz & Geldermann enthielt überhaupt keine Dosage, was jedoch auf dem Etikett nicht angegeben war.

Den Blanc de Blancs mit Jahrgang hat Deutz & Geldermann zu seiner Spezialität gemacht. Jährlich werden davon etwa 50 000 Flaschen verkauft. Es ist ein ziemlich leichter, frischer Wein mit einem cremig-milden Schaum. Vor allem als Aperitif kommt er sehr gut zur Geltung.

Für den Rosé des Champagnerhauses Deutz wird traditionell nur Rotwein aus der bekannten Gemeinde Bouzy verwendet. Der Wein besitzt in der Regel eine zarte, rötlich-braune Farbe mit einem Hauch Orange, recht kleine weiße Perlen, einen verhaltenen, aber ansprechenden Duft und einen korrekten, ausreichend frischen Geschmack und einen milden Abgang.

Der beste Wein von Deutz & Geldermann ist nach einem der Gründer des Hauses benannt, William Deutz. Er wird viel nach Amerika versandt. Zartgelbe Farbe, zarter Duft, zarter Geschmack. Viel Rasse oder Charakter besitzt der Wein nicht, aber er ist durchaus ansprechend. Etwa 5–6 Jahre nach seiner Ernte schmeckt er meist am besten, da dann noch genügend Frische vorhanden ist. Produktion: etwa 50 000 Flaschen pro Jahrgang.

Deutz & Geldermann

mild präsentierten. Von Härte oder strenger Säure keine Spur. Die Champagner von Deutz & Geldermann sind für ein Publikum bestimmt, das nicht gewöhnt ist, knochentrockene Weißweine zu trinken. Meine bevorzugte Sorte ist der Cuvée William Deutz. Der Wein wird in eine spezielle Flasche abgefüllt und ist der Cuvée de Prestige des Hauses. Er besitzt meist reichlich Perlen, eine zartgelbe Farbe, einen milden, ausgereiften Duft und einen reifen, ziemlich weichen Geschmack, dem es im Vergleich mit entsprechenden Weinen anderer Häuser leider etwas an Rasse mangelt. Fünf bis sechs Jahre nach der Ernte schmeckt dieser Wein optimal; danach verliert er allmählich an Frische. Eine Spezialversion des normalen Brut, der ein Jahr länger auf seiner Hefe liegt, ist der mit auffallenden Dekorationen versehene Cuvée Georges Mathieu. Der Wein selbst ist weniger auffallend. Er wird vor allem nach Amerika exportiert.

Rosé und reiner Weißwein
Zwei weitere Spezialitäten von Deutz & Geldermann sind laut André Lallier der Rosé und der Blanc de Blancs. Der Rosé besitzt meist einen milden Abgang, dem ein nicht unattraktiver Duft und ein zart-frischer Geschmack von gutem Gehalt vorangehen. Der Blanc de Blancs ist in Duft und Geschmack durchweg eleganter, frischer, und sein Schaum ist manchmal von cremiger Zartheit. Den ganz großen Stil kann man diesem Wein zwar nicht zuschreiben, aber als Aperitif hat er ohne Zweifel seine Vorzüge.

Stilreine Salons
Zweifellos finden meine kritischen Anmerkungen zu den Deutz-Weinen (die ihre grundlegende Korrektheit durchaus nicht betreffen) ganz und gar nicht die Zustimmung von André Lallier, denn er ist sehr stolz auf seine Erzeugnisse. Noch stolzer (so möglich) ist Monsieur Lallier aber auf die große Sehenswürdigkeit seines Hauses, die beiden im reinen Napoleon-III.-Stil eingerichteten Salons. Er hat selbst nach und nach das Mobiliar gekauft, und die Wände, Decken und Täfelungen wurden von Handwerkern mit großer Sorgfalt im Stil der Zeit um 1860 ausgeführt. Diese beiden Salons wurden zu Ehren von William Deutz und Pierre Geldermann eingerichtet, die zu dieser Zeit beide noch in Ay lebten und arbeiteten.

Links:
Direktor Jean-Michel Ducellier im Büro

Links unten:
Die Keller von Ayala wurden während des Champagner-Aufstandes von 1911 fast vollständig verwüstet. Das heutige Gebäude stammt daher aus dem Jahre 1913. Es liegt in Ay am Boulevard du Nord.

Rechts unten:
Einige Weine von Ayala. Auf dem Etikett ist immer «Château d'Ay» angegeben. Das Schloß ist noch Eigentum des Hauses, wurde aber in den beiden Weltkriegen so sehr beschädigt, daß es nicht mehr bewohnbar ist.

Ayala ist Eigentümer der Champagnermarke Montebello. Montebello war einst ein bekanntes und angesehenes Haus. Sein Gründer war der Sohn des Herzogs von Montebello in Mareuil-sur-Ay. Das Schloß der Familie, das einst den Herzögen von Orléans gehörte, war stilvoll eingerichtet. Montebellos Ruhm ist heute in jeder Hinsicht verblaßt. Die Trauben von den 25 ha Rebfläche (Qualitätsstufe 98%) werden für den Ayala verwendet.

Ayalas normaler Brut wird zu zwei Dritteln aus blauen und zu einem Drittel aus weißen Trauben hergestellt. In Farbe, Duft und Geschmack durchweg ziemlich reifer Eindruck. In dieser Reife schwingt jedoch ein frischer, kühler Geschmackston mit. Der Wein wirkt recht voll und fest und tönt angenehm nach. Er ist zweifellos mit Sorgfalt gemacht, jedoch ohne beeindruckenden Charakter, viele Nuancen oder unmittelbaren Charme. Der Jahrgangswein besitzt den gleichen Stil.

Der Blanc de Blancs von Ayala wird ausschließlich aus weißen Trauben von der Côte des Blancs hergestellt. Der Wein ist mein Favorit aus diesem kleinen Haus. Er ist reich an Perlen, besitzt einen angenehmen Duft, bietet einen frischen, ziemlich leichten Geschmack, ich trinke ihn am liebsten als Aperitif. Ayala erzeugt auch einen reizvollen Champagne rosé, während im Herbst 1987 ein Cuvée de Prestige auf den Markt kam (Jahrgang 1982); der Grande Cuvée.

Ayala & Co.

Ayala liegt in Ay: Wie nahe liegt da die Vermutung, daß der Name der Firma von dem des Dorfes abgeleitet ist. Und doch ist es nicht so. Das Haus bekam seinen Namen von Edmond de Ayala, dem Sohn eines kolumbianischen Diplomaten. Etwa um 1860 wurde Edmond von seinem Vater nach Ay zu einem politischen Freund geschickt, dem Burggrafen von Mareuil. Es gefiel dem jungen Kolumbianer ganz ausgezeichnet in der Champagne, ja, er heiratete eine Nichte seines Gastgebers. Als Heiratsgut bekam die Braut eine stattliche Zahl von Weinbergen mit, die wenig später die Grundlage für Edmonds eigenes Champagnerhaus bildeten. Die Nachfahren von Edmond de Ayala verkauften den Betrieb 1937 an René Chayoux, eine bekannte Persönlichkeit im Champagnergebiet. Dieser übernahm später auch das Champagnerhaus Montebello mit dem Château de Mareuil-sur-Ay und die *grand cru*-Domäne Château la Lagune im Bordeaux-Gebiet Médoc. Nach dem Tode von René Chayoux und

wenig später auch seiner Frau ist das Haus heute in Händen von Jean-Michel Ducellier, der auch Direktor ist.

Keine eigenen Rebflächen mehr

Wenn auch Weinberge einst die Gründung des Weinhauses Ayala & Co. (so der offizielle Name) veranlaßten, so verfügt man doch heute über keine eigenen Rebflächen mehr. Man nimmt lediglich die 25 ha in Anspruch, die eigentlich dem Champagnerhaus Montebello gehören. Ayala ist kein großes Haus; der Betrieb ist überschaubar. Man erzeugt jährlich etwa 900 000 Flaschen und hält einen Vorrat von gut 2,7 Millionen Flaschen. Der Wein gärt in glasausgekleideten Steinbottichen. Bei der Zusammenstellung der trockenen Champagner werden nur die Weine von der ersten und meist auch der zweiten Pressung gebraucht. Die dritte Pressung geht an andere Häuser. Im übrigen arbeitet man sehr traditionell, mit manueller *remuage* und 6–8 Monaten Flaschenlager nach

der endgültigen Verkorkung. Ayala betreibt kaum Werbung und exportiert knapp die Hälfte der Produktion.

Konservativer Stil

Nach einer Wanderung durch die 3 km langen Keller, die 25 m unter einem Rebberg liegen und teilweise über eine Wendeltreppe mit 76 Stufen zu erreichen sind, habe ich mit Monsieur Ducellier einige Weine aus dem Sortiment von Ayala durchprobiert. Außerdem habe ich die gleichen und einige andere Champagner zu einem späteren Zeitpunkt zu Hause nochmals verkostet. Insgesamt ergab sich dabei das Bild eines Champagners, der in jeder Hinsicht korrekt, aber ansonsten wenig aufregend ist. Ayala ist keine Marke, bei der man das große Raffinement, die berückende Frucht oder den unwiderstehlichen Charme suchen sollte. Was man hier findet, sind ziemlich konservative Weine, die gut ausgereift sind, einen schönen Schaum besitzen, den Mund gut füllen, ein frisches, kühles Geschmacksgerüst besitzen und angenehm am Gaumen haften. Mich persönlich sprechen Ayalas Blanc de Blancs mit Jahrgang (von etwas verspielterer Art als andere Weine des Sortiments) und der Grande Cuvée am meisten an, ein Luxuschampagner auf der Basis von 80% Chardonnay und 20% Pinot noir, den man reifen lassen sollte.

Links:
Jean Roland-Billecart. Einer seiner Vorfahren, Nicolas-François Billecart, gründete das Champagnerhaus im Jahre 1818. Nicolas-François leitete seinen Betrieb 40 Jahre lang. Das Familienwappen zeigt drei Weintrauben und eine laufende Windhündin.

Links unten:
Ein Foto aus dem Familienarchiv

Rechts unten:
Hier werden noch Flaschen von Hand etikettiert.

Billecart-Salmon kauft in der Regel Reben von Weinbergen mit einem durchschnittlichen Qualitätsniveau von 90 bis 93%. Zu empfehlen sind auch der Rosé und der weiße Coteaux Champenois. Die abgebildeten Etiketten sind inzwischen nüchterner und stilvoller geworden.

Der Blanc de Blancs von Billecart-Salmon, stets ein Jahrgangs-Champagner, zeichnet sich aus durch eine blasse Farbe, manchmal mit einem ganz leichten Hauch von Grün, durch frischen, nicht allzu tiefen Duft und durch einen eleganten Geschmack, der im Mund zart nachtönt. Der Wein kommt praktisch ausschließlich von *grand cru*-Rebgärten. Auch der Rosé ist empfehlenswert. Der normale Brut hat Kultur und einen Geschmack von milder Frische.

Billecart-Salmons Cuvée de Prestige behält seine Frische, die manchmal fast metallisch-kühl sein kann, sehr lange. Der 1971er etwa war fast 10 Jahre nach seiner Ernte noch vollkommen frisch. Der Wein besitzt durchweg reichlich kleine Perlen und daneben eine gewisse Eleganz. Es gibt vielleicht bessere Prestige-Champagner als diesen; dennoch ist die Qualität des Cuvée N. F. Billecart doch sehr ansprechend.

Billecart-Salmon

Champagne
Mareuil-sur-Ay

Die Familie Billecart lebt schon seit Jahrhunderten in dem kleinen Dorf Mareuil-sur-Ay. Stumme Zeugen hierfür sind zwei Grabsteine aus dem 16. Jahrhundert in der Dorfkirche. 1818 beschloß Nicolas-François Billecart, Erbe des Familienbesitzes an Weingärten, zusammen mit seinem Schwager Louis Salmon, ebenfalls Besitzer von Weinbergen, ein Champagnerhaus zu gründen. Das Porträt von Nicolas-François zeigt einen kräftig gebauten Mann mit willensstarken Zügen, einen Menschen, dem nicht so leicht bange zu machen ist. Er reiste viel und machte seinen Wein im ganzen russischen Reich, seinem wichtigsten Markt, bekannt und begehrt. Sein Ur-Urenkel Jean Roland-Billecart leitet heute die Firma, unterstützt von seinem Sohn François und seinem Neffen Denis. Zum 3 ha großen Betriebsgelände gehören nicht nur ein tadellos unterhaltener, blumenreicher Park, sondern auch unterirdische Keller, in denen durchschnittlich 1,6 Millionen Flaschen vorrätig gehalten werden. Der Betrieb verkauft jährlich etwa 520 000 Flaschen. Ein relativ geringer Teil davon, nämlich nur 25%, geht in den Export.

Weinberge verkauft
Anders als im vorigen Jahrhundert besitzt Billecart-Salmon heute keine nennenswerten Rebflächen mehr. 1911 wurden Weingärten und Weinhaus getrennt. Jean Roland-Billecart kauft ausschließlich Pinot noir (40% im Marnetal und 20% vom Montagne de Reims) und Chardonnay – also keine Pinot meunier-Reben. Verwendet wird nur die erste Pressung, jedenfalls von der Qualität Brut an aufwärts. Die Weine gären langsam bei niedriger Temperatur in relativ kleinen Stahltanks. Das Rütteln erfolgt noch von Hand und dauert mindestens 80 Tage. Zwischen dem Degorgieren und dem Versand liegt nochmals wenigstens ein Monat; in der Praxis sind es häufig bis zu drei Monaten.

Eleganter Stil
Charakteristisch für die Champagner von Billecart-Salmon sind eine elegante Struktur und ein mild-frischer Geschmack. Dieser ist etwas weniger trocken als bei einer Reihe vergleichbarer Weine anderer Häuser. Störend ist dies jedoch keineswegs, denn es sind daneben Charme und Reintönigkeit vorhanden. Einer meiner Lieblingsweine dieses Hauses ist der Blanc de Blancs mit Jahrgang, jedoch besitzt auch der Prestige-Cuvée N.F. Billecart ausgeprägte Klasse: anhaltende, kleine Bläschen, eine gewisse Tiefe und die für dieses Haus so charakteristische Eleganz. Billecart-Salomon, eine der *grandes marques,* gehört vielleicht qualitativ nicht zu den Spitzenchampagnern, aber einen guten Mittelplatz nimmt er allemal ein.

Links:
Diese schimmelbedeckten Flaschen sur pointes *sind ein kleiner Teil von Laurent Perriers Weinvorrat.*

Unten:
Bernard de Nonancourt, der Mann, der Laurent Perrier groß gemacht hat. Rechts von ihm steht Kellermeister Edouard Leclerc. Er ist schon seit mehr als 25 Jahren in der Firma tätig.

Seit 1973 ist Laurent Perrier belgischer Hoflieferant.

Als die Familie von Bernard de Nonancourt 1939 Laurent Perrier kaufte, lagen nur 20 000 Flaschen im Keller. Heute sind es 4 Millionen, und zwar dank Bernard de Nonancourt und seiner dynamischen Mannschaft. Bernard kam 1945 in den Betrieb, nachdem er während des Zweiten Weltkriegs im

französischen Widerstand aktiv war. Zu den vielen Investitionen, die unter seiner Leitung getätigt wurden, gehört auch der Bau von Wohnungen für Arbeitnehmer von Laurent Perrier.

Wie Bollinger und einige andere Häuser hat Laurent Perrier Weine von außergewöhnlichen Jahren besonders lang auf dem Depot liegen lassen, u.a. den 1966er und den 1969er. Diese Champagner werden als Millésime Rare angeboten. Ihre Qualität ist exzellent.

Laurent Perrier ist an Champagne De Castellane und an einer kalifornischen Weinfirma beteiligt.

Laurent Perrier

Champagne
Tours-sur-Marne

Wachstum über alles – das könnte das Motto des rührigen Hauses Laurent Perrier sein. 1949 betrug der Umsatz etwa 100 000 Flaschen, 1959 gut 400 000 Flaschen – und heute sind es etwa 6 Millionen Flaschen. In nicht einmal einer Generation arbeitete sich Laurent Perrier von einem kleinen, unbedeutenden Betrieb zu einem der vier größten Häuser des Gebiets hoch. Und man will weiter wachsen. Zu Beginn der 80er Jahre verfügte die Firma über Gär- und Mischtanks mit einem Fassungsvermögen von 3 Millionen Liter, das auf nicht weniger als 8 Millionen Liter gesteigert wurde. Der Mann, der Laurent Perrier groß gemacht hat, ist Bernard de Nonancourt, dessen Familie den dahinkümmernden, winzigen Betrieb 1939 gekauft hatte. Die Firma war am 28. Dezember 1812 von der Witwe des vier Jahre zuvor verstorbenen Laurent Perrier gegründet worden. Die Perriers waren ursprünglich Böttcher. Später eröffneten sie einen Lohnabfüllbetrieb, und wieder einige Zeit später kam man zu dem Entschluß, nicht mehr nur den Wein fremder Leute abzufüllen, sondern auch den eigenen. Über die Witwe Laurent Perrier ist

wenig bekannt, jedoch lebt die Erinnerung an sie noch in dem offiziellen Namen des Champagnerhauses fort, Vve Laurent Perrier & Cie.

Erfolgsgeheimnis

Der große Sprung nach vorne gelang dem Betrieb in den 60er Jahren. Niemand hatte damals Bedarf an einer weiteren Champagnermarke, schon gar nicht von einem unbekannten Haus, und doch begann damals der Aufstieg von Laurent Perrier. Der Schlüssel zum Erfolg war der stille Champagner, den wir heute als Coteaux Champenois kennen. Die meisten Häuser ließen sich nicht dazu herab, diesem Produkt auch nur die geringste Aufmerksamkeit zu schenken, aber Laurent Perrier machte diesen Wein gerade zu seinem Haupterzeugnis. Es gab sogar einmal eine Zeit, in der Laurent Perrier allein die Hälfte des stillen Champagners verkaufte, die von den Champagnerhäusern insgesamt auf den Markt gebracht wurden. Dank einer geschickten Absatzpolitik stieg der Umsatz so rapide an, daß Laurent Perrier aus allen Nähten zu platzen drohte. Zu Beginn der 70er Jahre

wurde daher ein umfangreiches Erweiterungsprogramm durchgeführt, dem eigene Weinberg bei den Kellern, der Kirschbaumgarten und der größte Teil des Parks zum Opfer fielen. Sie wichen 1971 einer Batterie Gärtanks aus Edelstahl (Laurent Perrier war eines der ersten Häuser, das solche Tanks aufstellte), einer modernen Abfüllanlage und natürlich einer Reihe neuer, größerer Gebäude und Keller. Im gleichen Jahr wurde auch ein kleines Champagnerhaus übernommen, zu dem 8 ha Rebfläche gehörten. Zwei Jahre später kam noch eine Batterie Gärtanks und weitere 15 ha Rebfläche dazu. Zur Zeit verfügt Laurent Perrier über eine eigene Rebfläche von 80 ha, die etwa ein Zehntel der benötigten Trauben liefern; weitere 500 ha hat man unter Vertrag.

Menschliche Beziehungen

Das fast explosiv zu nennende Wachstum des Hauses Laurent Perrier hat nicht zu einer allgemeinen Abkühlung des Betriebsklimas geführt. In der Firma herrscht eine ausgezeichnete, kollegiale Atmosphäre unter den etwa 160 Beschäftigten, und zwar durch alle Ebenen hindurch. Bernard de Nonancourt tut viel für seine Leute. So mietete er anläßlich der fünfmillionsten in einem Jahr verkauften Flasche ein Flugzeug, das die ganze Belegschaft auf die Kanarischen Inseln flog, wo man sich auf Kosten der Firma ein paar schöne Tage machte. Die Firma lädt auch regelmäßig die Winzer ein, die die Trauben liefern, und Bernard de Nonancourt ist mit zwei seiner Kollegen während der Erntezeit ständig unterwegs, um seine Winzer zu besuchen. Bei Laurent Perrier legt man großen Wert auf gute Beziehungen zu den Menschen, die das Basisprodukt liefern. Gute Beziehungen sind meist auch eine Garantie für optimale Trauben.

Große Sauberkeit

Mit Ausnahme des Crémants, des einfachsten Weins von Perrier, werden alle Weine ausschließlich aus der ersten Pressung hergestellt. Die Weine gären bei 20°C in den erwähnten Stahltanks. Auffallend war bei Laurent Perrier die große Sauberkeit. Sowohl der Gärkeller wie auch die Abfüllhalle besitzen einen gefliesten Boden, der jahrein jahraus tadellos sauber gehalten wird. Dies ist ein gutes Zeichen: Hygiene ist die erste Voraussetzung für die Erzeu-

Links unten:
Eine Magnum Grand Siècle, die zu beiden Seiten von einem Millésime Rare mit Jahrgangsangabe – hier 1959 und 1945 – flankiert wird. Der Millésime Rare ist im Prinzip ein Champagner aus einem älteren, sehr guten Jahrgang, von dem viel Wein für den Cuvée Grand Siècle verwendet wird, der seinerseits keinen Jahrgang trägt. Manchmal bleiben kleine Mengen Wein übrig, und diese werden dann mit dem Etikett Millésime Rare verkauft, und zwar vor allem an Restaurants.

Rechts unten:
Beim Eingang von Laurent Perrier steht ein Männeken Pis neben dem Text «Trinken Sie niemals Wasser.»

Seit 1957 organisiert Laurent Perrier jedes Jahr in Paris das Diner Grand Siècle. Dabei werden stets Einzelpersonen, Gruppen oder Einrichtungen geehrt, die gute Werke verrichtet haben. Eine zwölfköpfige Jury trifft die Auswahl. So wurden etwa das französische Rote Kreuz, Lord Mountbatten und die Restauratoren von Versailles ausgezeichnet. Dem Ereignis wohnen stets Hunderte von Menschen bei.

Seit 1981 arbeitet Laurent Perrier mit dem amerikanischen Haus Almadén zusammen. Gemeinsam bringt man unter dem Namen California Chardonnay Blanc de Blancs einen sauberen weißen Wein heraus.

Der jahrgangslose Brut von Laurent Perrier besitzt eine helle Farbe, einen lebendigen Schaum, ein nicht allzu markantes Bukett und einen Geschmack, der weder zu herb noch zu leicht ist. Der Wein kann mit seinem klaren, fast metallisch-kühlen Geschmackston und seiner munteren Persönlichkeit als guter Champagner für alle Gelegenheiten angesehen werden. Wenn der Brut dazu noch einen Jahrgang trägt, ist der Wein etwas fester, etwas ansprechender und etwas ausgereifter.

Da Laurent Perrier für die Erzeugung von Rotwein, den Côteaux Champenois, bestens ausgerüstet ist, kann man hier den Rosé auf eine Art herstellen, die sonst überall in Frankreich üblich ist, nur nicht in der Champagne. Dieses Verfahren besteht darin, daß der Most eine Zeitlang an den Beerenhäuten belassen wird und der Wein dadurch auf ganz natürliche Weise seine Farbe bekommt. Das Resultat ist ein herrlicher, fruchtiger Champagner-Rosé von Niveau.

Der Grand Siècle von Laurent Perrier wird nicht, wie es bei den meisten Prestige-Champagnern geschieht, aus einem einzelnen Jahrgang zusammengestellt, sondern aus zwei oder drei verschiedenen Erntejahren. Diese Arbeitsweise ergibt einen köstlichen Wein von konstanter Qualität, der bukettreich, ziemlich fest und elegant ist. Neben seiner reifen Milde besitzt er einen sprühenden, vitalen Kern. Der Wein wird zu 80% aus weißen Trauben hergestellt. Mit dem Rosé zusammen werden 500 000–600 000 Flaschen jährlich verkauft.

Die Geschichte wiederholt sich. Im Jahre 1900 stand auf der Karte des Pariser Restaurants La Tour Eiffel ein Laurent Perrier 1893 *Grand vin sans sucre*. Im Frühjahr 1981 brachte das gleiche Haus den Ultra Brut, *cuvée sans sucre*, heraus. Es ist zweifellos ein natürlich überaus trocken im Geschmack, aber nicht mager oder zu herb. Aufgrund der Reife der verwendeten Weine hat der Ultra Brut doch eine gewisse Milde mitbekommen. Zart in der Farbe, reicher Schaum, feine Perlen.

Laurent Perrier

gung eines Qualitätsweines. Die *remuage* erfolgt hier von Hand – die Investitionen für eine mechanische Anlage werden als zu kostspielig angesehen – und dauert etwa 2 Monate.

Klarer Geschmackston
Der normale Brut von Laurent Perrier ist ein guter Champagner für alle Gelegenheiten mit reichem Schaum, einem angenehmen Duft und einem Geschmack, der weder zu leicht ist noch zu herb und daher einen großen Konsumentenkreis anspricht. Auffallend ist der klare Geschmackston, der den Champagnern von Laurent Perrier eigen ist; er erinnert häufig an kühles Metall. Es sind keine reichen Weine, aber doch muntere, spritzige, etwas feste Champagner von verläßlicher Qualität. Die Jahrgangsweine haben mehr zu bieten als der normale Brut. Noch besser ist der Grand Siècle, der Cuvée de Prestige des Hauses. Er wird stets aus zwei oder drei Jahrgängen zusammengestellt und ist daher von ziemlich gleichmäßiger Art und Qualität. Ich finde diesen Wein köstlich. Sehr gut gefällt mir auch Laurent Perriers Champagner rosé, der nicht durch Mischen von moussierendem Weißwein mit stillem Rotwein erzeugt wird, sondern dadurch, daß die blauen Beerenhäute kurze Zeit am Most belassen werden. Dieses Verfahren wird in der Champagne nur selten angewandt. Der Wein besitzt eine zartrosa, helle Farbe und einen sehr guten, eleganten Geschmack, der manchmal an Früchte erinnert, vor allem Schwarze Johannisbeeren. Die stillen Weine von Laurent Perrier werden in dem Kapitel Coteaux Champenois behandelt (s. S. 190 und 191).

Links:
Lammlendchen mit einem roten Coteaux Champenois von Bonnaire als Begleiter. Das Bild wurde in dem ausgezeichneten Restaurant L'Assiette Champenoise in Tinqueux aufgenommen, wo Eigentümer Jean-Pierre Lallement selbst kocht.

Unten: Ein Winzer in Avize schaufelt den marc *aus der Presse.*

Gegenüberliegende Seite, unten:
Der marc *von weißen Trauben*

Moët & Chandon stellt für den Hausgebrauch auch eine kleine Menge Bouzy von sehr dezentem Geschmack her. Der Wein wird nicht verkauft, sondern nur bei Empfängen kredenzt.

Viel Coteaux Champenois wird mit einer *agraffe* verschlossen, einer metallenen Klammer, die den – gekerbten – Korken im Flaschenhals hält. Bei Champagnern sieht man sie selten, außer bei solchen, die während der Flaschengärung anstelle des Kronenkorkens einen Korken tragen (s. Foto S. 177).

Der Coteaux Champenois ist schwieriger abzufüllen als der Champagner, da die Gefahr der Nachgärung besteht. Deshalb verwendet Laurent Perrier sterilisierte Flaschen.

Georges Vesselle, bekannter Erzeuger von Coteaux Champenois und Bürgermeister von Bouzy, erzeugt nicht nur in der Champagne Wein, sondern auch auf dem Château d'Arlay und den Côtes du Jura. Er überwacht dort die Produktion.

Coteaux Champenois und andere Getränke

Außer ihrem weltberühmten Schaumwein liefert die Champagne auch Stillwein. Dieser hieß bis 1952 Vin originaire de la Champagne und von 1953 bis 1974 Vin Nature de la Champagne. Am 21. August 1974 wurde diese Bezeichnung auf Drängen der EG in Coteaux Champenois geändert. Der Wein besitzt eine *appellation contrôlée* und kann rot oder weiß sein – aber ich habe auch einmal einen Rosé probiert. Coteaux Champenois darf nur in der Champagne und nur aus den Rebsorten Pinot noir, Pinot meunier und Chardonnay hergestellt werden. Die Reben müssen nach den für die Champagne geltenden Vorschriften behandelt werden. Der maximale Höchstertrag wurde für die Champagne auf 13 000 kg Trauben pro Hektar begrenzt. Innerhalb dieser Grenze wird jährlich festgelegt, wieviele Kilogramm für Champagner verwendet werden dürfen. Der Rest kann dann grundsätzlich zu Coteaux Champenois verarbeitet werden. So wurden 1975 10 000 kg/ha als Höchstertrag festgelegt; hiervon durften höchstens 7500 kg für die Champagnerherstellung verwendet werden. Es blieben also 2500 kg für Coteaux Champenois übrig. 1979 lag die Ertragsgrenze für Champagner bei 12 000 kg, so daß nur 1000 kg/ha für den Coteaux Champenois zur Verfügung standen. Die Ernten von 1978 und 1980 dagegen waren so klein, daß für den stillen Champagner fast gar nichts übrig blieb. Die Produktion ist also starken jährlichen Schwankungen unterworfen.

Absatz vor allem in Frankreich

Infolge der schwankenden Produktionszahlen ändern sich auch die Verkaufsmengen des Coteaux Champenois. Wenn die Ernte klein ist, kann es geschehen, daß von einem Jahr zum anderen nur die Hälfte verkauft werden kann, wodurch es natürlich sehr schwierig wird, für diesen stillen Champagner-Wein einen internationalen Markt aufzubauen. Etwa die Hälfte bis zwei Drittel des Coteaux Champenois werden von den Markenhäusern versandt, der Rest durch *récoltants-manipulants* (selbst erzeugende und vertreibende Winzern) und Genossenschaften. Mit einem Anteil von 70% wird der meiste Coteaux Champenois in Frankreich selbst getrunken.

Ruf besser als die Qualität

Im Vergleich mit dem Champagner ist der Coteaux Champenois ein kommerziell unbedeutendes Produkt. Trotzdem sind 2 bis gut 4 Millionen Flaschen im Jahr eine Menge, die man nicht einfach übergehen kann. Für diese Appellation sind solche Jahresumsätze sogar höchst beachtlich. Der Preis des Coteaux Champenois ist nämlich vergleichsweise sehr hoch, während die Qualität meist nicht sehr erhebend ist. Qualitativ kann der Coteaux Champenois meist nicht mit preislich vergleichbaren Weinen etwa aus dem Burgund (einschließlich Mâconnais und Beaujolais) mithalten, und trotzdem findet man den Wein in auffallend vielen französischen Restaurants. Der Erfolg des Coteaux Champenois erklärt sich wohl vor allem aus seiner Seltenheit. Es ist ein recht unbekannter Wein aus einem recht bekannten Gebiet, ein Wein, mit dem der Privatmann wie der Restaurateur seine Gäste überraschen kann. Dabei ist der Coteaux Champenois kein gewichtiger Wein, der an den Gaumen dessen, der ihn trinkt, hohe Anforderungen stellen würde – und doch läßt sich mancher «Kenner» durch die Seltenheit des Weins überrumpeln. Der Coteaux Champenois wird vor allem wegen seines Etiketts und seines Renommees gekauft, aber kaum wegen seiner überragenden Qualität. Wer einen Coteaux Champenois mit Verstand degustiert, wird sehr oft enttäuscht.

Seltener Rosé

Ich erinnere mich zum Beispiel, daß mich der sogar im Guide Michelin genannte Chouilly Blanc aus dem hervorragenden Restaurant Boyer in Reims stark enttäuschte, ebenso der im gleichen Werk empfohlene Ludes Rouge. Auch bei vielen anderen Gelegenheiten konstatierte ich am Coteaux Champenois eine dürftige Qualität: flach, mager, sauer und was noch alles. Die «Fans» des Coteaux Champenois werden mir hier natürlich heftig widersprechen. In einer Gesprächsrunde verkündete einer von ihnen einmal: «Der Coteaux Champenois ist nicht einfach als Wein. Man muß sich anstrengen, um seine Qualitäten und Feinheiten zu entdecken, die sich häufig hinter Säure verbergen.» Ich habe mich angestrengt. Aber die Anzahl der Coteaux Champenois, die ich mit Genuß zu trinken vermag, ist nicht eben groß. Zu den besten und verläßlichsten Sorten rechne ich

    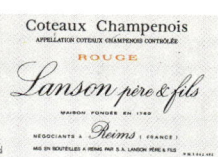 

Der Saran, der weiße Coteaux Champenois von Moët & Chandon, kommt von dem etwa 4 ha großen Weinberg des Château de Saran in Chouilly. Dort veranstaltet Moët für hochgestellte Gäste imponierende Empfänge. Die Produktion ist beschränkt (etwa 70 000 Flaschen), denn was an Saran erzeugt wird, geht zu Lasten des Dom Pérignon. Der Wein besitzt einen tadellosen, frischen, lebhaften Geschmack und ist einer der besten Coteaux Champenois. Auch Ruinarts Wein ist sehr gut.

Unter fünf weißen Coteaux Champenois, darunter auch jene von Lanson und Veuve Clicquot, gefiel der von Pol Roger am besten. Ziemlich eleganter Duft von großer Reintönigkeit, guter Geschmack mit einer kreidigen Frische, Charakter und etwas Frucht. Ein köstlicher Wein, in seiner Art ausgezeichnet zu nennen ist. Erzeugung etwa 15 000 Flaschen im Jahr. Von geringerem Niveau, aber doch tadellos, sind die weißen Coteaux Champenois von Veuve Clicquot und Billecart-Salmon.

Laurent Perrier war das erste Haus, das sich intensiv mit der Erzeugung von stillem Champagner befaßte – und zwar mit Erfolg. Ein wirklich sehr guter Wein ist der weiße Coteaux Champenois, ein Wein, der nur aus der ersten Pressung hergestellt wird. Er duftet und schmeckt außergewöhnlich reintönig. Sein Geschmack ist sehr angenehm und ziemlich frisch, ohne zu herb zu sein. Kein Jahrgang.

Den Pinot-Franc brachte Laurent Perrier 1977 neben dem Bouzy auf den Markt. Der Wein wird stets aus völlig gesunden Trauben hergestellt (nur Pinot noir) und fast ausschließlich an Restaurants verkauft. Es ist ein geschmeidiger Wein von frischem Geschmackston ohne viel Tiefgang, aber doch sehr angenehm. Hiervon werden jährlich etwa 45 000–60 000 Flaschen verkauft. Der Bouzy-Umsatz beträgt rund 60 000 Flaschen.

Ebenso wie seine Champagner stellt Lanson die Coteaux Champenois – rot und weiß – aus verschiedenen Weinen zusammen. Den Weißwein finde ich ziemlich mäßig, den roten dagegen interessant. Er wird im allgemeinen aus drei verschiedenen Jahrgängen komponiert. Im Geschmack hat er daher mehr zu bieten als die meisten anderen roten Coteaux Champenois. Er ist geschmeidig und mild dazu. Man sollte jedoch keinen tiefen oder wirklich bukettreichen Wein erwarten.

Georges Vesselle ist seit Jahren Bürgermeister von Bouzy und betreibt nebenbei erfolgreich eine eigene Domäne von 6 ha. Neben Champagner erzeugt Vesselle auch stille Rotweine. Sein Bouzy-Rouge (Coteaux Champenois) kann ein sehr angenehmer Wein sein, vor allem aus einem sonnenreichen Jahr. Angesichts der anfänglichen Rauheit empfiehlt es sich, den Wein einige Jahre reifen zu lassen. Eine sehr gute Qualität wird als Cuvée Véronique-Sylvie angeboten.

Coteaux Champenois und andere Getränke

den Chardonnay und den Pinot-Franc von Laurent Perrier, den weißen Saran von Moët & Chandon und die Weißweine von Ruinart und Pol Roger. Recht gute weiße Coteaux Champenois habe ich von Veuve Clicquot und Billecart-Salmon getrunken, während ich auch gute rote kenne von Lanson, Bollinger, der Barancourt-Gruppe (Winzergruppe aus Bouzy) und von Denois Père & Fils in Cumières. Ich ließ mir auch sagen, daß interessante rote Coteaux Champenois unter anderem von Roland Lapie in Chouilly, von André Clouet in Bouzy und von Vadin-Plateau in Cumières hergestellt werden. Einer der sympathischsten Rosés ist für mich der Nectar des Noirs der Genossenschaft von Ambonnay. Ein mit dem Coteaux Champenois rosé vergleichbarer Wein ist der Rosé de Riceys. Dieser kommt aus dem Departement Aube, wird ausschließlich aus der Pinot noir-Rebe hergestellt und besitzt einen sehr herben Geschmack, häufig mit einem bitteren Ton. Sein Herkunftsgebiet umfaßt die Gemeinden Riceys-Bas, Riceys-Haute-Rive und Riceys-Haut. Jährlich werden hiervon nicht mehr als 50–100 hl erzeugt.

Ratafia und Branntweine

Ein anderes alkoholisches Getränk der Gegend ist der Ratafia. Er besteht aus frisch gekeltertem Traubensaft, dem Weinalkohol (häufig Cognac) zugesetzt wird. Das Ergebnis ist ein ziemlich süßes Getränk, vergleichbar dem Pineau de Charente, das höchstens als Aperitif seinen Reiz hat. Der Alkoholgehalt beträgt meist 18–22%. Einen der besten Ratafias macht Veuve Clicquot. Daneben gibt es in der Gegend noch den Marc de Champagne, ein Destillat von mindestens 40% Alkohol. Es wird aus den Trestern bereitet, dem «Kuchen» aus Beerenhülsen, Kernen und Stielen, der nach der letzten Pressung zurückbleibt. Duft und Geschmack sind ziemlich rauh und scharf. Schließlich gibt es noch einen Fine Marne, ein mindestens 40% starkes Getränk, das nichts anderes ist als destillierter stiller Wein (meist Weißwein) aus dem Departement Marne. Die Qualität ist in der Regel besser als die des Marc de Champagne, die Produktion ist jedoch etwas geringer. Das beste, bei weitem beste Produkt der Champagne aber ist und bleibt – der Champagner.

Links:
Der Vorsitzende und Gründer der Genossenschaft von Mailly in der Champagne, Gabriel Simon (rechts), und der Verwalter des Betriebes, Gérard Fremaux

Unten:
Die Abtei von Hautvillers, wo Dom Pérignon arbeitete und begraben liegt. Das Gebäude ist Eigentum von Moët & Chandon, das dort auch ein Dom Pérignon-Museum eingerichtet hat.

Weitere Champagner-Erzeuger

Auf dieser und den folgenden Seiten werden in alphabetischer Reihenfolge kurze Beschreibungen einiger weiterer Champagner-Erzeuger gegeben. Die Auswahl, die mehr unter den Gesichtspunkten der Qualität als der Quantität getroffen wurde, ist rein persönlich und erhebt keinerlei Anspruch auf Vollständigkeit. Es wäre ohnehin unmöglich, alle Champagner-Erzeuger zu besuchen und zu beschreiben, denn damit könnte man viele Jahre zubringen.

Barancourt
Unter dem Namen Barancourt sind die Besitzungen dreier Winzer vereinigt, nämlich der Herren Brice, Martin und Tritant. Sie bewirtschaften gemeinsam 45 ha in verschiedenen Gemeinden, u.a. Bouzy (13 ha) und Cramant (knapp 3,5 ha). Barancourt ist als Handelshaus eingetragen, weil ein kleiner Teil der Produktion – etwa 10% – aus angekauften Trauben stammen. Die durchschnittliche Jahresproduktion liegt bei etwa 350 000 Flaschen. Barancourt hält zwei Jahresumsätze vorrätig. Spezialitäten des Betriebes sind der Bouzy Rouge, ein Coteaux Champenois, und der moussierende Bouzy. Dieser letztere Wein besitzt meist eine leicht rötliche Farbe und ein freundliches, nicht allzu nuanciertes Bukett, in dem für mein Gefühl die Milde der (bei weitem überwiegenden) blauen Trauben die Frische der weißen ziemlich stark überdeckt. Das gleiche gilt für den Geschmack. In Frankreich selbst haben die Weine des 1969 gegründeten Hauses einen guten Ruf, auch der moussierende-Bouzy Rosé und der Cramant.

Besserat de Bellefon
Zwischen 1968 und 1971 zog die Firma Besserat de Bellefon von Ay, wo sie 1843 von Edmond de Besserat gegründet wurde, nach Reims um. Dort hat Besserats dynamischer ehemaliger Direktor Paul Bergeot am Stadtrand einen hochmodernen Komplex von Kellern, Büros und Empfangsräumen entstehen lassen. Der größte Saal mißt 70 x 120 m. Diese gewaltige Investition war deshalb möglich, weil Besserat de Bellefon Teil des mächtigen Pernod-Ricard-Konzerns ist. Das Haus erzeugt ziemlich leichte, frische Champagner. Stars im Sortiment sind der jahrgangslose weiße Crémant (einer der besten in seiner Kategorie) und der Rosé Crémant des Moines (vorbildlicher, vitaler Wein, jedoch jung zu trinken). Seit 1984 führt das Haus auch eine Cuvée de Prestige, den B d B (von «Best de Bellefon»). Dieser erscheint ohne Jahrgang und wird aus Reserveweinen zusammengestellt. Das Haus verkauft etwa zwei Millionen Flaschen pro Jahr.

Boizel
Wer das kleine, sympathische Haus Boizel in Epernay besucht, findet dort allerhand Erinnerungen an Amsterdam. Die Eigentümerin Erica Boizel-Hötte kommt nämlich aus dieser Stadt, wo ihre Familie noch die Firma Hausemann & Hötte besitzt, die u. a. Jumbo-Spiele herstellt. Für einen nicht zu teuren Champagner von einem unbekannten Haus ist der Brut von Boizel sehr erfreulich: ausgereift, einigermaßen vollständig und mit rötlicher Glut in der Farbe. Kurz gesagt: Einfach und gut. Die Firma wurde 1834 gegründet.

F. Bonnet
1922 eröffnete Ferdinand Bonnet in Oger ein eigenes Champagnerhaus. Es befindet sich heute noch in Händen seiner Nachfahren. Die Leitung hat Mademoiselle Nicole Bonnet inne. Ihre Schwestern sind Miteigentümerinnen. Das Haus verfügt über 22 ha in der Côte des Blancs, die die Trauben für zwei Drittel der Produktion liefern (etwa 140 000 Flaschen im Jahr). Das durchschnittliche Qualitätsniveau der von Bonnet verwendeten Trauben liegt bei 95%. Ein weiteres Merkmal des Hauses ist der hohe Anteil weißer Trauben: Bei diesem Haus dominieren die weißen Trauben, während es bei fast allen anderen Firmen die blauen sind. Eine traditionelle, sorgfältige Vinifikation und eine durchschnittliche Reifezeit von gut 4 Jahren sind die übrigen Merkmale, die den Bonnet-Champagnern ihren frischen, leichten Charakter und die makellose Qualität geben. Einer meiner Lieblingsweine aus dem Sortiment ist der Blanc de Blancs mit Jahrgang: guter, rei-

Rechts:
Champagner von Besserat de Bellefon, einem modernen Betrieb am Stadtrand von Reims

Weitere Champagner-Erzeuger

cher Schaum, ausgezeichneter Fruchtduft und ein reintöniger, ansprechender Geschmack mit frisch-mildem Ton.

Champagne de Castellane

Die Keller des Hauses De Castellane befinden sich in Epernay zu Füßen eines markanten, prächtigen, aber nie in Gebrauch genommenen Wasserturms. Gründer des Betriebs war Burggraf Florens de Castellane im Jahre 1985. Die Mehrheit der Anteile liegt bei der Familie Mérand, die 1984 eine Minderheitsbeteiligung an Laurent Perrier verkaufte. Letzteres Haus ist seither auch für die Betriebsleitung zuständig. Ein Teil des Weins gärt in 600 l-Holzfässern, die jedoch nach und nach durch Edelstahltanks ersetzt werden. Ziel des Hauses ist nicht allerhöchste Qualität, sondern einfach guter Champagner zu einem vertretbaren Preis. Dies gelingt der Firma auch in jeder Hinsicht. In ihren Kategorien bieten die einzelnen Weine Stück für Stück gute Ware für ihr Geld. Besondere Erwähnung verdienen der spritzige, rundum einwandfreie einfache Brut, der etwas leichtere Blanc de Blancs und der Prestige-Champagner Cuvée Commodore, letzterer mit kleinen Perlen, mildem Bukett, frisch-mildem, ziemlich vollem und reinem Geschmack mit einem Hauch *terroir*. Das Haus verkauft etwa 1,7 Millionen Flaschen pro Jahr. Außer einem weitläufigen Keller verfügt De Castellane auch über einen einmaligen Wasserturm, der zugleich Museum ist (Bild s. S. 195).

A. Charbaut & Fils

Die Aktiengesellschaft A. Charbaut & Fils in Epernay wurde vom heutigen Direktor André Charbaut gegründet. Er wird unterstützt von seinen Söhnen René und Guy. Die Champagner von Charbaut (etwa 2,5 Millionen Flaschen) findet man in einer Reihe französischer Sterne-Restaurants unter eigenem Namen wie auch als Hausmarke. Gaston Lenôtre zum Beispiel führt Charbaut-Champagner, deren Etiketten seinen Namen tragen. Die Qualität der Weine finde ich meist sehr ordentlich, vielleicht etwas flach. Der von mir verkostete Brut besaß neben einer gewissen Fülle und etwas Frucht einen deutlich milden Geschmackston. Sehr mäßig war dagegen der Rosé.

Duval Leroy

1859 verbanden sich in Vertus die Betriebe von Jules Duval und Eduard Leroy zu der Firma Duval Leroy. Die Leitung hat heute Charles Roger Duval. Die Firma kann mit 80 eigenen Hektar arbeiten, die etwa ein Viertel des Traubenbedarfs decken. Duval Leroy verkauft etwa 2 Millionen Flaschen im Jahr und hält einen Vorrat von drei Jahresumsätzen. Die besten Weine aus dem Sortiment sind für mich der Fleur de Champagne und der Cuvée des Roys. Es sind ordentliche Champagner ohne viel Charakter. Das gilt auch für den Rosé.

George Goulet/Saint-Marceaux

Unter diesen beiden Marken werden zwei vollkommen identische Champagner verkauft, und zwar von Abel Lepitre, dem Eigentümer des gleichnamigen Hauses in Reims. Es sind kultivierte, eher milde Weine, die man nicht als Größen bezeichnen kann, die aber doch sehr angenehm munden. Den jahrgangslosen Brut finde ich ein bißchen fade; die Jahrgangsweine wissen im Mund «mehr zu sagen». Der interessanteste Wein ist der in eine spezielle Flasche abgefüllte Cuvée du Centenaire von George Goulet. Die Marke Saint-Marceaux besteht seit 1837, George Goulet seit 1867. Die Firma George Goulet wurde um 1960 von Abel Lepitre übernommen. Das Haus genoß einst einen großartigen Ruf: Es war Hoflieferant von Schweden, Spanien, England und den Niederlanden, und als Prinzessin Juliana 1948 zur Königin gekrönt wurde, kredenzte man beim Krönungsdiner als ersten Wein einen Champagner George Goulet 1942.

Gosset

Schon seit Jahrhunderten ist die Familie Gosset in Ay ansässig; sie hat nicht nur drei Bürgermeister und vier Stadträte in ihrer Ahnentafel, sondern auch vierzehn Generationen Winzer. Der Ursprung des Hauses läßt sich bis ins 16. Jahrhundert zurückverfolgen, als ein Pierre Gosset in Ay Weine erzeugte und verkaufte. Die Firma besitzt einige Rebstöcke in Ay, Bouzy und Rilly-la-Montagne, womit 7–8% des Traubenbedarfs gedeckt werden können. Direktor Antoine Gosset verkauft etwa 200 000 Flaschen im Jahr. In den Kellern lagert in der Regel das Vierfache davon als Vorrat. Eine Spezialität von Gosset ist der Rosé – in der Tat ein angenehmer, köstlicher Wein von frischem, kühlem Geschmack, der kleine weiße Stecknadelkopf-Perlen in seinem zarten Rosa und Traubenaroma in seinem Bukett besitzt. Die Bruts mit und ohne Jahrgang sind keine hinreißenden, aber doch höchst angenehme Weine, die häufig von einer milden Frucht geprägt sind. Von den jahrgangslosen Bruts ist der Spécial Réserve eindeutig vorzuziehen. Hin und wieder bringt Gosset einen speziellen Jahrgangs-Champagner heraus. Beispiele sind der Vintage Cuvée 4me Centenaire sowie der Brut Intégral 1961 und ein Wein, der der amerikanischen Freiheitsstatue gewidmet ist.

Alfred Gratien

Das in Saumur ansässige Haus Gratien, Meyer, Seydoux & Cie. (Schaumweine) eröffnete 1864 in Epernay eine Filiale, die den Namen Alfred Gratien bekam. In diesem Betrieb wird äußerst traditionell gearbeitet. Der Wein gärt hier so noch in kleinen Eichenfässern, wie es auch bei Krug und teilweise auch bei Bollinger geschieht. Die Spezialität sind reife, milde Champagner. Solche Weine mögen vor allem die Engländer, und daher gehen auch die meisten der etwa 200 000 Flaschen jährlich nach England. Einige tragen sogar das eigene Etikett des Unterhauses. Ich persönlich finde die Weine von Alfred Gratien gerade etwas zu reif, und es mangelt ihnen an Rasse, Finesse und Tiefe. Im übrigen ist ihre Qualität sehr korrekt. Das Haus erzeugt nur drei Sorten: Brut ohne Jahrgang, Brut mit Jahrgang und Rosé.

Leclerc Briant

Die Domäne Leclerc Briant wurde 1872 von

Links:
Kleiner Erfrischungsschluck irgendwo in der Côte des Blancs

Unten:
Der imposante Eingang von De Venoge in Epernay. Das Haus wird seit Mitte der 80er Jahre dynamisch geführt und verkauft heute etwa 1,5 Millionen Flaschen pro Jahr.

Weitere Champagner-Erzeuger

Rechts:
Beim Champagnerhaus De Castellane in Epernay steht ein auffallender Turm. Es handelt sich eigentlich um einen Wasserturm, der jedoch nie als solcher benutzt wurde. Der Turm stammt von dem Architekten des Gare de Lyon in Paris; eine Doublette des Bauwerks befindet sich neben dem Rathaus von Lille. Der Turm ist für Besucher geöffnet; die Firma De Castellane hat hier ein Museum eingerichtet.

Weitere Champagner-Erzeuger

einem Vorfahren des heutigen Eigentümers und Direktors Pascal Leclerc gegründet. Auf dem Etikett ist Cumières als Firmensitz angegeben; Keller und Büro befinden sich jedoch in Epernay. Die 30 ha des Weingutes sind über sechs Gemeinden verstreut. Die Produktion beträgt durchschnittlich 200 000 Flaschen im Jahr, wobei ein Vorrat von 2½–3 Jahresumsätzen gehalten wird. Eine Reihe von Weinen aus dem Sortiment von Leclerc Briant haben mich erheblich enttäuscht. Daß die Domäne sehr wohl in der Lage ist, einen sehr gelungenen Wein herzustellen, zeigt sich jedoch unter anderem an dem Cuvée Spécial Club, einem trockenen Jahrgangswein. Von diesem Wein wird erst der stille Wein und später das Endprodukt von einer Jury verkostet. Erst dann darf er das runde Etikett des Club de Viticulteurs Champenois führen. Diese Vereinigung wurde 1961 gegründet und hat in etwa 30 Gemeinden Mitglieder, unter ihnen eben auch Leclerc Briant. Sie arbeiten unabhängig voneinander.

Genossenschaft Mailly

Mailly hat die sowohl älteste als auch bekannteste Genossenschaft der Champagne. Sie wurde 1929 gegründet, nachdem schon sechs Jahre zuvor eine kleine Gruppe von Winzern ihre Trauben gemeinsam gekeltert hatte. Zu dieser Zeit war die Stellung der Weinhandelshäuser übermächtig. Sie akzeptierten den neuen genossenschaftlichen Betrieb nicht, der daher auf seinem Wein sitzenblieb. Die Mitglieder traten die Flucht nach vorne an und beschlossen, selbst Champagner zu vinifizieren und auch zu verkaufen. Dieses Ziel schien utopisch, aber man schaffte es schließlich doch. Auch heute noch wird aller Wein der Genossenschaft im Hause verarbeitet und selbst vertrieben. Der Umsatz beträgt etwa 450 000 Flaschen bei einem Vorrat von durchschnittlich 1,5 Millionen Flaschen. Die Mailly-Champagner werden aus 80% Pinot noir hergestellt und sind daher ziemlich vollmundig. Es fehlt ihnen jedoch an Nuancen, was nicht so verwunderlich ist, weil alle Trauben aus der gleichen Gemeinde kommen. Das Qualitätsniveau der Mailly-Weingärten beträgt 100%; daß dies nicht alles sagt, beweist hier der Wein. Es fiel mir auf, daß die meisten Mailly-Champagner ziemlich mild im Geschmack waren. Bester und teuerster Wein ist der Cuvée des Echansons.

Massé

Das Haus Massé (Reims) wurde 1976 von Lanson Père & Fils übernommen. Der Wein ist billiger, aber auch neutraler als der Wein von Lanson. Produktion: etwa 700 000 Flaschen jährlich.

Oudinot

Das Champagnerhaus Oudinot gehört seit 1981 Jacques und Michel Trouillard. Seit dem Gründungsjahr (1889) befanden sich die Keller und Büros in Avize, während heute Epernay Sitz der Firma ist. Etwa 60% der Erzeugung stammen von den eigenen Rebgärten, die etwa 65 ha umfassen und ein durchschnittliches Qualitätsniveau von 92% haben. Jährlich verkauft Oudinot über eine Million Flaschen; die wichtigsten Marken sind Oudinot, Beaumet und Jeanmaire. Die Ausstattung des Hauses ist modern; in der *cuverie* gibt es Gärtanks aus Edelstahl, und man verfügt über Keltereien in Epernay und Les Riceys. Seit der Übernahme durch Trouillard und den darauffolgenden Investitionen hat sich die Qualität der Oudinot-Weine ganz erheblich verbessert. Es sind sehr reintönige, elegante Weine von erfrischender Art. Dieses qualitätsbewußte Haus hält durchschnittlich 4,5 Millionen Flaschen vorrätig.

Bruno Paillard

Dieses nach seinem Begründer genannte Haus besteht seit 1981 und exportiert den größten Teil des Jahresumsatzes von etwa 250 000 Flaschen. Mit Ausnahme des Rosé sind die Weine sehr gut, insbesondere der drei Jahre ausgebaute Crémant Blanc de Blancs. Die Jahrgangsweine haben künstlerisch gestaltete Etiketten.

Philipponnat

Dieses zum Konzern Marie Brizard gehörende Haus hat seinen Sitz in Mareuil-sur-Ay, wo es auch über 10 ha Rebgärten (von insgesamt 13) besitzt. Die Weine sind sehr ordentlich und weisen eine feine Mousse auf. Die besten sind der Cuvée Première und der Clos de Goisses. Jahresverkauf 750 000 Flaschen.

Salon

Eugène-Aimé Salon war ein erfolgreicher Unternehmer, der um die Jahrhundertwende eigentlich nur für sich selbst und seine Freunde Champagner machen wollte. Mit der Zeit wurde jedoch die Nachfrage von seiten seiner Freunde und deren Freunde so groß, daß er bald in kommerziellem Maßstab erzeugen mußte. Seine strengen Qualitätsnormen behielt er jedoch bei. So brachte das kleine Haus nur Weine aus guten Jahren auf den Markt, und diese Tradition hat sich bis heute erhalten. Der erste Wein war der Jahrgang 1911. 1928 erwählte das Pariser Restaurant Maxim's den Salon zum Haus-Champagner. Der Wein aus diesem Jahr ist übrigens einer der legendärsten Weine dieses Jahrhunderts. Salon stellt prinzipiell nur Weine von weißen Trauben aus Mesnil her, wo das Haus 0,85 ha besitzt. Diese haben die Gütestufe 100%. Aus den Jahren, in denen man Weine erzeugt, bewahrt man stillen und moussierenden Wein auf. Allein der Vorrat in Flaschen beträgt das Fünffache des Jahresumsatzes. Im Normalfall bietet Salon nicht mehr als etwa 55 000 Flaschen im Jahr an; zu Beginn der 80er Jahre war dies noch weniger, nämlich etwa 30 000. Wie Besserat de Bellefon gehört das Haus zur Pernod-Ricard-Gruppe. Typische Merkmale der Weine sind ihre Kultur, ihre feine Frucht und ihr ganz zart angedeutetes Nußaroma. Sie können hervorragend reifen und sind häufig nach ein bis zwei Jahrzehnten noch voller Leben. Die Jahrgänge, die Salon herausbrachte, sind folgende: 1911, 1914, 1915, 1917, 1921, 1923, 1928, 1929, 1932, 1937, 1942, 1943, 1945, 1947, 1949, 1950, 1952, 1953, 1955, 1959, 1961, 1964, 1966, 1971, 1973, 1976, 1979.

Links:
Ernteszene. Fresko an der Wand eines Cafés in Cheverny. Die Weine von Cheverny werden auf Seite 54 behandelt.

Mein besonderer Dank für ihre Auskünfte über die Erntejahre gilt insbesondere: Gaston Rolandeau (Muscadet), Joseph Touchais (Anjou), Jacques Puisais (Tours), Jean-François Olek (Chinon), Gaston Huet (Vouvray), Alphonse Mellot (Sancerre), Hubert Heydt-Trimbach (Ribeauvillé, Elsaß) und dem Comité Interprofessionnel du Vin de Champagne (Epernay).

Bei der nachfolgenden Charakterisierung der Jahrgänge ist zu beachten, daß es sich in allen Fällen um sehr globale Beurteilungen handelt, um grobe Durchschnittswerte. In einem als «gut» bezeichneten Jahr können auch sehr schlechte Weine erzeugt worden sein, während aus einem «mäßigen» Jahrgang auch sehr viele anziehende, wirklich gute Weine kommen können. Die besten Weine aus einem mäßigen Jahr können sogar eine bessere Qualität besitzen als die schlechtesten aus einem guten Jahr ...

Jahrgangs-Qualitäten

Loire

1970 Überreiche Ernte mit im allgemeinen angenehmen, gelungenen Weinen.

1971 Kleine Ernte mit guten Weinen, außer im Muscadet. Hie und da (u. a. Vouvray) anfänglich hohe Säure.

1972 Mittelmäßige, häufig etwas magere Weine.

1973 Viel Wein von korrekter Qualität; etwas wenig Säure. Sehr gut in Sancerre und Pouilly, oft ausgezeichnet in Anjou (Coteaux du Layon u. a.).

1974 Teils groß (Chinon), teils gut (Sancerre), teils mittel (Vouvray, Muscadet).

1975 Je weiter stromauf, desto besserer Wein.

1976 Qualität und Quantität von hohem Niveau; für Muscadet fast zu kräftig.

1977 Nachtfrost! Wenig Wein unterschiedlicher, aber nie besonderer Qualität.

1978 Ein großes Jahr für Sancerre und Pouilly, trocken und fruchtig in Vouvray, trocken und aromatisch in der Touraine, gut und charaktervoll in Chinon und Bourgueil, etwas hart, aber lang im Geschmack in Anjou, leicht über Mittelmaß in Muscadet.

1979 Gute, ausgewogene, charmante Weine, die schnell reifen werden. Köstlich in Sancerre und Muscadet, durchschnittlich in Vouvray.

1981 Kleine Ernte, durchschnittliche Qualität.

1982 Ein mengenmäßig gutes Jahr mit ebenfalls guter Qualität.

1983 Sehr erfolgreicher Jahrgang, insbesondere Rotwein und (halb) süße Weißweine.

1984 Im allgemeinen gute, gebietstypische Weine.

1985 Ein hervorragendes Jahr für das gesamte Loiretal mit festen Rotweinen und köstlichen *vins liquoreux.*

1986 Ebenfalls ein sehr gelungenes Jahr, insbesondere für Sauvignon-Weine.

1987 Ein qualitativ durchschnittliches Jahr mit ungleichem Niveau.

1980 Verbreitet Regen während der Ernte, weshalb die Qualität meist nicht hoch ist. Angenehme Überraschung u. a. in Sancerre, Pouilly und Anjou.

Elsaß

1970 Viel Wein; vor allem Riesling sehr gelungen. Viele Weine zum Aufbewahren.

1971 Großartige, kraftvolle Weine, kleine Ernte.

1972 So schlecht wie 1965, aber mehr Wein.

1973 Rekordernte von bestenfalls akzeptabler Qualität.

1974 Geringer Ertrag, recht gut (vor allem der Gewürztraminer).

1975 Normal gutes Jahr; charaktervolle Weine.

1976 Außergewöhnliches Jahr mit einigen überragenden Weinen, u. a. Gewürztraminer.

1977 Durchschnittliche Qualität und Quantität.

1978 Durchschnittliche Qualität; die Weine entwickeln sich gut. Geringe Menge, vor allem beim Gewürztraminer.

1979 Elegante, charmante, gute Weine von beachtlicher Qualität.

1980 Fast kein Gewürztraminer und Muscat. Geringer Ertrag mit leichten, fruchtigen Weinen, die sich besser entwickeln als zunächst erwartet.

1981 Sehr gelungenes Jahr, das sich vorzüglich entwickelt hat.

1982 Eine sehr große Menge meist guter Weine.

1983 Hervorragendes Jahr, vergleichbar mit 1976. Viele reiche, große Weine von langer Haltbarkeit.

1984 Allgemein leichte Weine von mäßiger bis höchstens guter Qualität.

1985 Kraftvolle, vielfach sehr gute Weine. Viel Gewürztraminer *vendange tardive.*

1986 Große Ernte charakteristischer Weine, etwas weniger kraftvoll als 1983 und 1985.

1987 Späte Lese mit geringem Ertrag im Bas-Rhin. Unterschiedliche Qualität, jedoch häufig besser als befürchtet.

Champagne

1970 Große Mengen eines guten Weines. Teils voller als 1969, teils leichter.

1971 Ziemlich kräftiger Wein von feinem Duft, sehr angenehm – aber nur ein mittlerer Ertrag.

1972 Unreife Trauben, säuerlicher, magerer Wein.

1973 Überreiche Menge und dank optimaler Wetterbedingungen volle, aromatische Weine von ausgezeichneter Ausgewogenheit.

1974 Regen und Kälte in der zweiten Septemberhälfte. Im allgemeinen nicht sehr bemerkenswerte Weine. Annehmbare Erntemenge.

1975 Feine, nuancierte Weine von häufig hohem Niveau. Mehr Wein als 1974.

1976 Dank des trockenen, warmen Sommers frühe Lese mit viel Wein von sehr großer Klasse.

1977 Ziemlich leichte, recht herbe Weine.

1978 Kümmerlich wenig, aber der Wein, der erzeugt wurde, ist im allgemeinen fest, fruchtig und stark.

1979 Ein korrektes Jahr mit etwas wenig Säure; große Erntemenge.

1980 Mehr Wein als 1978, aber immer noch sehr wenig. Dank einem sonnigen Herbst wurde die Qualität noch gerettet.

1981 Wegen Frühjahrsfrösten kleine Erntemenge. Sehr gute Qualität.

1982 Mengenmäßig ein Rekordjahr (was auch nötig war) und eine mehr als zufriedenstellende Qualität (auch Jahrgangsweine).

1983 Erneut ein ertragreiches Jahr, das auch Jahrgangs-Champagner lieferte.

1984 Ein kühler Herbst drückte die Qualität auf höchstens durchschnittliches Niveau.

1985 Strenger Frost vernichtete viele Rebstöcke. Sehr gute (Jahrgangs-)Qualität.

1986 Regen im September, der den weißen Trauben deutlich weniger schadete als den blauen. Nicht unbedingt bemerkenswert.

1987 Späte Ernte, teilweise im Regen. Chardonnay besser als der Rest. Durchschnittliche Qualität.

Hubrecht Duijkers Schau- und Lesebücher im Albert Müller Verlag

Die großen Weine des Burgund
Chablis – Côte d'Or – Chalonnais – Mâconnais – Beaujolais.
3. Auflage, 200 S., 819 Abbildungen, davon 178 farbig, 148 einfarbig, 487 Weinetiketten, 4 Tabellen, 6 Karten.
Vom Autor geprüfte Weine werden mit der Abbildung ihres Etikettes – im ganzen 487 – und mit streng-kritischer Beurteilung auch hochberühmter Marken vorgestellt.

Die guten Weine von Bordeaux
Die Crus Bourgeois des Médoc, die guten Weine von Saint-Émilion, Graves und Pomerol und die Spitzengewächse von Sauternes.
2. Aufl., 200 S., 623 meist farbige Abbildungen, davon 135 Abbildungen von Weinetiketten, 5 Karten.
Mit diesem kultiviert-kenntnisreichen Führer zu den guten Bordeauxtropfen wird der Leser zum wahren Kenner, der es versteht, exquisite Qualitätsweine zu vernünftigen Preisen zu finden.

Die besten Weine – Rhône und Südfrankreich
200 S., 950 größtenteils Farbfotos, 12 Karten.
Eine Entdeckungsfahrt zu hochklassigen Weinen zu erschwinglichen Preisen. 597 Spitzenweine und 450 «interessante» werden mit Fahrroute, Hersteller und Probierlokal beschrieben.

Die Spitzenweine von Bordeaux
Mit einem Vorwort von Hugh Johnson.
200 S., 537 meist farbige Abbildungen.
Auf zahlreichen Bordeaux-Reisen sammelte der Autor die Informationen zu diesem Buch. So ist wieder ein Nachschlagewerk und gleichzeitig ein dekorativer Bildband entstanden, umfassend, kompetent und leichtverständlich. Das Buch über die Traumweine für jeden Weinkenner!

Die großen Weine der Rioja
Mit Fotografien von Peter van der Velde und Hubrecht Duijker.
200 S., 457 meist farbige Abbildungen und 187 Abbildungen von Weinetiketten sowie 5 Karten und Stadtpläne.
Das ausführlichste und zugleich umfassendste Werk über die Weine der Rioja! Das Buch, das bald ein Klassiker sein wird, wie der Präsident des Consejo Regulador in seinem Vorwort schreibt!